Conception graphique, maquette : Loïc Le Gall
Ce livre est édité par Bruno Delarue, novembre 2005.
« Madoluce », rue du Docteur-Gouverné, 76111 Yport
Tél. : 06 26 61 00 78
e-mail : delarueb@wanadoo.fr

La réalisation de ce livre a été possible grâce à l'ApAde et à l'Arche, associations étretataises.

Ce livre a reçu le soutien de SOGEA, de la Caisse d'Épargne de Haute-Normandie, de Mahieu, de la CFT et du Conseil général de Haute-Normandie.

Seine-Maritime
Le Département

SOGEA

CAISSE D'EPARGNE
DE HAUTE-NORMANDIE

Mahieu
S.A.
TRANSPORTS PÉTROLIERS

CFT
COMPAGNIE FLUVIALE DE TRANSPORT

BRUNO DELARUE

LES PEINTRES A ETRETAT

1786-1940

A Martin, Joseph et Clotilde, mes bons embruns d'Etretat
et à Georges, si loin au large.

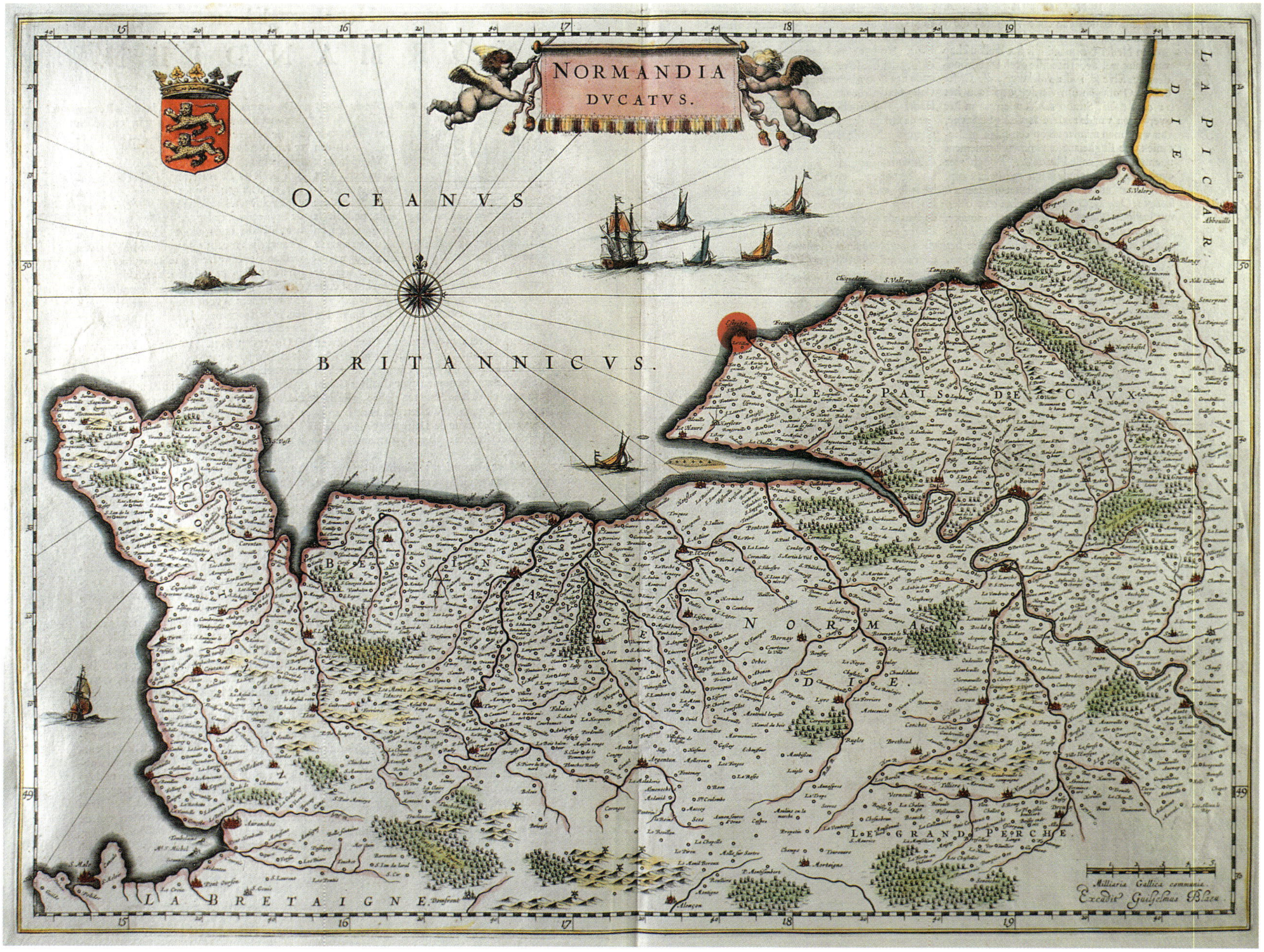

Blaue. Carte *Normandia Ducatus*, 1634.

ETRETAT, COLL. PRIVÉE, © C. DES BROSSES

Bruno Delarue

LES PEINTRES A ETRETAT

1786-1940

« Un homme qui a vu les rochers d'Etretat est un homme gagné pour toujours à notre cause, et si cet homme tient une plume, un crayon ou un pinceau, jugez quelle puissance vient alors à notre service. Ses tableaux parleront de nous, et c'est ainsi que le monde nous connaîtra et voudra nous voir. Qui pourrait dire tous les visiteurs que nous ont valu les pinceaux d'Isabey et de Le Poittevin, que nous vaudront dans l'avenir ceux de MM. Landelle et Bois Chevalier ? »
(« Bulletin d'Etretat », 21 août 1862, chronique locale par un ancien habitant d'Etretat).

Souvenances. Etretat. Souvenirs d'il y a douze ans par E.-C.
(...)
III
C'était dans Etretat, le village tranquille;
Et non comme aujourd'hui qu'il prend des tons de ville.
Alors sur le rivage au galet rocailleux
Le pêcheur débarquait, chantant refrain joyeux...
Mais tout est au progrès ; tout disparaît, tout change...
Etretat se polit d'une façon étrange !
Il se donne ma foi des petits airs urbains :
Nos gandins maintenant, sous prétexte de bains,
Nonchalamment couchés, en costume bizarre
Et le lorgnon sur l'œil, y fument le cigare !...
Autrefois on eut vu la foule au Casino,
Pour un artiste en herbe assis au piano ;
Maintenant : des concerts, des bals ! Et des toilettes !
La valse en tourbillon renverse les banquettes,
Et, du modeste coin que maint vieillard tenait,
Le damier a fait place aux jeux de lansquenet !

Adieu petits sentiers sur les falaises blanches,
Que le peuple couvrait pendant nos gais dimanches !
Adieu verte Passée, où pour rêver, le soir,
Quand le temps était beau nous allions nous asseoir !
Adieu, calcaire antique où grimpait le lierre ;
Où, pendant l'Angélus, nous faisions la prière :
Où l'âme, que frappait la sainteté du lieu,
Mieux qu'au temple sacré montait jusqu'à son Dieu !
Que la foule, Etretat, dans tes chemin semée,
De plus savants concerts soit maintenant charmée ;
Qu'elle aille de plaisirs payés plus chèrement
Inventer cent ressorts pour son amusement,
En ces lieux désormais la nature est muette :
L'heure vient de sonner le départ du poète ;
Et lui, le front baissé, le regard dans les yeux,
S'en va, barde exilé, chanter en d'autres lieux,
Où, loin d'un monde faux, d'une foule importune,
Il trouvera la paix, si douce à l'infortune
Où seul, débarrassé de tout témoin gênant,
Son cœur peut jusqu'en haut s'élever librement.

SOMMAIRE

8 Avertissement
14 ETRETAT : DE LA PECHE AUX BAINS
26 LE SENTIMENT DE LA NATURE
38 Alexandre-Jean Noël
42 Les voyages pittoresques
50 Louis Garneray

52 1820-1870 : ROMANTISME ET NATURALISME
54 Richard-Parkes Bonington
58 Eugène Isabey
62 Eugène Le Poittevin
70 Jules Noël
72 Alexis-Nicolas Noël
73 Francisco Bushell y Laussat
74 Eugène Delacroix
80 Paul Huet
82 Victor Hugo
84 Frédéric Legrip
86 Théodore Gudin
88 Jules Coignet
90 Charles Mozin
92 Gustave Courbet
100 Jean-François Jaime
102 Camille Corot
108 Jean-Dominique Drouin
110 Antoine-Léon Morel-Fatio
114 Charles Landelle
116 Eugène-Edouard Soulès
120 Louis Cabat
122 Justin-Pierre Ouvrié

124 « LES PETITS TROUS PAS CHERS »
126 LES ECRIVAINS

132 LES GRAVURES
134 Romantiques
136 Pittoresques
138 Documentaires
140 Publicitaires
141 A l'envers et fantaisistes

142 1870-1900 : LES PEINTRES DE LA LUMIERE
144 Eugène Boudin
150 Johan Barthold Jongkind
156 Claude Monet
166 Edgar Degas
168 Claude-Emile Schuffenecker
170 George Inness
174 Henry Bacon
178 Alexandre Nozal
180 Emile Noirot
181 Georges Villain
182 Luigi Loir
184 Edouard Riou
186 Paul-Félix Vallois
190 Gustave Caillebotte
192 Giovanni Boldini
194 Gaston Roullet
196 Eugène Galien-Laloue
198 Emile-Jean Renié
199 J. Mazzella
200 Jean-Francis Auburtin

204 LA PHOTOGRAPHIE
208 Louis-Alphonse Davanne
209 Etienne Neurdein
210 Alfred-Henri Soclet
212 Eugène Flamant

214 1900-1940 : LES GRONDEMENTS DU MONDE MODERNE
216 Les post-impressionnistes et l'école de Rouen
218 Georges Binet
219 Félix Vallotton
228 Henri Matisse
232 Raoul Dufy
234 Mathurin Méheut
236 Henri de Saint-Delis
238 André-Paul Leroux
240 Albert Copieux
241 Raymond Lecourt
242 René de Saint-Delis

252 Petit lexique à l'usage de l'Horsain
254 Essai de liste des artistes ayant peint à Etretat et Yport
261 Mondanités
262 Tableau chronologique des artistes étant venus à Etretat
264 Index des noms cités
268 Bibliographie
271 Remerciements

AVERTISSEMENT

Fort heureusement il n'existe pas d'école d'Etretat. Il n'y aura donc pas lieu de s'en vanter. La particularité de ce site et sa beauté en ont fait un motif qui, pendant un siècle et demi, attira les meilleurs artistes. Ce fait, rarissime sur une aussi longue période, permet de confronter et d'analyser les solutions plastiques que ce sujet a suscitées de 1786 à 1940. Barbizon, Concarneau, Pont-Aven furent quant à elles des écoles où s'imposèrent des théories au détriment des individualités. Cent cinquante ans de représentations d'un même motif constitue une chance unique pour expliquer l'évolution de la peinture. Et quelle période ! celle de la naissance de l'Art moderne avec les romantiques en lutte contre l'optimisme rationaliste, celle des naturalistes et des impressionnistes et enfin celle de l'époque moderne qui verra la fin de la peinture de paysage avec l'apparition du « paysage mental ».

Etretat est un lieu sublime, une perle sur la côte d'albâtre. La beauté a toujours ému les hommes et les artistes plus particulièrement.

Ici tout commence avec les voyages en Normandie des aquarellistes anglais tels que Turner et Bonington, dans ces courts moments où les relations entre la France et l'Angleterre permettaient des échanges amicaux. Les goûts conjugués pour le pittoresque et le « pleinarisme » qui se développent dès le début du XIXe siècle inciteront nombre d'artistes à suivre leurs traces et à envahir Etretat. Alexandre Noël, Eugène Isabey, Garneray, Huet, Fielding, Delacroix, Courbet, Corot, Le Poittevin, Mozin, Coignet, Gudin, Victor Hugo, Lapostolet, Morel-Fatio, Jules Noël, Jongkind, Boudin, Monet, Schuffenecker, Bacon, Bentabole, Boldini, Caillebotte, Inness, Vallotton, Dufy, Matisse, Henri et René de Saint-Delis, et une multitude d'autres, plus ou moins connus, seront envoûtés par la magie de ce lieu auquel ils se confronteront avec passion et souvent avec acharnement. Maupassant, à juste titre, parlera de « colonie » d'artistes.

On voudrait qu'ils soient tous venus ! Et l'on s'étonne que Berthe Morisot ou Marquet se soient arrêtés à Fécamp, comme Degas et Whistler, si souvent à Dieppe. Alors on cherche et, dans un carnet de croquis de Degas, on trouve un dessin de la falaise d'aval ; et de Whistler, ce *Harmony in blue and silver: beaching the boat, Etretat*. Ces deux-là sont donc passés, la preuve est irréfutable. Emile Bernard, quant à lui, venu en 1892 avec Schuffenecker, n'a pas laissé la moindre trace de son passage. Albert Besnard, peintre mondain et amant de la « Belle Ernestine » qui tenait auberge à Saint-Jouin-Bruneval – ils auraient eu un fils – ne nous a légué lui non plus aucun croquis d'Etretat. C'est certain, d'autres œuvres apparaîtront dans l'avenir, de ceux-là ou d'autres. Le sujet est inépuisable.

L'art est toujours le regard d'une société sur elle-même. Aux bouleversements de la peinture correspond le bouleversement d'Etretat, qui, en quelques décennies, comme beaucoup d'autres villages de la côte normande, passe de la culture traditionnelle et archaïque de la pêche à celle de la société de loisirs. Cette évolution parallèle de la peinture et de l'économie du village présidera à la logique de ce livre.

Aucune œuvre n'est peinte impunément. Chaque tableau, par le choix de son sujet, par le regard qu'il inscrit sur cette parcelle infime de France, pose une question et force une réponse. Comme tout paysage côtier, Etretat contient en lui deux mondes ; celui de la terre et celui de la mer. Gardons toujours à l'esprit que devant toute œuvre peinte à Etretat ce qui n'est pas représenté en dit autant que ce qui est montré.

Pourquoi les artistes ont-ils attendu le XIXe siècle pour venir ? Pourquoi la vie du village fut-elle si souvent oubliée ? Pourquoi la mer est-elle calme ou déchaînée ? Pourquoi cet intérêt soudain pour le pittoresque et son si brutal abandon ? Pourquoi ici tous ces bruns et pourquoi là tant de lumière ? Pourquoi Etretat ? Autant de questions qui trouvent leurs réponses dans l'Histoire universelle de l'art, elle-même tributaire de l'Histoire des idées, et auxquelles ce livre tente de répondre.

René de Saint-Delis. *Etretat*, pastel sec, 33,5 x 23 cm.

COLL. PRIVÉE, © C. DES BROSSES.

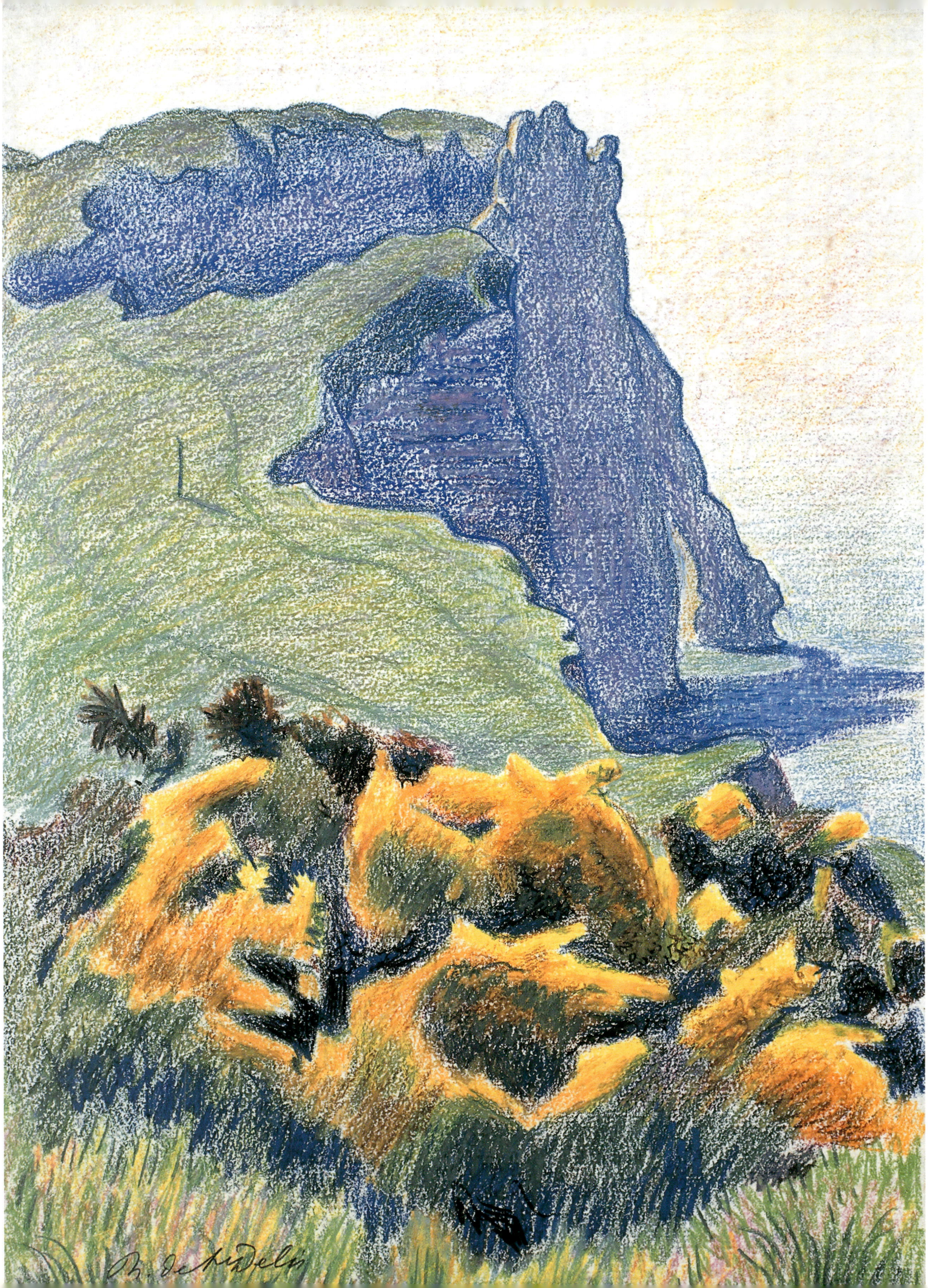

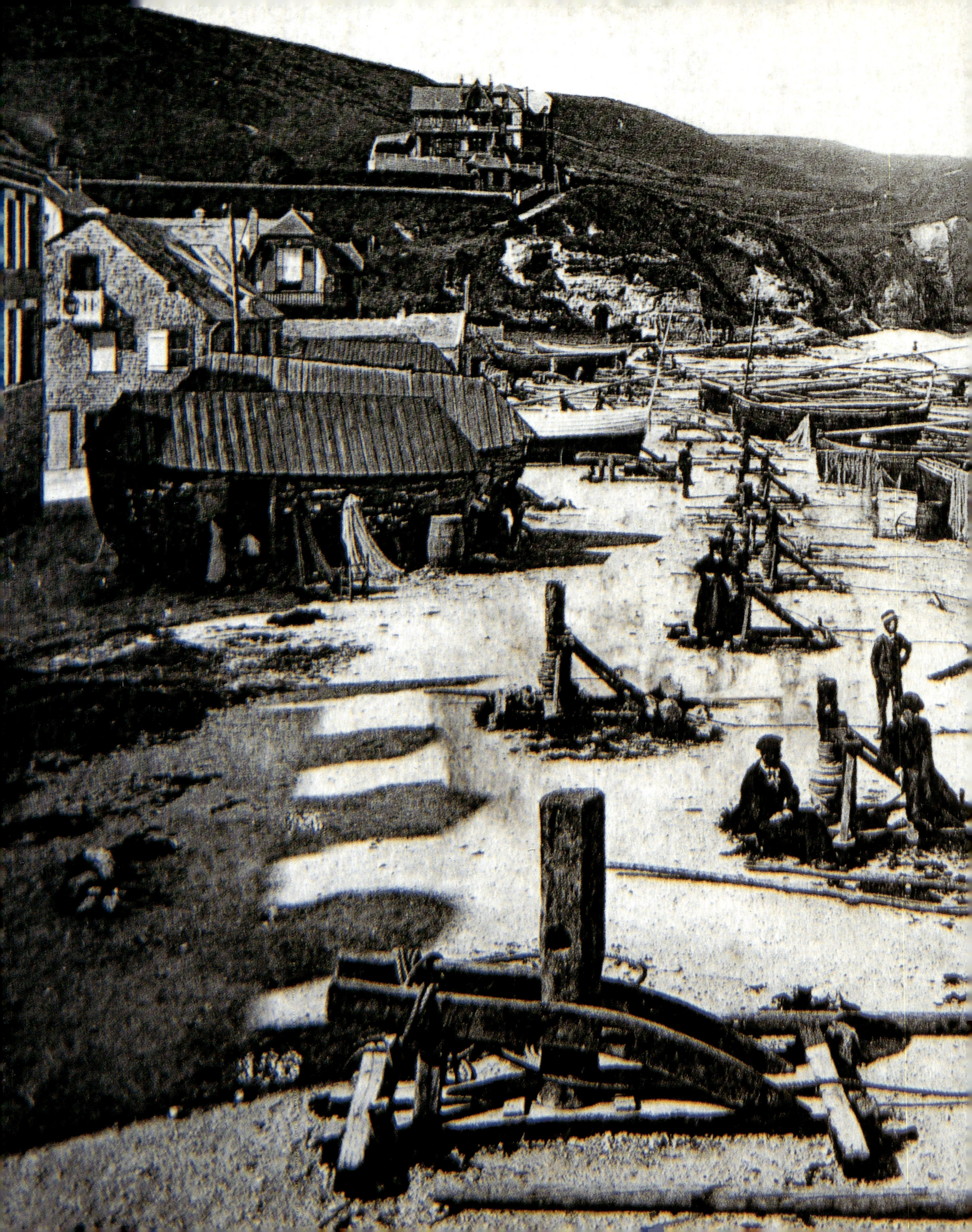

AVAL

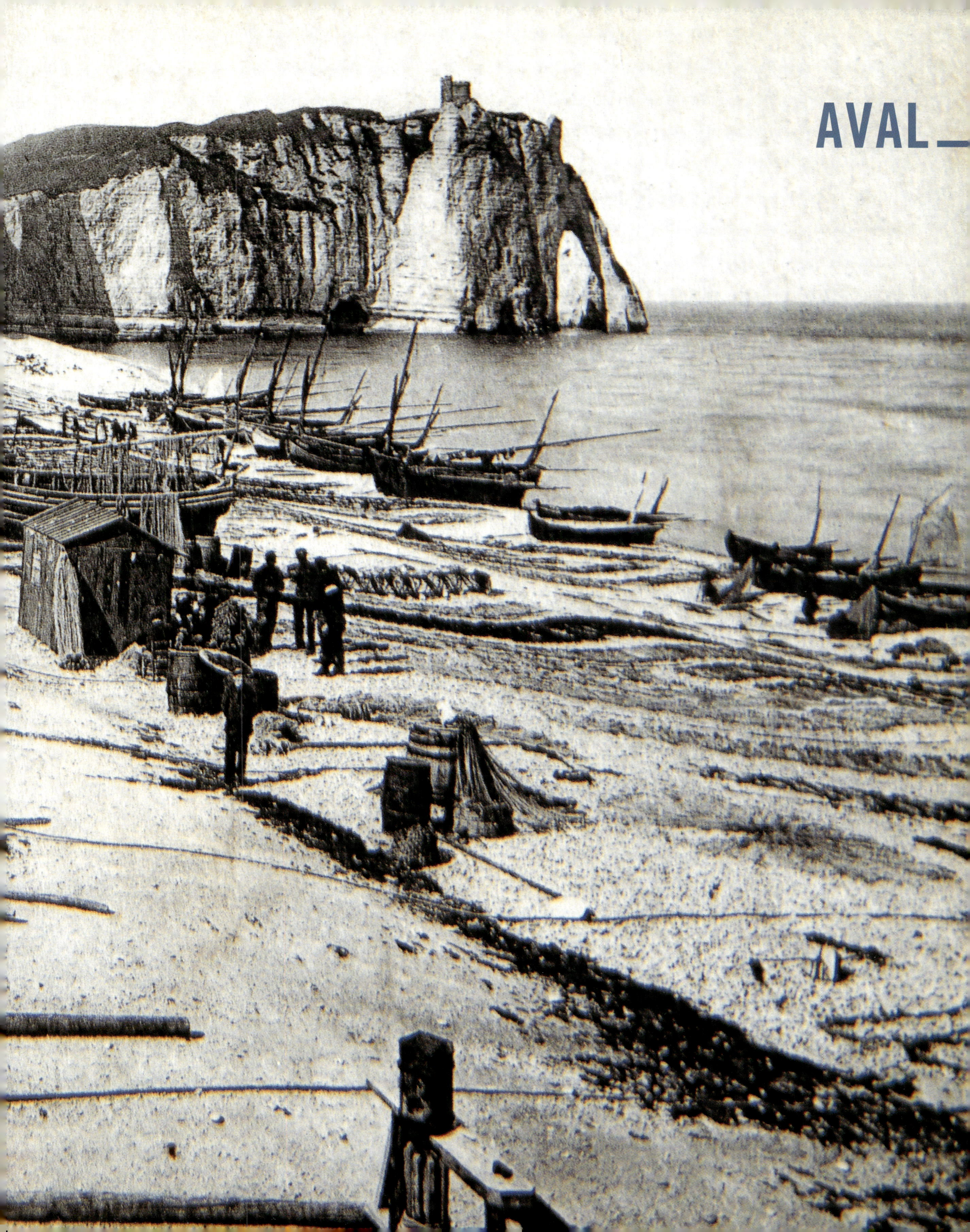

AMONT

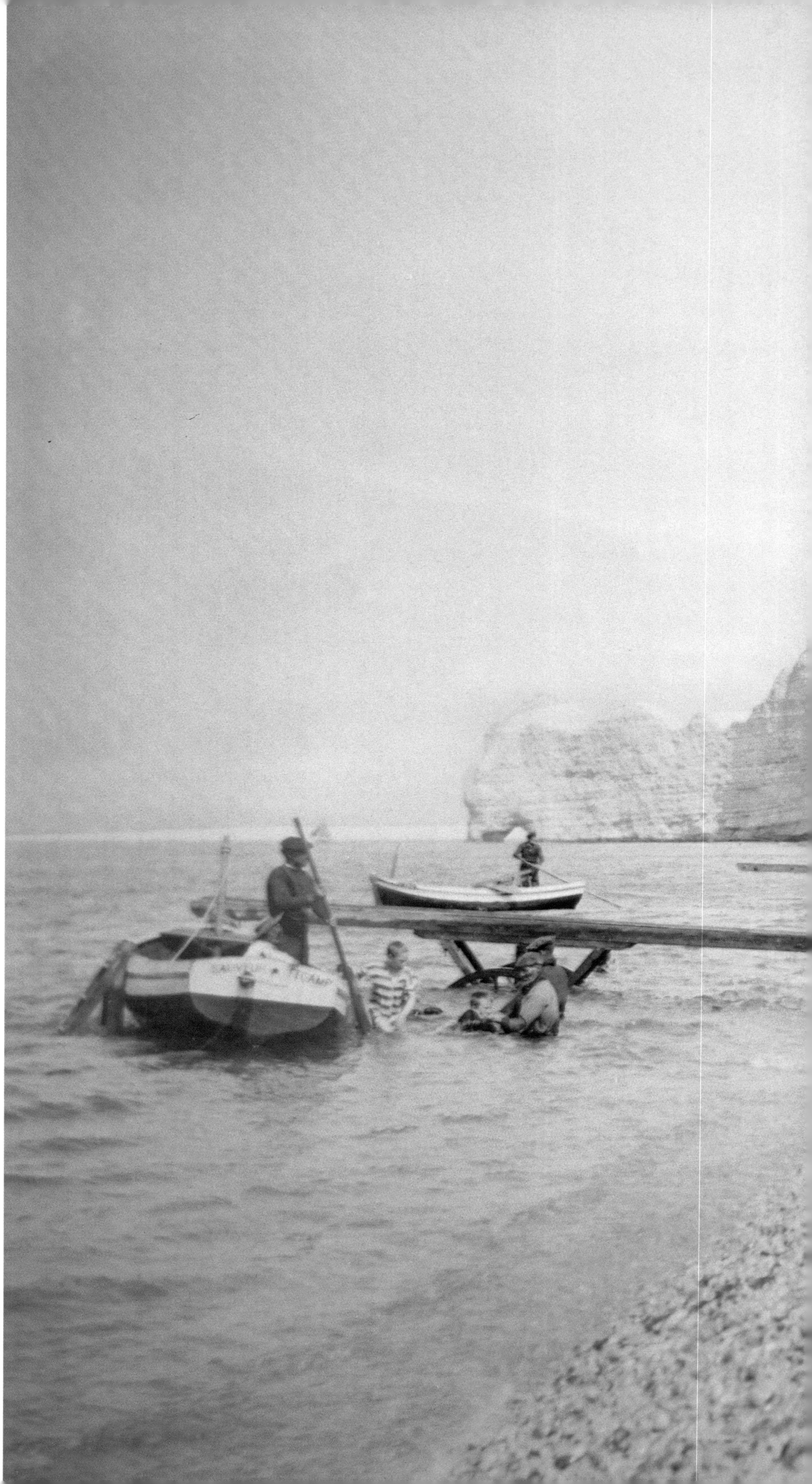

Photographe anonyme.
Les Bains, 1895, 13 x 18 cm.
COLL. JOSEPH DELARUE © C. DES BROSSES.

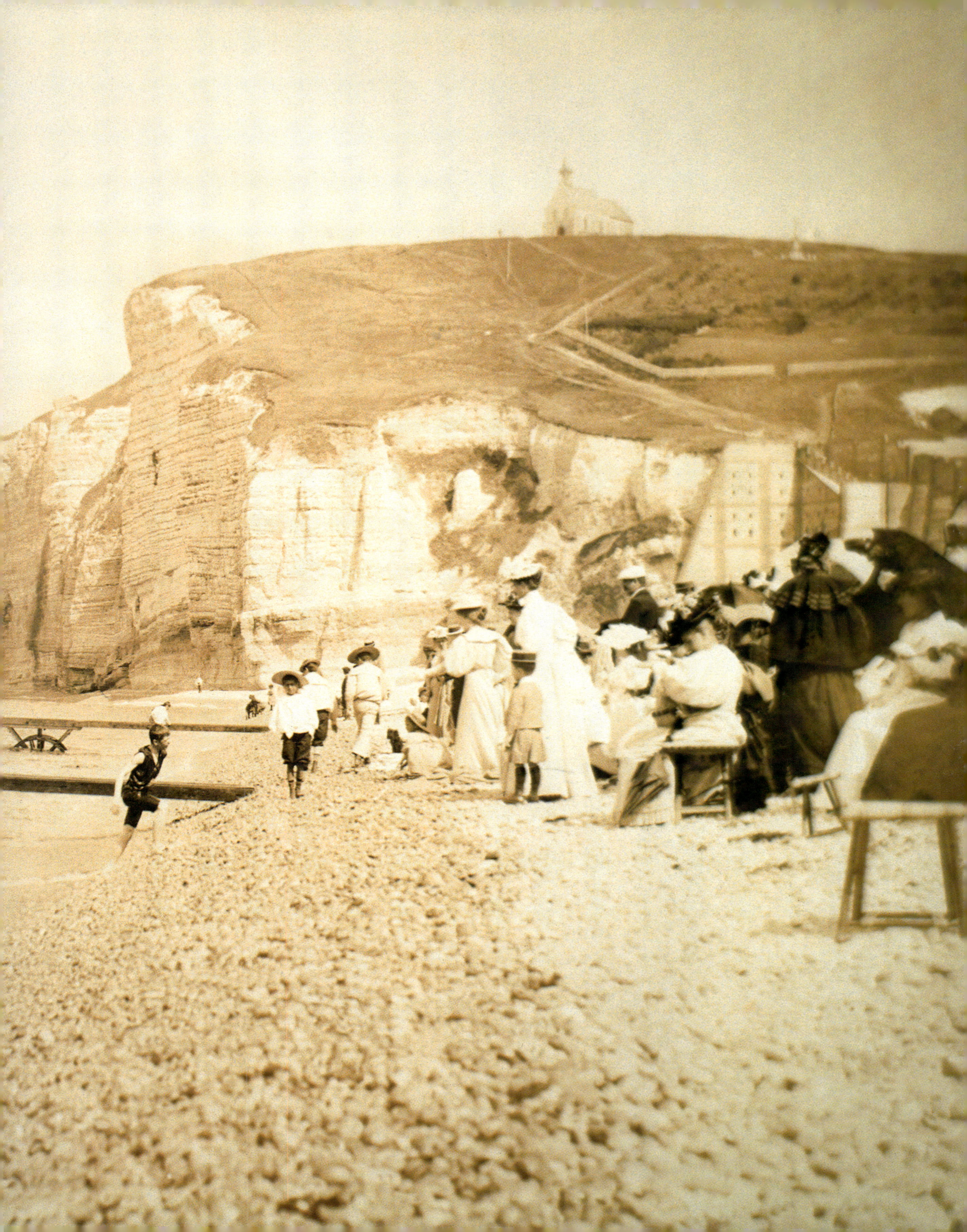

ETRETAT
DE LA PECHE AUX BAINS

A l'aube du XIXe siècle, Etretat n'est qu'un simple port de pêche. On compte huit cents habitants en 1806 (les pêcheurs sont sur les vaisseaux de l'Etat), mille cinq cent soixante habitants en 1826 dont quatre-vingt pour cent vivent de la pêche. Etretat est un port naturel, une anse protégée par ses deux magnifiques portes et a la singularité d'être un port d'échouage, sans véritables infrastructures portuaires hormis des cabestans pour remonter les bateaux sur les galets. Seules de petites unités sans quille peuvent être remontées sur la grève. Ce sont les fameuses caïques, bateaux à la coque très ronde sur lesquels embarquaient huit marins. Une quarantaine d'unités compose la flotte d'Etretat à laquelle il convient d'ajouter un nombre égal de canots, qui sont des embarcations plus petites, à équipage réduit, destinées à la pêche rapprochée. Cette technique d'échouage réclame une main-d'œuvre très importante pour *virer* les cabestans et crée des relations sociales très particulières entre les différentes familles. En effet, le pêcheur à Etretat ne peut se passer de son voisin car les coups durs ne sont pas rares, et *terrir* est souvent difficile. Ce sont les femmes et les enfants qui manipulent le cabestan. Ce travail de force exige au minimum une douzaine de personnes pour la remontée d'une caïque sur les galets.

La pêche pratiquée de cette manière n'a jamais engendré de grosses fortunes. Etretat, en ce début du XIXe siècle, est un village sans richesses, entièrement tourné vers la mer et vivant au rythme des marées et des intempéries. Les hommes sont rarement au village d'autant que nombre d'entre eux partent sur le Grand Banc de Terre-Neuve, embauchés par les armateurs fécampois (au XIXe siècle on dit encore terre-neuviens). Beaucoup de ces hommes sont mousses depuis l'âge de treize ans. Les campagnes, d'une durée de neuf mois, de mars à novembre, se déroulent dans des conditions extrêmement difficiles. Tous ces terre-neuvas ne connaissent jamais la belle saison dans leur village. Quand ils reviennent de Terre-Neuve, ils aident leurs familles sur la caïque du père, du frère ou du cousin pour pêcher la sole, la morue, le hareng, le bar, le tourteau ou le bleu (homard). Les campagnes de pêche de ces caïques ne durent jamais plus de trois jours.

Les routes d'accès à Etretat, ou au Havre, ont de véritables fondrières. La diligence de Fécamp déverse ses voyageurs en haut de la côte de Saint-Clair et ceux-ci doivent achever leur périple à pied. Au centre d'Etretat, sur l'actuelle place du Marché, une ferme déverse son purin dans un ruisseau qui rejoint la mer.

Ces hommes du début du XIXe siècle sont restés à l'image de leurs aïeux du XVIe et du XVIIe siècle. Ni les habits, ni le patois, ni le matériel, ni les techniques n'ont changé. Ce que Morlet décrit en 1841 à propos d'Yport peut s'appliquer à Etretat : « *En un mot, Yport, c'est le Moyen Age, si l'on veut se faire une idée de ce qu'étaient nos pères il y a cent ans, il faut descendre chez ce peuple. C'est encore le même langage, le même costume, les mêmes mœurs qu'il y a un siècle ; les maisons sont construites de la même forme, les barques sont charpentées sur le même gabarit, les filets sont lacés sur le même moule, les fêtes de famille, les rites de l'église s'y sont conservés dans toute leur splendeur.* »

La mer, seulement la mer qu'ils affrontent jour après jour avec la bénédiction de la vierge des marins (voir l'article du « Bulletin d'Etretat » du 10 juillet 1862 à l'occasion de l'installation du tableau destiné à la contre table de l'autel de la chapelle des marins). Pour beaucoup cette bénédiction n'a pas suffi, ni les noms si pieux et si charmants des caïques. Le 7 décembre 1879, le *Dieu protège l'orphelin* n'a pas tenu sa promesse en coulant à peine sorti d'Yport avec les six hommes de l'équipage. Pas de famille sans naufragé,

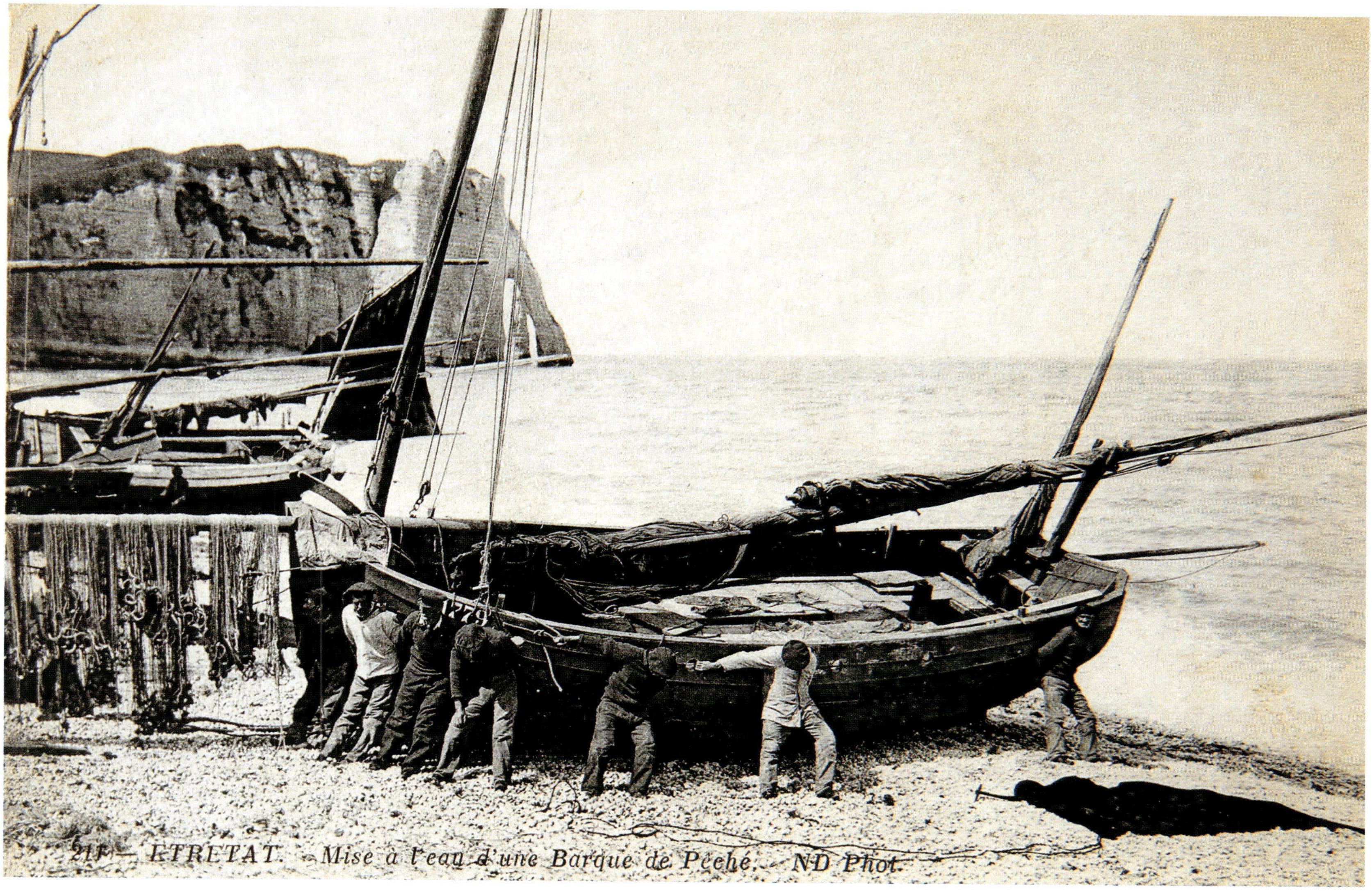

La Mise à l'eau d'un canot, carte postale. COLL. PRIVÉE, © C. DES BROSSES.

pas de fond de cour sans veuve. On ne sait rien faire d'autre à Etretat qu'aller à la mer, ramender les filets, calfater, vider et vendre le poisson, mais on le fait bien. Les Vatinel, les Coquerel, les Duclos, les Vallin sont là depuis le XVIIe siècle. Le fils exercera le métier de son père et ses enfants le relaieront, tout simplement parce qu'il n'y a rien d'autre à faire et que l'on entre dans la pêche dès que l'on quitte le berceau, comme ce fut le cas pour Eugène Boudin.

Le patois constitue une véritable barrière d'incompréhension entre ceux d'ici est ceux d'ailleurs. Michèle Schortz, dans une magnifique étude* sur le parler traditionnel d'Yport (village de pêcheurs à une douzaine de kilomètres au nord d'Etretat) publiée en 2002, montre combien ce dialecte semble incompréhensible à ceux des environs. Les gens du plateau ne comprennent pas ceux du littoral, des barrières linguistiques séparent même les populations des différents quartiers de Fécamp, chacun cultivant sa particularité d'appartenance à un lieu précis. L'auteur rappelle qu'à cette époque beaucoup ne s'aventurent jamais à plus d'un kilomètre de leur domicile, souvent par peur de ne rien comprendre. Il est vrai qu'entre les gens de la terre et ceux de la mer il y eut toujours plus de suspicion que de compréhension, les pêcheurs se plaisant à répéter « *Paysan de métier, marin de fortune* ». Marins et paysans sont des Cauchois qui n'ont pas le même patois. Les marins étretatais et yportais parlent la même langue, mais la prononcent différemment et se méfient beaucoup du village voisin. Les conflits sont donc microgéographiques. Le voisin le plus proche étant déjà considéré comme un étranger, il est facile d'imaginer ce que représente un Parisien aux yeux de ces gens totalement sédentarisés. Les Etretatais se servent amplement de ce patois pour ne pas communiquer avec ceux qui s'en viennent prendre leur territoire. Laissons parler quelques témoins de cette étude pour le plaisir de s'immerger dans la richesse de cette langue.

* « Le Parler de Senneville-sur-Fécamp », Acta Universitatis Upsaliensis, Uppsala, 1998.

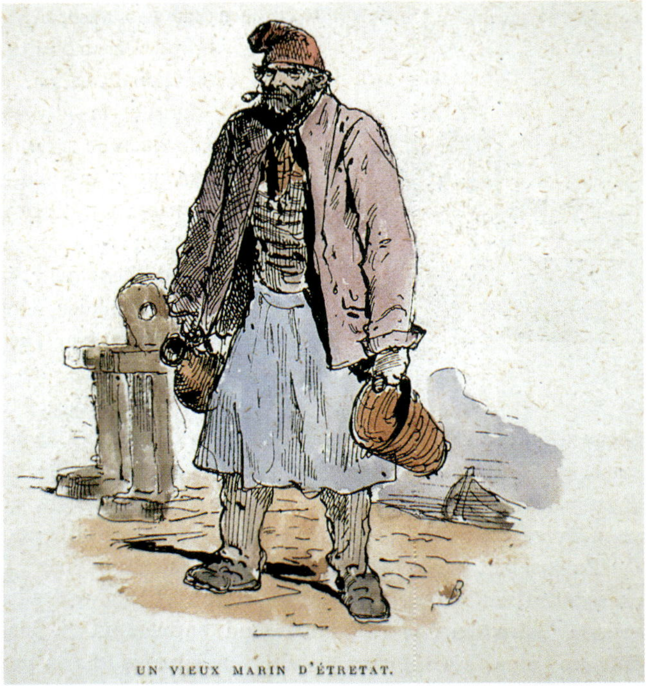

Un vieux marin d'Etretat, XIXe siècle, gravure sur bois de Bertall. COLL. PRIVÉE, © C. DES BROSSES.

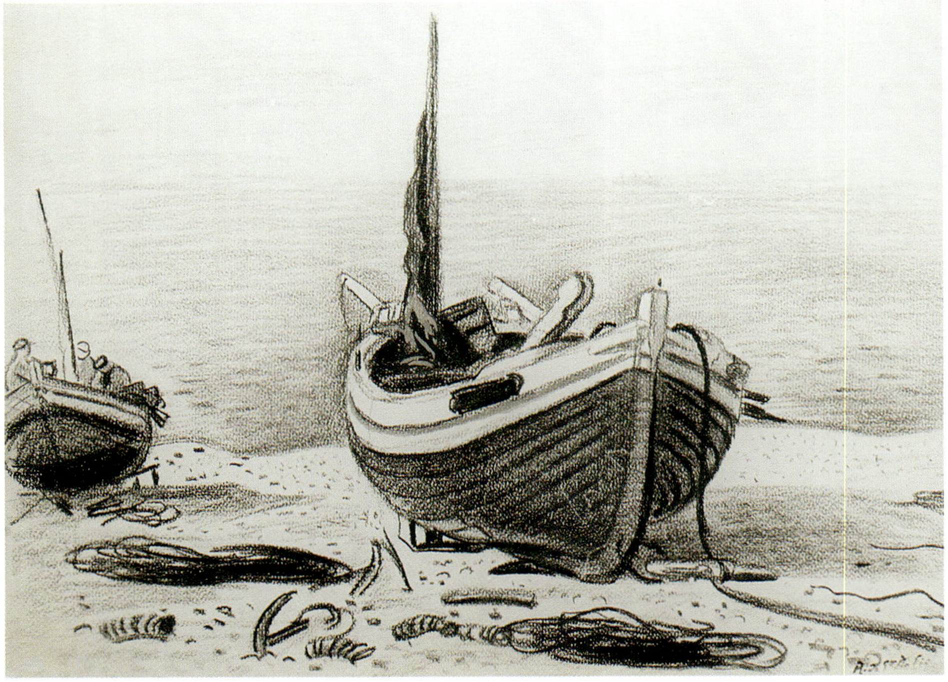

René de Saint-Delis. *Canots sur la plage*, dessin. COLL. PRIVÉE, © GALERIE BRUNO DELARUE.

Celui-là raconte les matins d'hiver quand il était écolier : « C'était dur de se lever quand on était *houleu* (caché) dans son lit / mais fallait se *déhouler* (sortir) / y avait pas de douche / on se *débrouillait* (débarbouillait) avec une *main* (gant de toilette) / on se peignait avec le *déméleux* (déméloir) / fallait que la *raillette* (raie des cheveux) serait bien *drète* (droite) / et pas question d'*avé* (avoir) des grands *pias* (cheveux). » Quand il ne va pas fort, il dit « *é sieus* (je suis) *point dru* » et les autres lui trouvent « *une figüe de pumssenlit* » (figure de pissenlit). De celui qui ne va pas bien on dit « *in'na pou s'n'ours* » (*il en a pour son ours*, il a perdu la santé). La femme qui a ses règles dit simplement « *J'ai mes ours* » et si elle n'est pas satisfaite de son mari dira « *é sieus* (je suis) *bié* (bien) *hâquée* (lotie) avec *cheu* (ça) ». A la naissance d'une fille on dit « *c'est une poulie coupeille* (coupée) ».

Ce n'est qu'au retour de la guerre de 14-18, pendant laquelle les officiers eurent bien souvent du mal à comprendre leurs troupes, que les patois tendront à disparaître.

Tous les pêcheurs ont des sobriquets. Pée Berlingot sera le père de Ti Berlingot qui ne sera connu que par son surnom. Impossible de résister au plaisir de citer quelques surnoms d'Etretatais : Pée Courbé, Le grand séquot, Louis XIV, Crotte, Bécoteux, Catouillé, Dingueux... Les gamins sont délurés et apprennent vite le métier en aidant les aînés, ce sont les mousses, tous plus ou moins cousins. Ils se tiennent toujours sur la plage à attendre de pouvoir donner un coup de main, soit pour *virer* un bateau, soit pour aider à *débroquer* les filets en échange d'un poisson. Cette population, jusque vers les années 1840, habite de simples maisons sans étage, les toits recouverts de chaume et les murs faits de torchis. Les nombreux enfants (les *piots*) s'entassent souvent dans une seule chambre. Ce n'est que vers 1840 que les toits se couvrent d'ardoises. Ces maisons se serrent par îlots dans des cours qui ont chacune plus ou moins bonne réputation et sont de véritables villages à l'intérieur du village. La vue sur mer n'est pas recherchée, bien au contraire : à terre, le marin se veut en sécurité et protégé des intempéries.

Ce temps est à la fois si proche et si différent qu'il est difficile de l'imaginer. On peut cependant comprendre l'étonnement des premiers voyageurs – ces gens de la ville – qu'envoûte le pittoresque. Car c'est bien sûr de pittoresque qu'il s'agit. Etretat est un univers qui ne ressemble à nul autre. Et si beau. Double magie du paysage et de l'habitat.

Les premiers venus sont des artistes, peintres et écrivains en quête d'un ailleurs. Ces « hommes de l'art » cherchent tout à la fois d'autres rivages géographiques mais aussi spirituels. Etretat les comblera. Ils ont nom. Isabey, Le Poittevin ou Alphonse Karr. On les appelle les *découvreurs*, ce n'est pas pour rien... En réalité ils inventent un territoire au même titre qu'un archéologue invente un site. Un autre regard se pose pour la première fois sur ce monde clos. Et pas n'importe quel

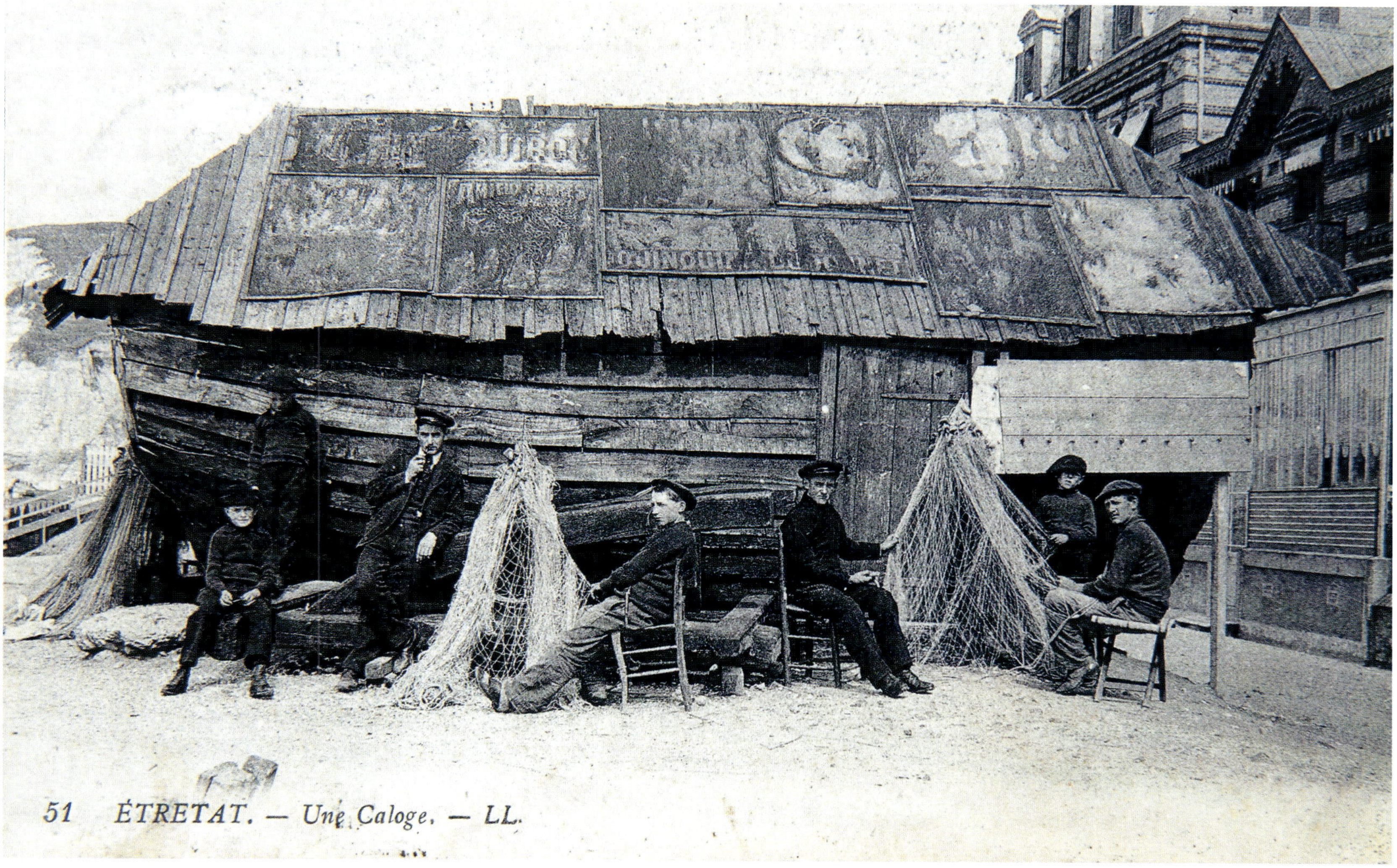

Carte postale. ***Une caloge.*** COLL. PRIVÉE.

regard – celui de gens dont c'est le métier de regarder, d'observer, de réfléchir et de transcrire ce qu'ils voient. Ces *découvreurs* sont vite suivis par d'autres artistes : en 1837 déjà, l'hôtel de M. Blanquet s'appelle l'*Hôtel des artistes*. Ils sont accompagnés de gens importants (banquiers, acteurs, chanteurs, industriels...) pour lesquels il est vital de suivre la mode. De village de pêcheurs, Etretat très vite se transforme en lieu de villégiature et bientôt en ville balnéaire à la mode. La plage se scinde rapidement en deux. A l'ouest, le *Perrey des manants*, réservé aux pêcheurs, vers l'est, celui des estivants, interdit aux pêcheurs. Pour y accéder, il faut s'inscrire auprès de l'un des trois entrepreneurs qui se disputent la concession des bains. Le *Bain Mathurin-Lemonnier* est le plus prisé des artistes. Ses maîtres baigneurs sont la coqueluche des dames. Le plus célèbre porte le nom magnifique de Zéphir Coquin. Trois rangées de cabines de bain alignées sur la plage la transforment totalement. Des plongeoirs mobiles sont installés que l'on recule ou avance au rythme de la marée. A Etretat les hommes et les femmes peuvent se baigner ensemble, une rareté sur la côte. Mais la coupure entre gens du village et estivants n'est pas seulement géographique. Dans le village se croisent les *pays* et les *horsains*, qui ne se mêlent guère. Des séquelles de ce ressentiment existent encore, quelque cent cinquante ans plus tard. Il faut dire qu'en ce temps les bourgeois n'autorisent pas aux manants l'accès à leurs lieux de loisirs. Pour preuve, cette anecdote rapportée par Maupassant dans un texte, publié dans « Le Gaulois » du 27 août 1880, qui transcrit bien cette division du village en deux clans : *« Madame Constans a des bonnes – qui n'en a pas ? Mais, pénétrée de sentiments démocratiques, Mme Constans ne veut pas s'amuser toute seule pendant que ses bonnes lavent la vaisselle. Donc elle leur dit, un soir de spectacle au Casino : "Mes chères subordonnées, vous allez vous mettre sur votre trente-un, et je vous paye, oui je vous paye la représentation."*

On lâche l'argenterie à moitié faite, et on se frotte les mains au lieu d'essuyer les assiettes ; puis on part, comme un régiment, "colonel", c'est-à-dire "maîtresse"

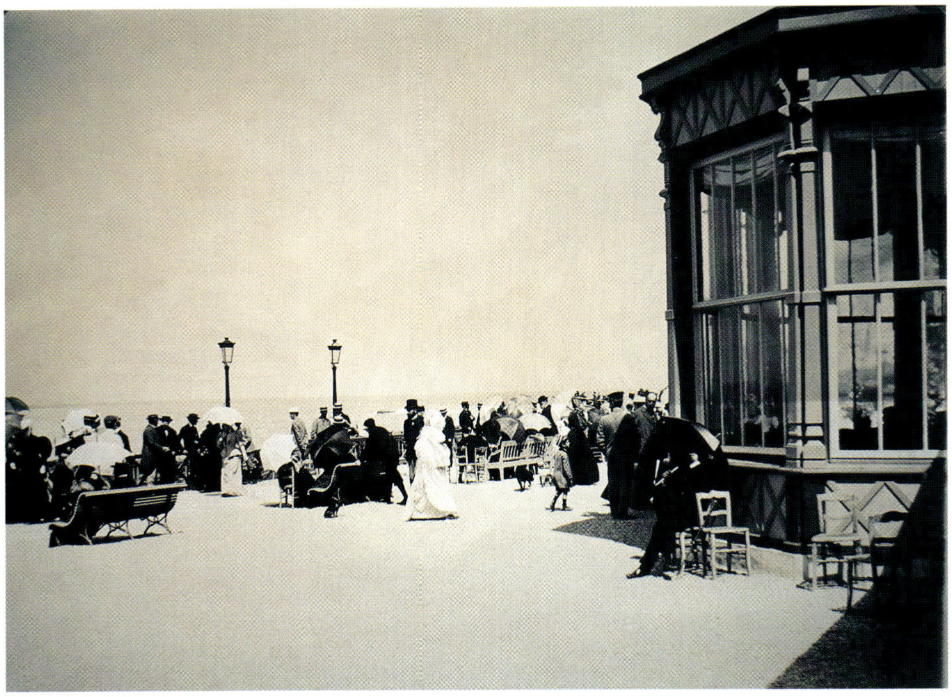

Photographe anonyme, *La Terrasse du casino,* 1895.
COLL. JOSEPH DELARUE, © C. DES BROSSES.

« On y flâne, flirte ou caquette
En chapeau, béret ou casquette ;
Les tennismen ont leur raquette,
Les femmes, leur air de conquête :
Un chic – à la bonne franquette ! »
Mars (in « Etretat-Album »)

en tête. On entre, on s'installe. Mais un surveillant de la salle, voyant les demoiselles de l'antichambre porter des manteaux sur leurs bras, s'approche sournoisement, leur demande leur profession, et, l'ayant apprise, exhibe le règlement. Il est formel, ce règlement tyrannique, dernier débris des monarchies passées : "Les domestiques, sous aucun prétexte, ne peuvent entrer dans la salle." Et l'on expulse les pauvres filles comme de simples jésuites. » Maupassant est un merveilleux chroniqueur de la vie étretataise. Ses textes nous sont d'une grande richesse pour comprendre à la fois la vie mondaine de la belle époque mais aussi celle du Cauchois traditionnel.

Mars, quant à lui, dans son « Etretat-Album », note que se mêlent les Parisiens et les pêcheurs : « *Contrairement à ce que l'on observe en pas mal d'endroits, le marin d'Etretat – loup de mer, c'est certain – n'est point un ours ou un de ces mollusques recroquevillés dans leur bêtasse isolement, et que l'on ignore radicalement après trois mois de séjour comme si l'on était arrivé de la veille, mieux encore, qu'on n'en eût jamais même soupçonné l'existence !* » Mais il ajoute aussitôt : « *Que pour quiconque est avide de pittoresque, ces braves gens sont certainement une des attractions primordiales de la captivante station.* »

Ces *découvreurs,* qui sont-ils ? Des peintres naturalistes ou romantiques à la recherche de pittoresque et de sublime. Au contact des Anglais venus en Normandie, ils ont compris le besoin de se frotter au paysage, de peindre la nature telle qu'elle est réellement et non plus transposée selon les préceptes classiques. Le Poittevin, qui avait la chance d'avoir des moyens financiers, construit un atelier devant la mer, face au *Perrey des manants* et au plus pittoresque des sujets, toute cette vie, toutes ces couleurs qui n'existent nulle part ailleurs. C'est de cet atelier que Courbet peindra la série des *Vagues.* Avec son ami Isabey, ils se délectent de tant d'occasions de peindre même si Isabey, bien souvent encore, recompose ses tableaux à partir de morceaux de réalité quand Le Poittevin prend plaisir à noter le moindre détail.

L'afflux d'estivants, la transformation rapide du village avec toutes les nouvelles constructions, marquent d'évidence la fin d'un monde que l'on croyait immuable. Ils le comprennent. Le pressentiment du monde moderne est peut-être leur plus grande qualité. « *Courons vers l'horizon, il est tard, courons vite* », écrit Baudelaire. Quand ils arrivent à Etretat, la photographie n'est pas encore inventée. Ils sont donc les seuls avec les écrivains à pouvoir témoigner. Plus pour longtemps.

En 1837, le voyageur allemand Jacob Venedey, en quête de sublime, compare les falaises à un temple de Dieu. Les mots gouffres, tumulte, tourbillons, parsèment son récit. Le périple en Normandie comble ce romantique.

Alphonse Karr, arrivé à Etretat pour la première fois en 1833, décrit avec passion dans « Le Chemin le plus court », publié en 1838, les merveilles naturelles

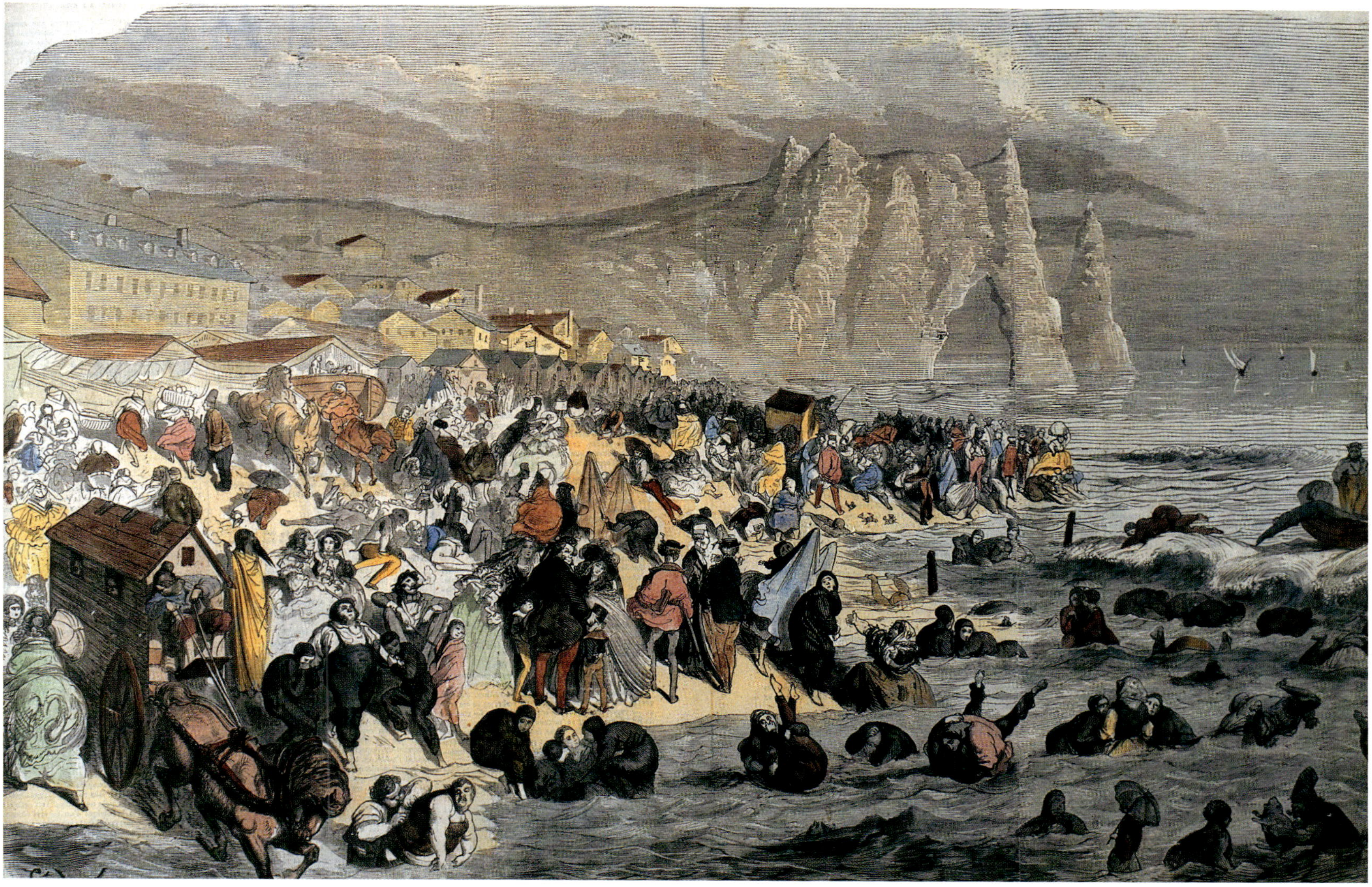

Les Bains de mer - plage d'Etretat, composition humoristique, Gustave Doré, gravure tirée du « Journal illustré », 1867. ETRETAT, COLL. PRIVÉE, © C. DES BROSSES. « Dans certains cas, on se sert de voitures dont la caisse offre un cabinet fort commode, et la cave est une baignoire à claire-voie qui s'emplit en faisant avancer la cabine dans l'eau. » Thèse en médecine du Dr Lefrançois, 1812.

d'Etretat et son authenticité. Il y raconte notamment les vieilles légendes et l'histoire de Romain Bisson, lequel se cacha dans un trou de la falaise pour échapper à la conscription. Ces histoires ne cesseront d'être reprises dans un dessein, souvent mercantile, de culture folklorique.

L'hiver, Etretat retrouve sa vraie nature avec ses catastrophes naturelles, tempêtes et orages, qui provoquent de terribles inondations comme celle de 1842. La mer, seule, décide du cours des choses. Mais chaque année, quand revient la belle saison, bains et mondanités règlent de nouveau l'espace et le temps. Les peintres sont aussi les témoins de cet univers où ils peuvent côtoyer leurs clients. Les gens du village profitent bien sûr de la manne. Les hommes sont maîtres baigneurs ou jardiniers dans les villas, les femmes s'occupent du ménage. En 1852, Etretat vient d'achever la route du Havre et accueille mille cinq cents estivants pour une population de mille huit cents habitants. Alors que Dieppe a construit son casino en 1822, ce n'est que le 18 juillet 1852 qu'Etretat inaugure le sien. Et ce n'est qu'à partir des années 1860 que le village se transforme en ville balnéaire, bien après de nombreuses autres stations. Les artistes qui s'installent alors n'ont plus l'esprit de découverte. Plus que la nature, c'est la possibilité de rencontrer la bonne société qui les attire.

L'époque est belle, surtout pour les entreprises locales, les hôtels et les commerçants. Le travail abonde, l'argent coule à flots. Rien n'est trop beau pour cette clientèle huppée, désireuse de montrer sa richesse. Il est de bon ton d'avoir un artiste à sa table. Nous sommes aux grandes heures d'Etretat. Il est indispensable d'y venir et surtout d'y être vu. Concerts, opéras, tournois de tennis ou de golf, régates, récep-

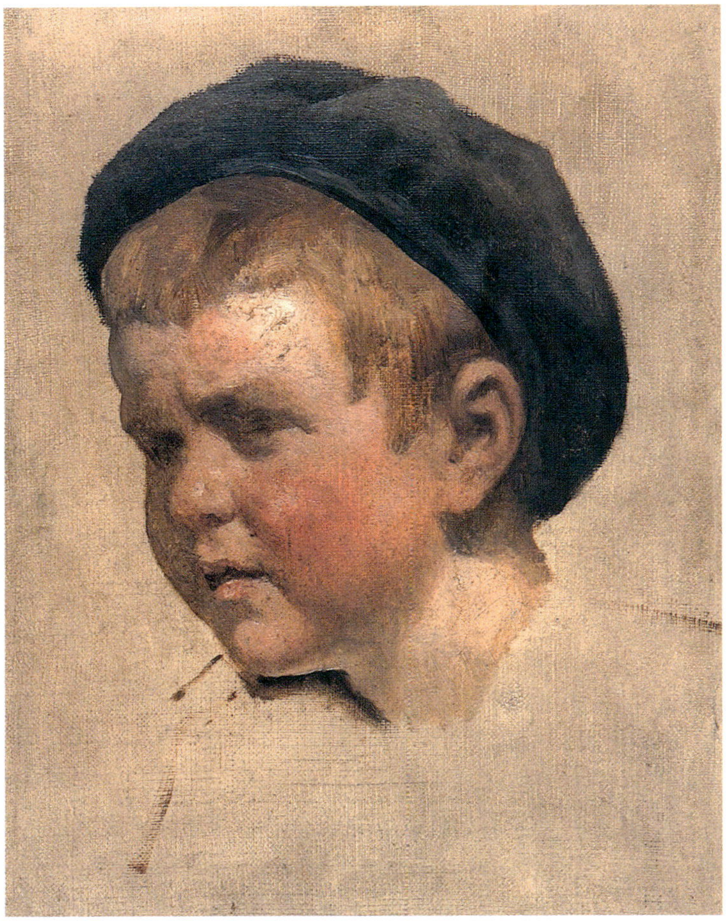

Léon Olivié. ***Enfant d'Etretat*****, 1895, 36 x 28 cm.**
© COLLECTION DU MUSÉE DE FÉCAMP, CLICHÉ IMAGERY.

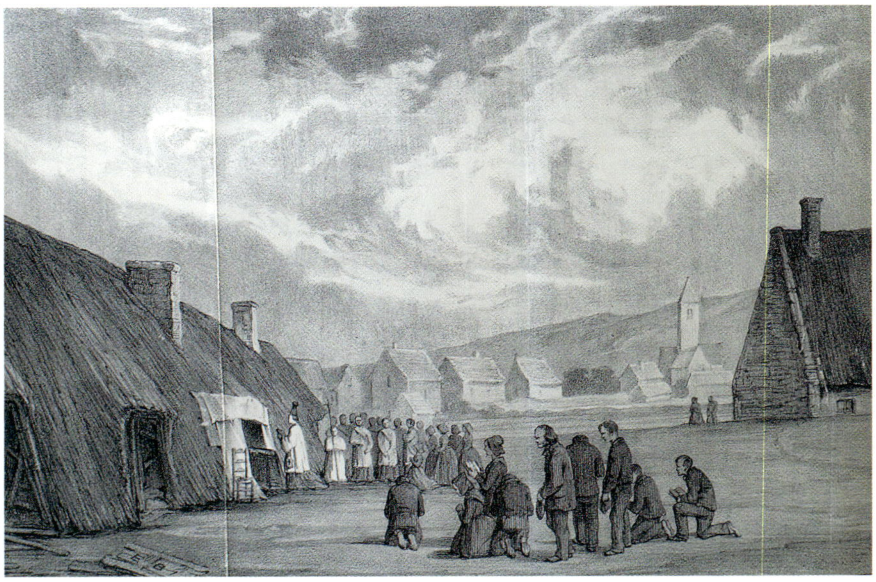

Etretat le lendemain de l'inondation de 1842**, lithographie par E. Berthelemy.** ETRETAT, COLL. PRIVÉE, © C. DES BROSSES.

tions grandioses chez Offenbach ou chez Diaz, bains de mer avec plongeoirs et périssoires, courses aux canards, bains chauds au casino, dès 1862 distraient ces estivants prêts à tous les excès. Toute cette bonne société se retrouve aussi à Gonneville-la-Mallet, chez M. Aubourg à l'*Hôtel des Vieux Plats*, ou chez la *Belle Ernestine* à Saint-Jouin-Bruneval. Dans ces deux auberges, dont les propriétaires sont d'étonnantes personnalités férues d'art et d'antiquités, les artistes sont accueillis à bras ouverts. Contre le couvert ils peignent sur des panneaux de portes d'armoires normandes qui recouvrent les murs de ces véritables musées. A Gonneville, Monet laissera deux représentations d'Etretat.

L'hydrothérapie enrichit des médecins pour qui science et argent font bon ménage. Le Dr P. M. de Miramont apparaît comme le promoteur le plus avisé de cette mode spéculative. Propriétaire d'une clinique, il publie en 1851 une « Notice sur les bains de mer d'Etretat, près du Havre ». Gustave Doré, qui n'est certainement pas venu à Etretat, a représenté dans une gravure truffée d'erreurs les bains de mer. La scène délirante, mélange de gens et de genres, contient la part de vérité que révèlent toutes les caricatures. Il est vrai que des personnages surprenants fréquentent Etretat. Le 2 septembre 1884, le prince hindou Bapu Sahib Khandara Ghatjay meurt alors qu'il est de passage avec son gendre le prince Sampatras. Le permis d'incinérer est demandé au maire Adolphe Boissaye, qui télégraphie au préfet que sans une réponse urgente l'incinération aura lieu. A minuit, un bûcher haut d'un mètre est érigé sur la plage, et le corps, après avoir été préparé, est brûlé devant quelques témoins. Le matin, arrive au bureau de poste d'Etretat une dépêche du préfet spécifiant *Incinération absolument interdite*. Le peintre et écrivain américain Henry Bacon (*Hôtel des Vieux Plats*, à Gonneville-la-Mallet) ainsi que Maupassant racontèrent cette scène peu ordinaire. Bacon en fit une gravure parue dans « L'Illustration » où l'on reconnaît, outre l'écrivain, le Dr Fidelin et le maire. A cet évènement exceptionnel a dû aussi assister Gaston Roullet, car une gravure sur bois a été publiée, inspirée d'un de ses dessins sur lequel est stipulé *D'après nature*. Une troisième gravure, dessinée par de Haenen d'après un croquis d'un certain M. L, représente le transport du cadavre sur la grève.

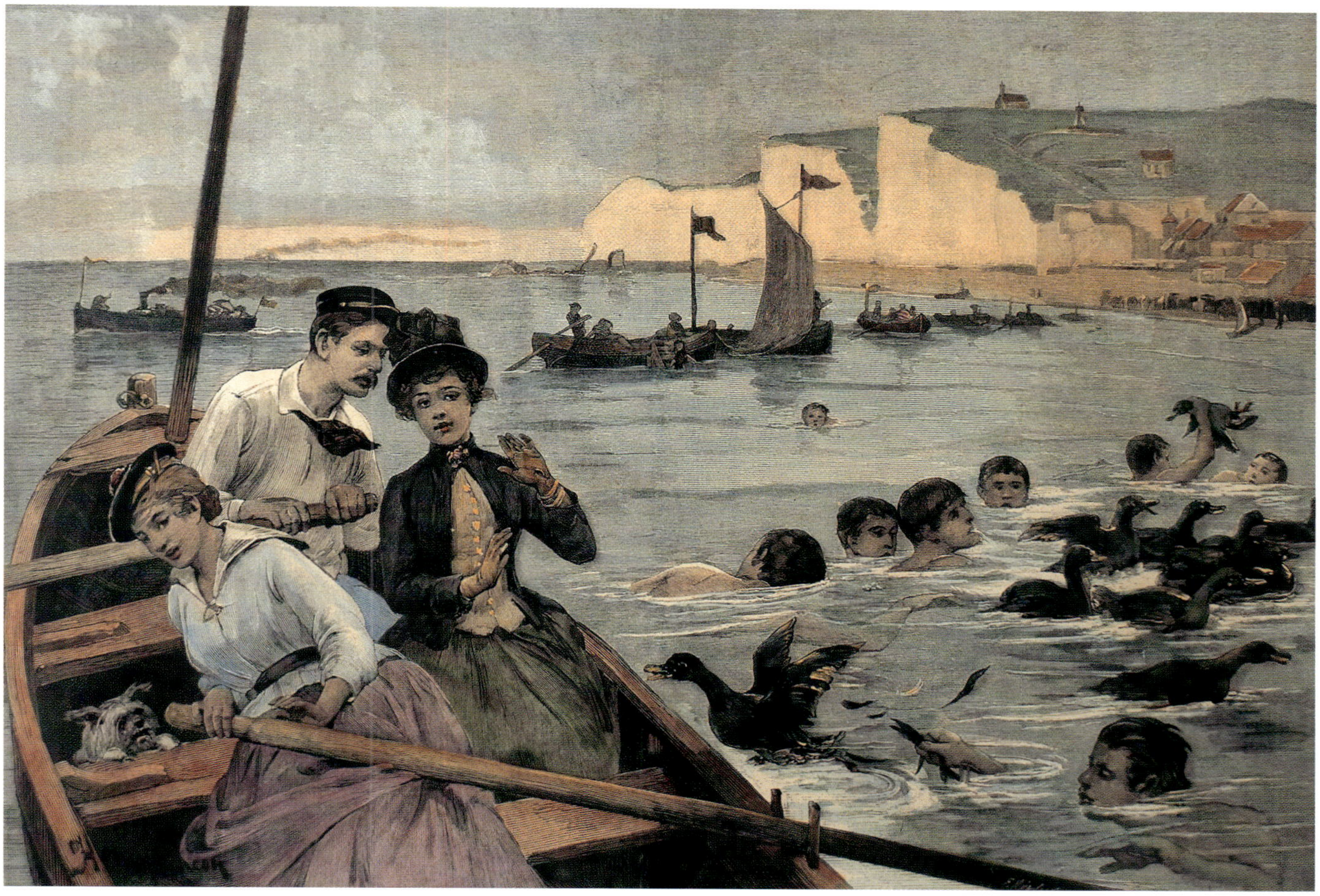

La Course aux canards, gravure sur bois d'Henry Bacon. COLL. PRIVÉE.

Etonnant personnage aussi que Dollingen. Ce savant qui fit construire *Le Donjon*, château fort plus vrai que nature à la mode de Viollet-le-Duc, poussa le réalisme jusqu'à enchaîner un squelette dans les caves. La « Gazette d'Etretat » du 23 juillet 1863 raconte, sous la plume d'un certain G. Delarue, qu'« *il l'avait peuplé de hiboux apprivoisés rapportés de Paris tout exprès et qui ont été, assure-t-on, dressés par le dompteur Crockett* » et de poursuivre que « *ce n'est pas la tempête qui avait enlevé la hampe du drapeau qui signalait sa présence aux fournisseurs, mais Dollingen lui-même pour simuler l'attaque de boulets ennemis* ». La même gazette relève que cette année-là, des tours fleurissent dans les maisons neuves, et que la mode pour les femmes est au chic oriental avec l'apparition du maillot turc. Enfin, la publication dévoile son vrai rôle en nommant tous les nouveaux arrivants, leurs qualités et leurs demeures. Le moindre artiste y est mentionné comme un personnage important. Ainsi apprend-t-on, au fil des numéros, la venue de MM. Havet, Lier ou Gaminade, artistes dont la notoriété n'a jamais dépassé cette rubrique mondaine. Pourtant Etretat a la réputation d'être une station où règne la simplicité, comme tente de le démontrer « La Gazette » du 17 septembre 1863 :

« *Le danseur : C'est la première fois, mademoiselle, que vous venez à Etretat ?*

La danseuse : oui et j'en suis ravie. Je viens de Dieppe, j'y renonce. On passe sa journée à s'habiller et à se déshabiller. Au lieu qu'ici deux toilettes seulement par jour, comme à la campagne. »

Malgré les ors du casino, la lumière du ciel Etretatais reste toujours aussi particulière et changeante. La qualité de ses gris séduit Boudin et Jongkind, qui convertissent Monet à ce spectacle de tous les jours. Ce dernier se soucie peu de la bonne société et laisse aux artistes mondains le soin de peindre la vie balnéaire. En fait ils seront peu nombreux à préférer le spectacle de la vie mondaine à celui de la nature. Quand il vient à Etretat, même Boudin, le spécialiste des scènes de plage, ne s'intéresse qu'à la falaise, aux laveuses ou aux bateaux, réservant pour Trouville ou Sainte-Adresse sa peinture commerciale. On n'échappe pas à la magie d'Etretat, et peu oublient de lui rendre hommage. Au Salon, tous les ans, Etretat est représenté, souvent par des artistes aujourd'hui oubliés et dont la présence sur ses cimaises fut certainement leur seule heure de gloire. Citons Diligeon en 1881, Dana, Ghika

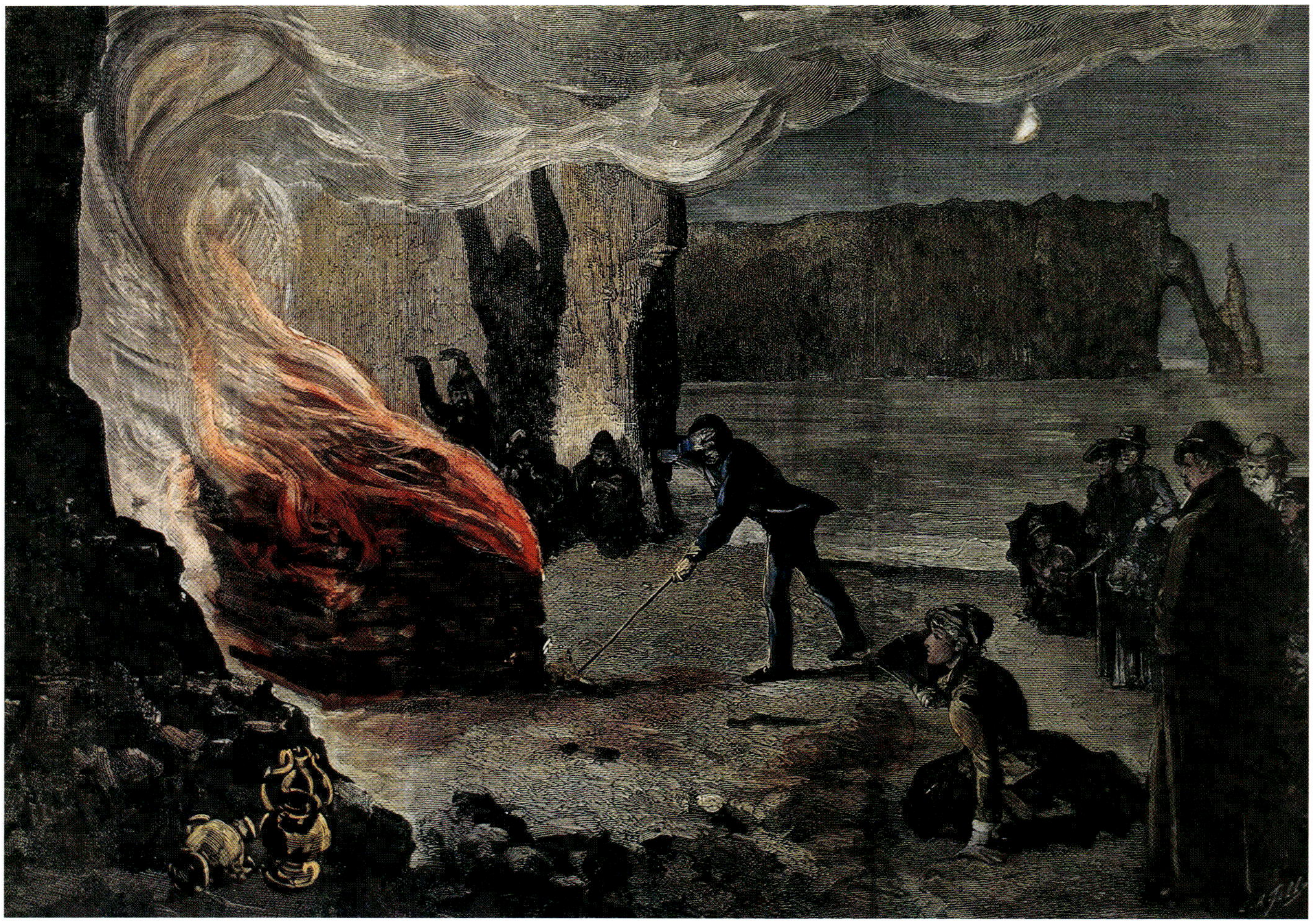

La Crémation du Prince Hindou, gravure sur bois d'Henry Bacon, gravée par E. A. Tilly, 21,5 x 30,5 cm. ETRETAT, COLL. PRIVÉE, © C. DES BROSSES.

et Hoffman en 1882, Renié en 1883 et Mademoiselle Fauve et Wislin en 1884. Leurs œuvres prouvent qu'Etretat est un passage obligé pour tout artiste qui veut se faire connaître, et qu'une multitude de toiles y furent peintes. Toutes les retrouver relève d'une gageure.

Les guerres, sur les lieux de villégiature laissent, des traces indélébiles et marquent toujours l'avant et l'après. Déjà Gabriel Ferry écrit dans le numéro 9 de « La plage normande », daté de juillet 1888 : « (...) *Depuis le krach, Etretat est en baisse visible. D'autres causes ont contribué à cette diminution de prospérité : les indigènes ont trop tendu la corde ; ils ont trop écorché la clientèle... Etretat est donc devenu une manière de petite ville ; et, comme toutes les petites villes, Etretat sent maintenant la province. C'est quelque chose comme Criquetot, agrandi, avec la mer au bout. Ceux qui se rappellent Etretat, il y a vingt ans, n'applaudissent pas à la transformation.* »

Si Etretat s'est à peu près relevé de la guerre de 14-18, il ne se remettra pas de la guerre de 1940, qui marque la fin de sa gloire. Occupé par les Allemands, Etretat voit sa plage faire partie intégrante du mur de l'Atlantique. Chevaux de frise, champs de mines et éléments antichars transforment ce qui fut un paradis en un enfer. Pire, le casino est détruit ainsi qu'en 1942 une partie du magnifique hôtel *Les Roches blanches* au prétexte d'élargir l'angle de tir d'un canon. Il sera entièrement rasé à la fin de la guerre. En 1945, le front de mer n'est plus que ruines. Les blockhaus nichés dans les falaises restent les tristes témoins de ces années noires. L'architecture balnéaire ne sera jamais reconstruite. Ce qui sera rebâti avec les dommages de guerre porte bien son nom... dommage !

Les artistes vont dédaigner Etretat pour d'autres lieux. Au Salon de 1913, sur quatre mille cent cinquante-cinq numéros, aucun tableau n'a pour thème Etretat. Yport ne sera représenté qu'une seule fois, par A. Strauss avec *Jeune femme sur la falaise* (n° 1 696). Idem en 1928 où une certaine Mme Jeanne Mourolin-Corbel présente, sous le n° 1 495 *Yport-sur-mer (temps gris)*.

En 1915, René de Saint-Delis est soigné à l'hôpital installé dans l'*hôtel des Roches blanches*. Il y rencontre sa future femme, infirmière, et s'installe définitivement

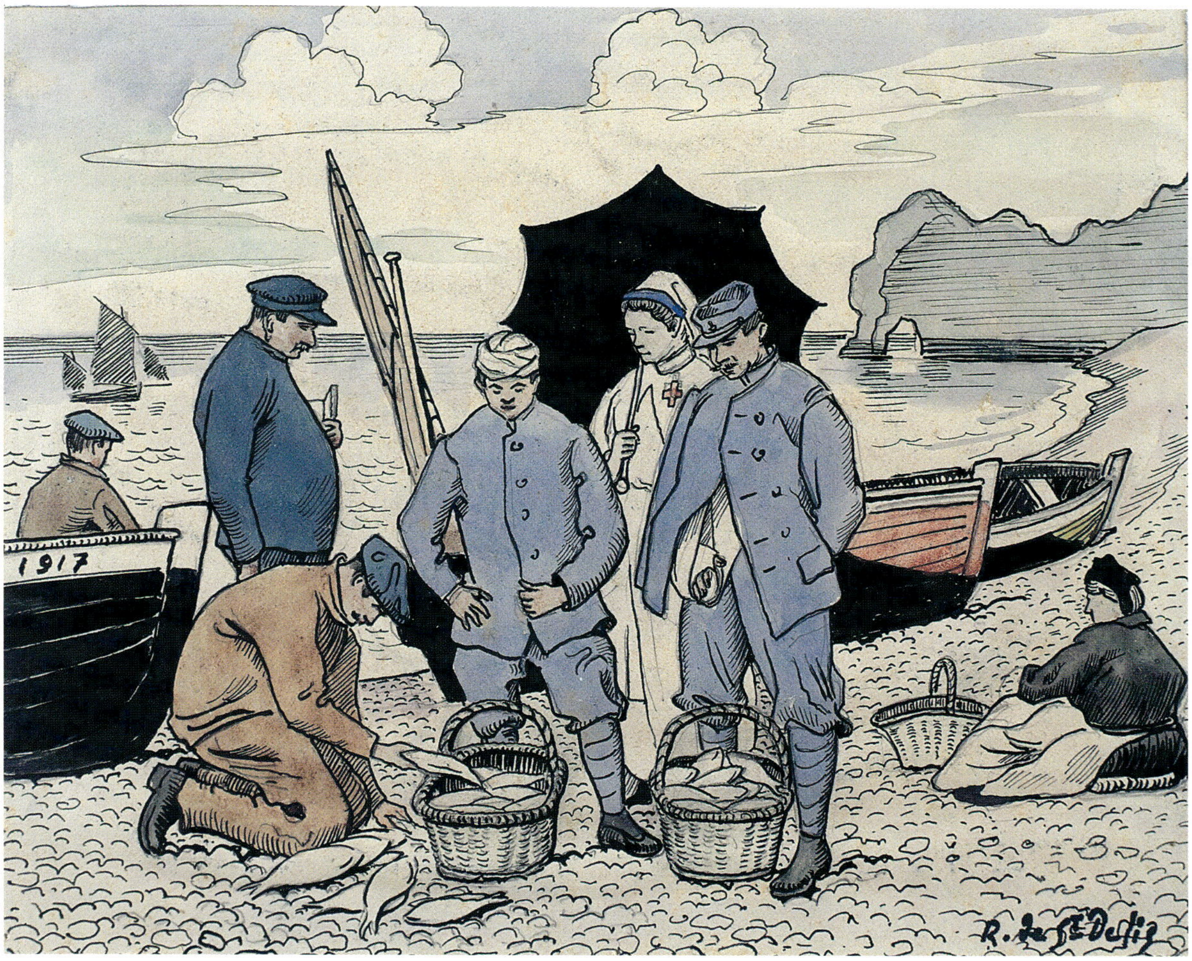

René de Saint-Delis. *Soldats en convalescence sur la plage*, gravure sur bois aquarellée. COLL. PRIVÉE, © C. DES BROSSES.

à Etretat. Dernier témoin de la grande époque d'Etretat, il peint et dessine de nombreuses aquarelles et croquis qui montrent le village mutilé et le désœuvrement des soldats blessés. Tout autant que les ravages de la guerre, l'année 1936 et le Front populaire, avec l'apparition des congés payés, entraînent le déclin d'Etretat. L'arrivée des trains de plaisir déversant leurs flots d'ouvriers inciteront la bonne société à trouver d'autres lieux plus paisibles et surtout plus préservés. L'industriel de Bolbec ou de Rouen n'a pas envie de se baigner en compagnie de ses ouvriers. La Côte d'Azur va récupérer cette riche clientèle en même temps que se développe le goût pour le soleil. Le bronzage, qui caractérisait jusqu'alors manuels, ouvriers et cantonniers, devient l'apanage de la classe aisée. Sur la côte d'albâtre, seul Deauville saura conserver une clientèle luxueuse. Etretat redevient une plage plus familiale, aimée passionnément par quelques *vieux galets* propriétaires de villas, qui tous se connaissent. Les mariages sont nombreux entre ces familles aux souvenirs d'enfance communs.

Quant à la pêche, il n'en reste plus grand-chose. Les dernières caïques vieillissent et ne sont pas remplacées. La rentabilité n'est plus possible à l'heure de l'essor de la pêche moderne. Le chalut a eu raison du *shavania*. Restent quelques plates et doris et quelques rares canots. Les cabestans sont électrifiés. Les *caloges* deviennent attractions touristiques. Les inscrits maritimes ne sont plus qu'une poignée. Ne sortent en mer que les terre-neuvas à la retraite. La pêche devient un passe-temps. La société des loisirs à Etretat est définitivement installée.

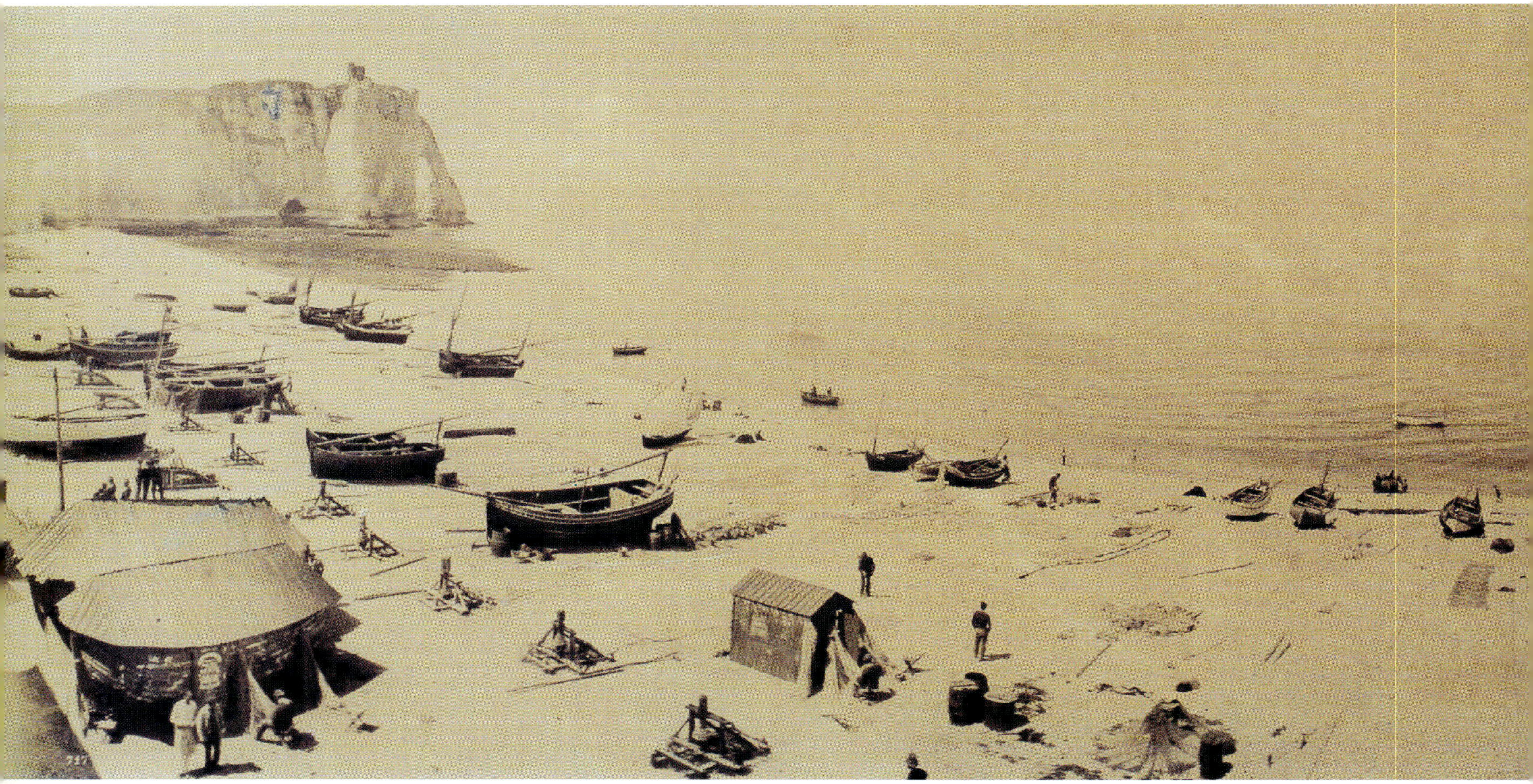

Photographie panoramique du XIXe siècle.
COLL. PRIVÉE, © C. DES BROSSES.

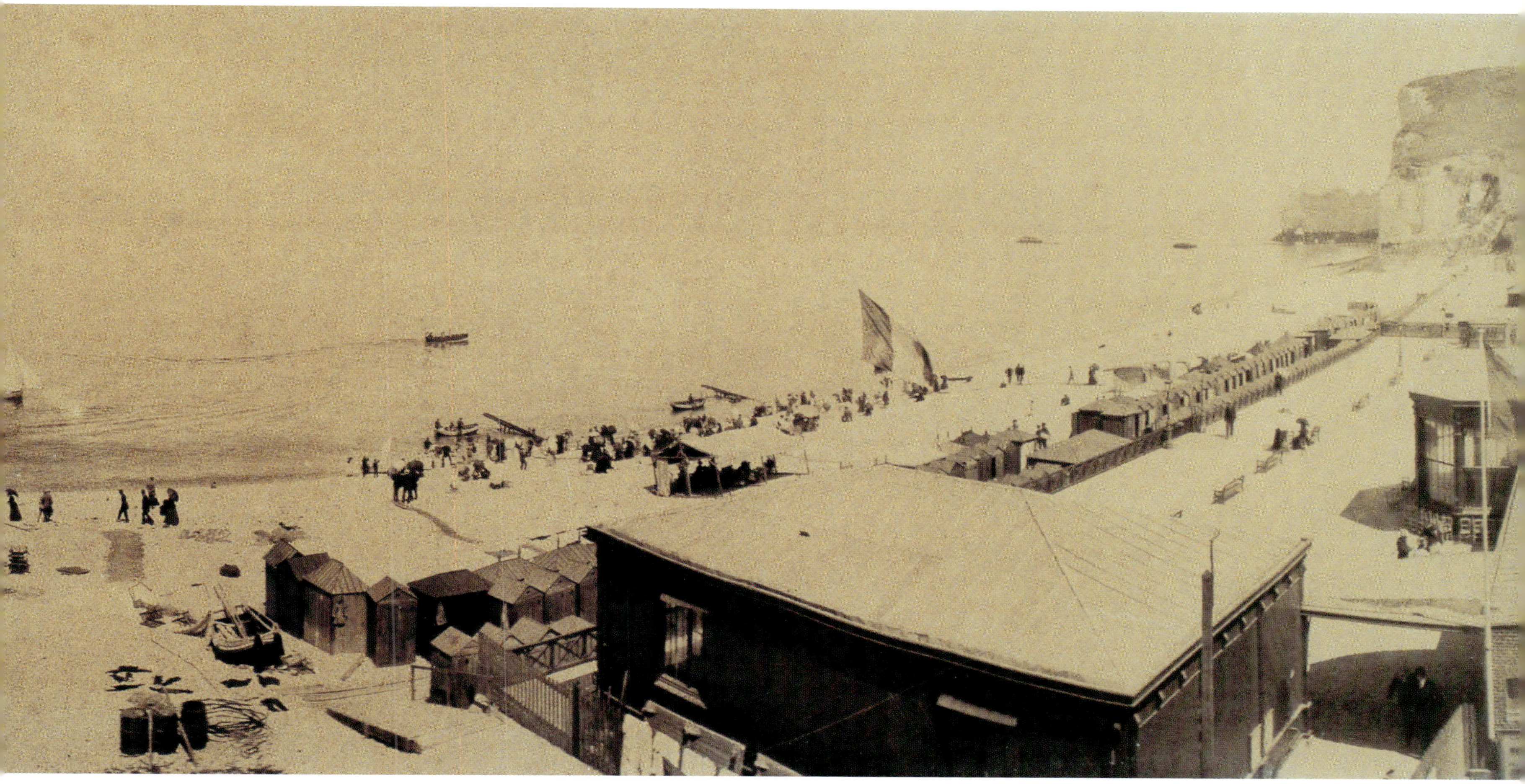

LE SENTIMENT DE LA NATURE

En 1822, Eugène Isabey arrive à Etretat. Comme tout artiste romantique, il ressent le besoin de se confronter à la puissance de la nature. Ce n'est pas un hasard, mais la réponse à l'évolution lente de la notion de paysage et du sentiment de la nature commencée à la fin du XVIIe siècle. Le regard du peintre répond à un réel phénomène de société, autant philosophique que social. L'artiste n'est jamais impunément l'enfant de son siècle. Novateur, il témoigne du mouvement des idées.

Cette même année 1822, Deperthes, dans son « Histoire de l'art du Paysage », distingue encore deux catégories : le paysage champêtre et le paysage historique, d'ordre supérieur, que tout artiste doit s'efforcer d'atteindre. Et que recouvre le paysage historique, sinon le décor composé de fragments de nature où peut se dérouler une action morale.

La peinture de paysage, qui en 1820 n'était toujours pas reconnue par l'Académie des beaux-arts[1] (elle ne décernera ce prix qu'en 1869), deviendra le genre le plus représenté de toute la peinture du XIXe siècle. En 1850 elle arrive au deuxième rang des achats de l'Etat. Un petit retour historique sur l'apparition du genre est nécessaire pour comprendre comment tous ces artistes du romantisme, de l'école naturaliste et du réalisme ont regardé et surtout transcrit le site d'Etretat.

Au XVIIe siècle, la peinture de paysage n'est pas un genre, elle ne s'étudie qu'à travers les œuvres des maîtres anciens. Il est impossible pour un artiste désirant prétendre au statut d'artiste officiel de présenter autre chose qu'un sujet historique, mythologique ou un portrait.

Le goût pour le classicisme, l'ordre, la perspective ne peut se satisfaire du désordre de la nature. Les jardins, ces morceaux de nature, sont dessinés comme de véritables architectures. La nature se plie à la volonté du jardinier ; tout y est aligné, coupé, taillé de sorte que l'homme en est le maître absolu. Se développe même le goût pour les labyrinthes, où l'homme s'amuse à se perdre dans une nature ordonnée. Cette mode pour les jardins *à la française*, dont Le Nôtre sera le théoricien, répond au goût d'idéalisation du réel. Le principe étant de prendre à la nature ce qu'elle a de meilleur et de la façonner selon des règles définies. Ainsi les peintres du XVIIe siècle, dans les scènes mythologiques, recomposent un paysage, plus conçu comme un décor théâtral que comme lieu de l'action.

Au XVIIIe siècle, la haute aristocratie s'ennuie. La cour devient un lieu de paresse. Pour occuper ce temps vacant, elle s'invente de nouveaux jeux dont l'un, qui deviendra fort à la mode, consiste à imiter les paysans dans des scènes pastorales. C'est ainsi que nos bons aristocrates s'en vont à la clairière déguisés en fermières et fermiers, et que Marie-Antoinette fait construire son *hameau* à Versailles. De nombreux tableaux, sous le terme charmant de « scènes galantes », nous montrent ces frivolités très « fin de règne ». Mais peut-on parler vraiment de sentiment de la nature ? Certainement pas encore. Cependant, apparaît pour la première fois la notion de loisirs, indispensable au développement de ce nouvel engouement pour la nature. Elle sera pour les classes plus humbles une conquête sociale caractéristique de l'élévation du niveau de vie.

Au milieu du XVIIIe siècle, la peinture de marine, est très prisée des collectionneurs français. Ce genre, né aux Pays-Bas dès le milieu de XVIIe siècle, fut importé en Angleterre par les artistes hollandais après la récession économique de 1672, quand la marine hollandaise

1. Le plus ancien paysage connu d'où la forme humaine est totalement absente est *Le Sous-Bois*, du peintre flamand Gillis III Van Coninxloo (1544-1607), conservé au Kunsthistorishes Museum de Vienne, qui est en soi un manifeste. Dans cette œuvre la forêt mérite l'attention du spectateur pour sa richesse propre.

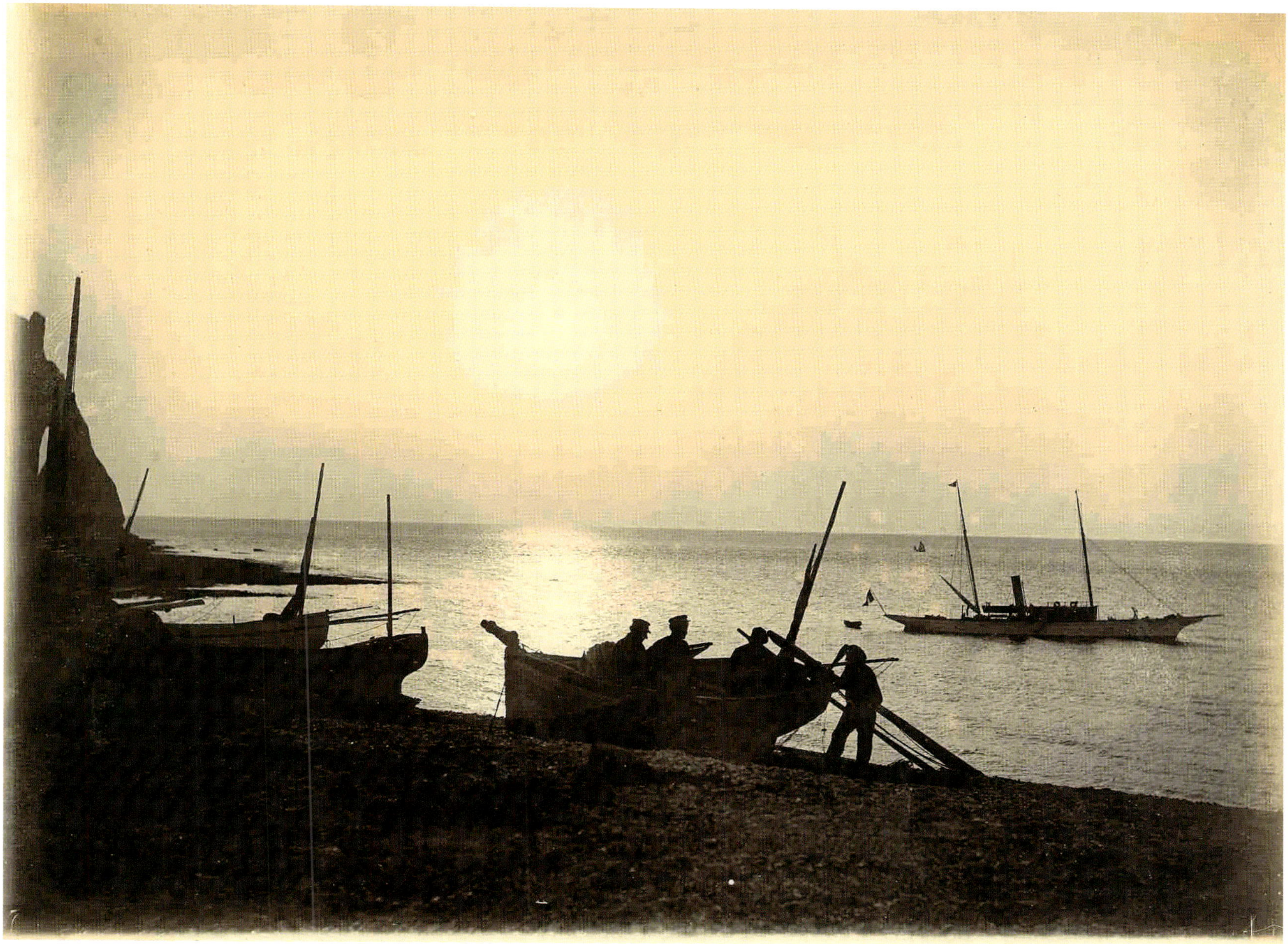

Photographe anonyme, 1895. COLL. JOSEPH DELARUE.

se fit écraser par la coalition franco-anglaise. En France, dès 1650, le peintre de marines Mathys Van Plattenberg, spécialiste des naufrages et tempêtes, est nommé *« peintre du Roy pour les mers »*. Les Anglais deviennent au XVIIIe siècle les meilleurs marinistes. Ce genre est une véritable révélation pour les artistes romantiques français du tout début du XIXe siècle, notamment quand Bonington et Constable exposèrent au Salon de 1824.

En France, en 1754, Claude-Joseph Vernet, qui fit de nombreux séjours à Rome et put voir la peinture aux effets puissants de Salvatore Rosa (1625-1673) et celle du Français spécialiste de marines Charles Mangard (1695-1750), reçoit la commande de la série des « Ports de France », commande royale qui lui apportera la gloire. Il poursuivra ce travail durant onze années, jusqu'à ce que les caisses de l'Etat ne permettent plus d'en assumer le paiement. De 1792 à 1798, son élève Jean-François Hue qui, dans une veine préromantique, recherchait de grands effets tels que tempêtes, naufrages ou orages, prendra la relève des « Ports de France » sur les côtes de Bretagne, avec six œuvres nouvelles. En 1801, les finances de l'Etat se trouvant de nouveau en difficulté, la suite du projet est définitivement abandonnée. Cette série eut un tel impact que Joseph Vernet fut l'artiste le plus connu de son temps, et qu'il lança en France la mode de ce genre. Les collectionneurs s'arracheront ses peintures de marines. Mais ce que l'on appelle « marine » aux XVIIe et XVIIIe siècles est plus proche de la peinture historique ou panoramique que de la peinture de paysages telle que la concevra le XIXe siècle.

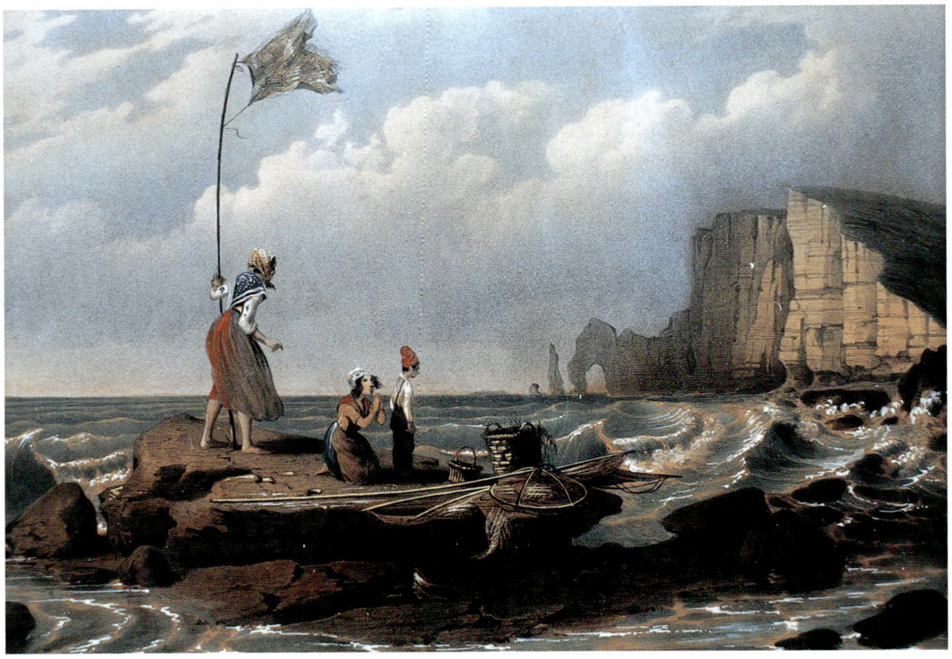

Lithographie anonyme, XIXe siècle, 17,5 x 25,5 cm. COLL. PRIVÉE, © C. DES BROSSES.

Vers les années 1770, de nouvelles réflexions philosophiques vont transformer l'idée que l'homme se fait, non seulement de la nature, mais aussi de sa place en tant qu'individu au sein de cette nature. Avec Rousseau apparaît l'idée que les sentiments intérieurs de l'homme peuvent dépendre des états de la nature. Plus importante peut-être encore sera l'influence de Buffon, qui publie en 1778 « Les Epoques de la nature ». Y est soulevée pour la première fois la notion de transformisme, c'est-à-dire de l'évolution permanente. D'un espace immuable, la nature devient une sorte de héros à l'égal de l'homme. Cette théorie va permettre à l'homme de s'identifier à la nature, non plus seulement physiquement mais aussi mentalement. Pour le peintre, cela signifie que le paysage peut échapper au rôle de décor qui lui était jusqu'alors dévolu et devenir le sujet unique du tableau. *« Comme les belles mélodies, la nature en effet entraîne l'imagination dans l'infini ; suivant les dispositions de notre âme, elle nous charme ou nous terrifie, nous console ou nous attriste, nous fait assister à ses drames comme à ses fêtes, et c'est avec raison que les poètes ont comparé sa grande harmonie à un immense et divin clavier. »* (« Paul Huet, d'après sa correspondance »). Avant lui, en 1712, Addison dans « Spectator » avait montré la différence entre la nature sauvage et le jardin classique ainsi que leurs effets sur l'âme humaine.

Très vite, les parcs à l'anglaise et à la chinoise ou même anglo-chinois sont à la mode, recréant le paysage rêvé des poètes et des peintres. Vont aussi se multiplier les résidences à la campagne. Voltaire se promène dans son jardin *à l'anglaise*, et Hubert Robert réalise des tableaux qui serviront de modèles à des jardins. *« La nature est belle quand elle a l'aspect de l'art, et l'art ne peut être appelé beau que si nous avons conscience que c'est de l'art, et s'il offre cependant l'apparence de la nature »*, écrit Kant (in Denis Huisman, « L'Esthétique »), montrant ainsi qu'art et nature ne peuvent s'apprécier l'un sans l'autre.

Déjà, certains peintres travaillent sur le motif et l'observation de la nature devient pour l'artiste la préoccupation majeure. Parallèlement se développe la notion de sublime, à rapprocher du fantastique, que l'esprit scientifique de la première moitié du XVIIIe siècle n'aurait pu admettre. Les tempêtes, les orages, les pics montagneux, tout ce qui est élément déchaîné, ont la faveur de toute cette génération à la recherche de sentiments exacerbés. Avec Rousseau et sa « Nouvelle Héloise », parue en 1761, se développe le goût pour la montagne, qui est le pendant terrien et effrayant de la mer. Au calme ordonné, maîtrisé, succède la tempête. Nous assistons là à une véritable révolution dont les romantiques seront, bien sûr, les principaux acteurs. Peinture, poésie, musique sont entraînées dans ce grand mouvement libérateur. Ouvrant les portes de l'infini, Byron, puis Lamartine et Hugo, seront les interprètes des déchirements intérieurs, de l'espérance et du doute. *« Le paysage est l'élégie, le lyrisme de la peinture, et la poésie de notre temps est toute lyrique, toute élégiaque »*, écrit Paul Huet.

Se développe aussi un goût pour le morbide. Les nombreuses représentations de naufrages (mises à la

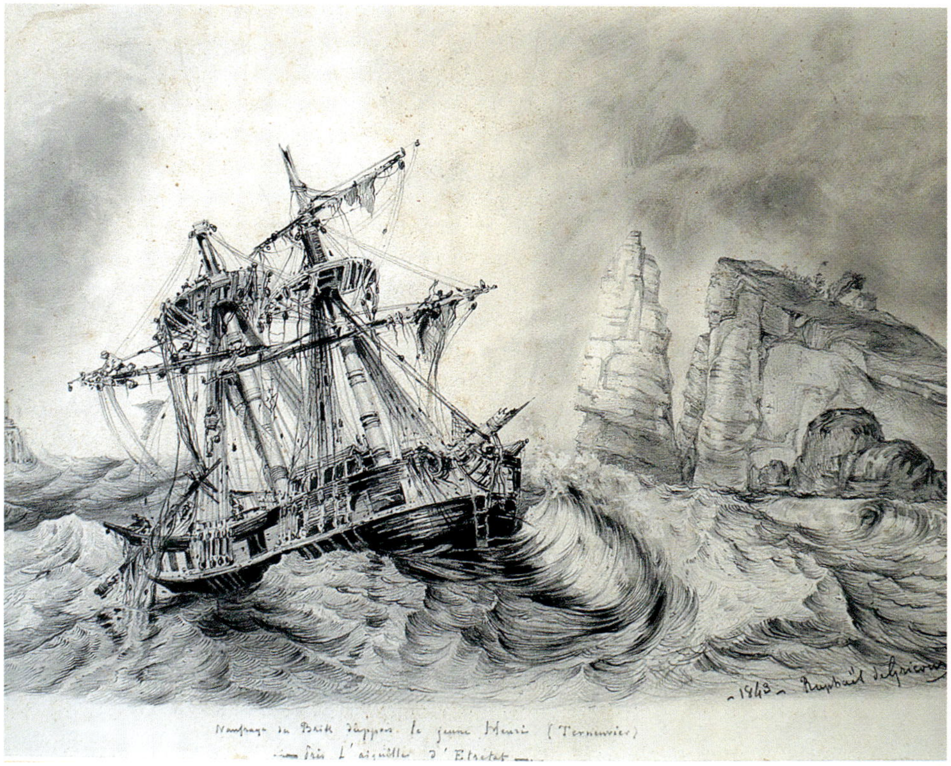

Raphaël de Gricourt, *Naufrage du Brick Dieppois « Le Jeune Henri », terneuvier près l'aiguille d'Etretat*, dessin au crayon, 1849, 24 x 30 cm. ETRETAT, COLL. PRIVÉE, © C. DES BROSSES.

mode par Horace Vernet) ou de batailles navales répondent à cette attirance de la mort.

Ce désir de nature sauvage résulte aussi des premières réactions négatives envers l'avènement de la révolution agricole, mais surtout envers la ville, qui commence à être perçue comme un lieu de nuisances, bruyant, malsain et pernicieux. Le début de l'industrialisation qui fait pousser dans tout le pays des fabriques crachant leurs nuages de fumée n'est pas étranger à cette réaction. En Angleterre, à Liverpool, au milieu du XIXe siècle, plus de la moitié des enfants de la classe ouvrière mourait avant l'âge de cinq ans, tant les poussières des fabriques recouvraient la ville. Le monde d'évidence est en train de changer, qui entraîne dans sa course des disparités de plus en plus flagrantes entre les couches sociales avec l'apparition d'une classe ouvrière misérable et d'une bourgeoisie capitaliste arrogante. Les romantiques se désintéresseront de ces inégalités, ce qui fera dire à Flaubert que cette époque est celle du *muflisme*.

Dès lors la solution ne consisterait-elle pas à revenir à l'état primitif en retrouvant les vertus paysannes ? L'homme serait né parfait dans une nature parfaite que la société, dans sa course au progrès, aurait pervertie. Se développe une véritable attitude sociale en réaction contre la ville au sein de laquelle toute réflexion métaphysique est difficile. Fuir la ville pour retrouver la nature intacte devient une obsession. Si bien que la vie du pêcheur paraît bien sûr plus naturelle et surtout plus héroïque que celle de l'ouvrier. Ce sentiment de la nature, d'abord réservé aux classes sociales aisées, s'étendra très vite pour devenir un phénomène de masse, un véritable exode vers la province que faciliteront bientôt les progrès des moyens de transport. « Paul et Virginie », le livre de Bernardin de Saint-Pierre (1737-1814), disciple de Rousseau, dut son énorme succès au message : *« Notre bonheur consiste à vivre suivant la nature. »* N'oublions pas que les cités ont toujours été un lieu d'échange de marchandises mais aussi d'idées, donc de progrès. Vivre hors de la cité impliquait vivre dans un temps immuable. Ainsi vivait Etretat.

Jusqu'à cette époque, soit par besoin de protection, soit pour y trouver du travail, c'était l'homme de la campagne qui s'en venait grossir la population citadine. Avec le développement de la société de loisirs le flux s'inverse : bousculant avec ses nouvelles conceptions et modes de vie les vieilles traditions, la ville tout à coup afflue vers les villages de la côte normande. Pour la première fois, un lieu géographique est la proie d'une migration qui n'est ni vitale ni même fondamentalement nécessaire aux « envahisseurs ». Le choc en sera d'autant plus violent.

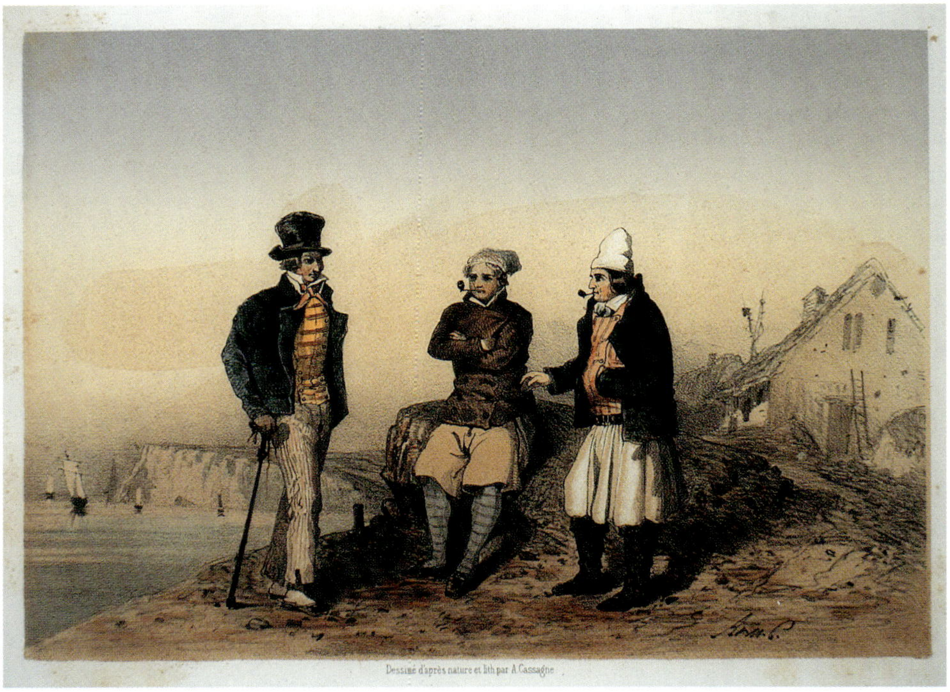

A. Cassagne. ***Costumes Normands*, lithographie tirée de « La Normandie pittoresque ».**

COLL. PRIVÉE, © C. DES BROSSES.

LE GOÛT DU PITTORESQUE

A la fin du XVIIIe siècle, l'homme de ville et plus encore de cour, qui voyage au fin fond de la province, arrive véritablement chez les « bons sauvages ». Il faut ici rappeler l'écart immense dans la manière de vivre entre Paris et les villages isolés. A travers la douce France où le temps semble arrêté, les modes mettent des décennies à arriver. L'armoire de mariage fabriquée sous Louis XVI par le menuisier local est bien souvent moulurée à la manière en cours sous Louis XIV. Tout diffère : l'habillement, les mentalités, la langue dominée par les patois. Le voyageur est véritablement plongé dans un autre monde qui possède ses propres codes et cultive ses particularismes. Souvenons-nous de la réflexion de Bergson qui, arrivant dans un village un siècle plus tard, ressent cette même sensation d'être un étranger. Entré dans une petite église, il s'étonne de voir rire les fidèles du sermon du curé alors que rien ne lui semble drôle dans les divines paroles. Quand il s'en enquiert auprès d'un habitant du village, il s'entend simplement et magnifiquement répondre : *« C'est parce que vous n'êtes pas de la paroisse. »* Et c'est bien de cela qu'il s'agit. Quand Isabey et ses amis arrivent à Etretat, ils ne sont pas de la paroisse. En tant qu'étrangers, il va leur falloir regarder pour apprendre et comprendre. Paul Huet écrit : *« Le malheur des paysagistes modernes est de trop courir ; on a besoin de s'identifier avec un pays pour le bien rendre. »* Ces artistes vont obligatoirement s'intéresser aux coutumes locales. Impossible d'échapper à cette réaction qui deviendra celle de tout touriste et dont, plus tard, l'industrie touristique fera ses choux gras. D'autant qu'à Etretat, peut-être plus qu'ailleurs, l'habitant (l'indigène) fait corps avec la nature qui l'entoure. La pêche étant la seule activité, tout dans le comportement et l'aspect extérieur de l'Etretatais est conditionné par ce métier (bonnet, veste, foulard...) au même titre que la blaude est l'habit du paysan normand. Une grande part du vocabulaire désigne des objets ou des techniques qui n'existent pas ailleurs (citons pour le plaisir ces étonnants termes de *shavania* pour désigner le casier de pêche (prononcez *chavania*) et de *mauve*, (prononcez *maove*), pour le goéland, termes qui sont toujours utilisés. Ces particularismes, en ce temps où l'on ne parle pas de communication, sont ne l'oublions pas, microgéographiques. Au début de sa carrière, Eugène Isabey se fera une spécialité de peindre les habits des pêcheurs avec minutie et réalisme. L'attention deviendra sa véritable marque de fabrique.

Rappelons que depuis le XVIIe siècle la peinture est au service de la bourgeoisie. Le client n'est ni plus l'Eglise ni forcément l'Etat. Seules les commandes officielles et les participations au Salon justifient les tableaux de grand format. Le reste de la production est voué aux appartements de leurs riches clients, qui demandent des formats plus raisonnables. Le peintre cherche donc à plaire à ces amateurs eux aussi portés vers l'exotisme depuis le XVIIe siècle grâce aux récits de tous les grands navigateurs de retour d'Afrique ou des Amériques, notamment le récit de la dramatique épopée de Magellan racontée par l'Italien Antonio Pigafetta. Cette curiosité pour le pittoresque entraîne aussi le développement du marché de la gravure. La première commande d'Isabey, alors âgé de dix-sept ans, illustre en 1821, les « Promenades de Dieppe aux montagnes d'Ecosse » de l'écrivain Charles Nodier. En 1823, Louis Garneray publie « Vues des côtes de France », un recueil d'aquatintes dont l'une représente Etretat. Cet album est naturellement à rapprocher des « Vues de ports de France » de Vernet. En 1829, Charles Mozin édite un recueil de douze lithographies, titré « Types d'habitants des ports », où se distinguent les habits de pêcheurs de Granville à Honfleur. D'autres, tels Hippolyte Bellangé et Victor Adam, se spécialiseront dans ce genre très commercial en gravant des centaines de lithographies. Vers 1835, Jules Coignet publie un album de lithographies intitulé « Cours complet du paysage » dans lequel figure une vue d'Etretat. Le Poittevin, quant à lui, portera un soin particulier à représenter les objets locaux dans ses scènes de pêche : filets, casiers, bancs, cabestans.

« En dépit des apparences, pour la marine comme pour le genre, nul artiste n'est plus soumis au goût capricieux du temps, plus exactement au goût de ce groupuscule que l'on baptise la Haute-Société, où titre, rang, argent, se mêlent, et où se recrute une part importante des collectionneurs, du moins ceux qui, du vivant de l'artiste, assurent sa célébrité », note avec à propos Pierre Miquel dès l'avertissement de son ouvrage sur Isabey.

L'énorme succès des gravures de paysage (la dénomination « d'incidents topographiques », pour utiliser un bon mot de Huet repris par Vallotton, serait souvent préférable) est le résultat de cet état d'esprit, lié à l'apparition de la lithographie en 1816 mais aussi aux premiers développements du tourisme et des guides. Déjà, en 1793 l'Allemand Hans Ottokar Reichard avait publié « Le Guide des voyageurs en Europe », et en 1838 Stendhal « Les Mémoires d'un touriste ». Vers les années 1850, l'extension du réseau de chemin de fer et des prix abordables incitent les gens à voyager. Les gares devenant des lieux de passage obligés, Courbet émet l'idée d'y accrocher des tableaux. En 1886, le voyageur qui prend le train de huit heures à Paris arrive aux Ifs à treize heures neuf. En revanche il lui faudra quand même une heure quarante-cinq pour parcourir en voiture publique le trajet de Fécamp à Etretat (Venedey, en 1837 avait mis cinq heures pour le même trajet). Dans « La Bête humaine », publié en 1890 par Zola, le train est le héros du roman, et Monet, à la fois méprisant et attentif à la modernité, peindra sa célèbre série des *gares Saint-Lazare*.

A ce goût du pittoresque s'ajoute celui pour la curiosité géologique. Produire des vues toujours différentes, à caractère plus ou moins documentaire, oblige les artistes à énormément voyager. L'Italie, la Hollande mais surtout les ports de France seront leurs principales destinations.

Les peintres romantiques

Atteindre le spectateur par l'intermédiaire des sentiments est la finalité de tout tableau romantique. Le sublime, la bravoure, la mélancolie, la solitude mais aussi la compassion pour des actes héroïques en sont les thèmes les plus courants. Trop n'est jamais trop pour cet art féru de drame, comme si la nature ne savait que se déchaîner, la mer qu'engloutir les marins et l'homme n'être qu'un pauvre élément ballotté dans cet univers fantastique. La démesure devient le propre de la nature. Rappelons que cette génération a vécu la fin de l'Empire et les drames de la Révolution (Paul Huet se bat sur les barricades en 1830, combat l'insurrection de juin en 1848 et tente en 1851 de soulever le peuple contre Napoléon III). Son état d'inquiétude n'est pas uniquement littéraire. Ces hommes, dans leur émotivité, dans leurs réactions envers l'institution seront bien différents de leurs prédécesseurs. Il est donc normal que beaucoup, parmi cette génération inquiète, considèrent qu'il faut abolir les règles trop rassurantes.

Pour la première fois, un mouvement échappe quelque peu à la mainmise des instances officielles. Ce qui a pour conséquence d'engendrer souvent une incompréhension du public devant les œuvres. Apparaît alors la notion d'artiste maudit.

Les prémices de cet état d'esprit romantique datent des années 1750-1770, avec les thèmes de naufrage de Vernet qui firent une forte impression sur les spectateurs du Salon de 1746. Mais la rigueur de la construction à l'Italienne empêche encore chez ce peintre la démesure que se permettra plus tard un artiste comme Paul Huet, chez qui la brume, les vapeurs, les nuages confondus aux cimes ou aux vagues sont les passages d'un monde fini à un monde fantastique. Dans les *Brisants à Granville*, la mer engloutit littéralement le ciel, ailleurs les arbres ne sont que torsion, souffrance due au vent. L'homme disparaît, et quand il existe encore, il est minuscule afin que la nature paraisse plus démesurée.

Qu'il soit religieux, politique ou d'école, le romantique n'est plus tributaire d'un programme. L'œuvre, pour la première fois, affirme contenir sa propre vérité. En cela elle acquiert sa liberté et surtout son passage à la modernité. Todorov dira que *« le principe d'imitation est incompatible avec le point de vue romantique, en ce qu'il soumet l'œuvre à une instance qui lui est extérieure (antérieure, supérieure) : la nature »*. Ce chemin ouvrira la voie à toutes les expériences de la fin du siècle qui n'auraient pu être résolues sans cette reconnaissance de la peinture en tant que propre champ d'expérience.

L'autre révolution des peintres romantiques est aussi picturale. Ce sont eux qui ont libéré la touche du « léché » dans lequel la confinait la peinture classique. La brutalité des sentiments ne pouvait plus se satisfaire de tant de retenue. En étalant la lumière sur toute la toile, plutôt qu'en la délimitant à des zones précises, les romantiques ont libéré la peinture du joug académique. Il est vrai que l'*ut pictura poesis* n'est plus de mise. Le peintre n'a plus à focaliser le regard du spectateur sur un point précis de la toile où se déroule l'explication de l'histoire. Maintenant le paysage est à lui seul le sujet du tableau. Selon la nature du paysage (horizontal ou circulaire, montagneux ou marin), le spectateur décode l'état mental vers lequel souhaite l'entraîner l'artiste. Et tel est le but recherché.

Le romantisme n'est pas une école avec des manifestes et des préceptes stricts, et c'est en cela qu'il est difficile à définir. En 1925, le Pr Vermeleyn avait rassemblé quelque cent cinquante définitions, toutes pertinentes. Il n'est pas de notre propos ici de sombrer dans ces détails de l'Histoire et d'opter pour telle ou telle définition. Retenons que le romantisme est surtout un état de réaction d'une génération contre le goût de l'antique et la rigueur davidienne et, comme tel, n'a pas de frontières véritablement définies ni n'est limité dans un temps précis. Si bien qu'il est souvent difficile de dire qu'un tableau est purement romantique ou naturaliste... Qu'importe. Ce besoin de classification agaçait au plus haut point Paul Huet, qui écrivait : *« Le romantisme ne fut-il pas aussi un retour vers la nature ! la poésie romantique la poétisa jusqu'au point de la diviniser, et le paysage, auquel elle a fait une aussi grande place, ne lui doit-il pas beaucoup ?*

Pourquoi donc alors l'école du naturalisme ? l'école du réalisme ? l'école du bon sens ? Ces dénominations indiquent-elles le tout ou la partie d'un système, peut-on entendre par là une école, ou seulement une individualité ? Cela paraît bien ambitieux, ou bien modeste » (« Paul Huet, d'après ses notes, sa correspondance, ses contemporains », de René Paul Huet, p. 75).

Reconnaissons au romantisme un esprit beaucoup plus révolutionnaire qu'il n'y paraît. En 1829, quand Goethe dit *« J'appelle classique ce qui est sain et romantique ce qui est malade »*, il oublie certainement qu'a toujours été considéré comme « sain » en art ce qui répond au goût du pouvoir, c'est-à-dire au politiquement correct, pour reprendre une formule d'actualité.

Le sel de la mer

Aux amateurs de mouvement, la mer est l'élément idéal et la Manche peut-être plus que tout autre. La contemplation de la mer ne peut que ravir celui qui, comme un romantique, cherche dans la nature objet à aiguiser ses sentiments.

Homme libre, toujours tu chériras la mer
La mer est ton miroir : tu contemples ton âme
Dans le déroulement infini de sa lame
Et ton esprit n'est pas un gouffre moins amer.
(Baudelaire -in « Les Fleurs du mal » - La Mer)

Le Désir de rivage, pour employer le très beau titre de l'exposition du Musée de Caen en 1994, va devenir celui de nombreux artistes pendant plus d'un siècle, de 1820 jusqu'à la dramatique période de 1940.

La magie de la mer, son éternel mouvement, ses lumières changeantes, la peur qu'elle inspire, l'apaisement qu'elle procure, le pittoresque qui s'y rattache, ce bout de la terre et la situation particulière de l'estran, ses falaises abruptes, l'ocre des voiles, le vert des filets trempés dans l'oxyde de cuivre, tout cela a de quoi contenter ceux qui recherchent le sentiment de la nature, et plus particulièrement les peintres en quête de grands sujets.

Des cinq éléments de l'univers, la mer est peut-être le plus visuellement présent, tout en étant le plus mystérieux puisque seule en est visible la surface. C'est pourquoi elle fut le lieu des plus étranges légendes. Il n'y a pas de mer dans le jardin d'Eden, et dans le récit du Déluge elle apparaît comme l'instrument de la punition. C'est en effet par la mer que Yahvé punit l'homme de sa perversion sur Terre. Mais en ordonnant à Noë de construire l'arche, les flots portent l'avenir de l'humanité. Cette ambiguïté entre la mer élément destructeur et élément salvateur se retrouvera tout le long de l'histoire de l'humanité. Le regard porté sur la mer est un excellent miroir des faiblesses des sociétés. C'est certainement pour cette raison que le miracle de Jésus le plus marquant dans la mémoire collective est celui du lac de Tibériade. Au Moyen Age, la mer est ce grand mystère peuplé de démons, mangeurs de navires et d'équipages. Au XIIIe siècle, le voyage de saint Brendan mêle tout à la fois fantastique et navigation, et sur les portulans, preuve évidente de la peur des marins, les monstres les plus étranges peu-

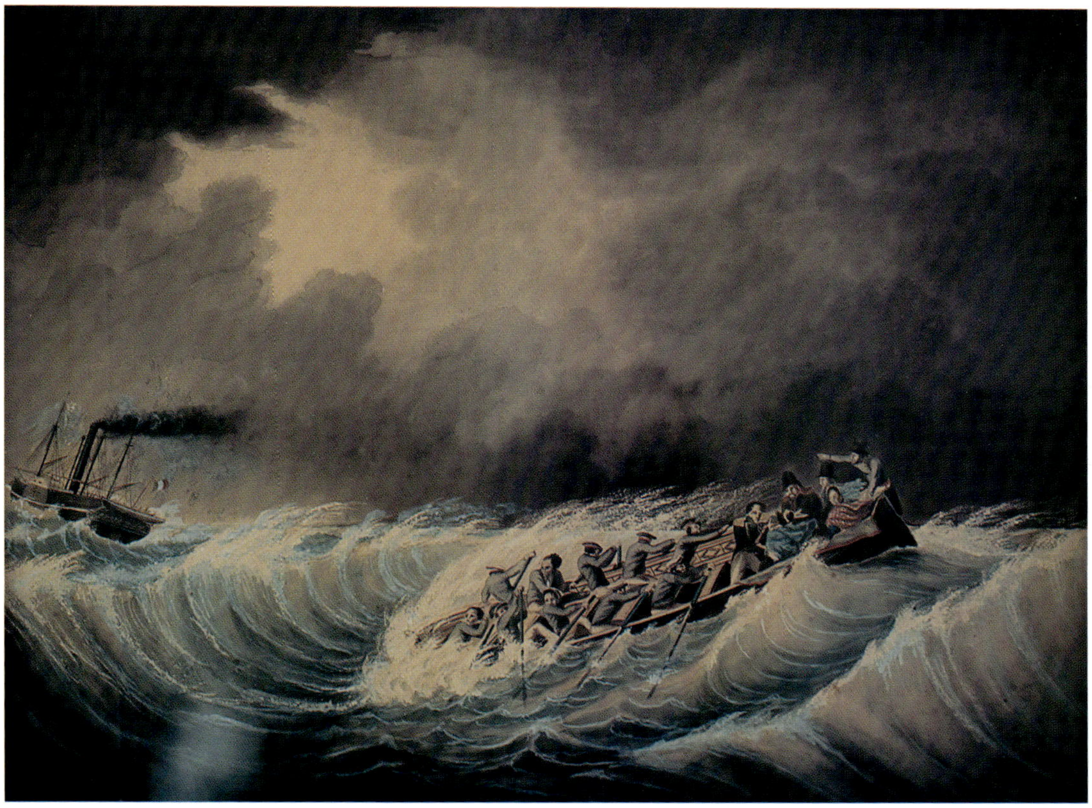

Anonyme. Gouache d'époque napoléonienne, 41 x 54 cm. COLL PRIVÉE, © C. DES BROSSES.

plent les mers. Ceux qui partent à la découverte d'autres mondes sont des aventuriers qui subissent tempêtes et maladies, affrontent les peuplades cannibales mais surtout bravent l'inconnu. Magellan, est mort d'avoir prouvé la rotondité de la Terre, et avec lui plus de deux cents de ses compagnons de voyage. Pourtant, c'est toujours *« par la mer que la terre se conquiert »* rappellera Victor Hugo. Dans toute l'iconographie du Moyen Âge la mer est lieu des puissances du mal et terrain de choix pour l'imaginaire des artistes faiseurs de monstres. Il faudra attendre l'époque baroque pour que les poètes commencent à reconnaître quelques vertus à la mer. Attendre encore la duchesse de Berry pour les premiers bains de mer, et 1882 pour le canotage de plaisir et les fameuses *périssoires* d'Etretat. Jusqu'au milieu du XVIIIe siècle les bains étaient réservés aux aliénés, les médecins pensant que le choc thermique pouvaient les ramener à la raison. « La Plage normande » d'août 1887, journal mondain typique de cette presse sans autre intérêt qui fleurissait sur les lieux de villégiature, rappelle qu'au début duXVII^e^ siècle, un médecin du nom de Van Helmont soigna un vieillard mordu par un chien enragé en l'attachant à une corde retenue au bout d'une vergue. Plongé à trois reprises et chaque fois laissé le temps d'un *Ave Maria*, le pauvre homme, finalement retiré du bain, apparut plus mort que vif. Ce qui ne peut nous étonner... Pourtant cette pratique n'était pas un cas isolé. En juin 1578, Henri III vint à *« Dieppe où le Roi, par le conseil de ses médecins, s'alla baigner en la mer pour guairir certaines gales dont il estoit travaillé »*. Au XVIIIe siècle la mer sera appréciée pour guérir la rage, puis la dépression nerveuse.

La mer, jusque-là, reste une affaire de marins, de pêcheurs, de pirates et de corsaires. Cette peur ancestrale des abysses et du Léviathan demeure bien présente au XVIIIe siècle, comme le montre un poème de Le Franc de Pompignan (1709-1784) dans son « Ode » tirée du psaume CIII.

Seigneur...
Tu fis ces gouffres effroyables,
Noir empire des vastes mers ;
Leurs abîmes impénétrables
Sont peuplés d'animaux divers.
Ton souffle assembla les orages,
Les aquilons dont les ravages
Font régner la mort sur les eaux ;
Et tu dis : ces mers déchaînées
Verront leurs ondes étonnées
Porter d'innombrables vaisseaux.

Le XIXe siècle n'a pas plus résolu sa peur des monstres. En témoigne le succès de « Naufrage et triste situation d'une femme » où est rapportée la vie d'une navigatrice qui, partie pour la Nouvelle-Zélande, fut saisie par un monstre lors d'un naufrage et en fut captive jusqu'à sa découverte deux ans plus tard. La Bibliothèque nationale possède pas moins de quatorze éditions différentes de cette brochure publiées entre 1843 et 1853.

La mer est un milieu naturel mais aussi un milieu sociologique. Les gens de mer ne sont pas gens ordinaires car ils bravent la nature au risque de leur vie. Le peintre ne peut regarder la mer de la même manière que le marin. De la mer, le peintre puise lyrisme et émotion et le pêcheur sa pitance. L'intérêt est donc différent et, quand le marin se transforme en peintre, c'est en merveilleux ex-voto (abréviation de *ex voto sucepto*, *suivant le vœu fait*), où la vierge est mère de tous les sentiments. Le pêcheur n'a pour sa survie d'autre choix que d'être un catholique fervent, du moins en est-il persuadé. Les noms des caïques et canots en disent long sur la piété du monde de la pêche. En 1899, sort des chantiers d'Etretat une caïque dénommée *Dieu-le-protège* et, en 1902, une autre appelée *Tout-secours-vient-du-ciel*. Les Yportais en 1901 ont poussé la poésie jusqu'à ce nom de baptême magnifique et on ne peut plus explicite *L'homme-propose-et-Dieu-dispose*. Le marin-peintre confie donc son œuvre au Très-Haut, l'artiste-peintre au marchand. A chacun son dieu...

Bien sûr, ces peintres du début du XIXe siècle, découvreurs de nos côtes, connaissent la peinture hollandaise et ses tableaux d'air et d'eau où les hommes font si bien corps avec cette nature paisible, cette mer sereine et argentée de Scheveningen baignée d'une lumière d'or, ou encore ces ports où règne la quiétude d'un territoire totalement maîtrisé par l'homme. Pourtant de la peinture hollandaise ils retiennent surtout la fougue de Rembrandt, la dramaturgie de sa lumière et la liberté de sa touche.

Eugène Isabey sera le grand peintre romantique français de marine. Des œuvres comme *Le Combat du Texel* de 1836 qui illustre la victoire de Jean Bart sur l'escadre hollandaise de l'amiral de Frise, ou *L'Incendie du steamer Austria* de 1858, écrasent de leur intensité la réputation d'artistes tels que Mozin ou Gudin. Tout dans les œuvres d'Isabey concourt à l'excès des effets : obliques de la composition, mer déchaînée remplie de noyés, nuages noirs, démesure, fougue de la touche, contrastes des lumières. Monet lui reprochera d'en faire trop, la remarque est pertinente. Il est vrai qu'à trop s'attarder devant *La Plage de Granville* de 1863 le spectateur risque le coup de froid ! Nous sommes en pleine épopée (la vie de Napoléon en fut une), d'évidence à la recherche de tous les sentiments que procure le sublime. Parce qu'elles sont des œuvres de commande, ces représentations grandiloquentes de combats navals se situent à la fois dans les genres de la peinture de marine et de la peinture historique. Dans les représentations ordinaires de pêche en mer, ce souffle est plus mesuré, hormis dans les scènes de naufrage où les artistes laissent libre cours à leur démesure.

Quand Isabey arrive à Etretat vers 1820, la peinture de marine, sans alibi historique ou vertueux, est tout juste reconnu comme un genre à part entière. Cette remarque est d'importance car, sans la reconnaissance du genre, quel intérêt les artistes auraient-ils eu à faire le déplacement ? Le motif de l'arche a toujours été pour les romantiques un sujet de prédilection, souvent rattaché à celui de l'étrangeté des cavernes, et répondant aussi au goût pour les curiosités naturelles. Le Suisse Caspar Wolf (1735-1783) sera, avec le motif des montagnes, l'un des grands représentants de cette mode. Les gouaches napolitaines, notamment celles de la *grotta Azura* de Capri, connaissent une telle vogue qu'il s'en trouve partout en France. L'arche est aussi un élément architectural que l'on trouve dans toutes les représentations de ruines si prisées des romantiques et notamment d'Hubert Robert (1733-1808). Mozin, en bon romantique, crée de toutes pièces des paysages maritimes à partir d'arches imaginaires aux formes étranges et Morel-Fatio peint un tableau que le musée de Reims considère à tort comme étant une représentation d'Etretat parce qu'y figure une arche.

Etretat, avec ses trois arches et son aiguille, son « trou à l'homme » (sorte de caverne au pied de la falaise d'aval) ne peut que contenter les romantiques car le lieu est, en soi, un paysage romantique.

A l'opposé de l'ordonnance des grands ports, Etretat impose son lyrisme. Les arches, l'aiguille, les tempêtes, le bruit assourdissant du ressac, le mystère des rochers, le roulement des vagues sur les galets, les embruns, la mise à l'eau des caïques poussées par les *dos plats*, l'effort autour du cabestan, les couchers de soleil et le mythique rayon vert (rarissime et fugace rayon éclairant l'horizon au moment où le soleil disparaît) sont autant de sujets d'émotion. *« Celui qui n'est pas ému ne peut guère émouvoir »*, écrit Paul Huet. Ce sentiment sera commun à Isabey mais aussi à Delacroix, Gudin, Mozin ainsi qu'à Courbet, dont la série des *Vagues* constitue certainement la plus grande charge émotive de toute la peinture réalisée à Etretat.

En regardant la peinture de ce milieu du XIXe siècle on pourrait croire que la mer n'était jamais calme en ce temps-là, que les Dieux de la mer avaient décidé de ravager ce bout de terre pour que nul, jamais, n'y trouvât de repos.

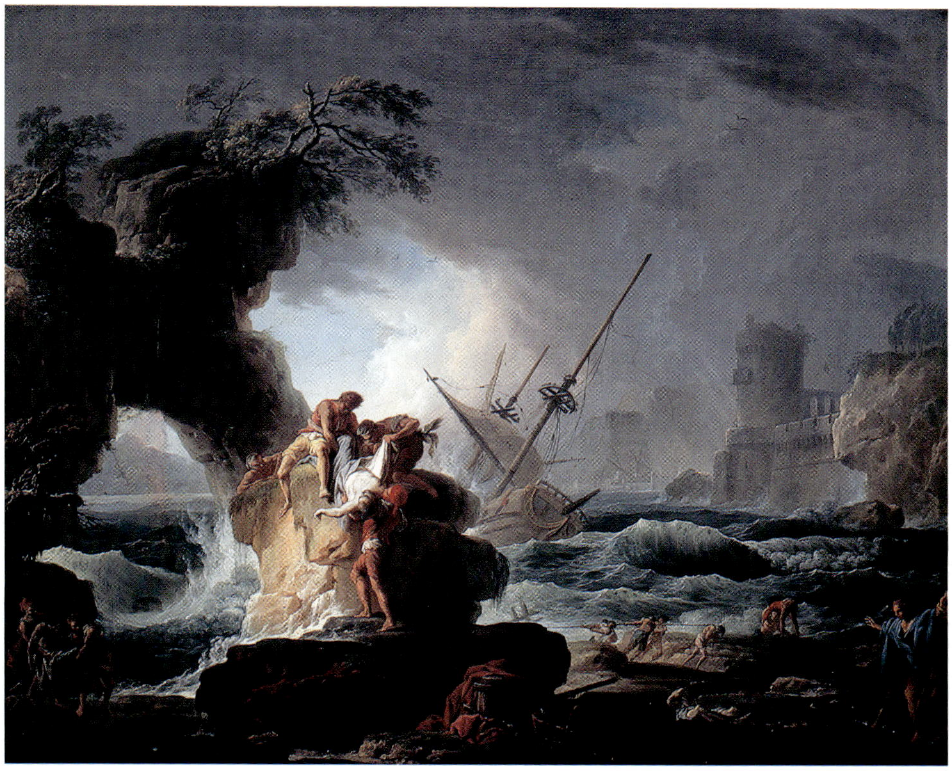

Pierre-Charles Le Mettay (1726-1759). ***Naufrage.***

Rappelons qu'au Salon de 1819 Théodore Géricault, qui n'est pas un peintre de marine, présente cet incroyable tableau qu'est *Le Radeau de la Méduse*, rompant d'un seul coup avec la tradition de la marine militaire et de la composition classique. Ce qui fera dire à Michelet que 1819 fut la « Déclaration des Droits de l'Art ». Dans cette œuvre, la quinzaine de survivants hagards ne peut faire oublier les cent quarante-neuf marins entassés sur le radeau au moment du naufrage avant d'être avalés par la mer ou mangés par les survivants. Le format immense de ce tableau ne correspondait pas à la dimension accordée à une scène de genre car ce sujet, d'actualité récente, ne pouvait être considéré comme une scène historique. En avril 1820 en effet, Bullock, directeur de l'Egyptian Hall de Londres, permettra au public, pour la somme de un shilling, de contempler ce tableau de la même manière que l'on présentait les panoramas. En France, la toile apparaissait comme une apologie de la bassesse puisque n'y figurait aucun héros positif. *Le Radeau de la Méduse* opère donc une double révolution : révolution stylistique mais aussi mentale, et ce choc, venu d'une marine, marquera la nouvelle génération des paysagistes.

Les peintres collent à l'actualité qui n'est pas avare de catastrophes. En 1826, lors d'une violente tempête à Dieppe, la duchesse de Berry assiste, impuissante, à un drame qui fera une victime quand les bateaux tenteront de regagner le port. Cet événement, rapporté par la presse, inspirera nombre de peintres. En 1840, une terrible tempête endeuille trente-six familles à Etretat au point de faire dire à l'abbé Cochet que *« la mer est devenue le cimetière de la commune ».*

Pourtant la notion de punition est étrangère à l'esprit de ces artistes. La mer n'est déchaînée que pour procurer de grands sentiments dans une époque sans quiétude. Un lavis d'encre de Victor Hugo daté de 1857, représentant une énorme vague enroulée sur elle-même, a pour double titre significatif *La Vague* ou *Ma destinée*. La mer n'a pas la même beauté pour le peintre et le marin ! A chacun son épopée.

En 1820, la marine française n'est plus que l'ombre d'elle-même. Trafalgar a anéanti notre marine de guerre et la marine de commerce, mal entretenue, a pratiquement disparu des mers. Il faudra attendre 1826 pour qu'elle retrouve son ancienne puissance. L'économie se contentant de soutenir la pêche et le cabotage, il est logique que les artistes se tournent vers la représentation de ces scènes du quotidien auxquelles on trouve tant de charme, et qui restent l'activité principale des petits ports normands. Annonçant la disparition prochaine de la marine à voile, la marine nationale, dès 1838, utilise la vapeur. Ces nouveaux bateaux sans charme ne seront ni du goût des peintres ni de celui des collectionneurs. Delacroix, le 26 août

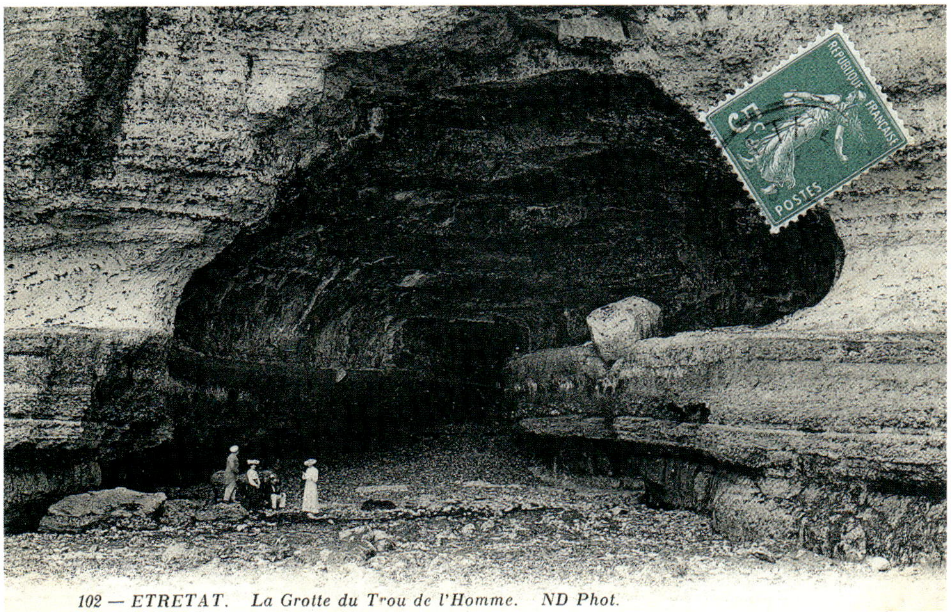

***La Grotte du trou à l'homme*, carte postale.** COLL PRIVÉE.

1854, dans son « Journal », alors qu'il se trouve à Dieppe, après une soirée ennuyeuse, a ce coup de gueule : *« En sortant vers dix heures et demie, j'ai été jusqu'à la Douane, sur le quai, pour secouer toute cette insipidité. J'ai vu là ces bateaux à vapeur anglais dont la forme est si mesquine. Grande indignation contre ces races qui ne connaissent plus qu'une chose : aller vite ; qu'elles aillent donc au diable et plus vite encore avec leurs machines et tous leurs perfectionnements, qui font de l'homme une autre machine ! »* Le lendemain, même indignation à la vue d'un clipper que l'on s'apprête à lancer. Le 3 septembre, il nous montre son goût pour la marine à voile, mais reconnaît l'utilité du progrès : *« A la jetée le matin. J'ai vu appareiller deux bricks, dont un nantais. Cela m'a beaucoup intéressé au point de vue de l'étude. Je fais un cours complet de vergues, de poulies, etc., afin de comprendre comme tout cela s'ajuste ; cela ne me servira probablement à rien, mais j'ai toujours désiré comprendre cette mécanique, et je ne trouve rien d'ailleurs de plus pittoresque. Mes observations, quoique superficielles, m'ont conduit à voir combien sont grossiers encore tous ces moyens, quelle lourdeur et quelle inefficacité la plupart du temps dans toute cette mâture ; jusqu'à la vapeur, qui change tout, cet art n'a pas fait un pas depuis deux cents ans. Les deux pauvres navires sortis du port à grand renfort de halage de toute espèce, sont parvenus au-dehors, mais sans pouvoir faire un pas. Je les ai dessinés d'abord dans l'état d'immobilité où ils se trouvaient et les ai quittés, de guerre lasse, toujours dans la même situation. »* Delacroix n'est pas le seul à déplorer la disparition de la marine à voile. Boudin, qui se considérait comme un peintre de marine, accordait une grande importance au dessin des gréements et se plaignait de ces navires sans voiles dont la peinture ne pouvait tirer parti.

Naturalisme et pleinarisme

La lumière, dans l'enseignement classique de la peinture était fixe et immuable et correspondait à la technique lente du travail de la création en atelier. Artificielle, l'artiste l'élaborait au même titre que sa composition. Mais en Normandie, à l'école de la nature, les variations de la lumière obligeront les artistes de la nouvelle génération à adapter leur manière de peindre et leur palette. Car « attraper » cette lumière si changeante exige de la rapidité d'exécution et une touche autrement plus directe que le léché et les glacis de l'ancienne école. De l'esquisse au tableau final le temps va se raccourcir et la technique se confondre. Une grande nouveauté, l'apparition de la peinture à l'huile en tubes, inventée en 1841 par l'Américain John Goffe Rand et très vite commercialisée par la manufacture anglaise Windsor & Newton, va surtout permettre aux artistes d'alléger considérablement le poids du matériel et de peindre directement sur le motif. Fini le temps où l'artiste broyait ses couleurs et s'encombrait de flacons de pigments et de vessies de porc, obligé d'emporter une partie de son atelier. Avec sa boîte de tubes et son chevalet pliant (invention récente), le peintre se met alors à beaucoup marcher. Plus libre, il peut saisir, au détour d'un chemin, des morceaux de nature plus secrets, plus

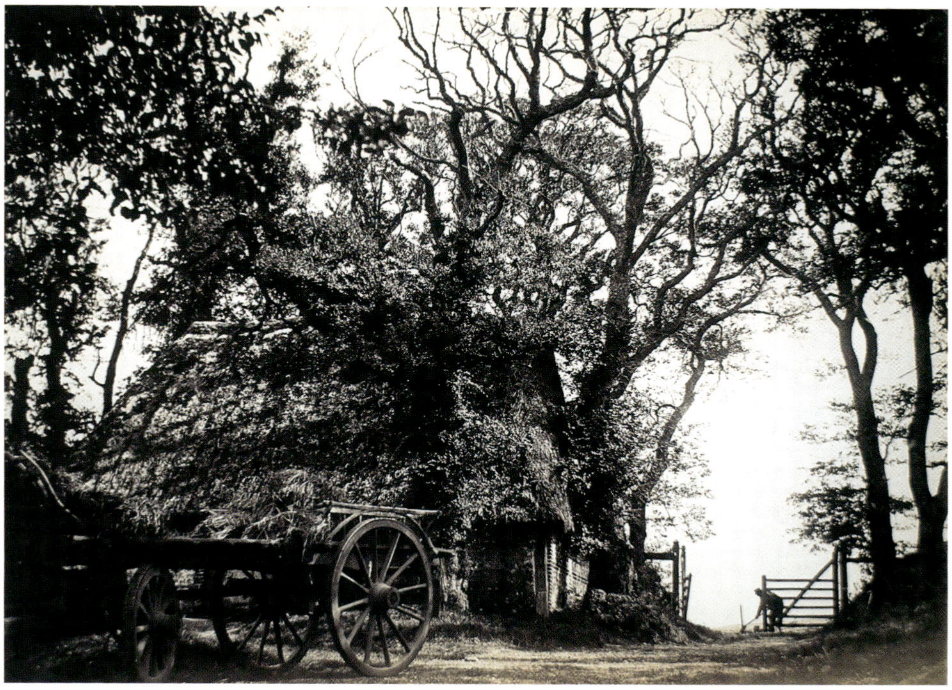

Anonyme. *La Ferme du Mont*, vers 1895, 13 x 18 cm. ETRETAT, COLL. PRIVÉE, © C. DES BROSSES.
La mare de la ferme du Mont était artificielle. Elle avait été créée avec des excréments de veaux maintenus plusieurs années à cet emplacement grâce à un enclos. Cette litière formait une vasque imperméable qu'un entretien constant permettait de conserver.

intimes et plus particuliers. Sans le sou, il est à l'origine de l'image du peintre vagabond. Certains, comme Félix Cals, si heureux d'être sur le motif, sont dehors par n'importe quel temps, et attrapent une pneumonie. A Etretat, au sommet de la falaise d'amont les propriétaires de la *Ferme du Mont*, où Monet peindra *La Pie*, permettent aux artistes de déposer leur matériel pour ne pas avoir à le redescendre chaque jour au village. On l'appelle toujours la *Ferme des artistes*.

Pouvoir peindre un tableau sur le motif, et non plus se servir d'esquisses que le peintre reprend de mémoire à l'atelier, met fin au paysage-composé (Vallotton renouera avec cette technique à partir de 1901, utilisant croquis et photographies). Dorénavant, le tableau devient une réalité géographique. Le choix de l'emplacement du peintre détermine la composition et le sens du regard. Ce choix primordial situe d'emblée la relation du peintre par rapport au paysage, non seulement en tant que peintre mais aussi en homme de son temps. Naît alors la notion de « vue ». Le choix de l'emplacement des villas dépendra surtout de « la vue » qu'elle offre, et le prix de l'une à l'autre variera essentiellement suivant la qualité de ce critère.

Morel-Fatio, en montant sur la falaise d'aval pour embrasser d'un seul regard tout le *Perrey* dévoile non seulement son désir de dominer mais aussi, et surtout, celui de se poser comme témoin, presque comme un topographe. Quant à Isabey ou Monet, quand ils « se collent » véritablement à la falaise c'est, au contraire, pour être dominés par cette architecture grandiose, et laisser vaincre l'esprit sur le corps, le tellurique sur l'anecdotique.

Pouvoir se déplacer facilement donne la possibilité aux artistes de suivre la lumière. Ainsi Monet travaille-t-il jusqu'à six sujets dans la même journée. Sans cette possibilité due aux progrès de la chimie des couleurs, l'impressionnisme n'aurait pu exister. Cette liberté permettant de saisir l'instant s'oppose à l'immuable de la peinture classique. Il est à noter que cette recherche de représentation de la fugacité répond certainement au désir de ne pas laisser à cette nouvelle concurrente qu'est la photographie le terrain du témoignage direct.

L'instantanéité impose une prise de conscience du sujet plus sensitive qu'intellectuelle, plus directe que réfléchie. La rapidité d'exécution entre le choc visuel devant le motif et sa retranscription est caractéristique de la modernité. Ce qui soulève bien souvent le problème de l'ébauche que certains, déjà, considèrent comme un tableau fini. Les milliers d'ébauches de Turner ainsi que les interrogations de Monet à propos de certains de ses tableaux renvoient à la question de l'achèvement de l'œuvre picturale. Au final, c'est bien souvent le marchand qui décide de ce qui doit être montré ou non au public.

ALEXANDRE NOEL
1752-1834

Engagé à seize ans comme dessinateur de l'expédition scientifique de l'abbé Chappe d'Auteroche, Alexandre-Jean Noël rapporte de Basse-Californie une intéressante suite de dessins conservés au Louvre.

Formé par Jacques-Augustin Silvestre (1719-1809), une tradition ancienne en fait aussi un élève de Joseph Vernet. Son répertoire illustre à l'évidence l'ascendant du peintre des « Ports de France ». On conserve de lui de nombreuses marines, à l'huile et à la gouache. Il a voyagé en Espagne et a séjourné au Portugal en 1780 à la même époque que Pillement. Il a laissé, à côté de ses marines de fantaisie, plusieurs vues topographiques, notamment de Paris et des côtes ibériques.

Cette grande gouache d'Alexandre-Jean Noël est la plus ancienne œuvre connue représentant Etretat. Datée de 1786, son titre est *Vue de labaye, de l'Eguille et des parcs à huîtres d'Etretat. Présenté à Monseigneur de Calonne Commandeur des Ordres du Roy Ministre d'Etat et Controlleur Général des Finances.*

Il n'est pas anodin que la première représentation d'Etretat soit une œuvre commandée, dont le but est de montrer les parcs à huîtres, seule industrie du village hormis la pêche. Le commanditaire ne peut être que le marquis de Belvert, propriétaire de ces parcs, qui, par cette représentation, s'offre un joli « coup » publicitaire à une époque où son entreprise est florissante. Montrer une image de prospérité cautionnée par un personnage important et, qui plus est, contrôleur général des finances ne peut que rassurer les éventuels associés que cet homme d'affaire ne cesse de chercher. Il faudra attendre la fin du XIXe siècle et les affiches publicitaires pour les Chemins de fer pour trouver d'autres œuvres ayant un but commercial aussi évident.

En 1786, la notion de tourisme n'existe pas encore. Que le premier artiste venu à Etretat participe de la vie économique semble prémonitoire. Cette gouache est symbolique des liens qu'auront toujours l'art et le développement de la cité, les artistes ayant de tous temps été les meilleurs ambassadeurs de la réputation du site et sa plus grande fierté.

Ce tableau superbe, rappelle l'influence de Vernet. Subtil mélange entre une œuvre topographique et un tableau de composition, il est le premier témoignage sur Etretat. La tour, le cabestan, les caloges et les bateaux, la charrette où s'empilent les clayères d'huîtres, tout ce qui fait la particularité du village en cette fin du XVIIIe siècle est représenté. La description est si précise que Raymond Lindon remarque, fort justement, qu'à cette époque les caloges étaient rehaussées, que l'on y accédait par quelques marches et que le chaume reposait non pas sur le bois du bateau mais sur un petit muret.

Seul le traitement de la falaise, à gauche du tableau, a des réminiscences de paysages dits « à l'antique » et de « paysage-composé ». Alexandre-Noël s'est contenté de décrire le quotidien bien réel d'un site particulier, répondant efficacement à la commande qui lui fut faite.

Raymond Lindon, qui fut propriétaire de ce tableau et publia une étude sur les parcs à huîtres, croit discerner parmi les figures représentées l'armateur Legros, le marquis de Belvert, Mlle du Tremble et M. de Lamblardie. Ce que nous sommes prêts à croire, puisque ces personnages sont les premiers concernés par cette scène.

LES PARCS A HUITRES D'ETRETAT

Selon l'abbé Cochet, le parc à huîtres d'Etretat aurait été créé en 1777 par une compagnie d'actionnaires, dirigée par le marquis de Belvert, laquelle aurait souscrit pour soixante mille livres d'actions. Les huîtres étaient élevées dans des bassins alimentés par des sources qui sourdent des galets à l'ouest de la plage.

Raymond Lindon (ancien maire d'Etretat) eut la chance d'acquérir un lot de papiers administratifs concernant la société et put rétablir la vérité quant aux déboires de cette entreprise.

En réalité, le marquis de Belvert était le baron de Belvert. Dès son adolescence, ce curieux personnage contracta dix-neuf mille livres de dettes, et vécut toute sa vie poursuivi par les créanciers. Mort sans héritier pendant la révolution, ses papiers furent saisis par l'État. Véritablement passionné par Etretat, il eut le premier l'idée, dès 1785, avant Lamblardie et Napoléon, d'aménager à Etretat un port de guerre.

Le premier homme qui eut l'intention de construire des parcs à huîtres à Etretat est un certain Legros, ancien marin, qui renonça au projet devant l'ampleur des dépenses. Il céda donc la concession à Agathe

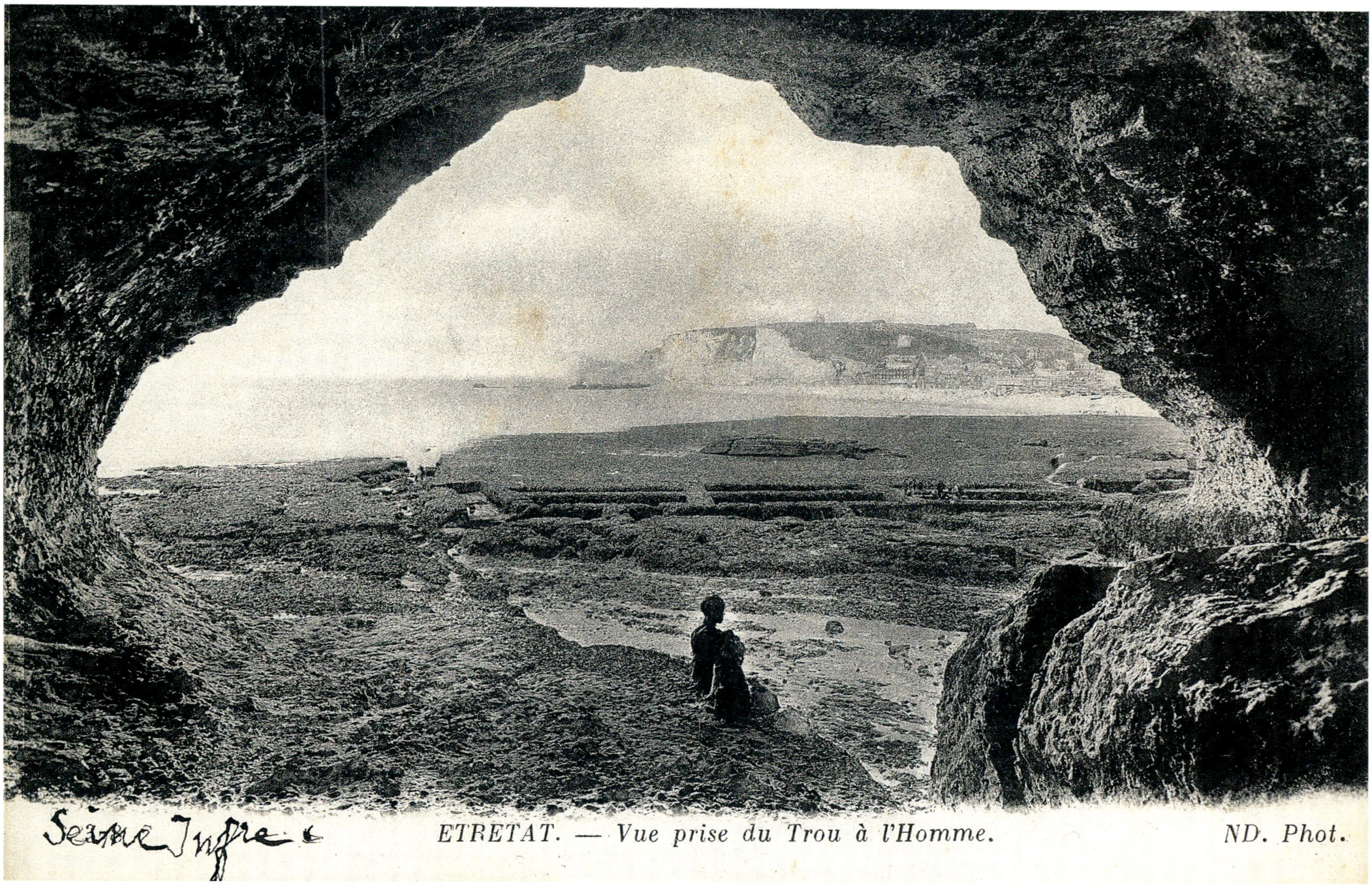

Carte postale. ***Vue prise du trou à l'homme, les parcs à huitres.***
COLL. PRIVÉE.

Madeleine Modeste Martin Dutremble, qui n'était autre que la maîtresse du baron de Belvert, et qui sera toujours un prête-nom. Belvert, fidèle à son habitude, trouve l'argent nécessaire, notamment auprès d'un certain sieur Roussel à qui il réussit à faire perdre dans l'affaire quelque soixante dix-huit mille cinq cents livres en cinq ans.

En 1784 et 1785, l'entreprise est florissante et gère quatorze parcs. Les huîtres ne viennent pas de Cancale – comme on l'a souvent écrit – mais de Saint-Vaast-la-Hougue sur la côte est du Cotentin, amenées par mer à bord du sloop *La Syrène*. Après un séjour de quelques mois à Etretat, où les huîtres se nourrissaient d'un mélange d'eau douce et d'eau salée qui leur donnait un goût très particulier, elles repartaient sur Paris par la route, dans une voiture tirée par dix ou douze chevaux. Quatre-vingt cloyères étaient embarquées par voyage. Sachant qu'une cloyère contient vingt-quatre douzaines d'huîtres, c'étaient mille neuf cent vingts douzaines qui partaient chaque fois pour Paris. A l'allure du pas, il fallait cinq jours à raison de onze heures de marche pour arriver à destination. On imagine que le moindre incident pendant ce long trajet mettait en péril la cargaison, surtout en période de grandes chaleurs. Les huîtres étaient vendues au 62 rue Montorgueil, dans le quartier des halles, à l'enseigne du magasin *Le Rocher d'Etretat*.

Mais très vite la société va péricliter. Fin 1792, est prononcée la liquidation. Cependant, elle existe toujours sur le papier, si bien qu'en 1797, à la mort de Belvert, est mis en vente ce qui reste du mobilier. En 1815, se déroulent toujours des réunions d'actionnaires fantômes.

La légende veut que ces parcs fussent créés par Marie-Antoinette, en partie pour son usage personnel. La réalité est que nous sommes en présence d'un excellent coup de marketing de l'étonnant Belvert car aucune ordonnance royale ne stipule les huîtres d'Etretat.

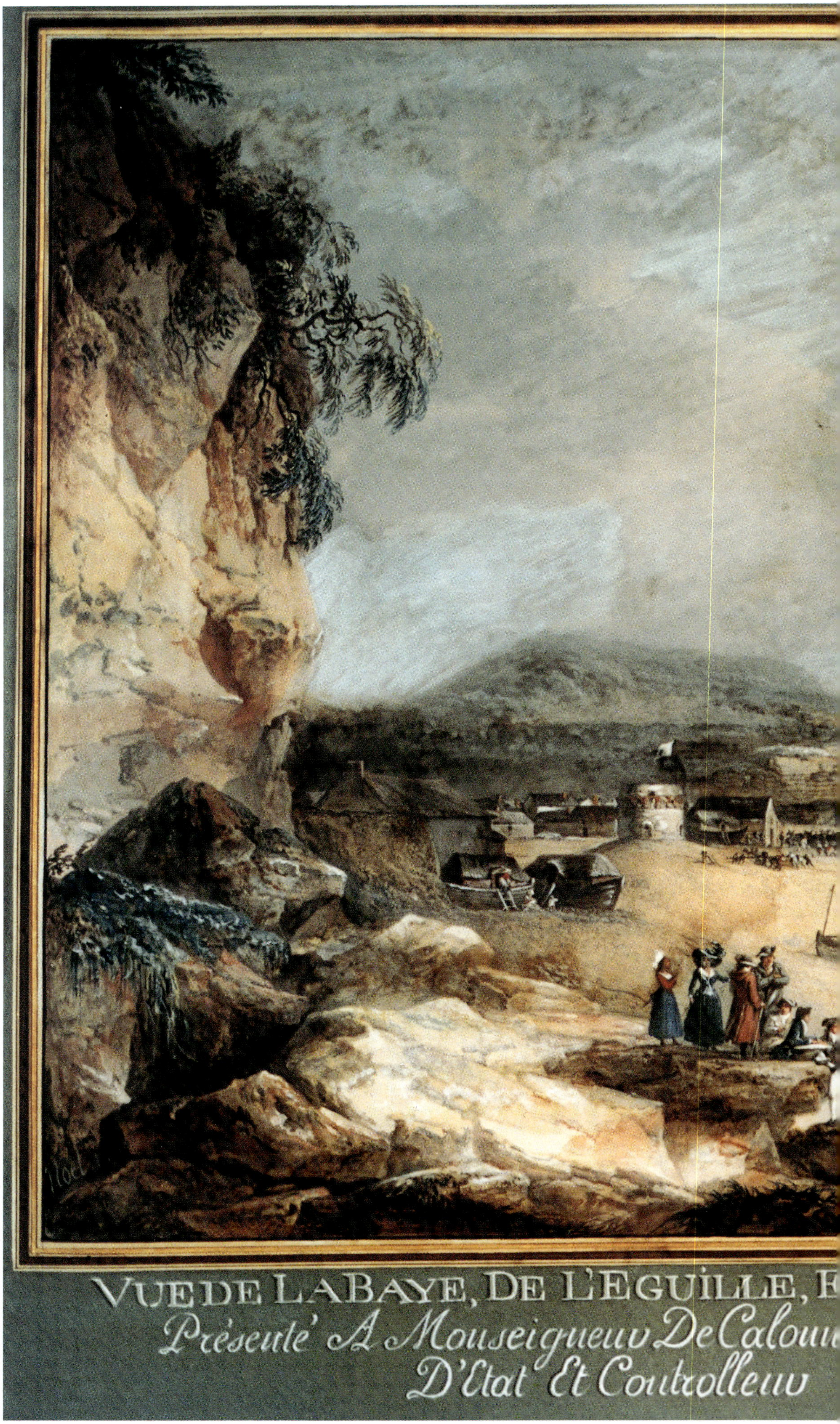

Alexandre Noël. *Vue de la Baye, de l'Eguille, et des Parcs à Huittres d'Etretat*, 1786, 50 x 85 cm, gouache. COLL. PRIVÉE, © L. BRUNEAU, ETRETAT.

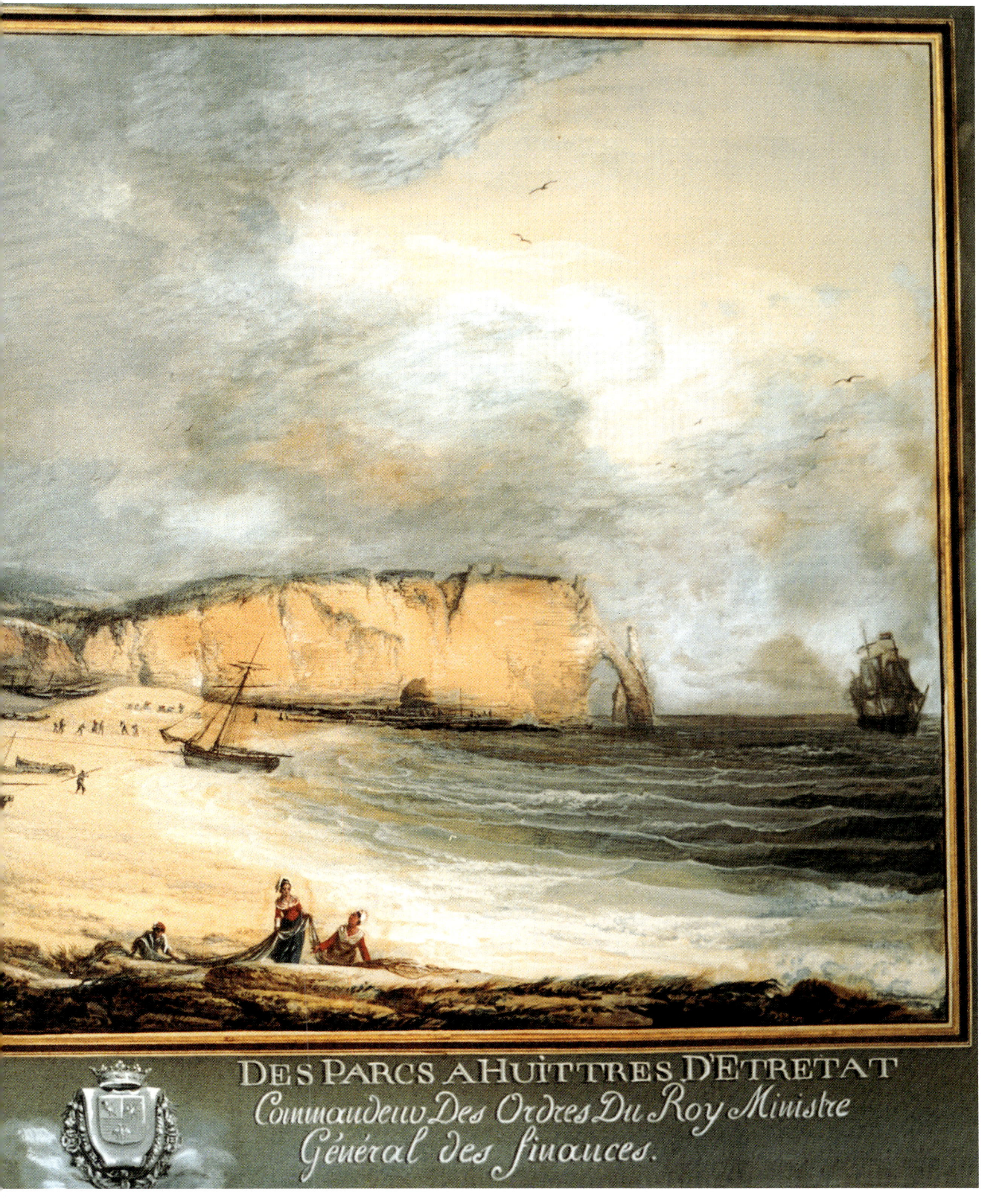
DES PARCS A HUITTRES D'ETRETAT
Commandeur Des Ordres Du Roy Ministre
Général des finances.

LES VOYAGES PITTORESQUES

Le début du XIXe siècle voit fleurir, pour notre grand bonheur, une concurrence acharnée sur les albums de voyages pittoresques. Faisant suite aux « Vues des Ports de France » de Joseph Vernet au XVIIIe siècle, ils sont illustrés de gravures exécutées par les meilleurs artistes de la jeune génération.

Le terme de pittoresque apparaissant sur tous ces ouvrages montre le goût de la découverte du territoire, à une époque où les différences régionales demeurent très importantes. Cette passion pour le pittoresque répond certainement au pressentiment de l'uniformisation des coutumes, indispensable à la naissance d'un monde moderne.

La découverte de la lithographie à la fin du XVIIIe siècle par Senefer sera vraiment utilisée à partir de 1816 et permettra au Baron Taylor de lancer, dès 1818, son monumental « Les Voyages pittoresques et romantiques dans l'ancienne France », auquel participeront la plupart des artistes de la génération de 1830, tels que Bonington, Isabey, Harding, Cicéri, Dauzats et bien d'autres.

Face à cette entreprise, J.F d'Osterval, éditeur originaire de Suisse et installé quai des Augustins à Paris, entame en 1821 ses « Voyages pittoresques en Sicile » et ses « Excursions sur les côtes et dans les ports de Normandie », avec un texte de l'industriel Noël-Jacques Lefebvre-Duruflé. L'une des intentions de ce livre est de présenter des sites inédits en montrant des petits ports tels qu'Etretat.

D'Ostervald est un homme d'avant-garde, admirateur des aquarellistes anglais, comprenant avant tous les autres éditeurs l'impact que cet art d'Outre-Manche aura sur la peinture de paysage française. Pour rendre au mieux l'aspect très particulier de ces aquarelles dont il voulait diffuser la mode, d'Ostervald reconnut dans l'aquatinte le procédé de gravure idéale. L'aquatinte, méprisée en France, est une technique merveilleuse que seuls les bons graveurs savent employer. Elle permet d'obtenir un velouté incomparable et une gamme de gris infinie. L'homme fit donc venir d'Angleterre trois des quatre frères Fielding qui étaient tous aquarellistes, graveurs et professeurs de dessin : Théodore (1781-1851) qui publiera en 1844 un traité de la gravure, Thales (1793-1837), et Newton (1797-1856) qui sera le seul à rester en France. Bonington sera aussi associé à la réalisation de cet ouvrage avec la commande de dix planches.

Trois des plus belles gravures d'Etretat proviennent de cet ouvrage. D'après des peintures d'Alexandre Noël, Newton Fielding a gravé une *Vue générale de la rade* animée de quelques pêcheurs au travail. Son frère (Thales ou Théodore, impossible de le savoir puisque cette gravure est signée Th.Fielding) a exécuté la *Vue de la rade prise de la grotte du trou à l'homme* qui est le pendant de la première. Aval et amont se trouvaient ainsi représentés. Cette vue depuis la grotte oppose le calme de la mer au romantisme du motif de la caverne. Le point de vue est si spectaculaire que le premier venu se l'est bien sûr approprié, empêchant tout autre artiste de planter là son chevalet sous peine de plagia.

La troisième aquatinte illustrant le livre d'Ostervald est due au métier de Salathé d'après un tableau de Luttringhausen (1783-1857) qui sera le principal collaborateur de cet ouvrage.

La même année 1823, Etienne Jouy et Louis Garneray publiaient les « Voyages pittoresques et maritimes sur les côtes de la France » où une aquatinte de Garneray représentant Etretat est le quatrième chef-d'œuvre de la gravure étretataise. Ainsi, avant même que ne commence la vogue des artistes et l'arrivée de ceux que l'on appellera les *découvreurs*, Etretat peut se vanter de quatre représentations superbes diffusées à un grand nombre d'exemplaires. Ces gravures jouèrent certainement un rôle important dans la connaissance d'Etretat au reste du monde, et incitèrent les premiers artistes en quête de pittoresque à venir sur nos côtes.

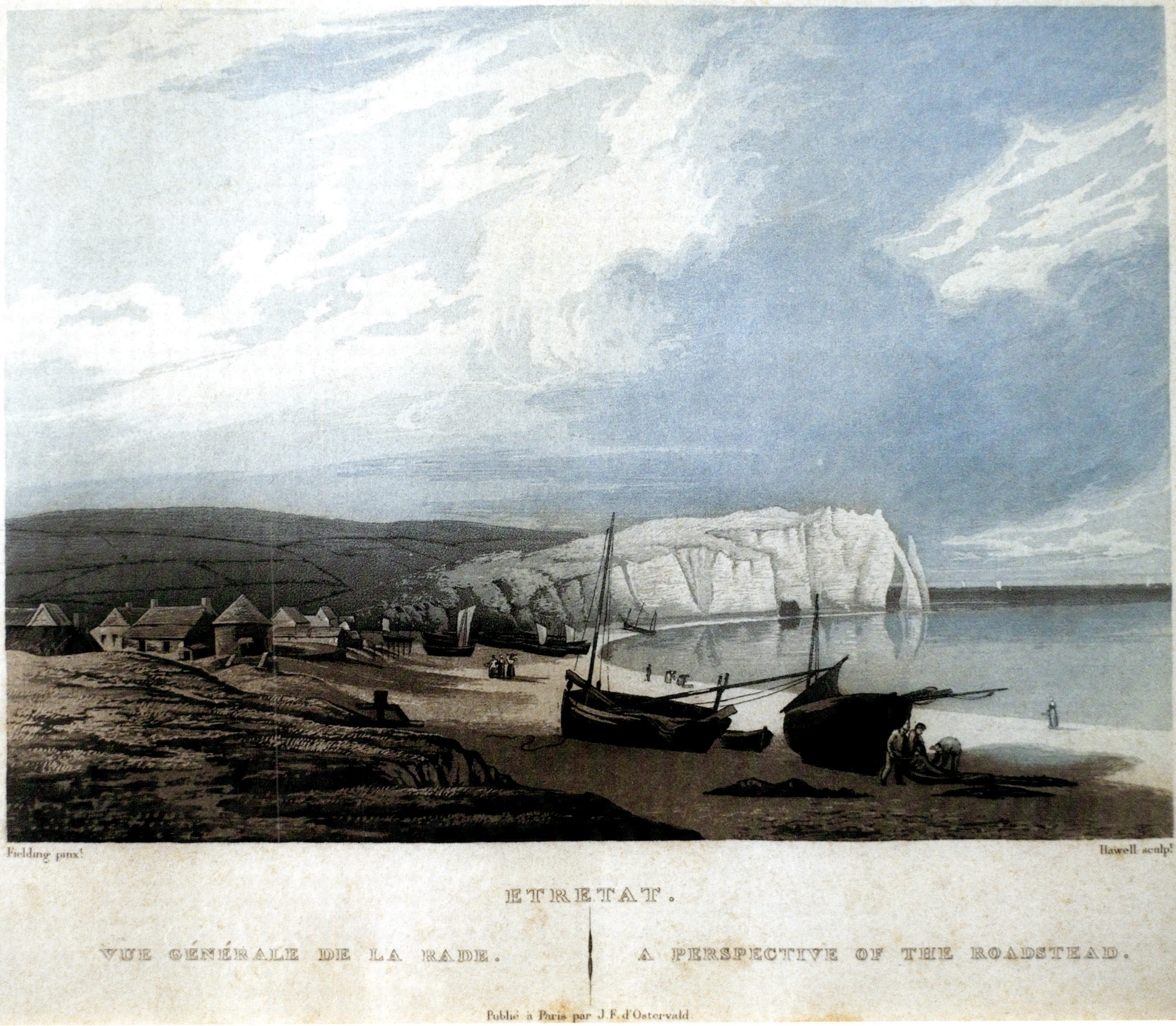

Fielding. *Etretat, vue générale de la rade*, circa 1821, aquatinte gravée par Hawell, 14 x 20 cm.
COLL. PRIVÉE, © C. DES BROSSES.

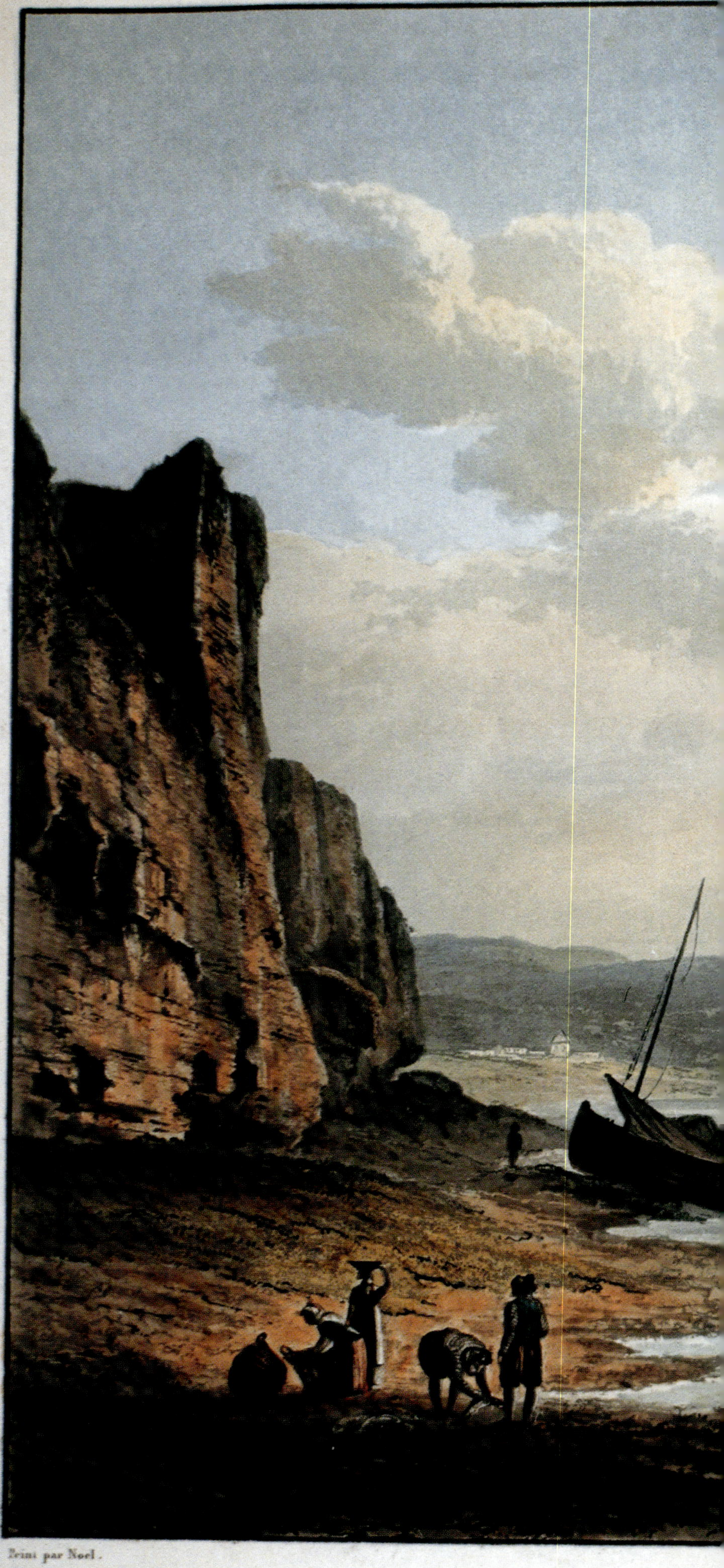

Peint par Noel.

Alexandre Noël. *Etretat, vue générale de la rade,* circa 1821, aquatinte gravée par Newton Fielding, 37 x 42 cm. ETRETAT, COLL. PRIVÉE, © C. DES BROSSES.

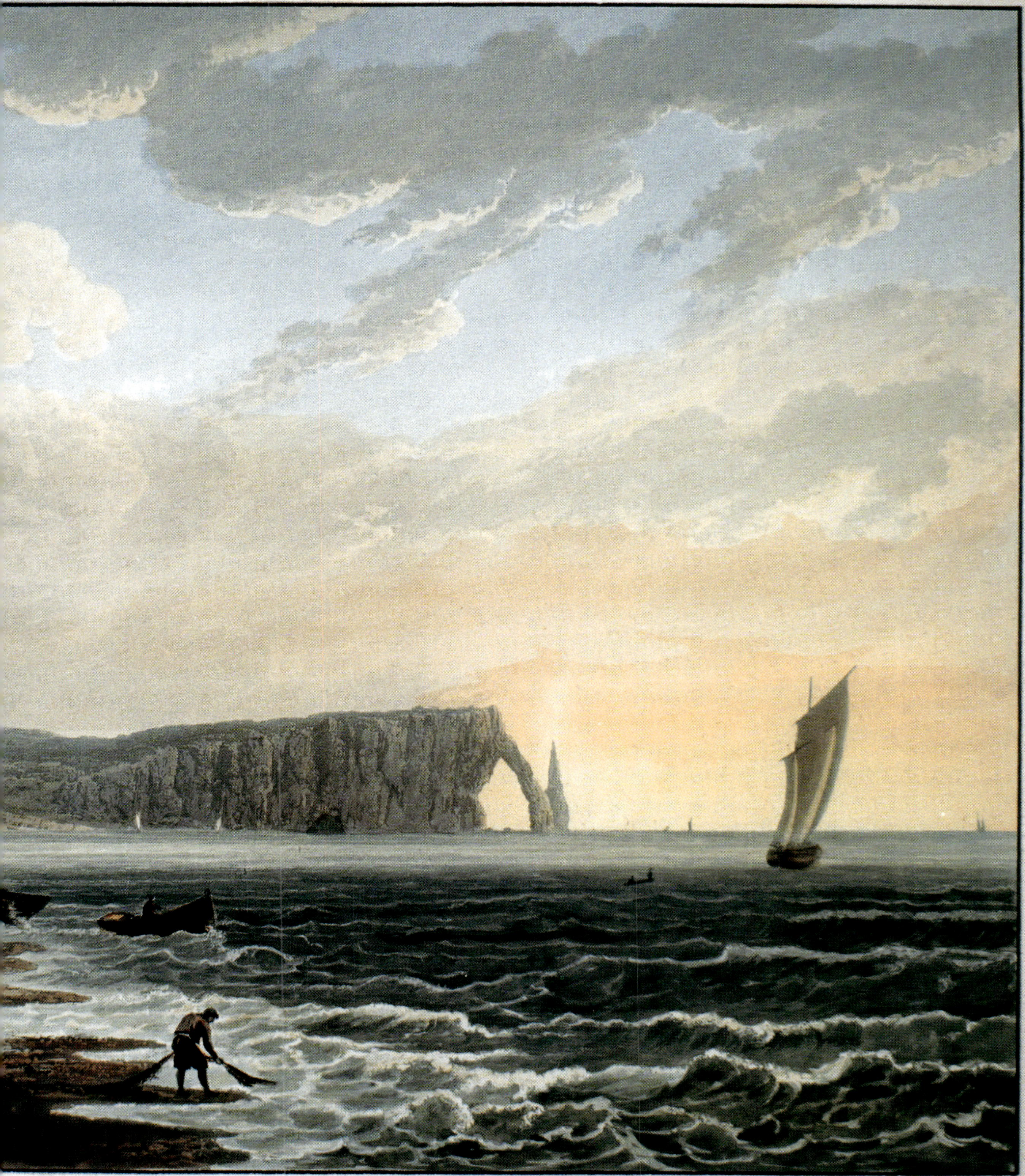

Gravé par Newton Fielding

ETRETAT.

L'HISTOIRE DU TROU À L'HOMME

En 1792, un navire suédois, en pleine tempête, s'échoue contre la falaise et se disloque. Pendant vingt-quatre heures la tempête fait rage et la mer renvoie les cadavres des marins sur la grève. Au fond de la grotte, sur le rebord du roc, quand la mer fut calmée est retrouvé un homme inanimé qui eut la bonne idée de se réveiller au moment de son inhumation. Il raconta, qu'à tant lutter contre les vagues, à bout de force il s'évanouit quand une lame le prit et le projeta sur cette saillie du rocher. De là vient le nom de « Trou à l'homme ».

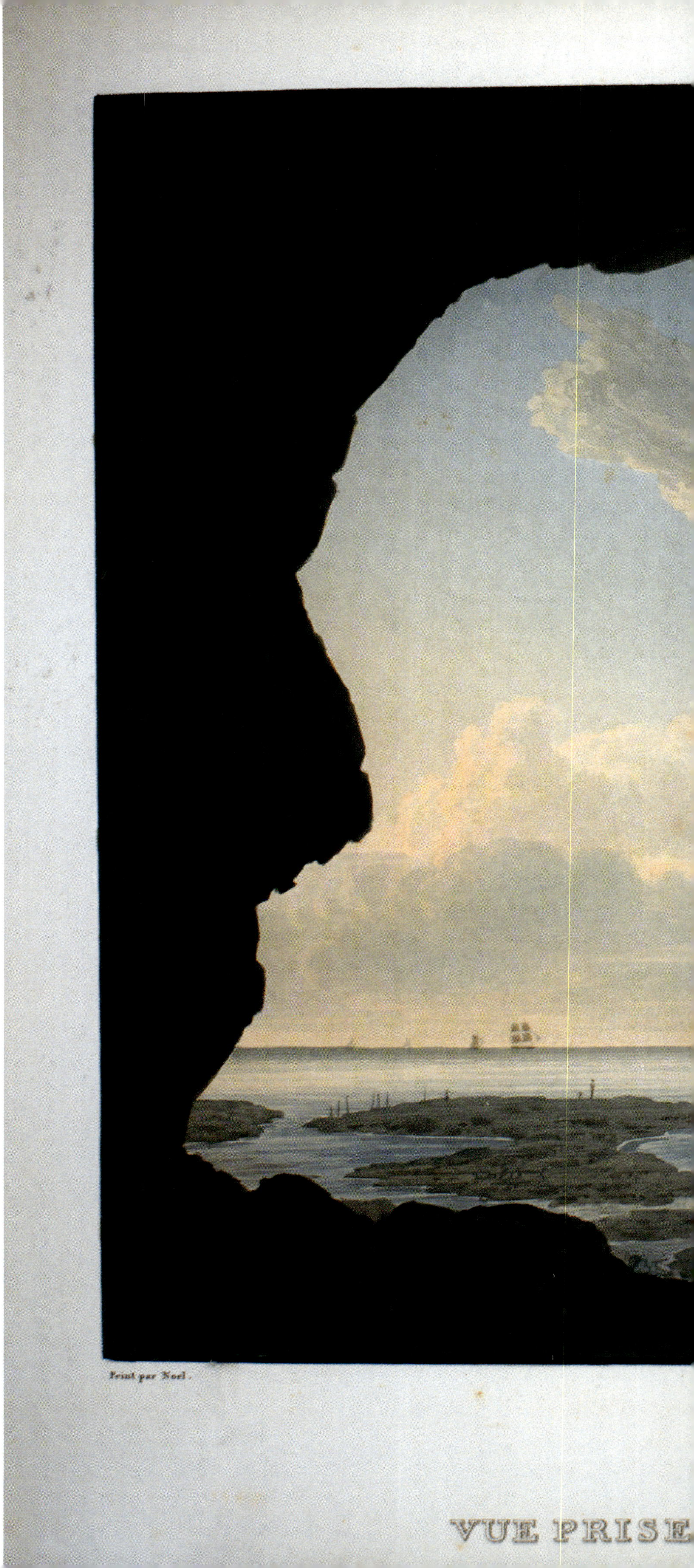

Alexandre Noël. *Etretat, vue prise du trou à l'homme,* circa 1821, aquatinte gravée par Th. Fielding. COLL. PRIVÉE, © C. DES BROSSES.

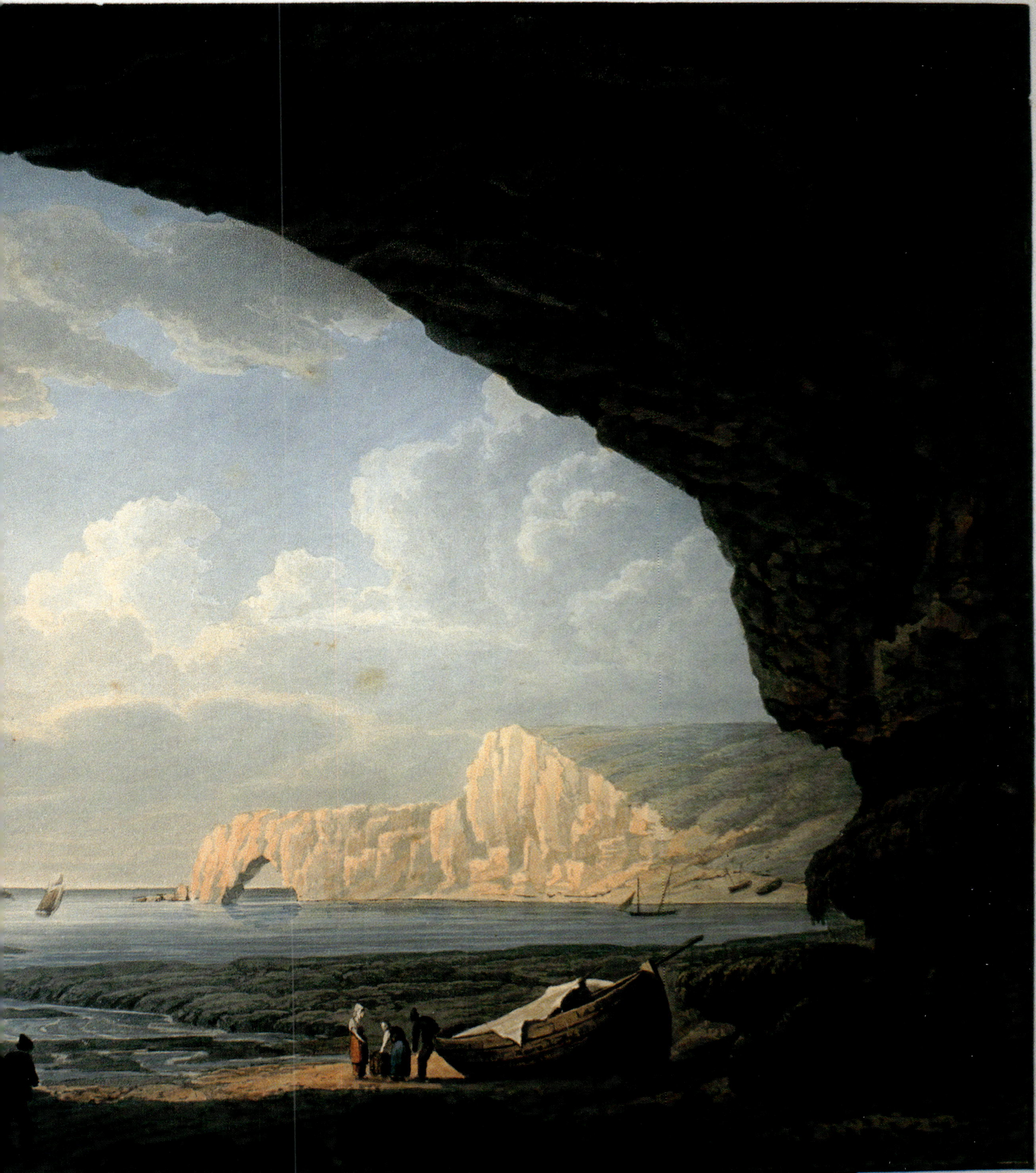

Gravé par Th. Fielding

ETRETAT.

E LA GROTTE DU TROU À L'HOMME.

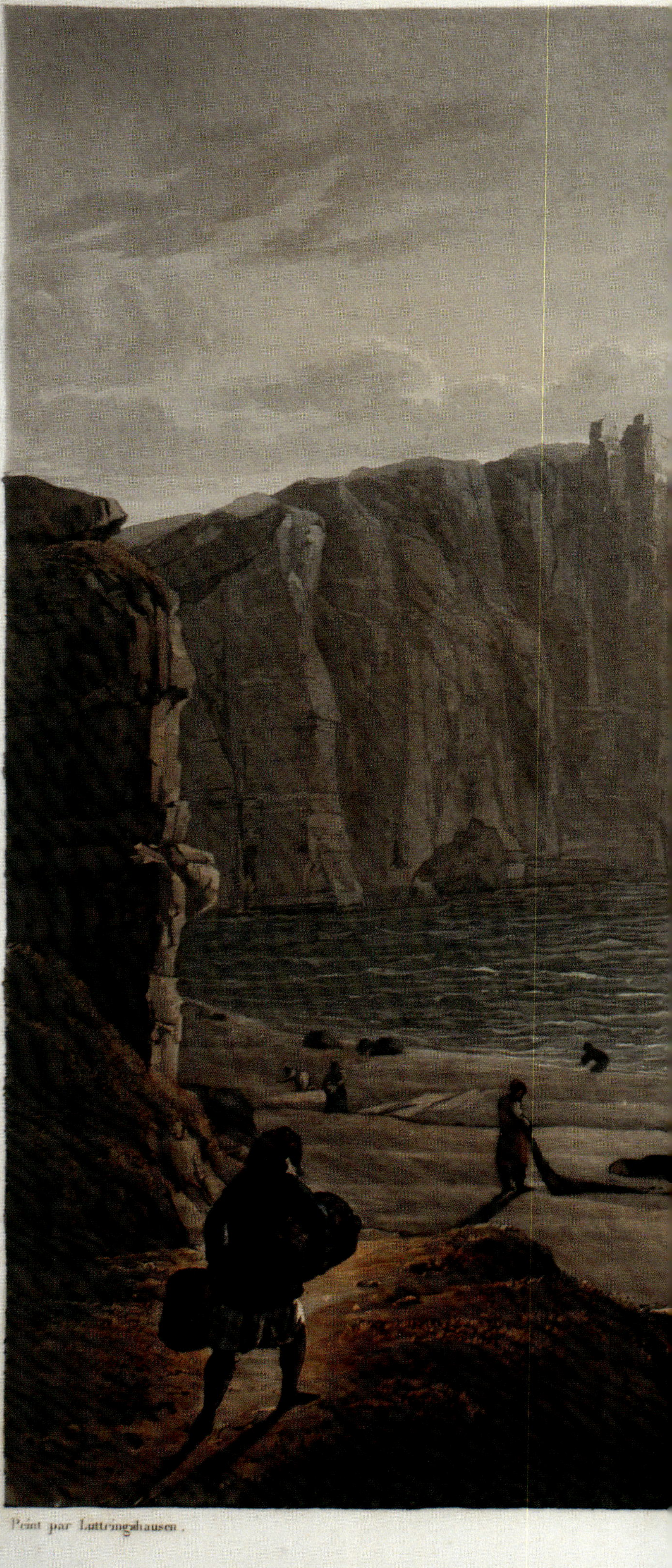

Luttringhausen. *Etretat, vue prise du rivage*, circa 1821, aquatinte gravée par Salathé, 21,5 x 29,5 cm.
ETRETAT, COLL. PRIVÉE, © C. DES BROSSES.

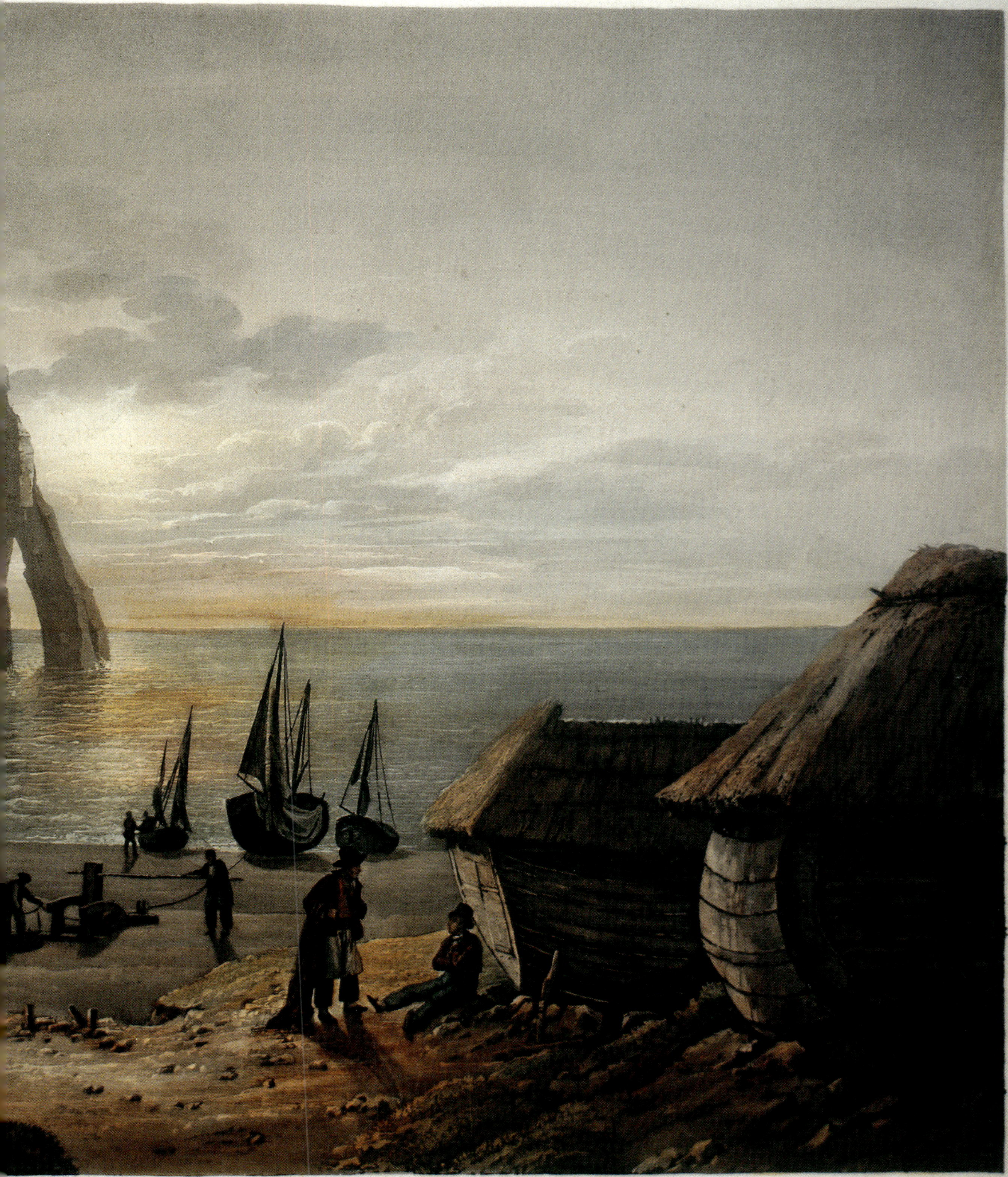

Gravé par Salathé.

ETRETAT

LOUIS GARNERAY
1783-1857

Etonnant personnage que ce Garneray, dont le père fut élève de David, qui dès l'âge de treize ans s'embarqua comme marin, et connut une vie aventureuse digne des meilleurs romans. Durant dix années, Garneray sillonne et combat dans l'océan Indien et le Pacifique. Il est en Inde, à Madagascar et négrier à Zanzibar. Puis le voici sous les ordres du célèbre Surcouf, le corsaire malouin, mais en 1806, il est capturé par les Anglais qui ne le libéreront qu'en 1814. Durant ces huit années de captivité, Garneray se tourne vers la peinture et, une fois libre, décide d'être peintre. Sa riche expérience des bateaux le pousse logiquement à peindre des marines, notamment des scènes de combats navals. Il se fait une spécialité de n'omettre aucun détail des gréements qu'il connaît fort bien. En 1819, il obtient une médaille d'or au Salon.

En 1822, Garneray entreprend la réalisation des « Vues des côtes de France dans l'Océan et dans la Méditerranée », un ensemble de soixante-quatre gravures qu'il complète d'un ensemble de vingt-quatre tableaux conservés à la Chambre de Commerce de Paris. Cette entreprise importante est bien sûr à considérer comme une entreprise commerciale, se voulant la suite de la série des *Ports* exécutée par Joseph Vernet, mais aussi de celle de Nicolas Ozanne à qui Louis XVI commanda en 1775 la « Levée des plans, dessins et vues des ports du Royaume ». La Chambre de Commerce de Paris doit à la générosité d'Emile-Justin Menier, le célèbre industriel du chocolat, de posséder cette collection de tableaux de Garneray qu'il acquit de Monsieur Basset (éditeur des gravures) et qu'il offrit en tant que membre de cette Chambre de 1872 à 1881. Tous du même format (33 x 46 cm), ces tableaux sont peints dans un esprit très classique. Sans le moindre souffle romantique, ils allient le goût du pittoresque au désir de magnifier les lieux représentés.

Il est permis de se demander ce qui a poussé Garneray à inclure Etretat à cette série de gravures car le port n'est pas assez important pour qu'un pays puisse s'en enorgueillir. Est-ce pour contrer l'entreprise de d'Ostervald qui se plaisait à montrer des vues inédites ou est-ce une réponse à un parti pris plus politique ? Rappelons qu'il était question depuis fort longtemps qu'Etretat devienne un port important. Le premier projet datait de François Ier et fut suivi du projet Lamblardie sous Louis XVI. Napoléon aussi voulait faire d'Etretat un port de guerre. En 1806, trente millions de francs furent votés pour le lancement des travaux. La restauration en empêcha la réalisation et tous ces projets furent définitivement enterrés. Mais, en 1822, il n'était certainement pas stupide, surtout pour un admirateur de Napoléon, de croire encore en la faisabilité du projet.

La précision de l'aquatinte de Garneray est un document de première importance. Elle montre Etretat tel qu'il était lorsque arrivèrent les premiers artistes. En 1820, rien ne présageait des transformations futures. Dans cette gravure, Garneray donne un maximum de renseignements sur le village. Installé pour peindre sur la hauteur, le regard vers l'ouest, il a choisi de montrer à la fois la mer et le village en plaçant la ligne de l'estran au centre du tableau. On peut voir nettement, de cette vue prise du haut de la falaise d'amont, la configuration précise de l'habitat ainsi que le déversoir de la rivière qui traversait le village et que l'on ouvrait à marée basse. La population est purement locale, aucun signe de contact avec l'extérieur ne vient troubler cette

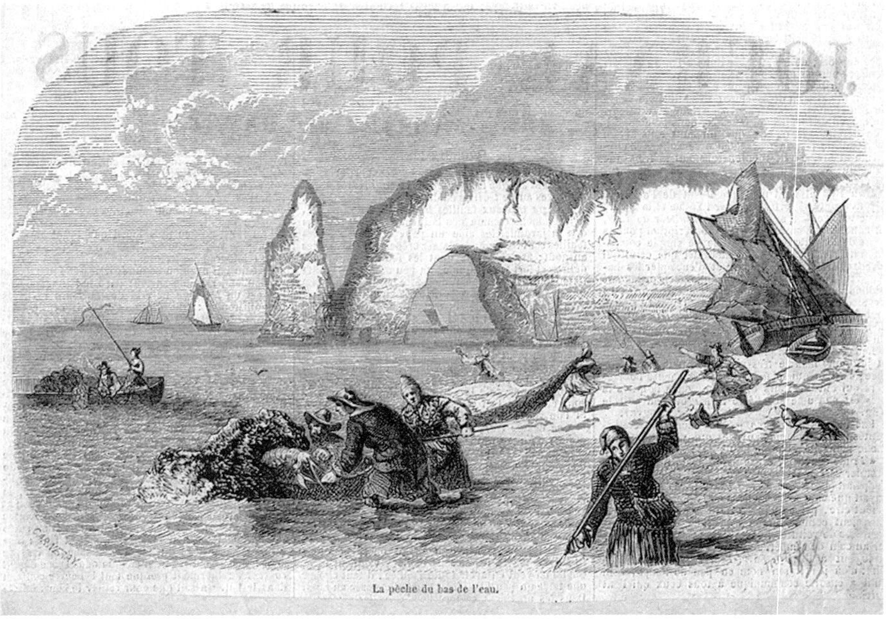

Louis Garneray. *La Pêche du bas de l'eau*, gravure sur bois. COLL. PRIVÉE.

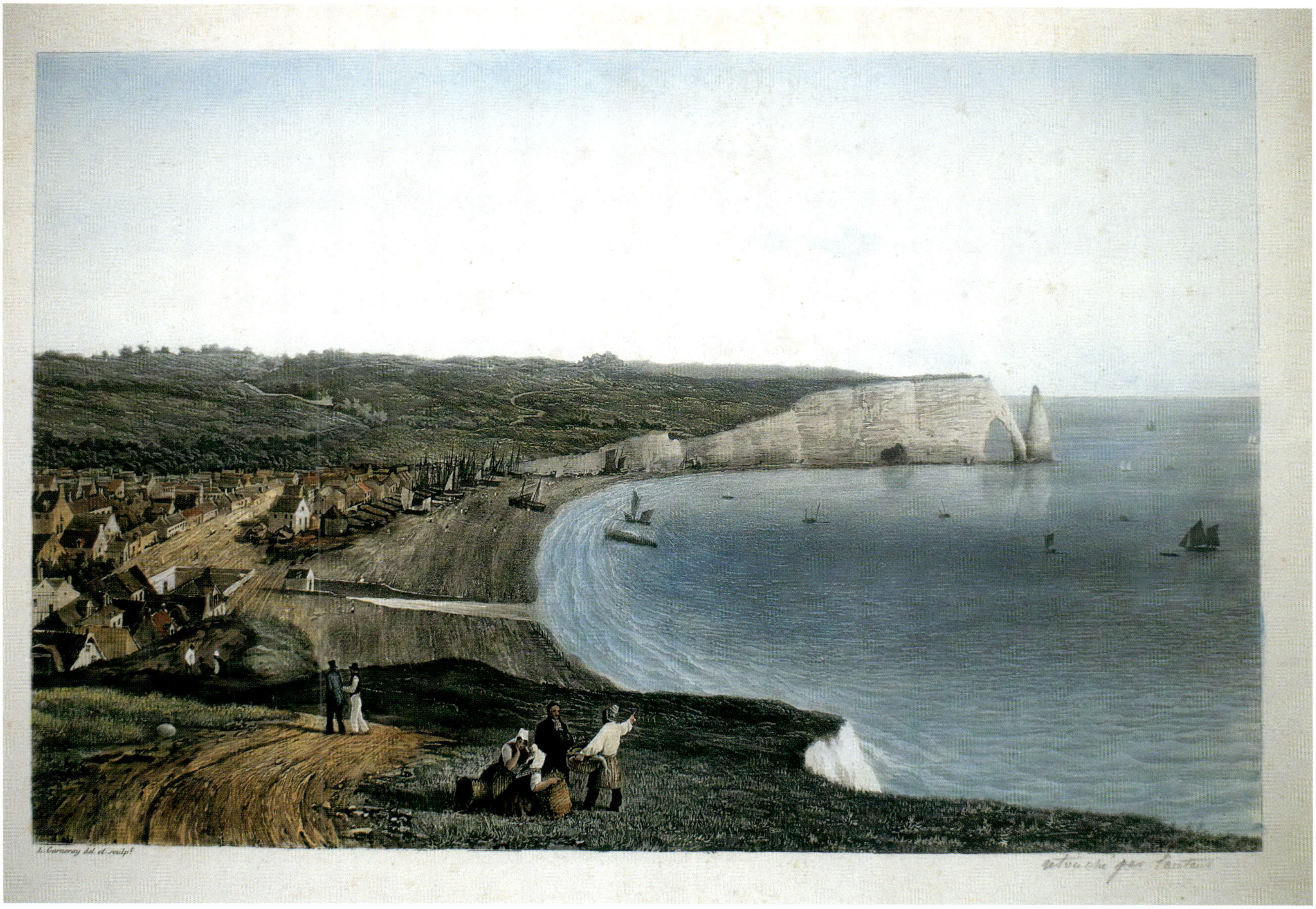

Louis Garneray. *Vue d'Etretat*, 1823, aquatinte, 47,5 x 56 cm.
ETRETAT, COLL. PRIVÉE, © C. DES BROSSES.

quiétude. L'activité maritime est intense. Caïques et canots remplissent la rade afin de justifier l'appartenance aux *Ports de France*. Qui pourrait croire que vingt ans plus tard cette plage serait méconnaissable et pour une toute autre raison ?

En 1832, Garneray est nommé conservateur du musée de Rouen. Il sera licencié en 1837 pour propagande bonapartiste, comme bien d'autres membres de l'Institution en cette époque troublée. De retour à Paris, il collabore à des revues maritimes. En 1840, il participe au Service des pêches que commande le roi Louis-Philippe à la Manufacture de Sèvres. En 1851, il rédige ses mémoires qui paraissent en feuilletons sous le titre « Voyages, aventures et combats ». Le succès est considérable. En 1852, il est fait chevalier de la Légion d'honneur.

Cette période est celle qui vit venir le plus d'artistes à Etretat. A croire que ce village en plein éveil était le passage obligé pour tout artiste ayant choisi de consacrer à la nature l'essentiel de son œuvre. Beaucoup resteront à jamais inconnus, mais nombre d'artistes éminents y séjourneront, auxquels le format de cet ouvrage nous empêche de consacrer une notice. Ainsi est-il regrettable d'ignorer **Paul Flandrin** (1811-1902) qui se rend tous les étés de 1863 à 1869 chez le sculpteur Oudiné, **Auguste Anastasi** (1820-1889), venu en juillet 1847, et dont la vente d'atelier comportait trois œuvres d'Etretat, **Hippolyte Bellangé** (1800-1866), peintre de sujets militaires et auteur d'un incroyable *Barbier du pays de Caux*, **Louis Bentabole** (1820-1880), excellent peintre qui présente, au Salon de 1866, *Etretat, falaise d'aval*, similaire à un tableau de Buisson de 1851, comme si les deux artistes avaient eu le même professeur, le barbizonien **Eugène Cicéri** (1813-1890) dont plusieurs tableaux nous sont connus, **Charles Lapostolet** (1824-1890) dont un magnifique tableau d'Etretat a longtemps été attribué à Corot, **Henri Place**, élève d'Isabey, dont le musée de Dieppe conserve une vue d'Etretat, l'Anglais **Edward William Cooke** (1811-1880) et son très réaliste *Fishing boats*, **Louis Français** (1814-1897) qui dessina aussi une caloge, **Henriette Gudin** (fille de Théodore) dont une vue prise du chemin de Saint-Clair est digne du talent de son père et l'Allemand **Johann Wilhelm Schirmer** (1807-1863) dont le musée de Karlsruhe possède des vues de Normandie d'une magnifique précision.

Un grand regret, pour cette période, sera de n'avoir su découvrir d'œuvres de **Adolphe-Félix Cals** (1810-1880), habitué d'Honfleur, qui vint jusqu'à Sainte-Adresse et qui a certainement séjourné à Etretat. Il est pourtant l'un des meilleurs artistes de son temps et certainement le plus charmant et le plus émouvant.

1820-1870_
ROMANTISME ET NATURALISME

RICHARD PARKES BONINGTON
1801-1828

Richard Parkes Bonington est à la fois un génie et un météore dans l'histoire du paysage en ce premier quart du XIXe siècle. Rarement peintre ne fut aussi maître de son art si précocement. Mort à vingt-sept ans, il a non seulement eu le temps de laisser une œuvre en tout point remarquable, mais d'être, au même titre que l'immense Constable, l'un des chefs de file qui bouleversa à jamais la notion du paysage et qui, comme lui, fit le lien entre la peinture anglaise et française.

A l'automne 1821, Bonington effectue son premier voyage en Normandie (Rouen, Lillebonne, Abbeville, Honfleur, Le Havre, Trouville, Dives, Salinelles, Ouistreham et Caen). Il est alors tout frais émoulu de l'atelier de Gros. Dès l'année suivante il participe au « Voyage pittoresque en Sicile » de d'Osterval. En 1823, il parcourt la Belgique mais aussi la Normandie et reçoit commande du même d'Ostervald pour les « Excursions sur les côtes et dans les ports de France ». En décembre, la collection d'Ostervald est mise en vente. Y figurent dix aquarelles de Bonington. En 1824, Arroswsmith lui achète *La Charrette de foin*, et à Constable la *Vue de la Stour*. Nombre de jeunes artistes de l'époque visitent cet amateur pour voir cette fameuse peinture anglaise. Il participera aussi à l'ouvrage du baron Taylor mais seulement à partir de 1823, date à laquelle il apprend la technique de la lithographie.

Le 24 juillet 1824, Bonington rencontre à Dieppe Fielding qui est un ami de Delacroix puisque celui-ci emménage en octobre dans son atelier. Au printemps 1825, Bonington est en Angleterre avec Isabey, Delacroix et les autres frères Fielding. Il découvre Turner qui l'influencera fortement. Début août, il retourne en France où Isabey et Delacroix viennent le rejoindre et en automne se retrouve avec Isabey et Huet sur les bords de la Seine. En cette fin d'année il partage l'atelier de Delacroix. Le 22 décembre paraît le premier fascicule des « Vues pittoresques de l'Écosse » dont Bonington est le principal lithographe.

En 1827, il illustre de trois lithographies « Voyage pittoresque dans le Brésil ».

En juin 1829, il annule un voyage en Normandie avec Huet et décède le 23 septembre.

Cette description des voyages et rencontres de Bonington n'est pas rapportée dans un but compilateur mais parce qu'elle renseigne sur les événements qui se passèrent en Normandie en cette pleine période romantique.

On apprend en premier lieu combien les artistes voyageaient à une époque où les moyens de transport étaient des plus difficiles. D'évidence, cette manière de vivre était une condition essentielle pour exercer leur art, la vie de famille paraissant incompatible avec leur vocation d'hommes libres. On apprend aussi que les artistes aiment se rencontrer, travailler ensemble et échanger leurs idées nouvelles. Les influences de l'un envers l'autre sont donc multiples. On constate qu'ils ont sur leurs pairs le sens des valeurs puisque le cénacle réunit la crème du romantisme (Bonington, Delacroix, les frères Fielding, Isabey et Huet). Enfin nous apprenons que la découverte de la lithographie et la mode du pittoresque ont permis à presque tous ces artistes de gagner quelque argent en illustrant les nombreux albums alors très en vogue.

Bonington est venu très probablement en 1825 à Etretat. Une gravure représentant le moulin de Saint-Jouin-Bruneval atteste son passage. Plus intéressant est le tableau *Les Barques*, conservé au musée de l'Hermitage, dont la forme de la falaise n'a de vraiment réel que l'arche de l'aval. Pour le reste, nous sommes en présence d'un paysage totalement composé puisque, en cet endroit de son amont, aucun lieu d'échouage n'est possible et nulle maison n'a jamais existé. Bonington sacrifiait amplement la réalité au goût du pittoresque. Il est en effet impossible à un bateau d'échouer sur les rochers de cette manière. De même, des habitations si proches de la mer et si mal protégées auraient depuis longtemps été balayées par les tempêtes. Quant à la charrette tirée par des chevaux, il l'a certainement croquée sur les grandes plages sablonneuses du Nord. Ce thème de la charette, très prisée des romantiques, semble venir des représentations dramatiques des charrois des armées en déroute.

Isabey (*Pêcheurs remontant leurs bateaux, sur la plage*, vente mai 1987) mais aussi Jules Noël pratiqueront sans vergogne ces amalgames. Ces remarques prouvent que ces toiles sont destinées à un public non averti des usages de la mer. Elles montrent aussi la différence entre les peintures de marine (combat naval,

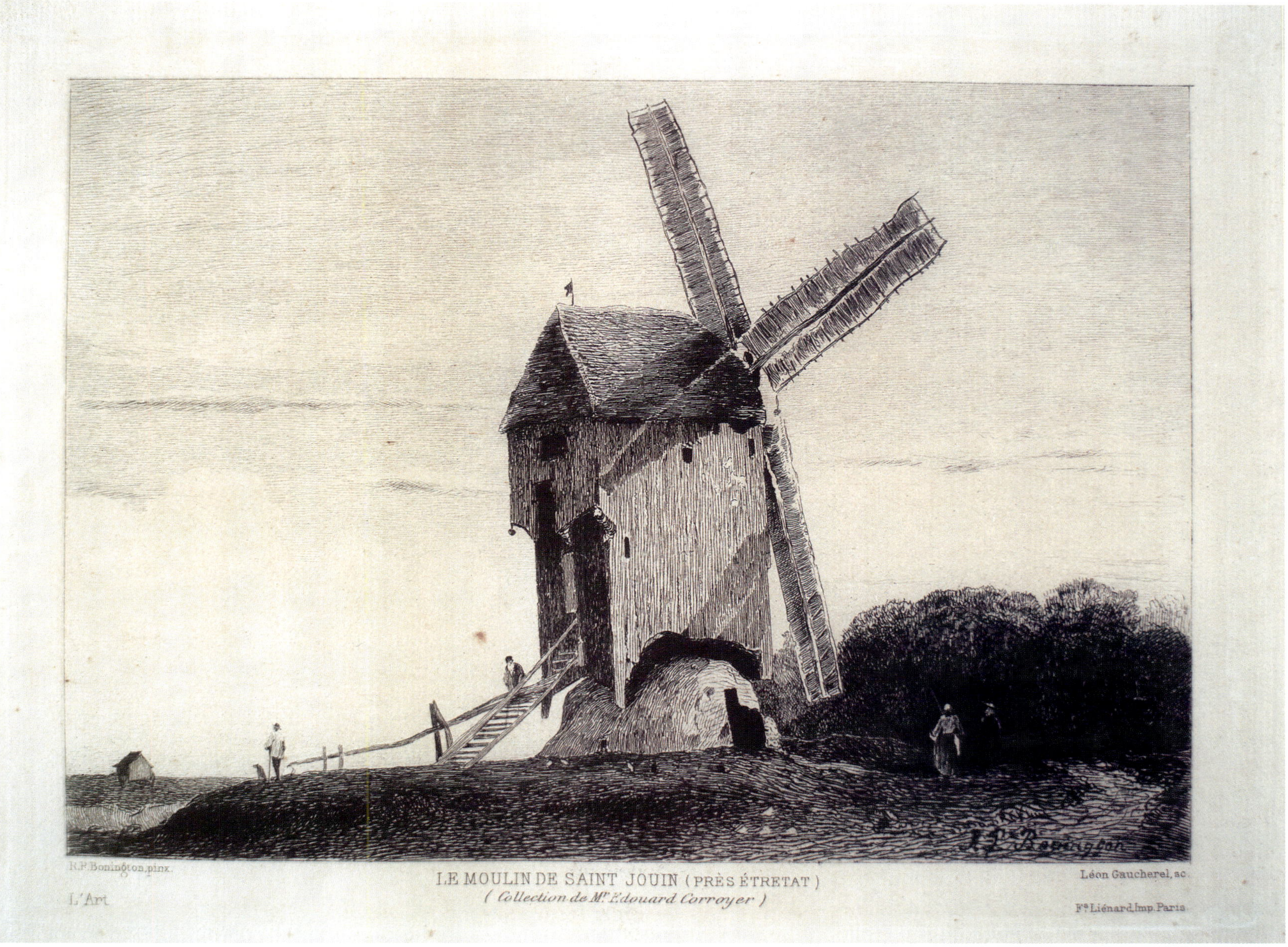

Richard Parkes Bonington, *Le Moulin de Saint-Jouin (près Etretat)*, c. 1825, eau-forte gravée par Léon Gaucherel, 14 x 21 cm.
COLL. PRIVÉE, © C. DES BROSSES.

faits maritimes historiques) pour lesquelles la connaissance des formes et des gréements de bateaux ne souffraient aucune lacune, et ces paysages de mer où la poésie et la recherche d'une ambiance pittoresque suffisaient au prétexte d'une peinture.

Dans cette toile la dextérité de Bonington est éclatante. La touche est grasse et enlevée. La palette, où dominent les tons clairs, est toute au service de la lumière. Delacroix, devant de telles œuvres de Bonington, s'inquiétait d'une telle virtuosité, sentant le danger qu'elle peut présenter quand la main est si habile qu'elle devance la pensée.

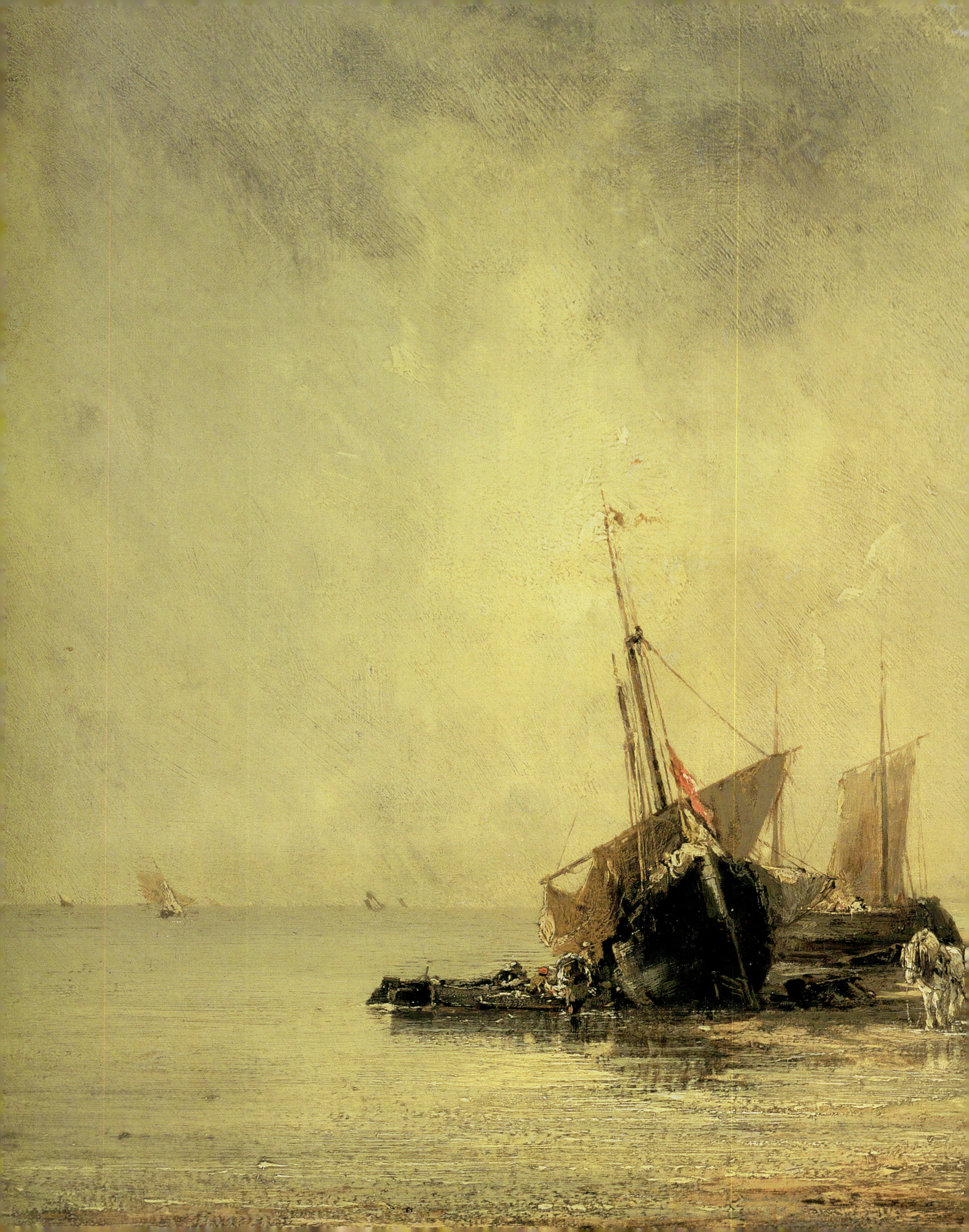

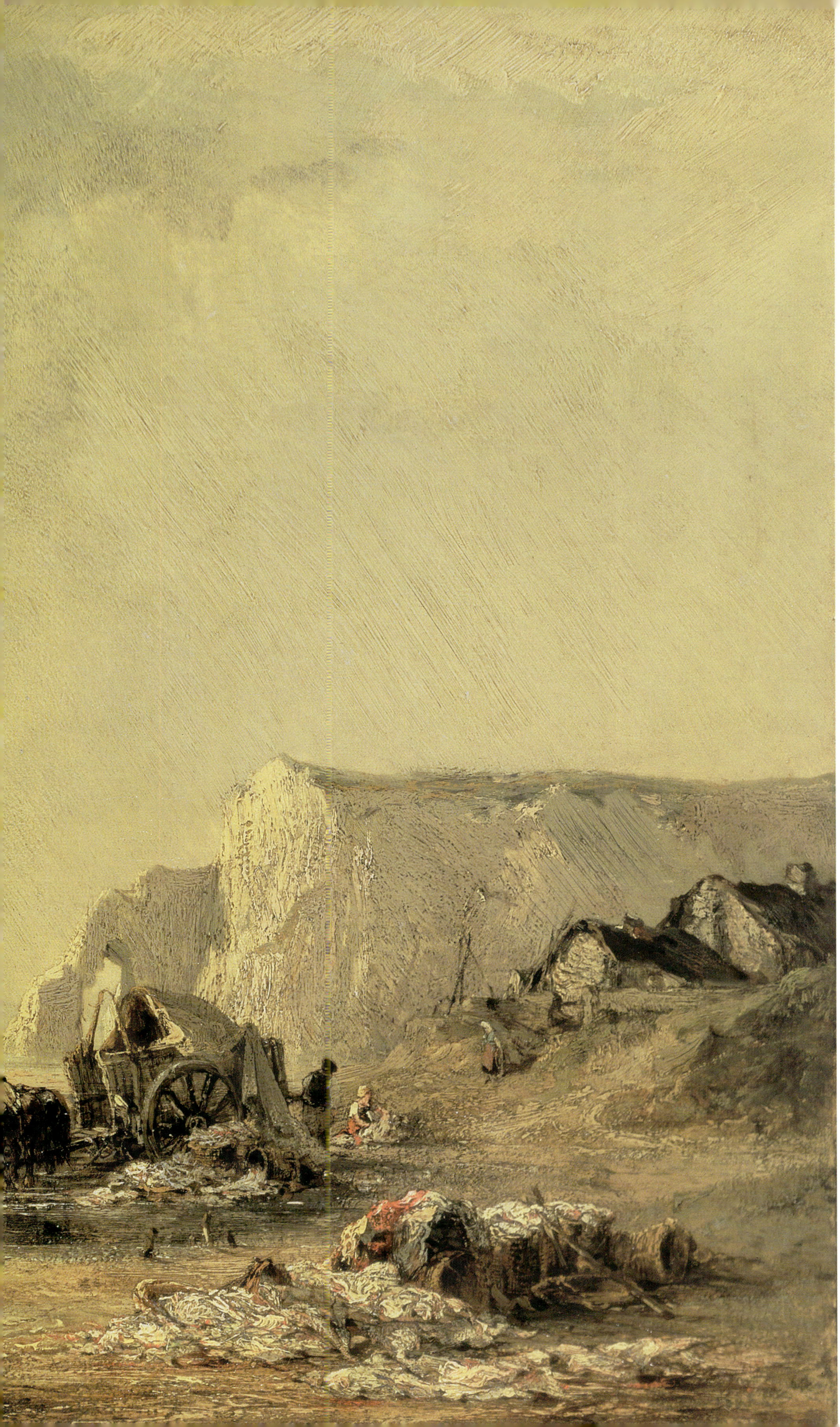

Richard Parkes Bonington.
Boats by the Normandy shore,
circa 1825, 36 x 46 cm.
HERMITAGE, ST-PETERSBOURG, RUSSIE

EUGENE ISABEY
1803-1886

Fils du miniaturiste Jean-Baptiste Isabey, peintre officiel de Napoléon qui se trouvera naturellement en disgrâce en 1830, Eugène Isabey a très vite été l'un des chefs de file de l'École romantique. A vingt-quatre ans, il reçoit une médaille de première classe au Salon pour son *Ouragan devant Dieppe*, dont le sujet est un fait réel. Il sera acheté par la duchesse de Berry, témoin de l'événement et représentée dans le tableau. Dès 1820, Isabey voyage en Normandie et en 1821, à dix-sept ans, il illustre le livre « Promenades de Dieppe aux montagnes d'Ecosse » de l'écrivain Charles Nodier. En 1825, il voyage en Angleterre et pratique l'aquarelle au contact de Bonington et Delacroix.

En 1828, il rencontre Paul Huet dont il subira l'influence et avec qui il peindra dans la région de Trouville. On se plaît à considérer Isabey comme le *découvreur* d'Etretat. Alphonse Karr, lui-même, lui en reconnaît la paternité. Il est vrai qu'adepte fervent, il entraînera ses élèves, notamment Eugène Le Poittevin en 1831.

Cette même année, parmi les cinq tableaux d'Isabey au Salon, l'un s'appelle *Port de halage*. Il est fort probable qu'il représente Etretat. Déjà la critique compare Eugène Isabey à Théodore Gudin et le pose comme son rival, le gratifiant donc du titre de « peintre de marine ». En 1838, il expose au sixième salon de Rouen en compagnie de Charles Mozin et d'Eugène Le Poittevin. Quand, en 1840, une terrible tempête endeuille trente-six familles à Etretat, il participe d'une œuvre à la loterie organisée, tout comme Le Poittevin, Diaz, Roqueplan, Hugo, Lamartine ou Janin. En 1841, il séjourne certainement à Etretat et depuis un an compte parmi les membres de la direction du recueil « La France maritime ». De nombreuses commandes royales sont confiées à cet artiste très en vogue. En 1845, il voyage en Normandie et conseille Boudin. En 1847, il est à Etretat avec Bonnardel, Cicéri et Jongkind qu'il a fait venir de Hollande et à qui va sa préférence. Il est vrai que Jongkind est très influencé par Isabey, qui lui-même influencera Monet.

Les événements de 1848 voient Isabey prendre des positions politiques à la tête du Syndicat des peintres. Il revient à Etretat en 1850 avec Jongkind et passe au Havre saluer Boudin. En 1853, il laissera à Boudin la commande du *Pardon de Bretagne*, qui sera la première commande importante du jeune peintre.

Eugène Isabey avait amené à Etretat, parmi ses élèves, un certain Henri Place, personnage singulier par le nombre de ses activités puisqu'il était tout à la fois banquier important, musicien sérieux (Isabey était lui-même organiste amateur) et peintre fort honorable. En 1859, il acquit une maison à Varengeville-sur-mer à coté de celle d'Isabey, où il installe pour son ami un orgue de marque Cavaillé-Coll. Il enverra au Salon de 1855 un

Eugène Isabey. Album cartonné. PARIS, MUSÉE DU LOUVRE, CLICHÉ RMN, H. LEWANDOWSKI.

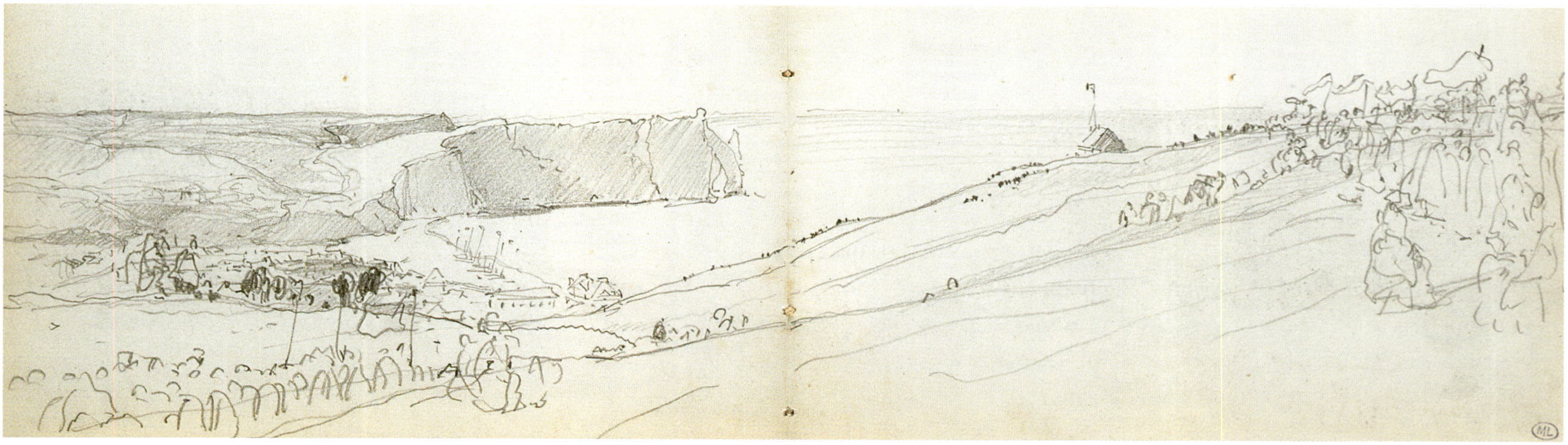

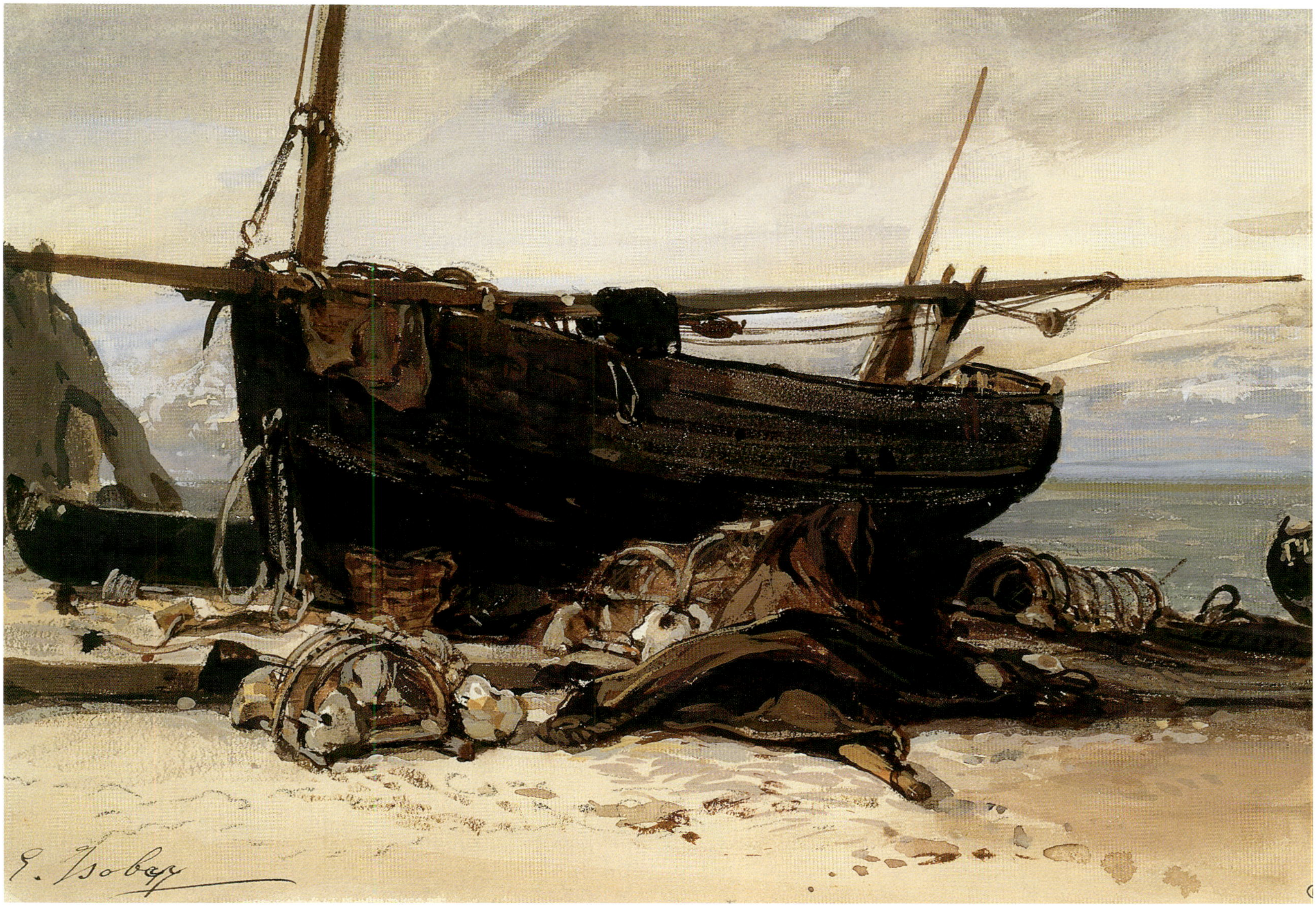

Eugène Isabey. ***Marine à Etretat*****, aquarelle, 22,5 x 32 cm.** PARIS, MUSÉE DU LOUVRE, CLICHÉ RMN, J.G. BERIZZI.

Souvenir d'Etretat (nº 3807). Le musée de Dieppe conserve de cet artiste une œuvre représentant Etretat.

D'Etretat, Pierre Miquel, dans son « Catalogue raisonné de l'œuvre d'Isabey », identifie une vingtaine de tableaux ou dessins. Bien sûr, de nombreux *Retours de pêche*, *Orage sur la mer* ou *Grains* ne peuvent être situés précisément. Dans toutes les toiles répertoriées la mer est déchaînée, la tempête fait rage, les pêcheurs ne savent comment se protéger du vent et épargner leurs voiles. La verticalité de la falaise y est toujours forcée et sa découpe accentuée en cheminées de fées. Cette manière sera reprise dans de nombreuses gravures romantiques, notamment celle de Cuvillier représentant un naufrage. Répondant au goût de l'époque, Isabey n'échappe pas au travers de l'anecdote et n'omet rien des détails qui font la particularité des habitants du site.

Plus remarquables, peut-être, sont ses aquarelles car moins empruntes de la mise en scène chère aux romantiques. Plus directes, elles contiennent la vérité de l'émotion devant le motif et leur force est telle qu'elles peuvent, sinon se confondre, du moins se comparer à celles de Delacroix. L'hommage n'est pas des moindres. Dans ces aquarelles, la nature a sa juste mesure et Isabey, à la recherche de monumentalité, prend un plaisir certain à s'approcher au plus près de son sujet.

Qu'importe qu'Isabey soit ou ne soit pas le *découvreur* d'Etretat. Bien sûr, il ne fut pas le premier puisque Alexandre Noël et Bonington s'y étaient déjà attardés. L'important est qu'Isabey ait initié cette chaîne d'artistes qui feront d'Etretat ce site privilégié dans l'histoire de l'art en le faisant découvrir à des artistes de sa génération, puis en soutenant de jeunes talents comme Boudin et Jongkind qui seront les précurseurs directs de l'impressionnisme.

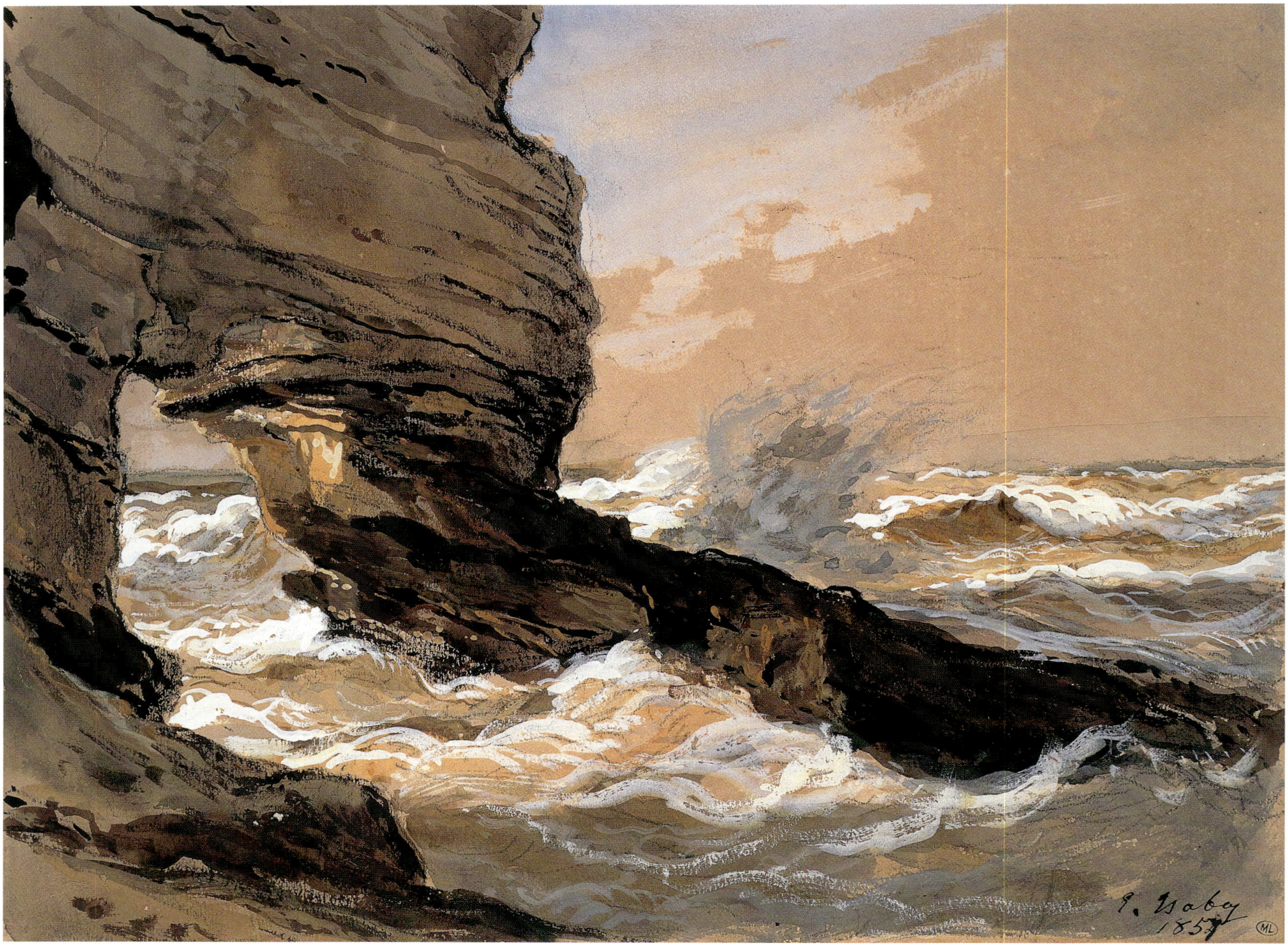

Eugène Isabey. *Rochers d'Etretat*, 1857, aquarelle, 24,2 x 33 cm.

PARIS, MUSÉE DU LOUVRE, CLICHÉ RMN, J.G. BERIZZI.

Page de droite : Eugène Isabey. *La Falaise d'aval*, aquarelle.

PARIS, COLL. PRIVÉE, © GALERIE DELARUE.

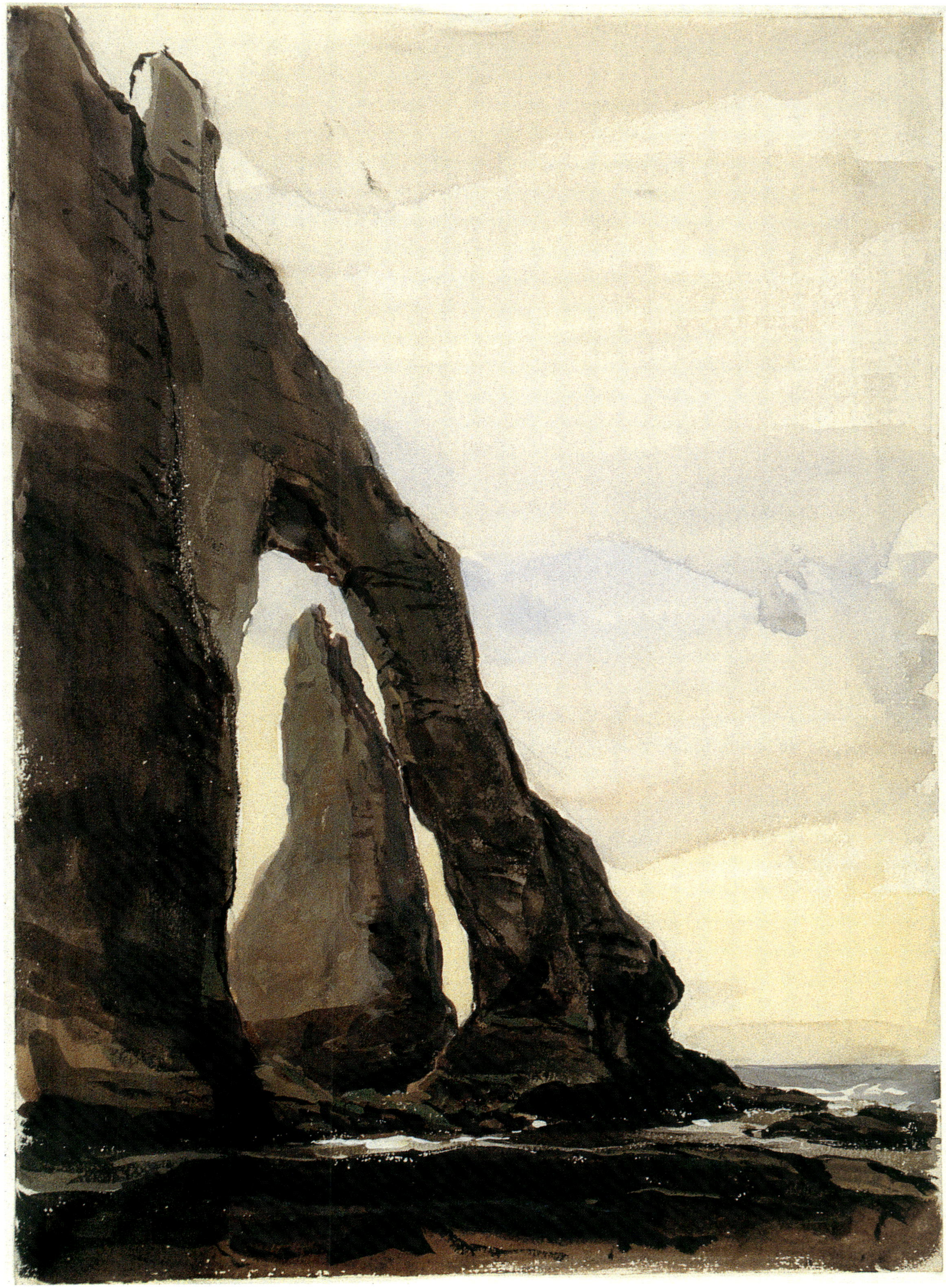

EUGENE LE POITTEVIN
1806-1879

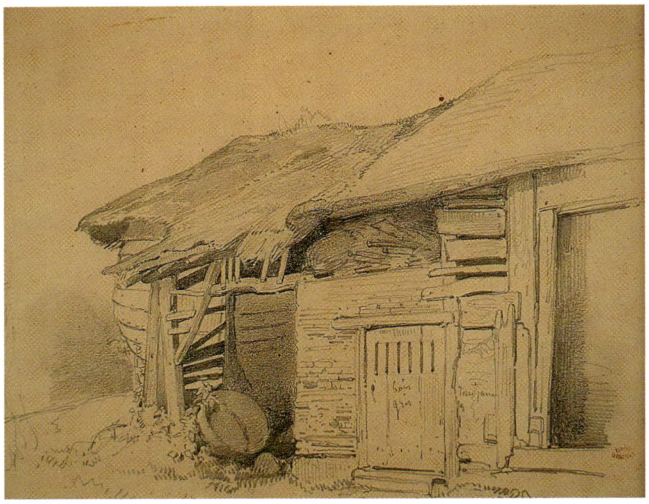

Eugène Le Poittevin. ***Caloge*****, dessin, 21 x 27 cm.**
ETRETAT, COLL. PRIVÉE, © C. DES BROSSES.

Le premier mystère concernant Le Poittevin est de savoir pourquoi aucun travail n'a jamais été effectué sur son œuvre. Le livre à thème permet de rattraper les oubliés de l'histoire. Justice sera donc faite ici même.

Le Poittevin fut suffisamment renommé de son vivant pour que Labiche, dans sa pièce « Edgar et la bonne », fasse dire à son héros Edgar Baudeloche, collectionneur de tableaux : *« C'est un Le Poittevin, ça vaut un Corot et c'est moins cher ! »* De même, Théophile Gauthier, dans son compte rendu du Salon de 1834, à une époque où la critique avait encore la dent dure, après avoir encensé Delacroix, se déchaîne sur Le Poittevin en l'assimilant à Isabey (ce qui n'est d'ailleurs pas une critique honteuse) : *« M. Poittevin s'est incarné dans M. Isabey, à ce point qu'il devient impossible de distinguer les tableaux de M. Isabey de ceux de M. Poittevin. – Ce n'est pas une imitation, c'est une assimilation complète. Il faut vraiment la signature pour s'y reconnaître ; seulement M. Poittevin fait quelquefois mieux que M. Isabey, qui doit être terriblement embarrassé d'un tel sosie. »* Pourtant, dès 1826, alors qu'il a à peine vingt ans sa toile *Les Moissonneurs* est achetée par la duchesse de Berry et, en 1829, il est second prix de Rome. Bien sûr, Isabey, de trois ans l'aîné de Le Poittevin, est le maître qui lui fit découvrir Etretat en 1834.

Le Poittevin se prit de passion pour ce site et y fit construire en 1851 un chalet, *La Chaufferette*, rue Notre-Dame à cent mètres de la villa *Les Verguies* où Maupassant passa son enfance. Dans le jardin, il installa une caloge aménagée où Maupassant aimait rester dormir. Lui-même disposait d'une embarcation identique pour loger son serviteur Tassart.

Il fit aussi construire un atelier tout au bord de la mer, rue de la Plage, quartier du Môle, que l'on distingue bien sur un tableau d'Adolphe Delignères, conservé au musée d'Abbeville, qui est une copie d'un tableau de Le Poittevin. Une photo de Louis-Alphonse Davanne (1851), éditée en carte postale par le syndicat d'initiative, nous montre une maison de deux étages, construite en silex avec une grande porte fenêtre au premier étage où se situait l'atelier. Les Allemands la détruiront pendant l'Occupation, comme une grande partie des constructions du front de mer, gênés certainement par cet obstacle devant la baie. Grâce à Maupassant nous savons que c'est de cet atelier que Courbet peindra les *Vagues*.

Isabey et Le Poittevin sont considérés comme les *découvreurs* d'Etretat. Alphonse Karr, qui fit beaucoup pour sa notoriété, reconnaît avoir été devancé et l'écrit : *« Etretat est un pays que Gatayes et moi avons découvert, après toutefois les peintres Le Poittevin et Isabey. Mais j'ai fait comme Americo Vespuce et Daguerre vis-à-vis de Christophe Colomb et de Niepce ; je lui ai à peu près donné mon nom ; j'ai tant bavardé sur Etretat que je l'ai mis à la mode, et qu'aujourd'hui c'est une succursale d'Asnières. »* L'autre mystère Le Poittevin réside dans le lien de parenté supposé avec Maupassant : était-il oui ou non le frère de Laure de Maupassant, mère de Guy ? Deux théories s'affrontaient et l'on ne plaisantait pas sur le sujet.

La première dit qu'Eugène est le fils de Nicolas Jean-Baptiste Modeste Poidevin, ébéniste de son état, et de

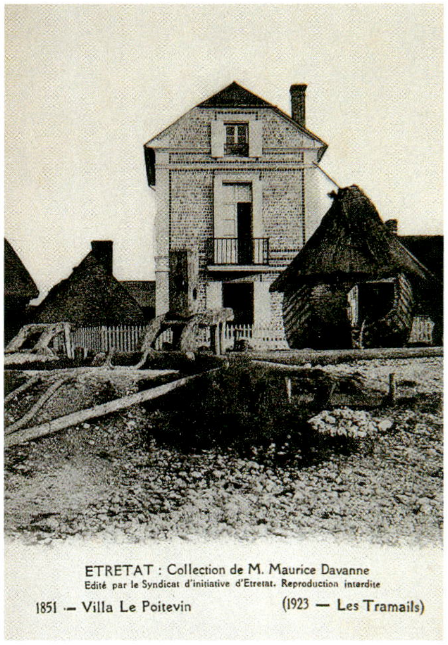

Louis-Alphonse Davanne. ***L'Atelier d'Eugène Le Poittevin,*** **carte postale éditée en 1851.**
COLL. PRIVÉE, © C. DES BROSSES.

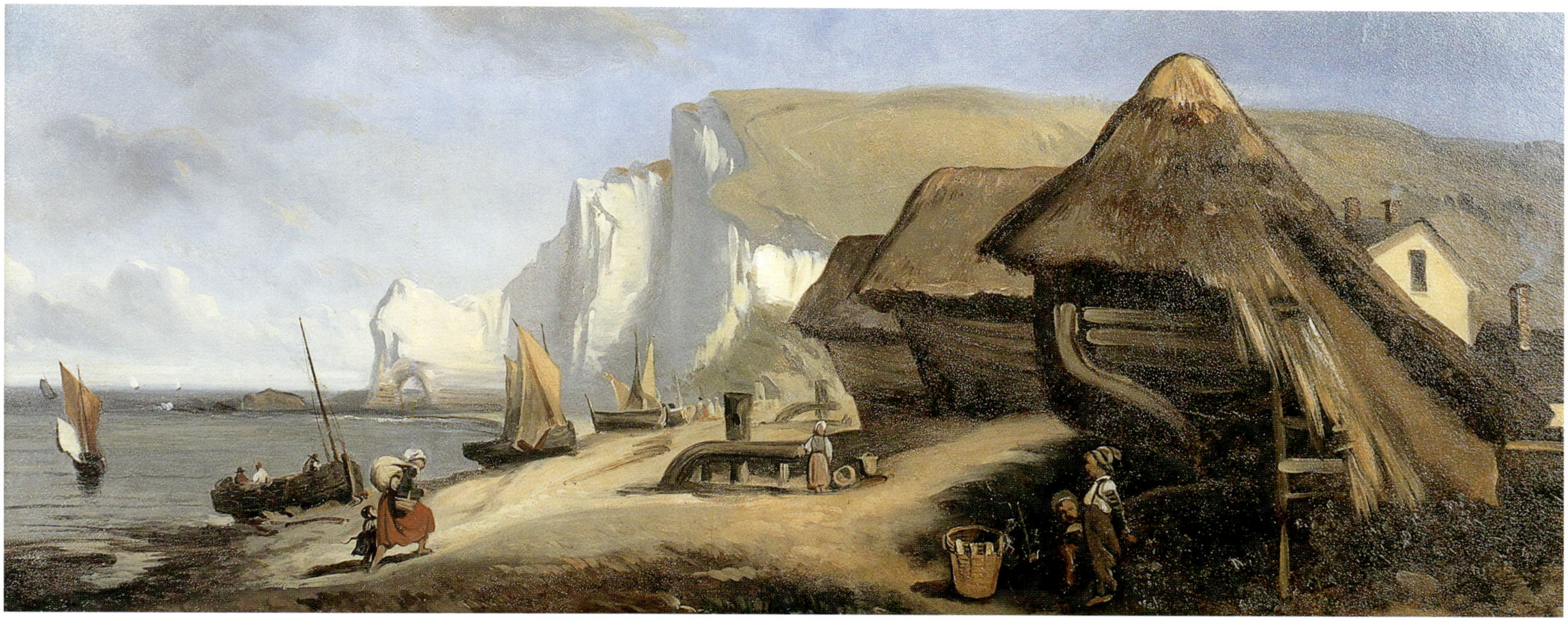

Eugène Le Poittevin. *Etretat, 1842.*, huile sur papier marouflé, signé et daté en bas à droite, 25 x 63 cm.

Marie-Adélaïde Blanchard. Son père serait né à Rouen sous le nom de Pot de vin. L'orthographe devint Poidevin puis Le Poittevin. Ici pas de lignée avec Maupassant et la délicieuse transformation d'un nom propre.

La deuxième théorie donnait Eugène, fils de Jean-François Paul Le Poittevin (1778-1850) et de Mlle Thurin qui eurent sept enfants. Deux des enfants épousèrent des Maupassant : Laure, mère de Guy de Maupassant, et Alfred, qui épousa Louise de Maupassant, sœur du père de Guy. Alfred et Louise eurent pour enfant Louis Le Poittevin (1847-1909), qui fut aussi un artiste peintre mais de piètre qualité (bien que Maupassant, dans « Le Voleur », le dise plein de talent... certainement par politesse car ils étaient des cousins très liés). Eugène Le Poittevin serait donc l'oncle de Guy de Maupassant. C'est du moins ce que pensait Paul Morand. Le problème est que Laure est née en 1825 et Eugène en 1806, ce qui laisserait à penser qu'il ne serait pas le frère de Laure mais plutôt l'oncle, donc le grand-oncle de Guy de Maupassant. C'est ce que semble confirmer Raymond Lindon en rappelant que Jean Lorrain, Fécampois qui ne pouvait manquer de connaître la famille Le Poittevin, situe lui aussi Eugène comme le grand-oncle de Guy.

Cette terrible affaire de famille a été réglée par MM. Jung et Thomas. Ils ont prouvé la véracité de la première théorie qui rejette toute parenté entre Eugène Le Poittevin et Guy de Maupassant.

Notre propos n'étant pas de parler généalogie mais peinture, il est temps de dire combien Eugène Le Poittevin représente l'artiste type de cette école de paysage de 1830. Les quelques lignes écrites sur son œuvre signalent un peintre charmant et anecdotique comme si, en 1830, privilégier l'anecdote constituait une tare. Il est temps de comprendre que si Le Poittevin a tant aimé Etretat, c'est bien justement pour ce pittoresque recherché par toute sa génération, et qui était alors un gage de modernité. Et à juste raison, nous l'avons signalé, tant cette époque est charnière entre l'ancien temps et le nouveau monde. Peut-on reprocher à Le Poittevin, comme à ses contemporains, d'avoir su porter un regard positif sur son époque ? Témoigner est sa raison d'être et ce rôle est suffisant pour justifier une existence. A preuve notre engouement pour ce charme, notre délectation devant tous les objets du quotidien disparus : les habits, les bateaux et la délicatesse de cette peinture qui n'est jamais molle et surtout jamais fausse. Notre plaisir aussi d'être en face de véritables documents comme l'est la peinture *La Chasse aux guillemots*, activité depuis longtemps interdite, et dont Maupassant, encore lui, a narré le cérémonial. On retrouve là le même plaisir que devant la peinture hollandaise du XVIIe siècle, une peinture qui nous touche car elle parle du quotidien et non des batailles et de la folie des puissants.

Si Le Poittevin n'avait été qu'un simple chroniqueur mondain aurait-il été confondu avec Isabey ?

Le plus connu des tableaux de Le Poittevin, *Les Bains de mer d'Etretat*, conservé au musée de Troyes, a fait l'objet d'une étude par Raymond Lindon qui est lui-même tombé dans le piège de l'anecdote. Pressentant quelques bonnes surprises, son propos a été de mettre un nom sur les personnages représentés. Ce qui n'est au demeurant pas inintéressant puisque nous retrouvons sur le plongeoir le jeune Maupassant (excellent nageur) prêt à plonger, regardé par le dessinateur

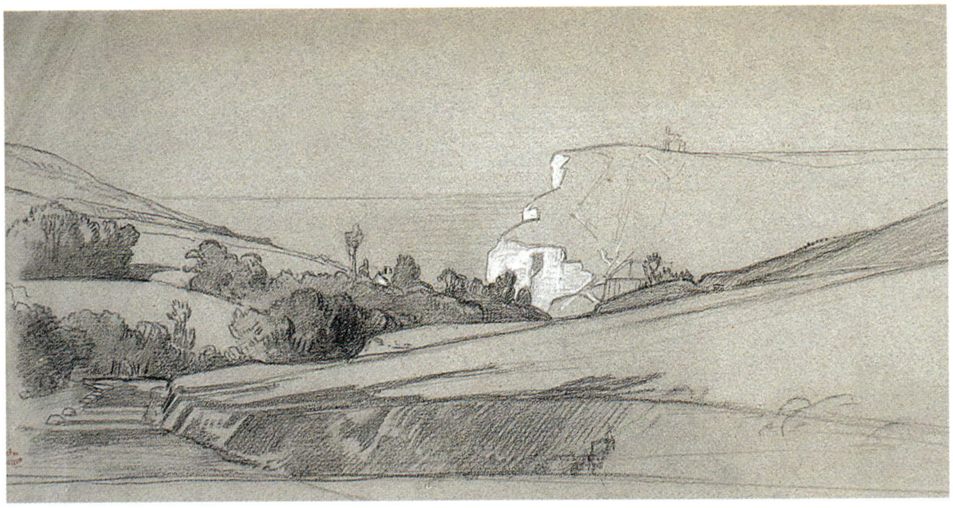

Eugène Le Poittevin. *Vue d'Etretat*, dessin, 18 x 43 cm.

ETRETAT, COLL. PRIVÉE, © C. DES BROSSES.

Page de droite :

Eugène Le Poittevin. *Les Rochers à l'amont.*

© MUSÉE DE MEAUX, CLICHÉ CAMARA, MEAUX.

Bertall et une belle femme en crinoline qui serait Eugénie Doche, actrice bien connue qui incarnera la deuxième Dame aux camélias. Dans l'eau, nageant, le peintre Charles Landelle. En étudiant un tableau exposé au Salon de 1865 sous le n° 1338 (acheté par l'empereur, c'est-à-dire l'État, qui n'en fit pas bon usage puisque le tableau est égaré) et représentant les bains de mer, Raymond Lindon retrouve Maupassant, Bertall et Landelle... et s'étonne de ne trouver ni Offenbach, ni Hugues Merle, ni Dumas, ni Mme de Coubertin... et en conclut que ce tableau n'est même pas une scène de genre mais un tableau de petite histoire où l'artiste s'amuse à représenter ses proches. C'est aussi ce que pense le critique Félix Jahyer quand il écrit dans son compte rendu du salon de 1866 : « *Les Bains de mer à Etretat sont ce que sont toutes les toiles de M. Le Poittevin, "des faits divers"*. »

Malgré tout le respect qu'impose un tel travail iconographique, il faut éviter de se laisser piéger par ce genre d'études parcellaires. Incontestablement ce tableau comporte nombre d'inepties : la nourrice dans le bateau du maître nageur est un summum d'incongruité, de même que la femme en crinoline et son chien sur le plongeoir.

Le public de l'époque ne s'offusquait pas de ces entorses à la réalité. Le Poittevin, en tant que témoin, ne peut être rendu responsable de l'air du temps mais seulement de sa peinture. Et celle-ci nous contente et nous ravit qui, parce qu'elle ne succombe jamais à l'excès du romantisme, nous apparaît crédible et nous charme vraiment. C'est en tout cas ainsi que la ressentit Nadar qui, dans « Le Grand Journal » du 27 mai 1866, écrit : « *Les Bains de mer d'Etretat témoignent, comme toutes les toiles connues de M. Le Poittevin, d'un talent plein de souplesse et de charme.* » Ce serait une erreur que de réduire l'œuvre de Le Poittevin à la toile du musée de Troyes, très certainement la plus théâtrale d'entre toutes. De nombreuses vues de paysages montrent un artiste à la fois puissant et sensible comme le prouve cette vue de la falaise d'amont du musée de Meaux : le plan très rapproché des rochers et le véritable mur de la falaise créent un sentiment de grandeur sauvage digne d'un grand maître.

L'œuvre de Le Poittevin peut surprendre par un manque de cohérence qui a peut-être nuit à sa notoriété. On peut lui reprocher d'être tombé parfois dans la mode gothique qu'il n'hésitait pas à mélanger à l'esprit pittoresque : dans certaines toiles, le voisinage de contemporains et de personnages habillés à la manière en vigueur sous Louis XIII répond à une mode peu défendable sur le plan de l'éthique picturale. De même, d'autres toiles paraissent bien faciles, et dans le sujet et dans la réalisation, alors que d'autres sont dignes du meilleur parmi les grands paysagistes. Cela nous conforte cependant dans notre sentiment que Le Poittevin est un véritable témoin de cette société où la bêtise côtoyait le meilleur de la culture. La lecture des journaux publiés à Etretat à cette époque ne cesse de nous étonner par le peu d'intérêt des rubriques qui montrent une société plus portée sur l'apparence que sur la qualité de l'esprit.

Eugène le Poittevin meurt le 6 août 1870 à Auteuil chez son gendre Léon Acher, ténor.

Le Poittevin a beaucoup peint et peut être plus encore dessiné Etretat. Son ami Eugène Bellangé, dont il possédait onze œuvres, dans la préface au catalogue de la vente d'atelier qui eut lieu à Drouot en 1872, lui rend hommage en ces termes : « *Il affectionnait (et pour mille raisons) cet Etretat que tout artiste ne peut qu'aimer, et dont il admirait les contrastes, les rochers, la campagne et la mer. Il en aurait été, comme Alphonse Karr pour Sainte-Adresse, l'un des premiers et des plus fervents promoteurs. Ne devait-il pas aussi en être le peintre. (...) Une messe organisée par quelques bons amis, Dorus, Landelle, Hugues Merle, Fichel et autres fut dite après sa mort, à l'église du village. Jouet, le si regretté violoniste*

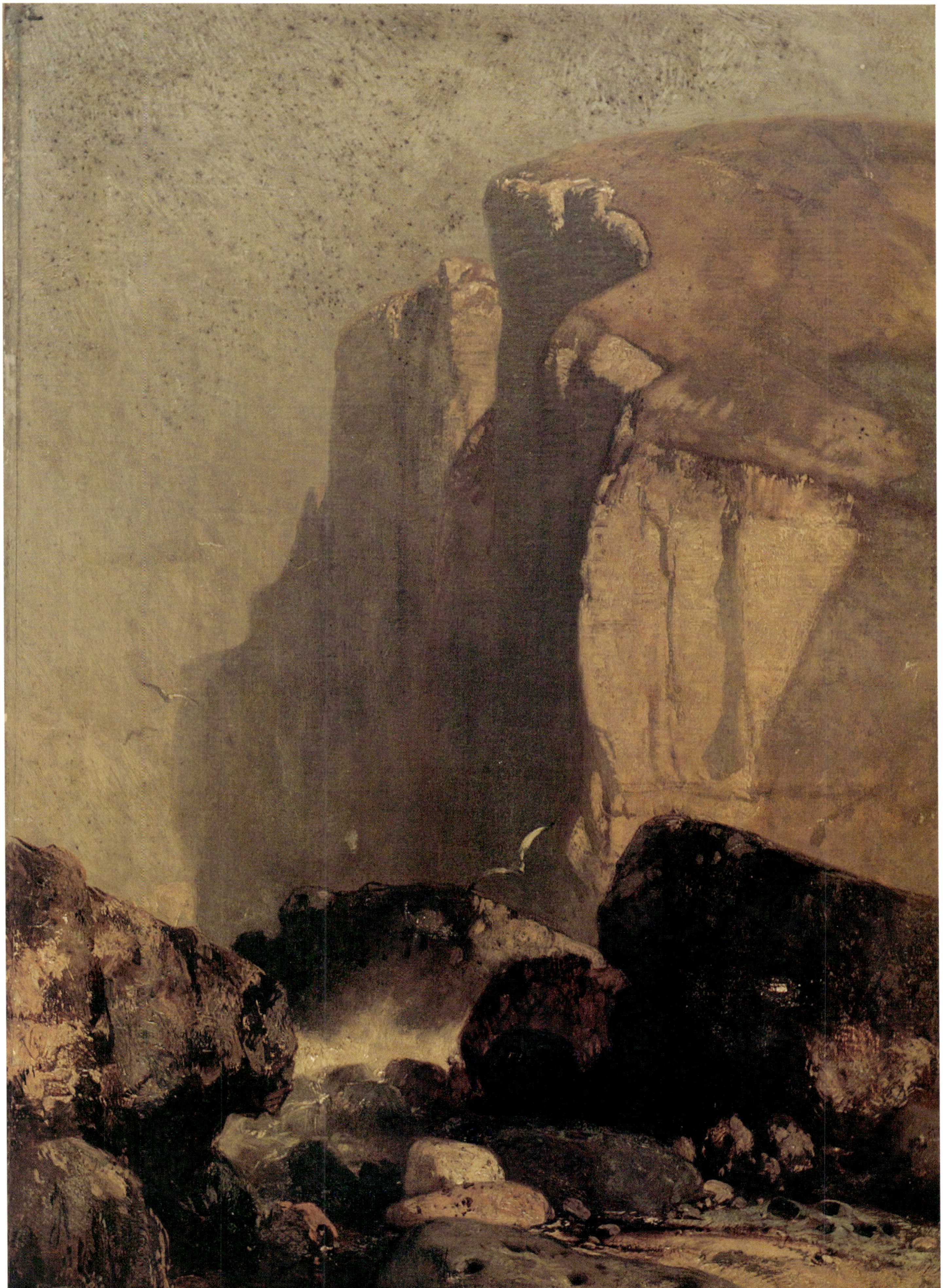

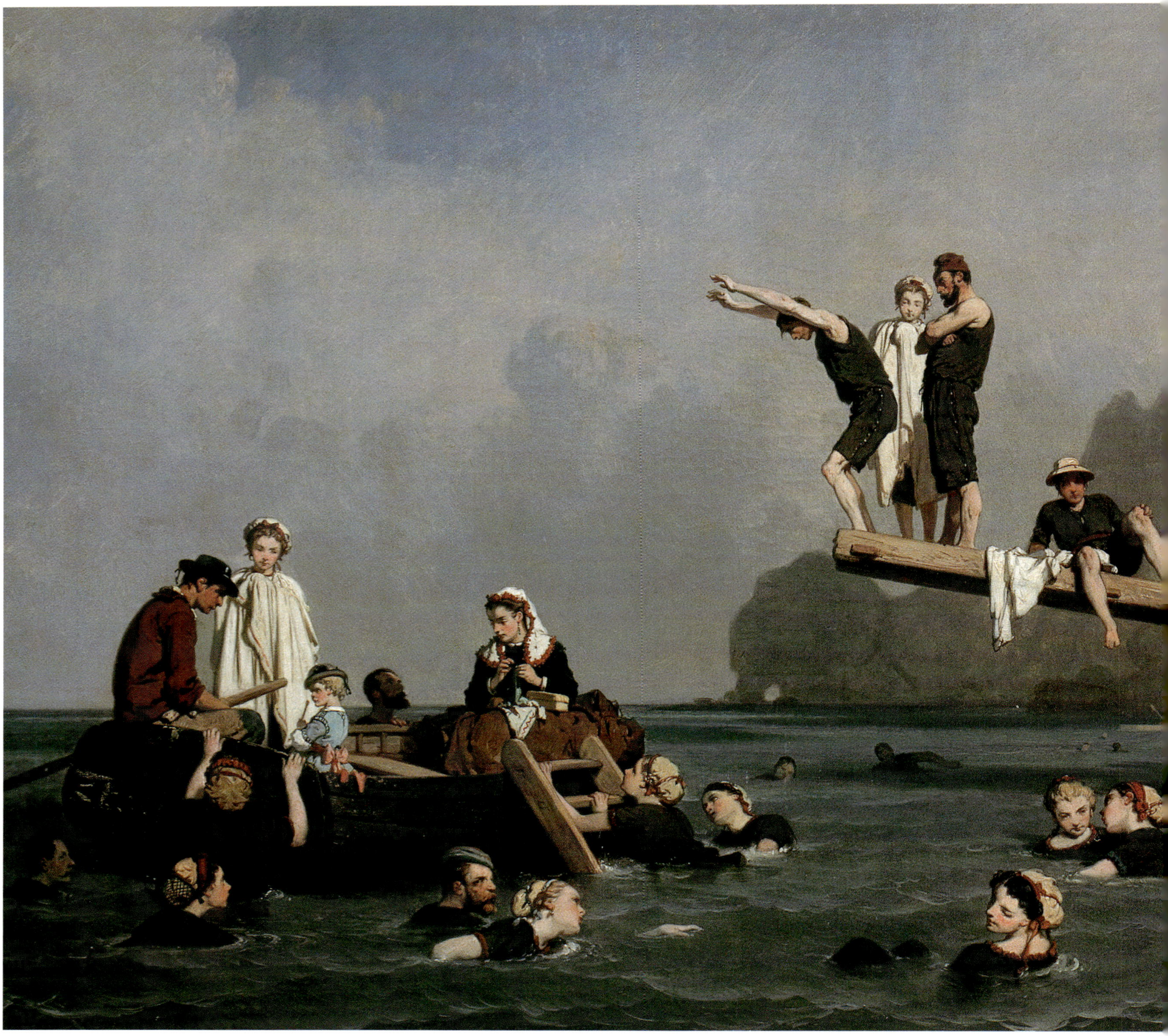

qui devait mourir subitement, y prêta de grand cœur le concours de son talent. Renié, peintre et baryton de mérite et d'avenir, se joignit à lui. L'église fut vite remplie. Chacun assista ému à la cérémonie. Artistes, paysans, propriétaires ou châtelains s'y trouvaient confondus. Des pêcheurs même s'y étaient donné rendez-vous.(...). »

A cette vente posthume neuf toiles avaient pour thème Etretat. Un dessin représentait un dénommé Jean Paillard d'Etretat, un autre le portrait d'une petite fille du village.

Sur la façade de l'*Hôtel Blanquet*, sous le portrait d'Alphonse Karr exécuté par le céramiste Théodore Deck, avait été installée une grande vue d'Etretat de Le Poittevin qui, une fois abîmée, fut donnée au musée de Fécamp et remplacée par une copie faite par un certain Boulenger. Le musée conserve, en plus de l'œuvre à restaurer, l'étude de ce tableau, ici reproduite (p. 63).

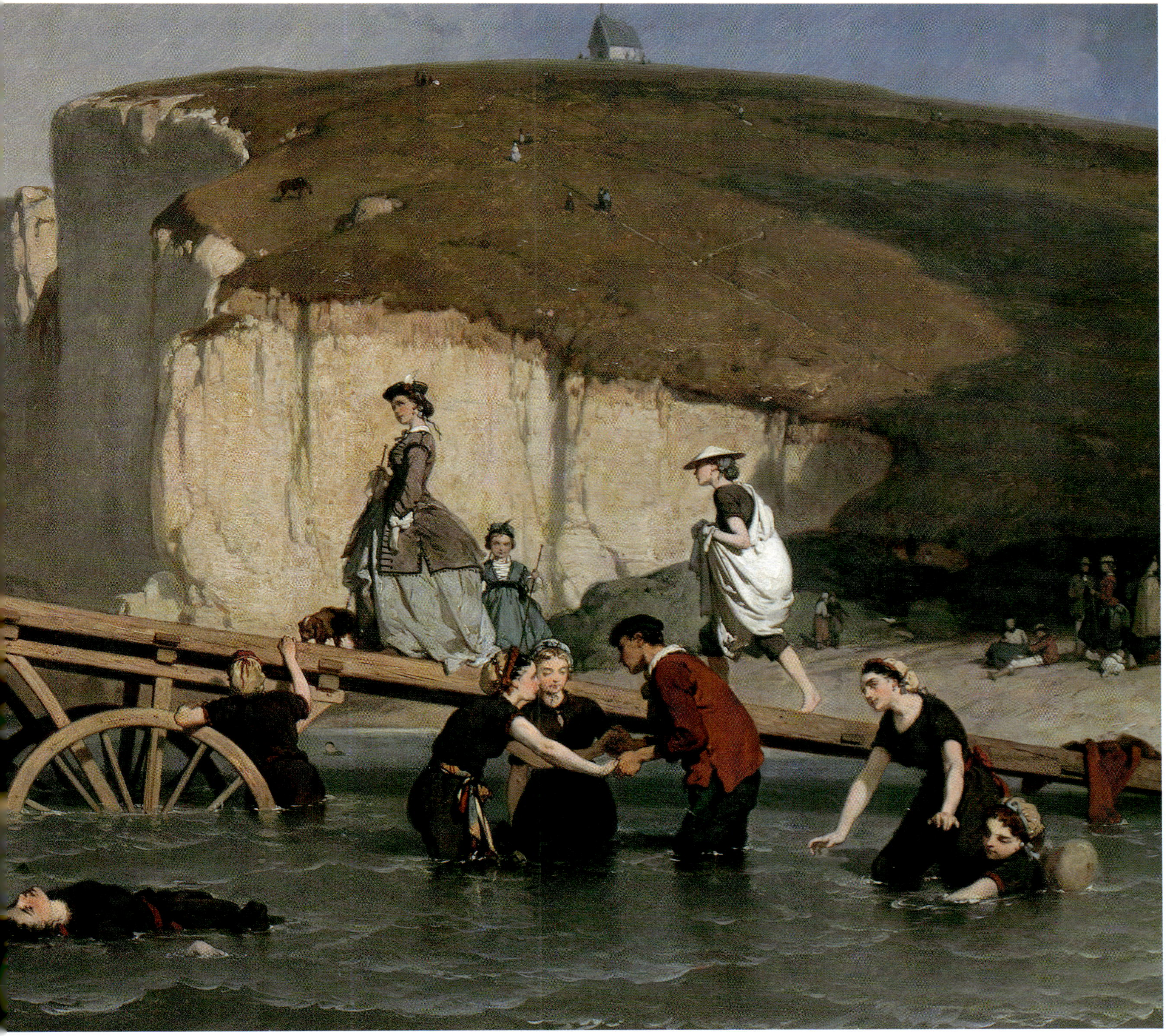

Eugène Le Poittevin. *Bains de mer à Etretat,* 1866, 66 x 152 cm.

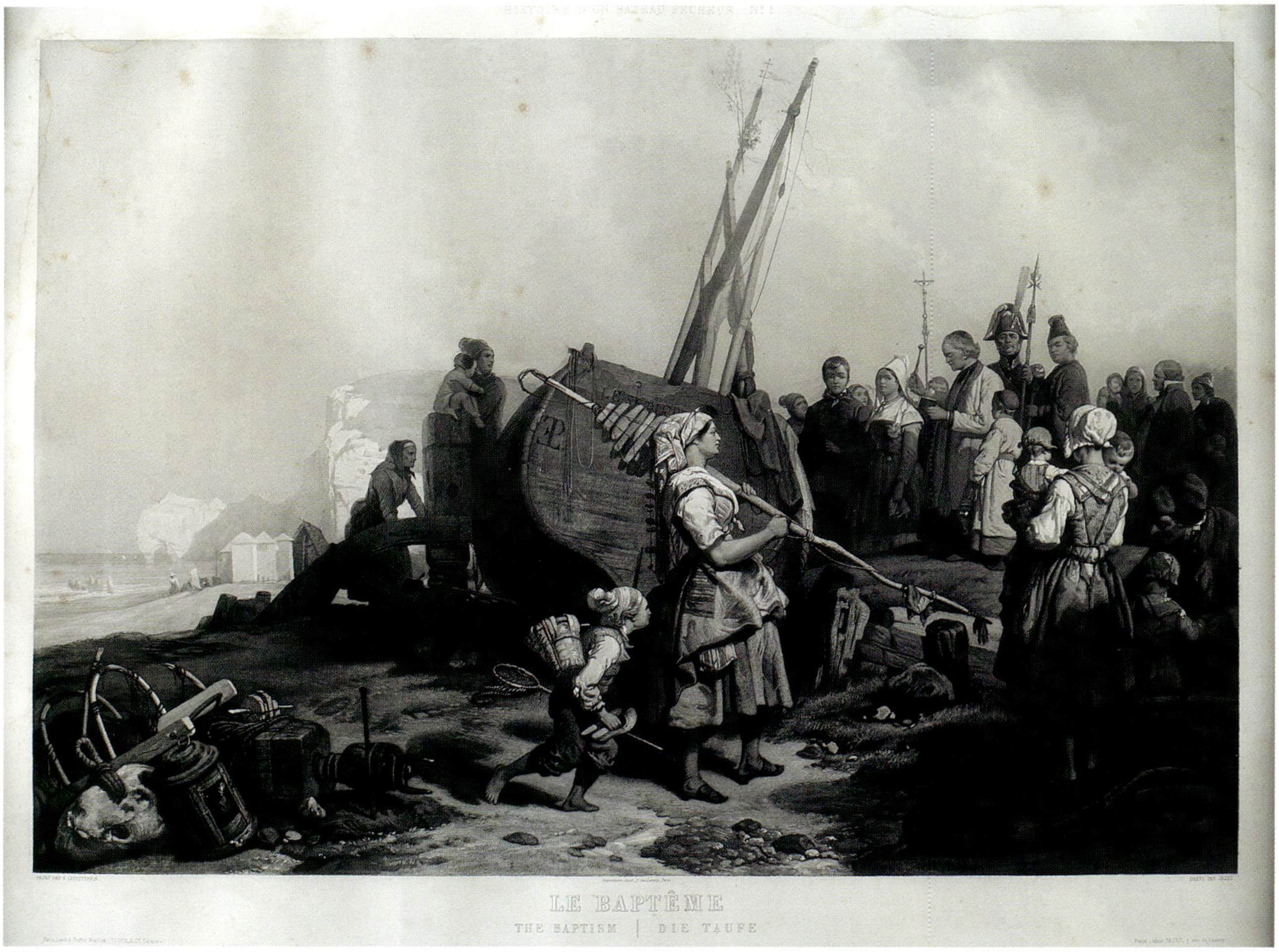

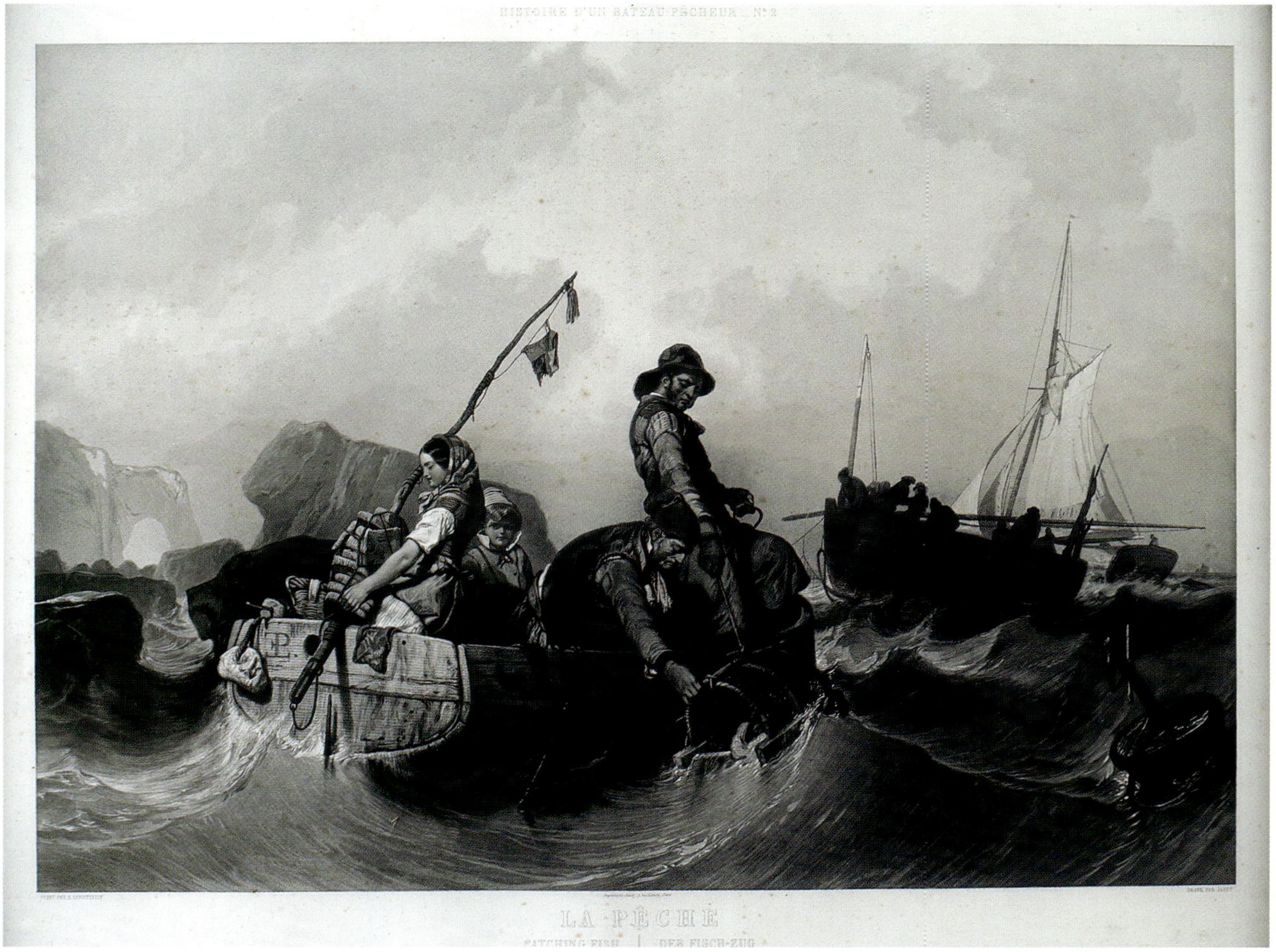

VIE D'UNE CAÏQUE

Cet ensemble complet de quatre gravures représentant la vie d'une caïque est un extraordinaire document sur la flotte des pêcheurs étretatais et un témoignage pittoresque sur les événements qui l'entourent. La caïque, large bateau solide à coque très ronde et sans dérive, est le seul navire capable de résister à l'échouage sur les galets et aux tempêtes habituelles des côtes de la Manche. *Le Baptème* de la caïque représente un moment important tant est forte la croyance du marin normand qui s'en remet à la volonté divine et, surtout à celle de la vierge, Notre-Dame-de-la-Garde, mère protectrice de tous les marins. Toutes les chapelles des marins lui sont dédiées. Le baptème était aussi le moment où se rassemblait toute la communauté pour une fête où chacun apportait ses vœux de réussite. *La Pêche* montre le travail et la beauté de ce bateau en mer tandis que *La Vente du poisson* en magnifie l'utilité et confirme le soin qui lui est consacré. Le Poittevin profite de cette scène pour dévoiler ce que devient une caïque après de nombreuses années de bons services. Ce sont les fameuses *caloges*, typiques d'Etretat, qui sont de vieilles caïques fixées sur le *Perrey* et sur lesquelles les pêcheurs mettent un toit de chaume

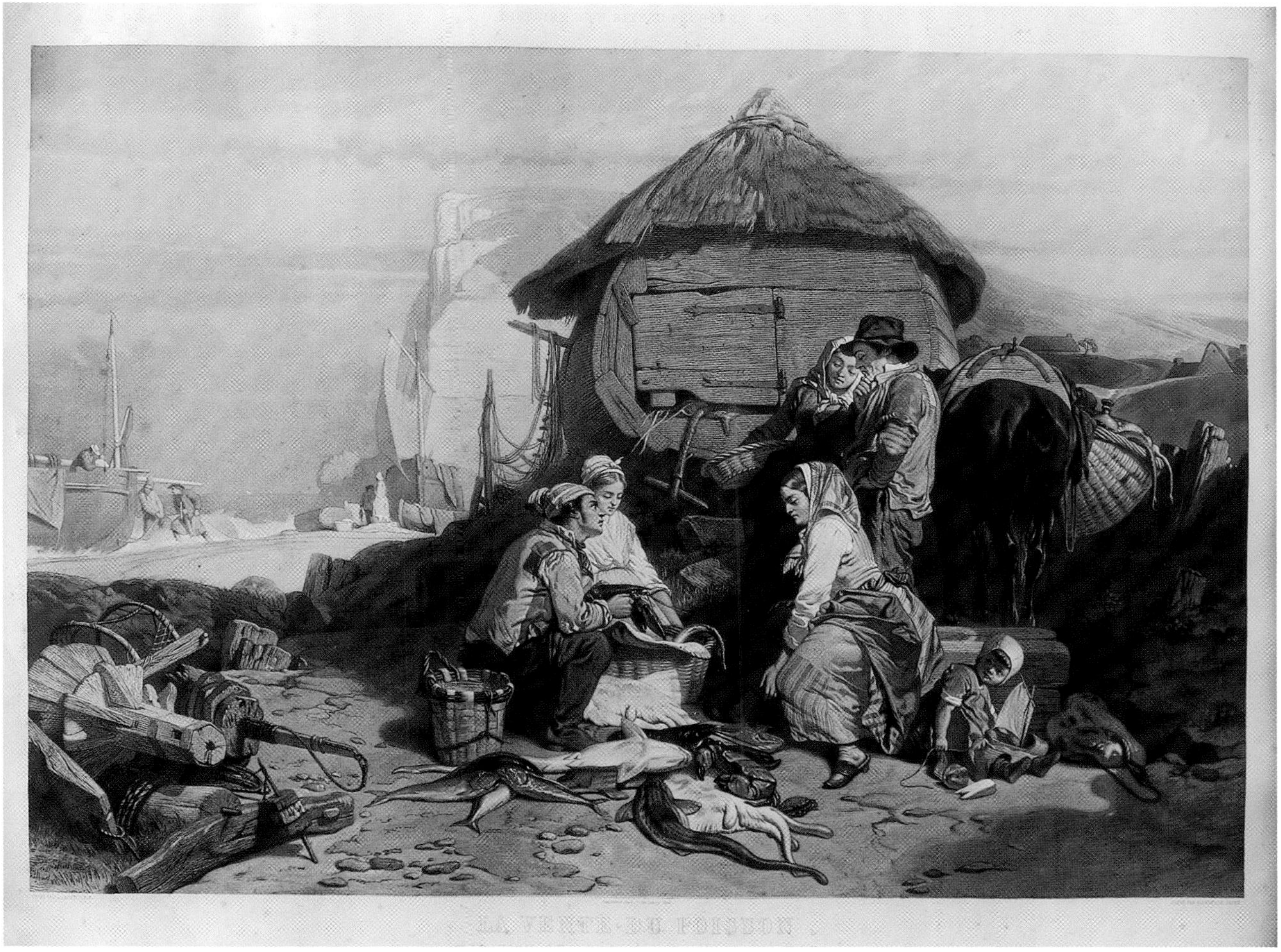

pour transformer ces bateaux en remises à matériel de pêche. Il n'est pas impossible qu'au XVIIIe siècle encore certaines servirent de maisons de fortune comme peuvent le faire penser les caloges représentées sur le tableau d'Alexandre Noël. *Le Naufrage* rappelle, qu'hélas nombre d'accidents surviennent en mer. Cette gravure répond aussi au goût romantique de Le Poittevin qui, dans cet ensemble de gravures, a aussi satisfait son goût du détail pittoresque en notant, avec force verve, les particularismes des costumes et du matériel des pêcheurs.

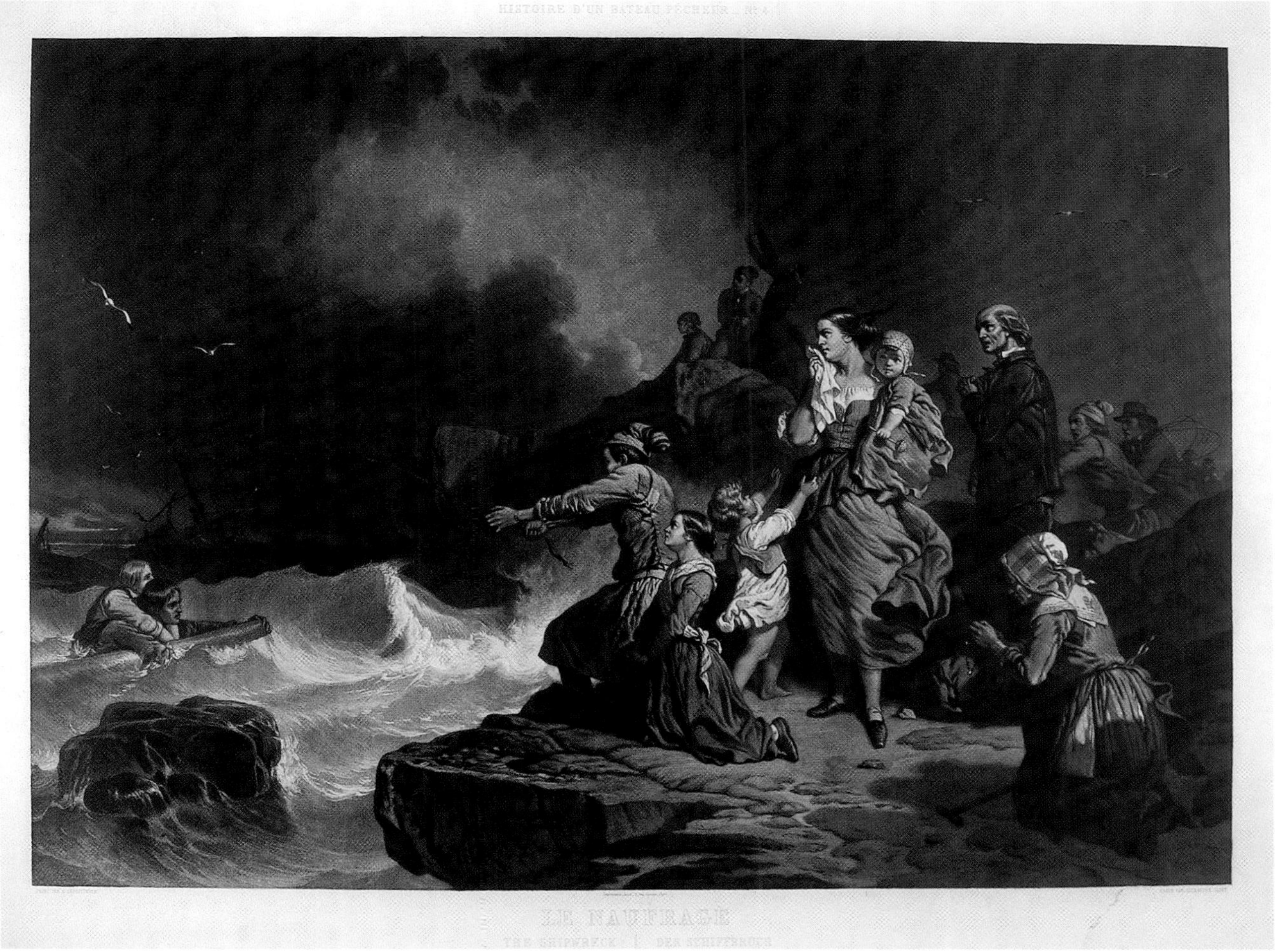

Eugène Le Poittevin.
***La Vie d'une caïque*,**
série de quatre lithographies
(Le Baptême, La Pêche,
La Vente du poisson,
***Le Naufrage)* gravées par Jazet,**
chacune 53 x 71 cm.
ETRETAT. COLL. PRIVÉE, © C. DES BROSSES.

JULES NOEL
1810-1891

Précisons tout d'abord que Jules Noël n'a aucun lien de parenté avec Alexandre-Jean Noël et que ce peintre est un bien curieux personnage qui a toujours oscillé entre la vérité et la duperie ; à tel point que Yves Cléon a intitulé le livre qu'il lui a consacré « Jules Noël. Peintre breton, assez énigmatique... ».

Son vrai nom est Louis Assez Noël. Il serait né à Nancy le 4 janvier 1810 d'une famille de Quimper émigrée à Nancy qui comptait déjà trois enfants. Cela suffisait-il à son père (maître d'écriture) pour qu'il appelle son fils Assez ? Certainement pas puisque cinq ans plus tard naquit un autre frère. C'est en 1836, au Salon des Beaux-Arts de Nantes, qu'il a l'honneur de participer à une première exposition officielle. De 1835 à 1838, il est professeur de dessin au collège communal de Lorient puis habite Nantes où naît sa fille Maria-Dina et c'est en 1846 qu'il s'installe à Paris, où il est engagé comme professeur de dessin au futur lycée Henri IV. Mais Louis Assez se fait appeler Jules, de la même manière qu'il signe ses toiles. Déclaré toute sa vie professionnelle sous un pseudonyme, il va se trouver, au moment de la retraite, à soixante-dix ans, dans un imbroglio juridique sans nom car il est impensable pour l'administration de verser une pension à Louis Assez alors qu'elle a fait travailler Jules. Pour se sortir de cette situation, Jules Noël, pardon ! Louis Assez Noël est obligé de falsifier ses documents administratifs en ajoutant discrètement *dit Jules* à la suite de Louis Assez Noël.

Noël peut s'enorgueillir d'avoir eu une extraordinaire dextérité et d'avoir été un véritable romantique (jusqu'à peindre des reconstitutions médiévales). Mais, bien que sa principale préoccupation eut toujours été la lumière, il ne passera jamais le cap de l'impressionnisme.

Jules Noël a beaucoup peint Fécamp où il séjourne en 1866. Il y revient, parfois avec sa fille et son gendre Gaston Roullet, en 1873, 1874, 1875 et 1879. Les vues de Fécamp, comme celles d'autres ports français, sont d'une vérité pointilleuse au point d'être de véritables documents iconographiques. Pour Etretat, c'est une toute autre histoire, car les tableaux connus (ils sont rares) sont tous d'énormes mensonges. Bien sûr, l'on reconnait l'une ou l'autre des arches qui font la gloire de ce paysage, mais aucun autre élément du tableau n'est exact. Il en est de même pour beaucoup d'autres marines que nous sommes incapables de situer, tout simplement parce qu'elles sont une vue de l'esprit de l'impossible Jules Noël.

La période classique pratiquait le paysage composé par goût de l'antique et du paysage idéal. Jules Noël l'utilise dans un tout autre but qui est d'inventer des paysages possibles dans une espèce de jeu qui devait, certes, bien l'amuser. Et il est vrai que l'on peut se laisser prendre, même si l'on est en droit de s'étonner de voir des phares tous les cinq cents mètres sur la côte. Mais qu'importe ! cela fonctionne puisque les éléments utilisés existent qui doivent provenir d'une collection de carnets de croquis et que l'ambiance semble bien réelle. On peut quand même se demander d'où lui venait le besoin de toujours ajouter des maisons au ras des flots, comme s'il ne pouvait imaginer qu'existe une côte sauvage. Est-ce par goût d'animer le tableau ? Il est à noter qu'aujourd'hui encore un tableau du XIXe siècle animé est toujours plus prisé qu'un tableau sans personnages.

Si bien que Jules Noël est certainement le meilleur peintre de « faux Etretat » que nous avons le plaisir de connaître. A ce niveau de qualité, il est pardonnable et le mieux est de se laisser prendre à son jeu.

A l'exposition Universelle de Besançon de 1860, le n° 610 a pour titre *Marine : rocher d'Etretat*. Ce tableau était-il une représentation exacte ? On peut en douter au vu des autres œuvres étudiées.

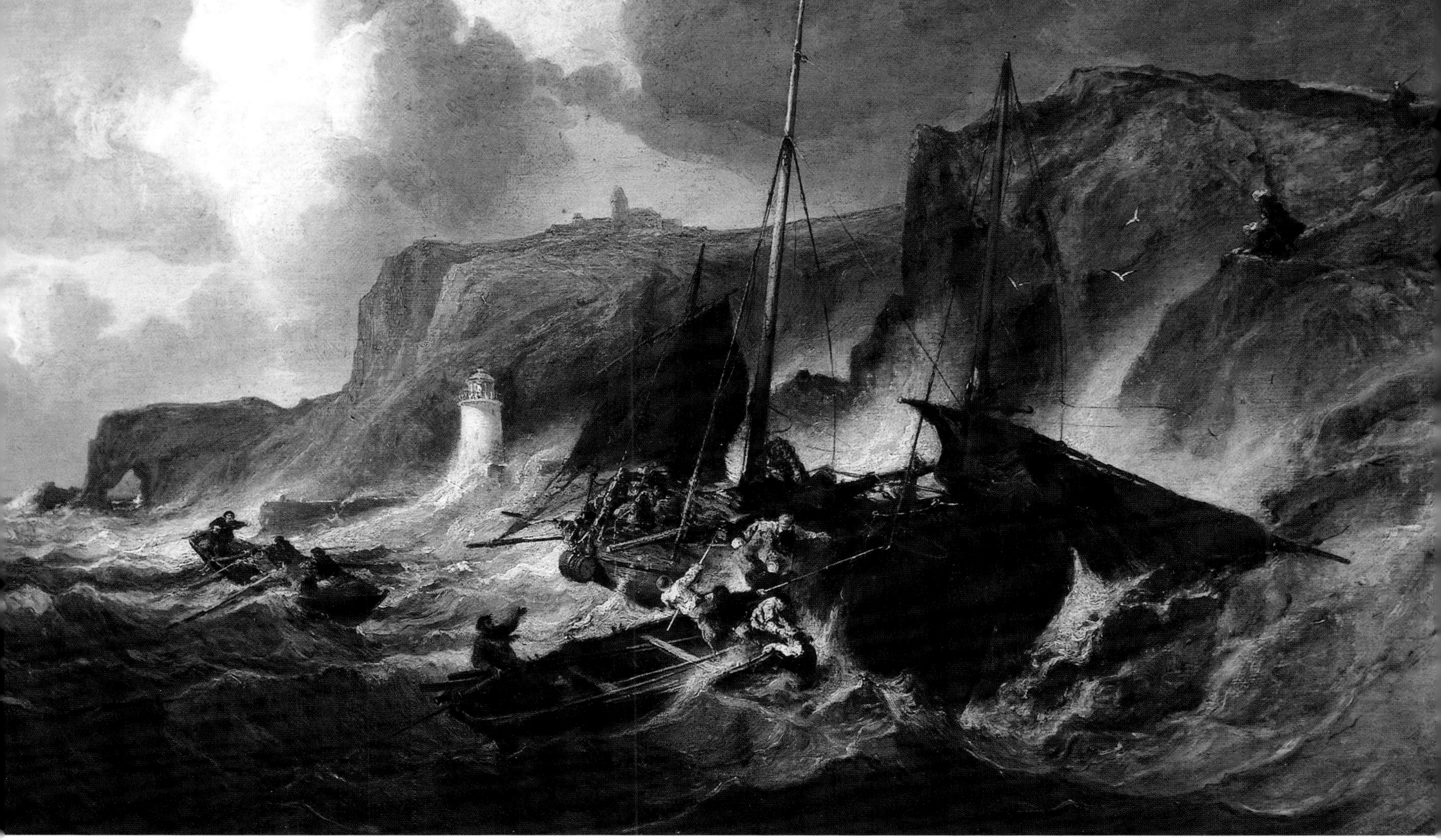

Jules Noël. *Grosse mer au pied des falaises d'Etretat*,
73 x 110 cm. COLL. PRIVÉE, © STUDIO LOURMEL, PARIS.

ALEXIS-NICOLAS NOEL
1792-1871

Alexis-Nicolas Noël est le fils d'Alexandre-Jean Noël, le premier peintre à avoir peint Etretat et dont il fut l'élève. Il eut lui-même un fils peintre : Gustave-Joseph Noël, né en 1823.

Fréquentant l'atelier de David, il reçoit une formation très classique qui enseigne le respect de l'antique. En 1808, à seize ans, certainement soutenu par son père, il débute au Salon avec *Une tête d'étude*. Il n'y réapparaîtra qu'en 1812 et 1814. De 1824 à 1837, il ne présente plus que des paysages de France et de Forêt-Noire, et à partir de 1850 y expose rarement.

En revanche, il figure au Salon en 1868 et 1869 avec des aquarelles représentant les falaises d'Etretat.

Alexis-Nicolas Noël est, comme beaucoup d'artistes de sa génération, un graveur de lithographies, ce qui lui permettra de publier plusieurs ouvrages sous forme d'albums de voyage, notamment sur la Touraine, le Poitou et l'Anjou. Artilleur de marine de 1812 à 1816, il perdra son bras gauche à la bataille de Bantzen.

Un important lot de petites aquarelles représentant Etretat est apparu sur le marché parisien vers les années 1990.

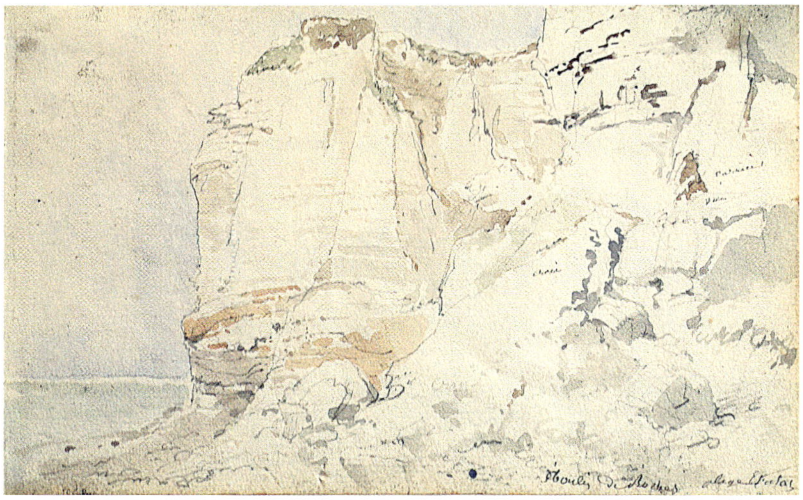

Alexis-Nicolas Noël. *Etretat, plage d'amont*, aquarelle.

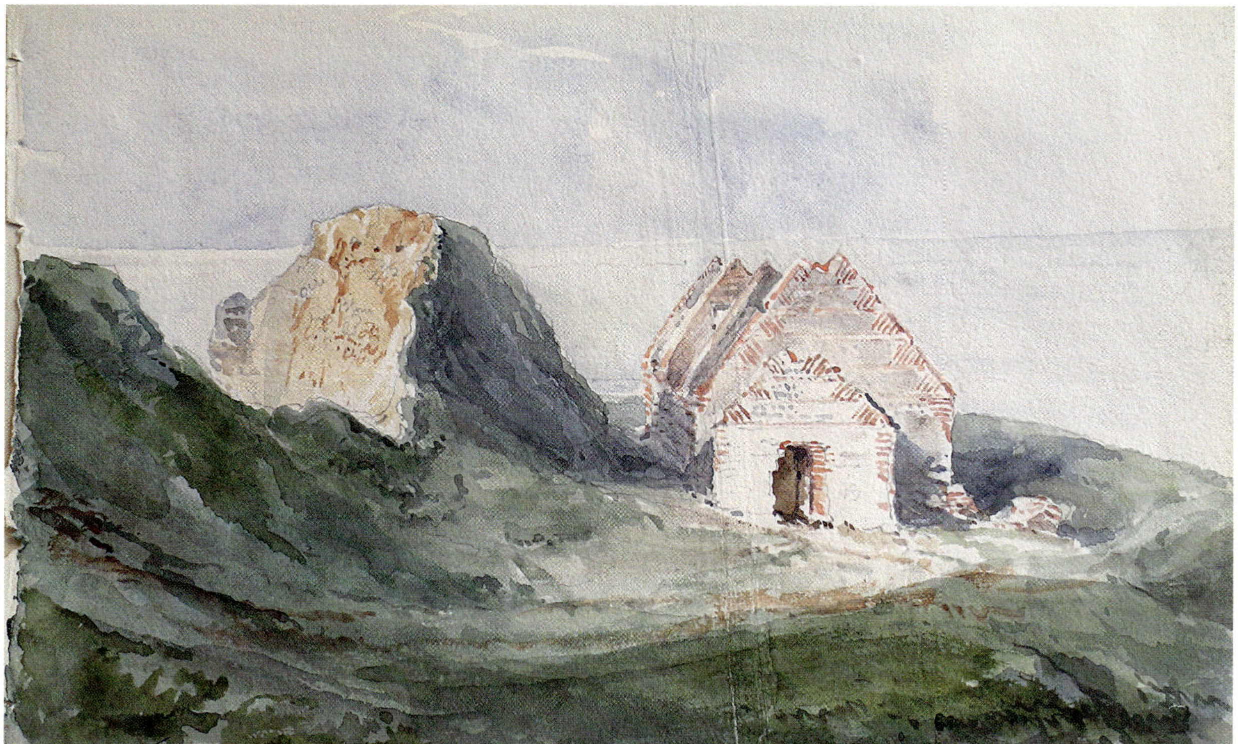

Alexis-Nicolas Noël.
Etretat, *La Courtine*, aquarelle.

FRANCISCO BUSHELL Y LAUSSAT
1826-1901

La récente découverte de tableaux et de dessins de Francisco Bushell y Laussat est très intéressante à de nombreux points de vue. Il est le seul peintre espagnol, à notre connaissance, à être venu à Etretat en ce milieu du XIXe siècle. Cet excellent peintre a passé deux années à étudier la peinture en France et fut l'élève de Le Poittevin, dont l'influence est évidente dans ses tableaux d'Etretat. Les petits personnages locaux, sur les rochers au pied de la Manneporte sont typiques par la précision de leurs habits du goût pour le pittoresque que prônait Le Poittevin. Tout comme la finesse de la touche se rapproche de celle du maître.

La réputation d'Etretat attirait nombre d'artistes étrangers. L'Allemand Shirmer, les Américains Bacon, Innes, Colman et Dana, le Russe Polenov, l'Anglais Rothenstein seront les membres les plus connus de cette communauté internationale qui a dû croiser bien d'autres artistes plus discrets.

Nous avons la certitude du passage de Bushell y Laussat à Etretat en 1859 et 1861, mais ayant exposé à Paris en 1866, 1879 et 1881, il est probable qu'il y fit d'autres séjours car il était lui aussi un grand voyageur.

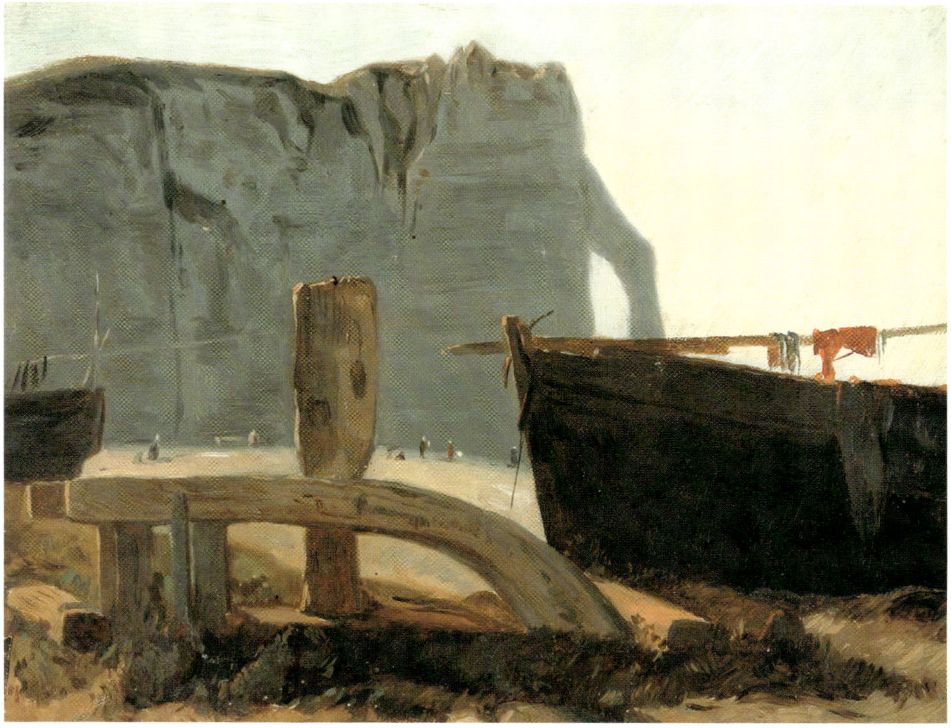

Bushell y Laussat, *Cabestan à Etretat*, 18 x 24 cm.
ESPAGNE, COLL. MONTGUILOT.

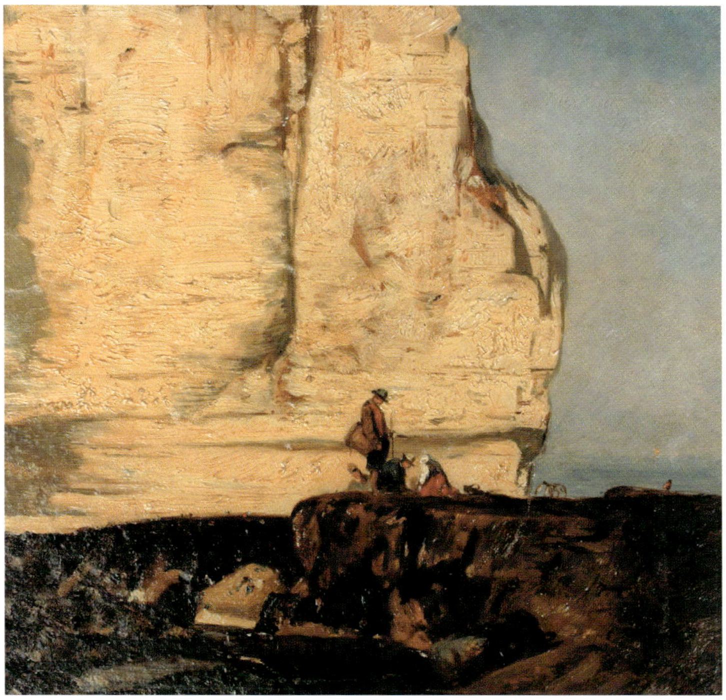

Bushell y Laussat, *Pêcheurs au rocher*, 25 x 23,5 cm.
ESPAGNE, COLL. MONTGUILOT.

EUGENE DELACROIX
1798-1863

{...} Delacroix met relativement moins de temps à exécuter un tableau qu'à préparer sa palette, son tempérament est fougueux, il peint avec la force de son tempérament. Une fois le pinceau à la main rien ne l'arrête plus ; il devait sortir, il sortira demain ; il a faim, il mangera plus tard ; son pouls bat cent fois à la minute, tant mieux sa peinture aura la fièvre, il se tuera à travailler ainsi. Qu'importe pourvu qu'il laisse un tableau de plus. {...}
A. Dumas, in « L'Art et les artistes contemporains au Salon de 1859 ».

Delacroix, est-il besoin de le dire, est le monument de l'art français au XIXe siècle. Seuls deux choix s'imposaient alors : être du côté d'Ingres ou de celui de Delacroix – de la mesure et du respect de l'antique d'une part ou de la fougue et de l'arabesque d'autre part. Delacroix est un romantique mais qui sait vite s'emporter contre les épanchements de ses amis d'école. *« (...) Est-ce que les amants regardent la lune, quand ils tiennent près d'eux leur maîtresse »* (« Journal », 14 février 1850).

Delacroix parle pour la première fois d'Etretat dans une lettre du 10 janvier 1814. Malheureusement, il est très difficile de dater ses séjours car ni dans son « Journal » ni dans sa « Correspondance », il ne donne d'éléments précis. Il eut pourtant l'occasion d'y venir maintes fois, tant étaient fréquents ses séjours chez son cousin Nicolas-Auguste Bataille de Valmont, qui se trouve à une trentaine de kilomètres d'Etretat. Dans son catalogue, son biographe Robaut date les premières aquarelles de 1835. Les suivantes semblent dater des années 1847-1849.

Delacroix n'est pas un spécialiste du paysage. Sa thématique est celle d'un peintre classique dont toute l'œuvre tourne autour de la figure et des scènes historiques. Au bibliothécaire de la Chambre des députés qui le définit comme *« le Victor Hugo de la peinture »*, il répond : *« Monsieur, je suis un pur classique »*. Il n'a donc jamais été un peintre de l'école de la nature, bien qu'il ait pris un grand soin à la traiter dans ses fonds. Difficile par conséquent de considérer autrement que comme des études les rares tableaux de paysage de Delacroix. Le paysage, il le pratique pourtant dans sa jeunesse et le reprend quelque peu depuis les années 1840, mais ne peut le concevoir comme un travail d'atelier. On retrouve en effet dans toutes ces études la recherche de mouvement à laquelle il s'applique en opposition à l'immobilité néoclassique. L'intérêt de la technique de l'aquarelle est de pouvoir traduire immédiatement des effets fugaces sans même se fonder sur un dessin préalable, et Delacroix use au mieux de cette technique. *Vagues se brisant contre une falaise normande* est un chef-d'œuvre à la fois de force et de légèreté. Cette puissance, qu'aucun autre artiste n'atteindra, est essentiellement due à l'abstraction de ce paysage. Delacroix ne s'attache pas au dessin de la falaise mais aux éléments : eau, roche et air mêlés en un tourbillon qui emporte nos sentiments. Zola, devant une telle démesure, parlera de la *« névrose romantique de 1830 »*.

Il faut rappeler qu'en 1825 Delacroix a voyagé en Angleterre avec Fielding et Bonington. Avec eux, il finit son apprentissage de l'aquarelle que lui a fait découvrir son ami Charles Soulier rencontré en 1816, lequel l'a lui-même apprise de Copley Fielding. En Angleterre, il a aussi l'occasion de connaître le travail de Constable pour lequel il a, à juste raison, beaucoup d' admiration.

Combien Delacroix a-t-il laissé de représentations d'Etretat ? Le chiffre exact est difficile à définir car les notices, qu'elles soient de la vente posthume ou du catalogue de Robaut, ne sont pas assez précises pour éviter des erreurs. L'ensemble de l'œuvre, dessins compris, ne semble pas dépasser la quinzaine de pièces en comptant les vues proches d'Etretat. A l'exposition de juin-juillet 1930 consacrée à Delacroix au musée du Louvre, huit œuvres avaient été exécutées à Etretat : une huile, trois aquarelles et quatre dessins.

Eugène Delacroix, *Falaises d'Etretat*, dessin, 11,1 x 17,5 cm.
PARIS, MUSÉE DU LOUVRE, CLICHÉ RMN, MICHÈLE BELLOT.

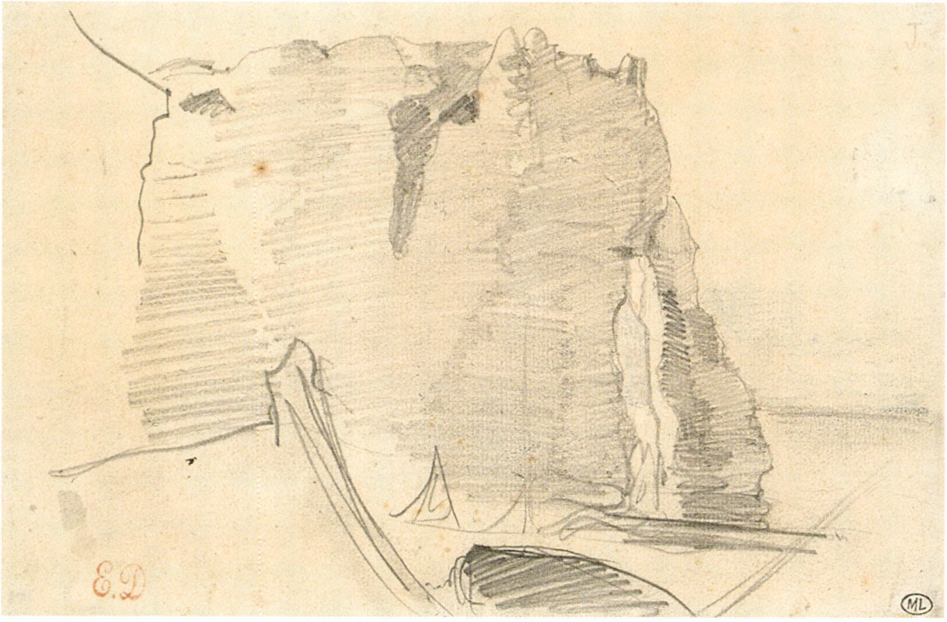

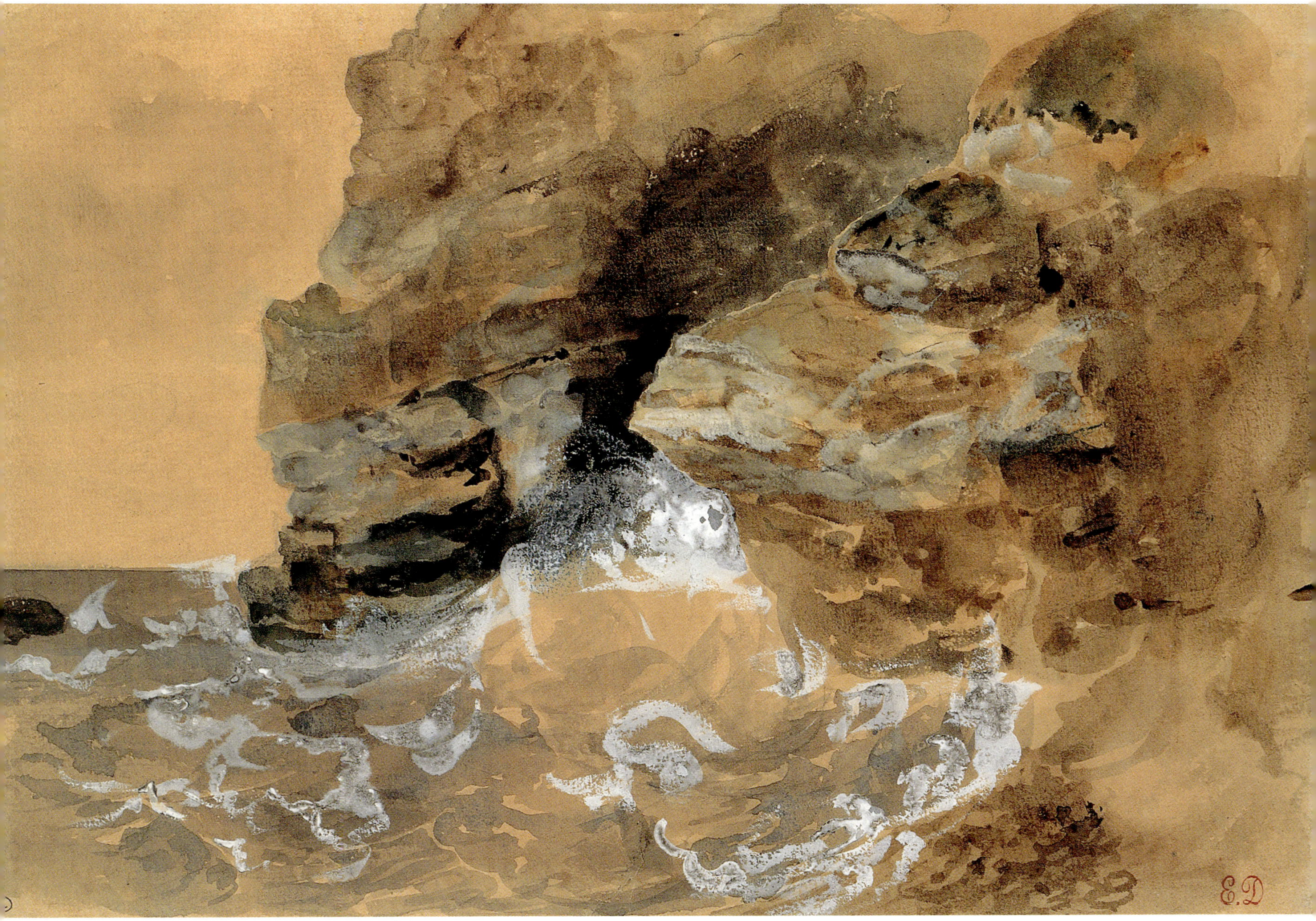

Eugène Delacroix, *Vagues se brisant contre une falaise Normande ou « Les Falaises d'Etretat »*, aquarelle ; mine de plomb ; rehauts de gouache, 21,3 x 31,5 cm.

PARIS, MUSÉE DU LOUVRE, CLICHÉ RMN, MICHÈLE BELLOT.

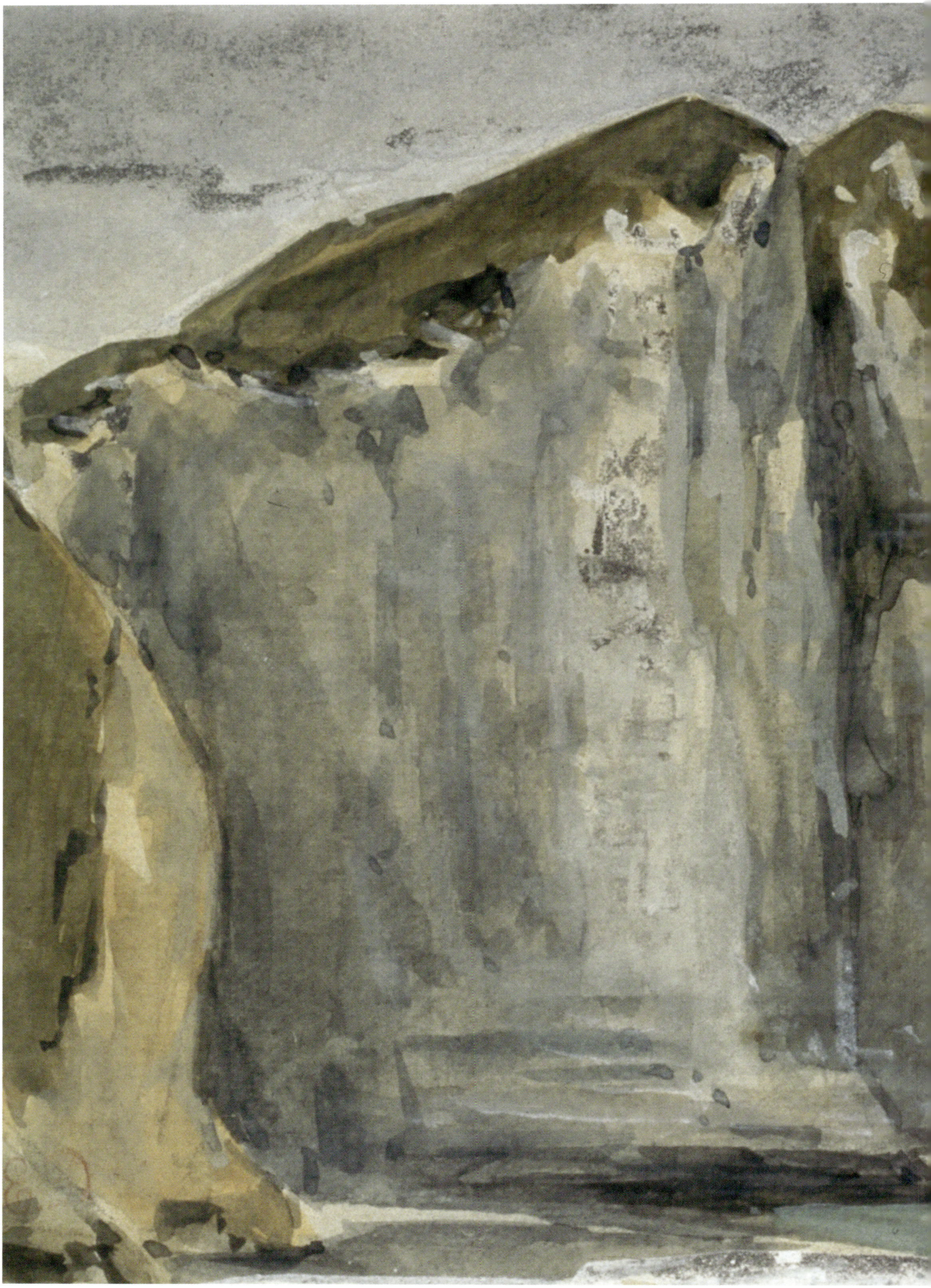

Eugène Delacroix.
Falaise d'Etretat,
aquarelle et rehauts de gouache,
14,5 x 23,8 cm.
ROTTERDAM, MUSEUM BOIJMANS VAN.

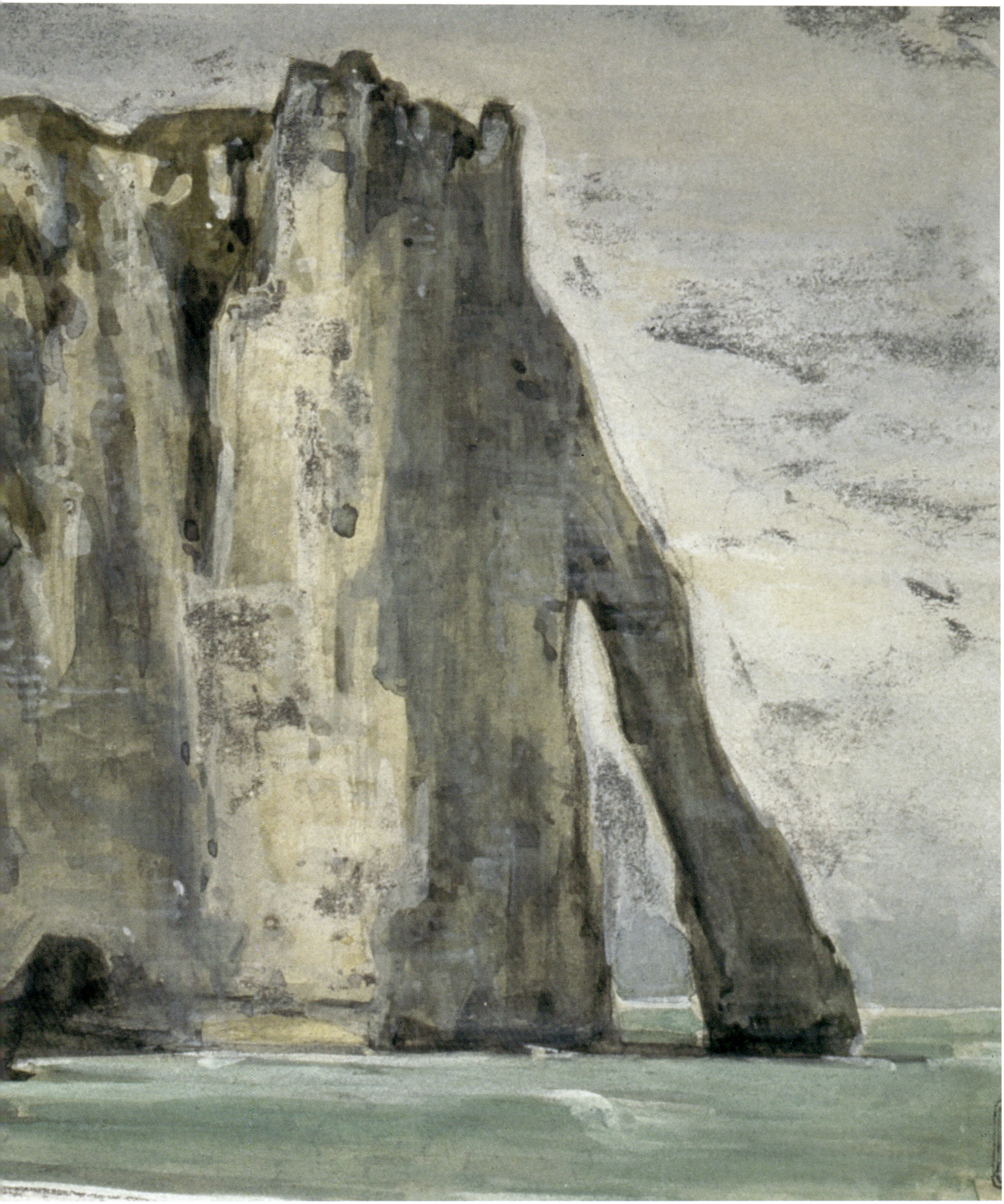

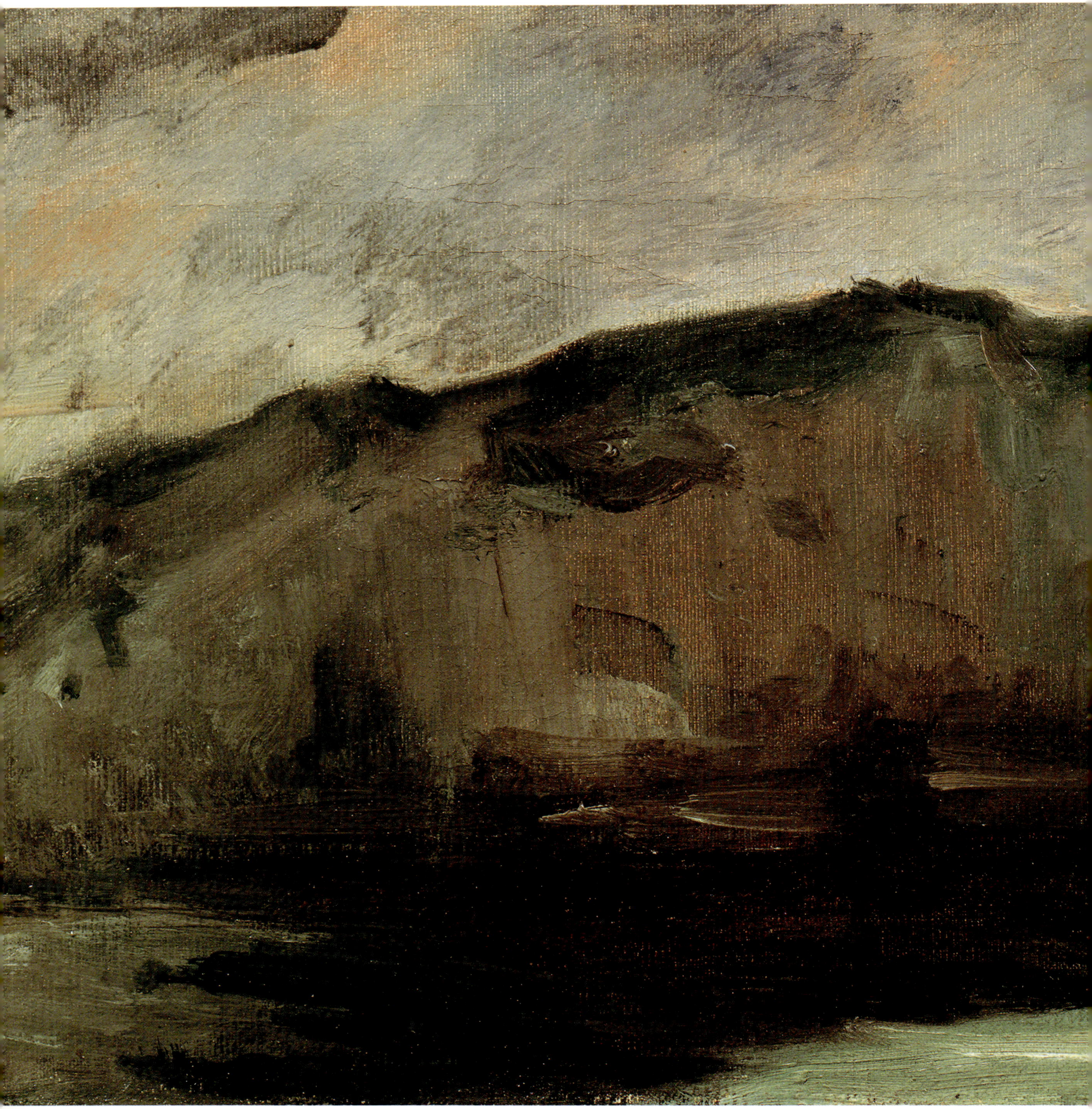

Eugène Delacroix, *Falaises à Etretat, la porte d'aval,*
(Johnson 488), huile sur toile, 22,5 x 46 cm.

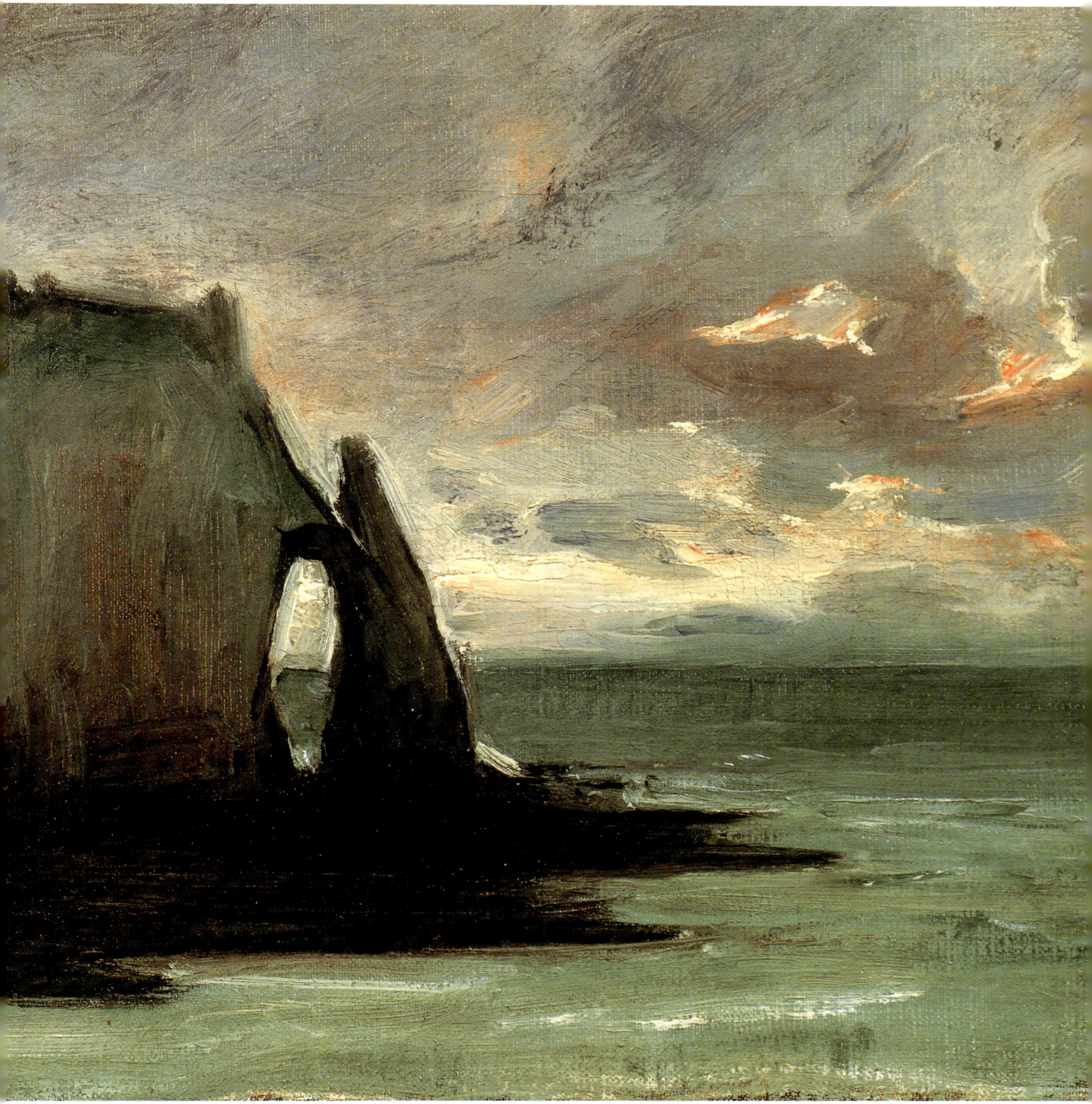

PAUL HUET
1803-1869

De tous les peintres qui eurent pour la nature un véritable sentiment de dévotion, il faut citer en premier Paul Huet. *« Il a été l'un des premiers, ou du moins sa voix était la plus puissante parmi celles des premiers qui proclamèrent que le maître le plus infaillible du paysage, c'est la nature... »*, écrira A. Bonnin dans « La France », à la mort de Huet en 1869. Huet eut toute sa vie de grandes difficultés matérielles et fut beaucoup soutenu par ses amis écrivains : Victor Hugo, Lamartine, Sainte Beuve, Dumas, mais aussi peintres : Roqueplan, Dévéria, Boulanger... De souche normande, fils d'un marchand de draps ruiné, il entre en 1818 à l'atelier du très conventionnel Guérin et effectue son premier voyage en Normandie. En septembre 1819, il entre à l'atelier de Gros où il rencontre Bonington. Leurs œuvres, déjà romantiques, sont alors très proches et souvent confondues. Il se lie aussi d'amitié avec les frères Fielding.

Grand ami de Delacroix depuis 1822, il fut comme lui émerveillé par les œuvres de Constable. Quand, au Salon de 1855, on oublie pour les récompenses Corot et Huet, Delacroix exige et obtient deux médailles supplémentaires et pousse même l'amitié jusqu'à accrocher un tableau de Huet parmi ses propres œuvres.

Il vient en Normandie, à Rouen et Honfleur en 1821, l'année où Stamati Bulgari est le premier peintre à entrer dans la forêt de Fontainebleau. En 1822, il est à Barbizon, à l'hôtel du père Ganne. Il revient en 1825 à Chateau-Gaillard, Rouen, Harfleur, Jumièges, Fécamp et Dieppe. Il est déjà le chef de file de la nouvelle école naturaliste. Ce qui ne l'empêche pas de crever misère et d'avoir de fortes idées républicaines qui l'entraîneront à cacher des armes.

A l'été 1828, en compagnie de Jadin, Huet voyage en Normandie, de Trouville à Honfleur, Le Havre et Fécamp (*Environs de Fécamp*, aquarelle, musée du Louvre). Au cours du voyage il rencontre Mozin et Isabey, avec lesquels il peint. Son influence sur Isabey est évidente, notamment dans la manière de pratiquer l'aquarelle. En 1829, il revient à Etretat (*Barque à Etretat*, aquarelle, exposée au musée de Rouen en 1965). Il commence la série des *Vagues* qu'il poursuivra jusqu'en 1850. Paul Huet a toujours travaillé par séries, non pas sur le même motif comme le fera Courbet avec les *Vagues*, mais sur le même thème. L'année suivante, c'est avec Louis Cabat qu'il visite Honfleur et Aumale. Encore un séjour en Normandie en 1835 et Huet ne reviendra pour ainsi dire plus dans la région. Ce n'est qu'en septembre 1868, à la veille de sa mort, qu'il y fit un dernier passage. D'Etretat, le 22 septembre il écrit à sa fille qui se trouve à Venise : « (...) *Nous sommes à Etretat devant une mer plus froide, entourés d'une population bien loin d'offrir le même écho du brio Italien, fatigante et fatiguée, prétentieuse et vaniteuse en ses costumes déflorés avant l'essai capricieux. Tout cela a son charme cependant et la pensée s'isole facilement devant cet horizon fermé qui ouvre l'infini...* »

Le 25 septembre, toujours d'Etretat et encore à sa fille à Venise : « (...) *Etretat est un charmant endroit qui veut bien laisser voir la mer entre deux falaises, à peu près comme dans le petit côté d'une lorgnette. Pour le travail n'y comptons pas, au milieu de ces babys et de toutes ces variétés féminines aussi changeantes que la saison. Nous faisons absolument un voyage de touristes, ne posant guère. Demain nous allons voir l'exposition du Havre pour prendre le mal de mer* qui doit nous conduire à Saint-Maclou. Je vous embrasse.* » Le 9 octobre il est de retour à Paris.

En 1869, Théophile Gauthier écrira : *« Paul Huet, le premier paysagiste romantique, celui qui eut le pressentiment de la nature au temps où régnait encore l'école des Bertin, des Bidault, des Michallon, et qui est mort il y a quelques mois sans avoir rien perdu de sa flamme première... mêlait les tristesses de l'âme aux tristesses des choses... Paul Huet était un poète autant qu'un peintre... il laisse un vide qui ne sera pas rempli de longtemps. »*

* Le chemin habituel de Rouen au Havre se faisait en bateau sur la Seine.

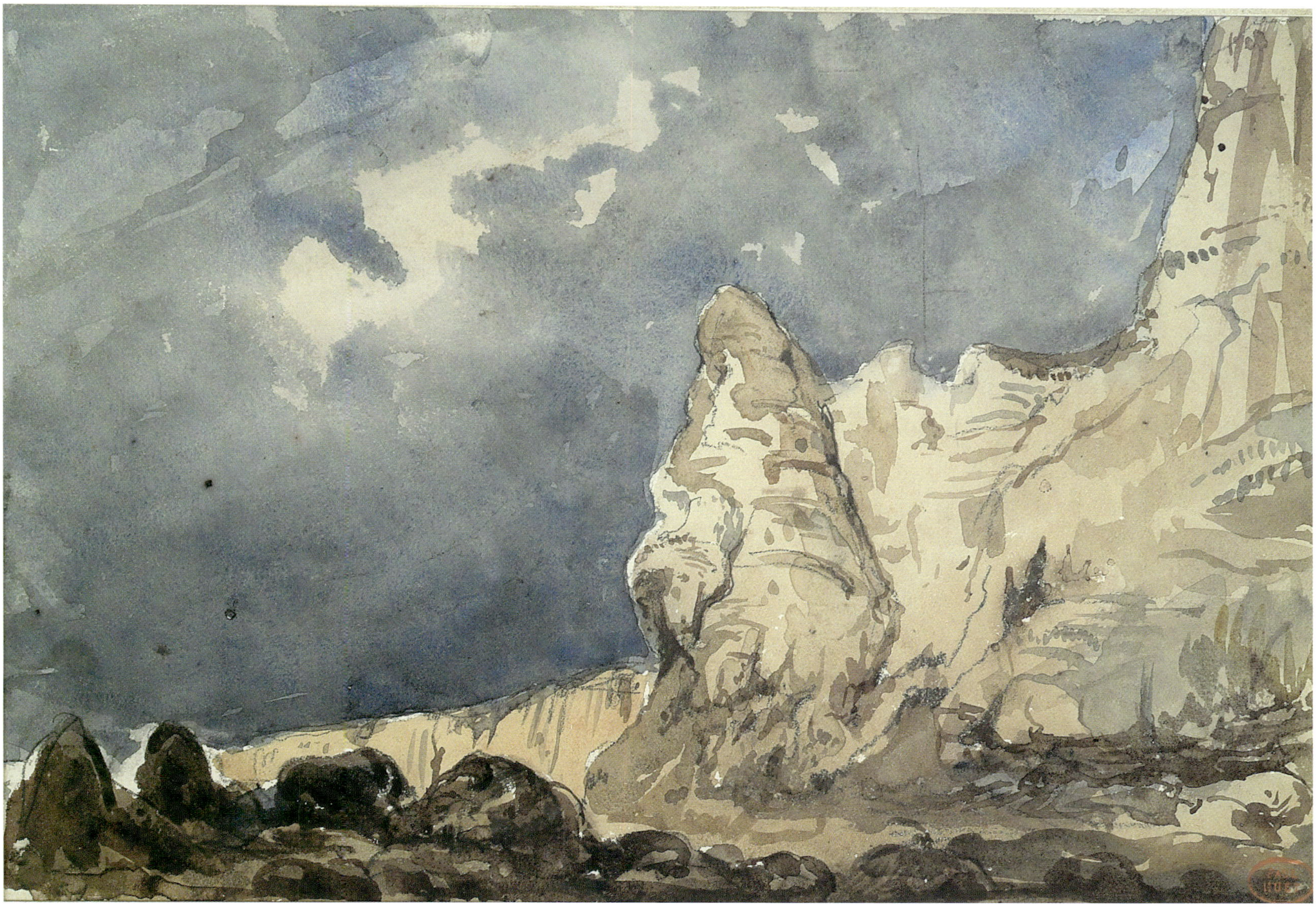

Paul Huet. *Etretat, falaise monstrueuse*, aquarelle, 17,5 x 25,5 cm.

VICTOR HUGO
1802-1885

« De Fécamp, ne trouvant pas de voiture, je suis allé à pied à Etretat qui est à quatre heures et d'Etretat à Montivilliers quatre autres lieues... Ce que j'ai vu à Etretat est admirable. La falaise est percée de distance en distance de grandes arches naturelles sous lesquelles la mer vient battre dans les marées. J'ai attendu que la mer fût basse, et à travers les goëmons, les flaques d'eau, les algues glissantes et les gros galets couverts d'herbes peignées par le flot qui sont comme des crânes avec des chevelures vertes, je suis arrivé jusqu'à la grande arche que j'ai dessinée. Il y a à droite et à gauche des porches sombres, l'immense falaise est à pic, la grande arche est à jour, on en voit une seconde à travers, de gros chapiteaux grossièrement pétris par l'océan gisent de toutes parts. C'est la plus gigantesque architecture qu'il y ait. Dis à Boulanger que Piranèse n'est rien à coté des réalités d'Etretat. »

Victor Hugo, août 1835, lettre à son épouse Adèle.

Victor Hugo inaugure ce que sera souvent Etretat : un lieu d'évasion pour les amants. C'est en effet avec sa maîtresse Juliette Drouet que Victor Hugo voyage, du 25 juillet au 25 août 1835. Pendant ce temps sa femme Adèle assiste à Angers au mariage de Victor Pavie, en compagnie de son père et de sa fille aînée. Là elle retrouve Sainte-Beuve. Le 5 août Victor Hugo est à Eu, le soir au Tréport et le lendemain à Dieppe d'où il envoie à sa femme une lettre pleine d'amour. Son voyage se poursuit jusqu'au Havre en passant par Dieppe, Saint-Valéry-en-Caux, Fécamp et, le 9 août, Etretat où il exécute quatre dessins. Le 10 août, il envoie deux lettres de Montivilliers. L'une à Adèle, l'autre à Louis Boulanger – peintre, ami de toujours – par l'intermédiaire de sa femme afin qu'elle puisse lire aussi cette lettre. Durant ce périple, Victor Hugo inaugure la naissance du genre littéraire à part entière que va devenir la lettre de voyage.

Dans ce courrier, Victor Hugo s'enflamme pour la contemplation de la mer, qu'il n'avait pas revue depuis son voyage de 1834. Mais c'est surtout parce qu'elle fascine tout naturellement son esprit romantique qu'il peut comparaître les arches d'Etretat aux architectures de Piranèse.

Du Tréport, il écrira à Boulanger : *« La mer était désespérée ; la lune était sinistre. Il y avait quelque chose d'étrange à voir cette immense chimère mystérieuse aux mille écailles monter avec douleur vers cette froide face de cadavre qui l'attire du regard à travers quatre-vingt-dix mille lieues, comme le serpent attire l'oiseau. Qu'est-ce donc que cette fascination où l'océan joue le rôle de l'oiseau ? »*

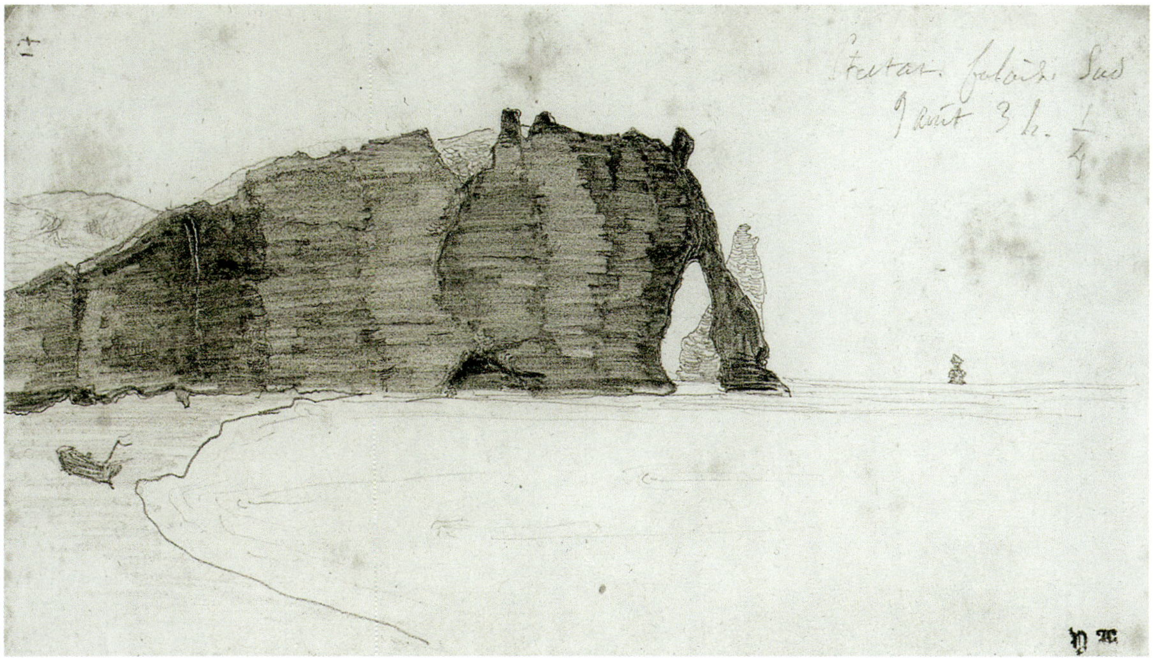

Victor Hugo. *Etretat, Falaise sud*, dessin au crayon, 1835, 15,5 x 8,7 cm. En bas au crayon de graphite : Etretat. falaise sud. 9 août 3 h 1/4.

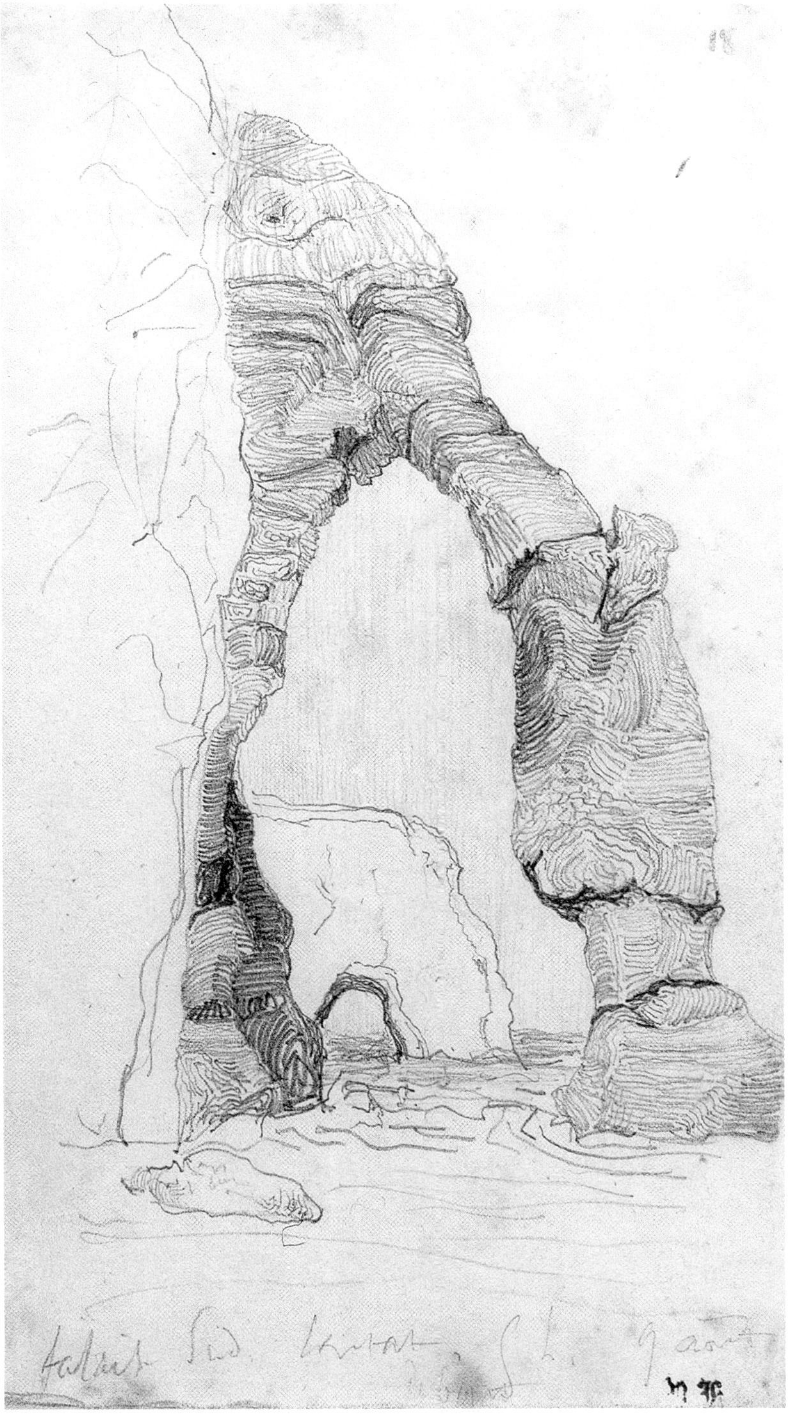

Victor Hugo. *Falaise sud. Etretat*, dessin au crayon, 1835, 15,5 x 8,7 cm.
En bas au crayon de graphite : *falaise sud. Etretat. 5 h. 9 août debout.*

PMVP, © CLAIRE PIGNOL

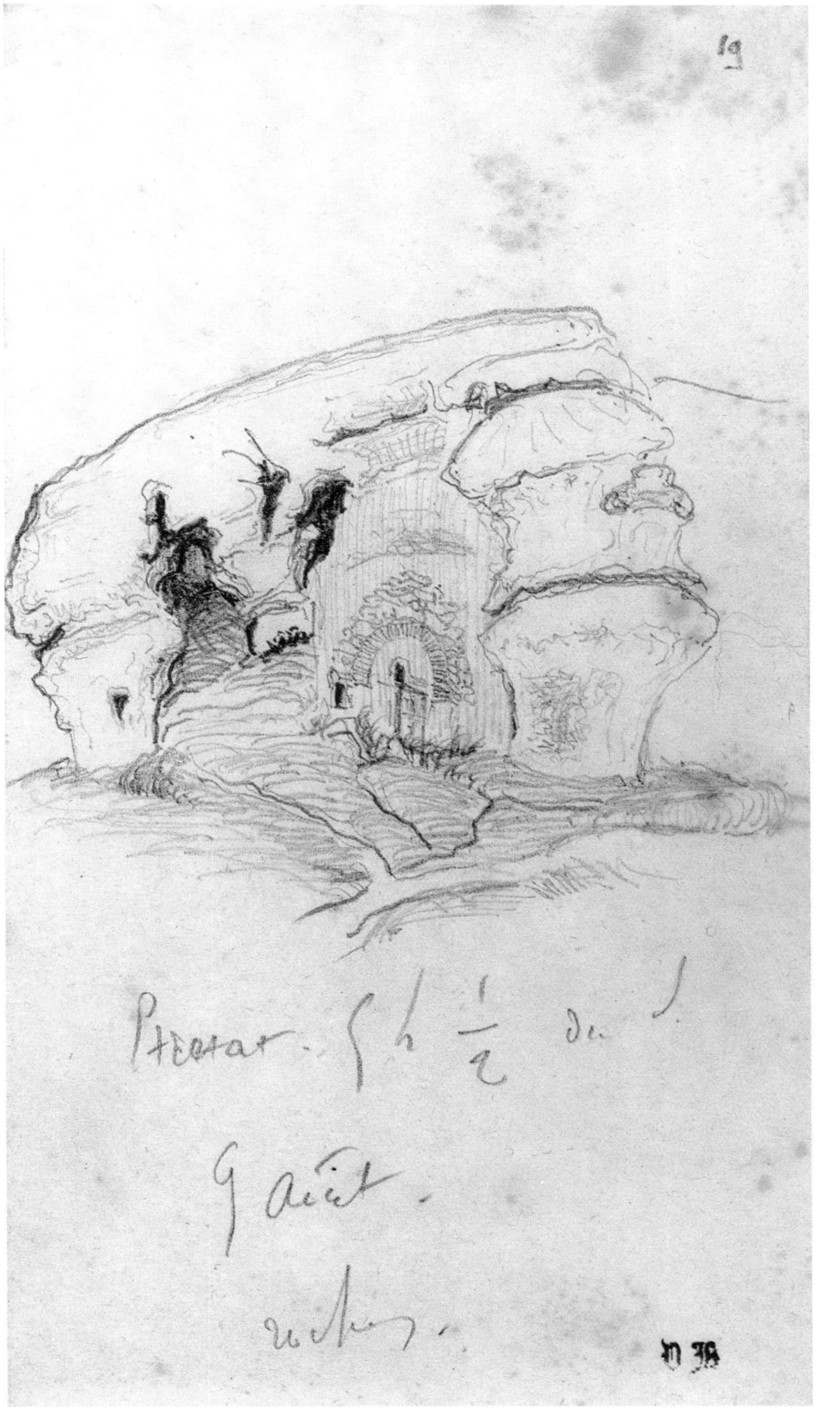

Victor Hugo. *Etretat*, dessin au crayon, 1835, 15,5 x 8,7 cm.
En bas au crayon de graphite : *Etretat. 5 h 1/2 du s. 9 août. rocher.*

PMVP, © CLAIRE PIGNOL

FREDERIC LEGRIP
1817-1871

En 1970, un artisan d'Etretat, Gérard Le Guern, achète rue Nungesser-et-Coli l'immeuble qui fut l'ancienne école de la Providence ou école paroissiale des filles. Dans une dépendance du bâtiment, il a l'heureuse surprise de découvrir trois importants tableaux. Le premier, une scène de naufrage, est de Morel-Fatio et mesure 128 x 192 cm, le deuxième, de Jean-François Bernard (1829-1894), représente Jésus secourant un bateau et le troisième, très important, puisqu'il mesure 275 x 178 cm, est un ex-voto qui montre aussi une scène de naufrage devant Etretat. Ce tableau, signé Frédéric Legrip et daté 1855, présente à sa base un cartouche portant l'inscription : *« Aux armateurs et marins d'Etretat, S. M. l'Empereur Napoléon III »* accompagné à sa gauche d'un portrait de Napoléon III en médaillon et à sa droite de celui de l'impératrice Eugénie.

L'heureux découvreur, amateur généreux, devant l'importance de sa trouvaille et l'évidence de son intérêt public, confia donc les tableaux au Service de la commission départementale des Antiquités de la Seine-Maritime afin qu'ils soient restaurés et installés dans l'église d'Etretat où chacun pourrait les admirer.

Ces tableaux, émanation de la foi des pêcheurs, étaient accrochés dans la chapelle des marins d'Etretat (construite en 1854) jusqu'en 1941. Quelque temps avant que l'armée allemande d'occupation ne détruise la chapelle, l'abbé Decaux, alors curé d'Etretat, se hâta de retirer les œuvres pour les dissimuler dans les dépendances de l'école où ils ont été oubliés, jusqu'à leur récente découverte.

Les ex-voto sont généralement des œuvres naïves réalisées par les marins eux-mêmes. Cette commande étant impériale, Etretat a la chance de posséder un exvoto de très bonne facture, typique du désespoir romantique. L'apparition de la vierge ôte à cette œuvre son aspect dramatique puisque sa protection sauvera immanquablement de la mort les naufragés.

BULLETIN D'ETRETAT. 10 JUILLET 1862.
Lettre en réponse à la requête des pauvres pêcheurs normands, appuyés par l'abbé Cochet.

« Palais des Tuileries, le 2 décembre 1854
Aux armateurs, pêcheurs et marins d'Etretat

Messieurs et bons amis,
Je suis heureux de vous informer que Sa Majesté l'Impératrice, prenant en considération votre demande et voulant donner à votre excellent curé, à votre honorable maire, et à vous en particulier, un témoignage de son auguste bienveillance, vient de vous accorder, par l'entremise de Monseigneur le premier aumônier, et sur la recommandation de l'abbé Cochet, le savant historien des églises de la Normandie, un tableau destiné à former la contre-table de l'autel principal de la petite chapelle érigée par vos pieux efforts à la sainte patronne des matelots, sous le titre de Notre-Dame-de-la-Garde.
Ce tableau, don de la munificence impériale, exprimera vos propres pensées en représentant la Vierge, étoile de la mer, modérant par sa bénigne influence les vagues orageuses qui agitent si souvent vos laborieuses embarcations. Sa Majesté l'Empereur porte un si vif intérêt, et un motif de confiance pour vos femmes et vos filles, alors que, seules au foyer, elles viendront, sous les voûtes de votre petite chapelle, prier la Mère de Dieu de donner la sécurité à votre barque incertaine et l'abondance à vos filets nourriciers.
Veuillez agréer, Messieurs et bons amis, l'assurance de mon plus respectueux dévoûment.

Par Monseigneur le premier Aumônier,
Le secrétaire général, chanoine du chapitre impérial de Saint Denis,
Ch. Ouin Lacroix, Docteur th. »

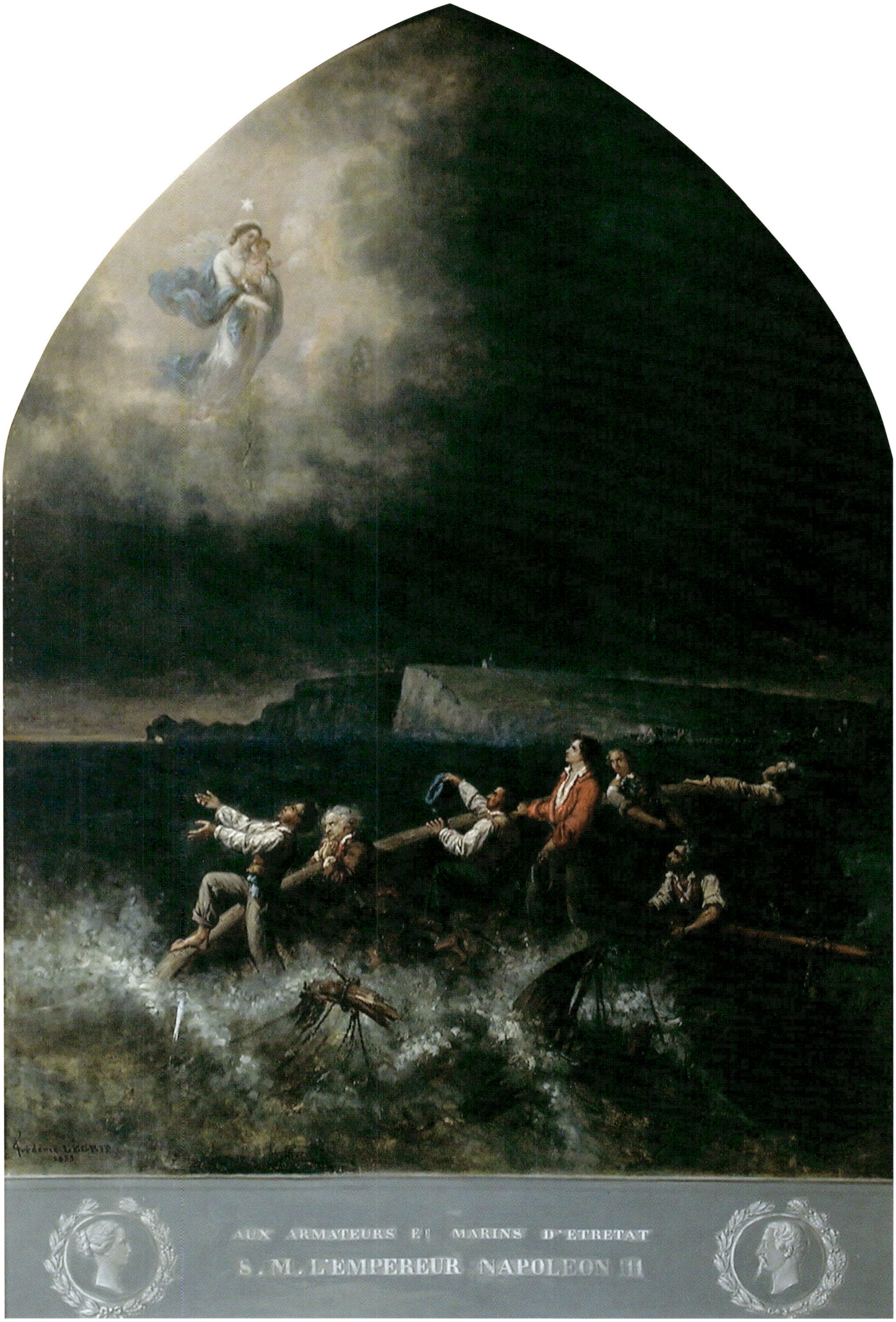

Frédéric Legrip. *Notre-Dame-de-la-Garde*, ex-voto, 1855,
275 x 178 cm. EGLISE D'ETRETAT. © PHILIPPE MOROUX.

THEODORE GUDIN
1802-1880

Elève de Girodet qu'il estime beaucoup, il devient élève du baron Gros (avec Bonington) après avoir rejoint David réfugié à Bruxelles.

Théodore Gudin est un peintre couvert d'honneurs et ami des plus grands de ce monde. Il faut dire qu'à vingt ans, il est remarqué au Salon avec son premier envoi et, en 1824, âgé de seulement vingt-deux ans, lui est décernée la grande médaille d'or. Trois ans plus tard, il triomphe au Salon de 1827 avec *L'Incendie du Kent*, une œuvre qui est un véritable manifeste du romantisme et pour laquelle Charles X le fait chevalier de la Légion d'honneur. Dans ses souvenirs Gudin raconte avec amusement la réflexion d'un critique au Salon face à *L'Incendie du Kent* : « *Monsieur Gudin, il est réellement bien fâcheux que vous ayez si mal réussi cette fois, mais ne vous découragez pas, vous vous rattraperez une autre année !* » ; et d'ajouter : « *Le grand défaut de votre tableau c'est qu'il manque d'horizontalité* ». Ce mot, comble de l'ineptie, fit le tour du Salon.

Spécialiste de marine, il est très vite nommé « peintre de la marine royale ». C'est pourquoi il participe sur le *Duquesne* à la campagne d'Alger menée par Charles X où furent embarqués vingt-sept mille marins sur cent trois bâtiments. « *J'avais été marin, j'étais peintre de marine. J'estime que la peinture de marines forme un genre très distinct qui nécessite des études spéciales. Pour peindre la mer, il faut avoir navigué. Ce n'est qu'après avoir mené la vie des gens de mer qu'un peintre de marine apprend son art.* »

Ses nombreuses relations, notamment son amitié avec Louis-Napoléon Bonaparte, firent de lui un diplomate. Il vient souvent à Dieppe chez la duchesse de Berry qu'un jour il s'amuse à présenter comme sa cousine afin d'entrer, à Arques, dans la maison de ses amis Rebsomen qui cultivaient l'inimitié pour les Bourbon.

On doit à Gudin d'avoir fondé la Société centrale de sauvetage des naufragés après qu'il eut vu périr son frère dans un naufrage. Conçu en 1853, le projet ne vit le jour qu'en 1864 à cause du préfet de police Piétri, qui crut voir dans cette société une association politique. Durant ces neuf années de tergiversations le pays déplora 1 753 noyés.

Théodore Gudin est peut-être le plus romantique des peintres de marine avec comme seul véritable rival Eugène Isabey. Le tableau de la falaise d'aval d'Etretat ne déroge pas à cet état d'esprit. La mer vient battre une falaise inquiétante sous un ciel présageant d'autres grains. Et ce bateau qui entre dans la rade va certainement devoir se mettre à l'abri à Yport ou Fécamp car le mauvais temps ne permet pas un échouage à Etretat. Tout cela est bien dans la théâtralité romantique. Avec beaucoup de talent, Gudin utilise une touche léchée qui ne cache pas son brio. Dans un esprit rousseauiste, le mouvement des éléments, les effets de clair et d'obscur entraînent le spectateur dans un état psychologique angoissant. Gudin a placé le spectateur non pas sur la plage, comme un contemplateur, mais sur la mer comme un marin en situation de danger. Il est dans la position du pêcheur en perdition qui voit s'approcher le péril de la côte. On pourrait qualifier ce tableau de pré-naufrage.

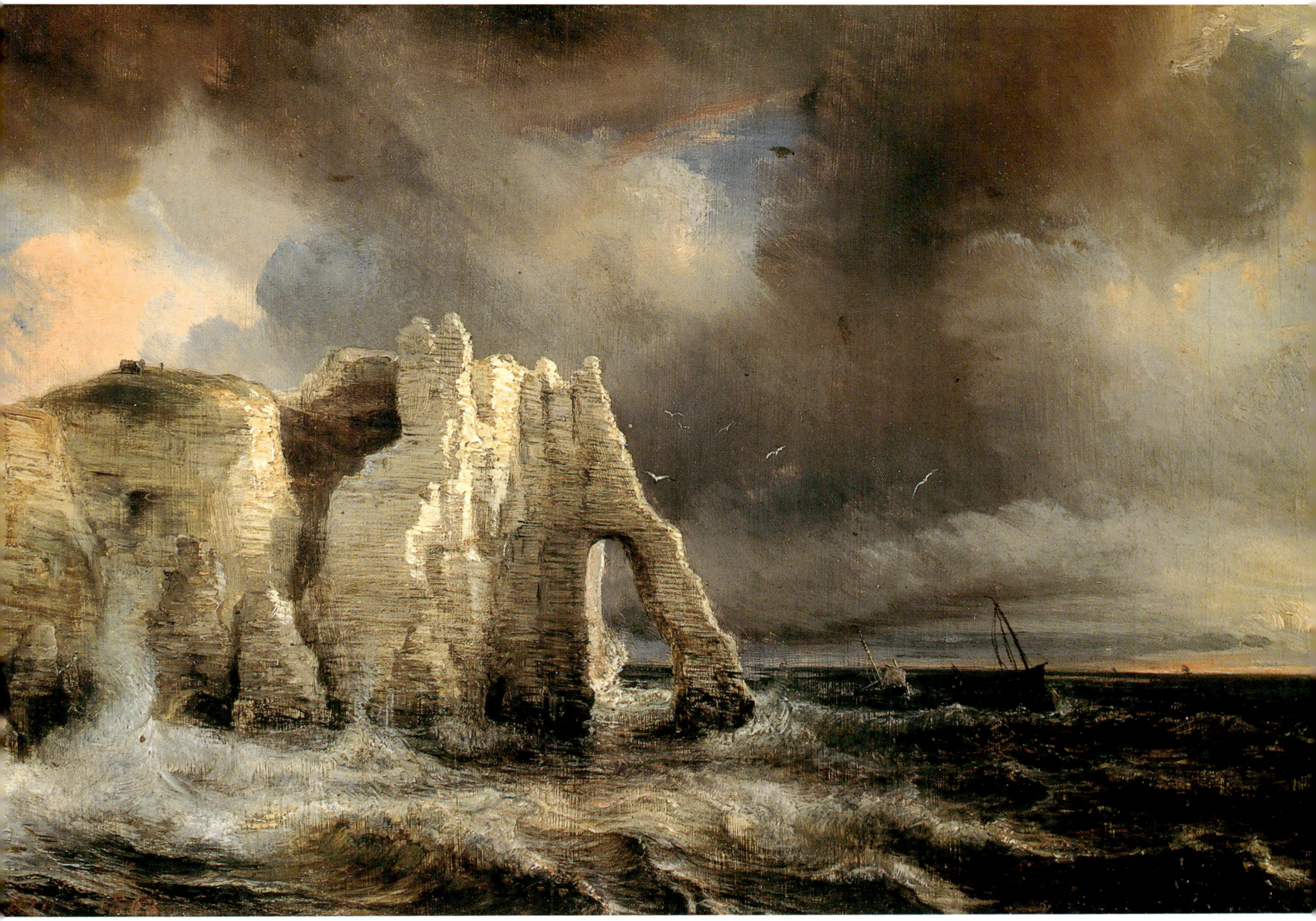

Théodore Gudin. *Retour de pêche par mer levée*, 1862, 23 x 34,5 cm.
PARIS, COLL. PRIVÉE.

JULES COIGNET
1798-1860

Jules Coignet est un homme de transition entre le néoclassicisme et le naturalisme. Elève de Jean-Victor Bertin (1775-1842) et, par lui, influencé par Pierre-Henry de Valenciennes (1756-1819), il apprend le goût du paysage d'après nature recomposé sur la toile. Mais, très vite, Coignet se tourne vers le paysage réel et forme à cette école un grand nombre d'élèves. Il publie d'ailleurs un recueil de gravures, « Principes et études de paysages d'après nature et lithographiés » (1831), dans lequel figure une vue d'Etretat (gravée à l'envers), ce qui peut nous étonner pour l'illustration d'un album qui se veut un cours complet de paysage. Ses feuilles d'arbres seront recopiées par Jacottet pour servir de modèle de dessin. De même, il publie un autre recueil de lithographies sous le titre « Vues pittoresques d'Italie, dessinées d'après nature » (1825) montrant par là son goût pour les voyages qui le mènera, porté par son attachement à l'antique, de Sicile en Grèce, Syrie, Asie mineure, Egypte et jusqu'au Tyrol.

Etretat est l'un des motifs favoris de Coignet. Pour preuve, à la vente de son atelier du 10 octobre 1845, après une première vente en 1834, six numéros sont des tableaux qui y sont peints : nº 96 – *Vue d'Etretat*, nº 97 – *Autre vue d'Etretat*, nº 98 – *Autre vue d'Etretat, prise au bord de la mer*, nº 103 – *Falaise d'Etretat*, nº 109 – *Vue prise à Etretat*, nº 200 – *Etude à Etretat*.

Coignet sait répondre au goût du pittoresque sans jamais tomber dans l'excès. Il est de ces peintres qui, dans ces années 1830, savent mesurer charme et émotion. Il en est l'un des représentants les plus respectables. Considéré à tort comme un petit maître, il mériterait reconnaissance. Il fait partie de ces artistes qui ont apporté à l'école française du paysage la sincérité que l'on retrouvera chez Adolphe-Félix Cals, pour ne citer qu'un autre petit maître, lui aussi injustement oublié. Beaucoup de tableaux de Coignet sont d'ailleurs confondus avec des œuvres de Corot.

La petite toile reproduite est une vue « classique » d'Etretat qui fut maintes fois traitée. Dans un tableau de A. de Lincé Dehon, qui se trouve dans une collection privée à Fécamp, on retrouve, à défaut de caloge, la même ombre bitumée que sur ce tableau illustrant la même scène.

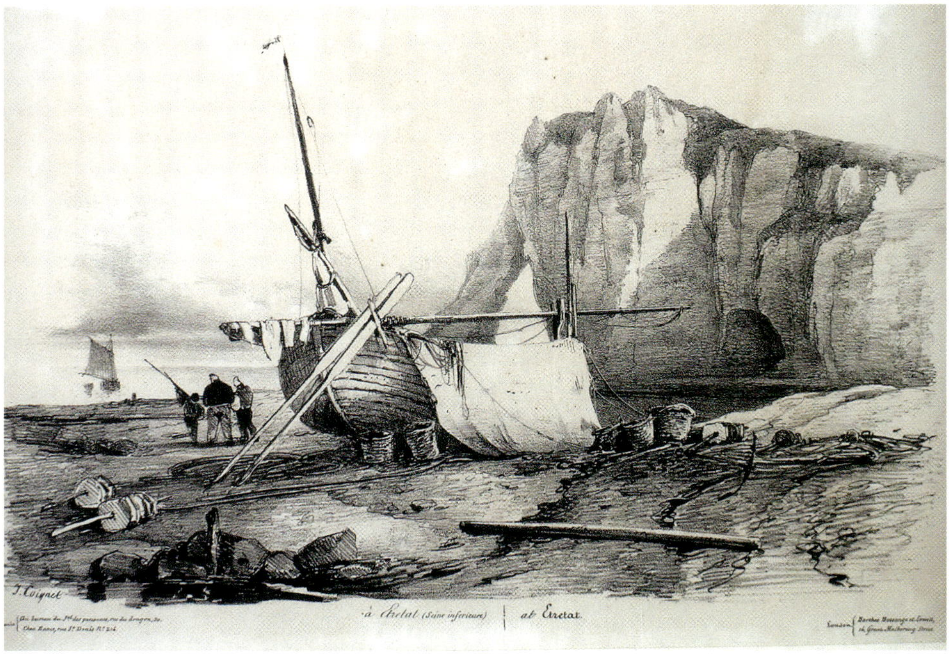

Jules Coignet. *A Etretat*, lithographie, pl. 70 du « Traité du paysage », 19,5 x 28 cm.

Cette vue est on ne peut plus pittoresque. Caloge, cabestan, filets, pêcheurs en habits traditionnels, et surtout le brûlage des filets font de ce motif un condensé de la vie du pêcheur à terre. La pâte, généreuse et bien huilée, donne consistance à cette scène du quotidien. La succession de plans sombres et clairs répond aux conventions enseignées dans tout traité du paysage. Le ciel moutonné, qui fera tant la joie des artistes sur la côte normande, participe de l'ambiance réaliste et du goût pleinariste. Si bien que cette scène ne semble ni exagérée ni factice et là réside, dans sa simplicité, la force et la grandeur de Coignet.

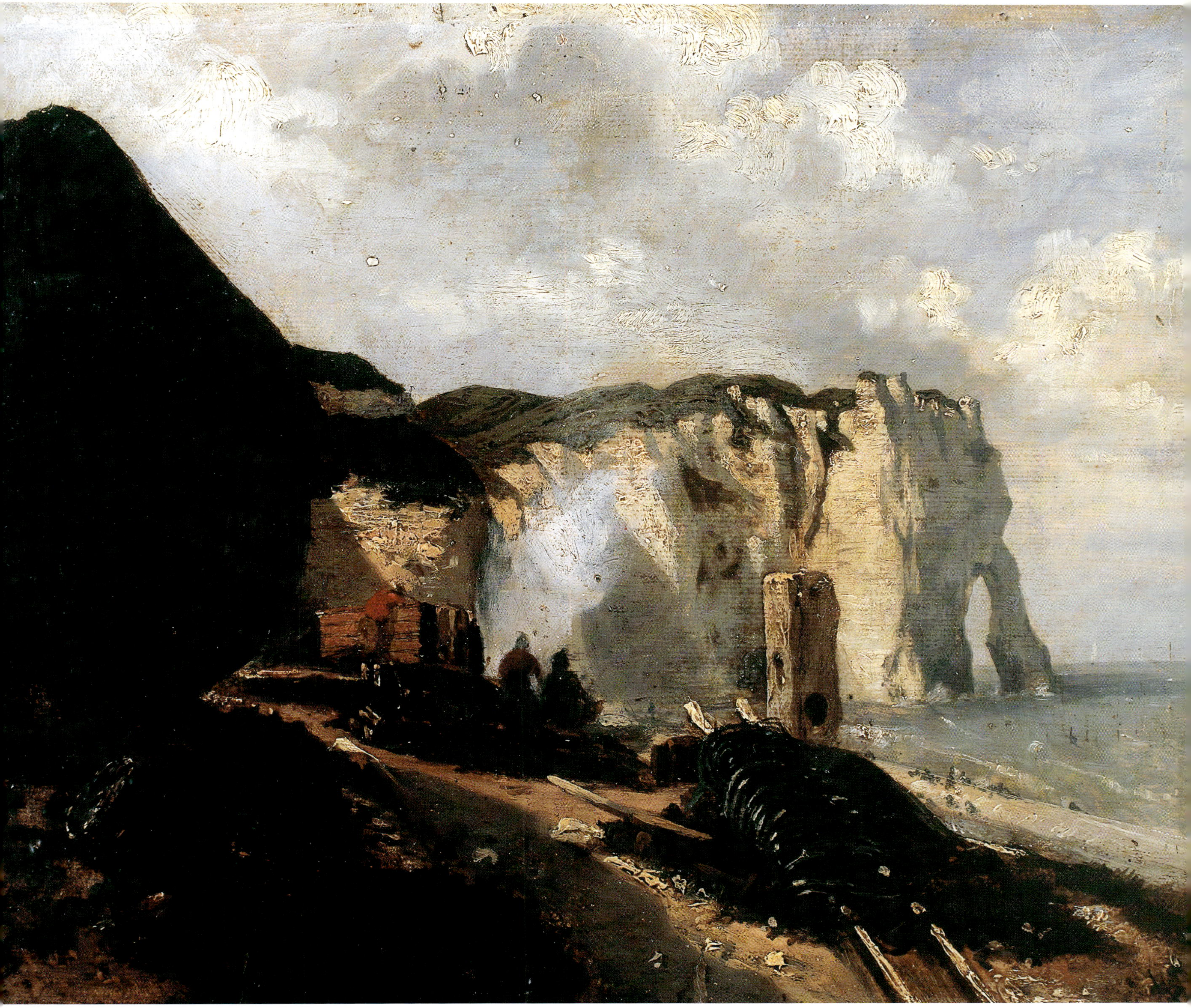

Jules Coignet. *Le Brulâge*, 1843, 32 x 40 cm.

ETRETAT, COLL. PRIVÉE, © C. DES BROSSES.

CHARLES MOZIN
1806-1852

Le nom de Charles Mozin a une plus grande résonance affective à Trouville qu'à Etretat car il est considéré comme le *découvreur* de ce village. A Trouville, il fait construire une maison d'artiste en bord de mer (le premier *Chalet Mozin* dès 1839) et participe à la vie politique en tant qu'orléaniste convaincu, ce qui ne l'empêche pas de sillonner sans cesse la côte normande. Il laisse d'Etretat quelques témoignages, notamment des gravures de qualité. Charles Mozin est un romantique qui, plus que de rechercher les grands effets, s'intéresse surtout aux scènes du quotidien et au rapport de l'homme et de la nature marine. Prenant des notes précises, il recompose ses paysages en atelier, tenté par des scènes de genre, parfois proches de la manière hollandaise. Il a laissé *« un bon catalogue des costumes de la région tant masculins que féminins »*, a-t-on écrit récemment et férocement à propos de son imposant travail lithographique. Il est vrai que cette œuvre dégage souvent plus une impression de factice que de force réelle mais contient une indéniable valeur documentaire. Mozin est donc ce que l'on se plaît à appeler un petit maître du XIXe siècle qui eut quelques belles commandes officielles, notamment pour honorer les gloires de la France, comme nombre de ses contemporains maristes (Jugelet, Isabey, Le Poittevin...)

Le problème majeur de la peinture de Mozin réside peut-être dans le glissement de la peinture d'histoire vers celle d'actualité, pour ne finir qu'en prétexte à une peinture de genre. On serait tenté de dire qu'à tant user du pittoresque il lui fit perdre toute crédibilité.

On ne sait ni quand, ni combien de fois Mozin a séjourné à Etretat, ni s'il y avait des amis. On sait en revanche qu'il a peint dans la région de Trouville avec Huet et Isabey, et qu'il les aurait peut-être rejoints à Etretat. Des deux gravures importantes exécutées d'après des dessins de Mozin représentant Etretat, *La Vue générale de la rade* gravée à l'aquatinte par Calow se veut d'un réalisme rassurant malgré un ciel menaçant et une mer agitée. C'est une vue dans l'esprit naturaliste qui montre des hommes confrontés à la nature et en tirant parti.

La deuxième gravure est une lithographie dessinée et gravée en camaïeu par lui-même (reproduite au chapitre sur les gravures romantiques). C'est l'une des quelque quatre cents lithographies que laissera cet artiste prolifique. Beaucoup plus romantique, elle montre, depuis la plage de Jambourg, quatre naufragés venus s'échouer sur les rochers. Elle est donc à la fois dramatique et porteuse d'espoir puisque les marins semblent pouvoir être sauvés. La mer est déchaînée et l'artiste s'est placé très près de la falaise pour enfermer le drame dans un espace resserré. Mozin montre ici ses talents de dessinateur et son goût pour la précision. Il prouve aussi qu'il sait rester dans un juste compromis entre le réalisme et le sublime. Le même sujet chez Isabey, Jules Noël ou Huet eût été beaucoup plus dramatique et les éléments bien plus terrifiants.

En tant que moyen de diffusion de son travail, la lithographie occupe dans l'œuvre de Mozin une place importante. Il fit paraître la suite des « Ports français dessinés d'après nature et lithographiés par Charles Mozin » entre 1849 et 1856. Le but était bien entendu de répondre au goût d'un public pour ces vues originales, mais aussi d'être, par sa précision, un outil à l'usage des marins.

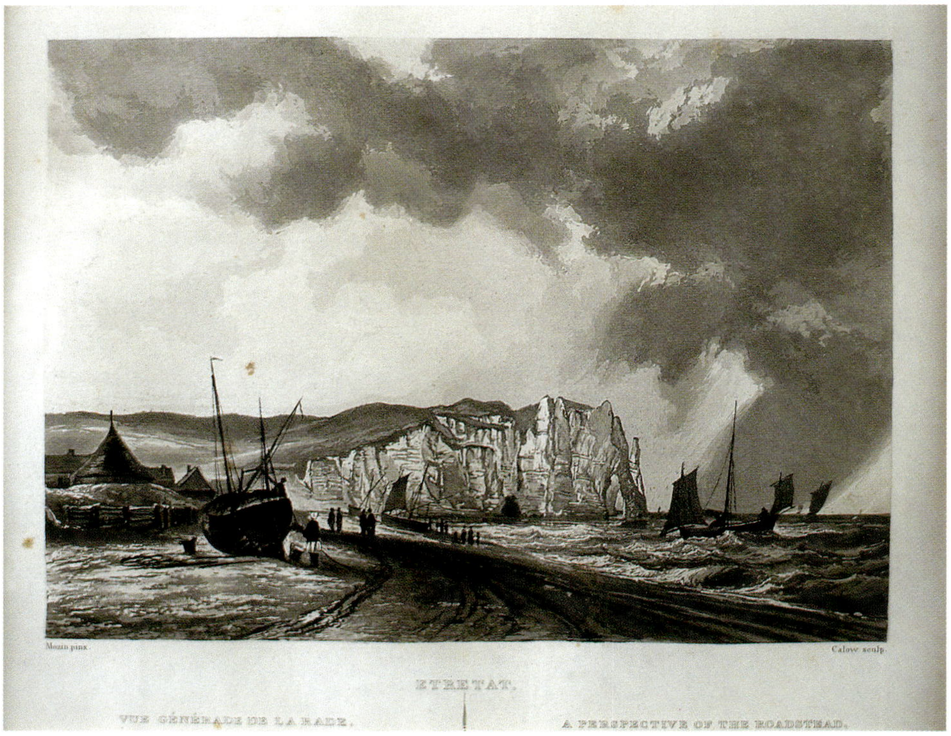

Charles Mozin. *Etretat, vue générale de la rade,* aquatinte, gravée par Calow, 14 x 20,5 cm.
COLL. PRIVÉE, © C. DES BROSSES.

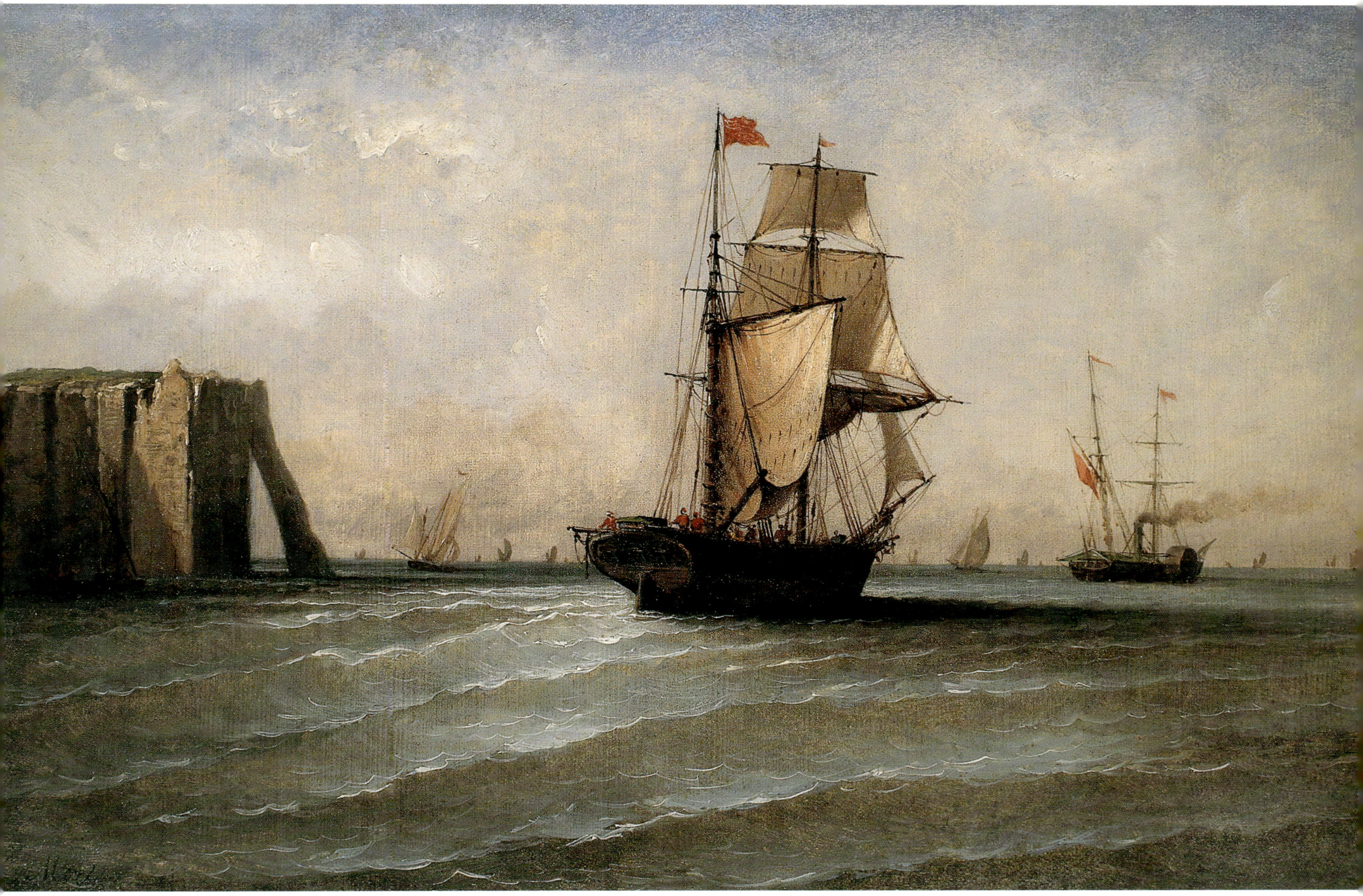

Charles Mozin. *La Rade d'Etretat*. Huile sur toile, 30 x 51 cm.

PARIS, COLL. PRIVÉE, © C. DES BROSSES.

GUSTAVE COURBET
1819-1877

« Un homme dit soudain près de moi : “Venez donc voir Courbet, il fait une chose superbe !”. Ce n’était point à moi qu’on avait parlé, mais je suivis car je connaissais un peu l’artiste. Il habitait une petite maison donnant en plein sur la mer et appuyée sur la falaise d’aval. Cette maison avait appartenu d’ailleurs au peintre de marine Eugène Le Poittevin.
Dans une grande pièce nue, un homme graisseux et sale collait, avec un couteau de cuisine, des plaques de couleur blanche sur une grande toile nue. De temps en temps, il allait appuyer son visage à la vitre et regardait la tempête. La mer venait si près qu’elle semblait battre la maison, enveloppée d’écume et de bruit. L’eau salée frappait les carreaux comme une grêle et ruisselait sur les murs. Sur la cheminée, une bouteille de cidre à coté d’un verre à moitié plein. De temps en temps, Courbet allait en boire quelques gouttes, puis il revenait à son œuvre. Or cette œuvre devint La Vague *et fit quelque bruit dans le monde. »*
Guy de Maupassant.

Quand Courbet arrive pour deux mois à Etretat l’été 1869, il est un artiste au faîte de sa gloire. Il vient de refuser avec éclat la Légion d’honneur après avoir intrigué pour l’obtenir et depuis quelques années, voyage tous les ans en Normandie. En 1866, il séjourne à Trouville, l’année suivante à Deauville. En 1867, il passe une dizaine de jours à Saint-Aubin-sur-Mer et, en 1868, il vient au Havre. Il arrive donc à Etretat pour, dit-il, faire *« de la peinture commandée »*.

« Mes chers parents (...). Je suis venu à Etretat pour de la peinture commandée, j’ai déja fait depuis un mois que j’y suis dix tableaux de mer, j’en ai déja vendu cinq pour la somme de quatre mille cinq cents (...) On est très bien à Etretat, c’est un petit bain de mer charmant, il y a des rochers plus grands qu’à Ornan, c’est très curieux. » (lettre à ses parents. Septembre 1869).

Il y réalise quatorze tableaux de falaises et plusieurs vues de la mer, les célèbres *Vagues*. En 1870, il présente deux œuvres au salon : *La Mer orageuse*, dite *La Vague*, et *La Falaise d’Etretat après l’orage*, tableau de grande dimension qui lui vaut la consécration. *« Je suis à Etretat depuis vingt-cinq jours. Si j’avais pu vous voir avant de partir j’aurais taché de vous emmener avec moi. Ce pays est charmant, vous avez encore le temps d’y venir passer huit jours, il fait très chaud, les bains sont charmants. J’ai déjà fait neuf paysages de mer desquels je suis content. Je vais commencer demain un paysage de mer de un mètre soixante pour l’exposition. Je n’ai jamais exposé ce genre. »* (lettre au critique Jules Castagnary, 6 septembre 1869)

Ces deux œuvres seront achetées par l’État en 1878 pour le musée du Luxembourg et sont actuellement conservées au musée d’Orsay. *La Falaise d’Etretat après l’orage* servira à l’une des nombreuses caricatures parues dans la presse en 1870, quand Courbet sera raillé pendant les événements de la Commune. Les deux toiles seront également exposées lors de la rétrospective posthume de 1882 chez Durand-Ruel. Ce voyage à Etretat sera le dernier en Normandie avant l’arrivée des Prussiens, la Commune et l’exil volontaire en Suisse. Courbet s’enfuit après la décision de la première chambre civile de la Seine : accusé d’avoir déboulonné la colonne Vendôme, la justice lui réclame trois cents mille francs au titre de sa reconstruction.

Courbet, ce colosse, mis au ban de la société en dépit de son titre de président de la Commission artistique du gouvernement provisoire, tout à la fois socialiste, démocrate et républicain et surtout réaliste, n’est pas homme de la demi-mesure. Ce sauvage vilipendé par la presse, lâché par ses amis, n’a pas dû traîner souvent au casino d’Etretat. La description de Maupassant n'étonne pas. Ce rustre au verre de cidre est pourtant un monument de la peinture qui réalisera à Etretat quelques-uns des plus grands chefs-d’œuvre du XIXe siècle, et qui le premier, dès les années 1860, eut l’idée de travailler par série, avec le thème des *Vagues*.

Si Maupassant vit Monet peindre le dos à la falaise, il n’eut certainement pas l’occasion de voir Courbet dans la même posture. C’est sur la plage et face à la falaise, happé par la force de ce paysage, que celui-ci se tient, et d'ailleurs tel qu'il s'est représenté, saluant l’océan, qu’il venait à peine de découvrir, dans son tableau *La Mer à Palavas* de 1854. L’homme de la terre, originaire de Franche-Comté, est fasciné par ce thème qui devient récurrent dans son œuvre à partir de 1865.

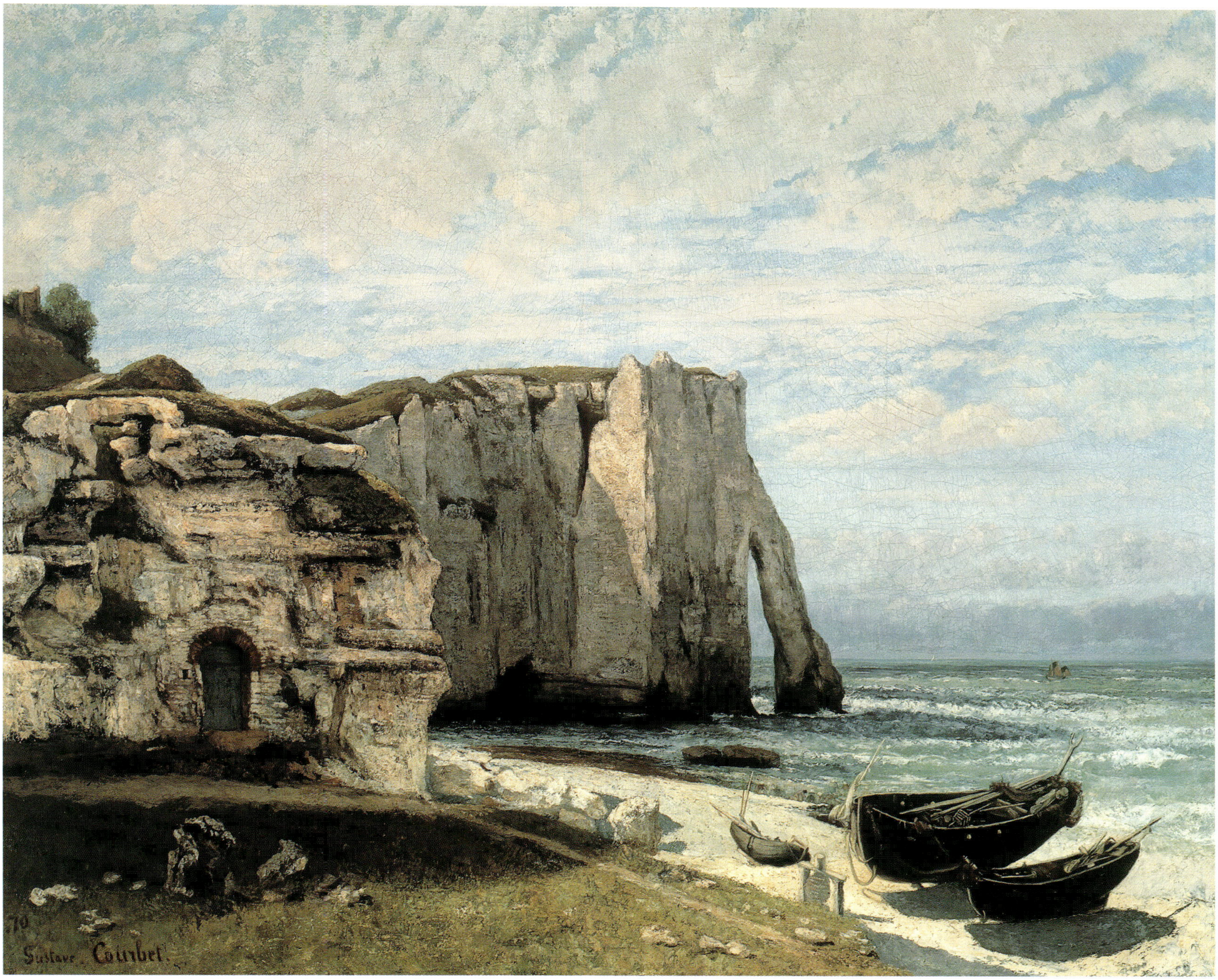

Gustave Courbet. *La Falaise d'Etretat après l'orage*, 1870,
133 x 162 cm. PARIS, MUSÉE D'ORSAY, CLICHÉ RMN, H. LEWANDOWSKI.

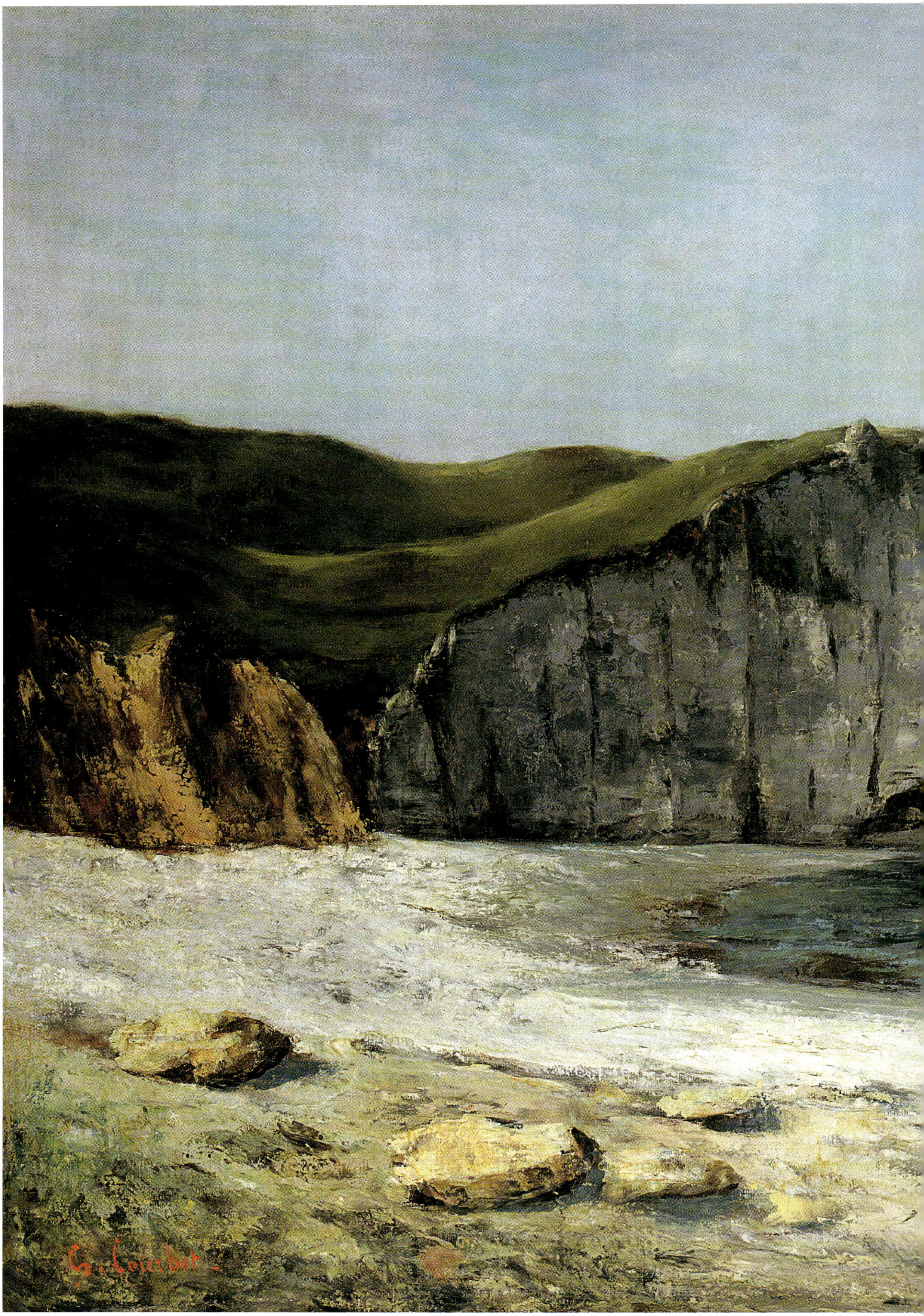

Gustave Courbet.
Falaise d'Etretat, 1869,
76,2 x 123,1 cm.
BIRMINGHAM, BARBER
INSTITUTE OF FINE ARTS,

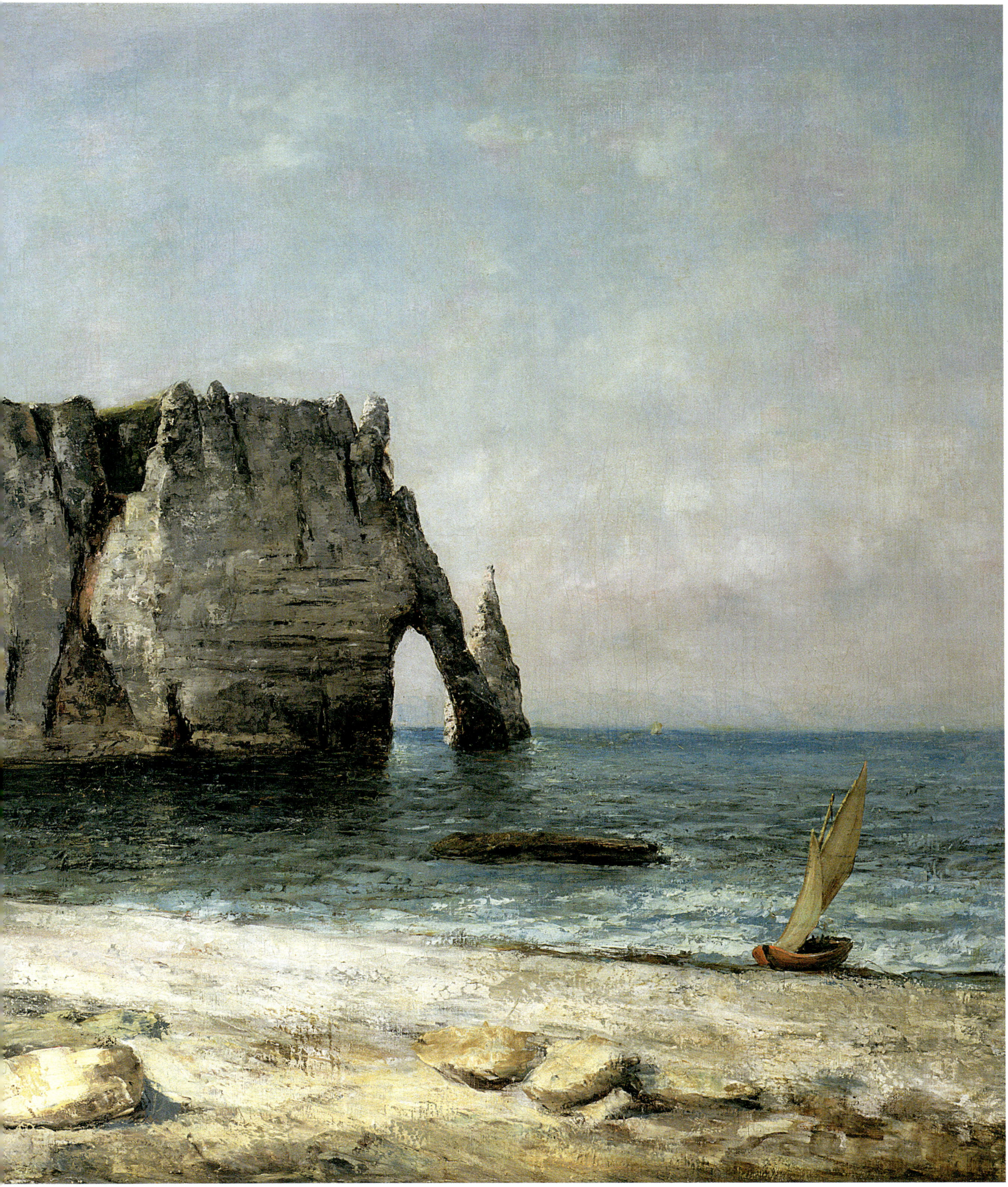

A son expérience visuelle de la mer, Courbet ajoute l'expérience physique. Suivant la nouvelle mode des bains, on le voit souvent nager loin du rivage, la pipe entre les dents, ce qui lui vaut d'être surnommé « le Phoque » par les marins locaux.

S'opposant à la mode du pittoresque, Courbet annonce le paysage moderne. A Etretat il choisit dans le paysage les seuls éléments qui retiennent son attention. Ainsi aucune caloge n'est représentée, aucun indigène non plus, seulement, à peine visibles dans le tableau du musée d'Orsay, quelques têtes de lavandières apparaissent derrière une *bringue* de galets. L'activité de la pêche n'intéresse pas plus Courbet. Les bateaux ne sont que des volumes attachés au décor au même titre que les rochers. Il va même jusqu'à ignorer toute trace d'activité – cabestans, canots, filets, cordages qui jonchent habituellement le *Perrey*. Rien, ici, n'indique la présence d'un port ni d'une activité balnéaire.

Enfermé dans l'atelier de Le Poittevin au bord de la mer, Courbet n'a pas besoin de sortir pour peindre ; ce qui correspond parfaitement à son travail en épaisseur nécessitant de longs temps de séchage. Cet atelier au ras des vagues lui permet de réaliser des œuvres immenses à même le motif, impossibles à réaliser sans cette situation stratégique. Et Courbet s'en donne à cœur joie, travaillant la pâte au couteau pour échapper à l'humeur fugace de la mer et lui reconnaître sa permanence en faisant d'elle un élément solide.

Dans la série des *Vagues*, il pousse le raisonnement à son paroxysme, élimine toute trace de la terre, ignore même cet espace magique qu'est l'estran ; passe ainsi de la peinture de paysage de marine à la peinture de marine auquel il préférera le beau terme de *« paysage de mer »*.

L'eau, seulement l'eau. Et déchaînée, venant jusqu'aux bords de la toile comme si le peintre s'y engloutissait et oubliait qu'Etretat est à la fois un territoire de terre et de mer. Maupassant eut raison d'écrire que ces *Vagues* allaient faire quelque bruit dans le milieu artistique, car c'est bien de grondement qu'il s'agira. Pour la première fois, une marine ne raconte rien d'autre que la mer. Pour la première fois dans l'histoire de la peinture, la mer n'est pas rapportée à l'homme. Pour la première fois, elle porte intrinsèquement son propre drame et sa puissance, sans qu'un naufragé ou un bateau en perdition n'instillent, dans ce monde de démesure, quelque connotation morale. Jamais peintre ne s'est approché aussi près de la mer, d'une manière aussi frontale et avec un tel désir d'en montrer la puissance. Jamais, non plus le rapport du peintre à son motif ne fut si physique. *« Peindre des rêves est un jeu d'enfant et de femmes ; les hommes ont charge de peindre des réalités »*, écrira Zola. Courbet, chef de file des réalistes, n'eût pu le contrarier.

La notion de série, reprise par Monet pour d'autres raisons, est la preuve même de l'entêtement de Courbet à vouloir comprendre cet éternel mouvement de la vague. En s'échappant des conventions qui régissent la peinture, Courbet est un moderne par esprit libertaire. Seul devant la mer, derrière ses vitres embuées par les embruns, il peut se permettre d'oublier les bonnes manières.

L'exposition « La Vague », organisée par le musée Malraux du Havre en 2004, à l'occasion de l'achat par ce musée d'une *Vague* de Courbet, a montré combien ce motif est aussi un sujet de modernité sur lequel se penche la science de l'époque. Ce n'est en effet que vers 1860 que débute la connaissance scientifique de la mer avec les premières recherches sur les phénomènes de houle. L'océanographie apparaît seulement dans le courant des années 1870. Déjà en 1861, Michelet, dans « La Mer », avait décrit les phénomènes les plus saisissants observés depuis le rivage, employant, comme Victor Hugo, la métaphore du corps pour décrire cette *« indomptable »*. En 1869-1870, Jules Verne publie le roman culte « Vingt mille lieues sous les mers », remarquable fresque des profondeurs marines.

A Etretat, Courbet préfère le réalisme pictural au réalisme social. En éliminant toute trace de vie, sa peinture est un éloge de la nature sauvage. Témoigner du bouleversement d'Etretat n'est pas son propos. En peintre d'avant-garde, seul lui importe de témoigner de l'avenir de la peinture. Là où les classiques recomposaient le paysage, Courbet le décompose, ne s'attachant qu'au strict nécessaire et posant les prémices du paysage mental. L'histoire lui en sera redevable.

Personne mieux que Zola n'a compris l'apport immense de Courbet dans l'histoire de l'Art français et la révolution que sont ses *Vagues*. Ce texte, tiré de ses Lettres de Paris intitulé « L'Ecole française de peinture à l'Exposition de 1878 », est un chef-d'œuvre de clairvoyance et de courage intellectuel.

« J'ai dit que jusqu'ici il y a eu trois grands talents dans l'école française du XIX*e siècle : Eugène Delacroix, Ingres et Courbet, et que ce dernier était aussi grand que les deux premiers. Les trois ensemble ont révolutionné notre art : Ingres accoupla la formule moderne à l'ancienne tradition ; Delacroix symbolisa la débauche des passions, la névrose romantique de 1830 ; Courbet exprima l'aspiration au vrai - c'est l'artiste acharné au travail, asseyant sur une base solide la nouvelle formule de l'école naturaliste. Nous n'avons pas de peintre plus honnête, plus sain, plus français. Il a fait sienne la large brosse des artistes de la Renaissance, et s'en est servi uniquement pour dépeindre notre société contemporaine.*

Remarquez qu'il est dans la ligne de la tradition authentique. Tout comme le travailleur de talent qu'était Véronèse ne peignait que les grands de son époque - même quand il lui fallait représenter des sujets religieux - de même le travailleur de talent qu'était Courbet prenait ses modèles dans la vie quotidienne qui l'entourait. C'est autre chose que ces artistes qui, voulant être fidèles aux traditions, copient l'architecture et les costumes des artistes italiens du XVI*e siècle.*

Au Champ-de-Mars il n'y a qu'une toile de Courbet : La Vague, et même ce tableau n'y figure que parce qu'il appartient au musée du Luxembourg, et dès lors l'Administration des beaux-arts a bien été obligée de l'accepter. Et c'est cette toile unique que nous montrons à l'Europe, alors que Gérôme dans la salle voisine ne compte pas moins de dix tableaux et que Bouguereau va même jusqu'à douze. Voilà qui est honteux. Il aurait fallu assigner à Courbet à l'exposition universelle de 1878 toute une salle, comme on l'a fait pour Delacroix et Ingres à l'exposition de 1855.

Mais on sait bien de quoi il retourne, Courbet avait participé à la commune de 1871. Les sept dernières années de sa vie ont été de ce fait un long martyre. On commença par le jeter en prison. Ensuite, à sa sortie de prison, il faillit mourir d'une maladie qu'avait aggravée le manque d'exercice. Après, accusé d'avoir été complice du renversement de la colonne Vendôme, il fut condamné à payer les frais de la reconstruction de ce monument. On lui réclamait quelque chose dans la région de trois cents et quelques mille francs.

Les huissiers furent lancés à ses trousses et on opéra la saisie de ses tableaux. Il fut obligé de vivre en proscrit et mourut à l'étranger l'an dernier, exilé de la France dont il aura été l'une des gloires. Imaginez un gouvernement qui fasse saisir les toiles de cet artiste pour solder les comptes de la restauration de la colonne Vendôme ! Je comprendrais mieux s'il les avait fait saisir pour les exposer au Champ-de-Mars. Cela aurait été plus à l'honneur de la France.

Du reste on a toujours traité Courbet en paria. En 1867, quand la médiocrité académique de Cabanel s'étalait déjà devant les étrangers accourus de toutes parts, Courbet a dû organiser une exposition particulière pour montrer ses œuvres au public. Il n'est plus parmi les vivants. On se doute pourquoi cette suprême humiliation, la plus grave de toutes, lui a été infligée, d'exposer au Champ-de-Mars son tableau La Vague. La place étroite qu'on a cédée à l'artiste est ironique au plus haut point et inconvenante. Qu'on enlève La Vague, car elle donne à réfléchir à tous les artistes magnanimes et indépendants qui s'arrêtent devant elle. Ils douteront du grand disparu, qu'on essaie d'enterrer sous une poignée de terre.

La Vague fut exposée au Salon de 1870. Ne vous attendez pas à quelque œuvre symbolique dans le goût de Cabanel ou de Baudry : quelque femme nue, à la chair nacrée comme une conque, se baignant dans une mer d'agate. Courbet a tout simplement peint une vague, une vraie vague déferlant sans se laisser décourager, sans se soucier des rires qui accueillaient ses toiles, du dédain ironique des amateurs. On le raillait, on l'appelait le peintre nébuleux, on feignait de ne pas comprendre dans quel sens il fallait prendre ses tableaux. Puis un beau jour on s'avisa que ces prétendues esquisses se distinguaient par un métier des plus délicats, qu'il y avait beaucoup d'air dans ses tableaux ; qu'ils rendaient la nature dans toute sa vérité. Et les clients affluèrent dans l'atelier de l'artiste ; ils l'ont surchargé de travail vers la fin qu'il lui a fallu en partie donner de l'ouvrage bâclé. Je ne connais pas d'exemple plus frappant de la peur que ressent le public devant tout talent neuf et original, et du triomphe inévitable de ce talent original pour peu qu'il poursuive obstinément ses buts. »

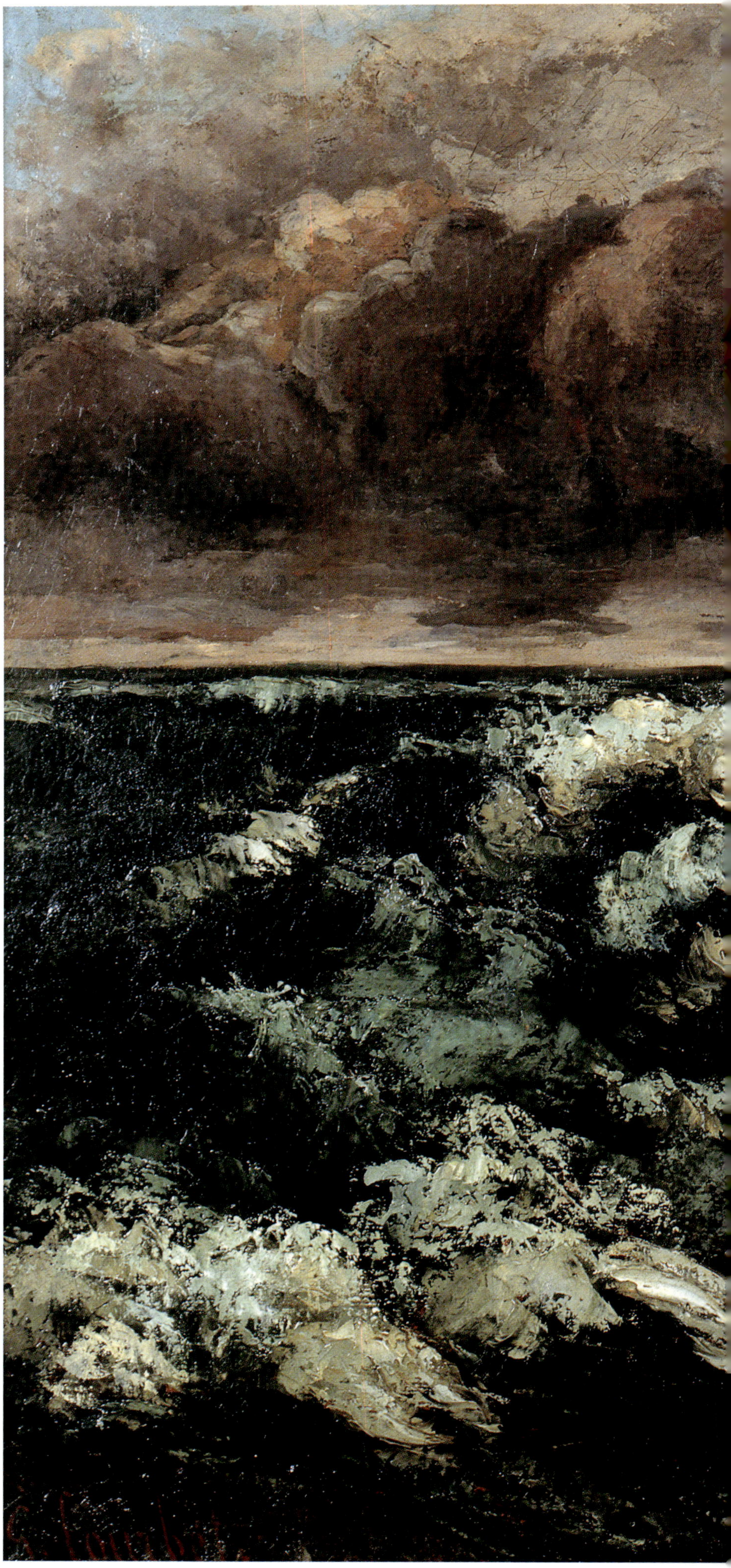

Gustave Courbet. *La Vague*, circa 1870, 66 x 90 cm,

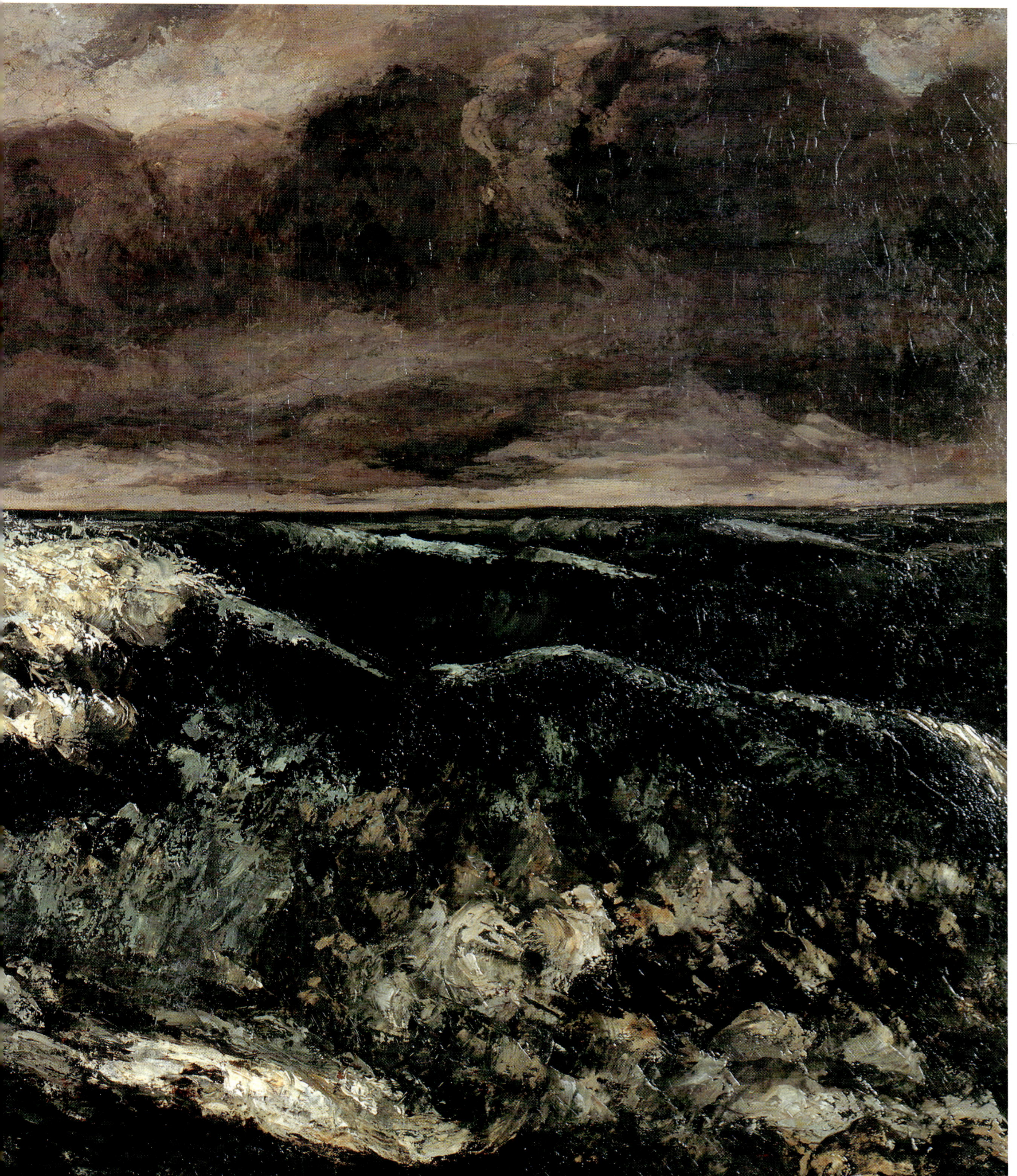

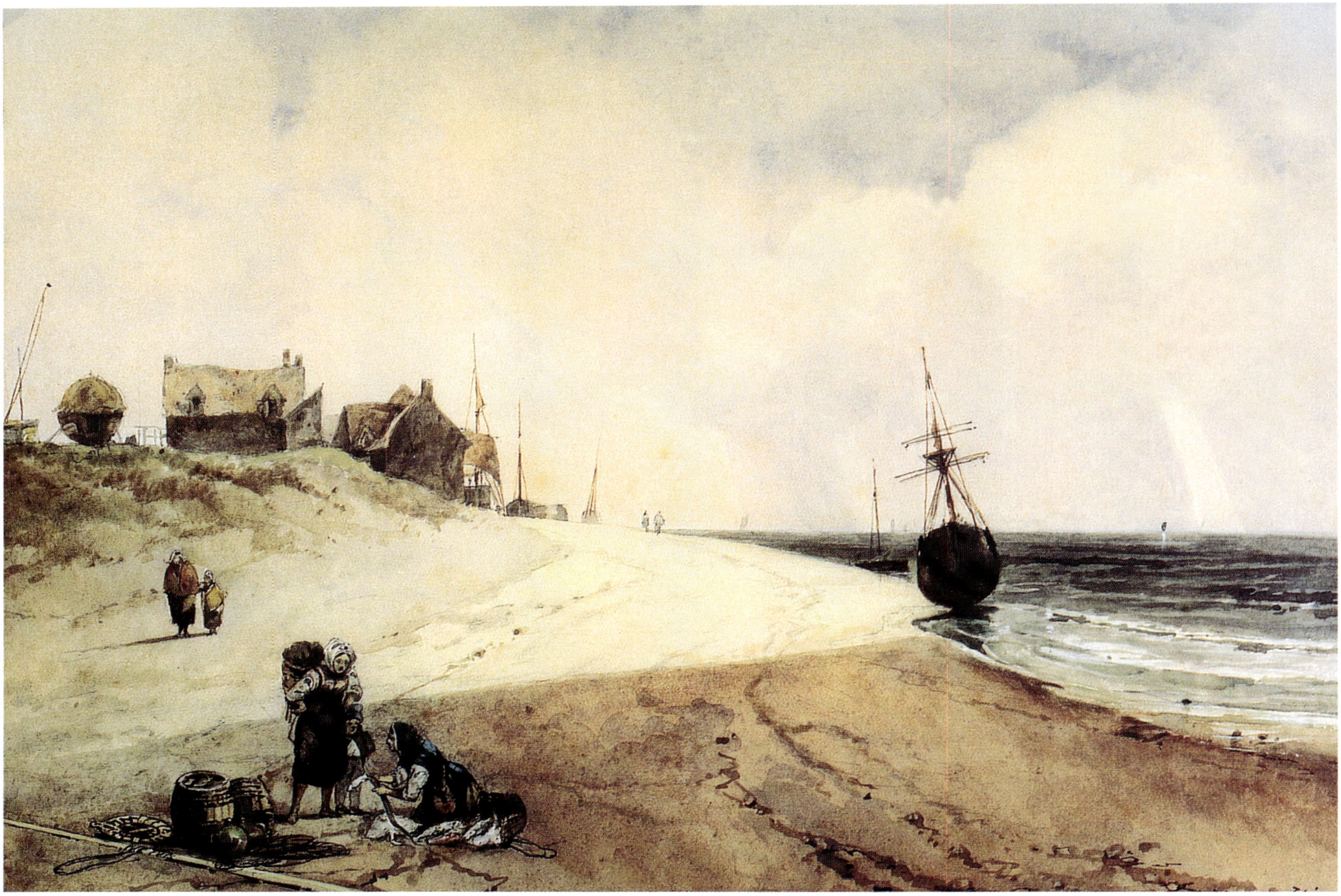

JEAN-FRANÇOIS JAIME
1804-?

On sait peu de chose sur cet artiste né en 1804 sinon qu'il participe au Salon de 1831 à 1864, qu'il obtient une médaille de deuxième classe en 1831 pour des *Vues de Paris* à l'aquarelle et lithographiées et qu'il est le père d'Adolphe Jaime, auteur de vaudevilles.

Plus intéressante est sa participation, en tant que lithographe d'une certaine renommée, à l'important ouvrage du baron Taylor.

Faisant suite à la cessation de commerce de M. Alexandre Noël une vente, organisée du 25 au 28 mars 1839, compte une collection de dessins sur pierres lithographiques de planches gravées. Six dessins de Bonington, lithographiés sur pierre par Jaime figurent au catalogue *: Marée basse*, *Femmes de pêcheurs*, *Environs du Havre*, *Vue prise à Venise*, *Environs de Nantes*, *Vue prise sur les bords du canal de Toury*. Alexandre Noël possédait-il ces gravures par admiration pour Bonington ou parce qu'il avait rencontré Jaime à Etretat ? La question reste posée.

Trois œuvres représentant Etretat sont connues. Une paire d'aquarelles en pendant montrent la plage sans le moindre aménagement. La composition un peu raide nous incite à les considérer comme des œuvres de jeunesse et à les dater des années 1830.

La troisième aquarelle est une vue de l'aiguille de Belval en direction d'Etretat. Prise de la mer, cette vue représente un bateau de pêche sur une mer levée. Elle montre, dans un esprit qui n'échappe pas au romantisme, un artiste en pleine maturité et un excellent coloriste ; ce qui tend à prouver que Jean-François Jaime serait venu à Etretat plusieurs fois et à plusieurs années d'intervalle.

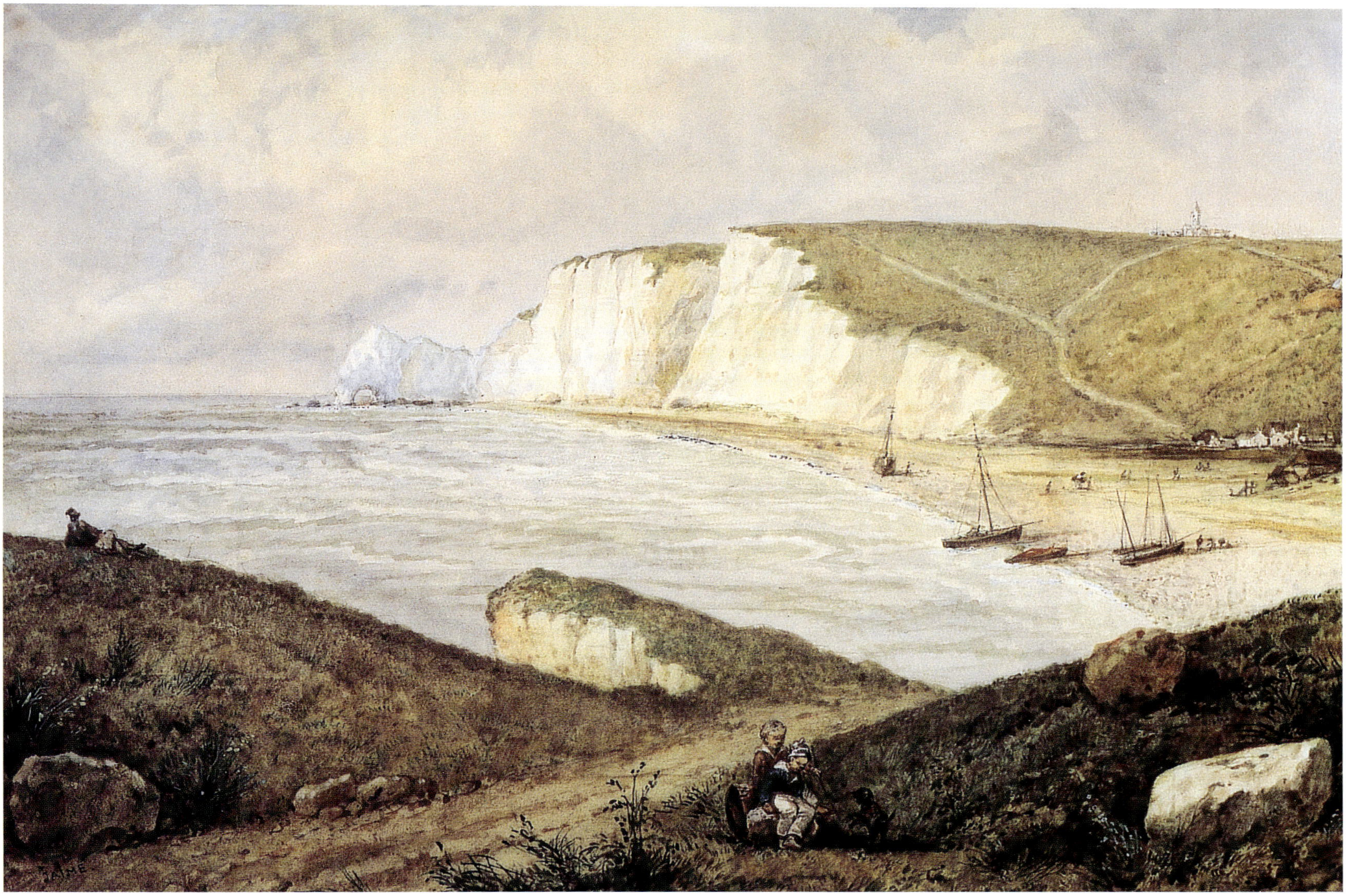

Jean-François Jaime, *Etretat*, circa 1830, aquarelles en pendant. PARIS, COLL. PRIVÉE.

CAMILLE COROT
1796-1875

« Un jour, j'étais très jeune encore, et je suivais la ravine de Beaurepaire quand j'aperçus dans une petite ferme, un vieil homme en blouse bleue, qui peignait sous un pommier. Il paraissait tout petit, accroupi sur son pliant ; et cette blouse de paysan m'enhardissant, je m'approchai pour le regarder. La cour était en pente, entourée de grands arbres que le soleil près de disparaître, criblait de ses rayons obliques. La lumière jaune coulait sur les feuilles, passait à travers et tombait sur l'herbe en pluie claire et menue. Le bonhomme ne me vit pas. Il peignait sur une petite toile carrée, tranquillement, sans presque remuer. Il avait des cheveux blancs, assez longs, l'air doux et du sourire sur la figure. »
Guy de Maupassant

Corot est un artiste à part dans ce XIXe siècle fourmillant de révolutions. Elevé à l'école classique, par son maître Achille-Etna Michallon, il est très vite influencé par la peinture italienne, flamande et hollandaise et surtout, comme beaucoup de ses contemporains, par les peintres anglais, notamment Constable, dont les quelques paysages, présentés au Salon de 1824, marquèrent toute la jeune école française. Le jeune Corot sait qu'il peut voir des Constable à la brasserie de la rue Saint-Martin, où le marchand Thomas Arrowsmith en expose en permanence ; et que d'autres artistes anglais tels que Bonington, Lawrence et Turner sont collectionnés par le duc et la duchesse de Berry*, dont la collection, lithographiée en 1826, était visible à tous. Cependant, Corot reste un peintre classique, préférant *« sa petite musique »* aux révolutions réalistes ou impressionnistes. Intéressé, souvent admiratif devant ces conceptions nouvelles, il n'en demeure pas moins attaché à quelques principes simples qui accordent toute l'importance au dessin, aux valeurs et à la mémoire.

Corot, comme beaucoup de peintres paysagistes de son époque, est un éternel voyageur en quête de sujets à peindre. La Normandie a été une de ses destinations de prédilection puisqu'il vient à Honfleur dès 1829, avec son ami Louis Rémy, élève de Jules Coignet, et y retourne fréquemment de 1830 à 1840, notamment à Honfleur, Trouville et Le Havre. En 1829, il écrit à Abel Osmond : *« Je réserve le mois d'août pour voir un petit pays appelé Trouville, qui fourmille de motifs charmants. »* Il semble qu'à cette époque, à en croire Geoffroy, Corot subisse l'influence de Paul Huet.

Corot voyage souvent en Normandie (en 1846, 1851, 1853, 1855, 1856, 1858, 1863 et 1865) pour des séjours plus ou moins longs et arrive à Yport le 14 septembre 1869, où il revient du 20 au 28 juillet 1872, accompagné du peintre Dieterle, qui habite Criquebeuf, petit village auquel fut longtemps rattaché Yport, et de Pierre-Adolphe Badin, qu'il rencontra lors de son premier voyage en Italie et qui devint son élève. Une gravure, sympathique scène de genre représentant un groupe de pêcheurs devant la falaise d'Etretat, est gravée d'après l'un des tableaux de cet élève, qui fut tour à tour directeur de la manufacture des Gobelins puis, à partir de 1850, de celle de Beauvais, et dont le fils sera aussi un élève de Corot.

Rien ne prouve que Corot ait rencontré Courbet à Etretat en 1869. En revanche, il est certain qu'il a vu ses deux œuvres au Salon de 1870.

Reçu par la famille Stumpf qui collectionne ses œuvres, Corot séjourne à Etretat du 8 au 21 septembre 1872. Il réalise le portrait en plein air de Mme Stumpf et de sa fille (Washington, National Gallery of Art). Le jeune Guy de Maupassant l'aperçoit dans un verger, peignant le dos à la mer. C'est à Etretat qu'il rencontre Henri Dumesnil, qui sera un de ses premiers biographes, et dont il peint la maison sur la falaise. *« Oh ! c'est un simple mouvement du cœur »*, répond-t-il à Dumesnil confondu en remerciements quand il lui offre le tableau.

Corot alors est un vieil homme au faîte de sa gloire. En effet, depuis 1860, les marchands le sollicitent plus qu'il ne peut leur donner : le bon père Corot produit à tour de bras des répliques de ses anciens tableaux, aidé en cela par deux ou trois assistants dont on ne sait trop s'ils sont élèves ou collaborateurs. Pourtant, Corot n'est pas avide d'argent, qui soutint la veuve de Millet et offrit même une petite maison à Daumier, aveugle et appauvri.

Durant ses dernières années, Corot, en retournant sur des motifs de prédilection, produit quelques-uns de ses plus grands chefs-d'œuvre et l'on peut considérer que la *Vue de la plage d'Etretat* de 1872 du Saint Louis Art Museum en fait partie.

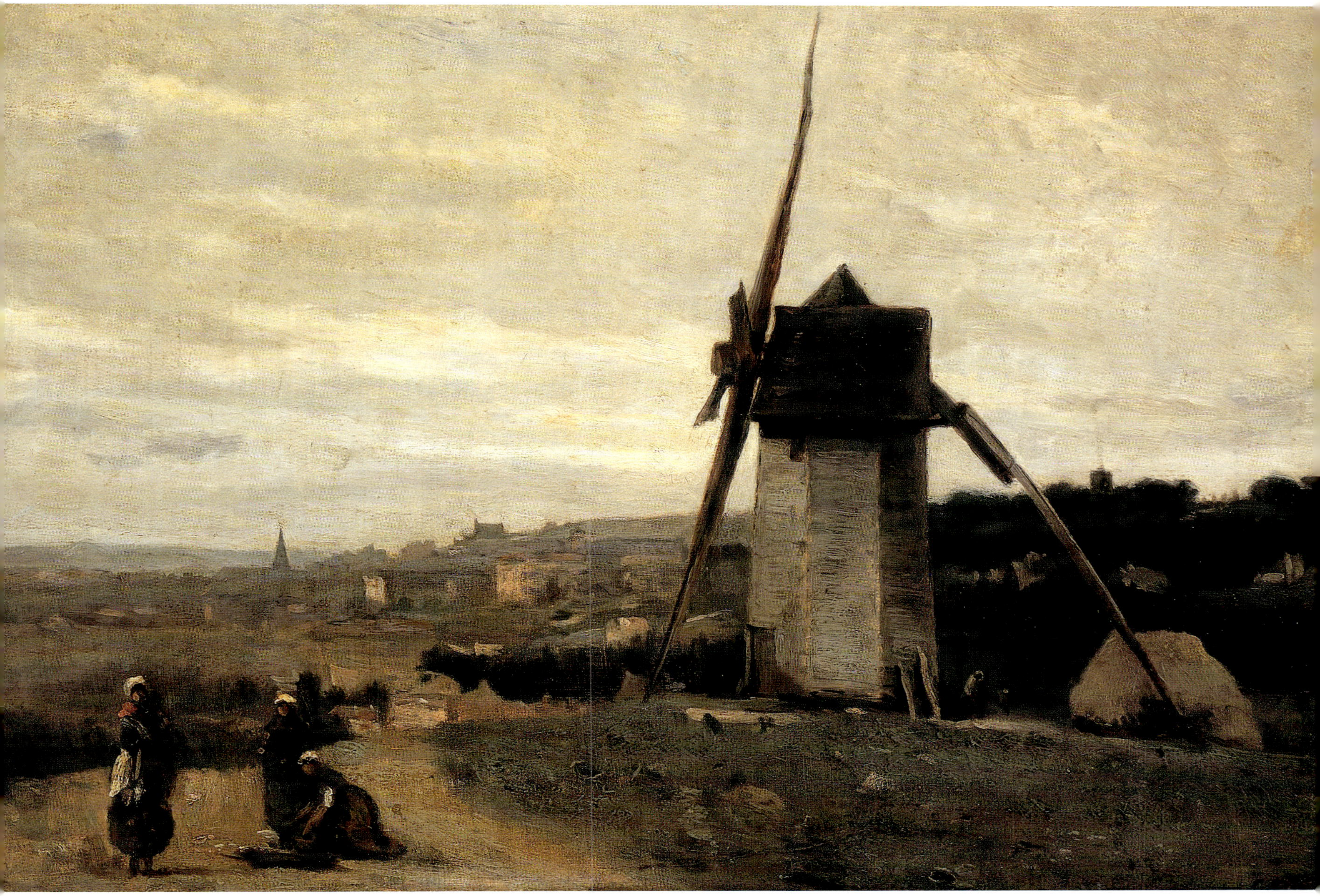

Jean-Baptiste Camille Corot. *Un Moulin à vent*, Etretat, circa 1870, 38 x 58 cm.
PARIS, MUSÉE DU LOUVRE, CLICHÉ RMN, H. LEWANDOWSKI.

Dans ce tableau, Corot a su synthétiser, en quelques masses, un quotidien d'Etretat de simplicité et de grandeur. Trois caïques, quelques personnages qui sont gens du pays, la chapelle des marins sur la falaise d'amont et surtout ce cabestan qui ferme la composition suffisent à créer l'intimité toute particulière de l'Etretat des pêcheurs. Rien dans ce tableau n'indique la moindre activité balnéaire. Dans cette œuvre, où les plans de lumière structurent l'espace, on retrouve le grand Corot des années italiennes. Ici, la rigueur de la composition ne nuit en rien à l'émotion et l'absence de détails pittoresques ajoute à la sérénité de l'ensemble. Cette mise en page très particulière, avec son premier plan décalé, est à rapprocher de la composition photographique dont Corot est, depuis 1840, un amateur et collectionneur féru. A la vente de son atelier de 1875 figuraient au catalogue quelque six cents photographies reproduisant ses œuvres, quarante-deux épreuves de tirages photographiques de dessins originaux sur verre et trois cent trente photographies diverses.

Un Moulin à vent à Etretat est conservé au musée du Louvre. Ce moulin, situé en haut du chemin de Saint-Clair, appartenait au meunier Victor-Nicolas Thomas (4 frimaire an XI - 17 mars 1877), aïeul de Jean-Pierre Thomas, collectionneur acharné de documents sur Etretat. Le terrain, sur lequel il était bâti, faisait alors partie de la commune de Bordeaux-Saint-Clair. Il fut rattaché par la suite à la commune d'Etretat à la demande d'Offenbach, qui l'acquit pour construire sa villa.

De la même année 1872, le Von der Heydt-museum conserve un tableau intitulé *Paysage d'Etretat*, vue prise légèrement sur la hauteur et à l'intérieur des terres, certainement depuis le Grand-Val. Peut-être est-ce le tableau dont parle Maupassant ? D'autres paysages de la région d'Etretat, notamment des vues de cours de fermes, sont connus mais difficiles à situer entre Criquebeuf et Etretat.

Plus étonnante est la petite peinture sur bois qui appartint à Charles Daubigny, vendue chez Christie's à Londres le 27 juin 1989, intitulée *Femme et enfant au bord de la mer*. Datée de 1865 par ce catalogue, elle fut adjugée lors de la vente posthume des œuvres de Corot, le 26 mai 1875, sous le titre *A Etretat*. Sur la falaise, une femme assise regarde la mer. Ce catalogue de 1875 fut dressé par Alfred Robaut (son biographe). Corot a-t-il visité Etretat en 1865 ? Ce n'est pas sûr. On sait sa venue en Normandie le 1er septembre, mais dans la région de Vimoutiers, chez M. Briand, ce qui n'est pas tout près d'autant que le 16 septembre il est chez Dumax à Marcoussis. Dans le catalogue de la vente posthume les tableaux étaient classés par période. Celui-ci se trouve dans la rubrique 1861-1869. Corot étant à Yport en septembre 1869, il est donc fort probable que ce tableau date de cette année plutôt que de 1865.

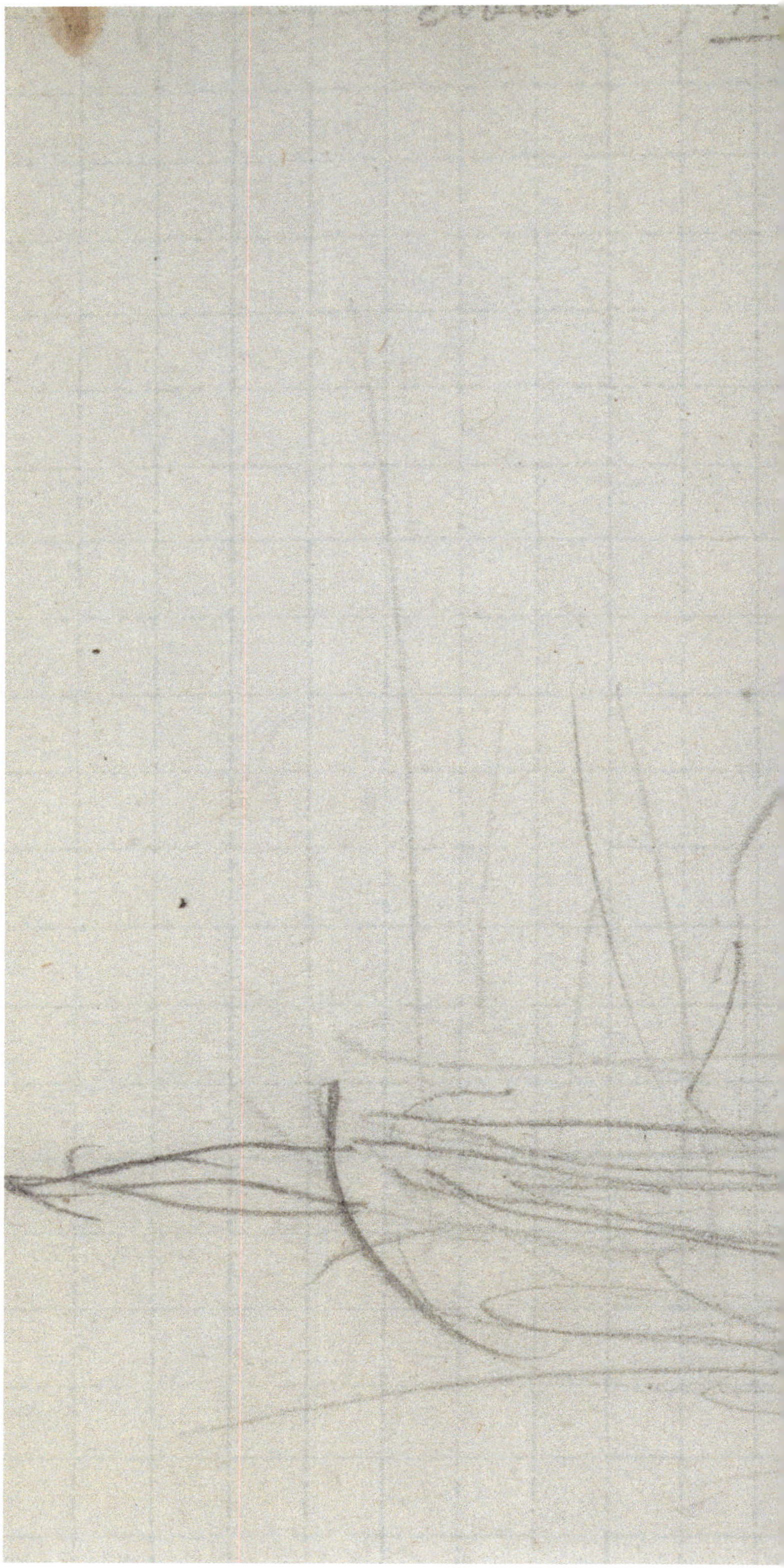

Le n° 753 de la vente posthume mentionne dans la collection de Corot un *Bateau de pêche à Etretat, au pied des grandes falaises (marée basse)* d'Emile Vernier qui témoigne de son attachement à ce site.

Corot mourut en 1875 sans avoir jamais obtenu une médaille de première classe au Salon.

* Le musée du Louvre possède un tableau de Corot intitulé *Le Château de la duchesse de Berry*.

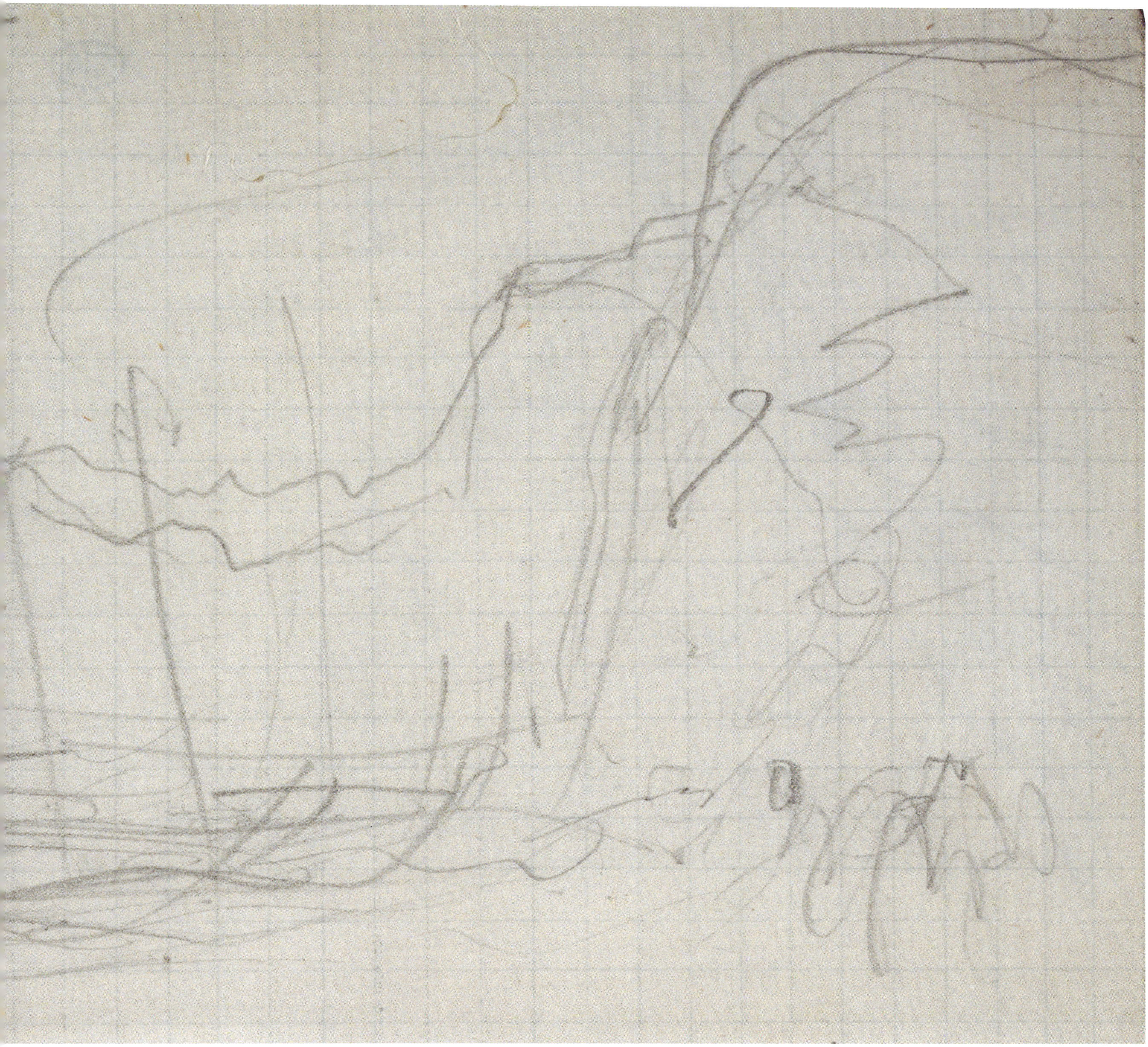

Jean-Baptiste Camille Corot. *Carnet de croquis*, circa 1870, 6,8 x 8,6 cm. PARIS, MUSÉE DU LOUVRE, CLICHÉ RMN, MICHÈLE BELLOT.

Pages suivantes :
Jean-Baptiste Camille Corot, *The Beach*, Etretat, 1872, 35,6 x 57,2 cm. © THE SAINT LOUIS ART MUSEUM.

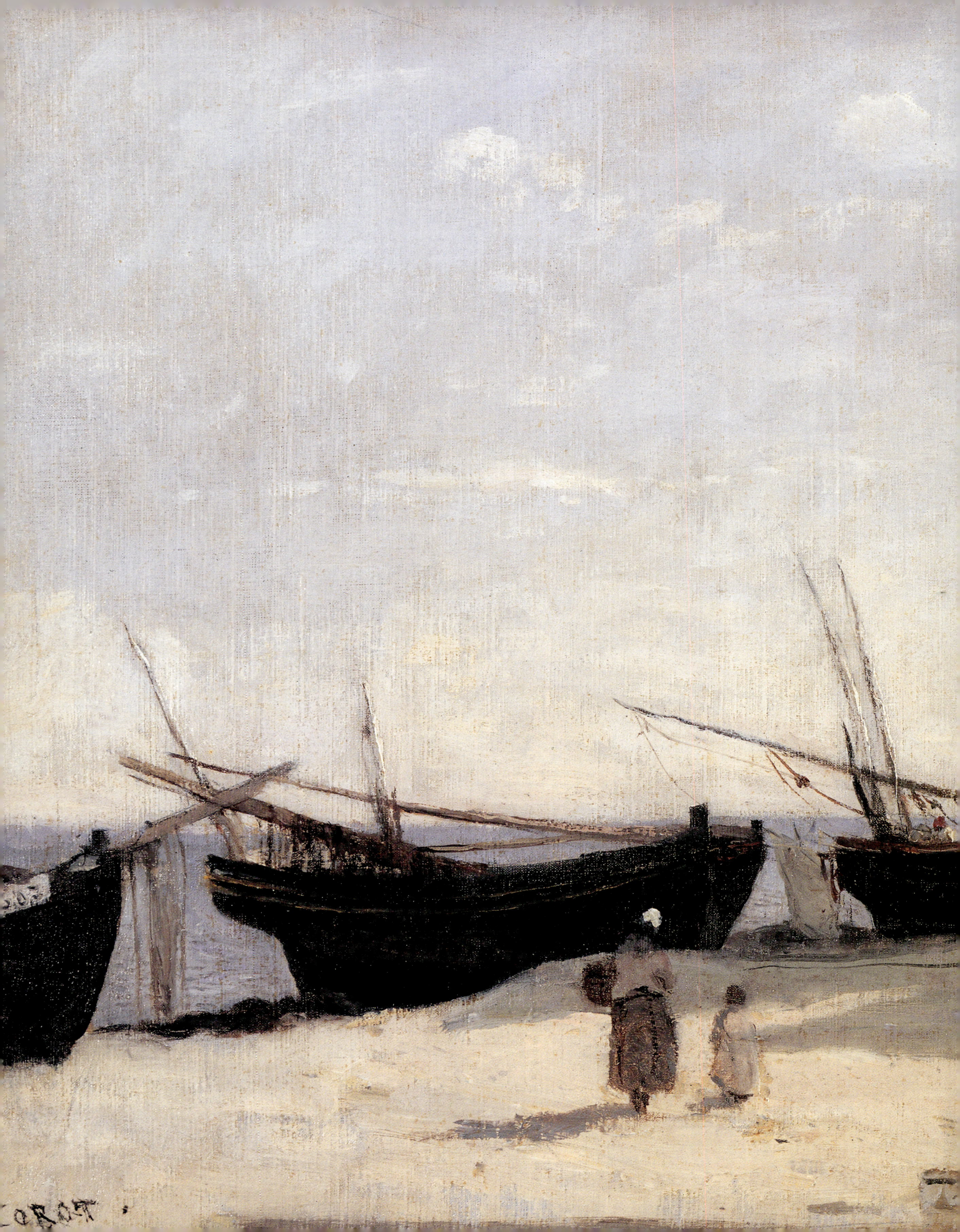

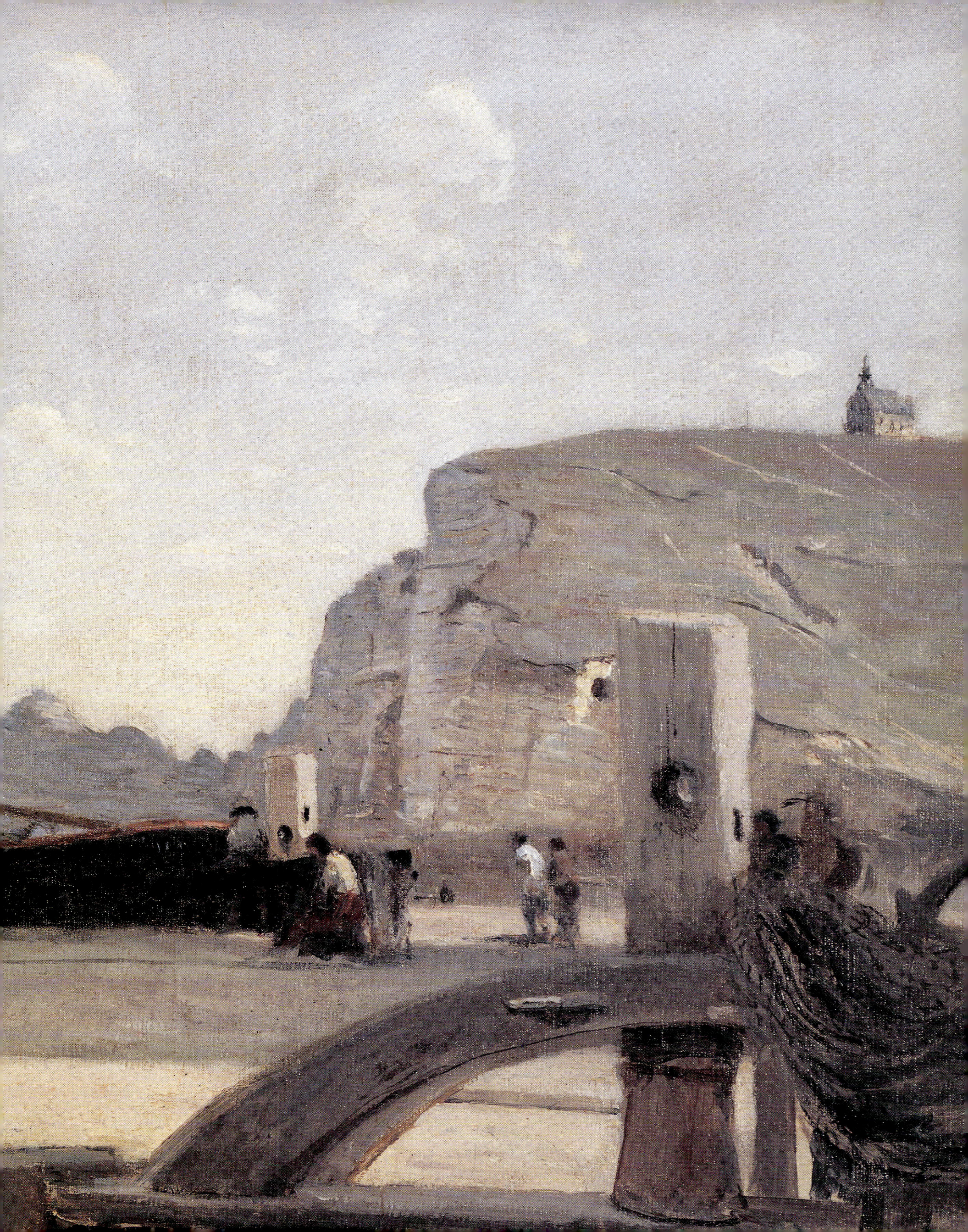

JEAN-DOMINIQUE DROUIN
1805-1888

Ce très beau lavis daté de 1857 est l'une des deux œuvres connues représentant Etretat et à propos desquelles les renseignements font défaut (l'autre est datée 1856). Un deux-mâts en perdition, bloqué par sa quille contre les rochers, est secouru par un groupe d'hommes. Le *bout* tendu jusqu'au rivage permet de sauver l'équipage et, si possible, une partie de la marchandise. A cette époque, un bateau transportant des fûts de vin avait fait naufrage face à Yport et sa cargaison flottante n'avait pas été perdue pour tout le monde ! Certains autochtones avaient même la mauvaise réputation de faire de véritables actes de piraterie sur les bateaux en difficulté.

La qualité de ce lavis et son excellent dessin du bateau placent Drouin au niveau des spécialistes de scènes de naufrage, tels que Mozin, Gudin ou Morel-Fatio, et l'on peut s'étonner de l'oubli dans lequel il est tombé. Car cette œuvre ne peut qu'être le fait d'un spécialiste de marines en pleine possession de son art.

Typiquement romantique, cette scène dramatique, sans espoir pour l'avenir du navire, attache une grande importance à la lumière. Presque irréelle, elle est le support des lignes de force de la composition : obliques des vagues mais aussi des nuages en contrepoint des verticales des mâts et de l'aiguille. Elle donne à l'œuvre une énergie égale à celle du vent, véritable thème du tableau.

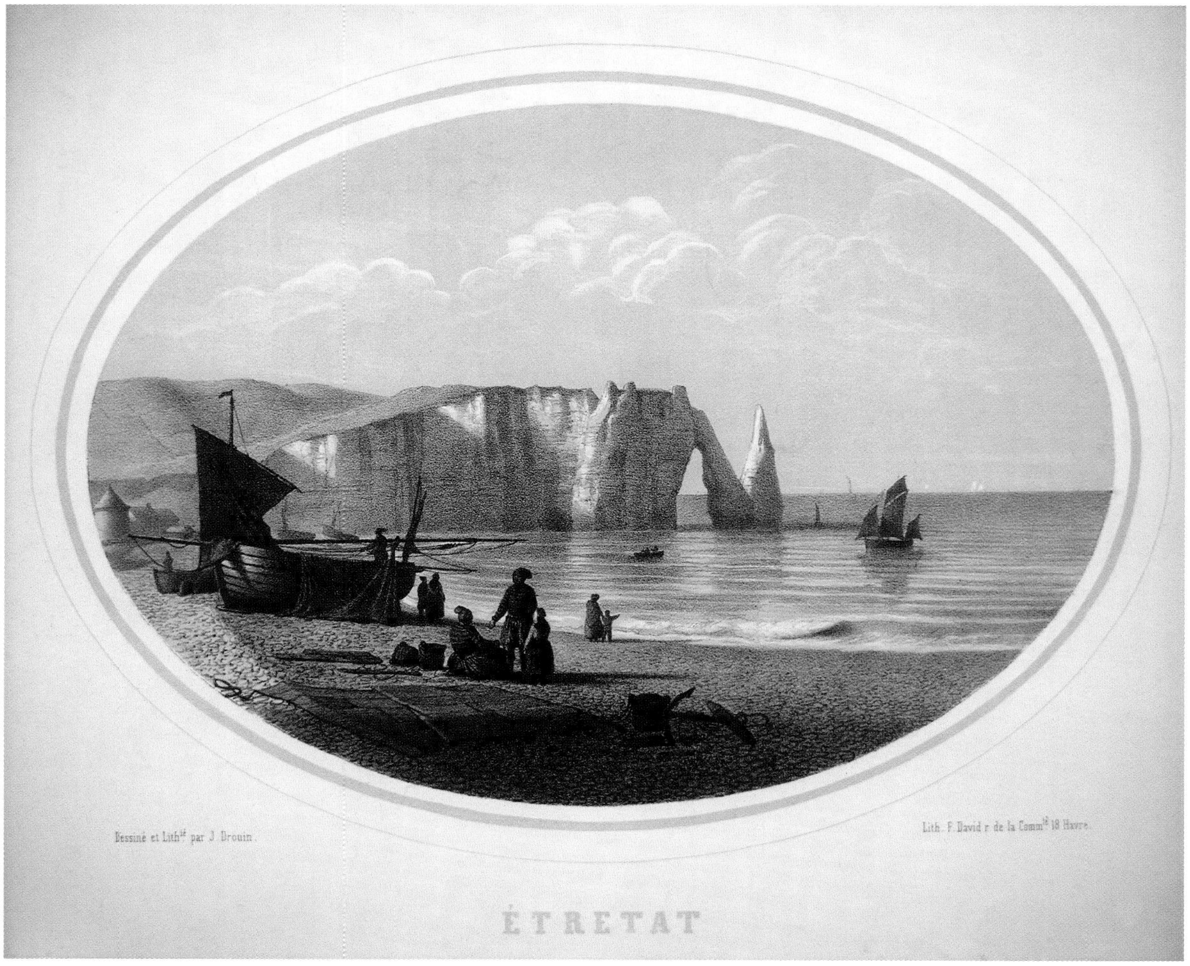

Jean-Dominique Drouin. ***Etretat*****, lithographie, 19 x 28,5 cm.** COLL. PRIVÉE, © C. DES BROSSES.

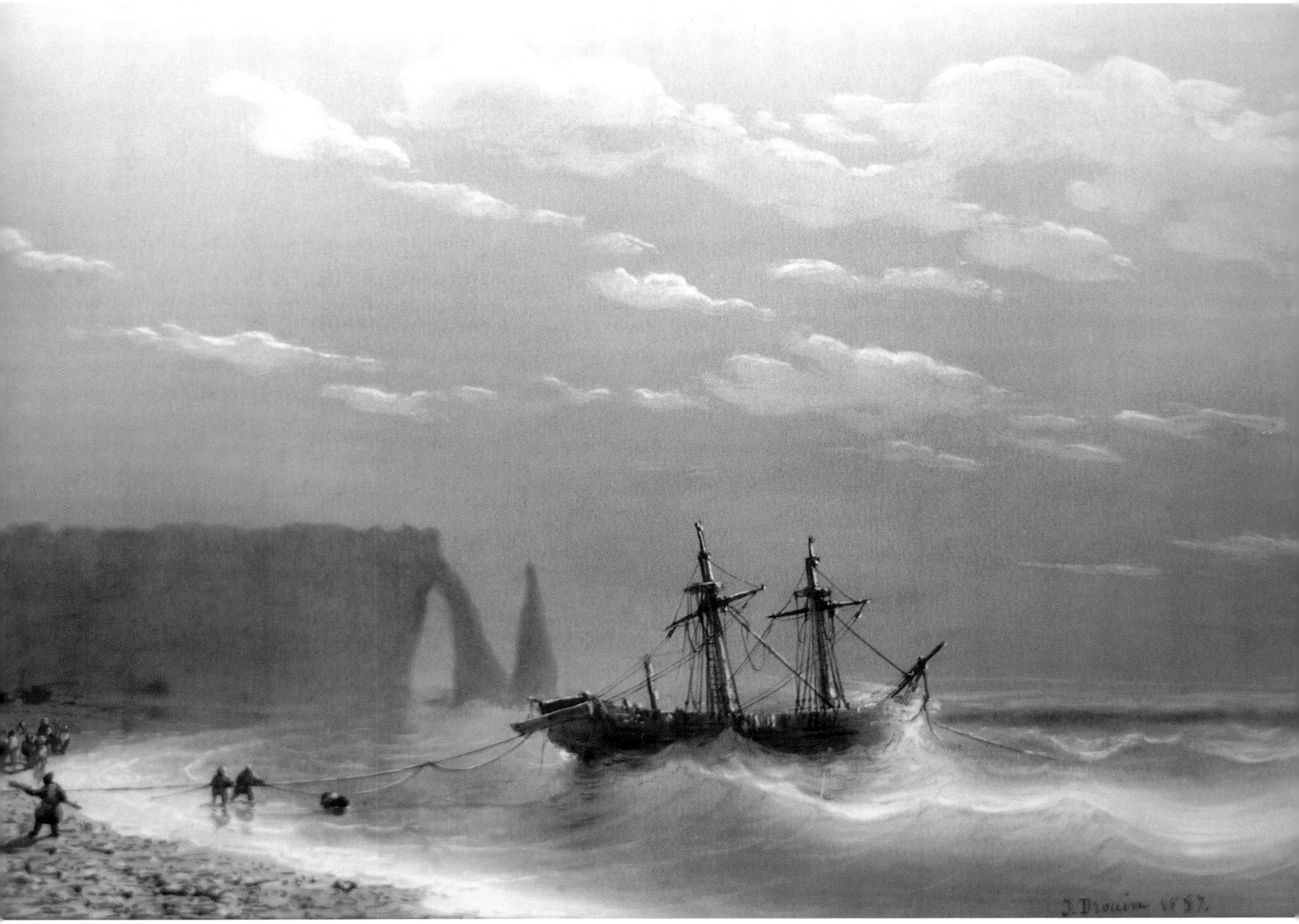

Jean-Dominique Drouin. *Naufrage*, 1857, lavis.

ETRETAT. COLL. PRIVÉE © C. DES BROSSES.

ANTOINE-LEON MOREL-FATIO
1810-1871

Morel-Fatio naît à Rouen le 17 janvier 1810 et meurt à Paris le 2 mars 1871. Il fréquente l'atelier de Théodore Gudin.

Il débute au Salon de 1833 avec des marines et continue à prendre une part très active aux expositions. Artiste très doué, ayant peut-être trop de facilité, il connaît un franc succès auprès du grand public et lui sont décernées de nombreuses distinctions honorifiques. A la suite de son maître Gudin, il se spécialise dans la représentation des grands évènements maritimes et bénéficie de nombreuses commandes officielles. Il est indéniable que Morel-Fatio porte plus d'attention aux travaux lucratifs qu'à sa propre recherche. En 1854, il fait partie de l'expédition de Crimée et finit logiquement sa carrière en tant que conservateur du musée de la Marine.

Cette œuvre de Morel-Fatio est certainement le tableau d'Etretat le plus intéressant du point de vue documentaire. Il se dit dans Etretat que son pendant, pris de la falaise d'amont, aurait existé, mais ce tableau reste introuvable.

Dans l'esprit du panorama, avec ce goût si particulier de la précision, Morel-Fatio, à mi-côte de la falaise d'aval, a choisi un point de vue qui lui permet d'embrasser la totalité de la vie maritime d'Etretat. Ce tableau est l'un des rares qui montre à la fois l'Etretat de mer et l'Etretat de terre. Au fond, la falaise d'amont, est encore très peu bâtie. Seules la *Villa Chantebrise* et la *Villa des Roches* et la première chapelle Notre-Dame-de-la-Garde construite en 1854 permettent de situer précisément ce tableau des années 1855-1860, c'est-à-dire au tout début de la vogue balnéaire. En effet, la *Villa des Roches* a été construite en 1855 par le comte d'Escherny, qui fit réaliser un important travail de soutènement afin de contenir la pente de la falaise et aplanir le terrain. Cette villa appartint en 1880 à M. Faure, compositeur, grand baryton de l'opéra et immense collectionneur. Détruite en 1983, le terrain est aménagé par la ville en terrain de jeux pour enfants. Le casino que l'on distingue est le tout premier. Son agrandissement, à la place de la tour, se fera en 1864.

L'intérêt de ce tableau est dans sa valeur documentaire car il a été peint pendant la période estivale et montre la division du *Perrey* en deux secteurs bien définis. Au premier plan, le *Perrey* dit *des manants*, avec ses nombreuses caïques échouées aux mâts rabattus, les cabestans et les caloges où les pêcheurs rangeaient le matériel de pêche. Les bateaux sont rentrés, c'est l'heure où les gens de la bonne société commencent à se promener. On y voit très précisément des femmes en crinolines et ombrelles venir acheter du poisson et s'enquérir des nouvelles des pêcheurs ou peut-être même commander pour le bain un maître nageur. Le nombre de caïques est impressionnant puisque la partie du port visible permet d'en dénombrer plus d'une douzaine et rappelle qu'Etretat est avant tout un important port de pêche. Il n'est pas inutile de constater que Morel-Fatio a choisi pour ce tableau un moment d'entre deux marées, c'est-à-dire de repos, reliant ainsi dans un même farniente la vie des pêcheurs et celle des estivants. C'est une journée magnifique. On est loin du romantisme et de son goût pour les éléments déchaînés. Si le luxe n'est pas pour tout le monde, au moins calme et volupté sont-ils partagés. D'évidence, tous les éléments sont réunis pour donner envie de venir à Etretat.

Plus loin, l'espace des bains, interdit aux pêcheurs, avec au-dessus de la laisse de mer, face au casino, les nombreuses cabines. Au-dessous, tentes de toile et parasols animent toute la zone de baignade. Le *Perrey* n'est pas encore aménagé en promenade, nous sommes au tout début de la transformation d'Etretat en cité balnéaire. Les prochaines années seront de folles années de construction.

Regardons maintenant avec plus d'attention le tout premier plan de ce tableau loin d'être anodin. Que voit-on ? Sur un promontoire, un couple de gens de la ville avec leur enfant qui contemplent cette vue superbe, rejoints par deux gamins du pays en habits traditionnels. Cette scène est en elle-même un résumé de ce qui se passe en contrebas et, surtout, de ce qui adviendra dans les années à venir. Bien sûr, ces deux mousses qui grimpent à la falaise répondent au goût du pittoresque. Mais il ne faut pas oublier que le pittoresque est toujours le regard d'une certaine société sur une autre qui lui est étrangère.

Ce couple, plutôt que dans la contemplation, n'est-il pas en pleine possession de ce territoire ? N'est-il pas en train de réfléchir au devenir de la station balnéaire ?

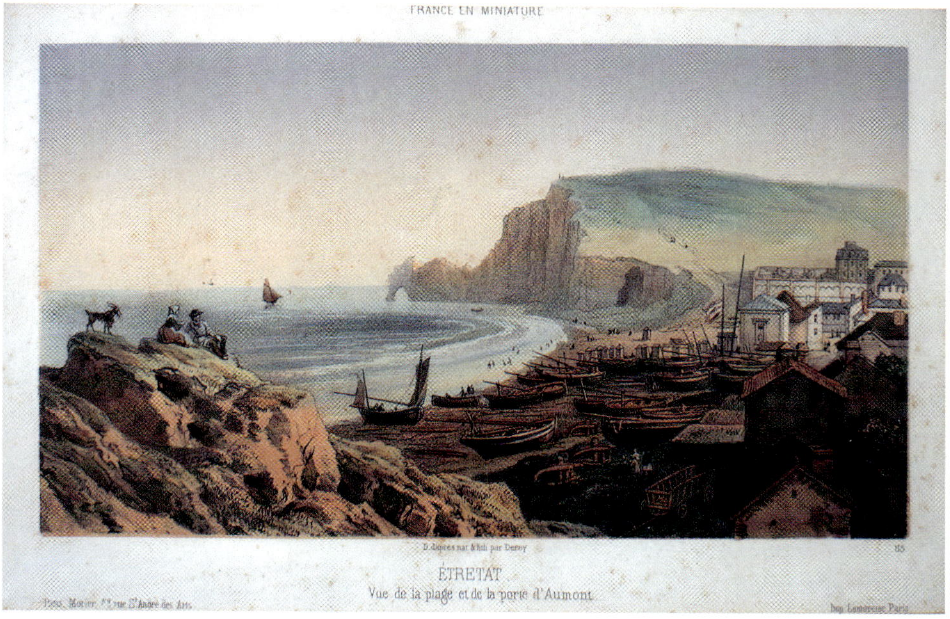

Deroy. *Etretat, vue de la plage et de la porte d'amont*, 1855, lithographie en couleur tirée de « La France en miniature ».

Et cet homme n'est-il pas la représentation d'un certain Mathurin Lenormand, enfant de la région devenu notaire qui contemple son casino flambant neuf, symbole tout à la fois arrogant et charmant, et que cette époque charnière va ouvrir à ses affaires ? Avec la scène résolument symbolique, Morel-Fatio fait ici œuvre, sinon de visionnaire, du moins de témoin ; tout le tableau est construit dans ce sens. Ces deux mousses ont beau grimper jusqu'à ce lieu qui domine, ils n'en auront plus la maîtrise car la place est déjà prise. Il y a dans la rencontre du couple et des enfants une distance qui marque l'achèvement d'une époque et le commencement d'une autre. Tout en effet les sépare : l'habillement, le langage, les préoccupations (l'enfant du couple ne joue pas), comme tout sépare les deux univers du village avec ses pauvres masures et ses caloges d'un côté, et de l'autre l'apparition des villas et du casino. Sur la plage est tout aussi anachronique la rencontre des femmes en crinolines et du pêcheur qui prépare le câble de son cabestan. Et cela en dépit de la sérénité de la scène idyllique.

On peut se demander si les Etretatais pressentent les mutations à venir. Etait-il imaginable alors qu'une société de loisir remplace une société de travail millénaire ? Ce tableau est le plus bel exemple connu d'un constat, celui de deux mondes qui s'affrontent, les *pays* et les *horsains*, lesquels ont dessiné sur la plage leur ligne de démarcation. Sous des airs de plénitude est inscrit, déjà tracé et irrémédiable, l'avenir d'Etretat.

Une gravure de Deroy, publiée dans « La France en miniature », est à rapprocher de ce tableau. Le point de vue, l'angle de vision sont identiques. La gravure n'est antérieure que de quelques années au tableau de Morel-Fatio car si la maison du premier plan n'a pas encore brûlé, la *Villa des Roches* existe déjà. Le pendant, pris de la falaise d'amont, fut gravé en même temps. L'heure est plus matinale car beaucoup de bateaux ne sont pas encore rentrés de la pêche et, surtout, malgré la présence des cabines de bain, seuls les gens du pays animent ce paysage. La chapelle, inaugurée le 6 août 1856, n'étant pas encore sortie de terre, la présence de la *Villa des Roches*, construite en 1855 (« Bulletin » du 15 septembre 1859 de M. Brianchon) permet de dater précisément cette gravure de l'été 1855.

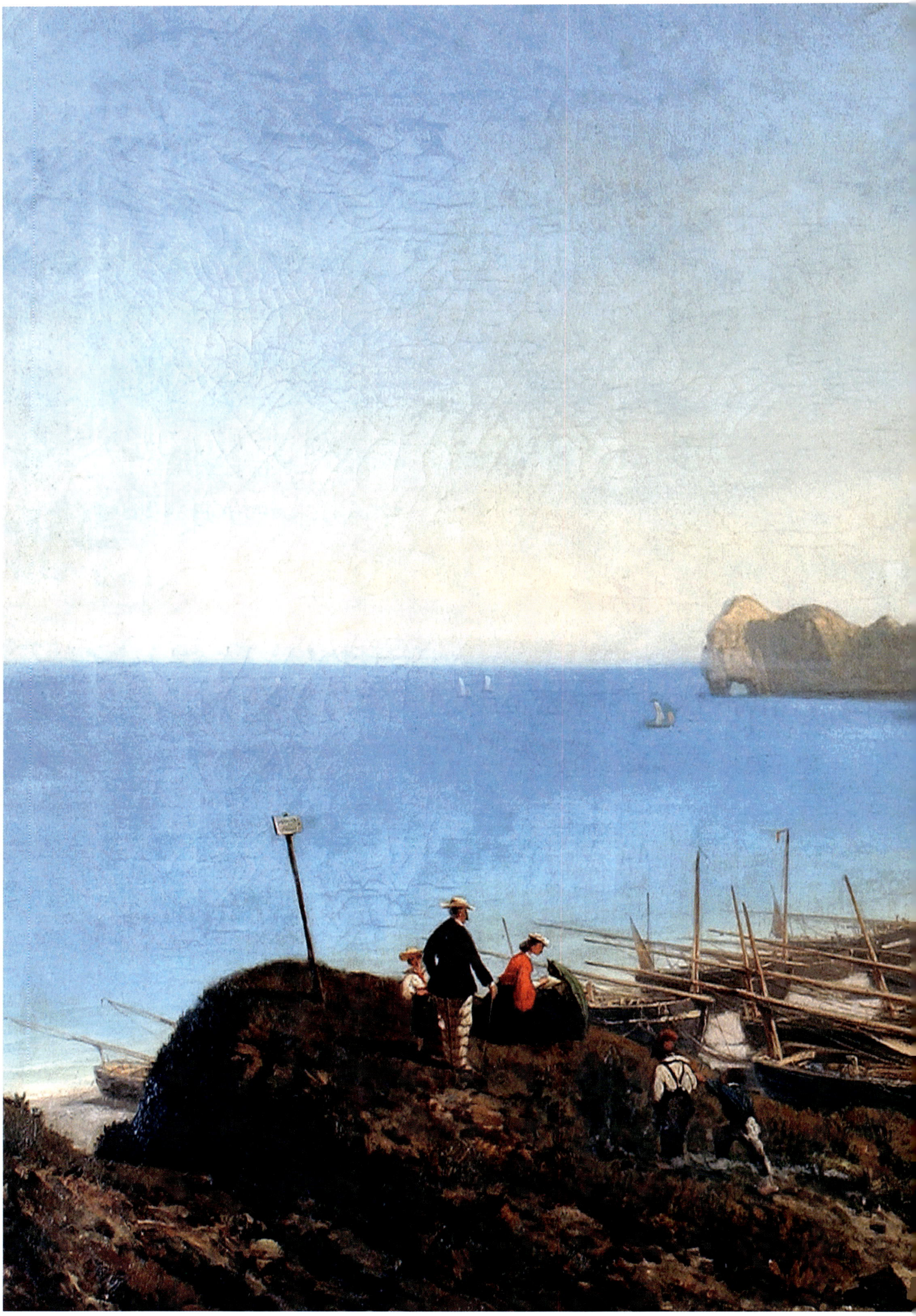

Antoine-Léon Morel-Fatio.
Etretat, vue générale de la plage, circa 1860,
70 x 110 cm.

LE HAVRE, © ALLIANCE ENCHÈRES,
CLICHÉ P. BOULEN.

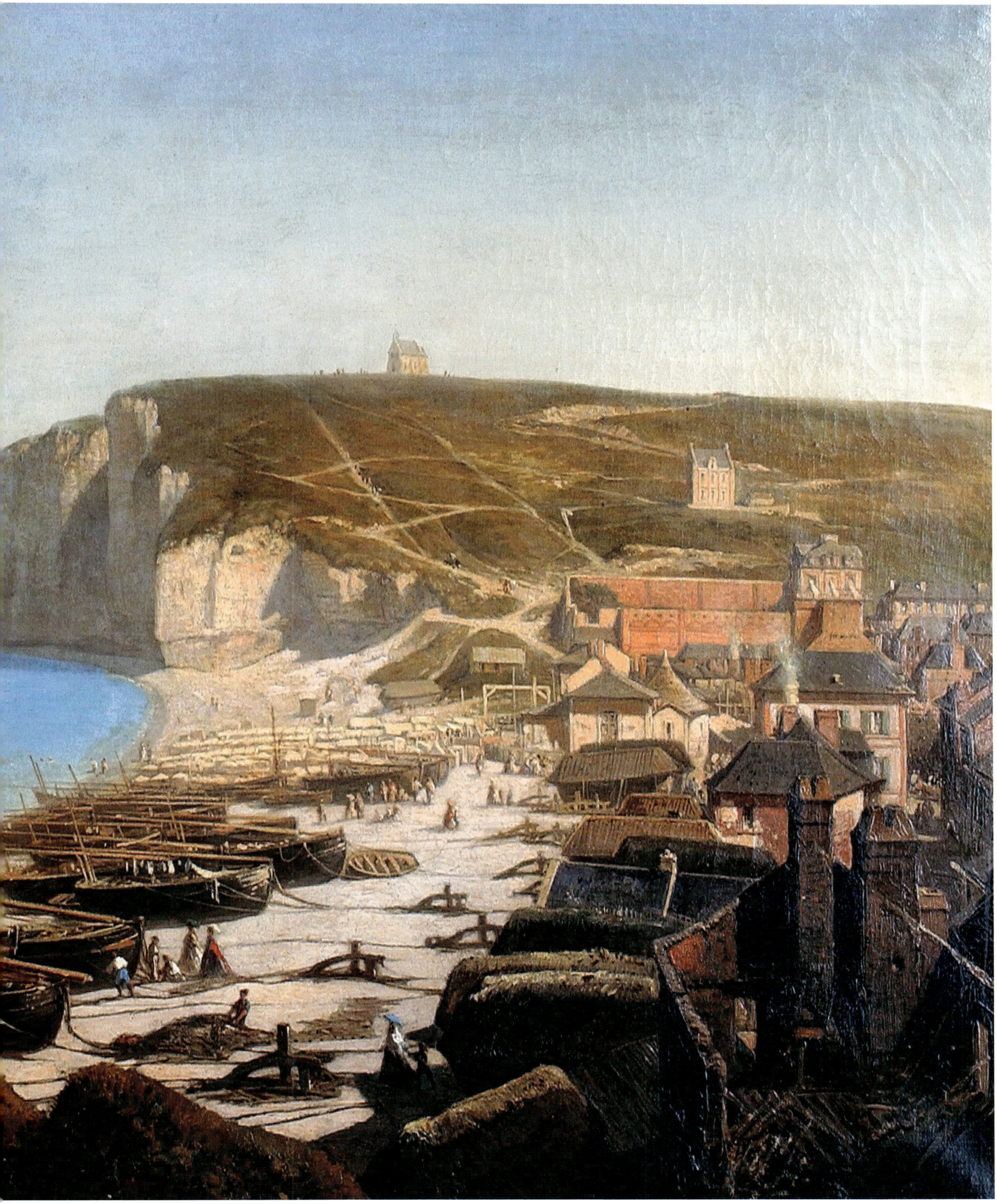

CHARLES LANDELLE
1821-1908

Charles Landelle est né à Laval, d'un père employé à la préfecture de la Mayenne et d'une mère d'origine normande. Aux Beaux-Arts de Paris, il a pour professeur le très conventionnel Paul Delaroche.

Charles Landelle fera un parcours presque sans faute dans la voie et les honneurs de la peinture officielle. En tant que spécialiste de la peinture historique et religieuse, il répond aux nombreuses commandes de l'Etat et voit se presser à son atelier, pour être portraiturées, toutes les têtes argentées du second Empire. Entre autres sujets, il s'essaie avec succès aux peintures de genre. Profitant de l'engouement récent pour la thématique, c'est en tant que peintre orientaliste que Charles Landelle est actuellement reconnu. Il voyage en effet beaucoup au Maroc et au Moyen-Orient à partir de 1848, et surtout après 1885, date qui marque la fin de sa carrière officielle.

A Etretat, Landelle achète une belle villa, *La Casa Landelle*, qui se trouve dans l'actuelle avenue Le Poittevin. A en croire Maupassant, dans un texte publié dans « Le Gaulois » du 27 août 1880, Landelle fait partie des habitués d'Etretat : *« Etretat est un terrain mixte où l'artiste et le bourgeois, ces ennemis séculaires, se rencontrent et s'unissent contre l'invasion de la basse gomme et du monde fractionné.*

Offenbach, Faure, Lourdel, les peintres Landelle, Merle, Fuhel, Olivié, Lepoitevin, etc., etc., y possèdent de charmantes villas où leurs familles et quelquefois eux-mêmes s'installent à la première feuille nouvelle, pour ne s'en aller qu'à la première gelée. »

C'est pourtant entre les années 1864-1866 que Landelle semble être venu le plus souvent à Etretat. A Périgueux en 1864, il présente un tableau intitulé *Les Lavandières à Etretat* ; à Bordeaux, en 1865, *Les Lavandières d'Etretat* et *Intérieur de ferme à Etretat* ; à Lyon, en 1866, *La Fontaine d'Etretat, vue d'aval*. Aucun tableau représentant Etretat ne sera exposé par Landelle dans un autre Salon. Or la liste des œuvres exposées en Salon montre clairement que celles-ci correspondent à ses lieux de villégiature.

Cette vue d'Etretat est très particulière. Prise de l'actuel hôtel *Le Donjon*, elle montre une trouée parmi les pins maritimes – les seuls à Etretat – et au bout du contre-jour de cette trouée, se distingue à peine le haut de la falaise d'aval avec la naissance de l'arche. Une étude au fusain de ce tableau montre que la vache couchée a été rajoutée au dernier moment. Seul un habitué du site peut apprécier pleinement le mystère de cette peinture proche de l'esprit symboliste.

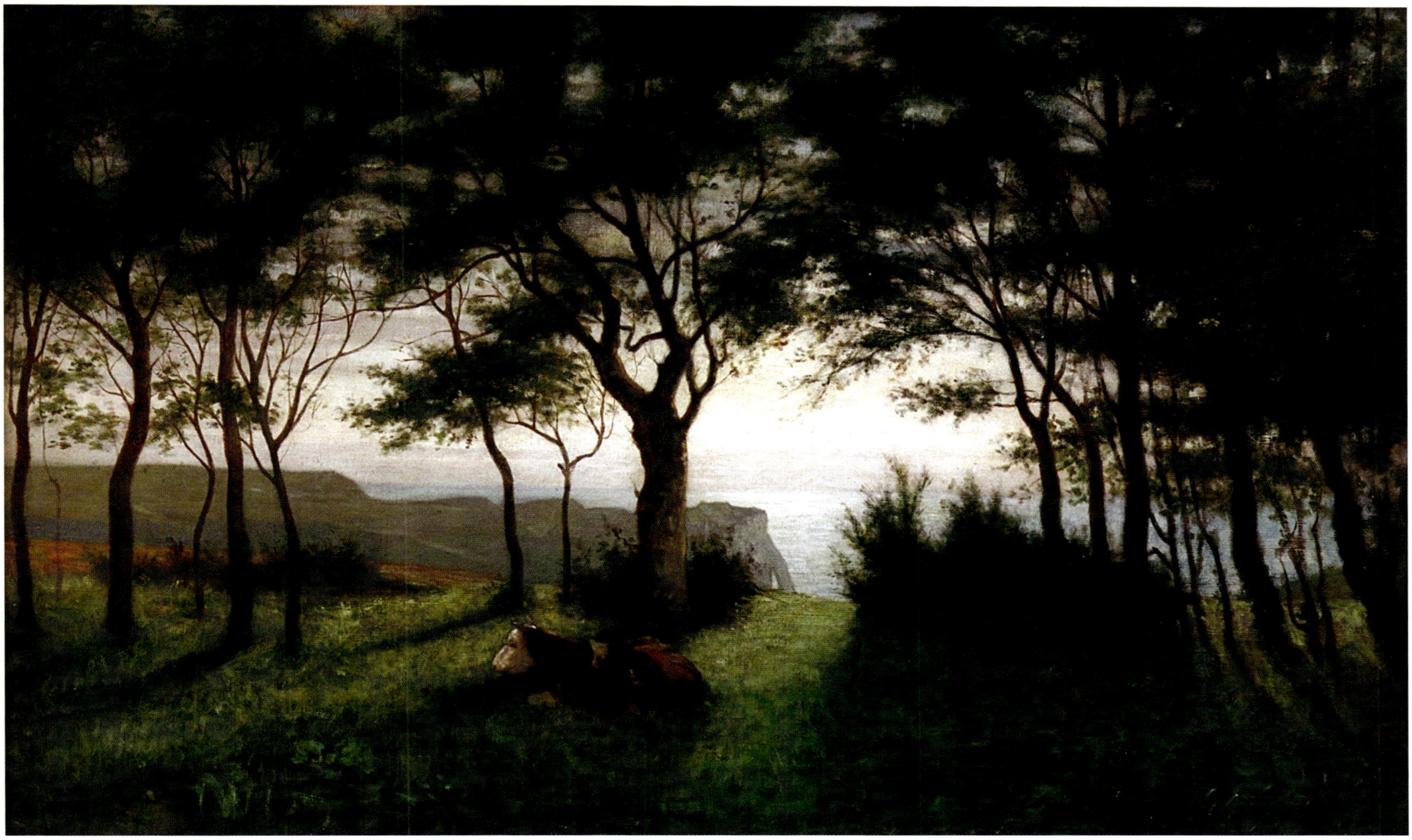

Charles Landelle. *Paysage d'Etretat*, 60 x 100 cm.
COLL. PRIVÉE, © IMAGERY, FÉCAMP.

EUGENE-EDOUARD SOULES
1811-1876

Les peintures topographiques et panoramiques ont été très à la mode au XIXe siècle. Certains panoramas étaient de véritables attractions touristiques. Mesurant plusieurs centaines de mètres carrés, en une vision à trois cent soixante degrés, ils réclamaient un entretien coûteux. Malheureusement, très peu ont été conservés, comme le *Panorama Bourbaki* d'Edouard Castres à Lucerne ou celui de *La Plage de Scheveningen* par Mesdag à La Haye. Corot et ses amis Troyon et Rousseau s'y essaieront *(Vues de Paris prise des hauteurs de Saint-Cloud)*, et Paul Huet, en 1831, expose sa *Vue de Rouen* au musée des Beaux-Arts de cette ville. Ces peintures n'ont pas résisté à l'arrivée de la photographie et surtout du cinéma qui apportaient les mêmes solutions : goût du spectaculaire, restitution du réel dans sa forme la plus absolue, remise en cause de la seule représentation frontale et immersion du spectateur dans l'image.

Moins spectaculaire que la peinture panoramique, la peinture topographique, par sa précision maniaque, force d'une autre manière l'admiration. Elle implique une notion d'acharnement au travail et une recherche de vérité hors du commun. Toute peinture étant une illusion, elle pousse à l'extrême ce qui fait sa particularité.

La vision panoramique intéressa très tôt les photographes. Baldus, Martens, Bisson, mais aussi Le Gray dès 1856, la pratiquèrent.

Actuellement, la peinture topographique du XIXe siècle est peu ou prou méprisée par l'histoire de l'art, qui s'attache plus à la manière qu'à la représentation.

En 1830, à l'Exposition du Luxembourg, Eugène Soulès fait ses débuts dans l'univers artistique avec douze dessins à la sépia. Il participe pour la première fois au Salon l'année suivante, avec une aquarelle, *Vue de Rouen*, et deux sépias : *Vue du Dauphiné* et *Vue de Brest*. Il y figure jusqu'en 1872.

Uniquement aquarelliste, toutes ses *Vues* se rattachent à la peinture topographique. Lui aussi est un grand voyageur à la recherche de motifs. En France, ses préférences vont à la Moselle et aux bords du Rhin, aux Pyrénées et aux bords de la Loire, mais aussi à l'Eure et à la Normandie et notamment Etretat, qu'il a peint de nombreuses fois.

La grande aquarelle reproduite est prise du jardin de la *Villa Montjoie*, située à mi-hauteur de la côte menant à la chapelle. C'est un beau jour d'été et l'œil du spectateur est entraîné en une vision panoramique de cent quatre-vingt degrés. Soulès a eu l'intelligence de se placer au centre du chemin circulaire de la propriété. Celui-ci nous emporte dans son mouvement et accentue encore l'effet d'immensité. La vue est magnifique, elle est l'une des plus belles d'Etretat qui domine le village, et porte jusqu'à la falaise d'aval. Deux personnages locaux donnent l'échelle, et pas une fenêtre ne manque aux maisons.

Cette aquarelle, en plus de ses indéniables qualités esthétiques, est un extraordinaire document quant à l'architecture d'Etretat, qui vit son boom touristique. La représentation de la tour, qui fut détruite en 1864 pour l'agrandissement du casino, permet de la dater des années 1860. Soulès est revenu au même endroit, quelques années plus tard, et y a peint de nouveau une aquarelle d'un format beaucoup plus petit (Etretat, collection privée). La comparaison entre ces deux aquarelles montre l'évolution précise de l'architecture.

Pour atteindre une telle précision, Eugène Soulès s'est certainement servi d'une chambre, instrument d'optique permettant de tracer et de placer tous les bâtiments. Les peintres topographes du XVIIIe siècle utilisaient couramment ce type de matériel.

Une rare *Vue du Petit-Val*, avec l'église, montre les mêmes qualités de dessinateur et surtout de coloriste de Soulès. Là encore, le travail sur la lumière est remarquable, et deux personnages animent aussi l'espace. Plus intimiste, cette vue, à l'écart de l'animation touristique, n'a pas d'intention de témoignage architectural. Si tel avait été le cas, le peintre se serait approché plus près de cette superbe église romane.

Soulès est l'un des rares peintres ayant résolument choisi de s'intéresser plus au village qu'au bord de mer.

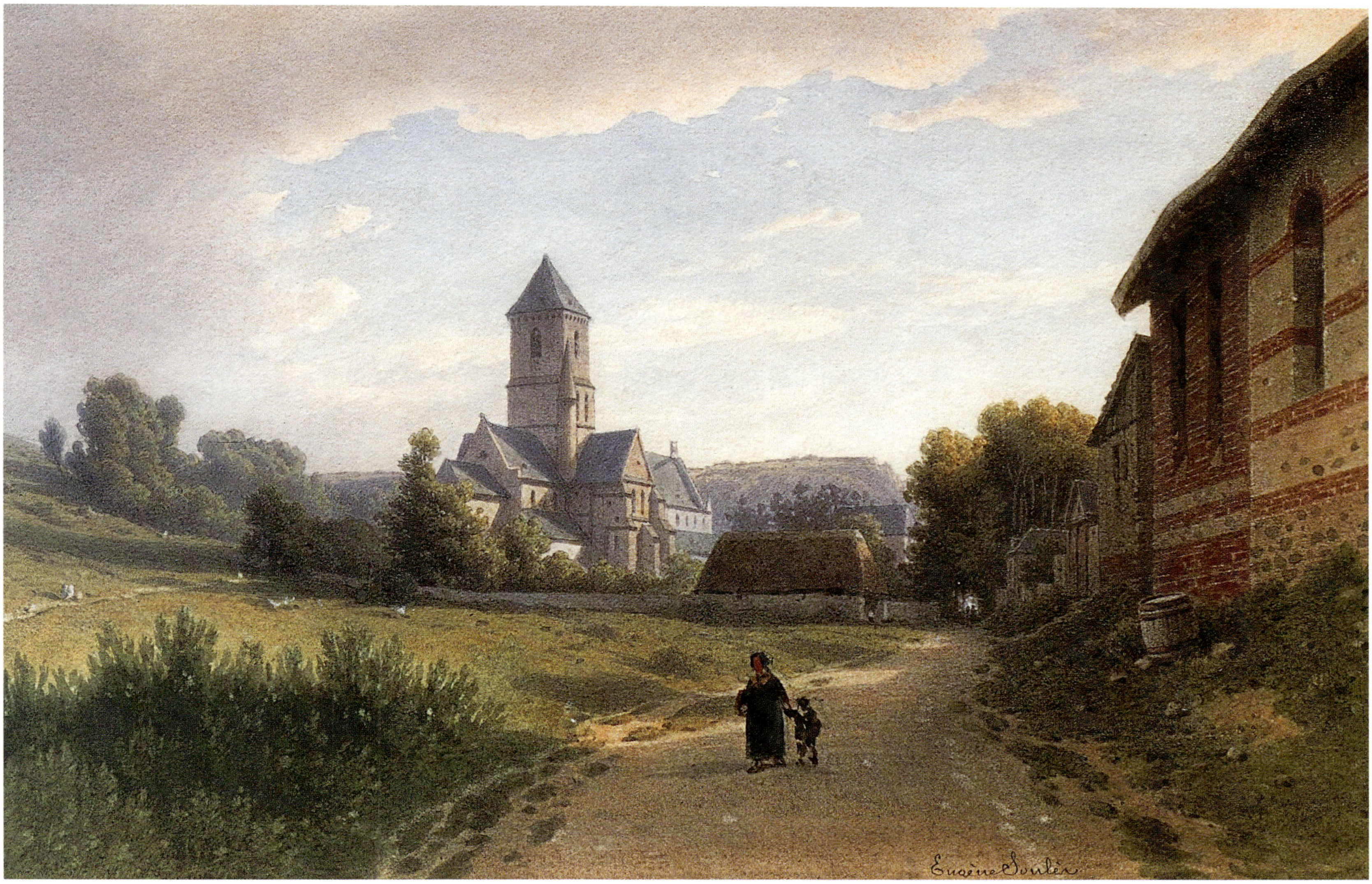

Eugène-Edouard Soulès. *Le Chemin du Petit-Val*, aquarelle.
ETRETAT, COLL. PRIVÉE, © FRANCK GODARD.

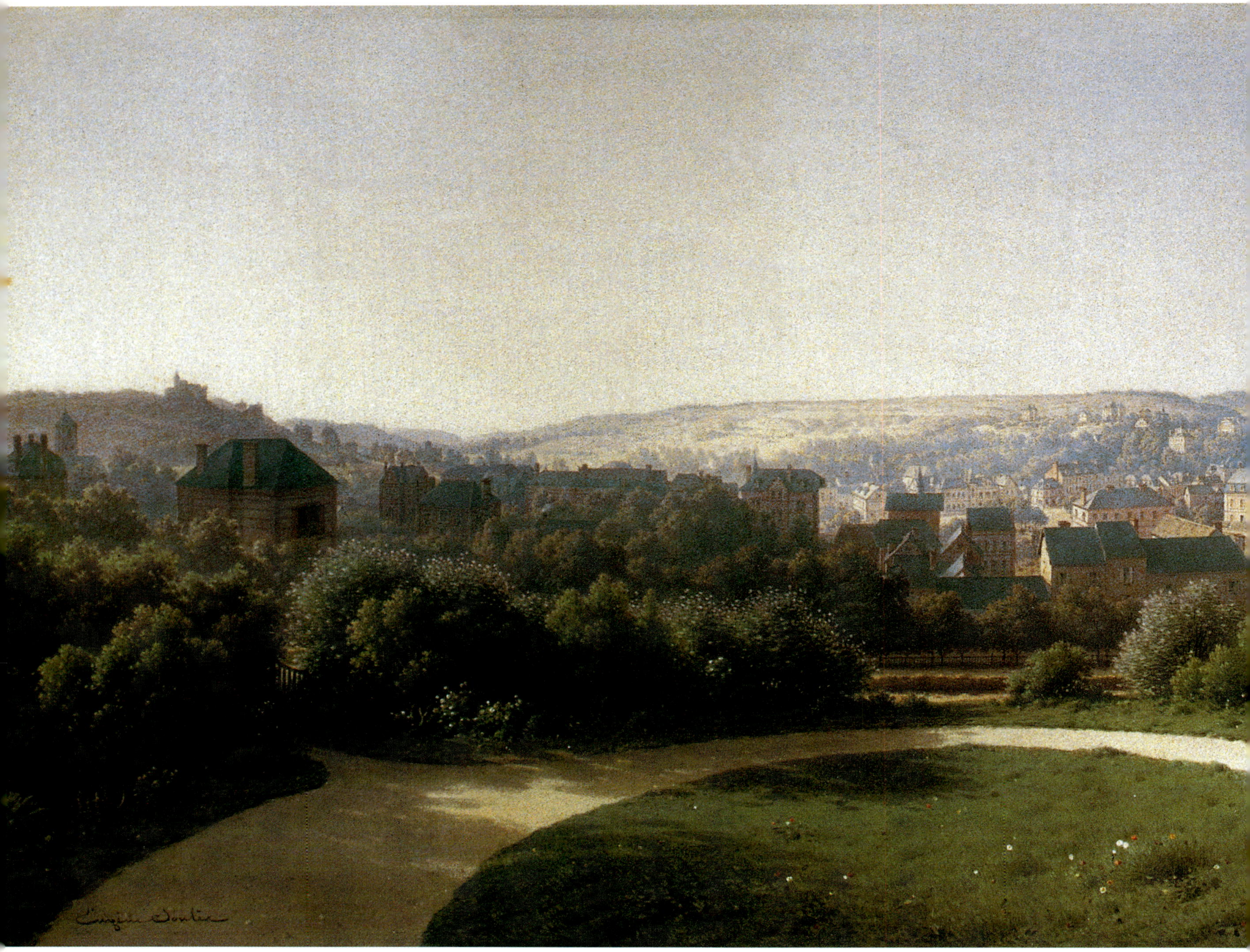

Eugène-Edouard Soulès, *Vue topographique d'Etretat*, circa 1860, 48 x 148 cm.
ETRETAT, COLL. PRIVÉE, © GALERIE DELARUE.

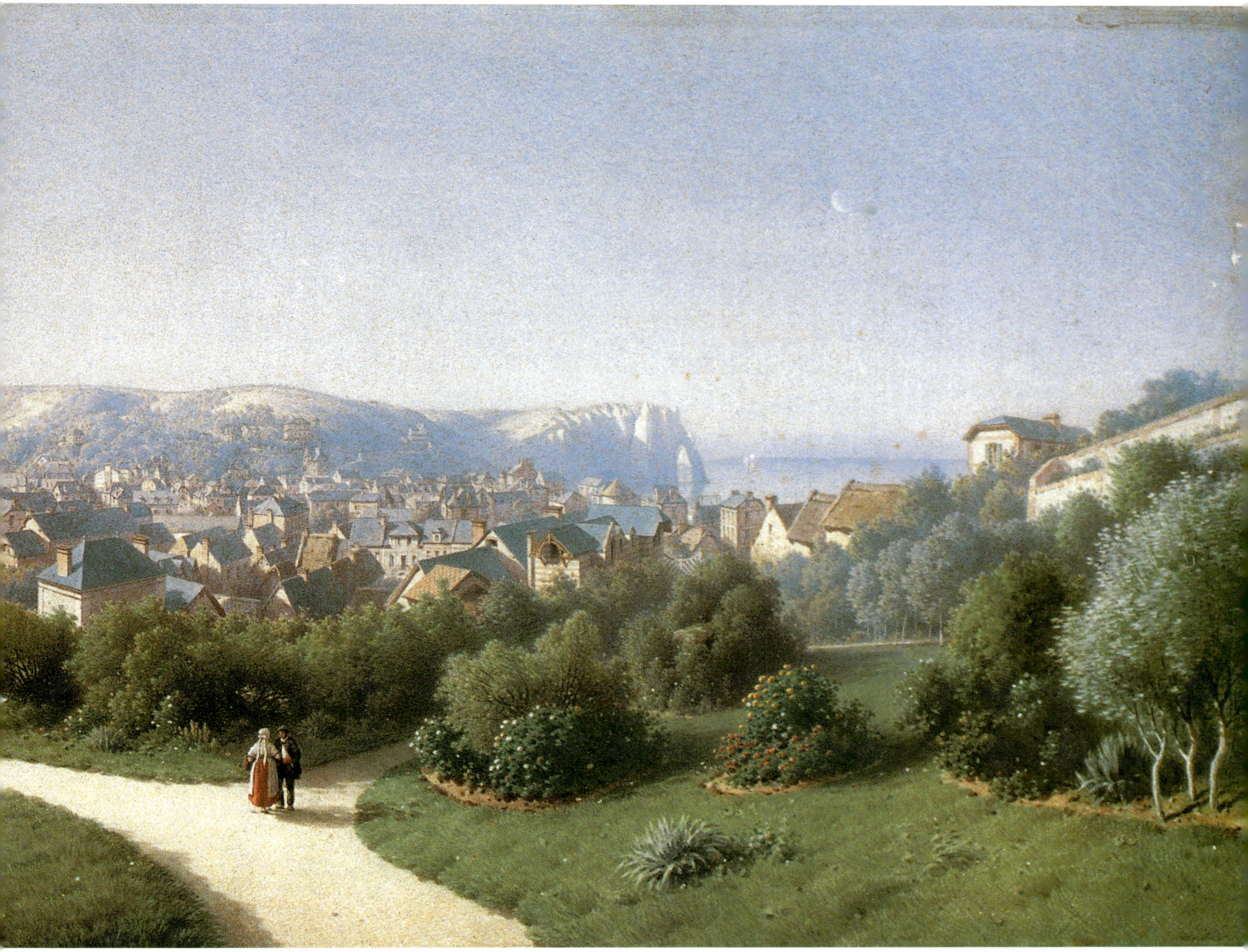

LOUIS CABAT
1812-1893

Louis Cabat naît à Paris en 1812 d'un père artisan sellier, voltairien convaincu. Il est peintre sur porcelaine avant de rencontrer Camille Flers et de devenir son élève. Ami de Jules Dupré, les deux hommes partent souvent peindre ensemble en forêt de Fontainebleau.

En 1834, Louis Cabat, sous l'influence de Lacordaire et du peintre d'Aligny, se convertit au catholicisme. Militant, ses convictions religieuses vont transformer son style qui, d'un réalisme minutieux va se transformer en un idéalisme sévère. Entre de nombreux séjours en Italie, il peint à Barbizon avec ses amis Français et Troyon qui tous deux vinrent aussi à Etretat. Catholique fervent, il pratique un ascétisme qui lui fait fuir le monde et fréquenter les couvents. Il s'en faut de vraiment peu qu'il prenne l'habit des dominicains. Au Salon de 1846 la critique est peu amène avec lui. Champfleury écrit : *« Cabat qui jadis comprenait si bien la Normandie a le tort de mettre un froc de moine à ses paysages, sous le prétexte du style. »* Comme Eugène Le Poittevin, il est sollicité pour participer à l'album commandé par la famille royale comme cadeau de mariage destiné à la duchesse de Montpensier et pour lequel il fournira un paysage à l'aquarelle.

Le 20 avril 1847, il épouse Antoinette Emilie Bazin, belle-fille d'Auguste Stourm, alors député de l'Aube au corps législatif. La critique lui reproche de plus en plus d'avoir perdu ses qualités de peintre naturaliste et de se fourvoyer dans le paysage historique. En fait, c'est plutôt vers le symbolisme que tend son art.

En août et septembre 1857, Cabat vient à Etretat avec sa femme et ses beaux-parents qui feront construire à Bercenay, dans l'Aube, vers 1860, une maison dans le proche voisinage de leurs enfants. Pour décorer le salon de la maison des Stourm, Cabat peint trois grandes peintures sur bois représentant les sites de Croissy, Pornic et Etretat où il a séjourné en famille. Ces tableaux, achevés en 1862, ornent le salon de la maison qui appartient toujours à ses descendants. La famille possède encore plusieurs œuvres de Cabat représentant Etretat, notamment des petites huiles sur carton qui sont des études de la falaise d'aval et de la Manneporte et cette huile sur toile où figurent des caloges. Cabat s'adonne aussi au dessin. Le département des peintures du musée du Louvre en possède un très beau, daté du 16 septembre 1857, représentant la fameuse *Ferme des artistes* où les peintres pouvaient déposer leur matériel afin de ne pas avoir à le remonter le lendemain en haut de la falaise.

En avril 1858, Cabat est de retour à Etretat et revient l'été suivant. En 1867, il est élu à l'Institut au fauteuil de Brascassat contre Pils. Au salon de 1887, son envoi comporte une toile intitulée *Rivage à Etretat*. Cette œuvre sera réexposée à l'Exposition universelle de 1889. Est-il venu cette année-là ou s'agit-il d'un travail d'atelier à partir de dessins plus anciens ?

Louis Cabat est maintenant un vieil homme qui revient les étés 1888 et 1889. Au Salon de 1892, il présente *La Mer à Etretat*.

Il meurt à Paris le 14 mars 1893.

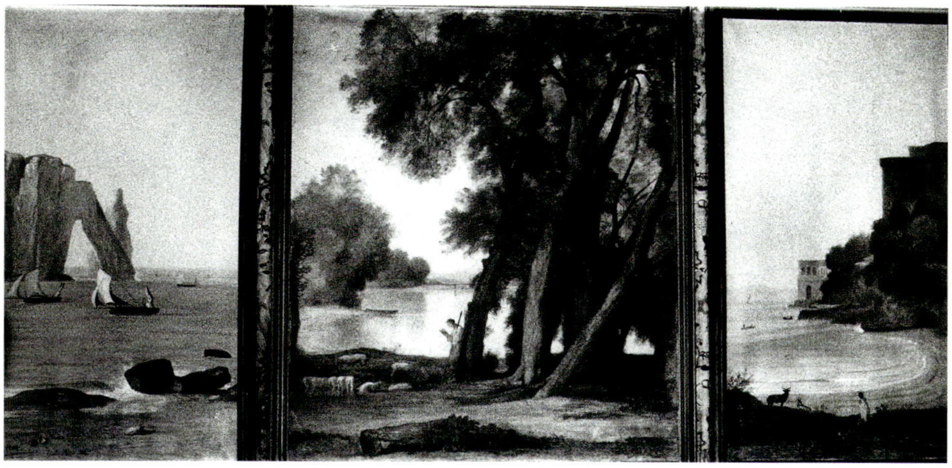

Louis Cabat. ***Triptyque de la maison de Bercenay : Etretat, Croissy, Pornic.***

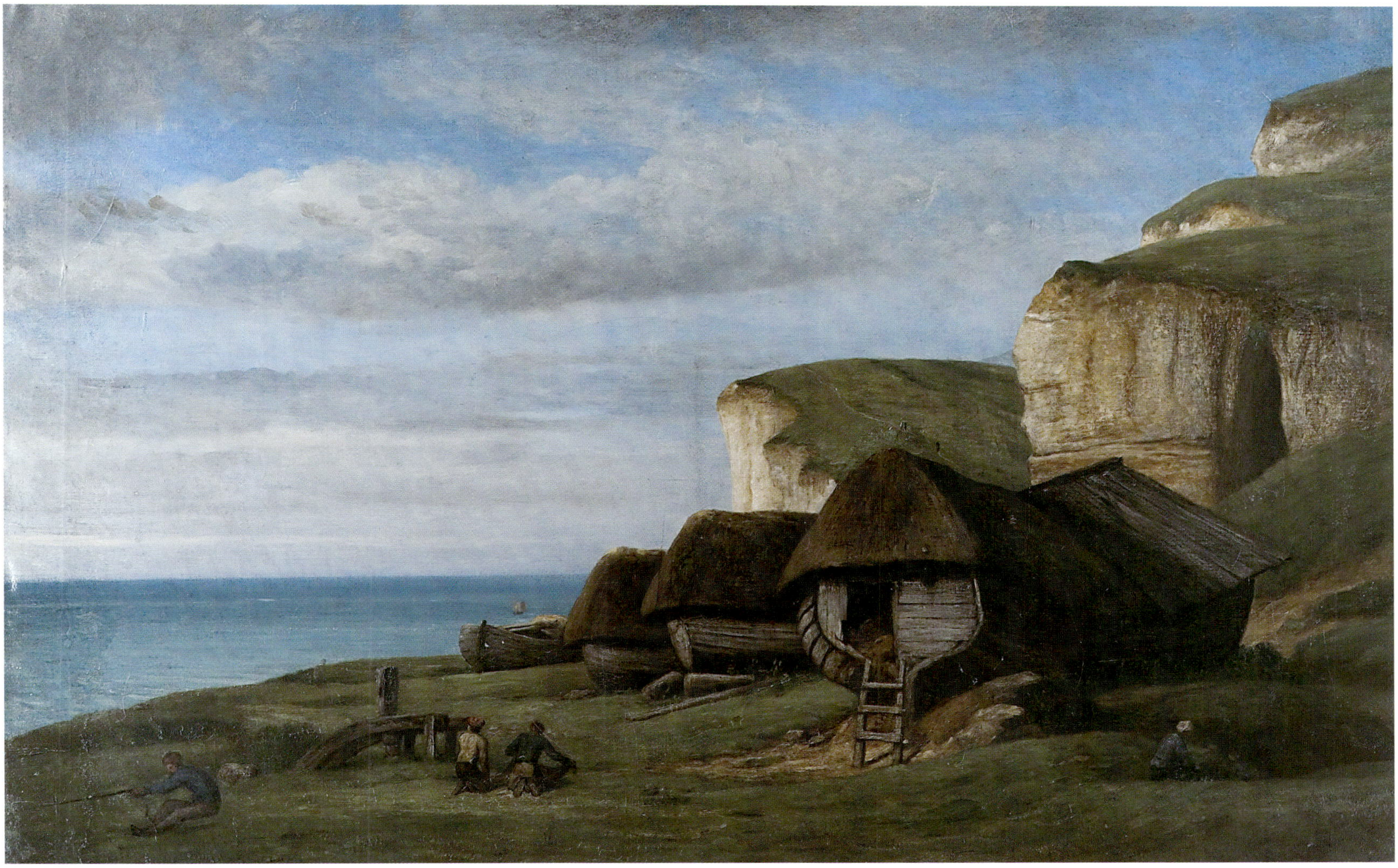

Louis Cabat, *Les Caloges sur la plage*, huile sur toile, circa 1868, 89,5 x 146,5 cm.
TROYES, FONDS FAMILIAL, CLICHÉ DIDIER GUY.

JUSTIN-PIERRE OUVRIE
1806-1879

Justin Ouvrié fait partie de ces excellents peintres qui firent le charme de l'Ecole française du XIXe siècle. Elève d'Abel de Pujol et de Chatillon, il se passionne pour la nature. Avec son ami Dauzats il participe aussi à l'ouvrage monumental du baron Taylor « Voyages pittoresques et romantiques dans l'ancienne France » qui regroupe dans un même ouvrage tout ce que l'époque compte d'artistes prometteurs devenus pour l'occasion de brillants lithographes.

Il débute à l'Exposition du Luxembourg de 1830 et reste un fidèle du Salon jusqu'en 1873. Dès 1843, la médaille de première classe lui est décernée, attestant de son succès. En 1854, il est fait chevalier de la Légion d'honneur et reçoit de l'Empereur la commande d'une série de dessins pour les embellissements du bois de Boulogne (et du bois de Vincennes) qui seront publiés en grand in-folio. Voyageur impénitent, il parcourt toute la France mais aussi l'Europe, de l'Ecosse à l'Italie, où il remplit une énorme quantité de carnets de croquis.

En 1832, il est au côté de Paul Huet dans la forêt de Compiègne où il n'échappe pas à l'influence de l'esprit barbizonien. Justin Ouvrié aime la précision. A tel point que son œuvre peut se rattacher bien souvent au courant topographique.

Etretat fut certainement l'une de ses destinations favorites. Pour preuve *Etretat (Seine-Inférieure)*, son envoi au salon de 1867, ou cette autre vue de l'Amont, *Bateaux et personnages sur le plage d'Etretat* (vente du 18 juin 1980 à Versailles, n° 137).

L'aquarelle de la falaise d'aval montre la précision d'un peintre capable de concentrer, avec des moyens très simples et rapides, toutes les particularités de son sujet. Palette et anecdote trouvent une juste connivence pour rendre l'ambiance de cette scène d'un Etretat encore traditionnel mais où quelques silhouettes de mondaines, parmi le groupe de pêcheurs, présagent du changement imminent. De cet emplacement, rien n'indique que le *Perrey* est déjà devenu celui des *manants*, la plage semblant encore tout entière dévolue à la pêche.

Les notations si précises de cette aquarelle brossée, de la lumière, de la composition comme de l'activité, suffisent amplement à la mise en chantier d'une toile de retour à l'atelier.

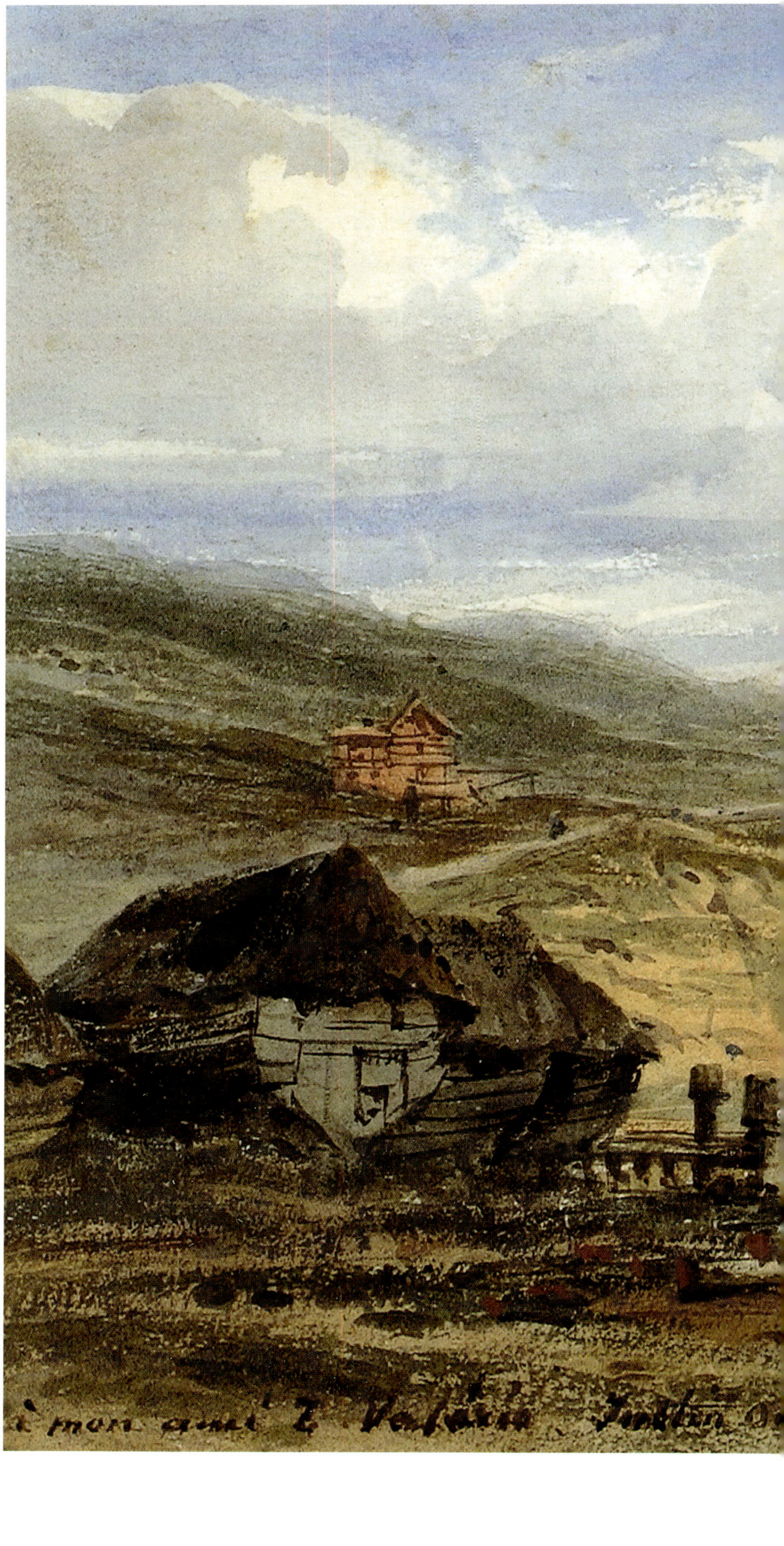

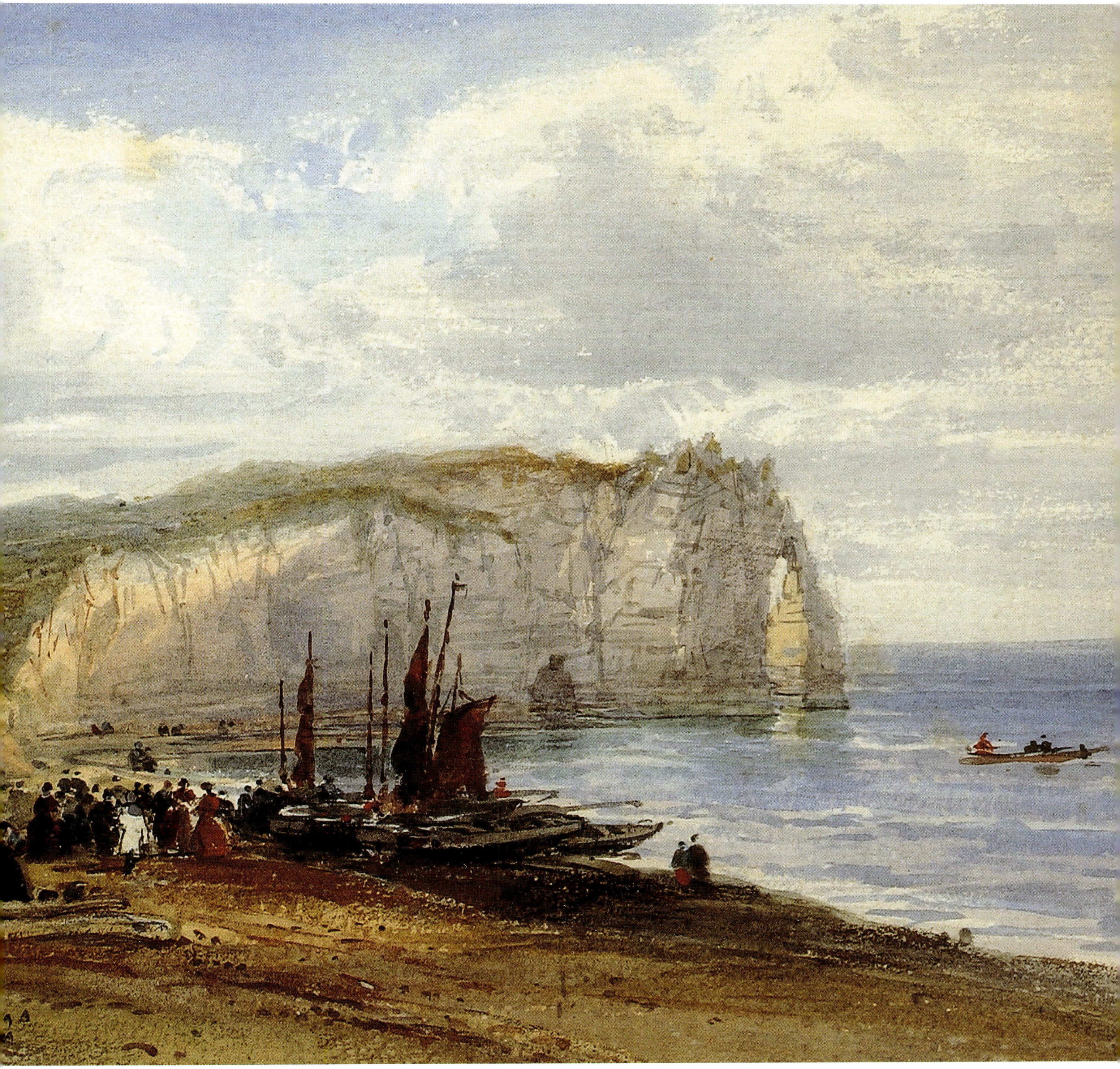

Justin-Pierre Ouvrié, *La Plage d'Etretat*. Signée et dédicacée *« A mon ami Valérie »*, aquarelle, 14 x 23,5 cm. COLLECTION PRIVÉE. © GALERIE MARIE BRUYER, PARIS.

« LES PETITS TROUS PAS CHERS »

Guide pratique des familles aux bains de mer

Plages du Nord, de Normandie, de Bretagne et de Vendée

1895, A. La Fare, éditeur

A LA MER

Pendant dix grands mois, nous faisons à la ville tout ce qu'il faut pour être mal portants. Tout y conspire contre notre santé. Tout d'abord, la mode et les usages nous tyrannisent. Du haut en bas de notre personne, nous sommes gens guindés et étriqués. Nous gagnons la migraine sous des chapeaux ou des voiles volumineux et difformes qui nous écrasent la tête. Tandis qu'à l'autre extrémité nos pieds gémissent,emprisonnés dans des chaussures trop étroites, jusqu'à ce qu'un ou plusieurs cors s'en suivent. Nous serrons notre taille dans un corset, sans souci de notre foie, de notre rate, de notre estomac, de notre diaphragme, qui se laissent dompter toujours, mais non pas sans se révolter jamais - et quelquefois cruellement. Nous étranglons notre cou dans un carcan, comme si nous ne devions pas à notre carotide et à notre veine jugulaire, qui ont la noble mission de porter à notre cerveau la vie et la pensée, de leur faire les honneurs d'une large et libre avenue !

Nous mangeons mal, pressés par le temps ou la fièvre des affaires. Notre corps seul est à table, tandis que notre cerveau court déjà à la Bourse, à la Chambre ou à l'usine. Pêle-mêle, sans mâcher, sans saliver, nous jetons dans notre estomac des blocs d'aliments que le suc gastrique ne va pas pouvoir attaquer pour les digérer et qui vont se corrompre et nous empoisonner. Deux ou trois verres de liquide, une tasse de café et le repas est pris. Total : quinze minutes.

Nous vivons et nous dormons dans des appartements étroits, mesquins, bas de plafond, d'un pauvre cube d'air. Tels qu'ils sont, il nous suffirait peut-être si, dès le bail signé, nous ne nous y précipitions avec une véritable cargaison de fausses collections, de faux bibelots, de mauvaises tentures et de vilains tableaux que nous nous empressons d'y empiler, d'y accrocher pour y aménager avec art, en des recoins multiples, autant de repaires et d'embuscades d'où la poussière et les microbes vont nous guetter à qui mieux mieux.

Dans la rue, nous descendons chercher quelques bouffées de cet air qui a servi déjà à des millions d'hommes. C'est la fumée des usines, c'est l'oxyde de carbone vomi par toute une forêt de cheminées et qui retombe lourdement sur le sol, c'est la poussière soulevée par le sabot des chevaux, dans laquelle le microscope décèlerait les germes de toutes les maladies, c'est en un mot le déchet organique de tout ce qui a vécu que nous aspirons dans nos poumons pour y démêler, comme le chiffonnier, quelque atome d'oxygène qui puisse nous apporter encore quelque peu de vie.

(...)

L'anémie est à notre porte, l'émigration s'impose. Avec cet instinct du poisson qui par le temps d'orage vient happer à la surface de l'eau un peu d'air vivifiant, notre bon génie a porté notre main sur ce livre... Voici que nous le feuilletons... Nous serons sauvés !

A la plage nous allons vivre à notre guise, dormir notre content, manger lentement, les coudes sur la table avec la solennité du paysan qui mâche et qui rumine pénétré, en face de son assiette, de ce sentiment qu'il remplit un devoir primordial et sacré. Nous vivrons la fenêtre toujours ouverte, le soleil inondant notre demeure. Nous gorgerons nos poumons de cet air pur que le ciel donne à tout le monde sans qu'on paye. Nos membres se prélasseront affranchis du tailleur. Nous nous coucherons assis sur le sable chaud. Nous reprendrons la vie simplement entre le ciel et la terre, sous l'œil de ces trois grands médecins : l'air pur, l'eau de mer, le repos.

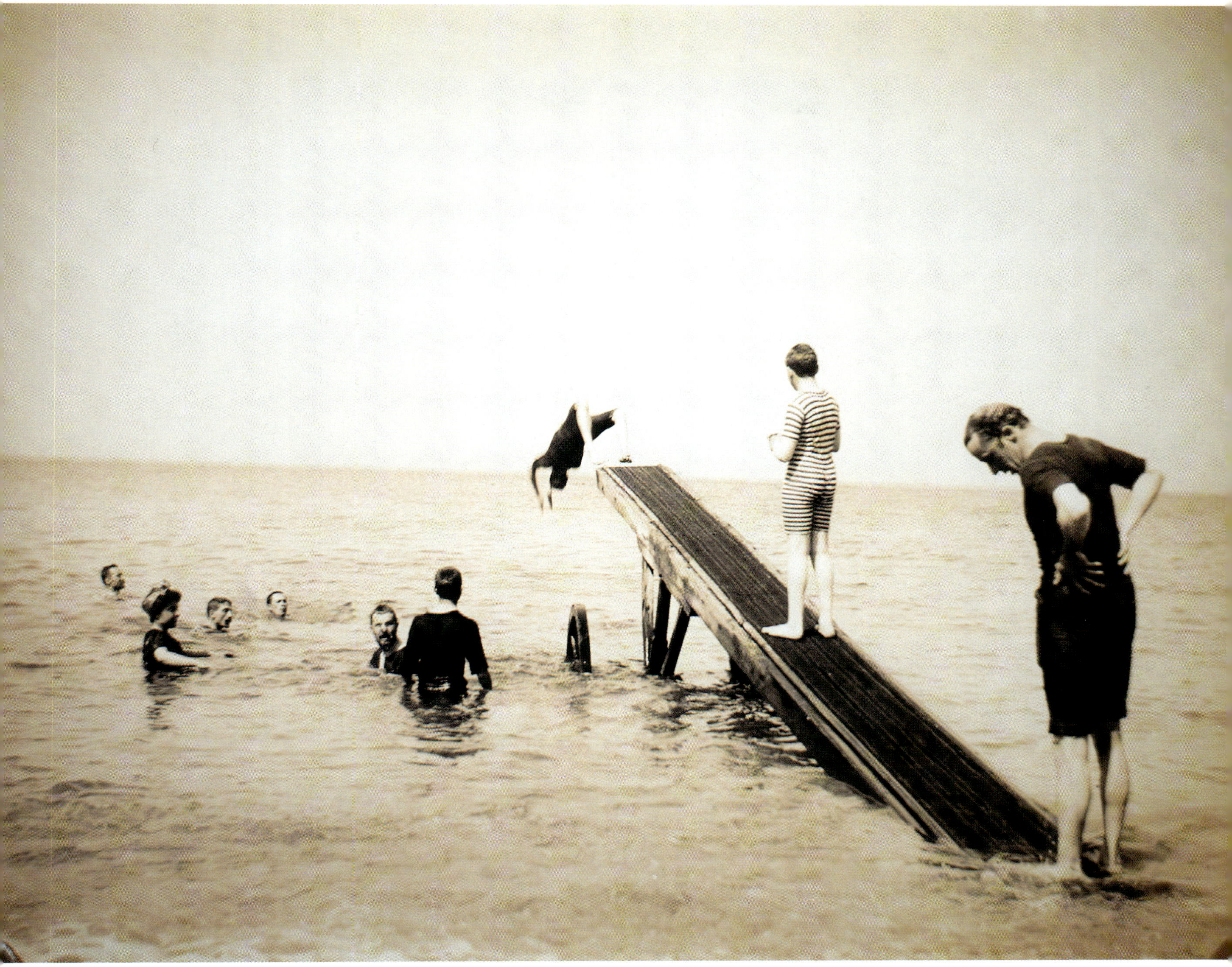

Photographe anonyme. *Le Plongeoir*, 1895.

COLL. JOSEPH DELARUE, © C. DES BROSSES.

L'AIR MARIN

L'air de la mer est absolument pur et il ne peut en être autrement. C'est une vérité que les savants ont aujourd'hui démontrée.

Lorsque de l'air pur a été respiré et rejeté par un être vivant, il est souillé d'acide carbonique. Cet acide carbonique étant plus lourd que l'air, tombe à la surface du sol pour le plus grand bonheur des petites plantes qui s'en emparent et qui s'en servent pour faire leur croissance. On a toujours besoin des plus petits que soi, puisque voilà que les végétaux, les arbres nous maintiennent un air pur en tirant précisément parti de nos déchets. Mais cette action purificatrice des plantes n'est rien à côté de celle de cette grande nappe d'eau qui couvre les trois quarts du globe et dont la surface est encore décuplée par les ondulations des vagues. Or, l'eau de mer jouit de la propriété d'absorber, de dissoudre l'acide carbonique avec une rapidité merveilleuse. A tel point que l'air marin est idéalement pur et qu'il ne peut contenir de gaz délétères, puisque ces gaz ne sauraient subsister en présence de la nappe d'eau qui en est avide. Tout ce qui respire sur la terre fabrique de l'acide carbonique. Les plantes en utilisent une faible partie ; le reste revient à la mer pour y donner du carbonate de chaux, que toute une industrie sous-marine va nous rendre en perle, en nacre, en coquillages de toutes sortes et de toute beauté.

(...)

puis disgressions sur l'eau de mer, le premier bain...

USAGES DES BAINS DE MER

Les bains de mer constituent le traitement par excellence pour le lymphatisme, l'anémie, les convalescences des maladies graves, les rhumatismes, les maladies locales telles que les lésions osseuses, les troubles de menstruation, les désordres utérins.

La femme enceinte supporte à merveille l'hydrotérapie. Par contre ne doivent pas prendre de bains de mer les enfants très jeunes et doués d'une sensibilité nerveuse exagérée, les cardiaques, les albuminuriques et les diabétiques, les femmes pendant la période menstruelle (malgré quelques opinions inverses).

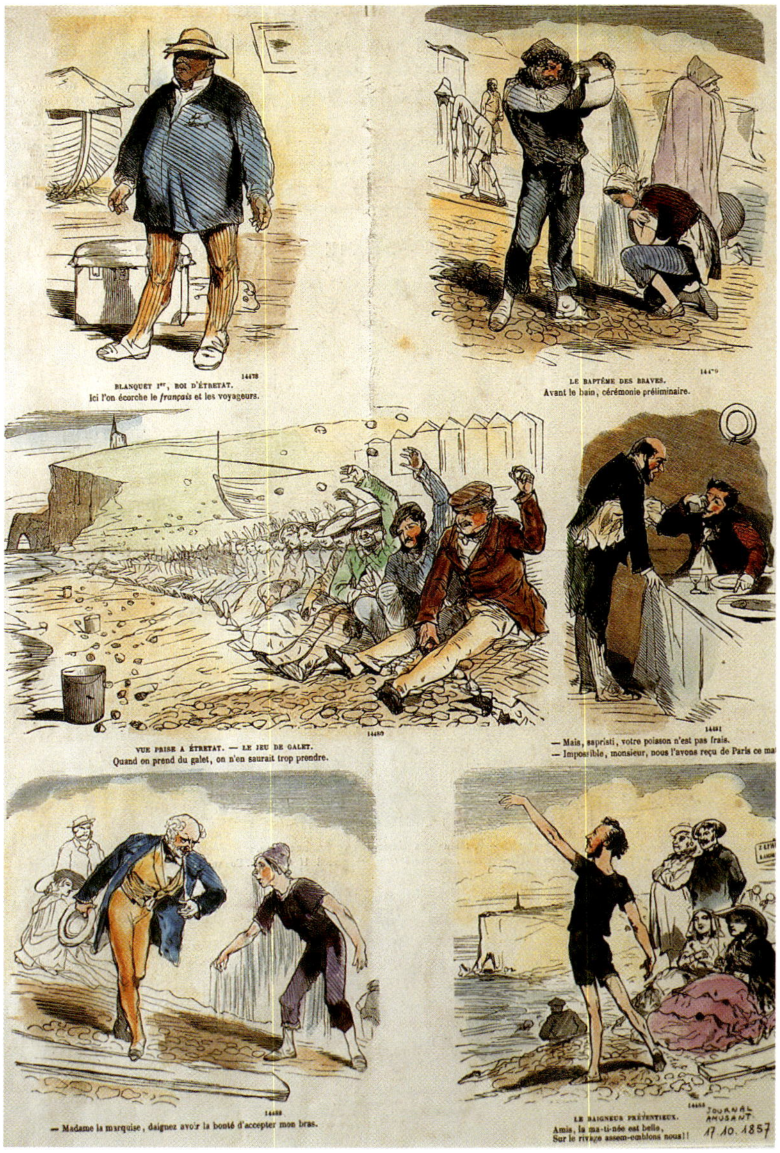

Bertall. *Souvenirs des bains de me*r, bois gravé tiré du « Journal amusant » du 17 octobre 1857, 39 x 27 cm. COLL. PRIVÉE, © C. DES BROSSES.

LES ECRIVAINS

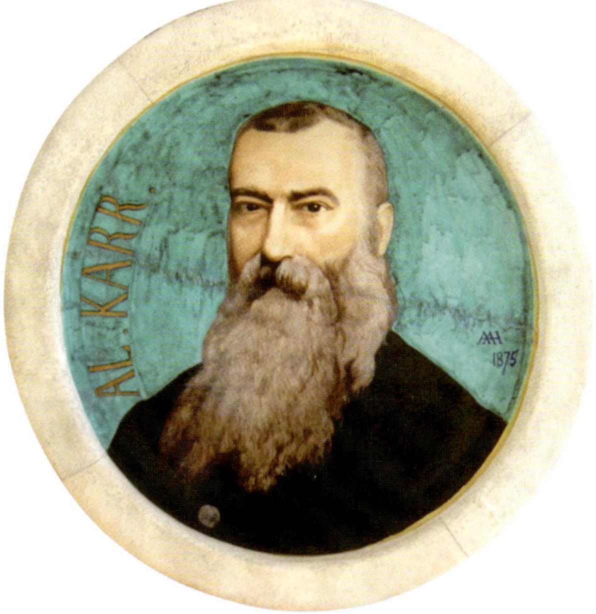

Théodore Deck. *Portrait d'Alphonse Karr*, céramique provenant du fronton de l'hôtel Blanquet. © MAIRIE D'ETRETAT.

Parmi les gens célèbres venus à Etretat, et qui contribuèrent à sa renommée, les musiciens ont tenu une place importante. Faure, compositeur et baryton de l'Opéra, important collectionneur, sera le lien entre les peintres et les musiciens. Offenbach, qui fera construire une superbe villa, la *Villa Orphée*, sera aussi, grâce à son goût pour les fêtes somptueuses, un personnage clé de la vie intellectuelle étretataise. Mme Trebelli, née Zelie Gillebert de Beaulieu, chanteuse de grand opéra, eut aussi sa villa, ainsi que le compositeur Henri Rabaud.

Mais, plus que les musiciens, ce sont les écrivains qui feront le plus connaître Etretat. Le premier fut **Alphonse Karr** que l'on a longtemps considéré comme le découvreur du site. Il y sera propriétaire de la *Villa Bligny*. En fait, comme il le reconnaît lui-même, il fut précédé par le peintre Isabey. Il y vient pour la première fois en 1833, un an après avoir publié son premier roman « Sous les tilleuls ». Pamphlétaire, fondateur de la revue satirique « Les Guêpes », qui sera éditée de 1839 à 1876, il avait la réputation d'être le plus mal élevé des hommes. Pêcheur très actif, Etretat servira souvent de cadre à ses romans tels que « Histoire de Romain d'Etretat », « Histoire de Rose et Jean Duchemin » (l'histoire de Rose, femme de pêcheur, écrite par elle-même), « Le Chemin le plus court », tant et si bien qu'il pourra écrire : *« J'ai tant bavardé sur Etretat, que je l'ai mis à la mode et qu'aujourd'hui c'est une succursale d'Asnières. »* Ce qui ne l'empêchera pas de passer les trente dernières années de sa vie sur la côte d'Azur, où il se consacrera à la culture des fleurs, notamment des violettes, et au commerce des fleurs coupées dont il sera un précurseur.

La notoriété d'Alphonse Karr à Etretat était telle que Henry James, journaliste américain, put écrire, en juillet 1876, dans le journal « La Tribune », « (...) *Etretat, comme la plupart des stations balnéaires françaises, a une brève histoire. Il y a vingt ans, ce n'était qu'un groupe de baraques de pêcheurs. Une poignée d'artistes et de gens de lettres furent ses premiers colonisateurs, et Alphonse Karr devint le porte-voix de leur enthousiasme. Il fit, à vulgairement parler, la publicité de l'endroit, et à présent il vit dans la légende, comme "genius loci". La grande rue porte son nom ; le pignon de l'auberge principale – le classique Hôtel Blanquet – est orné d'un médaillon en couleurs représentant son crâne tondu et sa longue barbe ; les boutiques sont pleines de ses photographies, et d'images de sa villa. J'ignore si, comme le héros du "Frankenstein" de Mrs. Shelley, il a été épouvanté par le monstre qu'il a créé, et a compris qu'il avait trop bien réussi ; mais ces dernières années, il s'est retiré d'Etretat. Une fraternité artistique, toutefois hante encore la place, qui jouit également de la faveur de la gent théâtrale, dont trois ou quatre spécimens possèdent ici une villa et y dorment sur leurs lauriers. Le plus grand luminaire de cette galaxie est M. Jacques Offenbach qui, je crois, vit ici depuis quelque temps ; vous pouvez le voir le soir au casino, paisiblement assis et, à votre grande surprise, ne levant pas la jambe, ne faisant pas de clin d'œil, ne se livrant à aucune des audacieuses gesticulations auxquelles son nom est invariablement associé.* »

Alphonse Karr dut de la même manière marquer de son empreinte son passage à Saint-Raphaël, car au Salon de 1913, un certain G. E. Nonclercq, sous le no 1348, présenta un tableau intitulé *Entrée de la maison d'Alphonse Karr (Saint-Raphaël)*. Il est vrai qu'il se préoccupait de sa notoriété, comme en témoigne cette lettre adressée à Victor Hugo : « *Quand à Etretat je voulais parler au peuple, je l'invitais à venir boire un verre de cidre dans mon jardin. Ici à Nice, il faut élever la voix un peu plus. Je prends la direction d'un journal quotidien, non politique, mais philosophique. Or la philosophie, le bon sens, l'honnêteté sont des armes contre nos ennemis. Voulez vous faire ma fortune ? Promettez-moi quelques lignes – vers de vous pour un jour de cet hiver.*

C'est un service sérieux, je compte sur vous. Présentez le souvenir de ma respectueuse amitié à Madame Hugo – je pense à vous tous – et je parle de mon amitié pour vous le plus possible. »

Né en 1855, **Jean Lorrain** est presque le contemporain de Maupassant et comme lui, natif de la région. Paul Duval, futur Jean Lorrain, est né à Fécamp où il aimera revenir souvent. En 1886, il publie « Très Russe », dans lequel Maupassant croit se reconnaître sous les traits de Beaufrilan. Furieux, il lui envoie ses témoins, mais Jean Lorrain refuse le duel (qu'il acceptera avec Marcel Proust en 1897). Il faut dire que l'inimitié entre les deux hommes, en dehors de la jalousie professionnelle, est due à une femme qu'ils convoitaient tous les deux : une prétendue comtesse russe, très excentrique, qui habitait à Yport la *Villa Mauresque*, et que Jean Lorrain, grâce à un subterfuge, réussit à « souffler » à Maupassant.

Réservés à un public d'érudits, les écrits de **l'abbé Cochet** (1812-1875) contribuèrent aussi à la renommée d'Etretat. Né en 1812, à Sanvic près du Havre, il passe son enfance à Etretat car son père, soldat de l'Empire, y est nommé garde-côte en 1814. Quand les restes d'une villa gallo-romaine sont découverts en 1830, Jean Cochet se prend de passion pour l'archéologie, une science encore balbutiante. Malgré de nombreuses erreurs d'appréciation, il sera l'un des personnages importants de l'archéologie de son temps, notamment en défendant l'école attachée au travail de terrain. Ordonné prêtre en 1836, il publie, vingt ans plus tard, son premier ouvrage d'importance : « La Normandie souterraine ou notices sur des cimetières francs explorés en Normandie ». En 1849, il est nommé inspecteur des monuments historiques pour le département de la Seine-Inférieure. Sur Etretat il publiera deux ouvrages : en 1842, « L'Etretat souterrain, fouilles de 1835 et 1842 » et « Etretat son passé, son présent, son avenir », dont la première édition date de 1850, la deuxième, augmentée de 1853 et la troisième de 1857. Deux autres suivront. La Bibliothèque municipale de Rouen possède une cinquième édition annotée de la main de l'abbé Cochet, certainement en vue d'un sixième tirage. L'œuvre écrite de l'abbé Cochet est considérable, et il sera reconnu comme un spécialiste de la période franque.

Né en 1864 à Rouen, **Maurice Leblanc**, grâce au succès du personnage d'Arsène Lupin, gentleman cambrioleur, fera d'Etretat l'un des sites les plus connus de la littérature française. Le fameux roman « L'Aiguille creuse » construira sa gloire autour d'une idée géniale qui fera rêver plusieurs générations de lecteurs et soulèvera les interprétations les plus loufoques.

André Gide épouse en 1895, au temple d'Etretat, Madeleine Rondeaux, fille de son oncle maternel, dont elle avait hérité, en 1890, le château de Cuverville, hameau situé à quelques kilomètres d'Etretat. Gide y viendra quelques semaines au début de chaque été jusqu'en 1938. En 1908, il publie « La Porte étroite », un court roman d'amour tragique où Cuverville devient Fongueusemare, sa cousine Madeleine Alissa et lui-même, Jérôme. Le livre sera son premier vrai succès de librairie. De nombreux amis le visitent, notamment le groupe de la « Nouvelle Revue française ».

André Gide était lié à la famille Laurens d'Yport. En 1924, Paul-Albert Laurens réalise son portrait, qui est conservé au musée d'Orsay.

Guy de Maupassant fut, bien sûr l'autre grande figure littéraire d'Etretat et son meilleur ambassadeur. Né en 1850, il y vécut jusqu'en 1863, avant d'y revenir en vacances dans sa maison *La Guillette*, construite grâce au succès de « La Maison Tellier ». Etretat est le décor de beaucoup de ses œuvres : « Une vie », « La Main écorchée », « Miss Harriet », « Contes du jour et de la nuit ».

Guy de Maupassant est né au château de Miromesnil (près de Dieppe) et non à Fécamp, comme cela le fut souvent soutenu, d'une mère névropathe Laure Le Poittevin, et de Gustave Maupassant. La particule ne fut accolée au nom qu'en juillet 1846, pour plaire à Laure, entichée de noblesse. Le couple se sépare en 1860. Laure quitte Paris et s'installe avec ses deux fils à Etretat, où elle achète la maison *Les Verguies*.

Gustave Flaubert, ami intime de sa mère, devient, jusqu'à sa mort en 1880, le maître du jeune écrivain. En novembre 1877, Maupassant décrit pour Flaubert, lequel projetait de faire prendre ce chemin à Bouvard et Pécuchet, la promenade par la grève d'Antifer à Etretat.

En 1883, il fait construire *La Guillette* sur un terrain cédé par sa mère. Dans le jardin est installée une caloge aménagée en chambre. C'est là que logera François Tassart, son domestique, lequel tiendra un journal de sa vie avec Maupassant. Voici comment il décrit la découverte de son logement* :

« *Je gagne ma chambre. Une odeur âcre, mélange de sapin et de goudron, me monte à la gorge ; c'est une odeur, dit-on, très saine, mais tout de même désagréable, quand on n'y est pas habitué.*

Je contemple ma chambre qui me fait l'effet d'un énorme cercueil retapé à neuf pour le grand voyage. J'en fais l'inventaire : un lit en fer, une armoire, deux petites banquettes fixes, à tribord et à bâbord ; une planche faisant tablette et portant une cuvette ; en face, un hublot ; près de la tête du lit un clou pour accrocher sa montre, et c'est tout. Les boiseries avaient dans leurs lignes un cachet de la Renaissance. J'appris plus tard que c'était le travail

*« Souvenirs sur Guy de Maupassant, par François, son valet de chambre », Paris, Plon-Nourrit et Cie, 1911, 5e édition.

d'un artiste ébéniste venu du Midi et établi à Etretat...

Je me couchais, mais je ne pus dormir. J'entendais un bruit lointain, puis par moment, tout proche ; c'était la répercussion des vagues qui, à travers le sol, venaient secouer les flancs de ma pauvre caloge hissée sur ses deux murs de briques et la soulevaient encore à chaque lame, comme au temps où elle tenait la mer. Elle avait bien navigué quarante ans, balancée par les vagues, et elle continuait, gémissant à chaque paquet de mer. Après avoir porté des turbots par centaine de tonnes, des maquereaux par centaines de mille, des harengs et sardines par millions, après avoir vogué, paisible, par de belles journées de soleil, et connu aussi les terribles tempêtes, elle était venue échouer à la Guillette, et servait actuellement d'abri au valet d'un grand écrivain.

Le lendemain mon maître me demanda si je me trouvais bien dans ma caloge. Je remerciai. Il me dit les difficultés qu'on avait pour en obtenir, "toutes les villas du pays en voulaient avoir comme chambres d'amis". »

Il n'est pas du propos de ce livre de s'arrêter sur l'œuvre littéraire de Maupassant. La littérature à ce sujet est abondante. Il importe de se servir de la figure de Maupassant pour mieux cerner la vie à Etretat à la belle époque, car Maupassant peut se considérer comme un enfant du pays. Il est donc un témoin idéal qui observe, comprend, se mêle à la population locale mais aussi à la haute-société.

Arrivé à Etretat dès l'âge de dix ans, après avoir passé sa prime enfance à Fécamp, passionné de canotage et d'eau, multipliant les prouesses nautiques, il n'est pas un étranger pour les pêcheurs. Il pratique tout autant la bonne société, ayant toujours rêver d'en faire partie. Maupassant veut beaucoup d'argent. Il aime à le dépenser en plaisirs luxueux, particulièrement auprès des femmes, lesquelles lui feront payer très cher ses errements sexuels.

En 1883, paraît « Une vie », qui connaît un succès immédiat, puis, en 1885, « Bel-Ami », dont le héros, bellâtre amoureux du terroir lui ressemble étonnamment. Dans toute l'œuvre de Maupassant, le pays de Caux revient comme lieu récurrent de l'action. Jamais le paysan normand ne fut mieux croqué. Prolifique en contes et nouvelles, il tient aussi chronique pour le quotidien « Le Gaulois », pour « Gil Blas » ensuite, avec Etretat pour sujet de prédilection. Il n'hésite pas à dévoiler sur la place publique les petits et grands travers de chacun, comme ce texte publié dans « Le Gaulois » du 27 août 1880 : « *Quand, sur une plage pleine de soleil, la vague rapide roule les fins galets, un bruit charmant, sec comme le déchirement d'une toile, joyeux comme un rire et cadencé, court par toute la longueur de la rive, voltige au bord de l'écume, semble danser, s'arrête une seconde, puis recommence avec chaque retour du flot. Ce petit nom d'Etretat, nerveux et sautillant, sonore et gai, ne semble-t-il pas né de ce bruit de galets roulés par les vagues ?*

La plage dont la beauté célèbre a été si souvent illustrée par les peintres semble un décor de féerie avec ses deux merveilleuses déchirures de falaise qu'on nomme les Portes. Elle s'étend en amphithéâtre régulier dont le Casino occupe le centre ; et le village, une poignée de maisons plantées dans tous les sens, tournant leurs faces de tous les côtés, maniérées, irrégulières et drôles, paraît jeté du ciel par la main de quelque semeur et avoir pris racine au hasard de la chute. Poussé aux bords des flots, il ferme l'extrémité d'une adorable vallée aux lointains ondoyants et dont les collines, de chaque côté, sont criblées de chalets disparaissant sous les arbres de leurs jardins.

Aux environs, de petits vallons sans nombre, des ravins sauvages pleins de bruyères et d'ajoncs s'étendent dans tous les sens ; et souvent, au détour d'un sentier, on aperçoit là-bas, dans une échancrure profonde, la vaste mer bleue, éclatante de lumière, avec une voile blanche à l'horizon.

On marche dans la senteur des côtes marines, fouetté par l'air léger du large, l'esprit perdu, le corps heureux de toutes ces sensations fraîches, quand des rires vous font tourner la tête ; et des femmes élégantes, à la taille mince, au grand chapeau de paille tombant sur les yeux, semant dans la brise saine leurs parfums troublants de Parisiennes, passent, joyeuses, à vos côtés.

N'allez point croire toutefois, ô jeunes gens frivoles qui, poursuivant Vénus jusqu'à son flot natal, ne recherchez dans les stations balnéaires qu'aventures galantes et liaisons éphémères, qu'Etretat soit pour vous un Eldorado.

Sans doute l'amour tient, comme partout, une large place sur le rivage coquet d'Etretat ; et, si le docteur de Miramont, l'aimable médecin des bains, garde sur sa figure malicieuse un sourire que rien n'efface, cela tient, assure-t-on, aux confidences que lui font certaines de ses belles clientes.

Mais le scandale est à peu près inconnu sur les rivages que découvrit Alphonse Karr, et, s'il arrive qu'un Lovelace havrais ou fécampois trouve, par grande fortune, le placement de ses séductions semi-rurales, le pays tout entier s'en émeut et les conversations en sont défrayées pour la saison.

Etretat est un terrain mixte où l'artiste et le bourgeois, ces ennemis séculaires, se rencontrent et s'unissent contre l'invasion de la basse gomme et du monde fractionné.

Offenbach, Faure, Lourdel, les peintres Landelle, Merle, Fuhel, Olivié, Lepoitevin, etc., etc., y possèdent de charmantes villas où leurs familles et quelquefois eux-mêmes s'installent à la première feuille nouvelle, pour ne s'en aller qu'à la première gelée.

La vie s'y écoule doucement, sans émotions vives et sans incidents dramatiques.

Les propriétaires descendent à la mer invariablement tous les matins (le ciel le permettant), vers dix heures.

Les hommes vont au Casino, lisent les journaux, jouent au billard ou fument sur la terrasse. Les femmes préfèrent la plage, dure, caillouteuse, mais par cela même toujours sèche et propre, et travaillent à l'abri d'une tente de toile, ou le plus souvent enfouies dans ces horribles paniers qui rappellent, en fort laid, les antiques tonneaux des ravaudeuses.

Autour des dames et à leurs pieds, les hommes que n'absorbe pas le Casino s'assoient ou se couchent sur le galet, lorsque leur âge le leur permet, et les conversations s'engagent et se poursuivent jusqu'à onze heures et demie.

Entre les groupes, quelques personnages plus mûrs, qui craindraient d'accuser leur âge en s'affaissant sur une chaise, se tiennent debout, jetant sur de plus souples un regard chargé d'envie et n'osant s'aventurer sur le galet roulant. Le tout aimable Paccini, vif comme un écureuil, entreprenant tout comme s'il souhaitait des conquêtes, sourit, salue, complimente, admire, à droite, à gauche, au nord, au midi, sans préférence et sans choix.

Chacun le croit son ami le plus cher, et chaque femme entretient tout au fond de son cœur un petit sentiment d'affectueuse compassion pour cet amoureux respectueux et discret qui l'a distinguée... au même titre que toutes les autres.

Et cependant Paccini n'est point banal, il sait, autant que le comporte sa nature bienveillante, haïr ses ennemis ; il a, comme les mortels moins doués, des sympathies et des antipathies. Tout d'abord, et pour ne point se tromper, il improvise un quatrain flatteur à l'attention de chaque baigneur et de chaque baigneuse ; ces quatrains-là sont copiés à profusion, répandus dans les châteaux, les chaumières et les cabines, publiés si besoin est, par le tambour de la localité. Puis, il fait un triage, classe à part ceux qu'il n'aime point et leur dédie de nouveaux quatrains, ceux-là perfides et malfaisants, et qui ne sont lus qu'en petit comité.

Au fond, il préfère tout le monde ; mais il n'aime que son excellente et digne femme.

Mme M... qui a eu la triste fortune de lui inspirer un quatrain seconde manière, est l'une des physionomies de cette aimable plage.

Grande, brune à l'excès, le nez busqué, fuyant par une chute rapide sous un binocle impérieux, Mme M... a certains amis dévoués que lui vaut son cœur excellent, et bon nombre d'ennemis qu'elle doit à son esprit caustique.

Jadis reine municipale de ce petit bourg, elle dominait dans le conseil et à la mairie ; améliorant, réformant, modifiant, transformant, luttant héroïquement contre la routine, tandis que son mari, architecte de grand mérite et homme d'esprit par surcroît, traçait le plan d'un Etretat nouveau, fait de marbre et de porphyre.

Hélas nous vivons en des temps où les gouvernements les mieux intentionnés succombent sous l'ingratitude de leurs administrés. M. M... n'est plus maire ; Mme M... conserve dans sa retraite cette austère majesté qui n'appartient qu'aux souveraines déchues.

Elle n'aime point les femmes et ne s'en cache guère. Républicaine, cela va sans dire, elle fréquentait l'Olympe du faubourg Saint-Honoré et s'y trouvait comme chez elle.

Mme Grévy n'avait pas de secret pour Mme M..., et ses conseils étaient fort écoutés.

Toutefois elle paraît dégoûtée de la politique et ne parle de l'Elysée qu'avec une extrême réserve.

Son chalet, que presse amoureusement la maison de Faure, est de bonne construction, à la fois élégante et solide, mais de style inconnu. Une ombre de gothique, une terrasse à l'italienne, une charpente suisse, le tout est d'un joli effet, et commode, contrairement à l'usage.

La maison Faure, la maison Desfossés – d'aimables Parisiens devenus riches par la grâce du Petit Journal et de l'intelligence – ont, si je ne me trompe, même origine, et par conséquent, un air de famille très prononcé. Toutes trois sont sur la plage, à la porte même du Casino.

Les propriétaires qui habitent la côte de Fécamp sont relativement assez loin de la mer ; aussi, pour la plupart, ils s'y rendent ou tout au moins en reviennent en voiture.

Offenbach est le premier occupant : villa superbe, le plus grand et le plus beau salon d'Etretat. Petit salon peint par Benedict-Masson, cabinet de travail boisé jusqu'au plafond, grande cheminée en chêne sculpté, sur laquelle se détachent en plein bois un violon, une flûte et un cahier de musique tout grand ouvert ; un motif d'Orphée aux Enfers et la Chanson de Fortunio, burinés au poinçon.

Un peu plus loin, sur la côte, l'imposant castel du prince Lubomirski ; plus haut, presque sur la crête de la falaise, une tour crénelée, ruine moderne, édifiée par Dollingen, un courtier d'annonces qui fut homme de lettres à ses heures.

Dollingen était fier de son castel ; il avait hissé sur sa plate-forme un canon que l'on tirait lorsque le maître arrivait de Paris ; au canon il ajouta bientôt une bannière féodale, puis une potence à laquelle il attacha un squelette humain. Du coup, l'autorité locale intervint et un arrêté motivé de M. le maire supprima potence, bannière et canon.

Dollingen ne s'en put consoler. Il vendit son château-fort moyennant une rente viagère de vingt-cinq mille francs, et mourut trois mois après.

A quatre heures de l'après-midi, on redescend à la plage. Même tableau que le matin.

A six heures et demie, on rentre pour dîner, et le soir, si l'air est pur, le temps clair, on va rêver une heure ou deux au Casino ou sur le galet.

Outre les propriétaires, il y a une population flottante assez considérable à Etretat. Cette population se répartit entre les trois principaux hôtels du pays : l'hôtel Blanquet, l'hôtel Hauville et l'hôtel des Bains.

L'hôtel Blanquet est le mieux situé et par conséquent le plus fréquenté.

De son vivant le père Blanquet était ami de ses clients. Alphonse Karr le tenait en estime particulière, et lui avait donné son portrait avec une affectueuse dédicace. Lepoitevin lui avait brossé son enseigne, qui représentait la plage avec les baigneurs et les caloges échoués, grands bateaux de pêche hors de service.

La maison est aujourd'hui dirigée par Mme Blanquet, qui a soigneusement retiré de la façade, où elle s'écaillait l'enseigne de Lepoitevin, et l'a remplacée par une copie, d'ailleurs fort exacte, et que les habitués admirent de confiance.

La vie d'hôtel est, à Etretat, ce qu'elle est partout. On déjeune et dîne aux mêmes heures et la table d'hôte est conforme au modèle banal.

(...) *Avant de raconter les anecdotes qui courent, terminons en peu de mots la galerie des célébrités. On rencontre chaque jour sur la terrasse MM. Lehmann, Paccini, Vizentini, Aaron, Nozal (un jeune peintre en train de devenir un grand peintre), Vrignault, Brizard (un homme aimable surnommé l'ami des artistes), et un autre homme, également aimable, M. Mathis, surnommé l'ami des... actrices.*

Mlle Dica-Petit promenait la semaine dernière sa royale beauté sur les galets de la plage.

Enfin, pour la joie des spectateurs, un groupe d'anciens beaux, à la moustache teinte, piliers du skating et des Folies-Bergère, rôdent autour de vertus faciles, avec leurs figures grimaçantes de vieux polichinelles obscènes.

La jeunesse gaie est dignement représentée par une bande de joyeux garçons, presque tous artistes. Les peintres Georges Merle, L'archer, Lepoitevin et leur ami, fils de peintre aussi, Armand Ytasse, tirent de bruyants feux d'artifice et promènent à travers le pays des retraites aux flambeaux qui font apparaître aux fenêtres des têtes indigènes en bonnet de coton.

(...) *Une nouvelle pour finir :*

La vieille église d'Etretat, un bijou roman, possède un orgue essoufflé, languissant, dur de touches et quasi aphone.

La colonie artistique d'Etretat a décidé de le remplacer au moyen d'une souscription. Faure, le grand chanteur, s'est mis à la tête du mouvement et l'on annonce pour le dimanche 21 un concert spirituel dans l'église même. Faure chantera, et aussi Mlle de Miramont, une artiste de beaucoup de mérite, et qui devrait bien se décider à entrer hardiment au théâtre.

Le fils d'Offenbach, Auguste Offenbach, un jeune virtuose qui pourrait bien devenir un maestro malgré père et mère, fera entendre les derniers soupirs de l'orgue ancien, au profit de l'orgue nouveau.

Les places coûtent 20 et 30 francs.

Il est déjà presque impossible de s'en procurer.

Sur quoi je signe

CHAUDRONS DU DIABLE
20 août 1880. »

Jusqu'à l'avènement de la photographie, la gravure était le seul moyen de reproduire des images et de vulgariser les œuvres d'art. La gravure sur cuivre ou sur acier, attaquée à la pointe sèche, aux acides ou encore par d'autres méthodes plus ou moins complexes, résulte toujours d'une morsure du métal. Passée à l'effort répété de la presse, la qualité de la morsure s'émousse. Une plaque ne peut donc être reproduite indéfiniment au risque de devenir une gravure sans nervosité. Le travail de la gravure est toujours laborieux, coûteux et réservé à des spécialistes. La presse du XIXe siècle utilisa beaucoup la gravure sur bois pour son aspect pratique. La découverte de la lithographie permet de répondre à la formidable demande d'images, qu'elles soient techniques, touristiques ou botaniques. La lithographie a l'avantage de pouvoir être dessinée par un non-spécialiste de la gravure, donc par le peintre lui-même. Cette technique permet au baron Isidore Taylor et à l'écrivain romantique Charles Nodier, dès 1818, de lancer ce gigantesque ouvrage que sont « Les Voyages pittoresques et romantiques dans l'ancienne France », auquel participent la plupart des artistes de la génération de 1830 : Bonington, Eugène Isabey, Harding, Cicéri, Dauzats et bien d'autres. En 1820 paraît le tome I consacré à la Normandie, puis le tome II en 1825 avec des gravures de Bonington. Le dix-neuvième et dernier volume de la collection est édité en 1878. L'ensemble comporte deux mille sept cents lithographies. Etonnamment, Isabey illustre l'Auvergne. Taylor, écrivain, voyageur, inspecteur des Beaux-Arts puis des musées, sera nommé baron en 1825, à l'occasion du sacre de Charles X. A côté de cet ouvrage monumental, une multitude d'éditeurs demandent aux artistes des recueils de vues pittoresques de toutes les régions de France et même des colonies (Riou illustre beaucoup de livres sur l'Afrique). Les vues des ports de France semblent avoir la préférence du public. S'y attaquent Garneray, Isabey et Mozin. Les costumes plaisent aussi énormément.

Etretat n'échappe pas à cet engouement. Plus d'une centaine de gravures qui, en général, représentent la falaise sont gravées. Si l'intérêt d'un grand nombre d'entre elles est très relatif, aucune ne manque de charme. Chaque gravure correspond à l'esprit du livre dans lequel elle s'insère. Diffusée, elle peut être un outil de propagande ou tout au moins de publicité.

LES GRAVURES_

ROMANTIQUES

La gravure la plus connue, reprise en plusieurs formats et techniques et légendée aussi en anglais et en allemand, est la lithographie de Cuvillier où un trois-mâts se trouve drossé contre la falaise d'amont. Un canot vient-il au secours ou les naufragés ont-ils réussi à mettre un canot à la mer ? Qu'importe, l'impuissance de l'homme face aux éléments déchaînés est tout aussi évidente que la fin inéluctable du navire. La manière de Cuvillier d'accentuer la verticalité de la falaise, dressée comme un animal en colère, prouve sa connaissance de l'œuvre d'Isabey.

Tirée de « La Normandie illustrée », qui eut un énorme succès, la gravure très sombre de Bayot, lithographiée par Sabatier, semble une vue de nuit. Les activités balnéaires traditionnelles, malgré une mer tumultueuse qui n'incite pas à la baignade prouvent qu'il n'en est rien. Le manque de lumière de la gravure confère à la plage un aspect fantomatique et tend à confondre les personnages avec le paysage. A l'inverse de la gravure précédente c'est, cette fois, la partie du golf qui paraît totalement irréelle.

La lithographie de Mozin est d'un romantisme plus retenu que celle de Cuvillier. Elle rappelle l'ex-voto de Legrip offert par l'Empereur. La scène ne montre pas l'instant du naufrage mais le moment où les naufragés atteignent la côte. Ce qui permet au graveur de dessiner une vue d'Etretat et de dédramatiser quelque peu la scène.

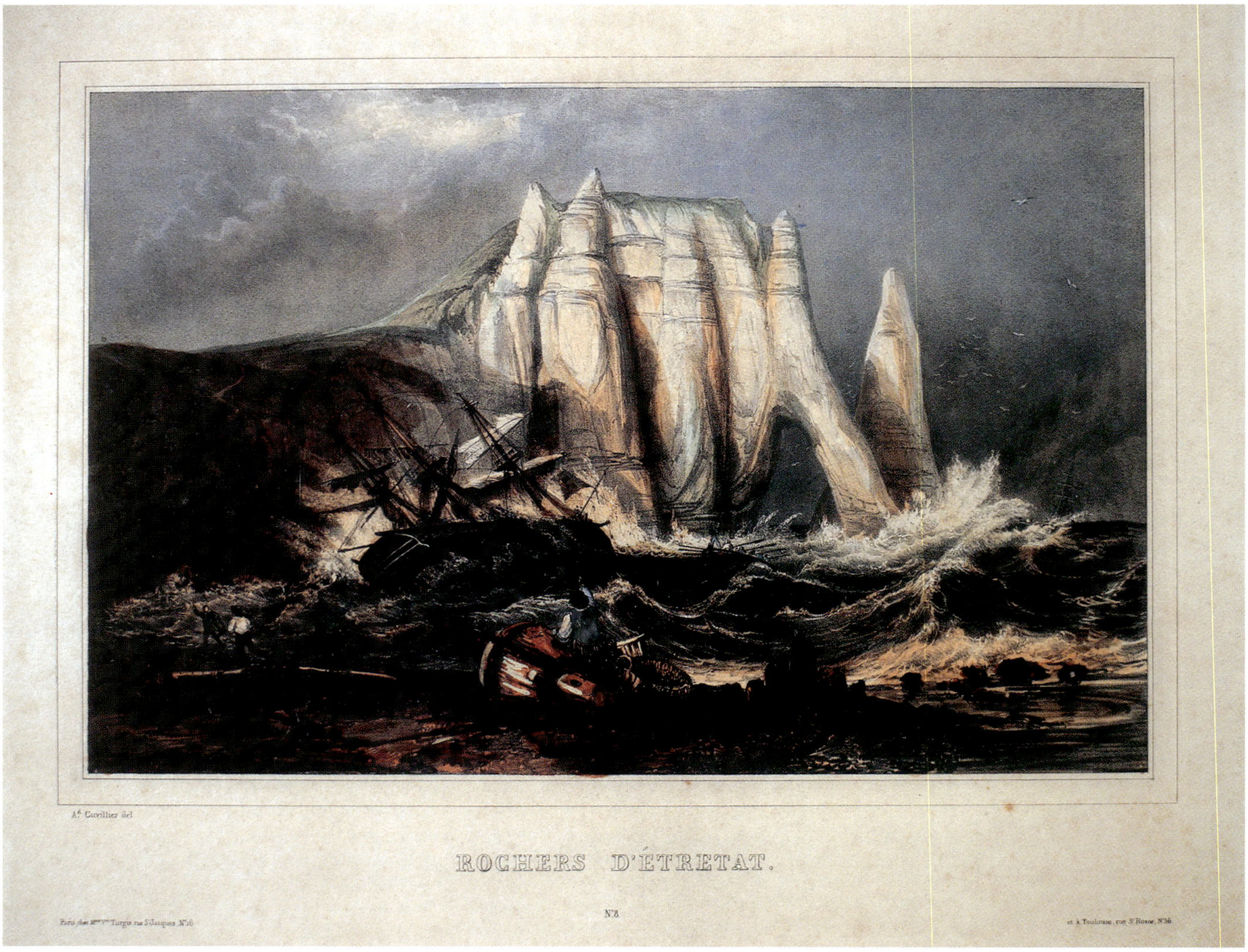

Les Rochers d'Etretat, gravure sur acier par Cuvillier, XIXe siècle, COLL. PRIVÉE, © C. DES BROSSES.

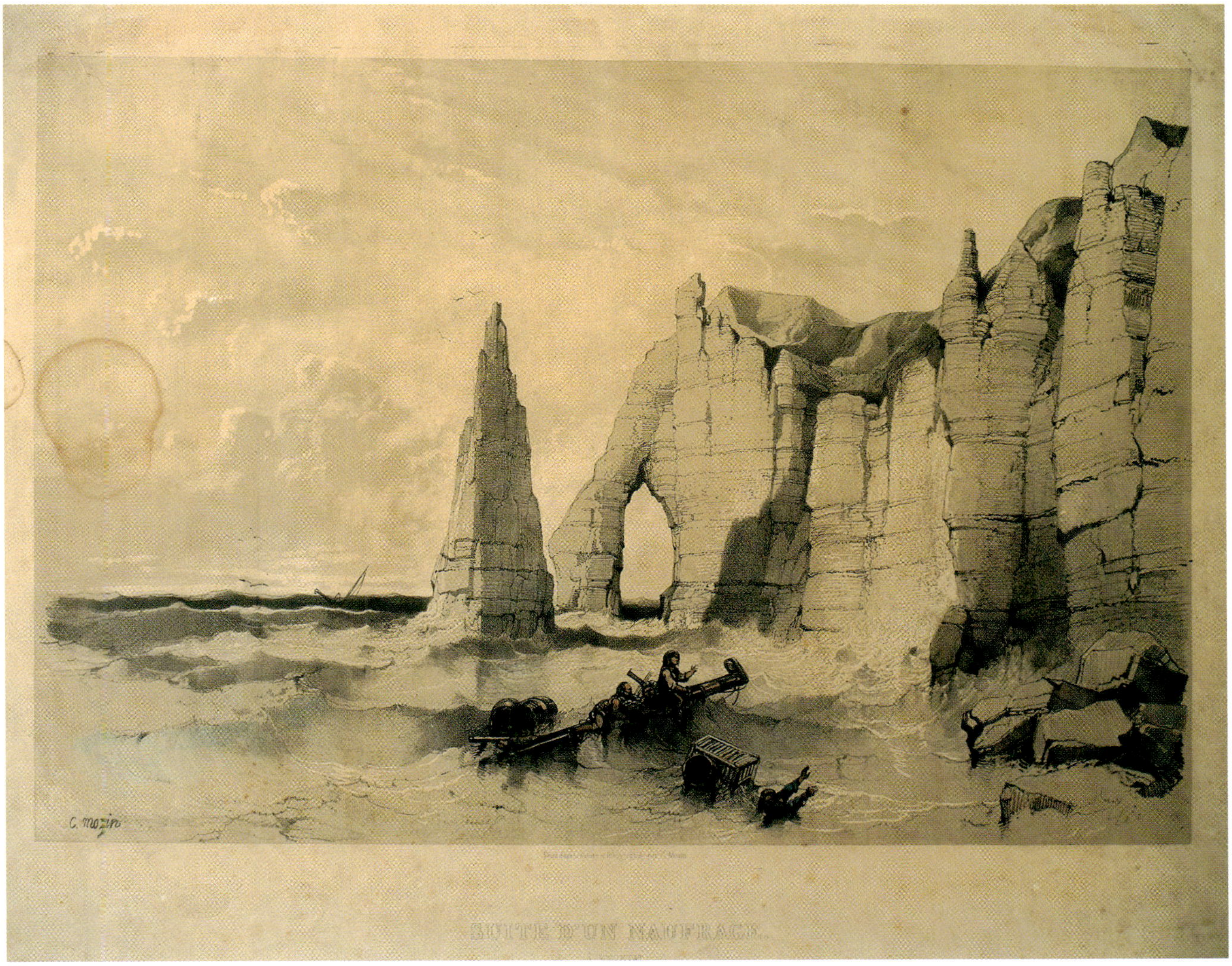

Le Naufrage,
lithographie par Mozin.
COLL. PRIVÉE, © C. DES BROSSES.

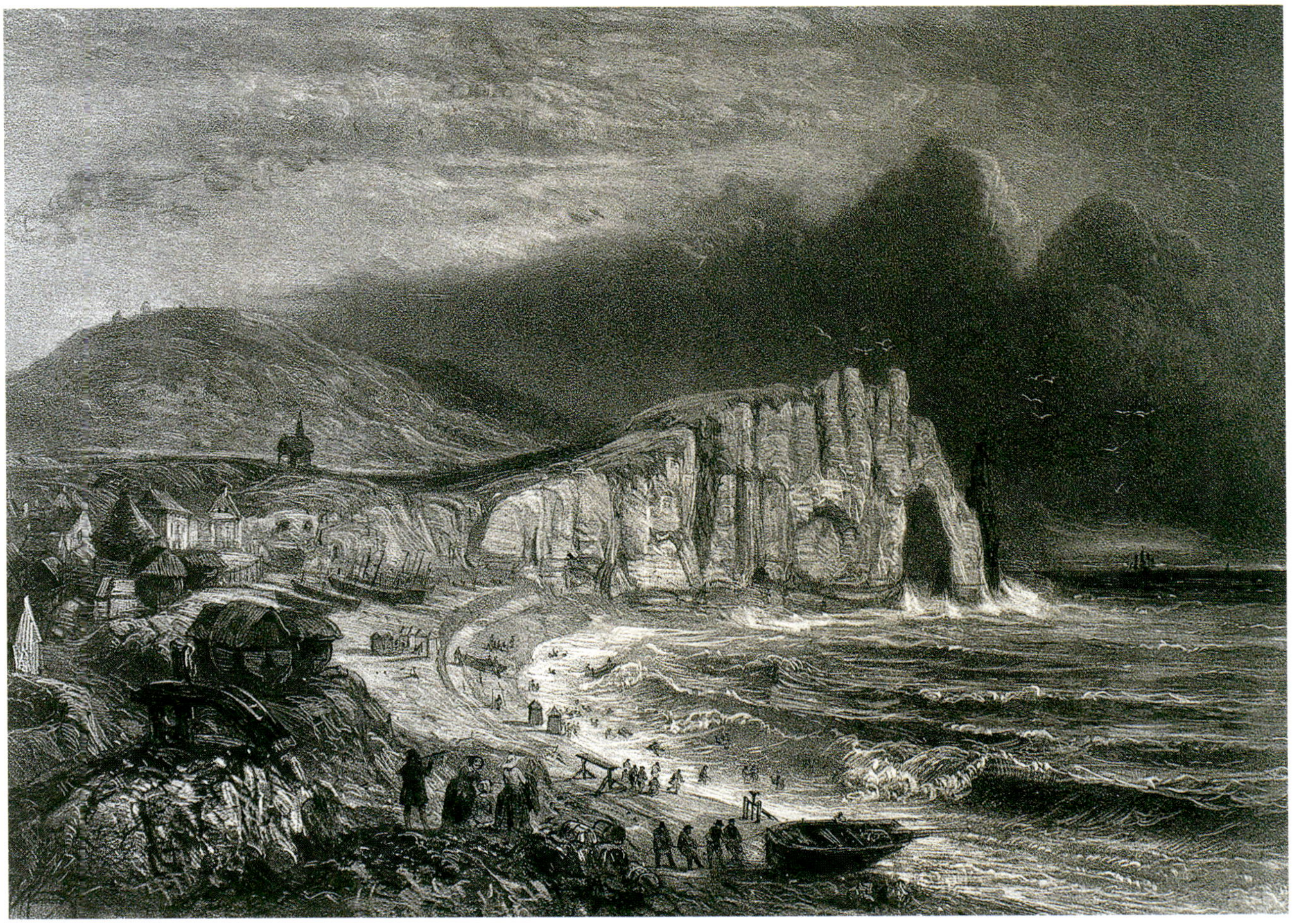

Etretat (Seine inférieure),
XIXe siècle, lithographie de Bayot tirée de « La Normandie illustrée »
COLL. PRIVÉE, © C. DES BROSSES.

PITTORESQUES

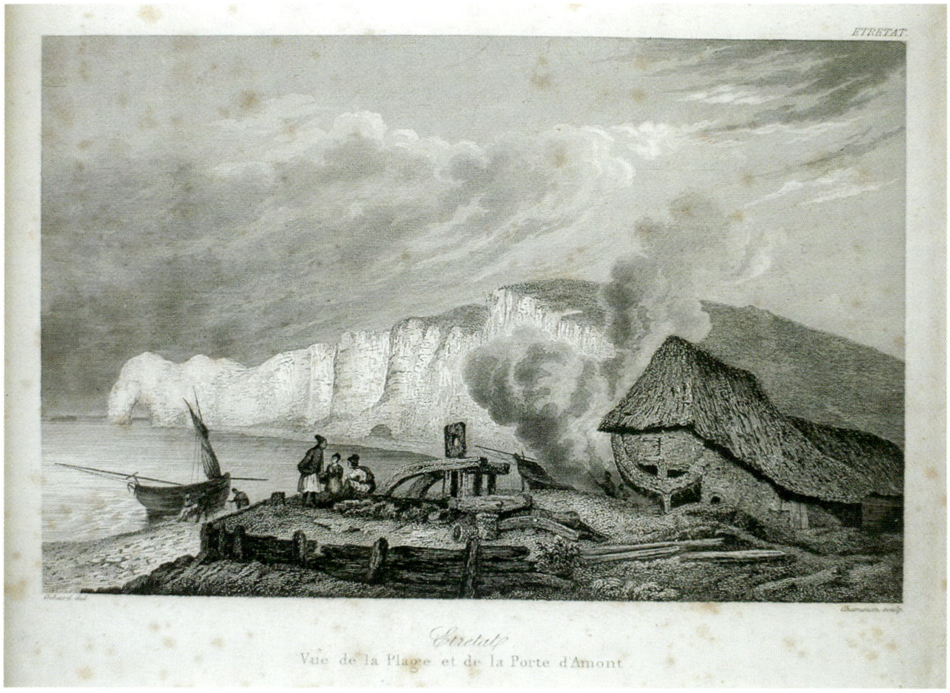

Pittoresques sont les gravures qui tentent de transcrire plus un esprit qu'une réalité topographique. Ces gravures s'attachent avant tout aux particularités du pays et mettent donc l'accent sur la population locale qu'elles représentent dans ses activités de pêche. Elles sont nombreuses et dégagent toutes une sérénité à l'opposé de l'esprit romantique. Les caloges, les cabestans, les caïques, tous ces éléments typiques servent de décor à des *ramendeurs*, des *vireurs* ou simplement des pêcheurs en palabres au « Bout menteux ». Un soin particulier est mis sur l'habillement et les accessoires. La mer est calme et la vie se déroule, tranquille. Aucun signe n'indique la trace de la révolution balnéaire car ces gravures veulent montrer un site préservé, une nature originelle, un ailleurs non souillé.

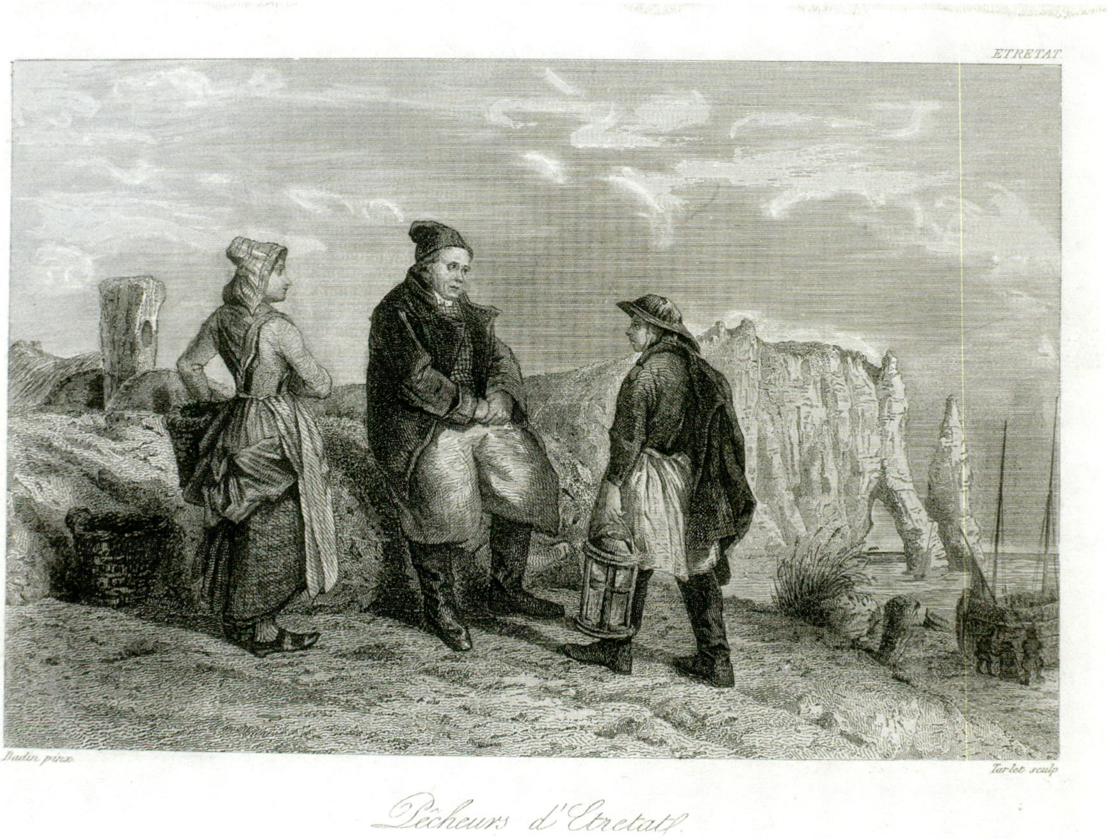

En haut : ***Etretat, vue de la plage et de la porte d'amont***, **XIXe siècle, gravure sur acier par Ochard.**
COLL. PRIVÉE, © C. DES BROSSES.

Ci-contre : ***Pêcheurs d'Etretat***, **1841, gravure sur acier de Badin gravée par Tarlet, illustration de « Album du voyage au Havre et aux environs » par Joseph Morlent.**
COLL. PRIVÉE, © C. DES BROSSES.

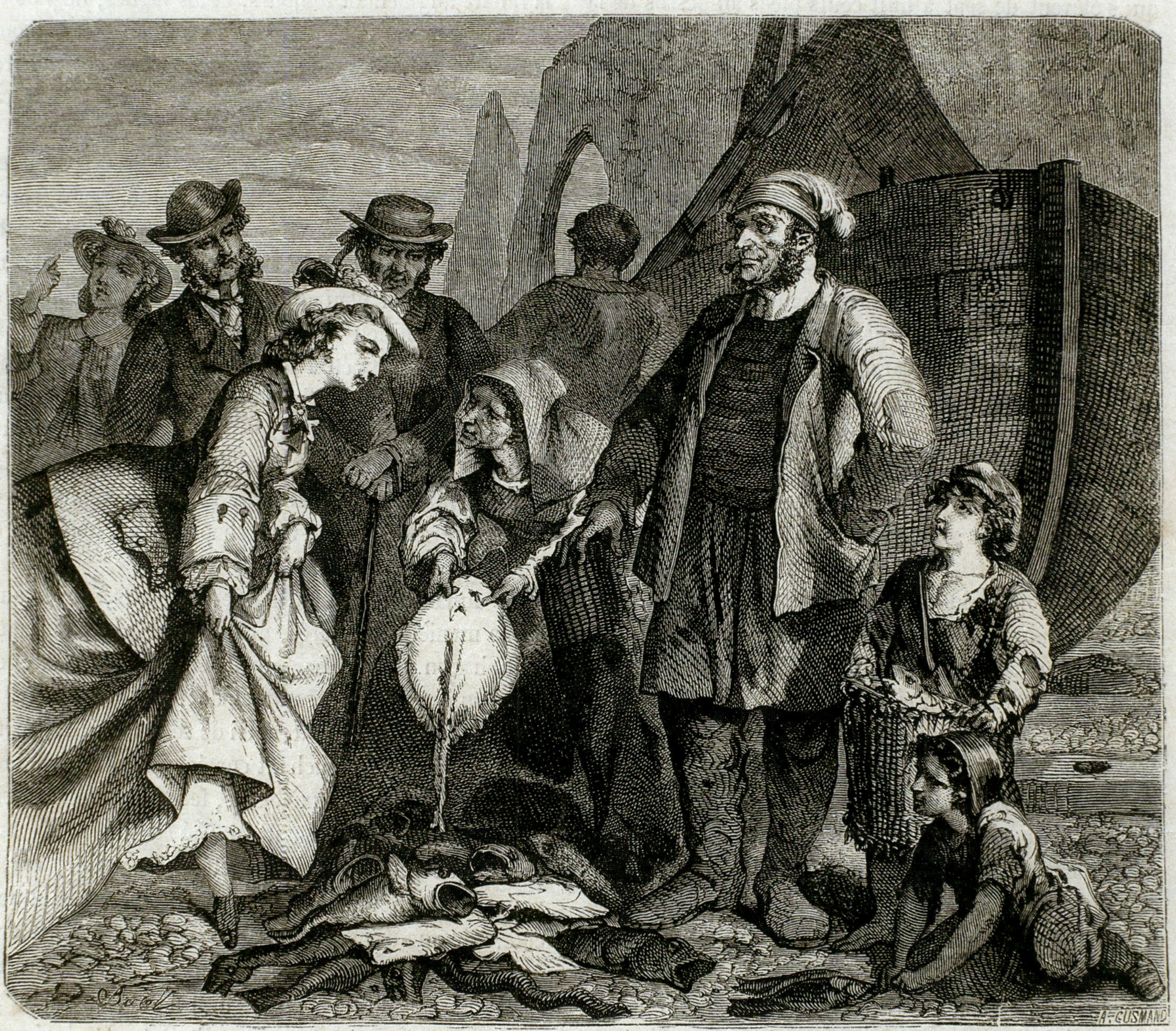

Sur le galet.

Sur le galet, bois gravé par Bertall.

DOCUMENTAIRES

La gravure documentaire a été particulièrement traitée par Deroy. Pour « La France en miniature » il reçoit d'abord commande de deux lithographies en pendants qui se veulent un panorama le plus complet du site : la plage à usage de la pêche et des bains, le village à la fois traditionnel et balnéaire, et la falaise. Deroy, l'été 1855, pour représenter l'amont, s'est placé au même endroit que Morel-Fatio et sans doute à la même époque. Rien n'est omis, les fenêtres des maisons sont à leur place ainsi que les bateaux. C'est une image d'Etretat des plus réalistes, et tel est bien l'esprit de ce livre qui se veut un outil au service de la vérité géographique.

Quelques années plus tard, une réédition est envisagée. Mais, durant ce laps de temps, des transformations ont eu lieu. Deroy a donc repris ses pierres et a corrigé certains détails pour témoigner avec le plus de précision possible. Dans la gravure représentant la vue prise de la falaise d'aval, on voit au premier plan la transformation de l'*Hôtel Blanquet*, puis la nouvelle terrasse du casino (1865) et, sur la falaise d'amont, la construction d'une villa et surtout celle de la chapelle (1854) et du sémaphore (1861) ; ce qui permet de préciser une datation postérieure à 1865. A ce pendant, il ajoute une troisième vue où est représentée au premier plan la chapelle flambant neuve. Deroy est le seul à avoir gravé un triptyque d'Etretat. Il offre, à travers cette série, un fidèle témoignage de sa transformation.

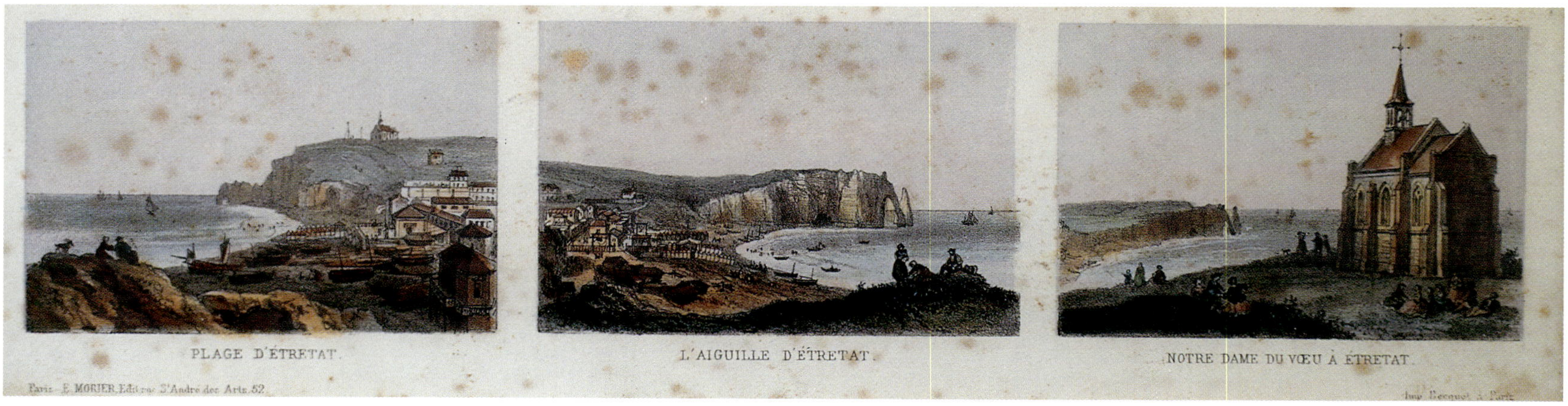

Suite de 3 gravures, vers 1875, lithographies en couleur dessinées et gravées par Deroy. COLL. PRIVÉE, © C. DES BROSSES.

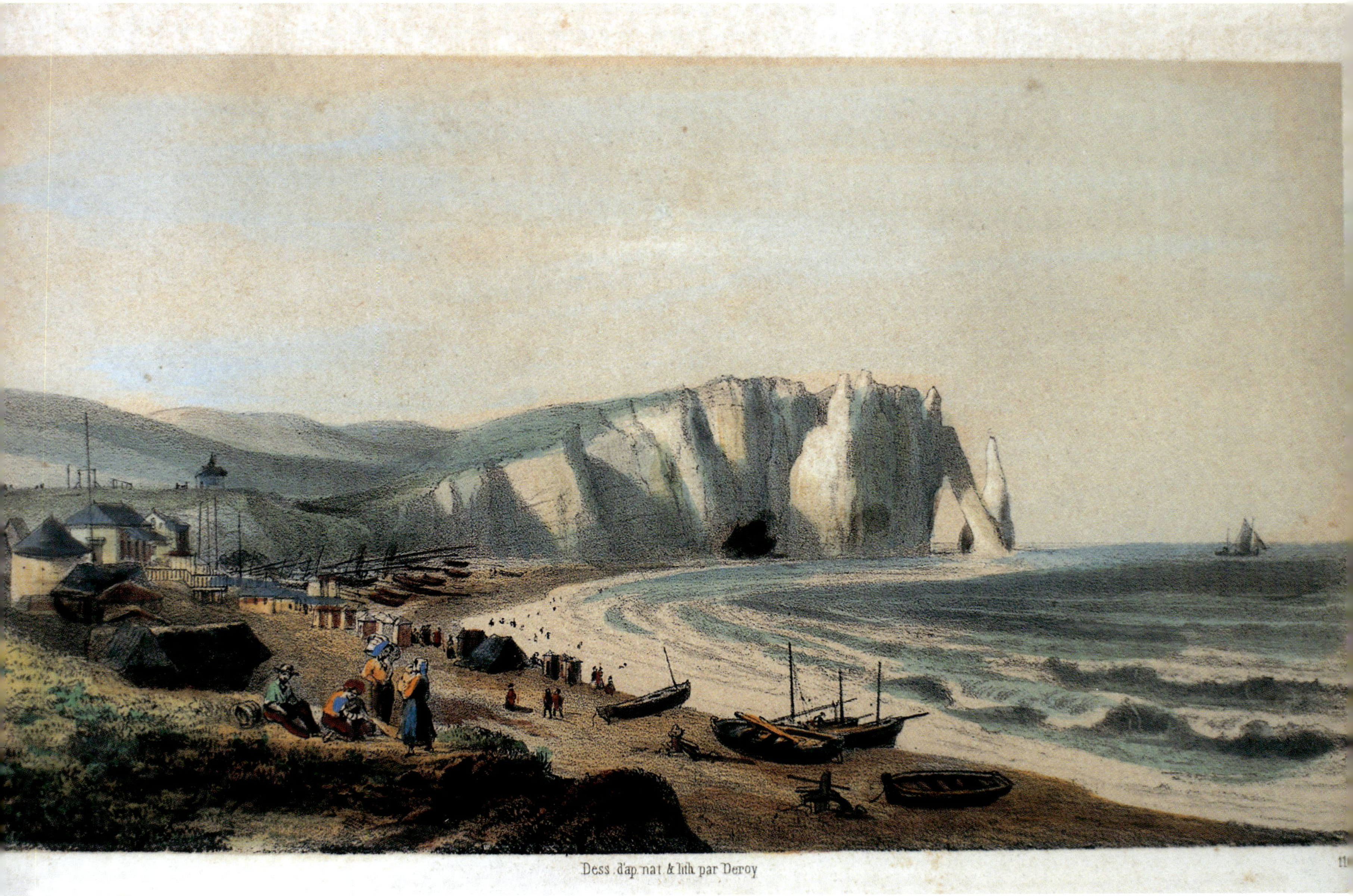

Deroy. *Etretat, Vue de l'aiguille*, lithographie en couleur, 1835. ETRETAT, COLL. PRIVÉE, © C. DES BROSSES.

PUBLICITAIRES

Savoir répondre au désir du commanditaire est indispensable au métier de graveur à une époque qui a déjà compris la puissance de l'image. Deroy connaît ce postulat. Quand une gravure pour la série des « Promenades en tous pays » lui est commandée, il dessine un univers tout différent de celui restitué pour « La France en miniature ». Le but, ici, est de vendre du farniente, du loisir et de l'oisiveté. Un casino, des cabines de bain bien alignées et toute une foule se prélassant au soleil sous de charmantes ombrelles, tandis que dans l'eau se baignent en farandoles et embrassades quelques vacanciers en plein bonheur, voici le tableau d'une gravure publicitaire. D'ailleurs, existe-t-il un village en cet endroit ? La gravure ne le dit pas. Pas plus que le lecteur ne pourrait imaginer la moindre odeur de poisson puisque ni port, ni bateau, de pêche ne figurent dans cette image que l'on peut qualifier de mensongère.

Promenades en tous pays, XIXe siècle, lithographie par Deroy. COLL. PRIVÉE.

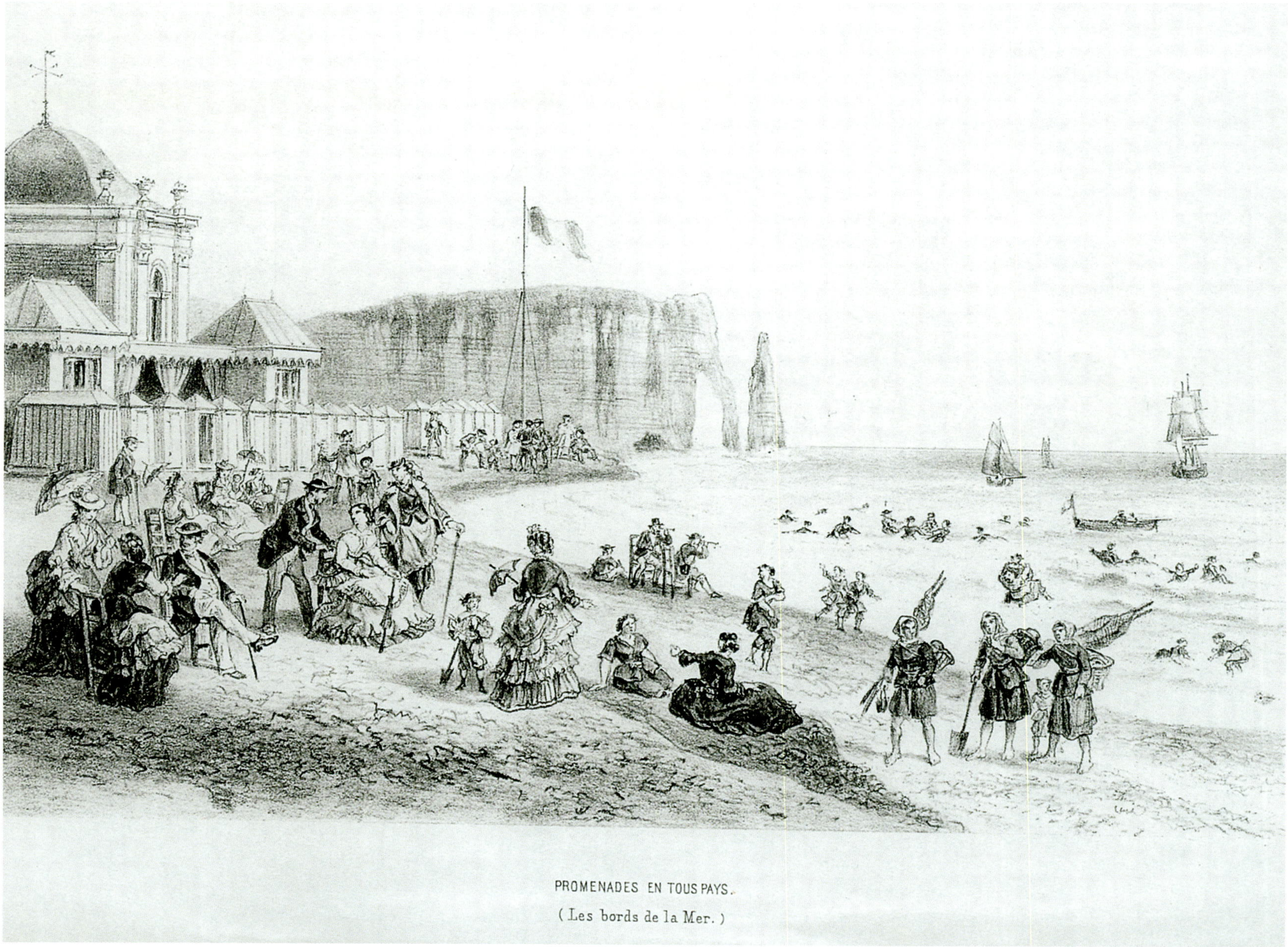

A L'ENVERS ET FANTAISISTES

Graver est un métier qui ne s'improvise pas. Les graveurs connaissent le principe de l'inversion du dessin, ce qui est à droite sur la plaque s'imprime sur la gauche du papier. C'est pourquoi le graveur se doit d'utiliser un miroir quand il travaille. Apparemment tout le monde ne le sait pas, y compris des as du burin tel le dénommé Rousseau, qui réalise ce bois gravé d'après une œuvre de Le Poittevin. Voici donc la falaise d'aval, à droite de l'image, comme si les pêcheurs halaient leur bateau sur la plage de Jambourg, ce qui, vu la configuration du terrain, est impossible. Rousseau n'est pas le seul à commettre cette erreur, et les images inversées d'Etretat pourraient faire l'objet d'une collection originale.

Enfin les gravures fantaisistes, ceux qui ne s'embarrassent pas de scrupules réalistes et qui œuvrent bien loin du site, pensant certainement, et peut-être à juste raison, que la commande ne mérite pas un tel voyage. Gustave Doré est le meilleur de ceux-là qui copie certainement la gravure de Cuvillier pour avoir une idée de la forme de la falaise. On ne peut qu'admirer son sens de l'invention, notamment quant à la forme de l'habitat. La Normandie n'a certainement jamais été son lieu de villégiature, et s'il y est venu, quel ne dut pas être son étonnement ! Le plus drôle, au-delà du côté burlesque, est ce cheval tirant charrette au milieu de la baie. Cette charrette existait mais en d'autres lieux, là où le sable le permettait. Les femmes s'asseyaient à l'arrière de la voiture, et celle-ci entrait doucement dans l'eau à reculons afin que les baigneuses puissent tremper leurs pieds sans se mouiller le reste du corps. Déjà, dans sa composition humoristique *Les Bains de mer* (p. 19), les chevaux s'avançaient vaillamment de front vers la mer, transportant les passagers comme des prisonniers dans un fourgon de police.

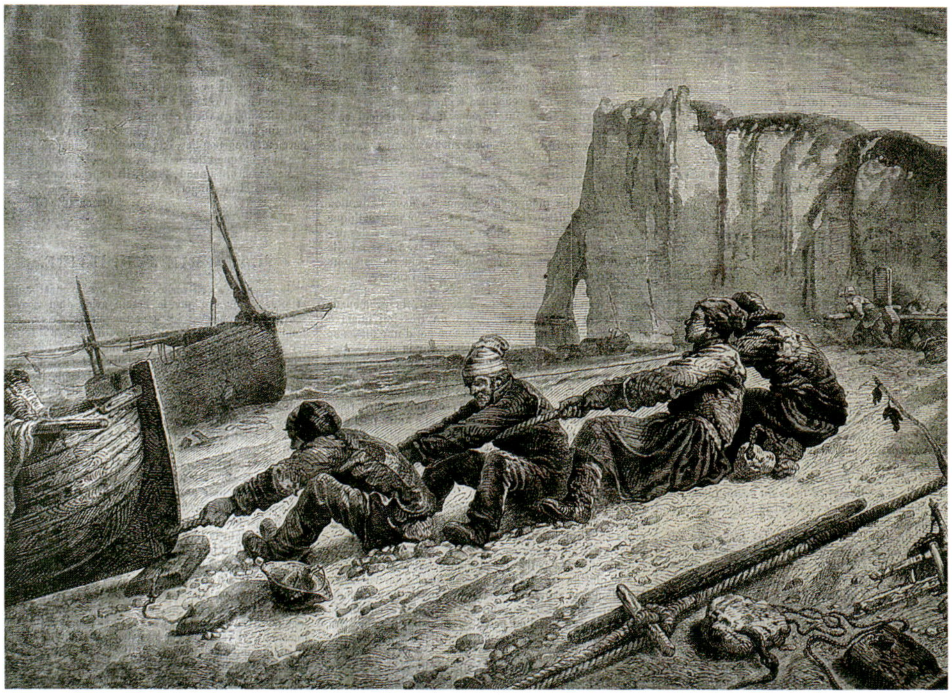

Au bord de la mer : le halage d'un canot, gravure sur bois de A. Rousseau d'après un tableau d'Eugène Le Poittevin. COLL. PRIVÉE.

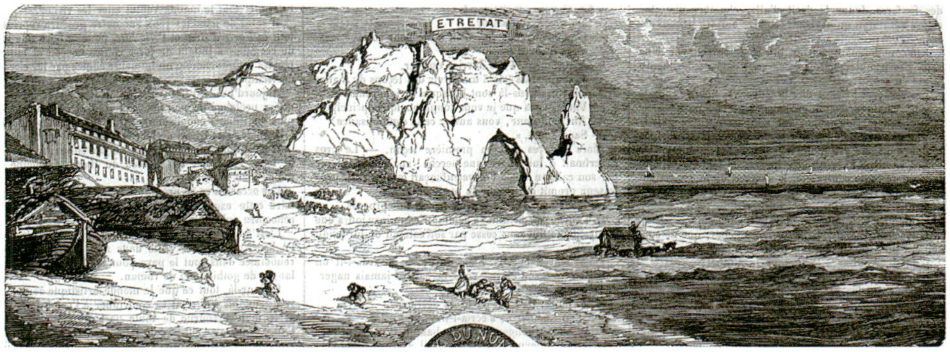

Etretat, gravure sur bois par Gustave Doré. COLL PRIVÉE.

A partir des années 1870, la peinture subit un bouleversement avec l'apparition des impressionnistes. Déjà, en 1866, le premier Salon des Refusés avait attaqué les fondations de la peinture classique. En 1868, Zola écrit : « Le paysage classique est mort, tué par la vie et la vérité. » Durant trente ans l'impressionnisme dominera la peinture, jusqu'à ce que des écoles comme le fauvisme et même l'abstraction, au tout début du xxe siècle, viennent de nouveau chambouler ces théories nouvelles.

Dorénavant, il n'est plus possible de regarder et de transcrire le paysage avec les conceptions classiques. La vision romantique devient réactionnaire et le pittoresque ridicule face à la concurrence de la photographie. Plus encore qu'auparavant, les artistes vont se frotter au paysage. Mais ce qu'ils vont chercher au contact de la nature n'est plus le sublime, ni le miroir de leurs sentiments. Ces artistes veulent comprendre la volatilité de la lumière et transcrire ses changements permanents. Avec ses gris si subtils et sa lumière incomparable la Normandie leur sera un terrain de choix. Ces gris que l'on reprochera si souvent à Boudin. Pour capter la lumière particulière à chacun de ses tableaux, Monet court en six endroits différents d'Etretat la même journée. Le naturalisme a donc encore de beaux jours, mais un naturalisme plus sensible aux aléas du climat et moins anecdotique.

La modernité n'est pas un vain mot. C'est pourquoi Boudin, Jongkind ou Monet s'intéressent peu au travail des pêcheurs afin de ne pas être obligés de représenter les habits traditionnels. Leur propos n'étant pas d'être des témoins des événements sociaux, ils ne représentent pas plus la vie balnéaire. A Etretat, seule la nature leur importe.

Les palettes s'éclaircissent. Sur la toile, les ombres deviennent mauves ou vertes au grand dam d'un public effaré. Mais, comme l'écrit Zola dans son compte rendu du Salon de 1880 pour « Le Voltaire », « cette force fatale est le souffle du siècle qui passe ».

Pour l'historien, cette période marque le début de l'art moderne car cette révolution met un terme définitif au pouvoir séculaire de l'Académie. La réaction romantique était littéraire et philosophique mais bien peu plastique, la révolution impressionniste, elle, est purement picturale, qui fait table rase des préceptes classiques et sera le berceau de toutes les écoles futures.

Ironie de l'Histoire, à deux pas d'Etretat, Jean-Paul Laurens, Yportais, sera le dernier représentant de la peinture vouée à l'allégorie historique, devenant ainsi le dernier avatar de l'académie ; cerné, jusque sur son propre territoire par tous les peintres de la modernité. Un regret, pour cette période, celui de ne pas avoir de trace du passage de Toulouse-Lautrec en 1895 et de celui d'Edouard Vuillard en 1899.

1870-1900
LES PEINTRES DE LA LUMIERE

EUGENE BOUDIN
1824-1898

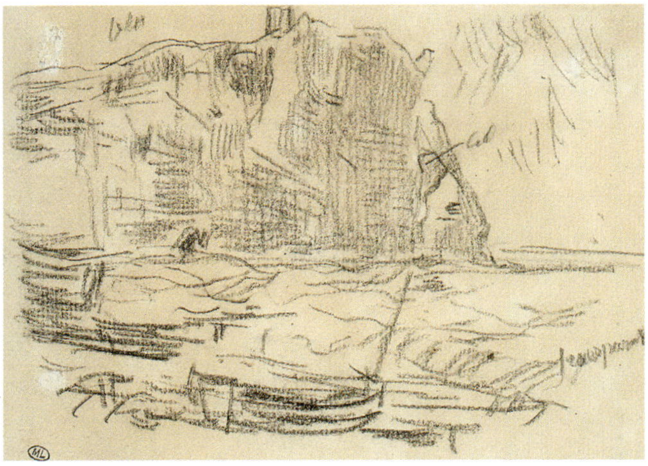

Eugène Boudin. ***Falaises d'Etretat*, dessin, 12,4 x 17,5 cm**

MUSÉE DU LOUVRE (FONDS ORSAY), CLICHÉ RMN, MICHÈLE BELLOT.

Eugène Boudin naît en 1824 à Honfleur, rue Bourdet. Son père, Léonard-Sébastien Boudin commande un petit bateau, *Le Polichinelle*, qui fait le trajet Honfleur-Rouen. Eugène, comme tout fils de marin, est destiné au métier de son père mais, à dix ans, il tombe du *Polichinelle* et manque se noyer. Malgré son goût pour la mer, qu'il conservera toute sa vie, sa mère refuse alors qu'il devienne marin et l'envoie à l'école des Frères au Havre, où la famille vient de déménager. A douze ans Eugène est commis dans une papeterie. Il s'installe à son compte en 1864, associé à un certain Acher, rue de la Communauté, actuelle rue Masurier. La papeterie est prospère, et Boudin n'hésite pas à mettre dans sa vitrine des tableaux d'artistes dont le périple passe par Le Havre (Isabey, Troyon, Millet, Couture...). Il s'aperçoit de son irrésistible attirance pour l'art et décide d'être peintre. Sa seule formation artistique est un bref séjour chez Troyon à Paris en 1847, qui lui apprend le pastel, et un voyage en Belgique en 1848 où, grâce au baron Taylor, il accompagne le sculpteur Rocher ; ce qui lui permet de connaître les peintres flamands. En 1850, Boudin envoie plusieurs œuvres à l'exposition havraise de la Société des Amis des Arts. Deux tableaux lui sont achetés et la ville du Havre lui octroie une pension de mille deux cents francs (en concurrence avec Charles Lhullier). De ces trois années d'apprentissage, Boudin revient plus perplexe que jamais, sentant son originalité en danger. Boudin est ce que l'on appelle de nos jours un « self-made-man », fait assez rare dans l'histoire de l'art du XIXe siècle. Sa force est d'avoir toujours refusé de se satisfaire d'à peu près, et surtout d'avoir sur son propre travail un jugement sans complaisance. Ainsi de son premier envoi au Salon, *Le Pardon de Sainte-Anne-la-Palud*, acheté cinq cents francs par la ville du Havre et dont il est fort mécontent. Boudin sait déjà ce qu'il cherche : rendre cette atmosphère si particulière du bord de mer, sentir le vent et l'iode et ce bon vent d'ouest qui *« pousse au cul »* les bateaux vers le port du Havre.

La nécessité de peindre sur le motif lui semble une évidence. *« Tout ce qui est peint directement et sur place a toujours une force, une puissance, une vivacité de touche qu'on ne retrouve plus dans l'atelier ; trois coups de pinceau d'après nature valent mieux que deux jours de travail au chevalet. »* Il comprend la nécessité de sortir de la boue des couleurs, ce marron qui revient sans cesse sur la palette quand elles se mélangent chimiquement. Et puis aussi abandonner le bitume, cette plaie du siècle. *« Je sens cette ampleur, cette délicatesse, la brillante lumière qui transforme tout à mes yeux en buissons enchanteurs et je ne puis pas faire sortir cela de ma boue des couleurs... »* (lettre du 12 décembre 1584). Il dira encore : *« Evitez les tons sales », ou « Il faut employer les tons dans leur fraîcheur et chercher à faire éclatant »*. Et pourtant, c'est dans les gris qu'il excelle, ce gris que l'on retrouvera dans la palette d'un autre havrais quelques années plus tard : Georges Braque.

Mais Boudin mène une vie misérable au Havre. Heureusement, il devient très ami avec Courbet qu'il y rencontre et aussi avec Baudelaire qu'il connut à Honfleur et qui écrivit un article sur sa peinture dans « La Revue française ». Ses amis, dont Monet, le poussent à quitter *« cette ville de coton »* (Monet, 19 mai 1959). En 1861, il se décide à se rendre à Paris où il fait la connaissance de Corot, qui l'appelle *« le roi des ciels »*, rappelant ce que lui avait dit Courbet : *« Nom de Dieu, Boudin, vous êtes un séraphin, il n'y a que vous qui connaissiez le ciel. »* Mais il revient vite à Honfleur, happé par l'air du large, et c'est vers les années 1870 que Boudin commence à connaître le succès qu'il explique par les prix élevés pratiqués par Jongkind, qui *« est*

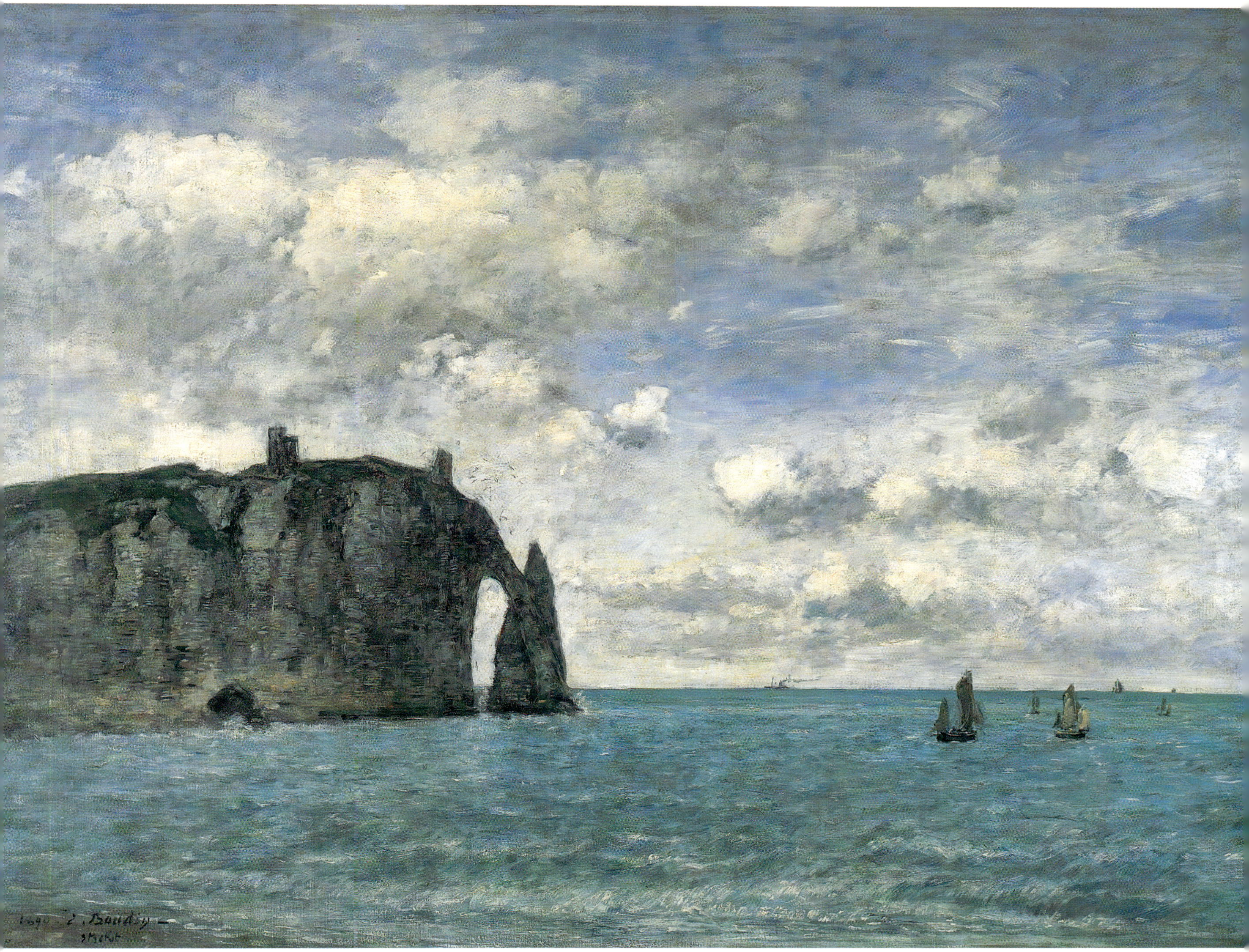

Eugène Boudin. *Etretat, la falaise d'aval,* 91 x 130 cm,

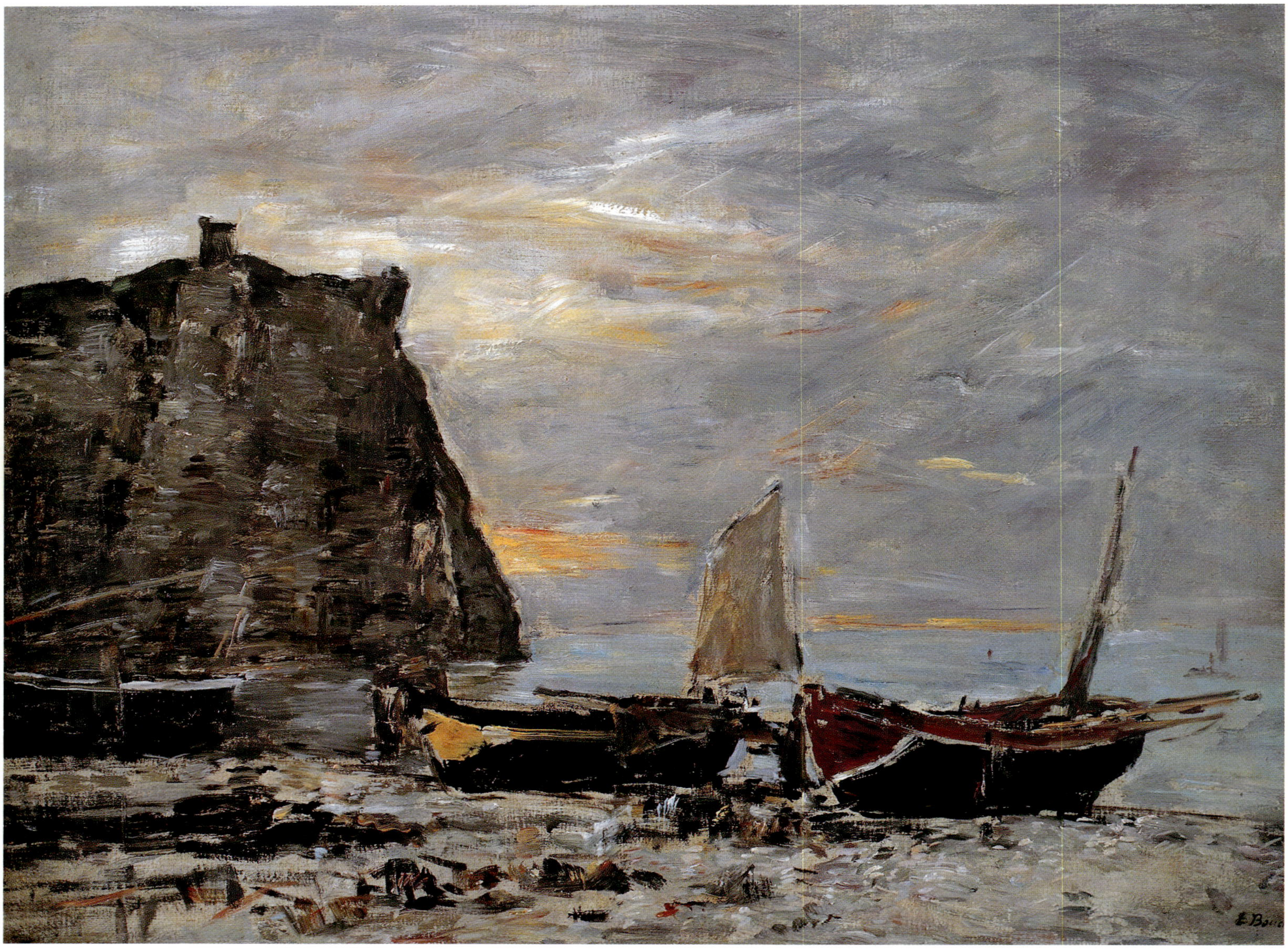

Eugène Boudin. ***Les Caïques,*** **41 x 55 cm.**
PARIS, COLL. PRIVÉE, © C. DES BROSSES.

actuellement l'objet d'une spéculation effrénée. Ses toiles sont payées huit cents et mille francs si bien qu'il en faut de moins chères pour tenir sa place dans le commerce et qu'on me choisit comme pis aller» (lettre à F. Martin, 16 décembre 1869). Jongkind, rencontré en 1862 (comme l'atteste une lettre du 6 juin 1863) et qui fut, après Isabey, l'un de ses rares maîtres.

Eugène Boudin vient à Etretat pour la première fois en 1854 avec son ami Berthoud. Il y exécute une importante série de dessins. D'Etretat il nous a laissé de nombreuses œuvres datées de 1887, 1890, 1894 et 1896.

Curieusement, à Etretat, Boudin ne s'est pas intéressé au monde des estivants, concentrant son attention sur la falaise, les bateaux, et ce motif typique d'Etretat que sont les lavandières. Boudin peint sur le motif mais noircit de nombreux carnets de croquis. Il se sert aussi de photos, essentiellement pour les groupes de personnages, qu'il utilise pour achever ses tableaux à l'atelier.

Quand Boudin peint les falaises, il se place presque toujours à la même distance de son sujet qui se situe au milieu de la plage. Souvent apparaît l'activité portuaire, mais, quand il choisit d'éliminer toute trace de terre, il continue de conserver l'espace réel entre la plage et la falaise. A aucun moment Boudin ne triche sur cette distance pour venir se coller à cette muraille et en accentuer la grandeur, comme le feront Delacroix et Monet. Il cherche avant tout à rendre l'atmosphère marine, non pas seulement d'Etretat mais de l'ensemble de la côte normande. Sa véritable préoccupation étant l'air et la lumière (donc une certaine forme de vide), Boudin n'aime pas emplir toute la toile du motif représenté.

Le thème des lavandières a vraiment fasciné Boudin qui traita aussi ce motif sur les bords de la Touques. Que ces vues soient plus ou moins rapprochées, les femmes

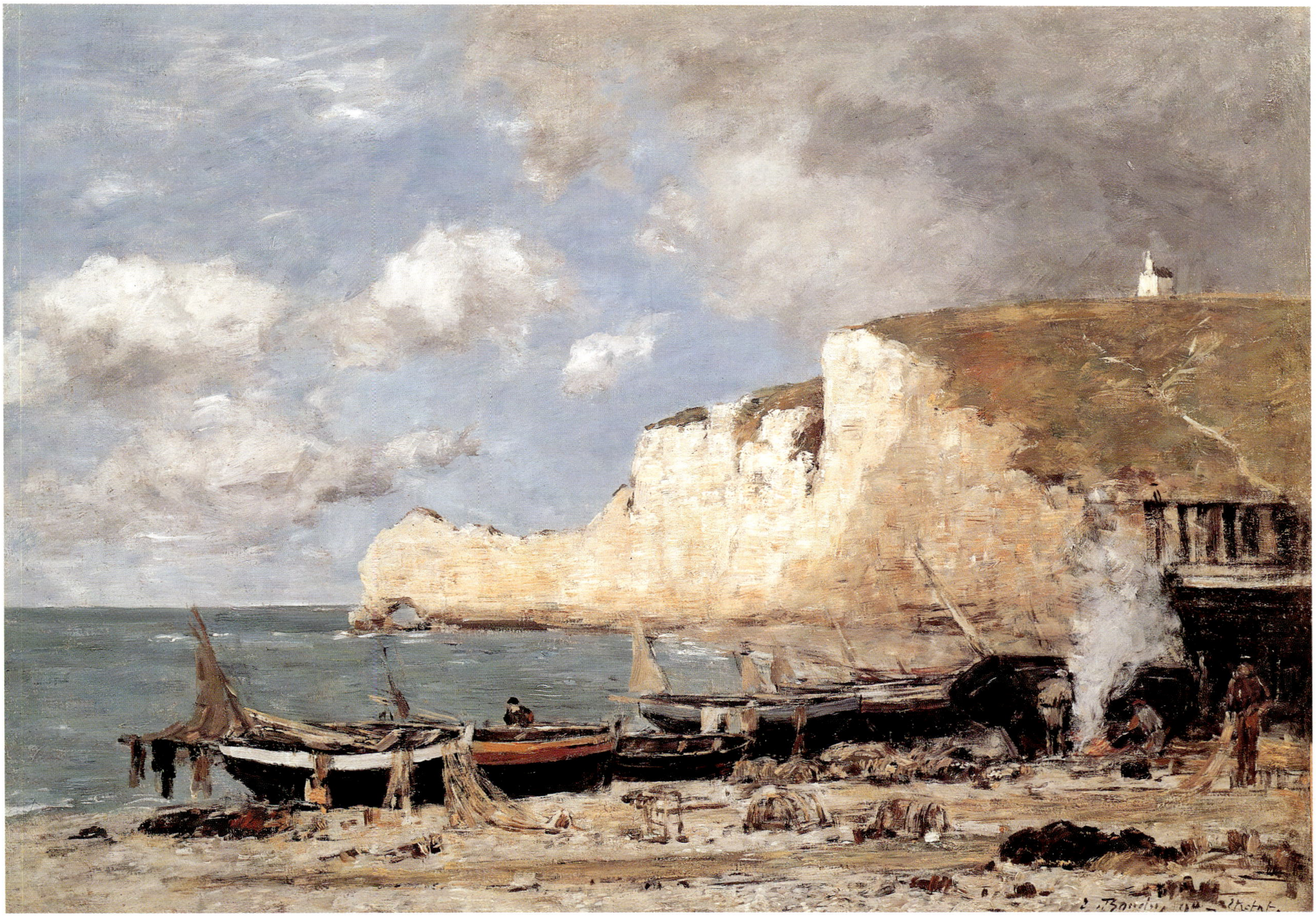

Eugène Boudin. ***Etretat, Barques échouées sur la plage et falaise d'amont,*** **46 x 65 cm.**

sont toujours traitées d'une manière abstraite, à la fois pour échapper au pittoresque mais aussi par méfiance de l'anecdote qui est l'ennemi de toute solution picturale. Il reste donc suffisamment éloigné de ce groupe pour le concevoir dans sa globalité, en tant que masse, et ne pas avoir à tomber dans le portrait individuel ou le type social. La comparaison avec le même thème traité par Henry Bacon, d'une façon totalement anecdotique, montre l'intelligence de la peinture de Boudin et il est étonnant qu'il ait été si longtemps considéré comme un petit maître. Une aquarelle, parmi les cinq mille sept cent-quarante feuilles du fonds Orsay du musée du Louvre, représentant les lavandières, procède du même état d'esprit. Ces formes n'ont pas l'intention de décrire une activité mais sont prétexte à créer un rythme. Le traitement des draps sur les galets, en une succession de lignes sinueuses en est la preuve. Là non plus, Boudin, quoique proche de son sujet, ne s'attache pas à la description d'une individualité.

Il faut reconnaître à Boudin le mérite d'avoir découvert Monet, qu'il rencontre au Havre, et de l'avoir incité à cesser de dessiner des caricatures pour le conduire vers la peinture. *« Si je suis devenu peintre c'est à Eugène Boudin que je le dois. »* Boudin est donc le maillon essentiel qui, en ce coin de Normandie, joue un rôle important dans l'aventure de la peinture moderne et relie Isabey à Monet en passant par Jongkind. *« Boudin (...), à son tour, influença les débuts de Claude Monet et (...) celui-ci, plus tard, exerça un prestige sur son aîné ; on voit clairement cet échange qui doit être fréquent dans l'histoire de l'Art... »* (Geoffroy, 1899, à propos de l'exposition Rétrospective de l'Ecole des beaux-arts). Boudin, Jongkind et Monet sont très amis. *« Nous sommes en grand nombre en ce moment à Honfleur, plu-*

sieurs peintres que je ne connaissais pas, mais du reste de fort mauvais peintres. Rizias, Charpentier, un tas de farceurs, mais en revanche nous avons un petit cercle bien agréable. Jongkind et Boudin sont là, nous nous entendons à merveille et ne nous quittons plus (...). Nous allons quelquefois à Trouville, c'est superbe. Je me promets bien d'y venir l'année prochaine ainsi qu'à Etretat... »
(lettre de Monet à Frédéric Bazille, 13 septembre 1864).

LES LAVEUSES

A Etretat, pas de lavoir sous abri, mais des sources qui sourdent à l'ouest de la plage. Protégées par un *d'vant té*, les femmes y viennent à marée basse laver leur linge. En sorte que celui-ci ne s'envole pas, elles l'étalent pour le sécher tenu par de gros galets.

Alphonse Karr l'appelle « *le tribunal de la fontaine* » tant s'y raconte tous les cancans de la vie du village : « *Je parle avec une sorte de complaisance de la fontaine, parce que c'est là que se débitent toutes les nouvelles du pays ; c'est là que l'on parle de tout et de tous, que l'on discute, que l'on juge, que l'on absout, que l'on condamne ; rien ne peut se soustraire au "tribunal de la fontaine", personne ne peut décliner sa juridiction. Les airs administratifs du maire y sont appréciés, comme un regard qu'une jeune fille a détourné de son livre à la messe du dernier dimanche : la fontaine tient lieu d'une "bourse", d'un "café", d'un journal, de vingt journaux ; c'est là qu'on apprend des nouvelles des marins à la pêche, là que l'on commente les amours et les mariages ; on y dit comment s'est vendu le poisson à Fécamp, combien au Havre ; on y raconte les sinistres causés par le dernier coup de vent, les rêves que l'on a fait la nuit. Il est littéral de dire que l'on sait "tout" à la fontaine, et même un peu davantage* »*.

C'est aussi parce qu'il y avait ces sources d'eau fraîche souterraines que fut construit le parc à huîtres. Le mélange d'eau fraîche et d'eau salée donnait une saveur toute particulière aux huîtres d'Etretat.

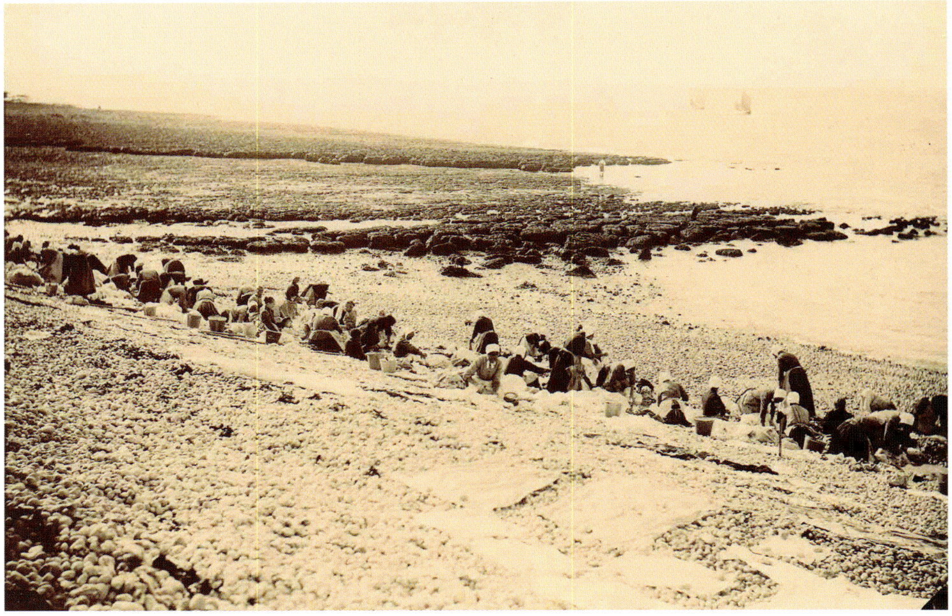

Photographe anonyme, *La Fontaine d'Olive*, 13 x 18 cm, 1895.
COLL. JOSEPH DELARUE.

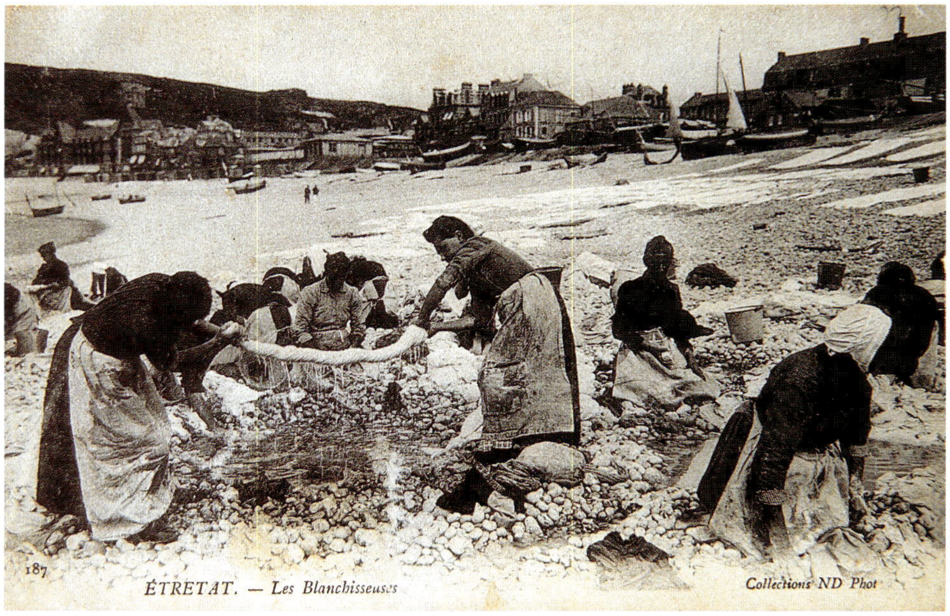

Carte postale, *Les Laveuses*.
COLL. PRIVÉE, © C. DES BROSSES.

Rien n'est plus typique que cette activité des laveuses, qui fut peinte par Boudin, Henry Bacon mais aussi par Vallotton chez qui elles deviennent des taches blanches presque abstraites. De nombreuses cartes postales très pittoresques représentent cette scène.

On appelle cet endroit *La Fontaine d'Olive*, d'après le légende qui veut qu'au temps où les païens envahissaient la France Olive, femme d'une grande beauté, alors qu'elle lavait son linge aux sources, fut entourée par une bande de Sarrasins. Seul un miracle pouvait la sauver. Alors elle pria Dieu de l'arracher aux mains de ses attaquants et fit vœu de bâtir une église à Etretat si elle était sauvée. Dieu l'entendit en soulevant une énorme tempête qui rejeta au large les Sarrasins. Olive décida aussitôt de construire l'église en bord de mer. Mais le diable qui, on ne sait pour quelle raison, en ce temps-là n'aimait pas Etretat, transporta la nuit, au bas de la côte de Saint-Clair, toutes les pierres amassées pendant le jour. Olive, à la suite d'un songe, fit bâtir l'église à cet endroit.

* Alphonse Karr, « Le Chemin le plus court ».

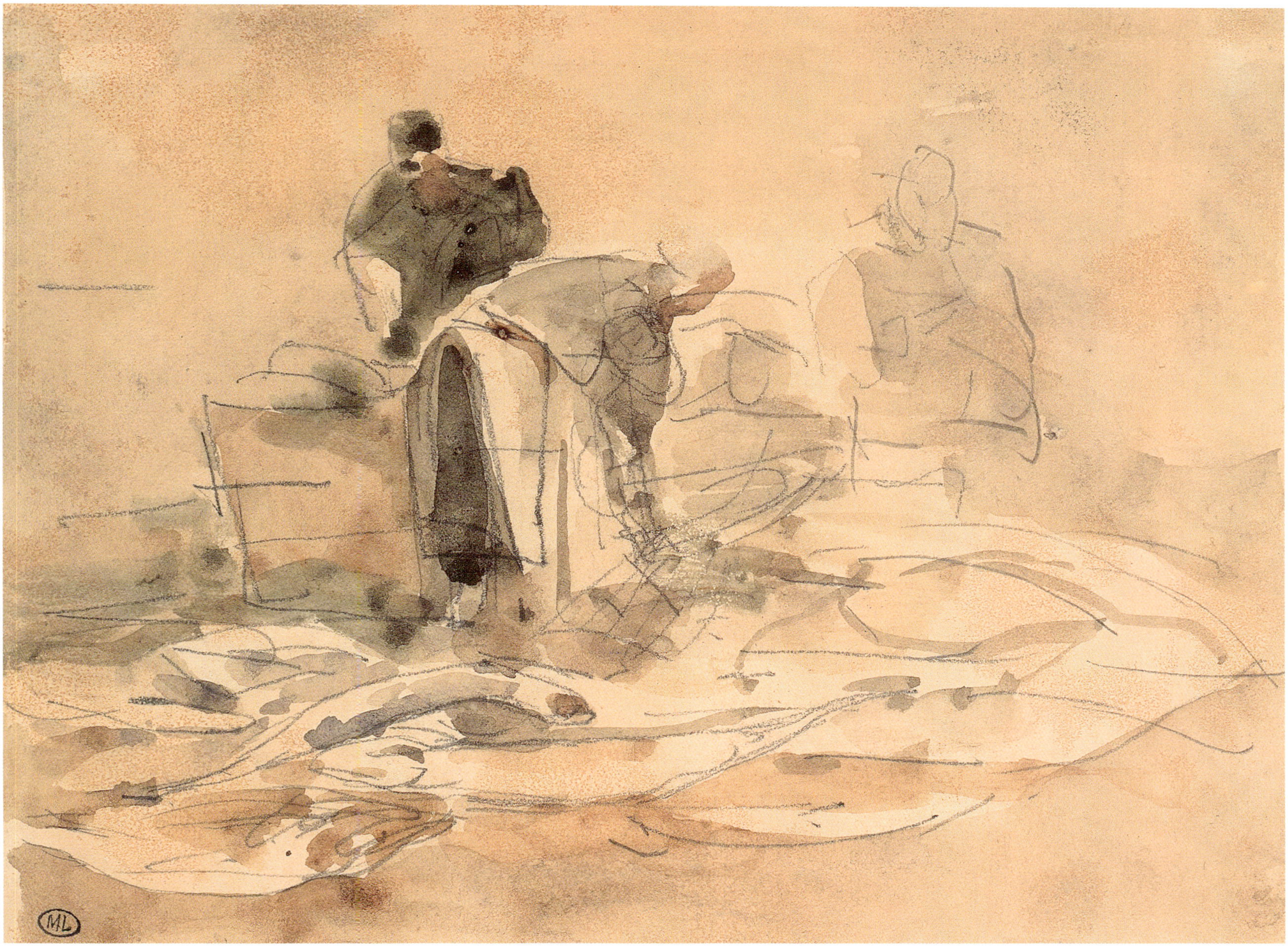

Eugène Boudin. ***Lavandières*****, aquarelle, 13,2 x 18 cm.**

PARIS, MUSÉE DU LOUVRE, CLICHÉ RMN, JEAN SCHORMANS.

« Des commères à la langue bien pendue – et qui lavent votre linge sale en famille, faut voir ça ! » Mars (in « Etretat-Album »).

JOHAN BARTHOLD JONGKIND
1819-1891

Le goût pour la légende est si prisé que l'on ne retient souvent de Jongkind que la seule image de l'artiste misérable, alcoolique et névropathe, misanthrope bohème soutenu par ses amis. Le geste de Corot, Daubigny, Théodore Rousseau, Isabey et les autres qui, sur une idée du « Père Martin », organisent en 1860 une vente aux enchères de leurs propres œuvres pour son retour à Paris est aussi généreuse que belle. Certes, Jongkind eut une vie des plus difficiles, ce qui fit dire à Monet, cette même année, dans une lettre à Boudin : *« Vous savez que le seul peintre de marines que nous ayons, Jongkind, est mort pour l'art. Il est complètement fou »*, et conseille à Boudin de prendre sa place de meilleur mariniste. Bien sûr, Jongkind est victime d'hallucinations, se croit persécuté, menacé du poison ou de la guillotine parce qu'un soir il entend le bruit du couteau tranchant un porc. Heureusement, cette même année encore, Jongkind rencontre Mme Fesser, artiste compatriote dont la tutelle le sauve et lui permet de poursuivre son œuvre. Voilà pour la petite histoire.

En 1891, dans la conclusion de sa préface au catalogue de la vente posthume de l'atelier Jongkind, le critique d'art Louis Foucaud écrit fort justement : *« L'avenir le nommera entre Corot et M. Claude Monet, comme le trait d'union de deux époques, et le nombre ira croissant de ceux qui se disputeront ses ouvrages avec une pieuse admiration. »* La remarque est pertinente car Jongkind est à la fois un homme de la tradition et un précurseur. Tous les artistes, et Monet en premier qui fut son élève, reconnaissent en lui le maître qui a libéré la touche, qui a su, comme aucun jusqu'à maintenant, faire vibrer la lumière du ciel et de l'eau et découvert les lois de la vibration atmosphérique si chères aux impressionnistes.

Jongkind s'impose comme le maillon essentiel entre la peinture de 1830 et l'impressionnisme. Cela seul suffit à le placer parmi les grands de cette époque. Rarement artiste ne fut tant loué par ses confrères, et la vente charitable de 1860 constitue bien la preuve de ce dont lui étaient redevables tous ses amis. Ce sont certainement Boudin et Monet qui auront le plus appris de Jongkind. Monet aura d'ailleurs l'honnêteté de le proclamer : *« C'était un brave homme tout simple, écorchant abominablement le français, très timide. Il fut très expansif ce jour-là. Il se fit montrer mes esquisses, m'invita à venir travailler avec lui, m'expliqua le comment et le pourquoi de sa manière et compléta par-là l'enseignement que j'avais déjà reçu de Boudin. Il fut, à partir de ce moment, mon vrai maître, et c'est à lui que je dus l'éducation définitive de mon œil. Je le revis à Paris très souvent. Ma peinture, ai-je besoin de le dire, y gagna. Les progrès que je fis furent rapides. »* Monet rapporte ainsi à Thiébault-Sisson sa rencontre avec Jongkind.

Mais Monet et Boudin ne furent pas les seuls à avoir été influencés par Jongkind car sa peinture contient tous les prémices de la théorie impressionniste en fractionnant la touche d'éléments presque purs. Manet voyait en lui *« le père du paysage moderne »*. Signac, le plus acharné des théoriciens, lui consacrera une importante monographie.

Johan Barthold Jongkind. ***Etretat*, dessin dédicacé *« A mon ami Miramont »* et daté 16 juin 1851, 21,5 x 33,5 cm.**
COLL PRIVÉE, © GALERIE DELARUE.

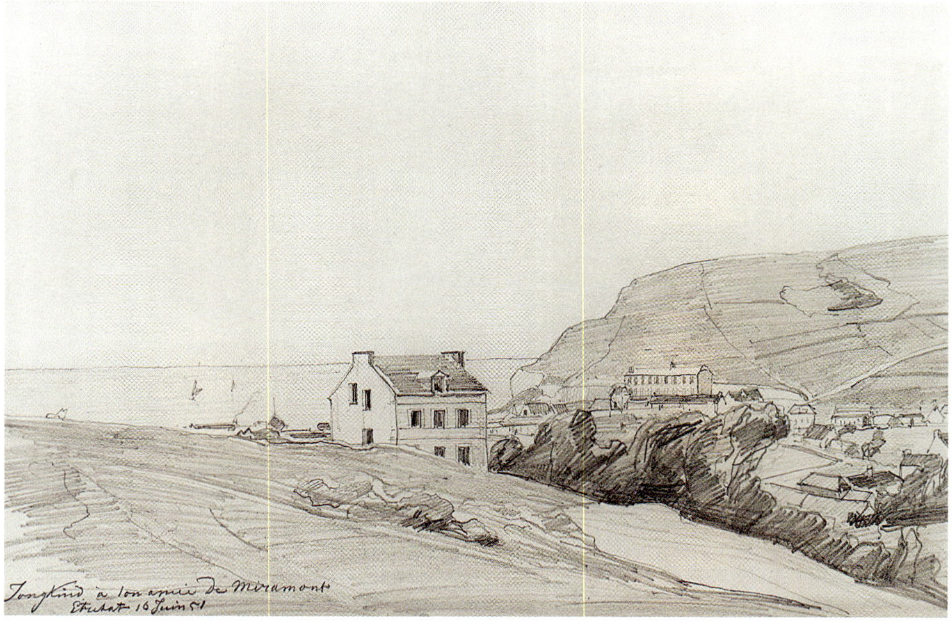

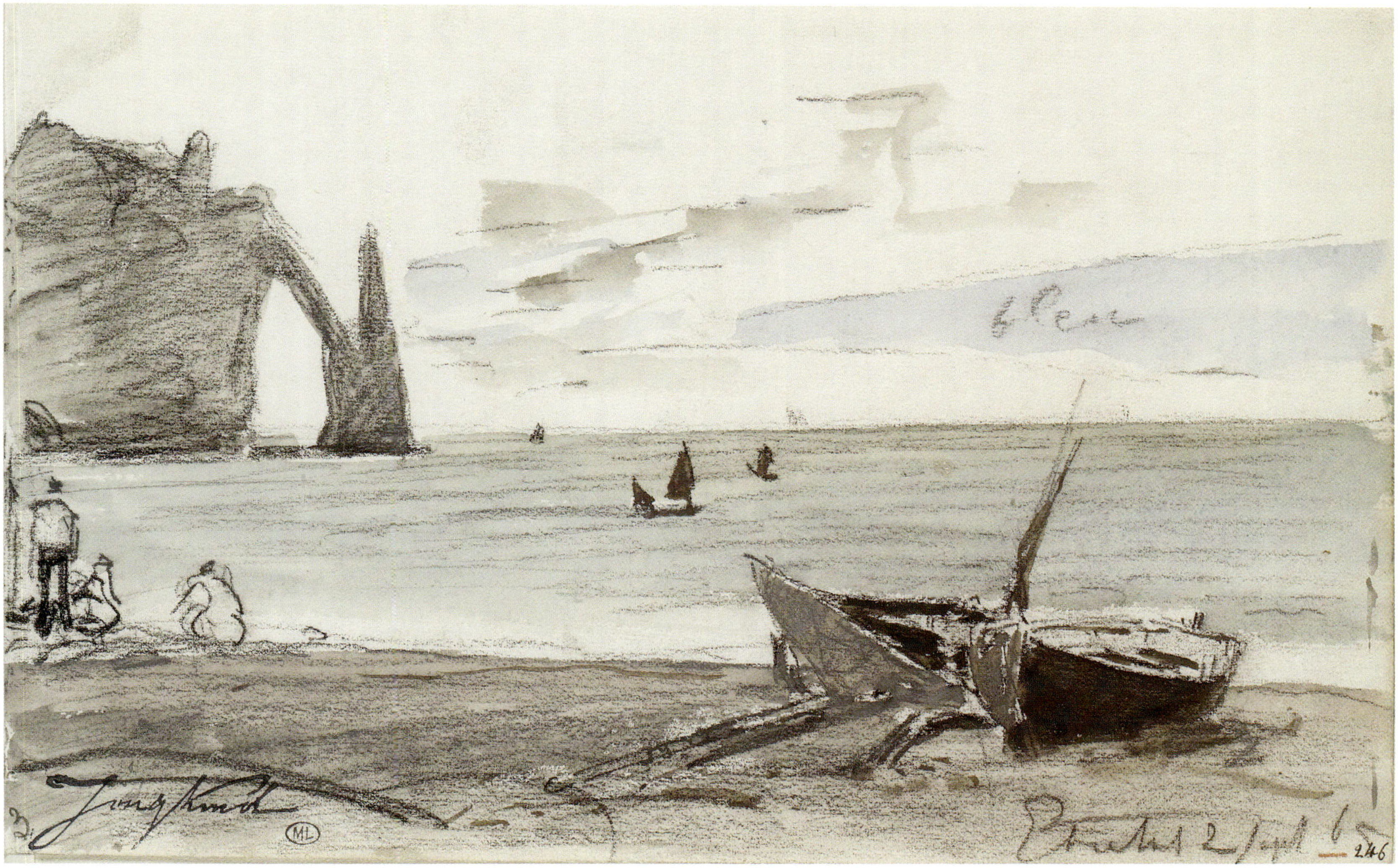

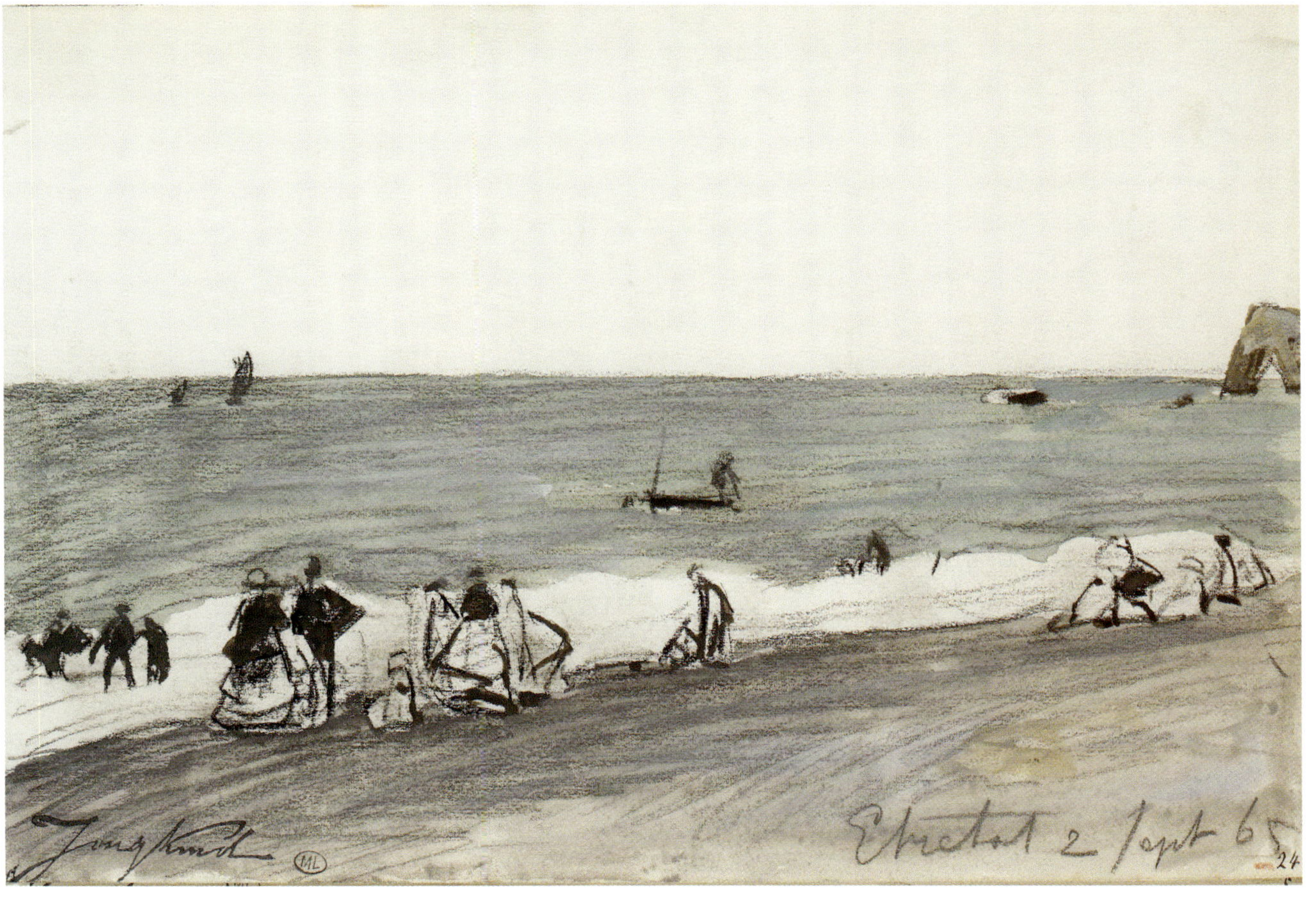

Ci-dessus :
Johan Barthold Jongkind.
Dessin, 14,7 x 23 cm.
PARIS, MUSÉE DU LOUVRE (FONDS ORSAY),
CLICHÉ MICHÈLE BELLOT.

Ci-contre :
Johan Barthold Jongkind.
Dessin, 14,7 x 23 cm.
PARIS, MUSÉE DU LOUVRE (FONDS ORSAY),
CLICHÉ RMN, LEWANDOWSKI.

Né à Lattrop, un village de l'Overijssel en Hollande, il eut pour maître Andreas Schelfhout, peintre de renommée et excellent mariniste.

Isabey, qui depuis 1839 se rend en Hollande, certainement pour répondre au goût des collectionneurs français pour la peinture hollandaise, par l'intermédiaire de Schefhout, décide de prendre Jongkind comme élève et de le ramener à Paris. Une bourse d'étude, renouvelée six ans, lui est octroyée par le roi, et en mai 1846 il peut venir à Paris où il suit les cours de Picot et de Dupuis, deux artistes néoclassiques. Le jeune élève se lie bientôt d'amitié avec le groupe des paysagistes de Barbizon, notamment Lapito, Troyon et Théodore Rousseau, mais, conduit par Isabey dès 1847 au Havre, il peint surtout sur les côtes normandes et bretonnes. D'Etretat à Saint-Valéry-en-Caux, Isabey lui fait découvrir la côte d'Albâtre. A Etretat, il séjourne en 1851, 1853 et 1865.

A Paris, Jongkind fait partie du milieu artistique de l'avant-garde et rencontre Courbet, Diaz, Dupré, Cicéri, Stevens, Couture et aussi Baudelaire. Véritablement adopté par les artistes français, il doit néanmoins, par manque d'argent, repartir pour la Hollande en 1855, d'où il ne revient définitivement qu'en 1860 grâce à la fameuse vente organisée par ses amis.

Les voyages en Normandie correspondent aux meilleures années de sa production, et c'est à Honfleur qu'il séjourne le plus souvent en compagnie de ses amis du groupe de la ferme Saint-Siméon (Monet, Cals, Dubourg, Boudin). Jongkind n'est pas un « pleinariste » au sens pur du terme. Il ne peint en plein air que ses merveilleuses aquarelles, ou remplit quantité de carnets de croquis, réservant le travail de l'huile pour l'atelier. Il aime capter la lumière au naturel, donnant au ciel normand une place prépondérante dans la surface de sa toile, réminiscence certaine de ses origines hollandaises. Jongkind adore la Normandie pour son cidre et son pain, mais aussi pour la qualité de son atmosphère et de ses ciels changeants, pour les bateaux dont il connaît parfaitement l'architecture des gréements et pour le charme de la vie maritime. Il est surprenant de constater que, contrairement aux vues d'Honfleur, celles d'Etretat sont très peu anecdotiques, comme si le sublime du lieu avait pris l'ascendant sur la réalité humaine. A la rétrospective du musée d'Orsay de 2004, le visiteur entrant dans la salle consacrée à la Normandie ne pouvait qu'être frappé par la particularité du tableau de 1853 représentant la falaise d'amont, appartenant au Birmingham Museums and Art Gallery, qui n'est qu'un contre-jour de lumière, d'eau et de ciel. La seule présence humaine étant un pêcheur à demi caché par la pente des galets. Cette œuvre est sans détails, pour mieux faire ressortir la magnificence du lieu, et toute sa force tient dans ce parti pris inscrit dans le principe du contre-jour. Toute œuvre de Jongkind contient une présence humaine. A la manière de Corot, toujours un personnage, si éloigné soit-il, indique l'échelle de l'espace.

Ce personnage, on le retrouve dans l'aquarelle et crayon noir datée du 16 juin 1851 du département des Arts graphiques du musée du Louvre, injustement intitulée *Vue des falaises et de la plage d'Etretat*. En réalité, cette vue est prise de la plage de Jambourg, à l'ouest d'Etretat, seulement accessible quand la marée basse découvre ces imposantes roches au lieu dit *les Pisseuses*, du nom de trois sources coulant de la falaise à quelques mètres de sa base. Cette vue est donc rare, puisqu'elle implique un effort de randonneur et dévoile un désir certain de Jongkind de sortir des sentiers battus. Seule la rapidité d'exécution d'une aquarelle permet de réaliser une œuvre dans le laps de temps d'entre deux marées. L'aquarelle fut achetée par Martin, à la vente de l'atelier de Jongkind le 11 mars 1856 à l'hôtel Drouot. Martin la vendit peu après à Adolphe Moreau, grand-père du collectionneur Etienne Moreau-Nélaton. Martin, ancien brocanteur, marchand modeste certes mais doté de flair, avait rencontré Adolphe-Félix Cals en 1848. Il avait la particularité de ne s'intéresser qu'aux inconnus. Quand on lui demandait comment il reconnaissait la bonne peinture, il répondait : *« Ça, mon petit, c'est comme la m..., ça se sent mieux que ça se voit. »*

Durant son séjour à Etretat, Jongkind a rencontré le Dr de Miramont, comme l'atteste un dessin dédicacé daté du 16 juin 1851. Le 19 juin, il est à Yport, et dessine sur une feuille une paysanne debout et la même en buste (il date *« Iport, 19 juin 1851 »*, à croire qu'il faisait exprès de contrarier l'orthographe !).

Le 27 juillet de cette même année, Jongkind part du Havre vers la Bretagne, emmené par Isabey et un groupe de ses élèves. Mme Isabey est du voyage, ainsi que Tony Jouhannot, Bonnardel, Cicéri, et Gilbert.

Lors du coup d'Etat du 2 septembre 1851, les artistes s'inquiètent pour le Louvre. Certains, dont Jongkind, montent la garde devant le musée, armés d'un sabre après avoir subi un court entraînement.

En décembre 1852, le roi de Hollande lui supprime sa pension de cent florins. Commence pour lui une période de grande misère. Il est soutenu par ses amis Anastasi, Bonnardel, Lapito et surtout Cals, qui vient le rechercher à Rotterdam en 1860.

Les œuvres connues de Jongkind représentant Etretat sont rares. Seules deux huiles sont répertoriées : l'une de 1853, décrite plus haut, et celle de 1865. En 1853, Jongkind écrit à Smits pour lui dire qu'il voit en Courbet le grand homme du Salon.

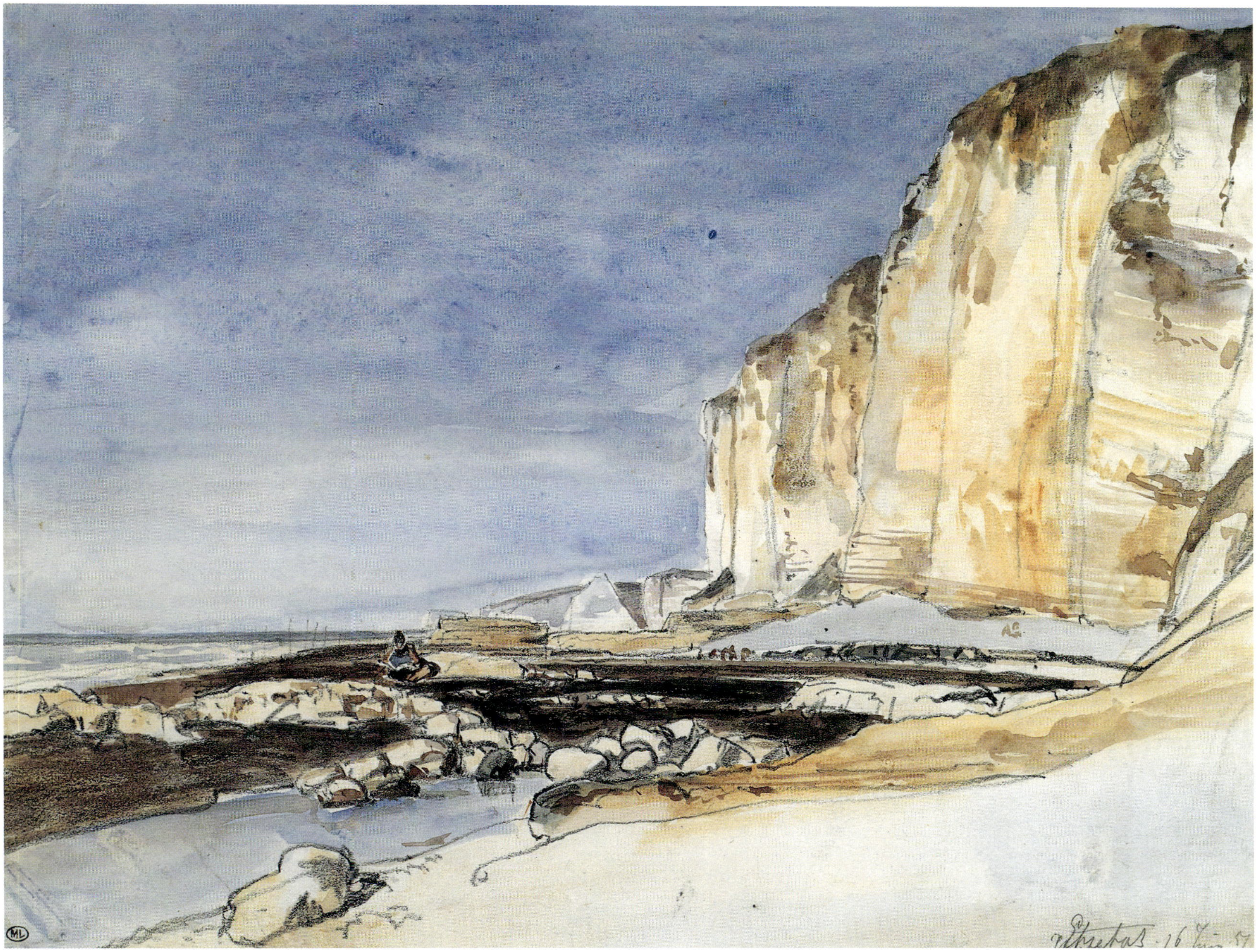

Johan Barthold Jongkind. ***Vue des falaises et de la plage d'Etretat*****, aquarelle, 1851, 24 x 32 cm.**

PARIS, MUSÉE DU LOUVRE (FONDS ORSAY), CLICHÉ RMN, MICHÈLE BELLOT.

Jongkind revient en Normandie en 1865. C'est un homme plus serein, soutenu par Mme Fesser, et sa situation financière est bien meilleure. En février, il écrit à Smits : « *Je pense bientôt être rentier...* » Pissarro aura cette phrase superbe : « *Les Jongkind montent comme la marée.* » Début mai, Narcisse Diaz le visite et lui commande une vue du marché de Honfleur. Ce voyage sera le quatrième et le dernier qu'il effectue avec Mme Fesser en Normandie. Il arrive le 16 août par le train jusqu'à Rouen, puis de là prend le bateau jusqu'à Honfleur. Le 29 août, il rencontre Boudin, à Trouville, et écrit à son marchand Pierre-Firmin Martin une lettre dans laquelle il lui dit : « *Prendre beaucoup de bains de mer et boire moult pots de cidre.* » Le 1er septembre le voit au Havre et à Sainte-Adresse, et le 2 septembre à Etretat, où dans la même journée il réalise quatre aquarelles et un dessin. Une aquarelle de Sainte-Adresse datée du même jour laisse à penser que ce 2 septembre Jongkind n'a pas dû avoir le temps de saluer Diaz à Etretat. Il s'agit d'aquarelles très enlevées, études rapides qui lui serviront à peindre en atelier la deuxième peinture à l'huile connue.

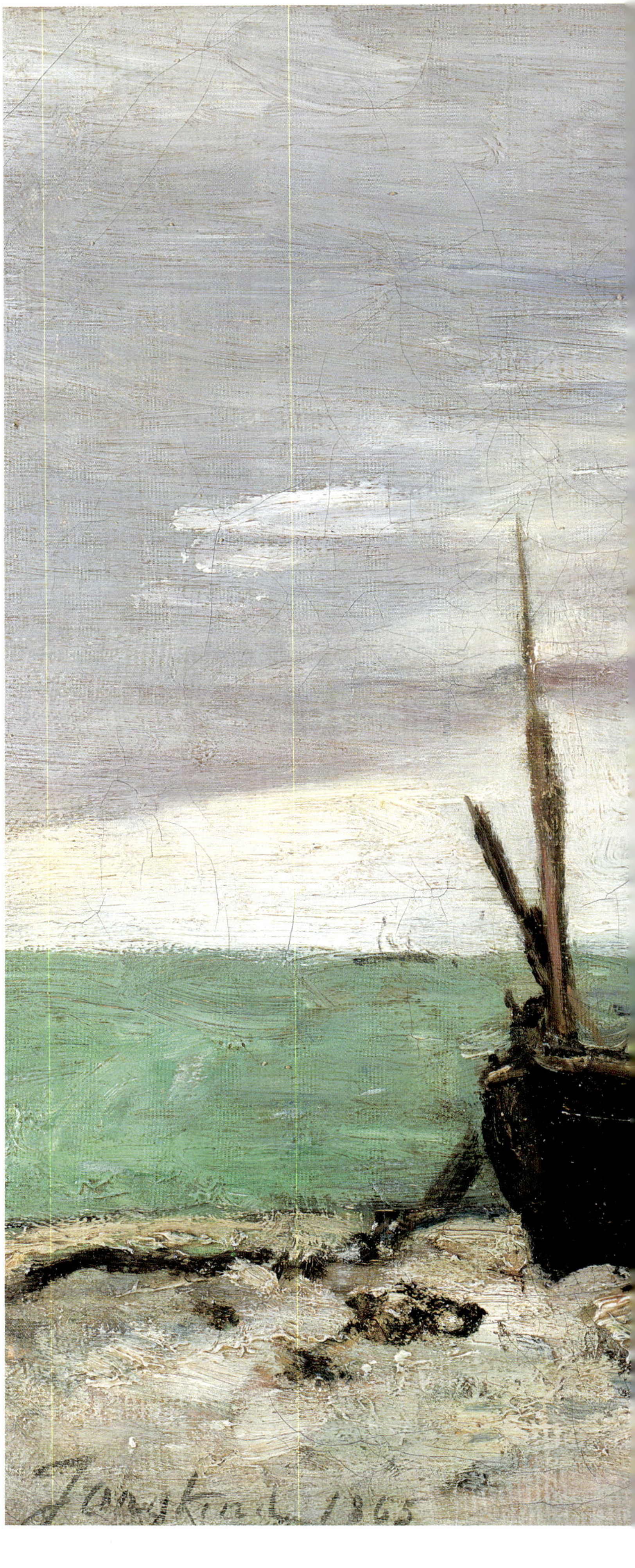

Johan Barthold Jongkind. *Etretat*, 1865.

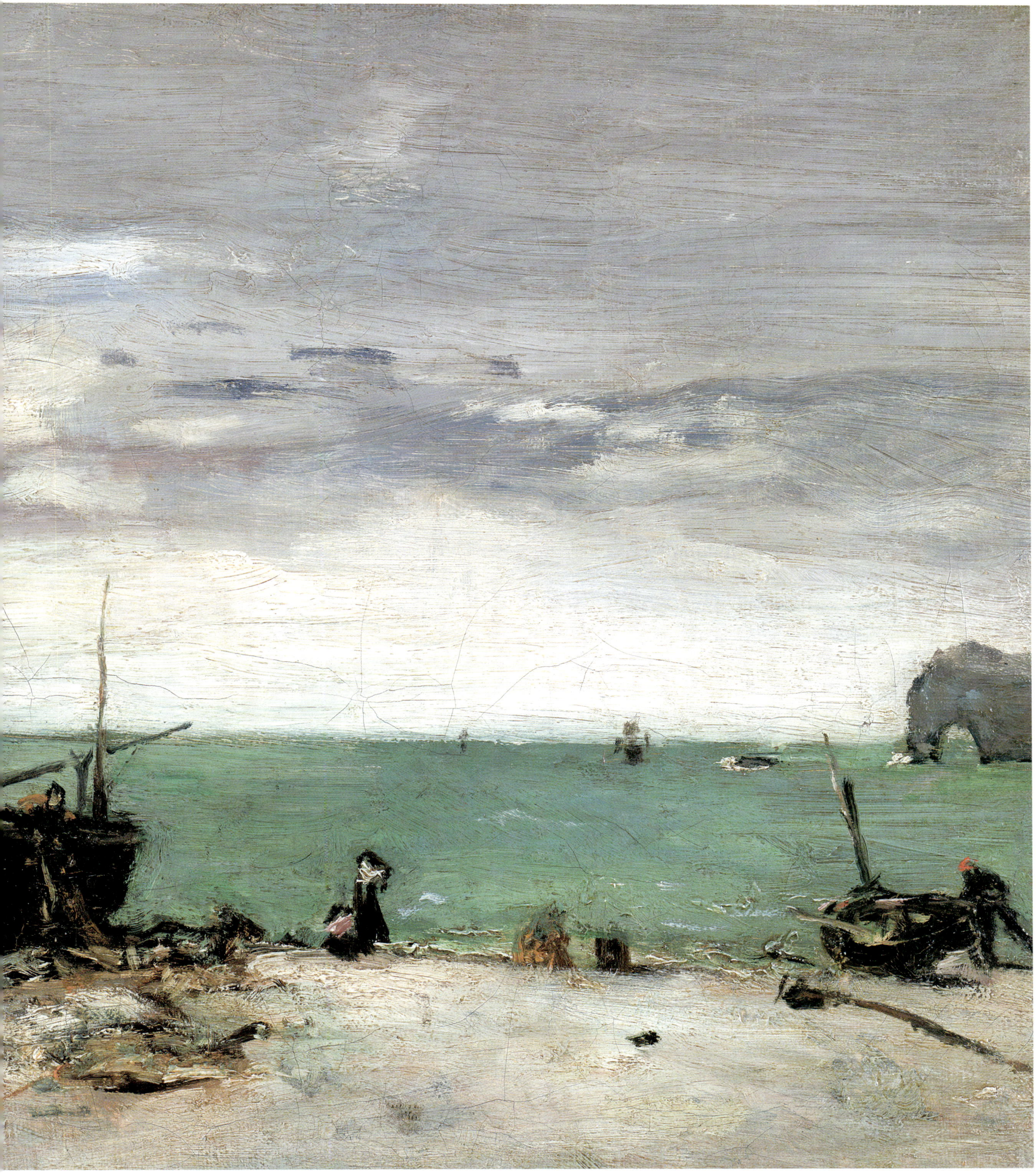

CLAUDE MONET
1840-1926

« L'an dernier, en ce même pays, j'ai souvent suivi Claude Monet, à la recherche d'impressions. Ce n'était plus un peintre, en vérité, mais un chasseur. Il allait, suivi d'un enfant qui portait ses toiles, cinq ou six toiles représentant le même sujet à des heures diverses et avec des effets différents. Il les prenait et les quittait tour à tour suivant les changements du ciel. Et le peintre, en face du sujet, attendait et guettait le soleil et les ombres, cueillait en quelques coups de pinceau le rayon qui tombe ou le nuage qui passe, et, dédaigneux du faux et du convenu, les posait sur sa toile avec rapidité. Je l'ai vu saisir ainsi une tombée étincelante de lumière sur la falaise blanche et la fixer à une coulée de tons jaunes qui rendaient étrangement surprenant et fugitif l'effet de cet insaisissable et aveuglant éblouissement. Une autre fois, il prit à pleines mains une averse abattue sur la mer et la jeta sur sa toile. Et c'est bien de la pluie qu'il avait peint ainsi, rien que de la pluie voilant les vagues, les rochers et le ciel, à peine distincts sous ce déluge. »

Guy de Maupassant (in « La Vie d'un paysagiste », 28 sept. 1886)

Quand Monet arrive à Etretat, à l'automne 1868 pour rester jusqu'au printemps 1869, il ne s'agit pas de son premier séjour, puisque trois tableaux de 1864 sont connus. Ayant vécu au Havre (en 1861, Charles Lhullier peint un portrait de Monet en uniforme), il est tout à fait logique qu'il soit venu à Etretat. En 1868, il est accompagné de sa femme Camille et de leur jeune fils Jean. Très occupé par *Le Déjeuner,* qu'il veut présenter au Salon et qui sera d'ailleurs refusé, il réalise peu de tableaux représentant Etretat : *Grosse mer à Etretat*, conservé au musée d'Orsay, et *La Porte d'amont,* de l'University Art Museum de Cambridge (Mass), ainsi que *La Pie* (ferme des artistes sous la neige), également refusé au Salon de 1869. Dans ces œuvres, la touche est large et n'a pas encore le « papillotement » impressionniste. *Grosse mer à Etretat*, tableau magnifique, peint très rapidement, sera considéré comme une esquisse et ne sera acheté que bien plus tard par le grand collectionneur Moreau-Nélaton.

Monet ne revient à Etretat que le 31 janvier 1883, à l'*Hôtel Blanquet*, pour un séjour de trois semaines, et commence quelque vingt-cinq toiles qu'il espère pouvoir finir pour l'exposition chez Durand-Ruel prévue le 1er mars. Mais il fait un fort mauvais temps et il n'est pas certain que Monet ait pu finir une seule toile. Il lui faut donc solliciter ses collectionneurs, dont Faure, pour fournir l'exposition où figurent surtout des œuvres de Pourville et Varengeville. Il est de surcroît doublement perturbé par l'arrivée de son frère Léon et par les sentiments qu'il voue à Alice, épouse d'Ernest Hoschedé. Il quitte donc Etretat, fort déçu, de bon matin le 21 février. Pas suffisamment médiatisée, à son goût, il dira de l'exposition chez Durand-Ruel : *« Le four de mon exposition. »*

En 1884, il revient pour un court séjour fort peu productif en raison du mauvais temps persistant. Malgré son désir de peindre de grandes toiles, aucune ne dépasse un mètre de largeur.

Le 17 septembre 1885, Monet est de retour avec sa famille. Invité chez Faure, le célèbre baryton et collectionneur, il y logera jusqu'à ce que, le 10 octobre, sa famille s'en retourne à Paris. Jean-Baptiste Faure (1830-1914) est un collectionneur éminent, qui recevra aussi Boldini lors de son passage à Etretat. Sa collection comportait sept Corot, quatre Delacroix, trois Jules Dupré, deux Millet, quatre Roybet, trois Ribot, quatre Rousseau, cinq Troyon, sept Pissarro et plus de vingt tableaux de Manet, qui fit plusieurs portraits de lui dont le célèbre *Hamlet.* Resté seul, Monet s'installe jusqu'à la mi-décembre à l'*Hôtel Blanquet,* qui s'appelle encore « Au rendez-vous des artistes ». Dans cet hôtel, remarquablement situé en bordure de mer au niveau du *Perrey des manants*, il peut continuer à peindre quand le temps l'empêche de planter son chevalet sur la plage. Il rencontre souvent Hugues Merle, mais aussi l'*« insupportable »* Marius Michel, et dîne souvent chez M. Frébourg. Monet travaille énormément pour fournir son galeriste Georges Petit mais aussi Durand-Ruel, avec qui il commence à nouer des relations commerciales au grand dam du premier. Certains jours, aidé par un gamin qui porte son matériel, il travaille sur six sites différents pour capter la lumière nécessaire à chacune de ses toiles. Il s'emporte quand le mauvais temps interdit aux pêcheurs de prendre la mer et l'empêche de sortir.

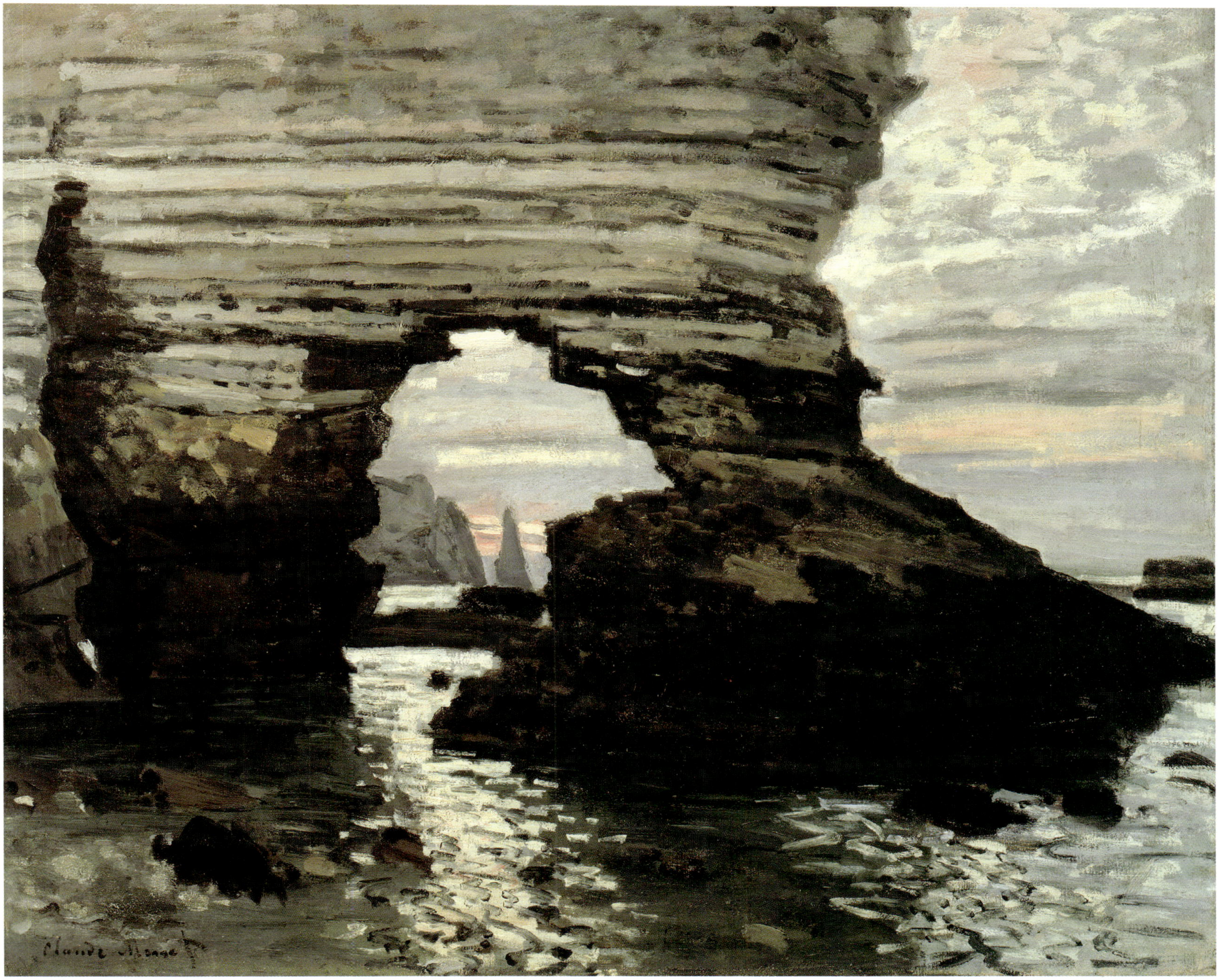

Claude Monet. *La Porte d'amont, Etretat*, circa 1868, 79 x 98,4 cm.

HARVARD, FOGG ART MUSEUM, HARVARD UNIVERSITY ART MUSEUMS,

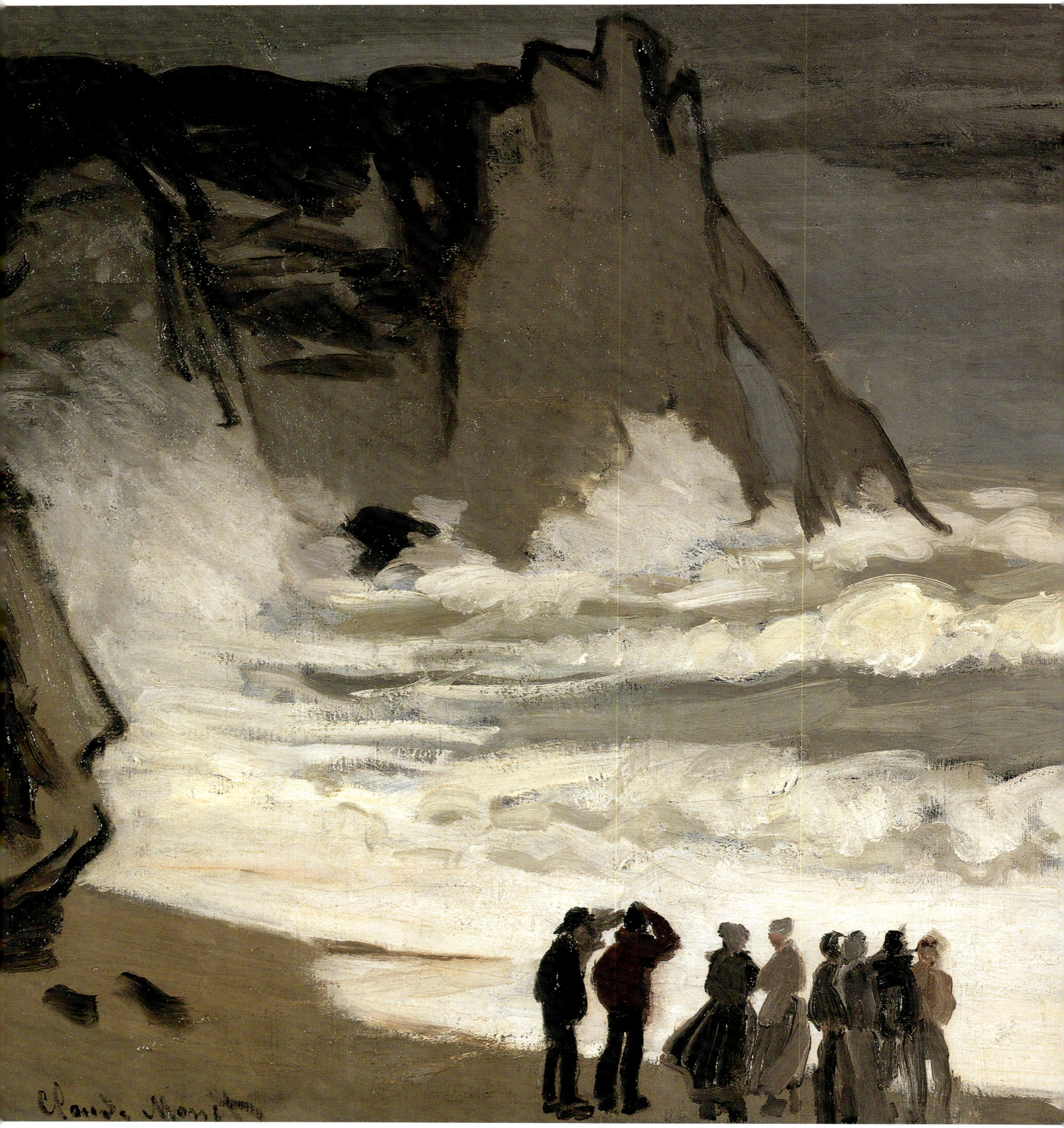

Claude Monet. *Grosse mer à Etretat,* 1868, 66 x 131 cm.
PARIS, MUSÉE D'ORSAY, CLICHÉ RMN, H. LEWANDOWSKI.

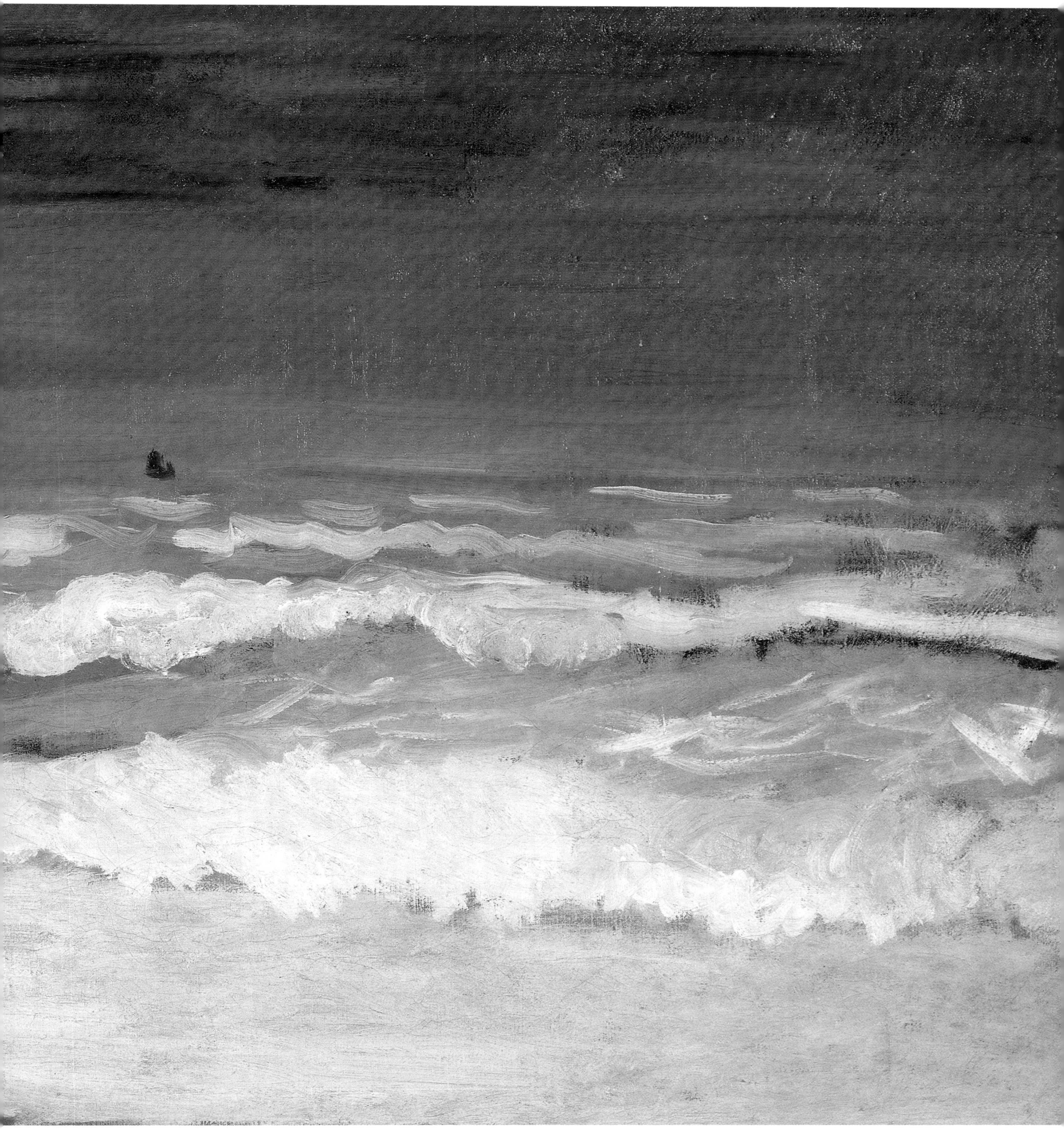

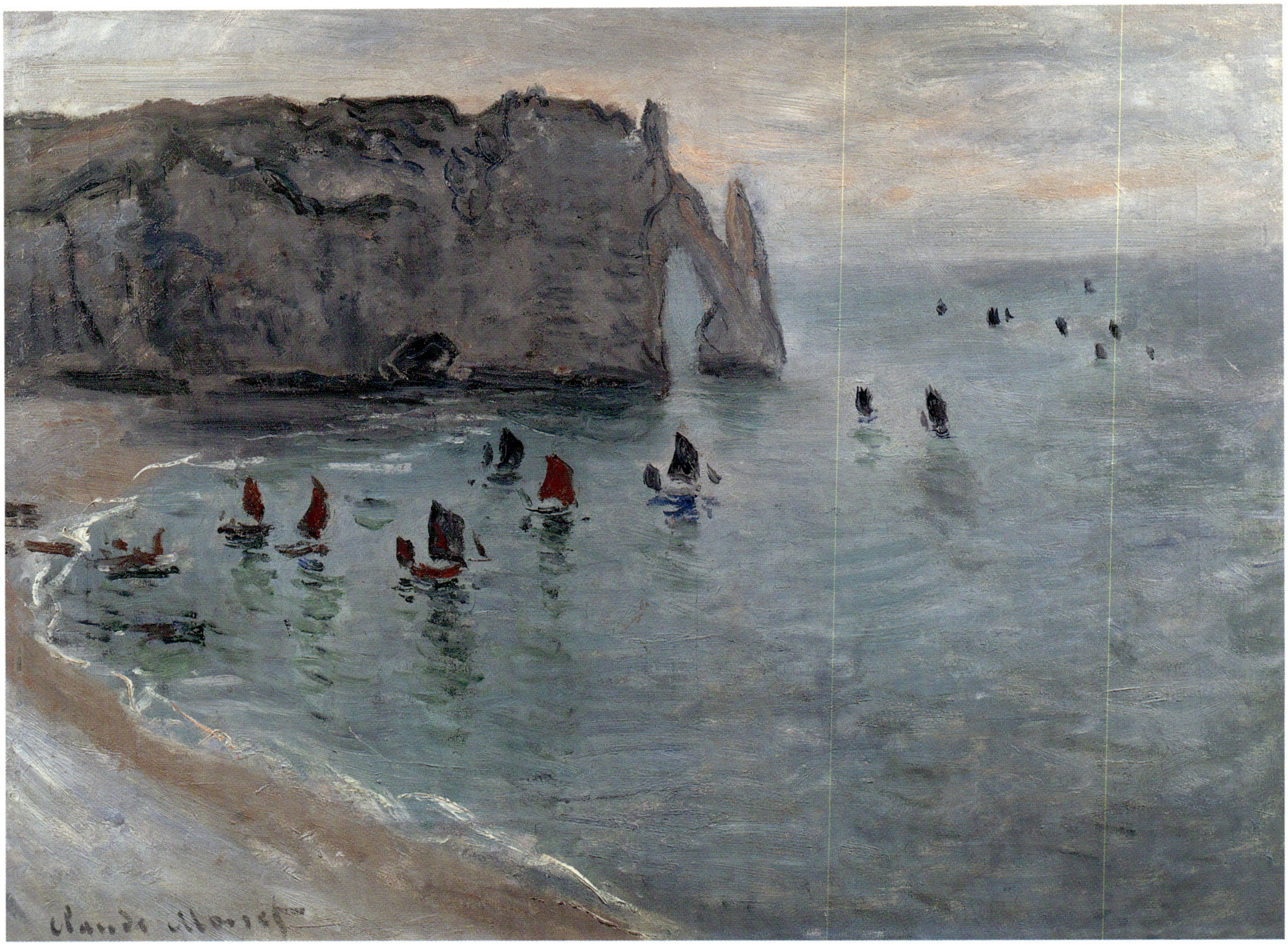

Claude Monet. ***Etretat, la porte d'aval : bateaux de pêche sortant du port,*** **1885-1886, 60 x 81 cm.**
DIJON, MUSÉE DES BEAUX-ARTS, CLICHÉ RMN, G. BLOT / C. JEAN.

Vers la mi-novembre, Alice Hoschedé vient le rejoindre pour peu de temps. Le 27 novembre en effet, Monet dans une lettre lui raconte la mésaventure qui lui est arrivée sur la plage de Jambourg alors qu'il peignait une vue de la *Manneporte* et avait confondu les heures de marée : « *J'étais dans toute l'ardeur du travail sous la falaise, bien à l'abri du vent, à la place où vous êtes venue avec moi ; convaincu que la mer baissait, je ne m'effrayais pas des vagues qui venaient mourir à quelques pas de moi. Bref, tout absorbé, je ne vois pas une énorme vague qui me flanque contre la falaise et je déboule dans l'écume, avec tout mon matériel ! Je me suis vu de suite perdu, car l'eau me tenait, mais enfin j'ai pu en sortir à quatre pattes, mais dans quel état, bon Dieu ! avec mes bottes, mes gros bas et la gâteuse mouillés ; ma palette restée à la main m'était venue sur la figure et j'avais la barbe couverte de bleu, de jaune, etc. Mais enfin, l'émotion passée, ce n'est rien, le pire est que j'ai perdu ma toile brisée bien vite, ainsi que mon chevalet, mon sac, etc. Impossible de rien repêcher. Du reste, c'était broyé par la mer… Enfin, je l'ai échappé belle.* »

Pressé, il entame cinquante et une toiles dont beaucoup seront achevées à l'atelier de Giverny. Vingt-quatre d'entre elles représentent la porte d'aval et l'aiguille, six la porte d'amont, dix des bateaux sur la plage, six la Manneporte, une Antifer et quatre des paysages de l'intérieur, dont trois ayant pour thème *la Passée*, ce lieu de promenade qu'avait peint Edouard Riou dix ans plus tôt.

Il se fait même livrer des toiles commencées lors de séjours antérieurs. Au total il réalise près de quatre-vingts tableaux à Etretat. L'importance qui lui reviendra dans l'histoire de l'art fera de lui le meilleur ambassadeur pour la renommée du site, notamment aux yeux des amateurs américains. Il revient, pour la dernière fois, quelques jours en février 1886.

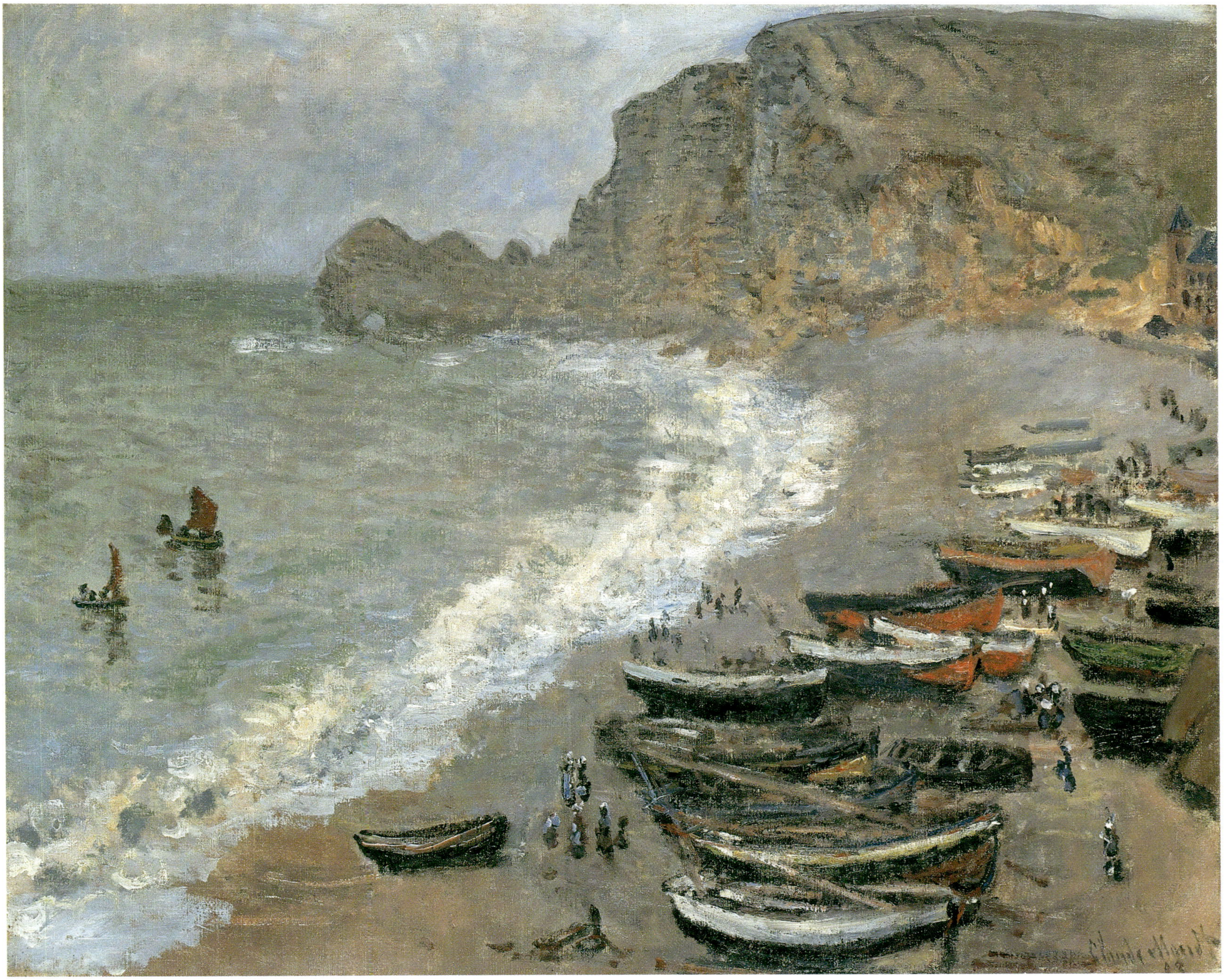

Claude Monet. *Etretat, la plage et la porte d'amont*, 1883, 66 x 81 cm.
PARIS, MUSÉE D'ORSAY, CLICHÉ RMN, H. LEWANDOWSKI.

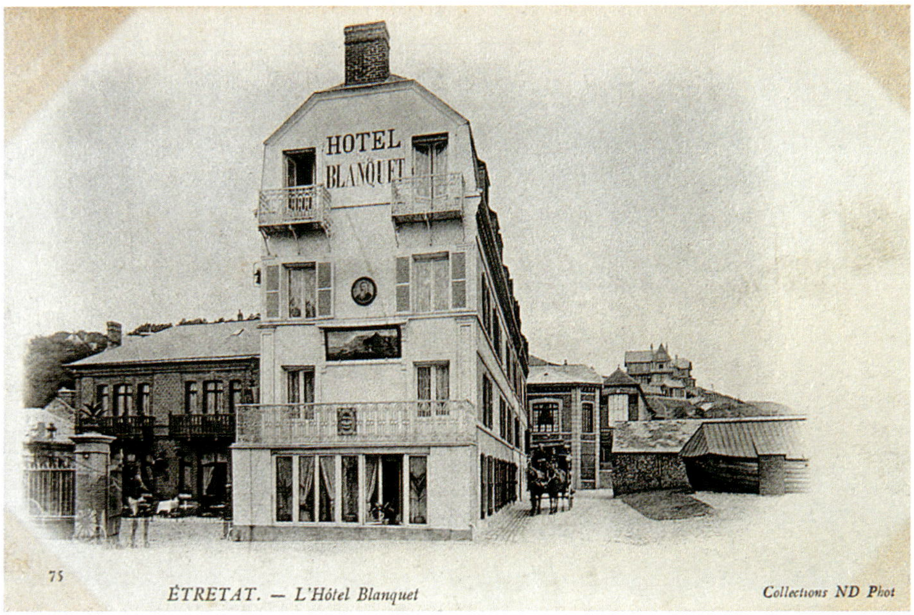

L'Hôtel Blanquet, carte postale.
COLL. PRIVÉE, © C. DES BROSSES.

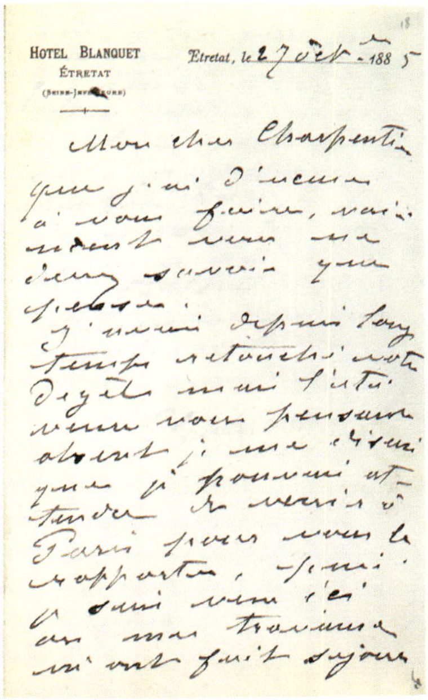
HOTEL BLANQUET
ÉTRETAT
(Seine-Inférieure)

Etretat, le 27 oct. 1885

Mon cher Charpentier

Claude Monet, *Lettre autographe signée : Hôtel Blanquet, à G. Charpentier.* PARIS, LOUVRE, FONDS MANUSCRITS ET IMPRIMÉS, CLICHÉ RMN, MICHÈLE BELLOT.

Quand Monet arrive sur la côte normande, il possède une aquarelle de Delacroix représentant Etretat et connaît bien les tableaux de Courbet – également soutenu par Durand-Ruel – dont la possible proximité des sujets l'inquiète. Ne venant que hors saison il ne participe pas à la vie mondaine. En dépit d'un esprit révolutionnaire, il a un profond mépris pour la vie moderne, consacrant tout son temps à son travail. Ni le casino, ni les cabines de bain n'apparaissent sur ses tableaux. Il ne se mêle pas plus à la vie locale. Il est vrai que la tentation du pittoresque a toujours été sa grande peur. C'est pourquoi Monet, à l'instar de Courbet dont il avait compris le regard, élimine le plus possible les indices d'une activité portuaire ou balnéaire, même quand celles-ci se trouvent dans son champ de vision. On peut donc parler de reconstruction du paysage par phénomène d'élimination. Ce qui n'est pas représenté signifie autant que ce qui est montré et dévoile clairement les intentions de Monet de ne pas se préoccuper des événements sociaux. Monet ne donne aucune indication sur la vie balnéaire. Cet Etretat-là aurait pu être peint quelques siècles plus tôt car il ne transcrit que la permanence du paysage. Dès lors le voyageur découvrant Etretat aujourd'hui peut retrouver tous les motifs de Monet.

Seules les quelques vues prises de l'*Hôtel Blanquet* montrent le travail des pêcheurs, les cabestans et les caloges. Ce sont des vues plongeantes, au cadrage souvent serré et par jour de grand vent, car Monet ne peint depuis l'hôtel que si le climat le force à rester à l'abri. Une seule, *Le Départ des bateaux,* de 1885, conservée à l'Art Institute of Chicago, exécutée un jour de grand calme, montre la rade remplie de bateaux.

A Etretat, Monet développe un esprit romantique, comme s'il en était contraint par la force du paysage. Ainsi, en quête de sublime, se colle-t-il souvent au plus près du motif, rapprochant la falaise du premier plan et faisant oublier l'espace de terre entre le peintre et le sujet. Cela est particulièrement frappant dans les vues de la Manneporte ou de la Porte d'amont : le plan est si rapproché que tout étranger au village pourrait penser qu'il s'agit de la représentation d'une grotte. Or aucun motif n'est plus romantique que celui de la grotte. Il reprend d'ailleurs ce cadrage dans la vue de l'aiguille à travers la porte d'aval d'une collection new-yorkaise. Robert L. Herbert note aussi avec justesse, dans son très beau livre sur Monet en Normandie, que celui-ci s'enferme dans une solitude morose, comme les personnages de la poésie romantique. On pense à Friedrich, mais aussi à Courbet découvrant la mer pour la première fois à Palavas. Pourtant Monet ne posera jamais son chevalet dans *« le Trou à l'homme »* comme le fit Alexandre Noël. Connaissait-il cette gravure et ne voulut-il pas copier ce motif trop évident ?

Monet peint beaucoup à Etretat, et rapidement. Saisir la lumière, capter les ombres et l'atmosphère marine implique une grande rapidité d'exécution qui donne bien souvent au tableau l'apparence d'une esquisse. Face à la peinture léchée des Cabanel, Bouguereau et consorts pompiers maîtres de l'institution, cette peinture enlevée avait toutes les chances d'être difficile

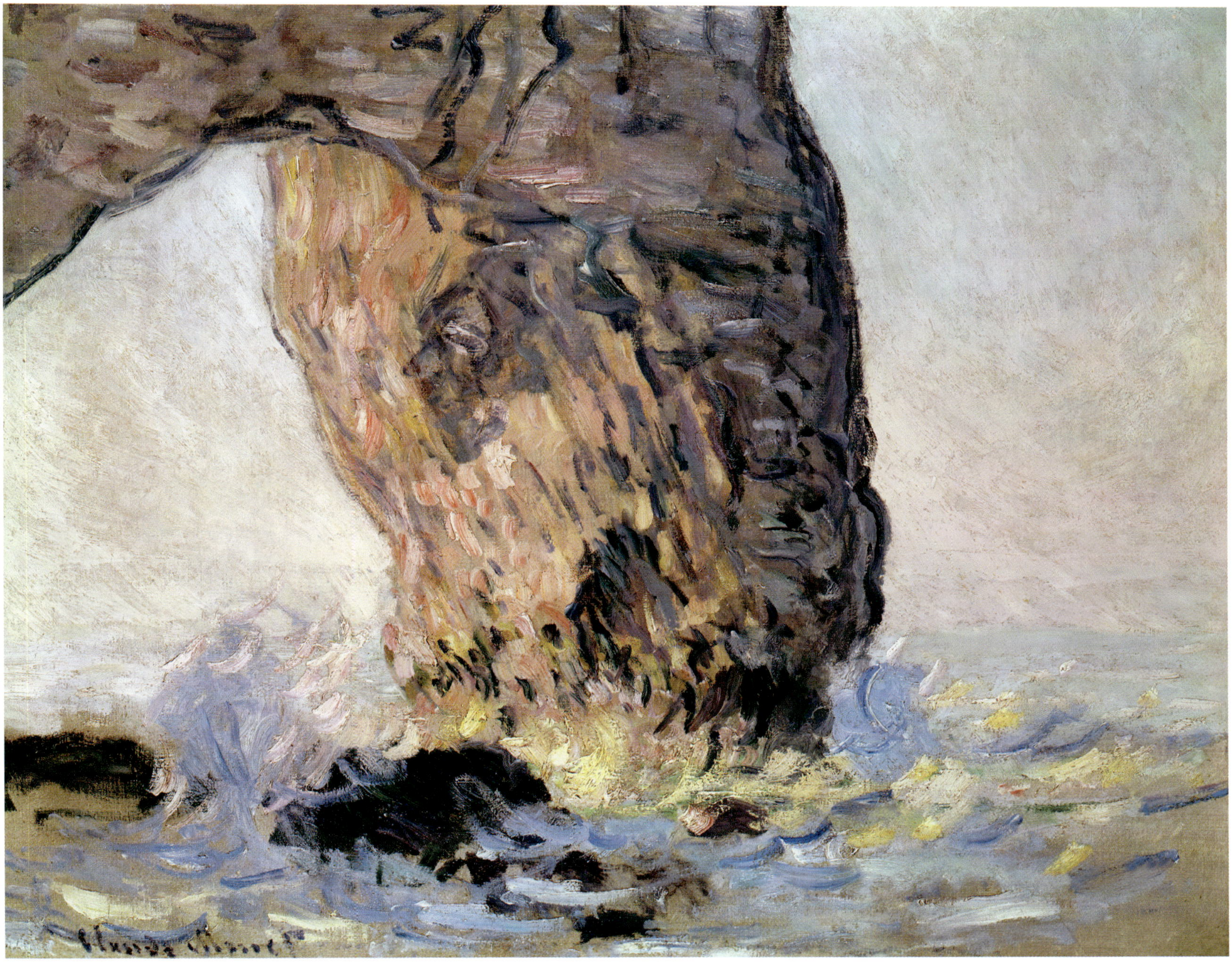

Claude Monet, *La Falaise à Etretat (la Manneporte)*, c. 1883.
COLL. PRIVÉE, © BRIDGEMAN-GIRAUDON.

à vendre, et l'on comprend l'autorité des marchands de Monet quant au choix des tableaux estimés aptes à être proposés sur le marché. Même Zola, pourtant grand défenseur des impressionnistes, s'y perdra quand il s'agira de considérer un tableau fini ou non. En 1880, à propos de Monet, il écrit : *« Bien des ébauches sont sorties de son atelier, dans des heures difficiles, et cela ne vaut rien ; cela pousse un peintre sur la pente de la pacotille. »* Et pourtant. Il est vrai que la notion de risque est nouvelle, qu'il ne s'agit plus de s'apesantir jusqu'à la composition et la matière parfaites.

Le temps de peindre un tableau, quelle que soit la rapidité d'exécution, est toujours plus long que la permanence de la lumière. Ce refus de l'immuable caractérise à la fois l'acte de modernité des impressionnistes et la signature du passage de Monet à Etretat. Il est à ce propos particulièrement intéressant de comparer les œuvres de Monet peintes lors de ses premiers séjours en 1868 et celles de son séjour de 1885. Dans *La Porte d'amont* de 1868, la lumière est uniquement circonscrite dans le reflet de l'eau, et en premier plan la roche s'impose dans sa masse minérale. Dans la série des *Manneporte* de 1885 en revanche, la palette s'est éclaircie et la lumière irradie de chaque touche, imposant à elle seule le modelé de la falaise. Il n'est plus question de strates de silex et de craie, mais d'une masse qui renvoie la lumière en palpitations colorées sur l'entière surface du tableau.

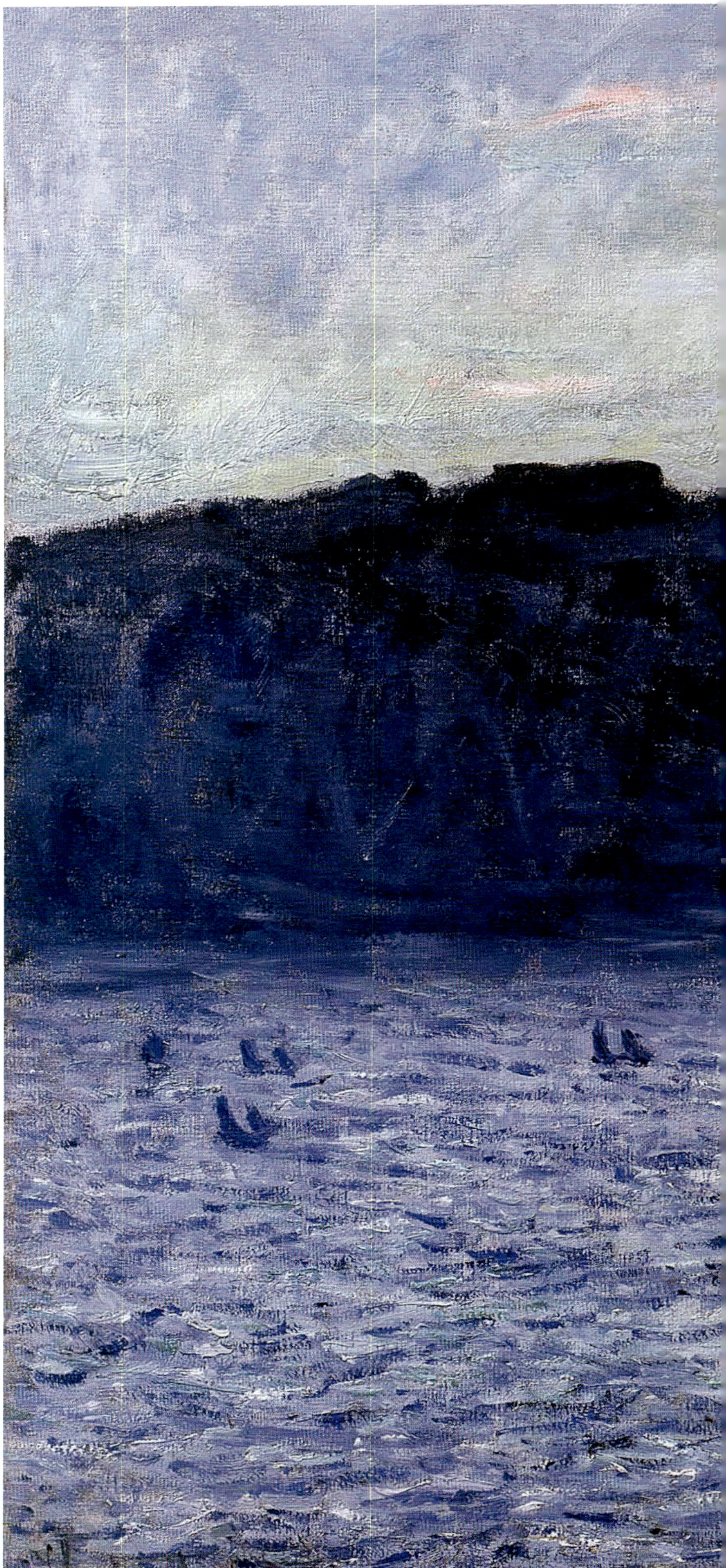

Claude Monet. *Coucher de soleil à Etretat*, 1883.

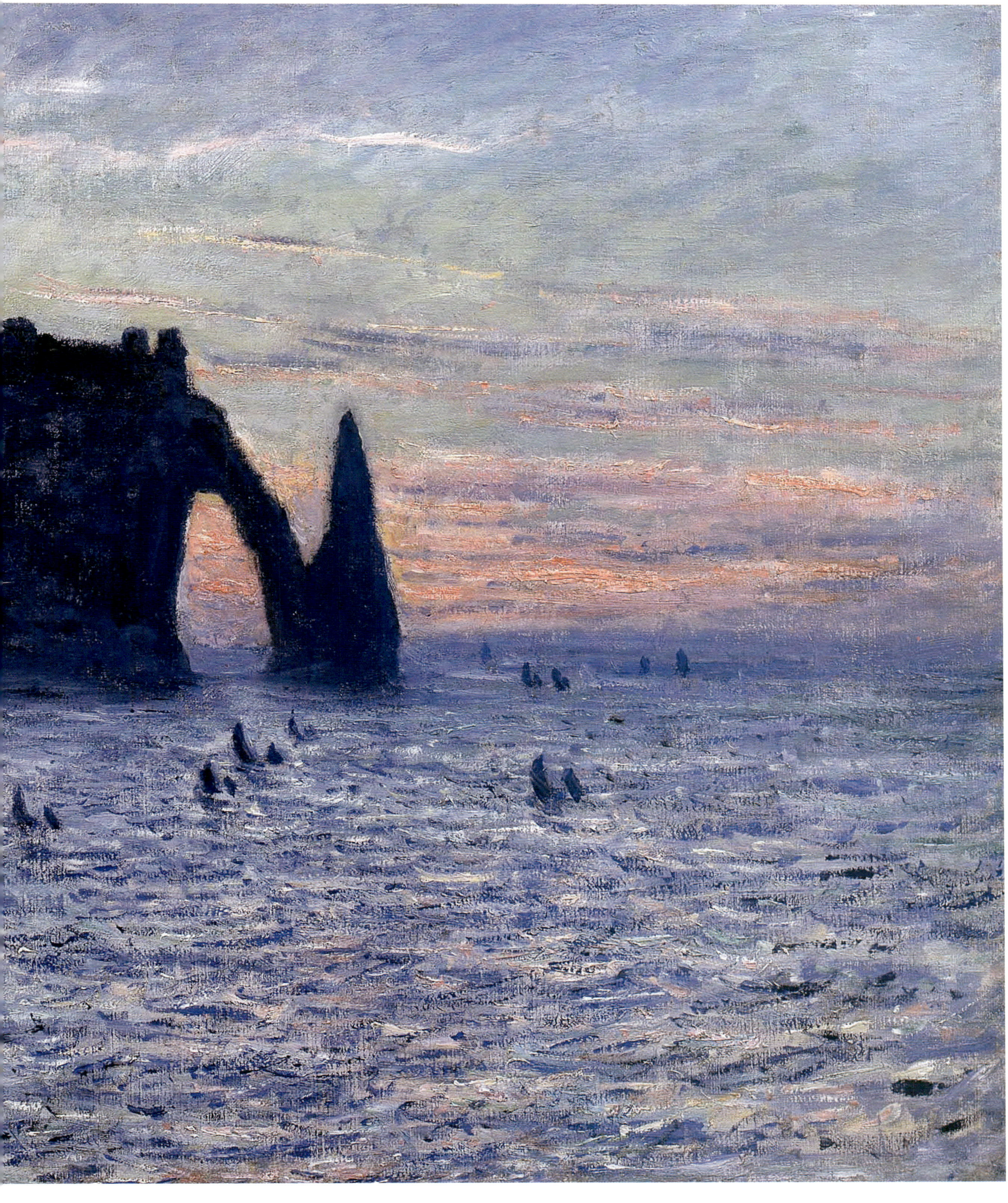

EDGAR DEGAS
1834-1917

De tous les impressionnistes Edgar Degas est le moins attiré par la représentation du paysage. La recherche de l'atmosphère et de la vibration de la lumière, si chères à ses amis qui courent d'un site à l'autre en quête de sensations dont ils essaient de transcrire la fugacité, lui importe peu. Il s'intéresse plus volontiers à la lumière artificielle des intérieurs qui transforme les visages. Aux feux du soleil, Degas préfère les feux de la rampe. Passionné par le mouvement, le paysage le préoccupe rarement. Les danseuses ou les courses de chevaux opposent l'énergie du dynamisme au statisme de la campagne. L'éternel ressac de la mer ne saura pas plus le retenir.

Degas vient pourtant tous les étés à Dieppe chez son ami Ludovic Halévy, qui possède une maison au Bas-Fort-Blanc, à l'extrême ouest de la plage, près de celle du Dr Blanche, père du peintre mondain Jacques-Emile Blanche dont il deviendra l'ami. Le Rhode Island Museum conserve *Six amis*, tableau de Degas où sont représentés les Halévy et Jacques-Emile Blanche. Dieppe attire de nombreux artistes impressionnistes, surtout depuis 1882, année où le célèbre marchand Durand-Ruel y passe ses vacances. Gauguin, Renoir, Pissarro, Eva Gonzalès et Monet en seront des habitués.

Ludovic Halévy, librettiste d'Offenbach, possède aussi une maison à Etretat. Les deux hommes sont très liés, et Degas, qui a quelques prétentions littéraires, participe en 1877 à l'écriture de sa comédie « La Cigale ». Etretat étant situé à quatre-vingts kilomètres de Dieppe, il est logique qu'Halévy ait su attirer son ami vers ce lieu renommé. L'hôte est aussi dramaturge. Il publie deux recueils d'histoire sur la vie dans les coulisses de l'Opéra : « Monsieur et Madame Cardinal », illustré par Edmond Morin, paru en 1872, suivi en 1880 par « Les Petites Cardinal », illustré par Henry Maigrot, qui obtinrent un grand succès populaire. Degas réalise des illustrations sous forme de monotypes pour une nouvelle édition des deux volumes, mais Halévy les trouve trop généraux et le projet est abandonné. Ce n'est qu'en 1938 qu'un certain Blaizot publie une nouvelle édition avec les illustrations de Degas.

Halévy raconte l'histoire de Degas arrivant à déjeuner, un morceau de granit à la main. Fasciné par ce bout de pierre, et notamment par la ligne de ses bordures, il le tenait en hauteur dans la lumière. Il voyait une épaule dans cette roche, et dans l'épaule il voyait une falaise : *« Et je connais le nom que les marins lui ont donné, c'est le cap de la Belle Epaule... »*

Il vient à Etretat vers 1882, chez son ami, pour, dit-il : *« Faire des monotypes en noir et blanc, représentant des paysages. »* Les monotypes de Degas ont si peu le souci du réalisme qu'il est difficile de reconnaître lesquels furent exécutés à Etretat si tant est qu'il en ait réalisés. En revanche, la Bibliothèque nationale possède un carnet de dessins dans lequel figure un petit croquis au crayon de la falaise d'aval. Cette pochade est le seul témoignage de son passage et a le mérite de prouver sa visite.

« Je vous écris de chez Halévy, le temps est beau (...) *Monet, que mes yeux ne peuvent supporter* (...) *»*, écrit Degas à Jacques-Emile Blanche. Cette lettre dévoile l'inimitié entre les deux hommes et explique pourquoi la formidable collection de Degas ne comporte aucun tableau de Monet, alors qu'elle se compose de sept Manet, sept Cézanne, huit Gauguin, deux Van Gogh, vingt peintures et quatre-vingt-dix dessins d'Ingres, treize peintures et cent quatre-vingt-dix dessins de Delacroix, plus des centaines de lithographies de Daumier.

Degas se fâchera avec Halévy au moment de l'affaire Dreyfus, prenant parti pour l'armée comme Schuffenecker.

Edgar Degas. *La Falaise d'aval*, partie de vingt-huit carnets de notes et croquis, circa 1882. © BIBLIOTHÈQUE NATIONALE DE FRANCE

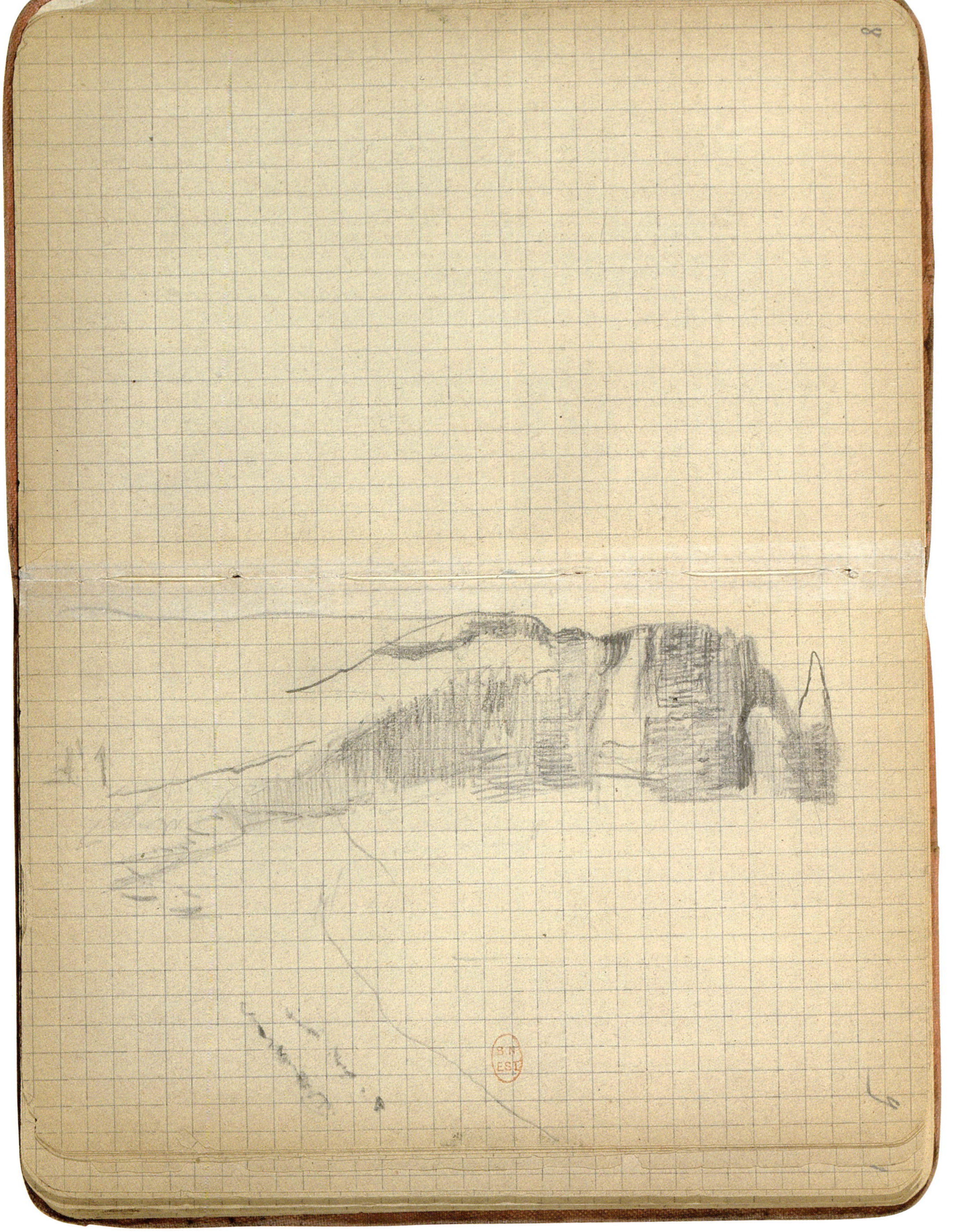

CLAUDE-EMILE SCHUFFENECKER
1851-1934

Beaucoup de questions restent encore sans réponse au sujet de Schuffenecker. Ainsi on se demande toujours s'il fut ou non un falsificateur de l'œuvre de Vincent Van Gogh. Nombre de spécialistes lui attribuent *Le Jardin à Auvers*.

Le personnage est étonnant. Né en 1851, il commence à dessiner dès 1863 et gagne en 1869 le Premier prix de dessin de l'Union centrale des beaux-arts appliqués à l'industrie. Le 28 février 1872, Schuffenecker est embauché chez Bertin, l'agent de change où travaille Gauguin depuis à peine un an. Commence une longue amitié entre les deux hommes qui durera jusqu'en janvier 1891. Refusé en 1882 et 1883 au Salon, Schuffenecker fonde le premier Salon des Indépendants, en 1884, avec Signac, Seurat, Redon, Dubois-Pillet, Angrand, Cross, entre autres. En 1886, il rencontre Emile Bernard, qu'il présente à Gauguin. Les deux hommes seront les chefs de file de l'école de Pont-Aven.

C'est durant l'été 1887 que Schuffenecker arrive pour la première fois à Etretat et à Yport, dont le maire, Alfred Nunès, est un collectionneur de Monet et un cousin de Pissarro. Nunès a d'ailleurs invité Renoir en 1883 pour faire le portrait de sa fille Adeline et de son fils Robert habillé en petit marin.

En août 1888, il passe l'été à Yport chez Mme Dalibert, qui loue une maison rue aux Planches. Schuffenecker, dans une veine impressionniste, mais déjà influencé par le divisionnisme de Seurat, peint quelques œuvres importantes dont *Au pied des falaises* et *Les Ramasseuses de varech*.

En 1889, Gauguin peint la famille Schuffenecker dans un tableau où son ami apparaît peu à son avantage. Schuff, comme l'appelle ses amis, organise la même année l'exposition des impressionnistes et synthétistes du café Volpini, où exposent Gauguin, Bernard, Roy, Laval, Fauché, Anquetin et Daniel de Monfreid. Sur les vingt tableaux de Schuffenecker, quatre représentent Yport et un, Fécamp.

A l'été 1892, Il revient à Etretat accompagné d'Emile Bernard. Certainement influencé par le symbolisme de Redon, avec lequel il entretient des relations amicales, son goût de l'ésotérisme se développe. Il côtoie les Rose+croix, dont l'initiateur, le Sâr Peladan, est un bien curieux personnage qui prône un art idéaliste, et collabore au journal satirique « Le Cœur ».

En 1893, il rejoint le mouvement théosophique. Il séjourne une grande partie de l'été à Dieppe et passe à Etretat, comme l'atteste un tableau des falaises.

En juillet 1894, il retourne chez Mme Dalibert à Yport. Il achète des œuvres à Van Gogh et prend officiellement parti pour Dreyfus.

Du 14 au 24 avril 1895, il est de nouveau à Yport chez la même logeuse. En 1889, il peint *Rochers à Yport*, une huile sur toile très impressionniste qui sera achetée par l'Etat et déposée au musée de Fécamp en 1897. Quand Schuffenecker divorce en 1903, il possède une collection de cent vingt tableaux.

A Etretat, Schuffenecker, qui a peint de nombreuses toiles et surtout de nombreux pastels, a presque toujours refusé de s'intéresser à la vie du village et à la vie balnéaire. Il représente la falaise en choisissant souvent le point de vue de la descente de la falaise d'amont vers le *Banc-à-cuve*. De cet endroit, qu'affectionnera plus tard René de Saint-Delis, il est impossible à celui qui ne connaît pas bien le site de reconnaître Etretat. Cette sorte d'ésotérisme ne pouvait que séduire Schuffenecker comme il plut aussi au symboliste Auburtin.

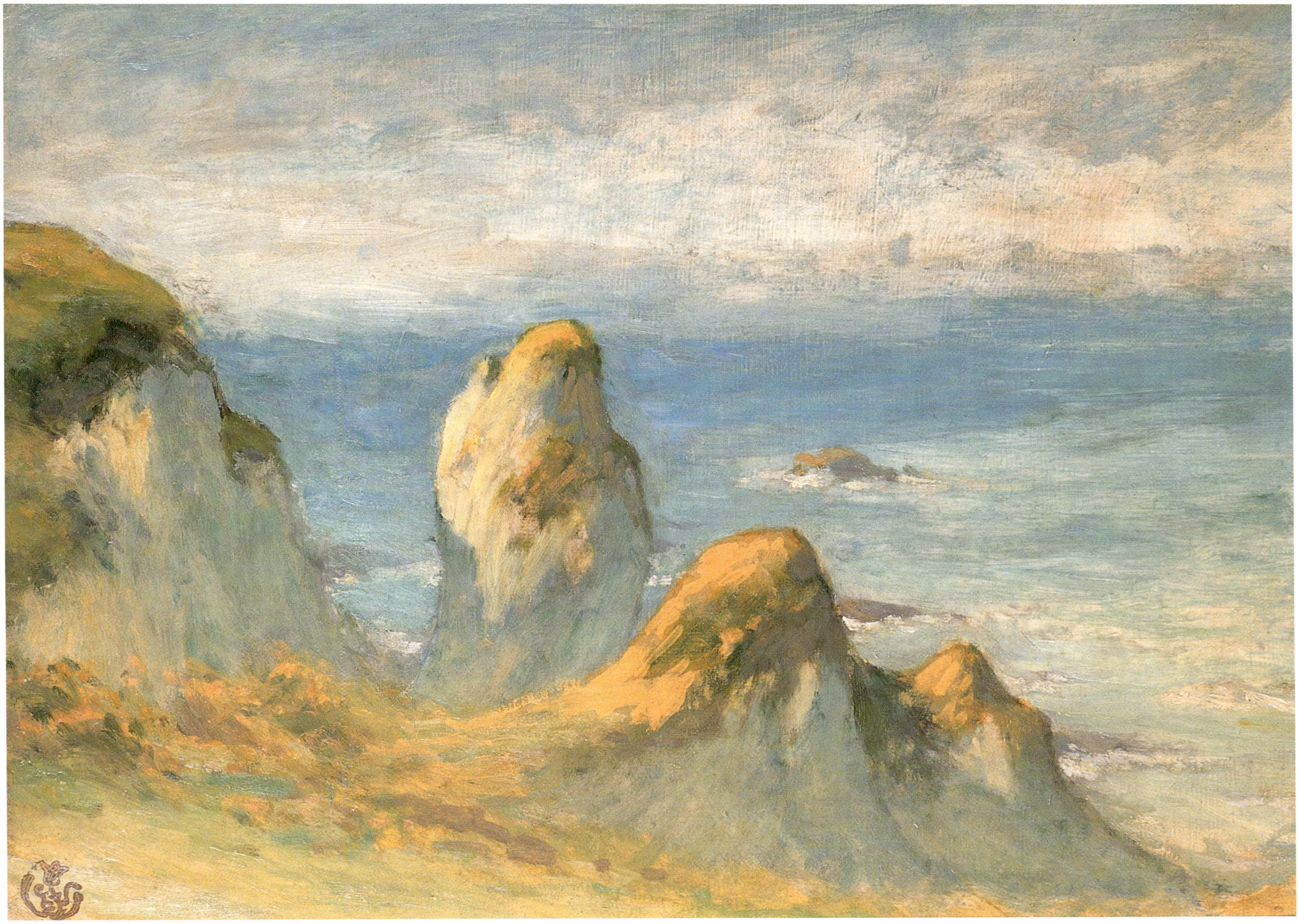

Claude-Emile Schuffenecker. *Les Falaises d'Etretat*, 1893, 35,5 x 50 cm.

GEORGE INNESS
1825-1894

Etretat, si fier de son passé, devrait en urgence marquer le passage d'un des meilleurs peintres américains du XIXe siècle. L'exposition consacrée à George Inness qui circula en 1985 et 1986 dans quelques-uns des plus grands musées américains, du Metropolitain Museum of Art au Minneapolis Institute of Arts, a montré combien est importante cette œuvre dans l'histoire de la peinture américaine, et plus particulièrement dans celle du paysage.

L'œuvre d'Inness est magnifique. Multiforme, personnel tout en étant un amalgame de la culture classique et des tendances modernes, cet art mêle grandeur classique, romantisme et parfois symbolisme.

George Inness naît en 1825, près de Newburgh, New York, dans la mid-Hudson River valley. Il fait partie de la Hudson River School avec Jasper Crospey, Frederic Church, Samuel Colman et Gifford. D'une nature indépendante, il quitte vite ce groupe pour aller à New York city et ne profitera pas de la gloire rapide de ce mouvement. Ce n'est qu'une vingtaine d'années après ses confrères, en 1868, qu'il conquiert la consécration en étant admis à l'Académie. En revanche, il meurt dans la gloire en 1894, alors que les membres de la Hudson River School disparaissent totalement oubliés. Ainsi va l'histoire de l'art, qui, bonne fille un peu lente d'esprit, finit par reconnaître les mérites de ceux qui ont le courage de la faire avancer.

Son ami Samuel Colman, qui étudie en France entre 1860 et 1862 et y retourne en 1871 vient à Etretat en 1873, a priori sans Innes, qui n'y séjourne qu'en 1874. Plus classique que son ami, mais très bon peintre, il laisse quelques toiles d'Etretat et le Hood Museum of Art possède une aquarelle sur graphite datée de 1873. Il est d'ailleurs le fondateur et premier président de l'American Society of Painters in Water-color.

La seule influence artistique qu'Inness a bien voulu reconnaître est celle d'un certain Régis-François Gignoux, né en France, auprès de qui il travaille en 1843, et qui lui enseigne la tradition de la grande peinture française de paysage.

En 1854, il vient en France, et fait partie de la phalange anglo-saxonne de Barbizon, où il loge chez un éleveur de lapins. Il est alors très influencé par Corot, Rousseau et Daubigny.

De 1870 à 1878, Inness voyage beaucoup, avant de s'installer définitivement à Montclain (New Jersey). En 1870, il vient pour la troisième fois en Europe, voyage obligé pour tout artiste américain comme l'était le voyage en Italie pour les artistes français. Lui aussi de retour d'Italie, il séjourne à Paris de juin 1874 à février 1875. C'est durant cette période qu'il va à Etretat. La période 1870-1880 est certainement la meilleure de son œuvre. Etretat est d'ailleurs son seul motif de peinture en France à cette époque. Un tableau d'Etretat daté de 1892 semble témoigner d'un nouveau voyage en Normandie, car il paraît peu probable qu'il ait repris ce thème en atelier à partir d'études quelque vingt années plus tard.

En pleine maîtrise de son art, Inness aime les vues qui embrassent le plus grand territoire possible, les perspectives lointaines où se confrontent terre, ciel, mer, falaise sous une lumière qui ne se prive pas d'effets, tout en conservant une gravité qui procure majesté à l'ensemble. A Etretat, Inness s'approche rarement de la falaise. Des dix-huit tableaux du site recensés par LeRoy Ireland, dans son catalogue raisonné, seuls quatre représentent la falaise vue de la plage.

L'Arrivée de l'orage est typique de la distance que prend le peintre par rapport à son sujet, et c'est dans cette distance qu'il excelle. Cette vue de la campagne, qui ne laisse entrevoir d'Etretat que la falaise d'aval (immédiatement reconnaissable), répond au goût d'Inness de peindre ce qu'il appelle « *the civilized landscape* ». Le travail sur cette lumière très particulière de l'orage approchant et la composition en doubles diagonales de la colline et du ciel, doublée par la ligne des arbres d'un côté et le chemin de l'autre, confèrent à ce tableau un sentiment dramatique proche du romantisme. D'autant que la précipitation de la bergère à rentrer ses moutons accentue l'effet d'instant précaire et de tragédie à venir.

Inness ne cherche pas le pittoresque d'un lieu mais sa grandeur. Il aime que le paysage cultivé cache le paysage habité. Il préfère suggérer plutôt que dévoi-

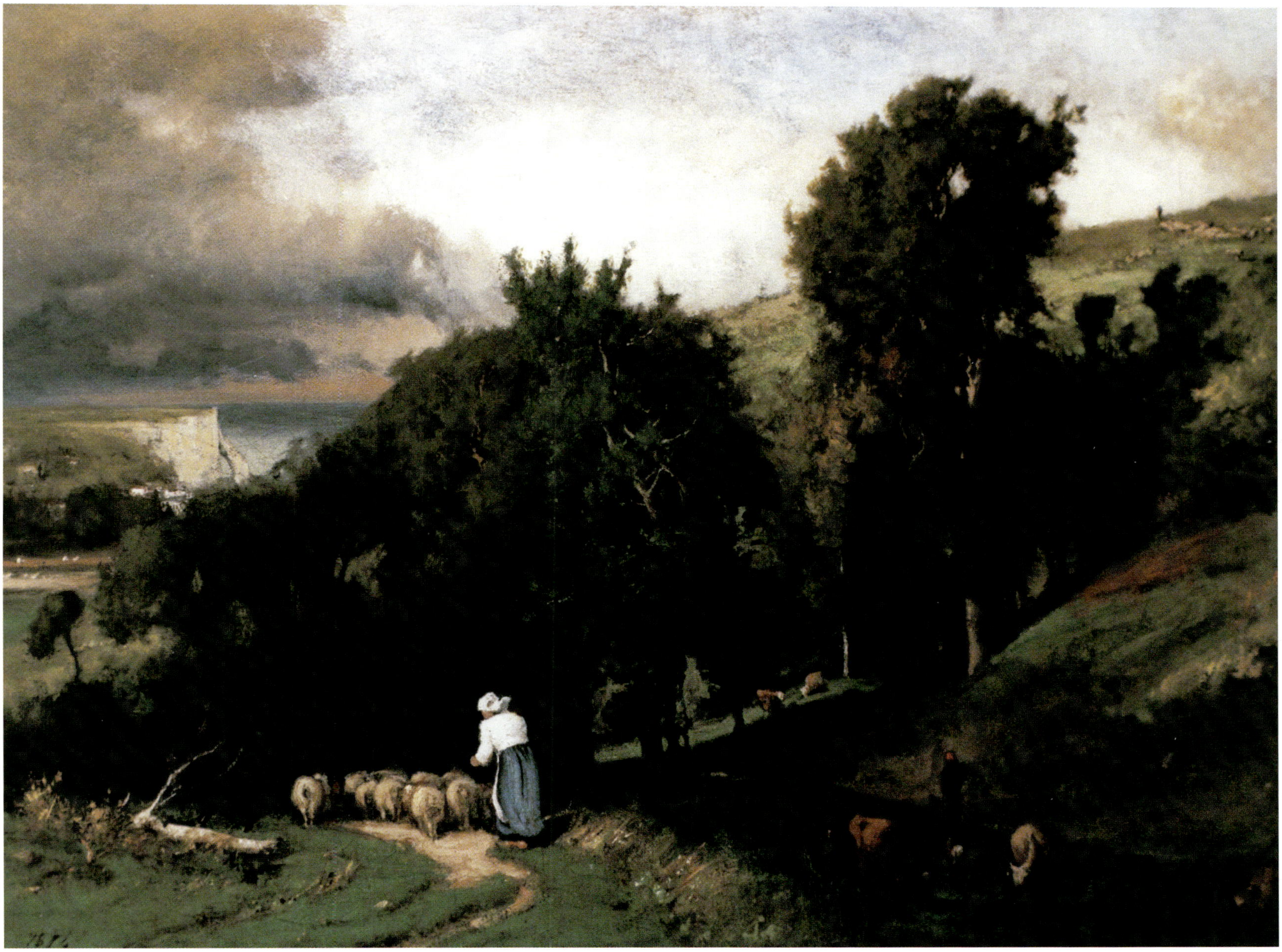

George Inness. *L'Arrivée de l'orage*, 1874-1875.

ler, mais aussi ne rien omettre des éléments qui composent un paysage pour l'avoir dans son entier et choisir des vues qui correspondent à ces théories. Jusqu'à s'éloigner au plus loin dans la plaine, vers la limite où ne se distingue plus Etretat, comme dans deux tableaux où le haut de la falaise est à peine visible. Le Poittevin prit lui aussi un jour ce parti, et André-Paul Leroux bien plus tard en fera sa marque. Comme lui, ils comprirent que la mer vue loin de l'intérieur des terres possède sa propre magie, mais surtout qu'elle imprime de sel et de vent la terre qui la borde, et qu'il n'est point forcément besoin de la montrer pour en discerner la présence.

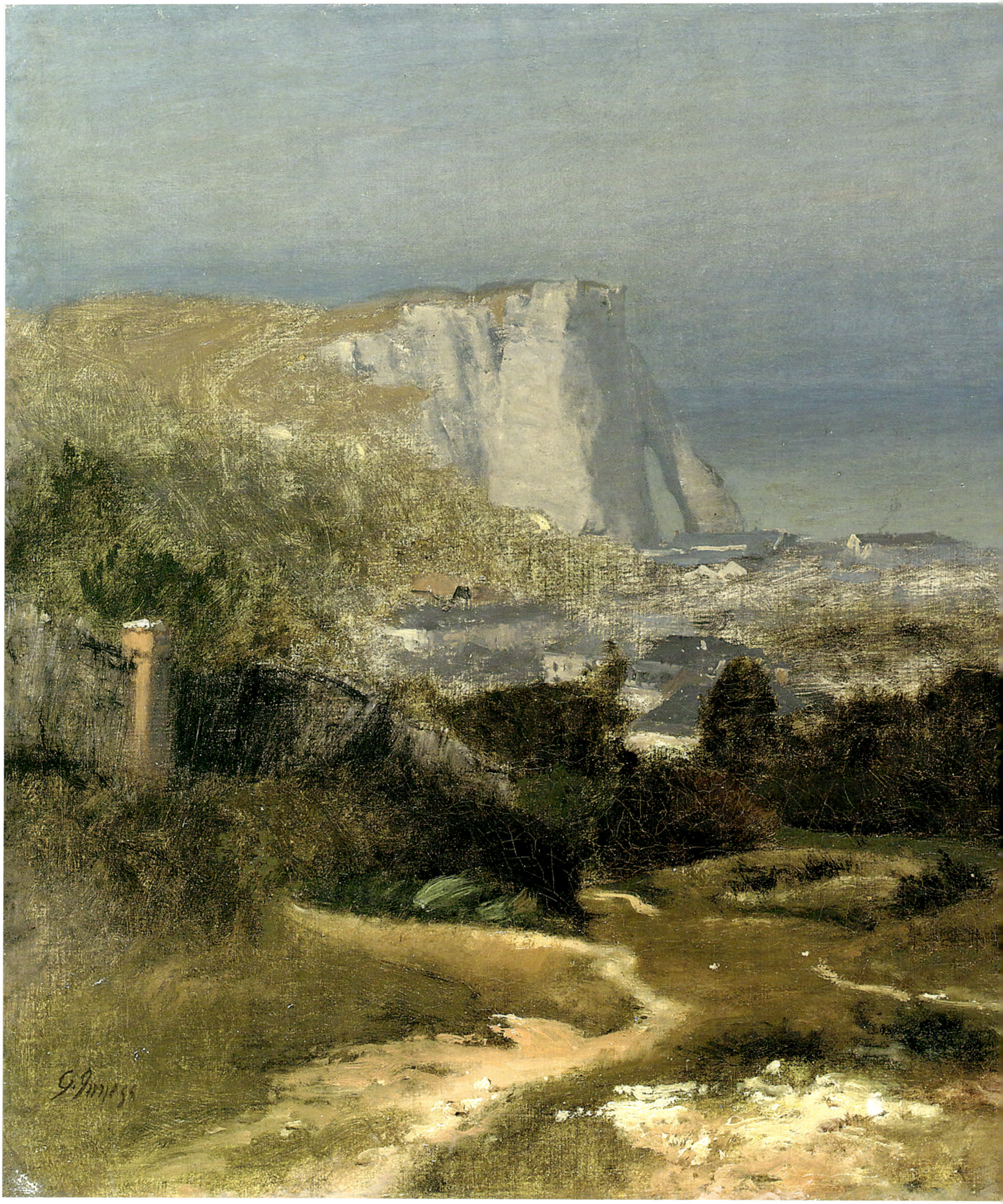
G. Inness

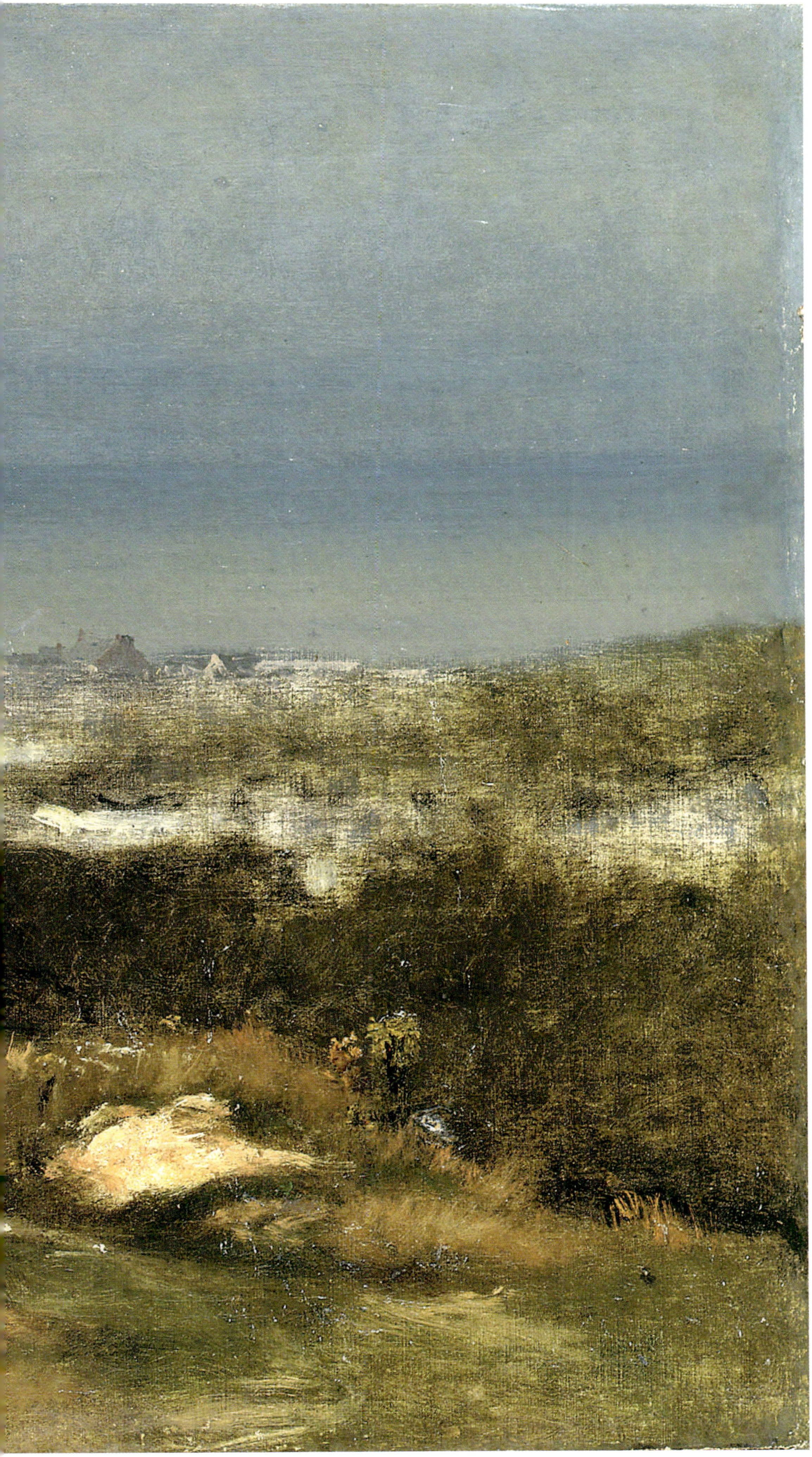

George Inness.
Etretat, 1874-1875,
45,7 x 66 cm.

HENRY BACON
1839-1912

Henry Bacon est né en 1839 à Haverhill, dans le Massachusetts. Il arrive à Paris en 1864, à la fin de la guerre de Sécession, avec sa femme Lizzie. Bacon compte parmi les premiers Américains admis à l'Ecole des beaux-arts: il sera l'élève de Gérome, Edouard Frère et Cabanel, qui lui enseignent une technique de peinture à l'huile très léchée.

Fervent adepte des Salons, il expose trente-cinq fois entre 1868 et 1895 au Salon des Champs-Elysées ou au Salon des Beaux-Arts. Aux Etats-Unis, il est aussi un fidèle du New York's National Academy of Design. Le catalogue du Salon des Artistes français de 1888 reproduit une œuvre de Bacon, typique de son goût pour l'anecdote, et dont la scène se déroule à Etretat. Le tableau s'intitule *A terre* et représente une jeune femme du pays assise devant une caloge, ramendant un filet, tout en se faisant courtiser par un marin de la marine nationale.

Goupil et Braun ont gravé et photographié de nombreuses œuvres de Bacon et cette diffusion a contribué fortement à sa renommée.

A partir de 1895, il se tourne exclusivement vers l'aquarelle et trouve dans cette technique sa manière la plus personnelle. A la même époque, il part pour l'Egypte, la Grèce, la Sicile, Ceylan et l'Italie où il passe les quinze dernières années de sa vie. Cela explique le peu d'aquarelles d'Etretat parmi les nombreuses représentations du site.

Henry Bacon fréquente Etretat assidûment puisqu'il y séjourne de 1870 à 1897. En novembre 1897, après y avoir passé l'été, il expose à la Chase Gallery. Sur la trentaine de tableaux accrochés, huit représentent Etretat.

Bacon est un peintre charmant, trop peut-être, qui cultive l'anecdote d'une manière doucereuse. Il pratique un sentimentalisme de bon ton, qui a la délicatesse de ne jamais tomber dans le sordide. Bien au contraire, Bacon peint le meilleur des mondes et peut se targuer d'être le peintre du bonheur.

A Etretat, Henry Bacon s'intéresse plus à la vie de la population locale qu'à celle des estivants. Il est en cela un extraordinaire témoin de ses particularités (caloges, cabestans, laveuses, cabines de bain, maîtres nageurs sont ses motifs de prédilection). Le peintre occulte totalement le village dans son œuvre et prend un grand

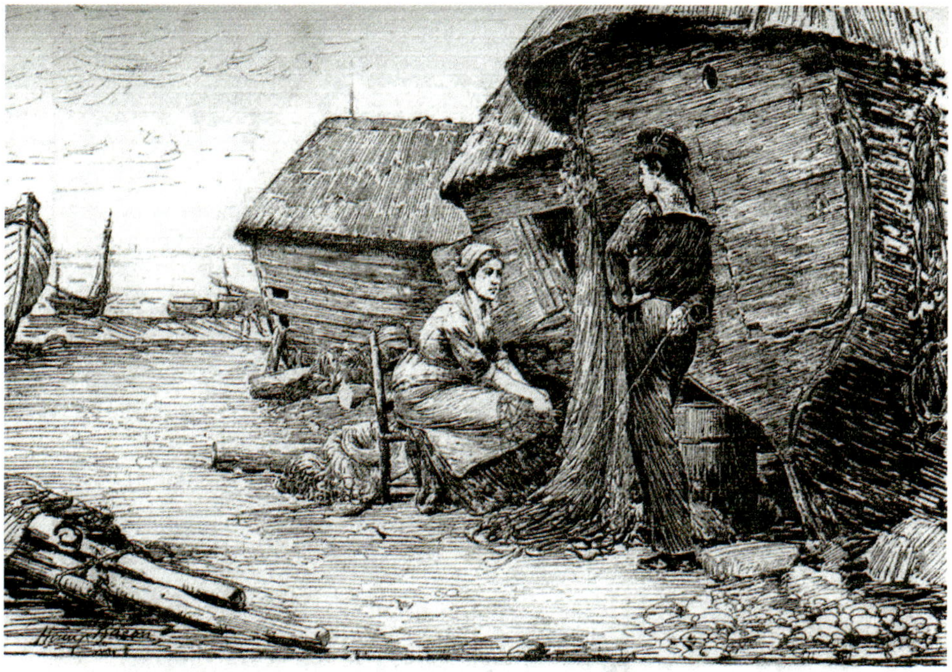

BACON (H.). *A terre.* — *Jack ashore.*

A gauche :
Henry Bacon, *A terre*, reproduction du catalogue du Salon de 1888.

Page de droite :
Henry Bacon. *Femme de pêcheur au cabestan*, 54 x 46 cm.
PARIS, COLL. PRIVÉE, © C. DES BROSSES.

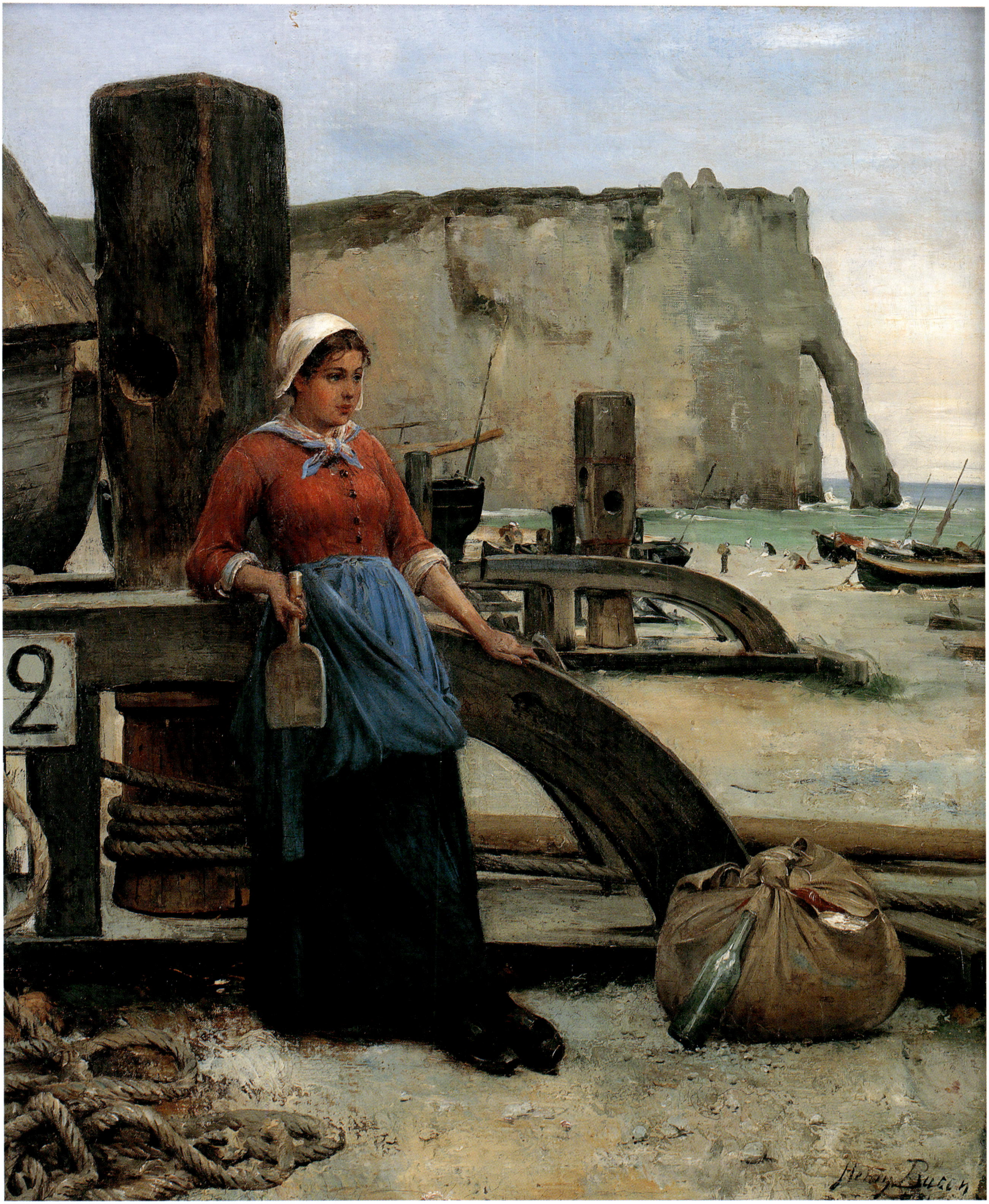

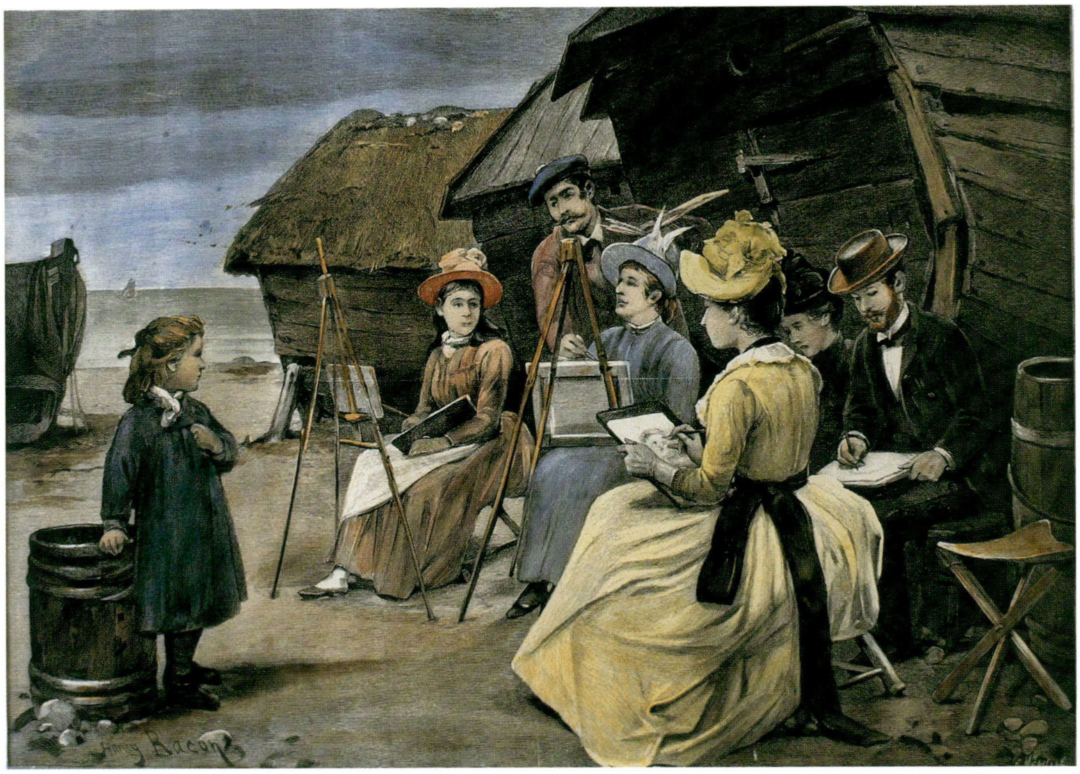

Henry Bacon. *La Leçon de peinture*, gravure sur bois, 32,5 x 51,5 cm.
COLL. PRIVÉE, © C. DES BROSSES.

plaisir à camper la bonne santé du peuple. Ainsi les (jeunes) pêcheuses, bien en chair et pétillantes de vitalité, deviennent-elles des héroïnes populaires. Cette peinture cependant n'a aucune prétention sociale. Au contraire, Bacon ne montre ni la saleté ni la dureté du métier de la pêche. Les femmes jeunes et les enfants l'intéressent essentiellement. Bacon se délecte de ces femmes costaudes, hautes en couleur et fortes en gueule, face auxquelles les Parisiennes devaient paraître bien transparentes. Dans cette peinture se devine la recherche d'un public plus facile à émouvoir par la sensiblerie que par une esthétique sans reproche.

Et tout cela est très gai, très clair et bien peint. Une égale lumière inonde les scènes de ce quotidien savamment filtré. Celui qui n'aurait pas l'esprit critique suffisamment aiguisé se ferait piéger par tant de bonheur étalé. Il est d'ailleurs étonnant que personne à Etretat n'ait songé à se servir de cette œuvre à des fins publicitaires.

Devant cette abondance de détails, et ce goût de ne rien omettre de ce qui reste de purement local, on ne peut s'empêcher de penser à l'œuvre de Le Poittevin. Mais ce qui sépare ces deux œuvres est l'utilisation du littéraire chez Bacon. Là où Le Poittevin montre avec force souci de laisser un témoignage, Bacon raconte une histoire, à tel point qu'il est souvent difficile de savoir, du décor ou de l'histoire, quel est le prétexte du tableau.

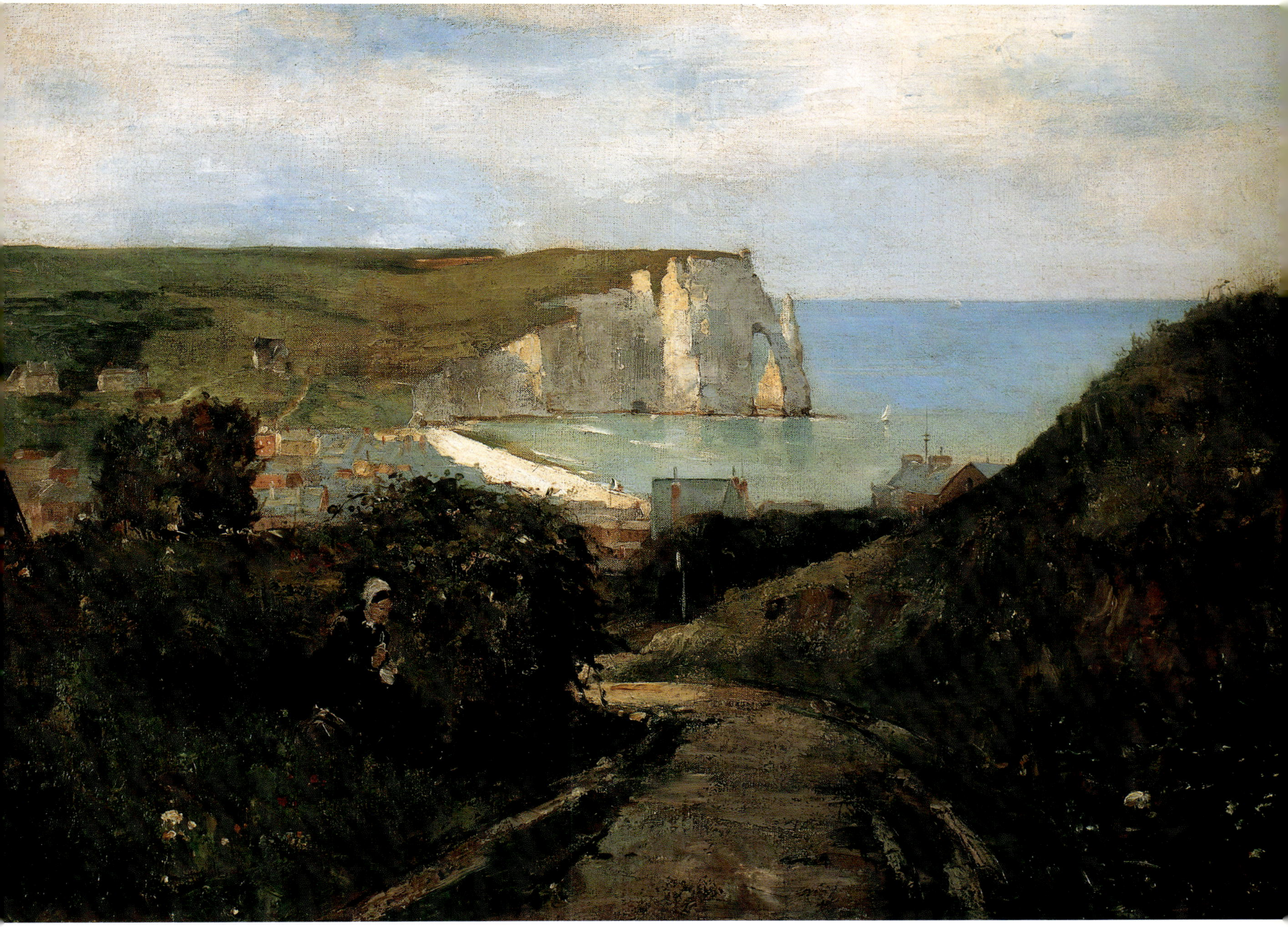

Henry Bacon. *Vue de la falaise d'aval,* 50 x 73 cm.

ALEXANDRE NOZAL
1852-1929

« Un jeune peintre en train de devenir un grand peintre. »
Guy de Maupassant

Alexandre Nozal naît à Neuilly, dans une famille d'industriels et d'hommes d'affaires, ce qui lui permet de ne pas avoir de soucis d'argent et de vivre dans les beaux quartiers de Passy et d'Auteuil. Elève d'Evariste Luminais (1821-1896), auteur du fameux tableau *Les Enervés de Jumièges* conservé au musée de Rouen, il reçoit aussi les conseils de Corot et de Harpignies. En 1876, à vingt-quatre ans, il expose pour la première fois au Salon, auquel il participe jusqu'en 1928. En 1886, l'Etat lui achète pour la première fois un tableau qui sera déposé au musée d'Evreux. Familier d'Etretat, il y retrouve souvent Maupassant, dont il est très ami.

Comme beaucoup de ses confrères, Nozal est un grand voyageur. La Hollande, la Suisse, l'Espagne et l'Algérie font partie de ses nombreuses destinations. Mais il aime aussi peindre les contrées françaises, et plus particulièrement Etretat dont il nous a laissé d'innombrables vues. Au Salon de 1923, sous le numéro 1 278, il expose *La Mare de la ferme du Mont- Etretat.* Ce tableau aura l'honneur d'être reproduit au catalogue. A ce même Salon, Georges Dieterle expose *Falaise à Yport* et *La Mare blonde à Criquebeuf-en-Caux.*

Formé par ses maîtres à l'école du paysage, il oscille entre l'esprit de Barbizon et celui de l'impressionnisme, dont il retient la luminosité de la palette. Ce qui fit dire à René le Bihan : « *C'est pourquoi il eut tant d'attention pour les pays maritimes, sans cesse balayés par le vent, constamment renouvelés par la marée : la Normandie et la Bretagne. Plus que les bords paisibles de la Dives, Caen et Trouville dont il sut capter avec justesse la lumière nacrée, ses paysages favoris sont à Etretat. Les dates se multiplient – 1874, 1879, 1883 – au bas des pastels, qu'il rapportait des hautes falaises crayeuses, des vagues éclatants sur les galets, des crépuscules sur la manche, des brumes sur le Petit-Val.* »

Avec Prins et Lhermitte, Nozal sera l'un des rares paysagistes à utiliser couramment le pastel.

Artiste talentueux, on peut lui reprocher une exagération des effets, une palette souvent peu nuancée et surtout un systématisme de sa manière, peut-être dû au confort de sa vie sociale. Cependant, certaines œuvres sont dignes d'un maître quand il laisse percevoir son émotion devant le sujet et qu'il s'applique à trouver des vues originales, comme dans un tableau impressionniste représentant les pêcheurs à la balance au *Banc-à-Cuves.*

Ce tableau est l'un des rares à représenter une scène de pêche à la balance, pourtant courante à cette époque. Monet viendra souvent à cet endroit, mais il tournera son regard vers l'ouest, se servant de l'arche de la falaise d'amont pour cadrer la falaise d'aval, se refusant à représenter une scène aussi pittoresque.

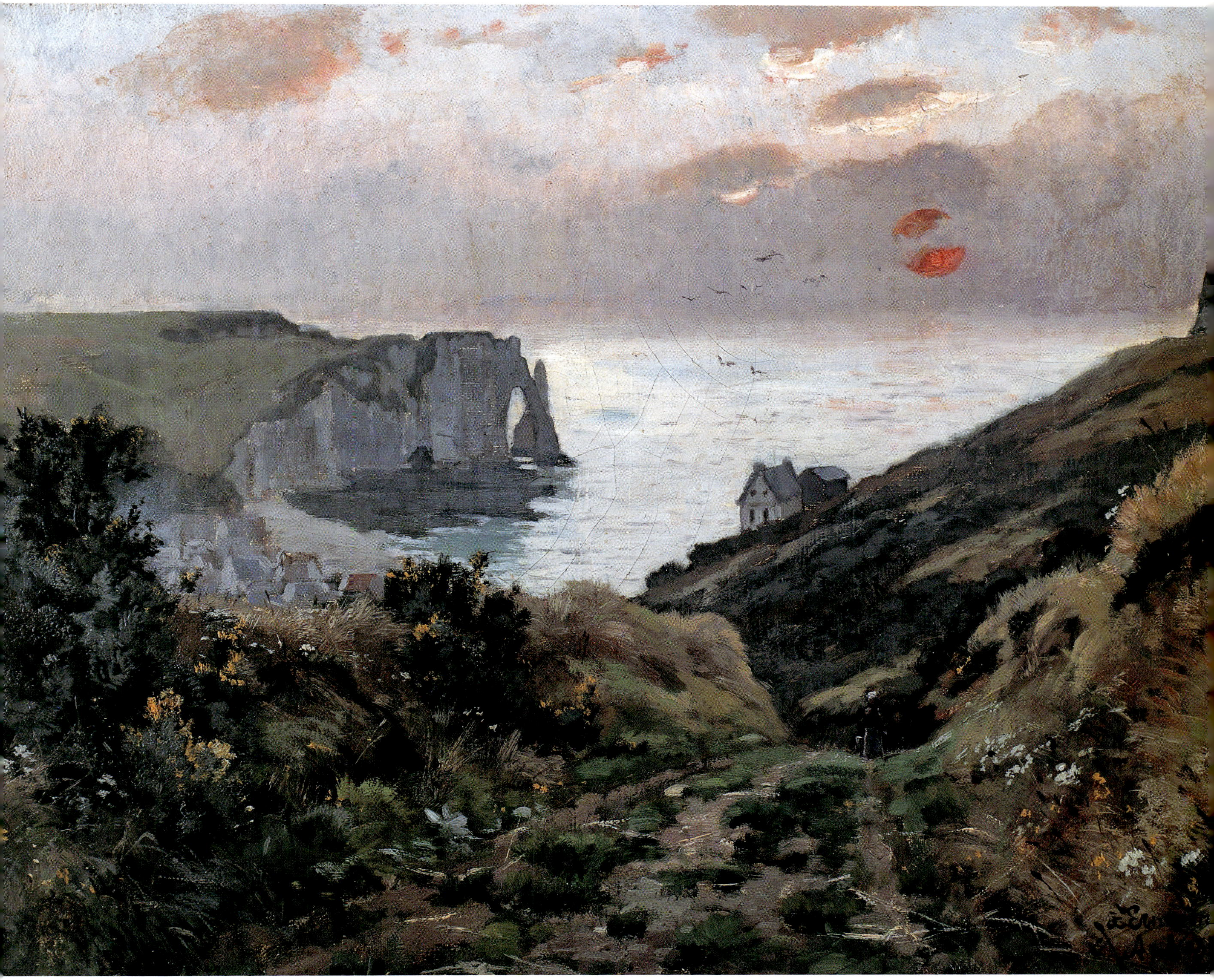

Alexandre Nozal. *Etretat,* dédicacé « *A Ernestine* », 33 x 44,5 cm.

COLL. PRIVÉE, © C. DES BROSSES.

EMILE NOIROT
1853-1924

Né à Roanne en 1853, fils de Jean-Louis Noirot, qui était lui-même peintre et ami d'enfance du céramiste Théodore Deck (en famille avec les propriétaires de l'*Hôtel Blanquet* et créateur du portrait d'Alphonse karr accroché à la façade de l'hôtel), Emile Noirot débute au Salon de 1874, année où il s'installe à Paris. De 1874 à 1896, il participe à tous les salons, hormis ceux de 1875, 1876, 1882 et 1884. En dehors de l'influence de son père (auquel il consacre une plaquette en 1905) qui était un homme fort modeste mais collectionneur acharné. *«Ah oui, j'en connais qui préfèrent un saladier de morilles, moi j'aime mieux une tartine à la Vollon !»* se plaisait il à répéter. Noirot reçoit les conseils de Français et Daubigny, puis de Ravier et Borel.

En 1881, Noirot retourne à Roanne, où il s'installe définitivement avec sa femme, fille du peintre Godefroy de Hagemann. Là, il forme un véritable foyer de peintres que l'on peut appeler l'« Ecole de Roanne », restée proche de celle de Lyon où demeure l'étonnant Ravier. Louis Dinet, Maurice Aubret, Octave Cafet et Léon Mignen sont les principaux acteurs de ce groupe.

C'est en 1897 que Noirot peint ce paysage vu de la plage en direction de l'amont. Noirot quitte souvent Roanne, spécialement à l'époque où il faut songer aux envois pour le Salon. Mais Etretat n'y fut jamais un thème exposé, et nul ne sait si Noirot eut d'autres occasions d'y venir. Dans ce tableau très enlevé, certainement peint sur le motif, se retrouve la prestesse de la touche qui est la marque de sa peinture. La qualité des gris virant au vert est aussi l'une de ses spécialités. Mais la palette a beau être claire elle n'indique aucune accointance avec les théories impressionnistes. Noirot reste dans une tradition classique du paysage qui attache plus d'importance à la composition qu'à la lumière.

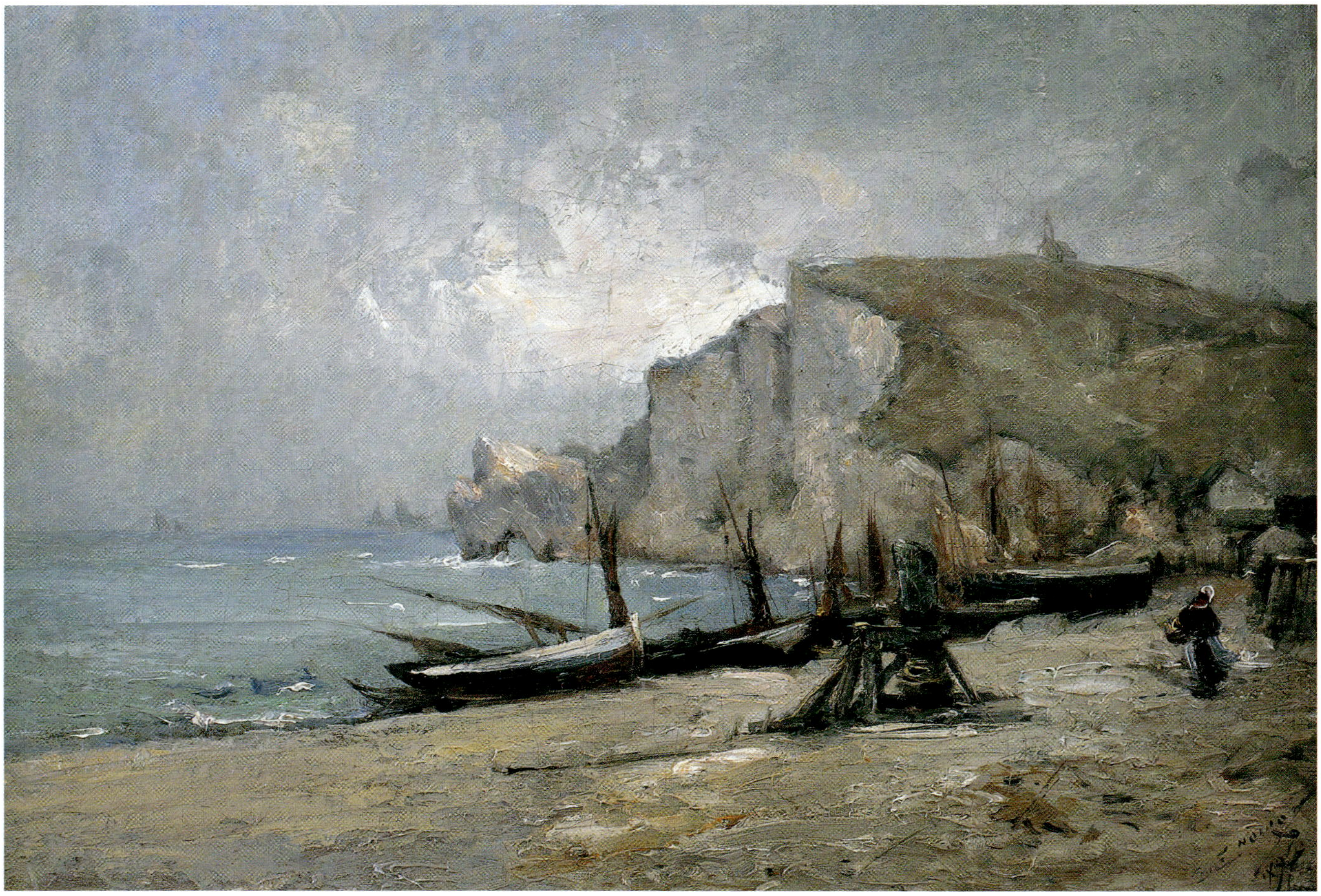

Emile Noirot.
La Plage d'Etretat,
1897, 38 x 55 cm.
PARIS, COLL. PRIVÉE,
© C. DES BROSSES.

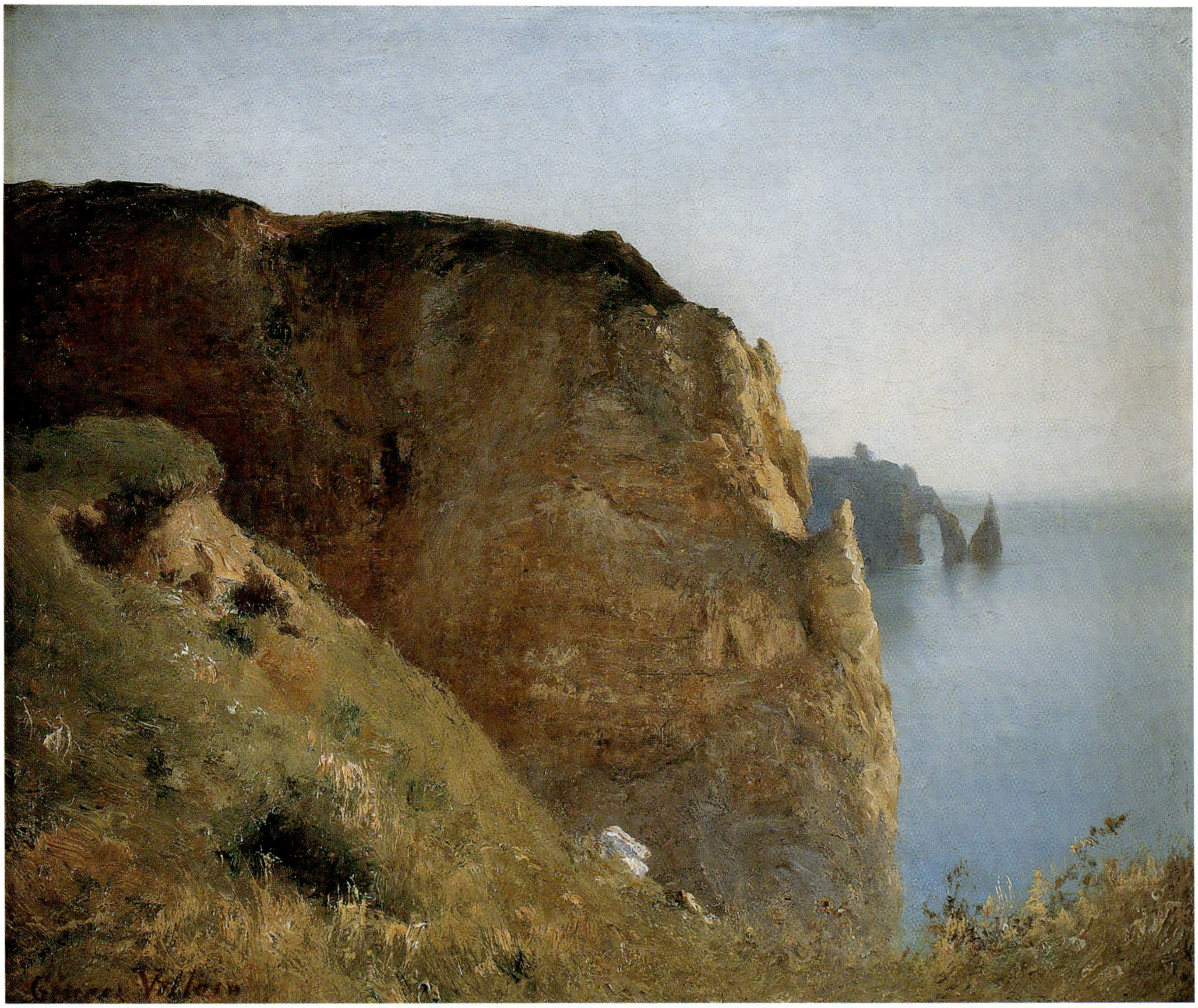

Georges Villain. *Les Falaises à Etretat*, circa 1900, 38 x 46 cm.
PARIS, COLL. PRIVÉE, © C. DES BROSSES.

GEORGES VILLAIN
1854-1930

Georges Villain est un petit maître dont nous savons peu de chose si ce n'est qu'il est élève d'Harpignies, de Tillier et B. Constant, et qu'il débute au Salon de 1877 avec *Saint-Malo vu de Dinand*. Il participe au Salon jusqu'en 1912 avec des vues de Bretagne. Villain pratique aussi l'aquarelle avec dextérité.

Plusieurs vues d'Etretat sont connues. N'étant pas datées, il n'est pas possible de savoir la fréquence de ses séjours. C'est une peinture sensible, peut-être un peu timide, utilisant une palette claire mais n'osant pas aller jusqu'à la palette impressionniste. L'œuvre représentée donne une grande place à la composition avec ses trois plans et son jeu d'obliques, jusqu'à cette petite pointe rocheuse qu'il a savamment placée au même niveau que l'aiguille. La notion de vertige est aussi rendue avec beaucoup de brio, notamment par l'utilisation du premier plan en V.

On distingue sur la falaise d'aval *La Tour de Fréfossé*. Celle-ci ayant été construite vers 1890 et dynamitée le 26 octobre 1911 – le propriétaire, M. Dubosc n'avait pas obtenu le permis de construire –, elle nous permet de dater ce tableau de cette courte période.

LUIGI LOIR
1845-1916

Luigi Aloys François Joseph Loir naît en 1845, de parents français, au château de Gorritz en Autriche. En tant que valet et gouvernante, ses parents sont au service de Marie Caroline de Bourbon et de la duchesse d'Angoulême, toutes deux belles-filles de Charles X.

Toute la jeunesse de Luigi Loir est donc liée à la disgrâce des Bourbon puisque ses parents durent suivre leurs maîtres au duché de Parme, de 1847 jusqu'à ce qu'ils fussent obligés de partir en 1859. En 1860, les parents Loir quittent l'Italie pour Paris, mais Luigi, alors âgé de quinze ans, décide de rester pour étudier aux Beaux-Arts de Parme. Pour le jeune homme, la révélation de Paris devra attendre 1863. Dans la capitale, il a pour maître Jean Aimable Amédé Pastelot et pour relation Lefèvre Utile.

Le destin de Luigi Loir reste très lié au formidable essor de la publicité rendu possible par l'utilisation de la lithographie et surtout grâce à l'invention, en 1837, de la chromolithographie par le Français Godfroi Engleman. Cette technique, issue directement de la lithographie, réclame de la dextérité car chaque couleur reproduite nécessite un passage de la pierre sur la presse et demande beaucoup de précaution pour les repérages.

Les industriels comprennent vite l'importance de la publicité, qu'elle soit sous forme d'affiche, d'emballage ou de carte postale, et notamment son ami Lefèvre Utile pour lequel il honore de nombreuses commandes. En 1860, Félix Potin crée sa première grande surface consacrée à l'alimentation. En 1866-1867, Jules Chéret dessine sa première affiche, dont il se fera une spécialité, et dès 1880 Menier ajoute des images à ses tablettes de chocolat. En 1891, Toulouse-Lautrec publie sa première affiche pour le *Moulin-Rouge*. Luigi Loir crée des affiches pour les *Biscuits Estieu*, les jouets *Au pauvre Jacques* et pour *Les Comptoirs de Belleville*.

Le principe de la carte postale est beaucoup utilisé en cette fin de siècle comme support publicitaire pour son impact immédiat. En effet, les cartes se collectionnent, s'échangent et s'envoient. Elles circulent donc énormément et rapidement. Ainsi pour *Pétrole Hann* (le trésor des cheveux) Luigi Loir dessine-t-il une importante collection représentant Paris.

Les *Biscuits Pernot* décident, quant à eux, de lancer une collection sur le thème « Les Plages de France » et confient à Luigi Loir ce projet qui aura un grand succès. On pouvait collectionner, entre autres, Biarritz, Sanary, Le Croisic, Paris-Plage, Royan ou Etretat.

L'aquarelle reproduite est l'original de l'image d'Etretat. Pour répondre à cette commande, Luigi Loir n'a pas eu d'évidence le temps de faire le tour de France, obligé de produire la collection depuis son atelier parisien à partir de photos ou de cartes postales. Et cela se voit ! On peut s'amuser au jeu des erreurs dont la première est l'absence de l'aiguille qui de cet emplacement devrait être bien détachée de l'arche. Le bateau au premier plan, quant à lui, n'a que l'apparence d'un canot étretatais. Les habitations ni ne ressemblent, ni ne peuvent être situées à cet endroit, et la dimension des caloges est sans rapport avec la réalité. On pourrait poursuivre.

La leçon à retenir est qu'un paysage ne s'invente pas. Tous les éléments qui le composent ont une forme et une dimension qui répondent à une réalité géographique. Mais qu'importe pour cette carte, laquelle se préoccupe plus de l'idée de pittoresque que de véracité. Cet assemblage est charmant, il n'ôte en rien de la beauté à Etretat et n'empêcha certainement personne d'y venir. Luigi Loir, dans sa naïveté commerciale, a certainement cru suffisant son travail de documentation et avoir fait œuvre honnête.

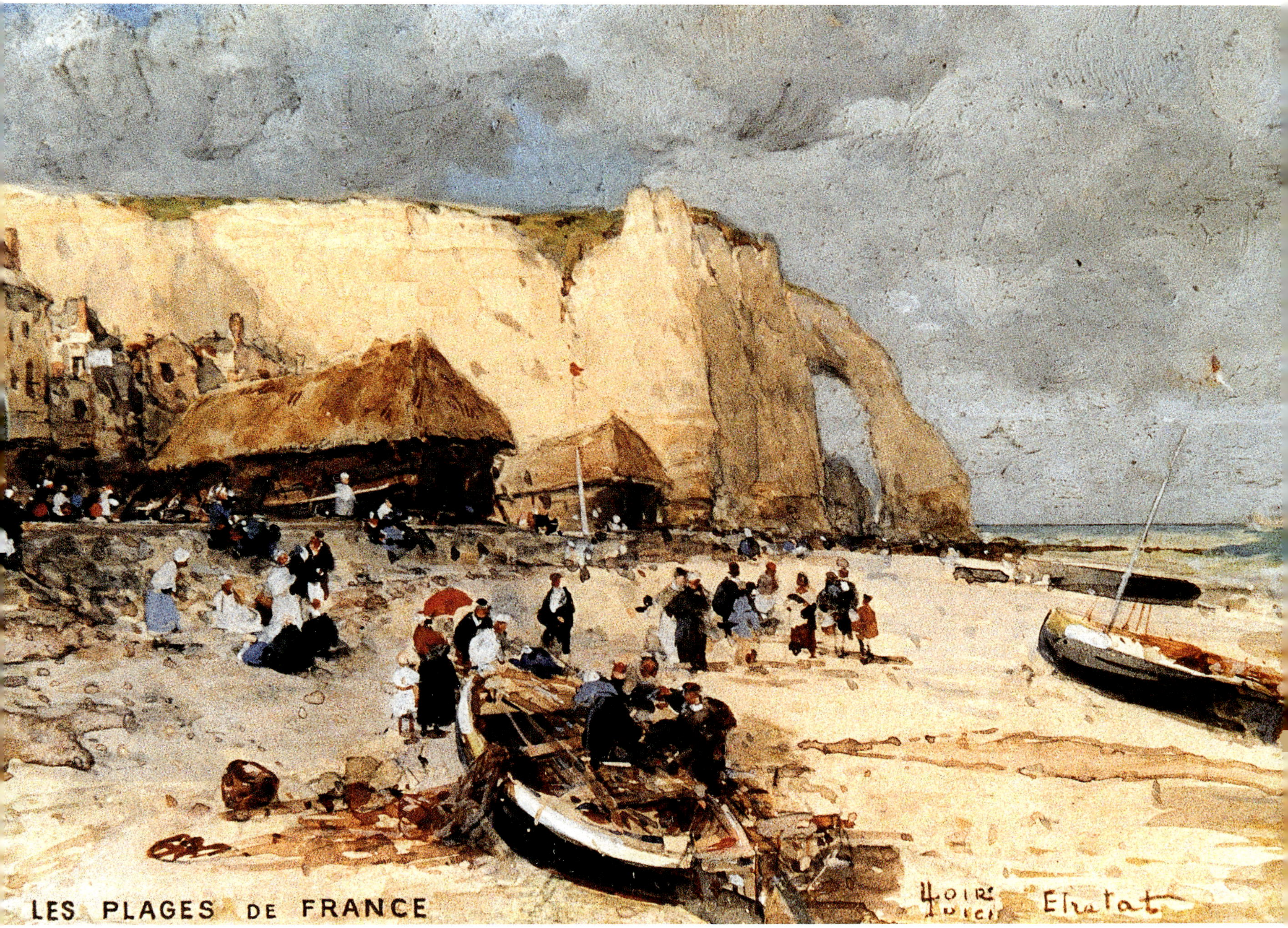

Luigi Loir, *Les Plages de France, Etretat.* Signée et située en bas à droite, gouache, 11 x 15,5 cm.

LONDRES, COLL. PRIVÉE, © GALERIE MARIE BRUYER, PARIS.

EDOUARD RIOU
1833-1900

Paul Morand, dans sa « Vie de Maupassant » de 1942, note à propos de l'éducation artistique de Tassart, le valet de Maupassant, qu'un jour ce dernier lui explique que *« Riou est un grand maître dans son art, que l'Arrivée de Napoléon III en Egypte et l'Inauguration du Canal de Suez sont de lui, que Riou est un grand artiste »*.

Edouard Riou débute au Salon de 1859. La forêt de Fontainebleau est son motif de prédilection avant qu'il ne devienne l'un des illustrateurs les plus importants de la seconde moitié du XIXe siècle. Il se fait connaître en illustrant d'innombrables livres de Jules Verne, notamment « Les Enfants du capitaine Grant », « Géographie illustrée de la France et de ses colonies », « Vingt mille lieues sous les mers », « Voyage au centre de la terre » et « Voyage et aventures du capitaine Hatteras ». Pour Alexandre Dumas il grave les illustrations du « Comte de Monte-Cristo » mais aussi le « Guide pittoresque et médical à Saint-Honoré-les-Bains » d'un certain Henry Collin ainsi que pour Erckmann-Chatrian « L'histoire d'un conscrit de 1813 ».

Excellent dessinateur et aquarelliste, Riou, grand voyageur, accompagne de nombreuses expéditions au Sahara, au Soudan, en Guyane, au Brésil, en Afrique équatoriale et en Amérique du Nord et du Sud dont il illustre les récits. Il connaît aussi l'isthme de Suez car il est nommé peintre officiel de la construction du canal. La Compagnie de Suez conserve toujours dans ses bureaux des œuvres de Riou. Pour le « Voyage pittoresque à travers l'isthme de Suez » de Marius Fontane, il exécute vingt-cinq grandes aquarelles lithographiées en couleur par Eugène Cicéri. Il publie aussi en tant qu'auteur « De New York à Brest en sept heures » et « La Vie au continent noir ».

En août 1875 et en 1878 Riou voyage en Normandie, de Trouville à Yport. De ce voyage il laisse un magnifique carnet de petites aquarelles, toutes du même format et d'une qualité exceptionnelle. Ces œuvres sont un formidable témoignage de l'activité balnéaire des plages de la région, notamment de Trouville, du Havre et d'Etretat, car Riou est un mondain que seule la bonne société intéresse. L'*Hôtel Frascati* au Havre, haut lieu des mondanités, ou le casino d'Etretat seront ses sujets de prédilection. Riou partage pleinement la vie de ses clients, les accompagnant dans leurs loisirs. Ainsi est-il le seul à notre connaissance avec Monet à avoir peint *La Passée* qui était une sorte de parc entre les tennis d'Etretat et le bois le surplombant où les vacanciers se promenent et s'adonnent à ce jeu fort à la mode à l'époque qu'est le croquet.

Cinq aquarelles de ce carnet sont peintes à Etretat. Du casino, l'une montre un groupe de peintres et d'amateurs discutant d'une œuvre certainement peinte le jour même pendant qu'une femme en crinoline brode et se désintéresse de la situation. Cette scène, sous son air anodin, est une bonne image de la société de l'époque et du rôle qu'y tiennent l'homme et la femme.

Une autre aquarelle de 1878 représente la caissière de l'entrée de la partie du *Perrey* dépendant du casino.

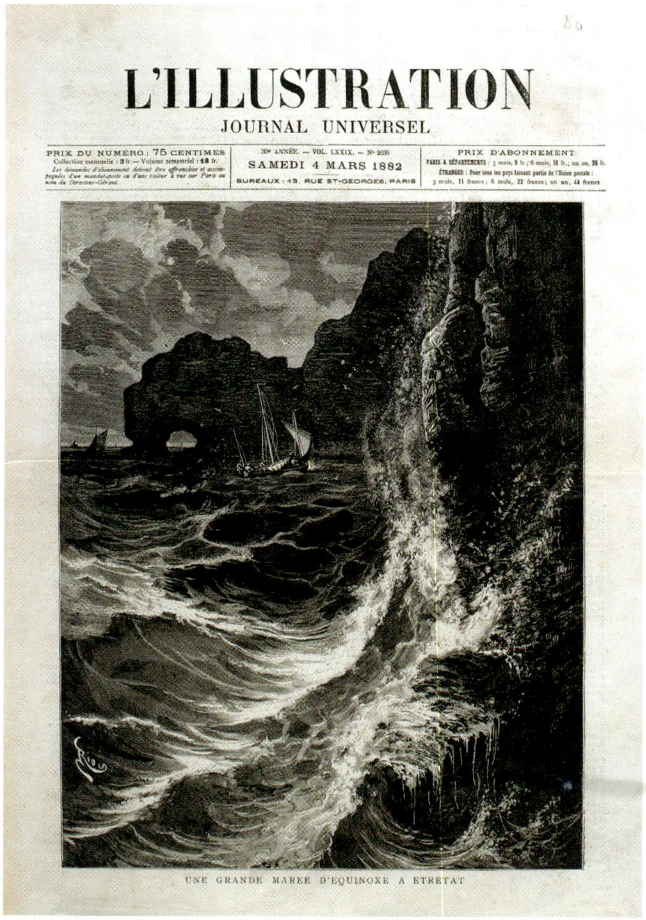
L'ILLUSTRATION
JOURNAL UNIVERSEL

PRIX DU NUMÉRO : 75 CENTIMES
Collection mensuelle : 3 fr. — Volume semestriel : 18 fr.
Les demandes d'abonnement doivent être affranchies et accompagnées d'un mandat-poste ou d'une valeur à vue sur Paris au nom du Directeur-Gérant.

39e ANNÉE. — VOL. LXXIX. — Nº 2036
SAMEDI 4 MARS 1882
BUREAUX : 13, RUE ST-GEORGES, PARIS

PRIX D'ABONNEMENT
PARIS & DÉPARTEMENTS : 3 mois, 9 fr.; 6 mois, 18 fr.; un an, 36 fr.
ÉTRANGER : Pour tous les pays faisant partie de l'Union postale : 3 mois, 11 francs ; 6 mois, 22 francs ; un an, 44 francs

UNE GRANDE MAREE D'EQUINOXE A ETRETAT

Edouard Riou. Etretat, gravure sur bois, couverture de « L'Illustration » du 4 mars 1882.
COLL. PRIVÉE, © C. DES BROSSES.

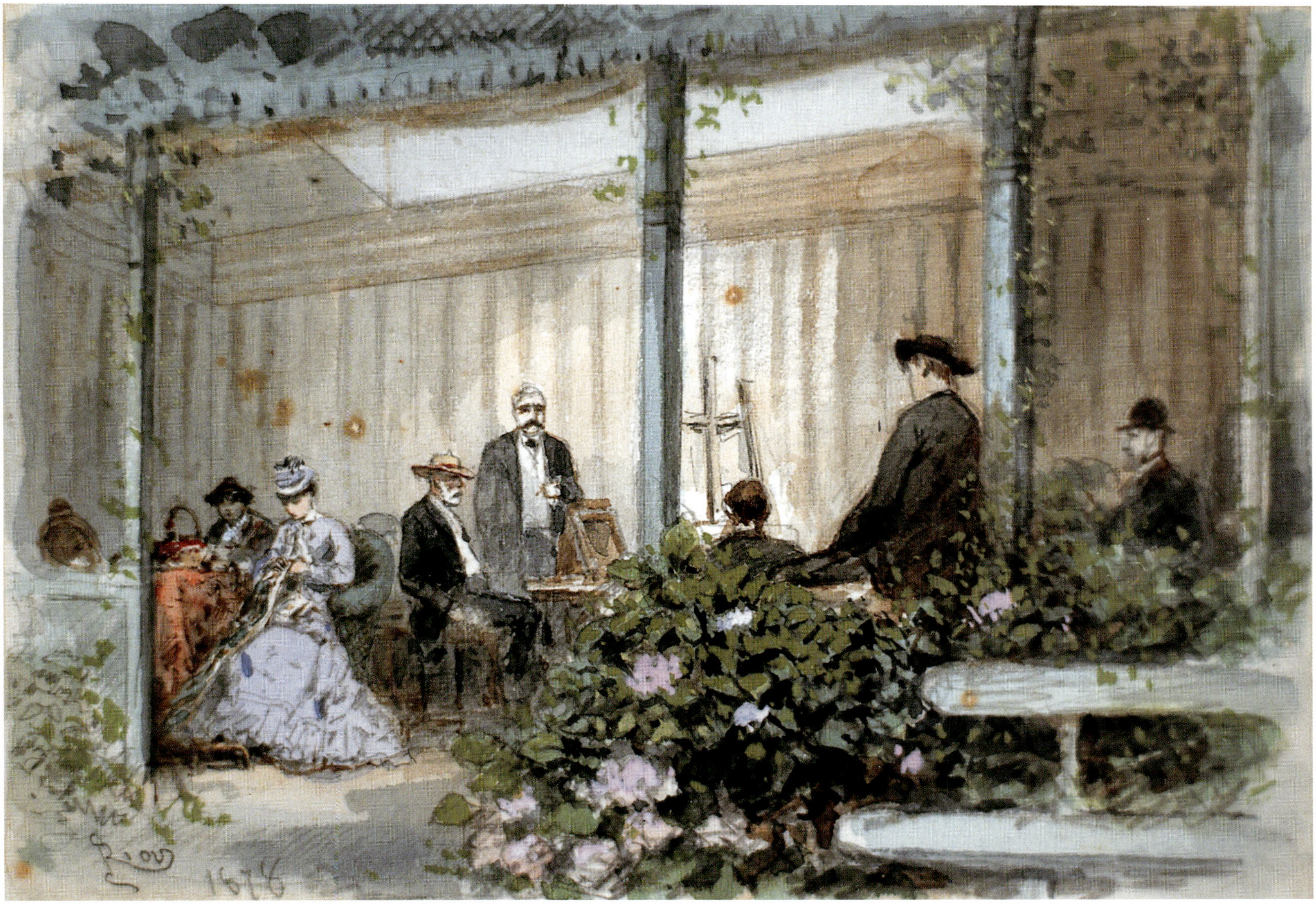

Edouard Riou, *Artiste au casino*, **1875.**

COLL. PRIVÉE, © C. DESBROSSES.

Cette jeune femme est accoudée à un panneau stipulant que l'entrée est réservée à messieurs les abonnés. De la même manière que dans l'aquarelle précédente, Riou note son appartenance à un monde réservé à une élite et régit par les hommes alors que dans la vue de *La Passée*, les hommes et les femmes se mêlent quand il s'agit de se reposer sous les frondaisons.

L'aquarelle représentant la baignade est la plus spectaculaire. Dans une composition en diagonales, en un mélange de liberté et de minutie, Riou campe une multitude de personnages mais aussi d'anecdotes typiques d'Etretat. Ainsi est-il possible d'apercevoir des périssoires, le plongeoir, les maîtres nageurs sur leurs canots et même un groupe de laveuses qui profitent de la marée basse pour laver leur linge. La scène se passe au mois d'août, la saison bat son plein, c'est tout l'Etretat balnéaire qui est ici croqué.

La cinquième aquarelle montre, en un cadrage serré, le *Chaudron* un jour de tempête. Ce lieu, où prend corps la falaise d'amont porte justement ce nom car à chaque tempête la mer s'en vient battre cette sorte de cuvette et y bouillonne d'une manière tout à fait spectaculaire.

Cet ensemble est à la fois le fait d'un artiste mondain mais aussi d'un chroniqueur dont le métier permet la rapidité d'exécution indispensable à ce type de témoignage.

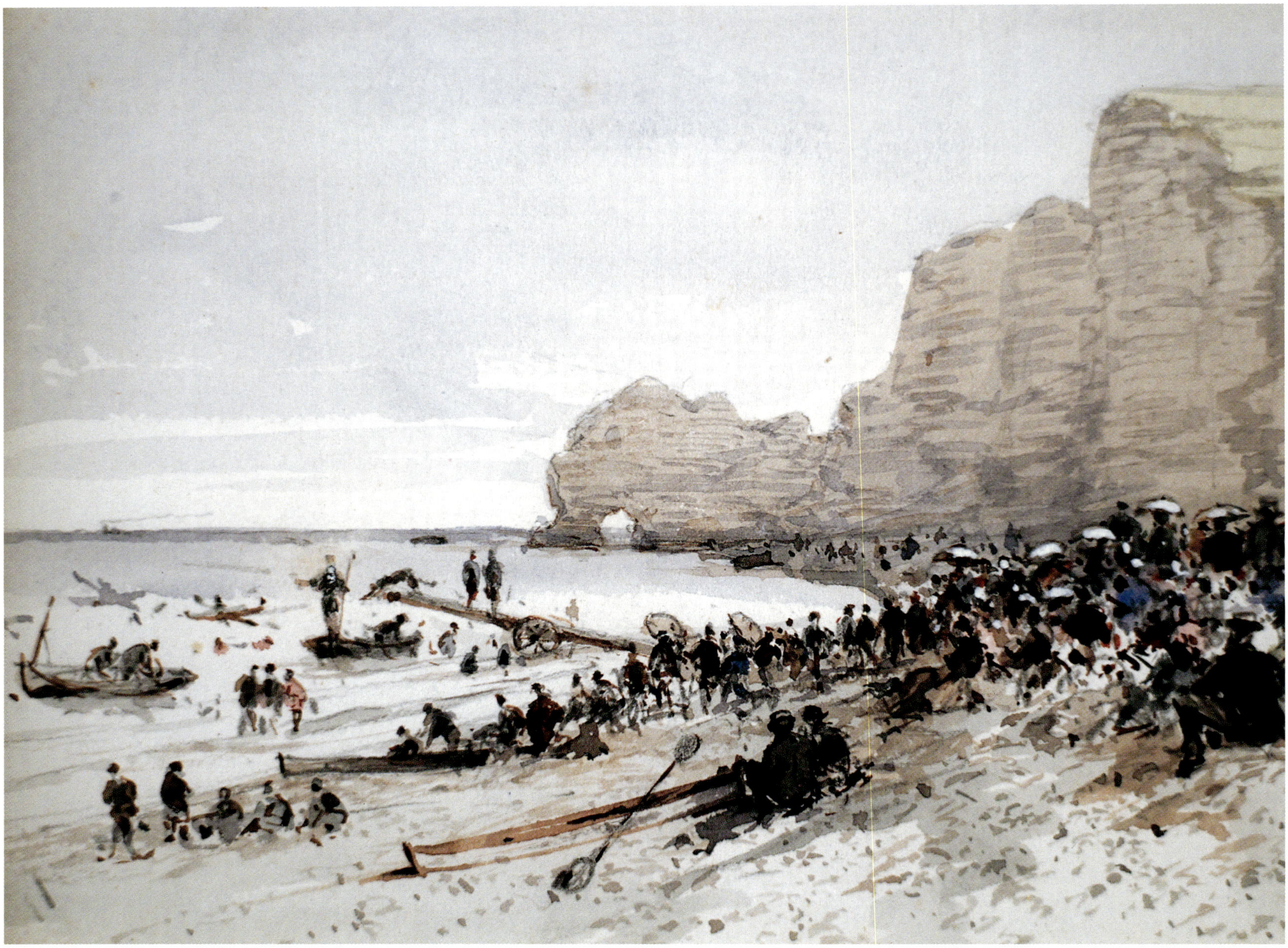

Ci-dessus :

Edouard Riou, *Les Bains*, 1875. COLL. PRIVÉE, © C. DES BROSSES.

Ci-contre :

Etretat, La Passée, carte postale. COLL. PRIVÉE.

Page de droite :

Edouard Riou. *La Passée*, 1875. COLL. SERNINE, © C. DES BROSSES.

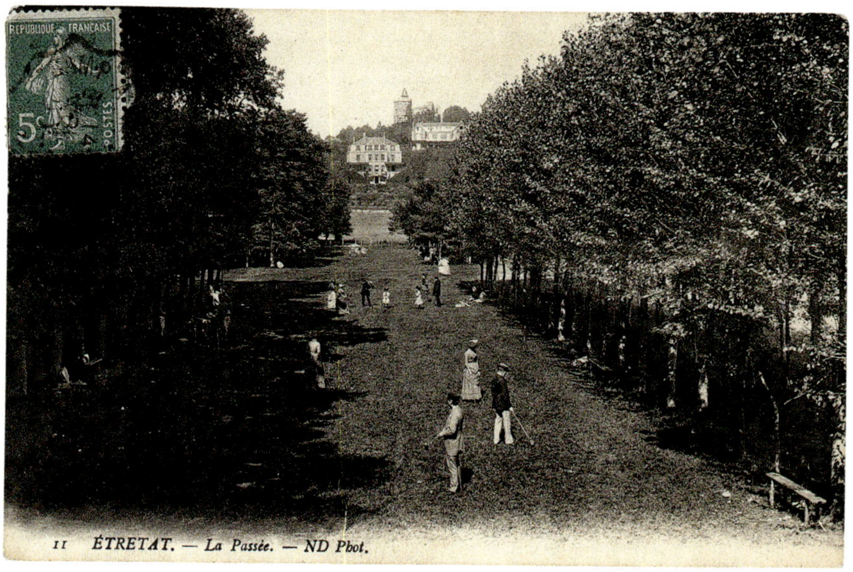

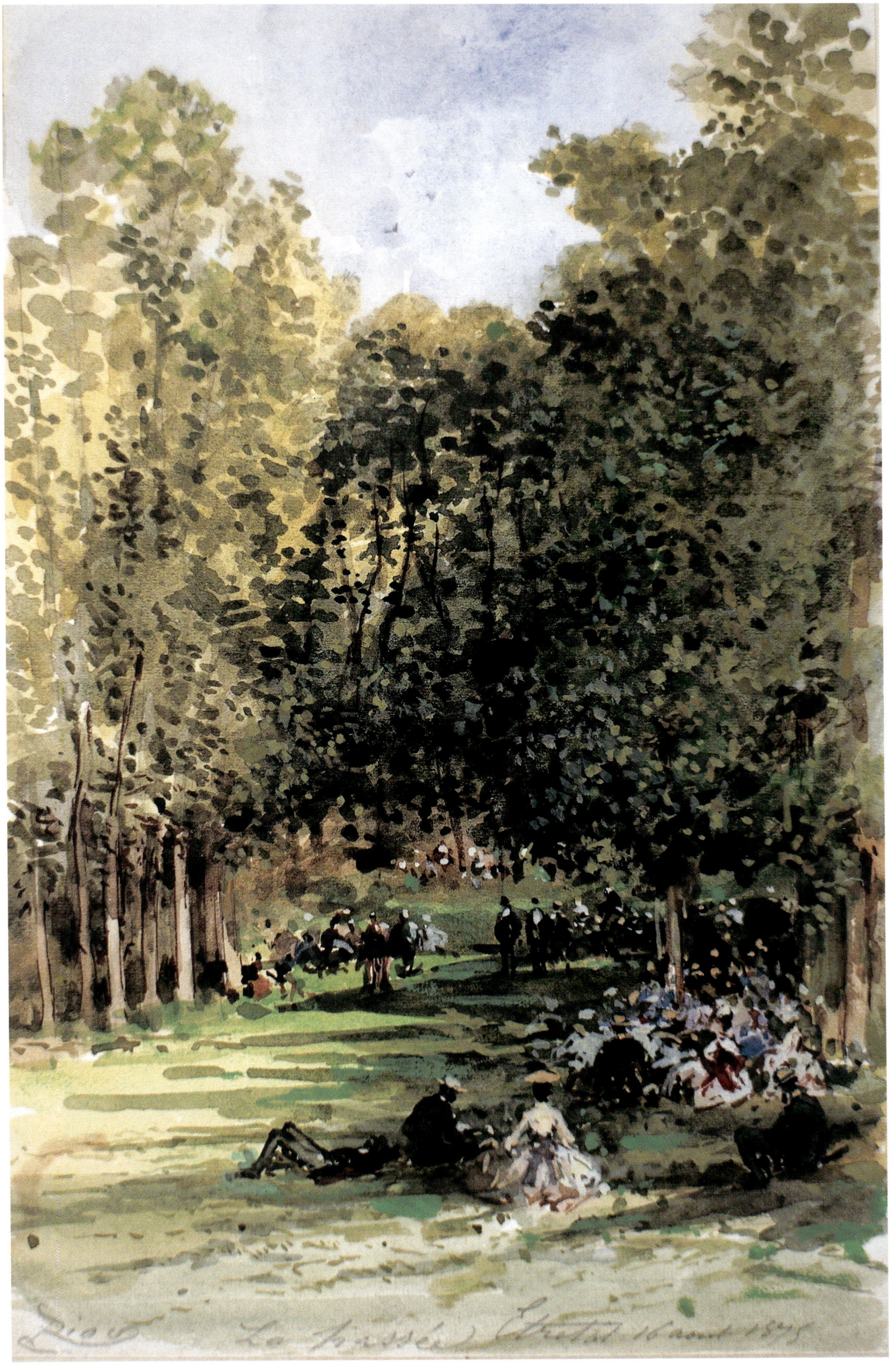

PAUL-FELIX VALLOIS
1842-?

Vallois n'entre à l'atelier de Bonnat qu'en 1868. Il participe au Salon de 1872 à 1882, avec des vues des bords de Seine, d'Algérie mais aussi d'Etretat où il a l'habitude de venir passer l'été.

Cet important tableau, son envoi au Salon de 1879, a été présenté à l'exposition *Falaises et Rochers* au musée des Terre-Neuvas de Fécamp (il fait aujourd'hui encore partie des collections). Dans le catalogue, Mme Desjardins-Ménégalli, la conservatrice, explique que ce tableau a été offert par Vallois en réponse à l'appel lancé par Charles Hue auprès des artistes pour la fondation du musée de Fécamp et cite ce sympathique message accompagnant le tableau : *« Je suis heureux d'offrir à votre musée un tableau que j'ai fait en regardant vos belles falaises et celles d'Yport (...), vous avez bien eu raison de compter sur moi pour vous aider, selon mes faibles moyens, dans une œuvre que je considère comme excellente et à laquelle j'applaudis. »*

L'historique du musée précise l'endroit d'où il est peint (la *Passeuse-de-Fontaine*), le nom du personnage qui donne l'échelle au sujet (Ambroise Beaufils, quatre-vingt-six ans) et son exécution d'après nature.

Cette vue, prise au pied de la falaise d'amont, présente un intérêt particulier : rares en effet sont les tableaux d'Etretat optant pour un point de vue à ce point au ras du sol. Cela atteste, semble-t-il, de la présence fréquente de Vallois à Etretat, la première tentation devant ce site étant de le dominer.

C'est un jour de très grande marée, certainement une marée d'équinoxe avec un coefficient supérieur à cent, car la *Petite Roche* est entièrement découverte. Ce moment, idéal pour la pêche aux tourteaux, explique la présence de ce pêcheur partant *au roqué* avec son panier, malgré son grand âge et les risques de glissade sur le varech.

Nous sommes au pied de la falaise d'amont et l'on distingue au loin la *Roche Vaudieu*, puis, tout au fond, la falaise de Fécamp. La carcasse d'un bateau échoué, reste d'un naufrage, est-il un souci de réalisme ou la résurgence d'un vieux fond romantique ?

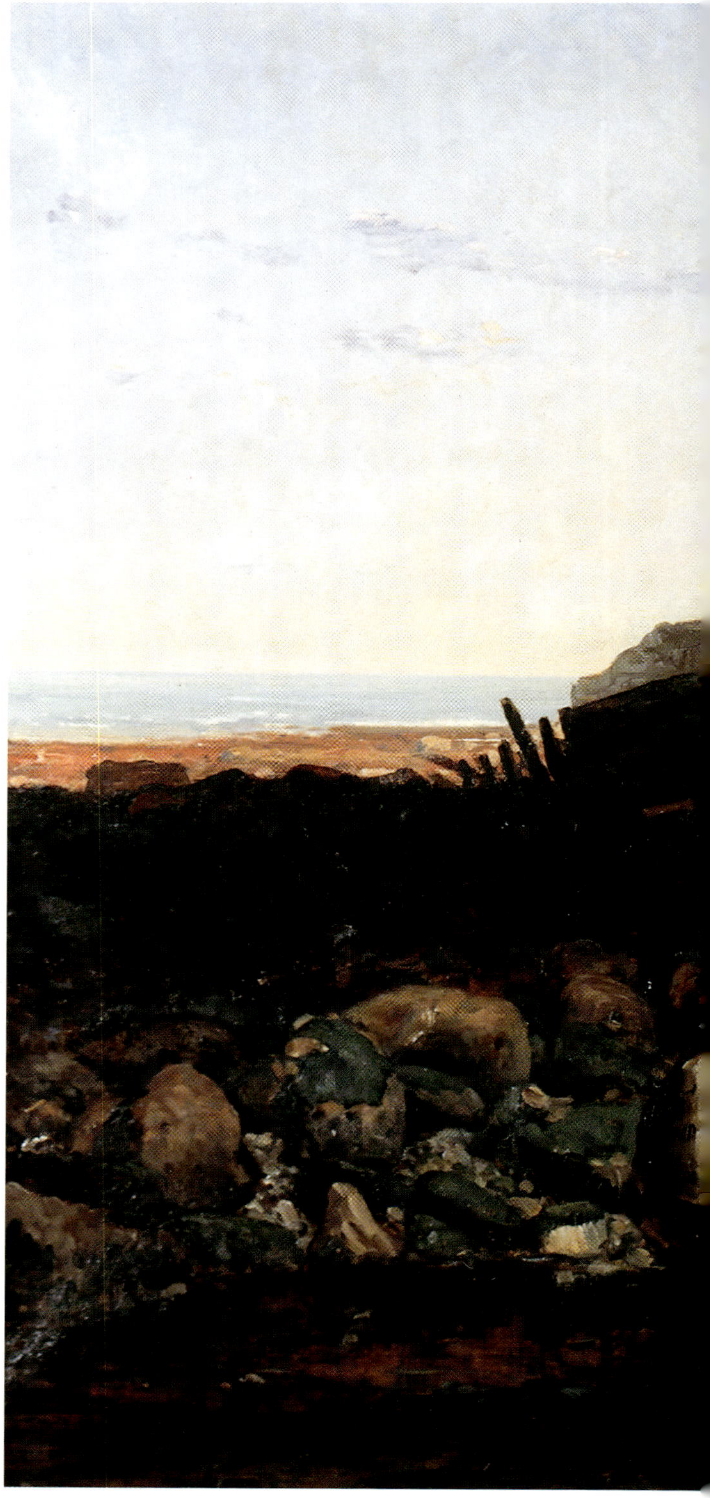

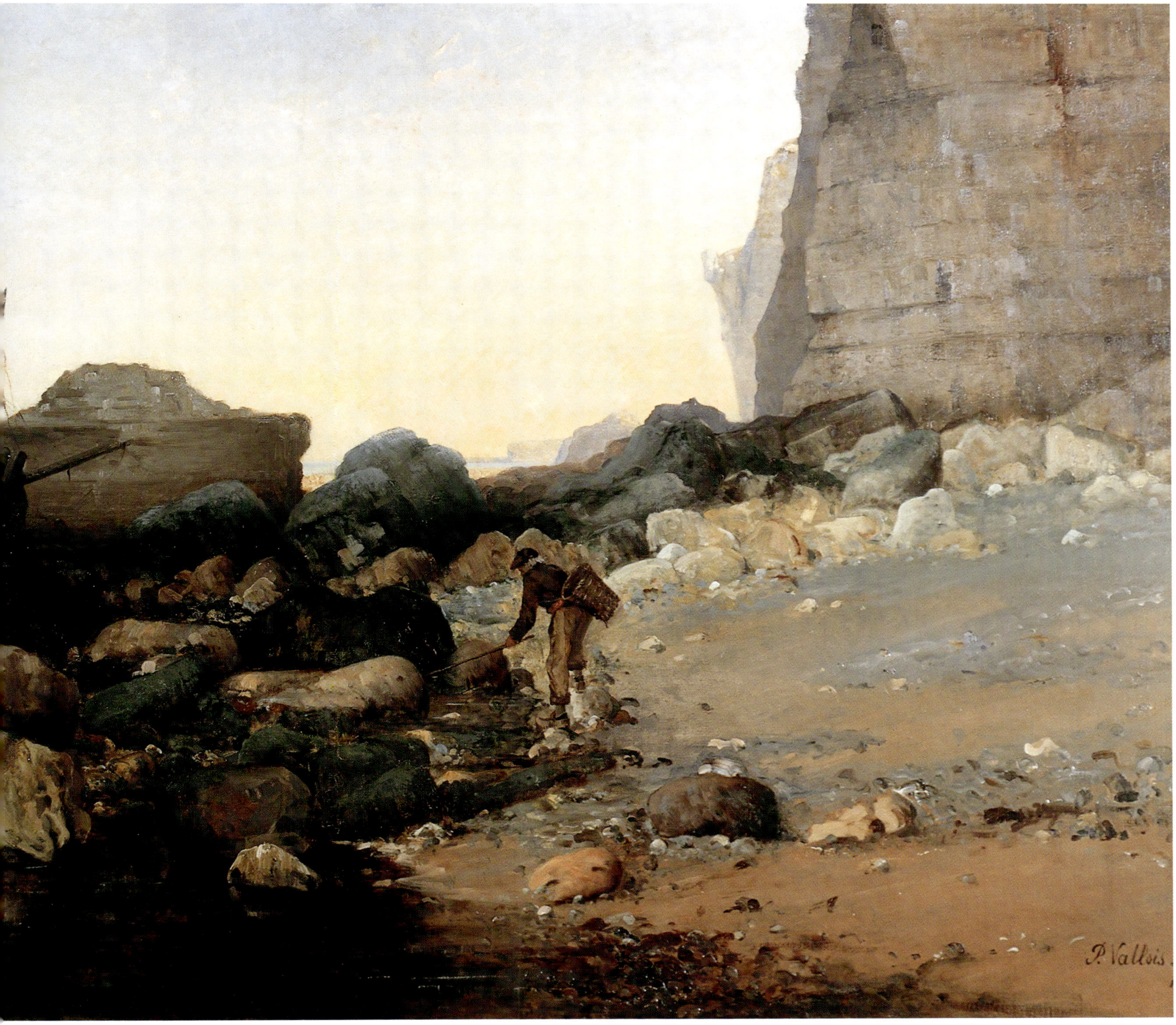

Paul-Félix Vallois. *Epave à marée basse sous les falaises d'Etretat,* 1879, 87 x 172 cm. © COLLECTION DU MUSÉE DE FÉCAMP, CLICHÉ IMAGERY.

GUSTAVE CAILLEBOTTE
1848-1894

Caillebotte est à la fois un peintre impressionniste et l'un de ses plus fervents défenseurs. Ayant d'importants moyens financiers, il n'a de cesse d'acheter des œuvres à ses amis, si bien qu'à sa mort il possédait une fabuleuse collection qui comprenait un Millet, un Gavarni, cinq Cézanne, huit Degas, quatre Manet, dix-sept Monet, dix-huit Pissarro, huit Renoir et huit Sisley.

Comme Maupassant, il fut un grand amateur de bateaux jusqu'à devenir en 1880 vice-président du Cercle de Voile de Paris. Chaque été, avec ce Cercle, il vient régater en Normandie sur ses bateaux *Condor*, *Ines* ou *Col Blanc*. Les compétitions ont lieu au Havre, à Trouville, Fécamp, Cabourg, Dives ou Duclair.

Gustave Caillebotte arrive en Normandie pour la première fois en 1879, au Havre. En 1880, il visite Villers-sur-Mer et Trouville. Il reviendra en 1881, 1882 et 1883.

En 1884, Caillebotte séjourne à Etretat, on ne sait pour combien de temps ni à quelle occasion. Peut-être est-ce pour rendre visite à Monet ? De ce séjour, il nous a laissé trois tableaux qui tous représentent *le Père Magloire*. Magloire Raulin (1850-1915) était un jardinier connu pour un terrain qu'il entretenait près de l'ancien *Hôtel de la plage*. Il aurait été, selon Raymond Lindon, un camarade de confirmation de Guy de Maupassant. Il porte la blaude et la casquette du paysan normand.

On sait le goût de Caillebotte pour le réalisme social *(Les Rabotteurs de parquet)*, mais il est vraiment étonnant qu'à Etretat il n'ait pas succombé au plaisir de peindre la mer ou la falaise comme il le fit si souvent et si bien à Trouville. Plus surprenant encore, la répétition de ce personnage anonyme, absolument atypique du pays puisque paysan, et que l'on retrouve deux fois, l'une alors qu'il monte le chemin de Saint-Clair et l'autre où il apparaît allongé dans un bois. Cet anonymat a dû longtemps agacer les historiens puisque le personnage couché, conservé au musée du Petit Palais de Genève, était désigné sous le titre *Claude Monet faisant la sieste*. Il y a, dans ce choix, un refus évident de participer au grand caravansérail de l'art d'Etretat. Cette position a l'honnêteté de la clarté, et il serait vraiment intéressant de connaître ce qui a motivé ce pied de nez de Caillebotte qui signe là un véritable manifeste anti-Etretat.

Gustave Caillebotte. ***Le Père Magloire sur le chemin de Saint-Clair à Etretat,*** **1884.** COLL. PRIVÉE, © RMN, H. LEDWANDOWKI.

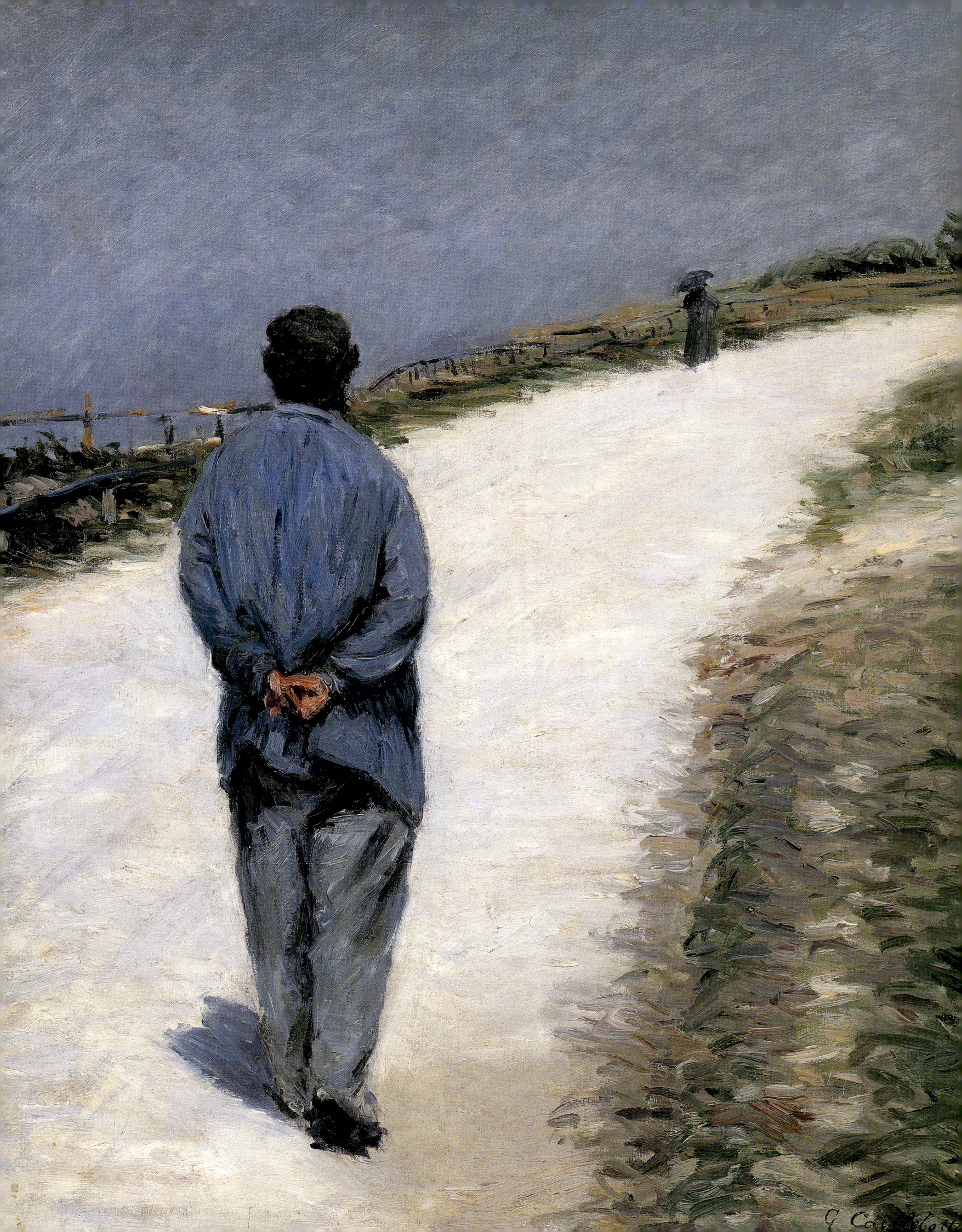

GIOVANNI BOLDINI
1842-1931

La réputation d'Etretat de plage à la mode se devait d'attirer le plus mondain des peintres. Comme Dieppe eut Jacques-Emile Blanche, Etretat reçoit la visite, en 1879, de Giovanni Boldini, qui peut se targuer d'avoir portraituré les personnages les plus éminents de la société de la belle époque. Il loge chez Faure, au cœur des mondanités étretataises.

Peintre brillant, excellent dessinateur, son ami Degas lui disait : *« Vous êtes un monstre de talent ».* Boldini s'est essentiellement cantonné aux nus féminins et aux portraits. C'est dire que les paysages sont rares dans son œuvre. Personnage étonnant, presque nain, bavard, vantard et paillard, ayant depuis sa prime jeunesse un appétit sexuel surdéveloppé, il arrive à Paris en 1872. Il n'en bougera pour ainsi dire plus.

Boldini use des effets sans la moindre retenue. Sa manière donne l'impression d'une extrême facilité qui consiste en touches larges et rapides. Ce style plaisait énormément et il en abusait parfois jusqu'au grotesque. A cette touche particulière il ajoute une autre astuce commerciale : pour peindre ses modèles, il se sert de la photographie puis il allonge le corps de ses clientes, notamment le cou, créant ainsi un véritable type de femme. Ce « truc » sera repris et exagéré plus tard par Domergue, peintre sans talent, avec la vulgarité que l'on sait. Beaucoup de femmes suivent des régimes sévères pour ressembler à des Boldini, qui, rosse et indiscret, raconte dans les dîners mondains les secrets de ses modèles qu'il ne peut s'empêcher de mépriser.

A Etretat, en 1879, Boldini, fréquentant la bonne société du casino, est en quête de clientèle. Il n'a pas encore sa technique « en coup de fouet » qui le rendra célèbre et peint beaucoup de vues de Paris. Les trois tableaux réalisés à Etretat ne sont pas des représentations mondaines mais trois scènes de pêcheurs ou de bateaux. Ces tableaux n'ont rien de commun avec son œuvre commerciale. Boldini, avec verve, a fait œuvre de peintre et même choisi le parti du réalisme social, cherchant dans le moindre détail la vérité de son sujet. On peut lui reconnaître une belle réussite. Ces scènes, très animées, sont habitées d'un réel mouvement et l'atmosphère d'Etretat y est remarquablement sentie. Le détail des galets et des cordages démontre le brio de l'auteur, lequel ne nuit pas à l'homogénéité réaliste de l'ensemble. Malgré une légère propension à la théâtralité, ce regard tente de nous faire oublier qu'il est étranger à cet univers. A Etretat, il est fort probable qu'avec une telle clientèle à portée de pinceau Boldini n'a pas dû manquer de prendre commande de quelques portraits pour payer ses dépenses somptueuses.

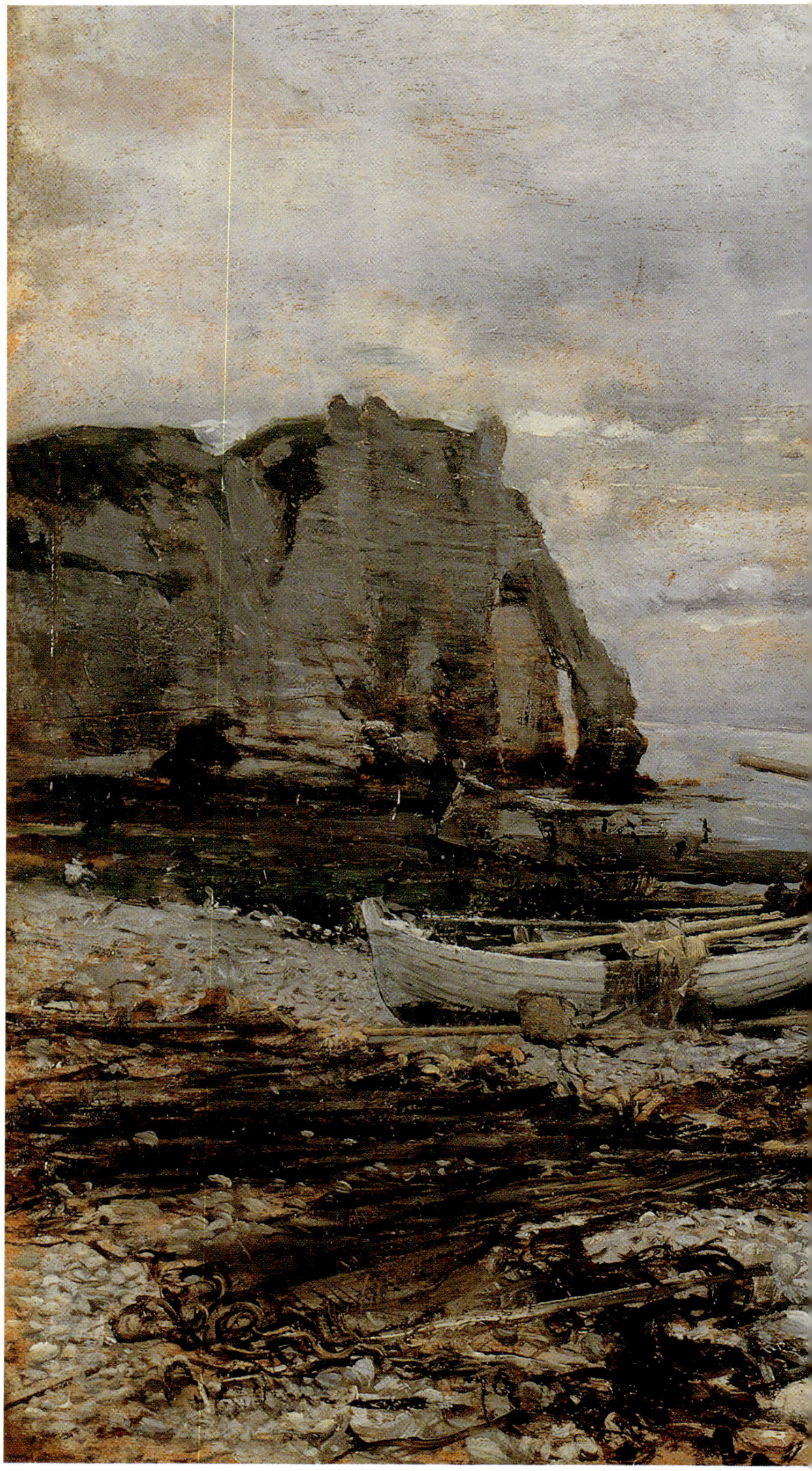

Giovanni Boldini. *Il Ritorno della pesca*, 1879.

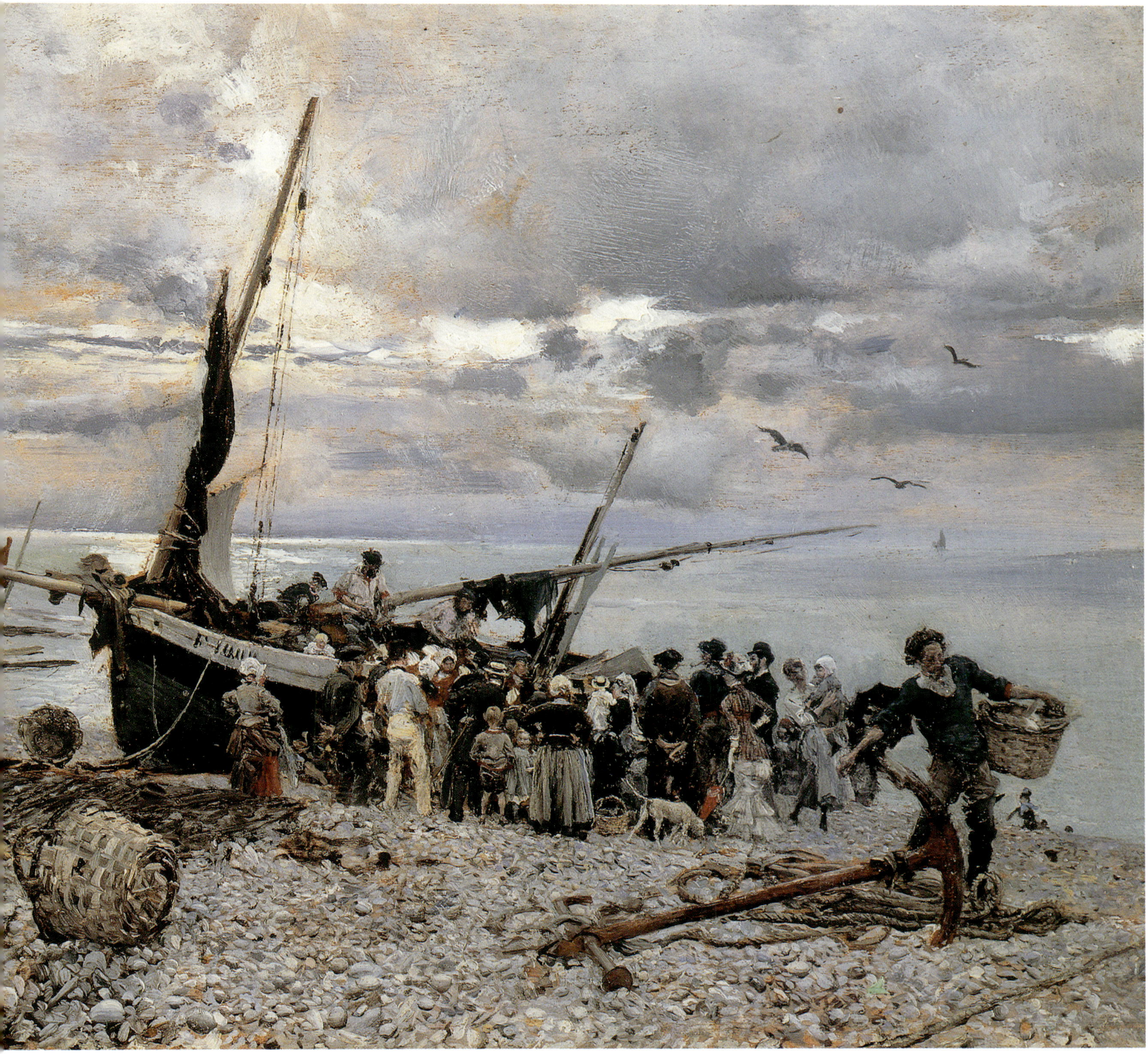

GASTON ROULLET
1847-1925

Né à Ars sur l'île de Ré en 1847, Gaston Roullet est tout à la fois l'élève, le gendre et le fidèle disciple de Jules Noël. Comme son maître, il reste fidèle à la Bretagne. Pourtant Roullet est un voyageur si impénitent qu'il en fait un peu son métier en tant que correspondant du « Monde Illustré ». Ces voyages le mènent d'Océanie en Afrique et d'Indochine au Canada.

Il entre au Salon pour la première fois en 1874 avec deux aquarelles, *Entrée du port de Dieppe* et *Un grain en mer*. L'aquarelle sera toujours l'une de ses techniques de prédilection.

Comme l'indique ce premier envoi au Salon, la Normandie lui est souvent un lieu d'évasion et de travail. Roullet se passionne tellement pour la mer qu'il devient un spécialiste des vues de ports, tant et si bien qu'il est nommé peintre officiel de la marine. La région d'Etretat sera souvent le but de ses nombreux voyages, comme en témoignent la *Vue d'Etretat* (n° 1) et *Le Port de Fécamp* (n° 135) du catalogue de la vente posthume du 16 avril 1926, où figuraient aussi de nombreux dessins de Jules Noël. Déjà, en novembre 1886, par l'intermédiaire de la galerie Georges Petit, avait eu lieu une vente de ses tableaux, aquarelles et dessins ainsi que des objets d'art et de curiosité composant sa collection. Etait-ce un besoin de se séparer d'une partie de ses biens avant un départ pour un grand voyage ? On peut le penser puisque deux ans plus tard, en 1888, cette importante galerie publie un autre catalogue qui s'intitule « De l'Atlantique au Pacifique, Canada, tableaux et aquarelles par Gaston Roullet ».

Au Salon de 1884, *Une matinée de septembre à Etretat ; effet de brume* (n° 2100), une vue de la plage en direction de l'amont avec en premier plan un grand nombre de bateaux échoués, aura les honneurs du catalogue.

Le petit tableau reproduit, d'excellente facture, prouve l'attachement de Roullet à Jules Noël. D'évidence, ce tableau aurait pu être peint quelque cinquante années plus tôt tant la manière et surtout l'esprit romantique dominent cette scène de tempête où les pêcheurs s'inquiètent d'avoir à remonter plus haut sur le *Perrey* leurs embarcations. La palette sombre, la lumière quelque peu irréelle, la mer déchaînée, les bateaux mal posés sur les galets, les gesticulations des pêcheurs, tout concourt à une précipitation de mauvais augure. Pourtant en pleine période où domine l'impressionnisme, rien ici ne peut le faire penser. Ce qui n'ôte rien à la qualité de ce tableau, très chargé d'émotion, où la touche grasse et nerveuse rappelle encore une fois le maître.

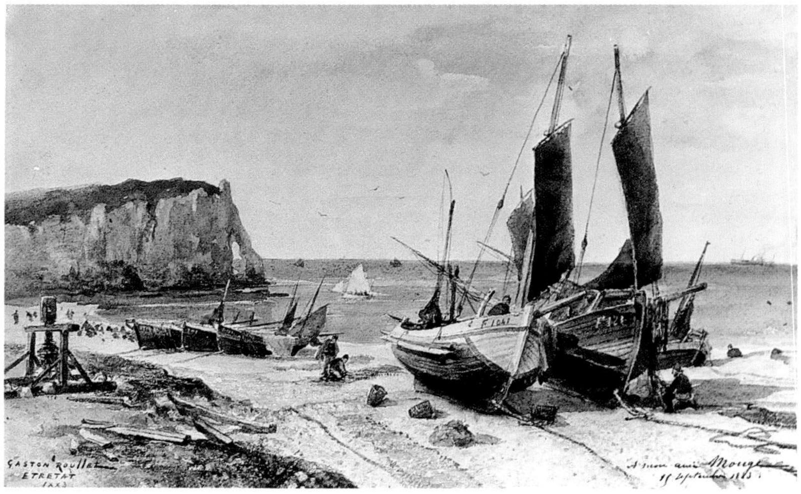

Gaston Roullet. ***Barques sur la plage d'Etretat*, 1883, aquarelle, 27,5 x 45,5 cm.**

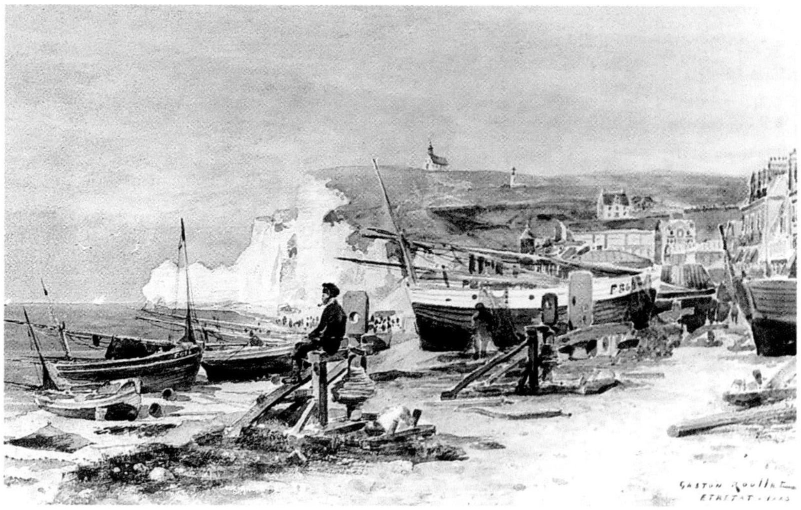

Gaston Roullet. ***Barques sur la plage d'Etretat*, 1883, aquarelle, 27,5 x 45,5 cm.**

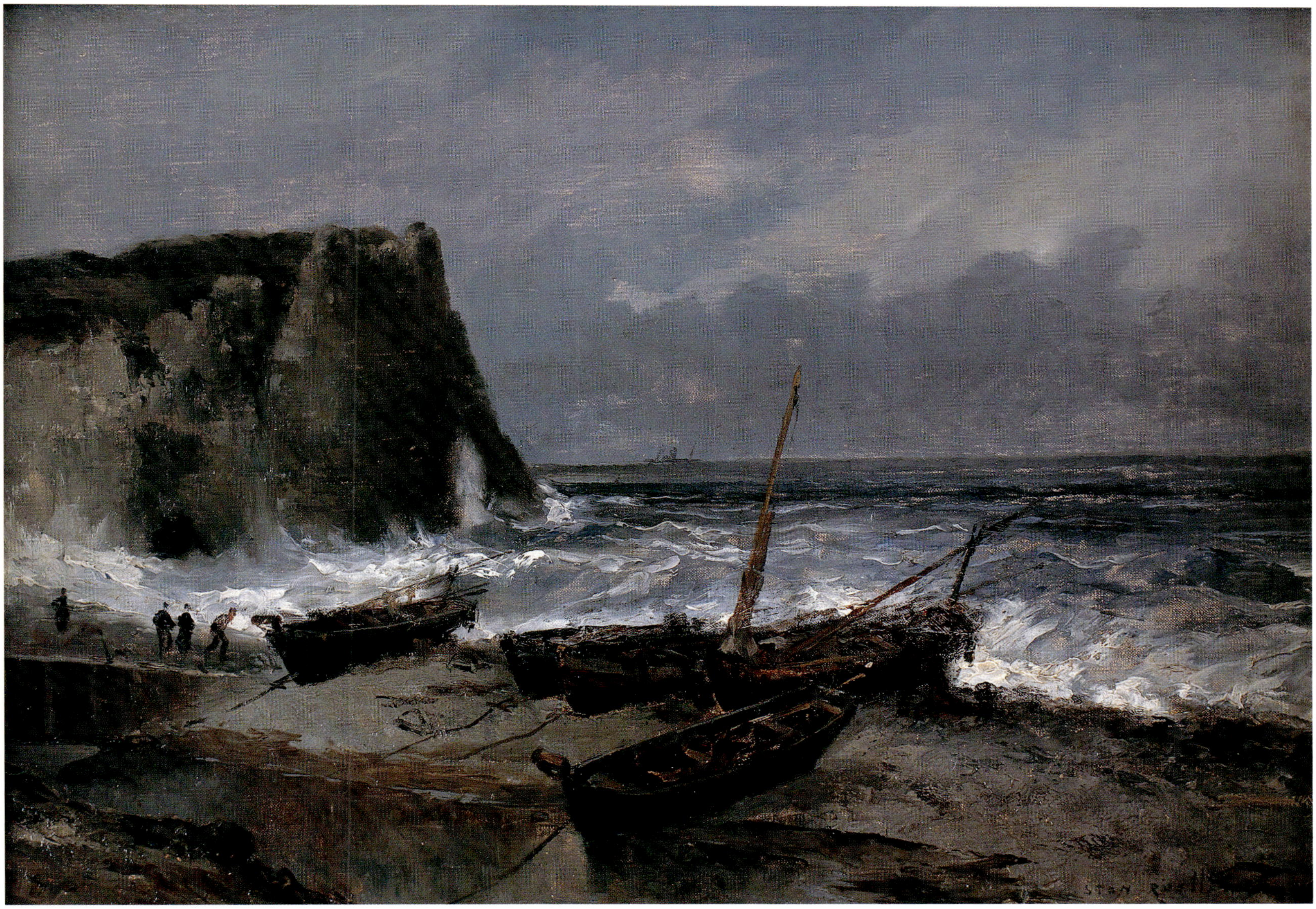

Gaston Roullet. *Un jour de tempête,* 27 x 38 cm.

PARIS, COLL. PRIVÉE, © C. DES BROSSES.

EUGENE GALIEN-LALOUE
1854-1941

Fils de Charles Laloue, peintre plus connu dans le milieu du décor de théâtre que dans celui des galeries, Galien-Laloue est né à Paris, dont il s'est rarement éloigné, et qu'il peint des milliers de fois. Devant cette œuvre parisienne, on a l'impression d'être toujours devant le même tableau, avec les mêmes personnages de foule sur les boulevards, de retrouver les mêmes femmes et les mêmes enfants. Il faut dire qu'il a trouvé une fois pour toutes un style très particulier qui avait l'heur de beaucoup plaire. il fait donc partie de cette pléiade d'artistes qui déclinent toute leur vie une seule invention. Malgré ce style unique, Galien-Laloue s'amuse à brouiller les pistes en signant parfois L. Dupuy, Galiany ou bien encore Liévin. Il vit donc très confortablement de sa peinture qu'il produit en véritable tâcheron : deux jours pour une gouache (sa technique de prédilection puisqu'il en peignit environ cinq mille) et une semaine pour une huile, qu'il vend sous forme de contrats à ses marchands.

L'homme, très conservateur, se satisfait d'une vie si tranquille qu'il épouse successivement les trois sœurs à la santé fragile d'une même famille, de la plus jeune à l'aînée, lesquelles habitent dans la maison voisine de la sienne.

Galien-Laloue, qui se déplace à bicyclette dans Paris, n'aime pas beaucoup les voyages et n'hésite pas à se servir de cartes postales pour aider son inspiration. Quand il peint sur le motif, il termine rarement l'œuvre sur place, préférant l'atelier rassurant aux éléments incontrôlables de la nature. Pourtant, jusqu'en 1904, il présente aux Salons quelques thèmes normands avant de se consacrer uniquement aux vues parisiennes qui font sa renommée.

Sa carrière de peintre s'arrête alors qu'il se casse le bras sur la route de l'exode. Il meurt en 1941.

Cette gouache d'Etretat, très composée avec son premier plan fermant la partie gauche du tableau (et qui n'est pas sans rappeler celui de Corot) inspire une telle sérénité que l'on peut se demander s'il l'a réellement peint sur le motif. L'autre paire en pendants connue plaide pour la venue effective de Galien-Laloue à Etretat. Il reste qu'il se dégage de cette gouache beaucoup plus d'émotion que dans ses vues parisiennes systématiques.

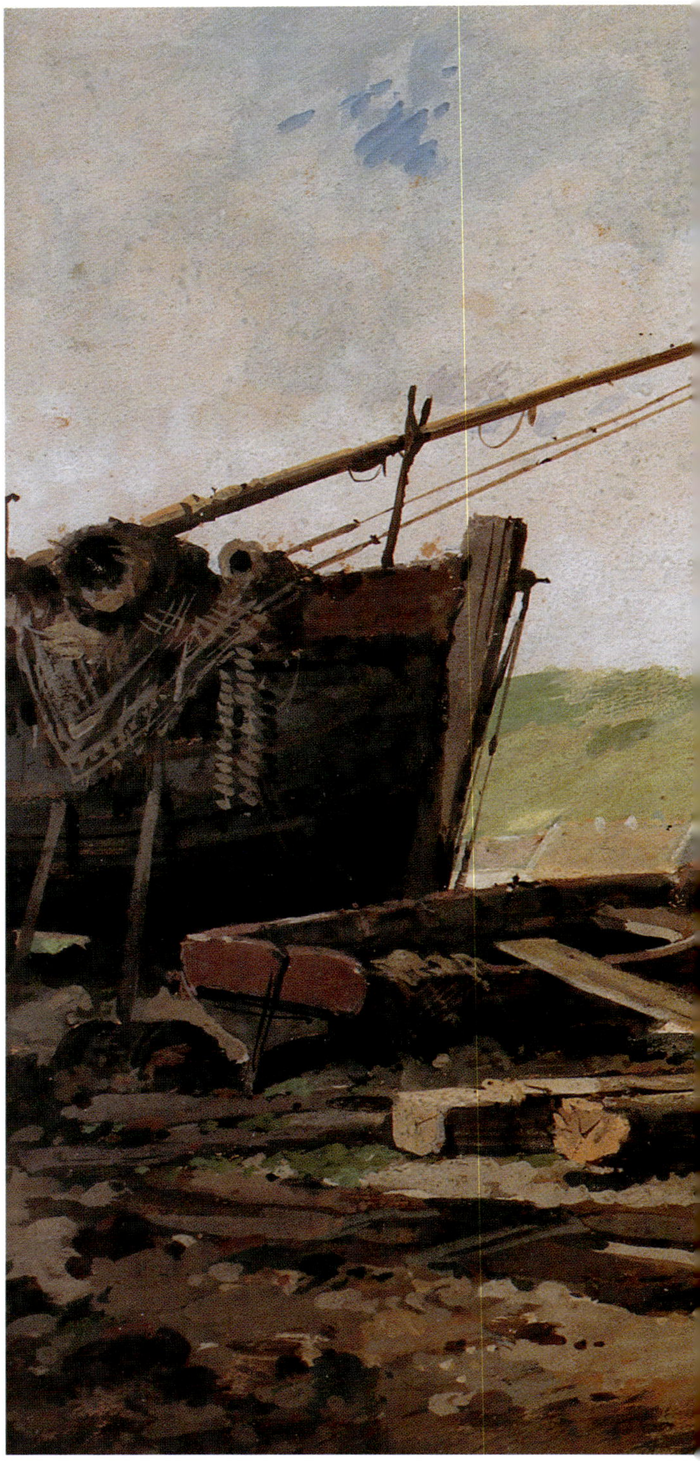

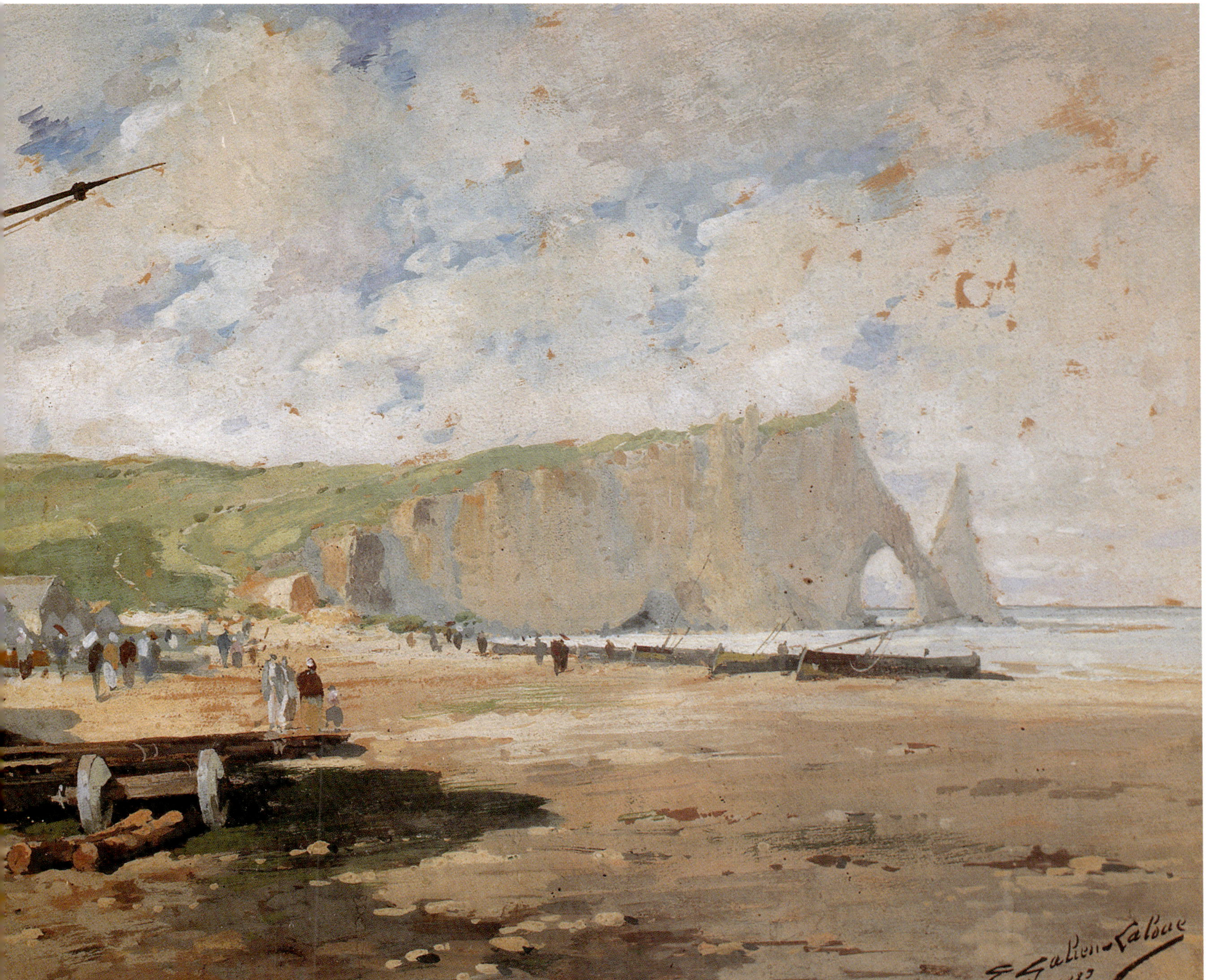

Galien-Laloue. *La Falaise d'aval*, 1889, gouache, 28,7 x 51,8 cm.

PARIS, COLL. PRIVÉE, © C. DES BROSSES.

EMILE-JEAN RENIE
1835-1910

« *Renié, peintre et baryton de mérite.* »
Eugène Bellangé

Émile-Jean Renié est un fervent amateur d'Etretat. Il y possède la *Villa Henriette*, sur la route de Fécamp, dans laquelle il avait aménagé un atelier dominant le village et avec vue sur la falaise d'aval. Cette maison, qui a subi maints agrandissements, appartient toujours à sa descendance, prouvant ainsi l'attachement des *vieux galets* au patrimoine familial.

Renié fut l'élève de Rousseau et de Diaz. Ce dernier qui possède une belle villa, s'impose par sa silhouette (jambe de bois), ses réceptions aussi grandioses qu'excentriques et sa notoriété, comme l'une des figures d'Etretat. Peut-être est-ce par son maître que Renié se prit de passion pour la côte normande ?

A Fontainebleau, qu'il fréquente toute sa vie et lui inspire la majorité de ses tableaux, il apprend son métier de peintre. C'est d'ailleurs avec *Chemin conduisant à une carrière abandonnée en forêt de Fontainebleau* qu'il débute au Salon de 1867. Grand voyageur, comme beaucoup de peintres de cette époque à la recherche de sujets nouveaux, il expose au Salon des vues d'Espagne, des Pyrénées, du Midi et de Venise, mais aussi des paysages de Normandie et du centre de la France.

La belle aquarelle reproduite, qui prouve ses qualités de peintre, est prise de son atelier d'Etretat. C'est le type même de vue qui faisait, et continue de faire, la valeur des villas du village. Le clocheton à droite de la composition a disparu. Il était certainement l'élément architectural d'une villa voisine ayant poussé en hauteur afin de voir la falaise.

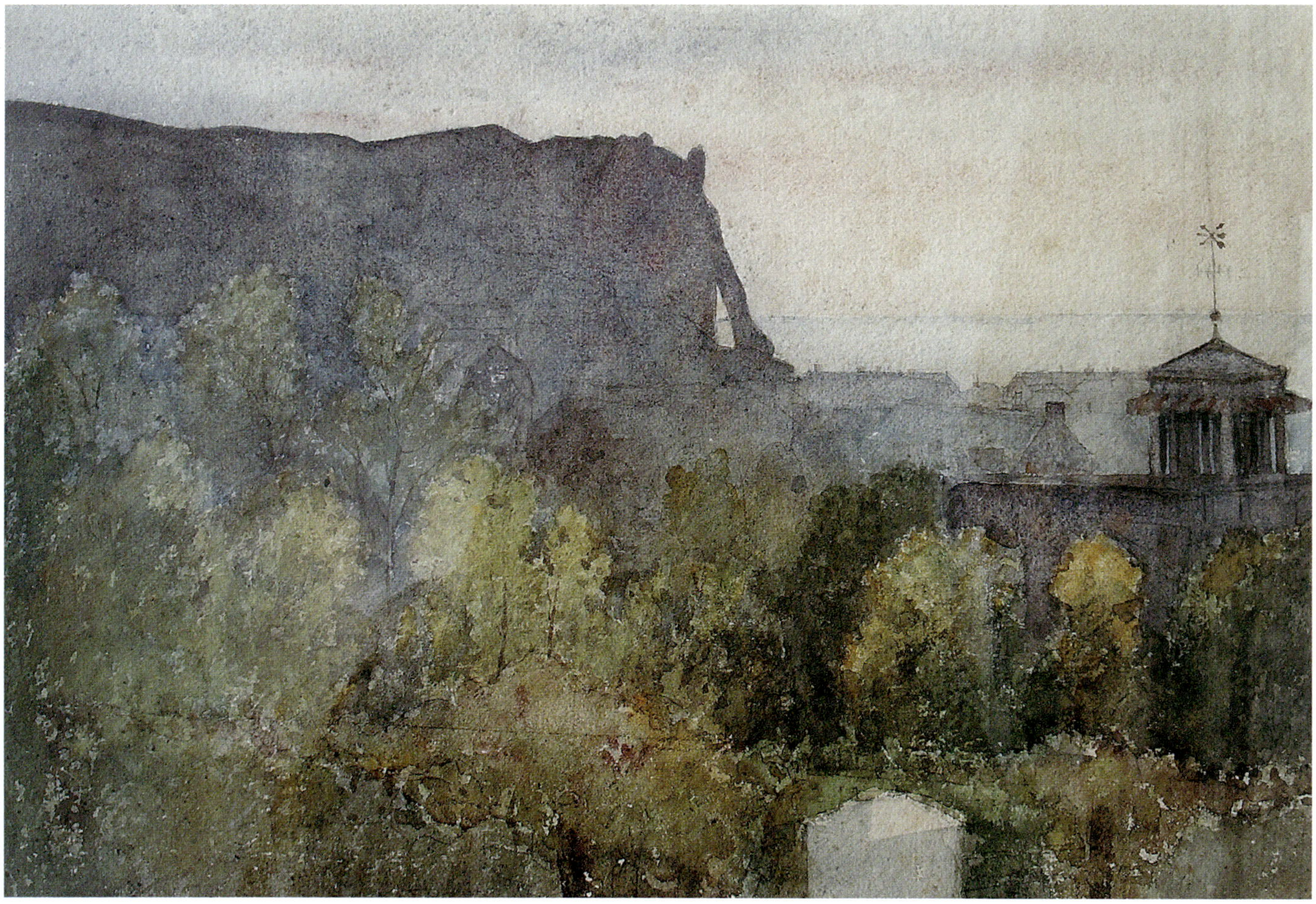

Emile-Jean Renié.
Vue de la falaise prise de l'atelier, aquarelle.
ETRETAT, COLL. PRIVÉE,
© GALERIE DELARUE.

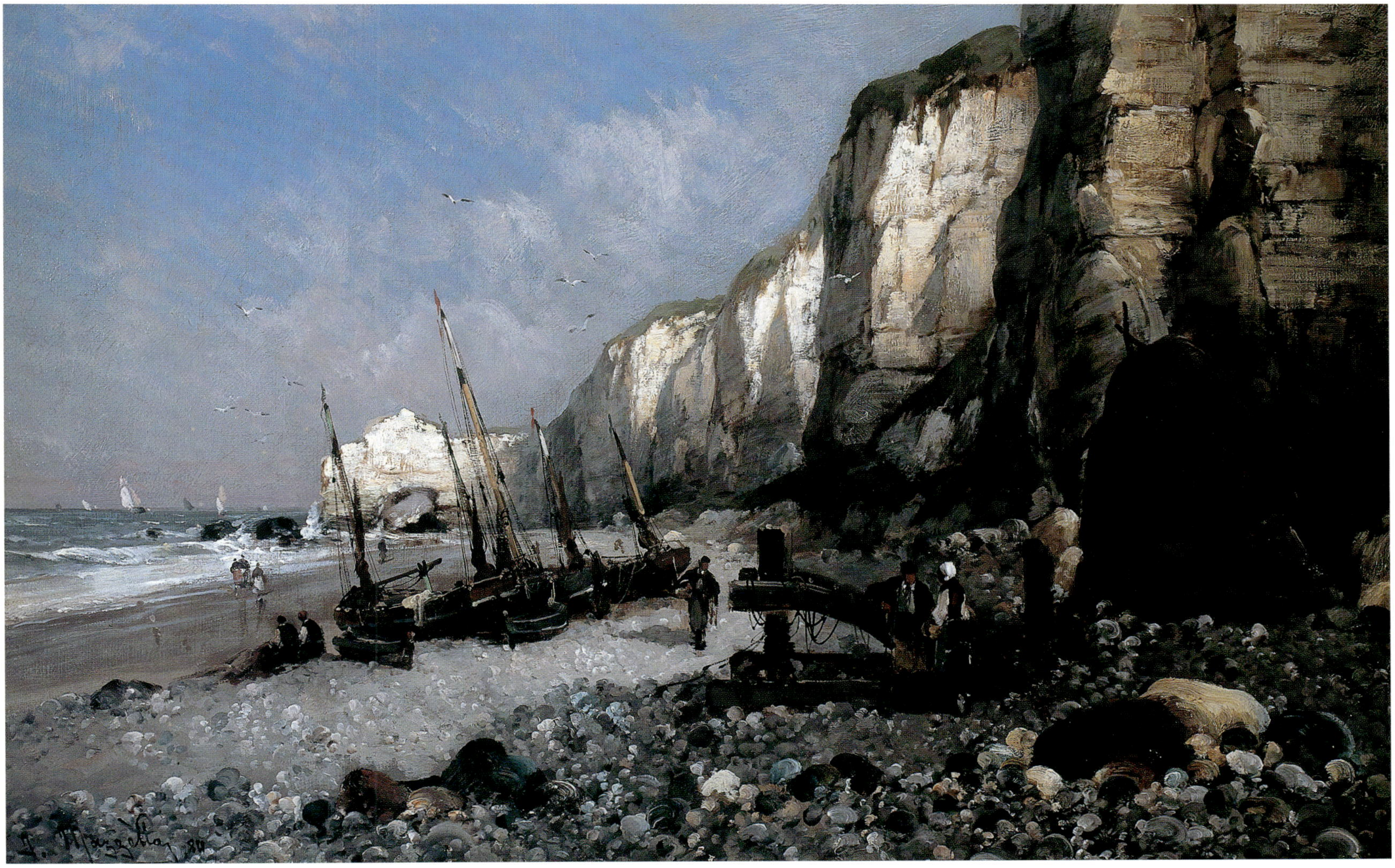

J. Mazzella, *Pêcheurs à Etretat*, 1884, 41 x 65 cm.
PARIS, COLL. PRIVÉE, © C. DES BROSSES.

J. MAZZELLA
XIXe SIÈCLE

Ce tableau est la preuve de la persistance du goût du pittoresque jusque vers les années 1880. Mazzella, sur lequel nous avons peu de renseignements, n'est certainement pas un peintre d'importance. Il est même ce que l'on peut appeler un artiste à la traîne d'une mode depuis longtemps disparue.

Dans ce tableau de 1884, comme dans celui représentant Fécamp conservé au musée de cette ville, le peintre n'hésite pas, pour répondre à son goût d'une certaine anecdote, à transformer la réalité, allant jusqu'à tailler dans la perspective du paysage afin de mettre en valeur les éléments qui l'intéresse : cabestan, bateaux et pêcheurs. Dans les deux tableaux, il utilise les mêmes recettes pour créer l'espace : rochers au premier plan, pan de falaise sombre et personnages (en habits traditionnels) pour indiquer l'échelle.

D'évidence, ce choix répond à une efficacité commerciale. De même sa manière, systématique, caractérise l'artiste qui ne s'embarrasse pas d'une éthique sévère. Dommage, car le bonhomme savait peindre. Il ne sera, hélas, pas le seul à préférer le « faire » à la peinture.

Mazzella était certainement un fidèle de la région puisque le tableau de Fécamp est d'un an antérieur à celui-ci. Un autre représentant Yport est daté de 1886.

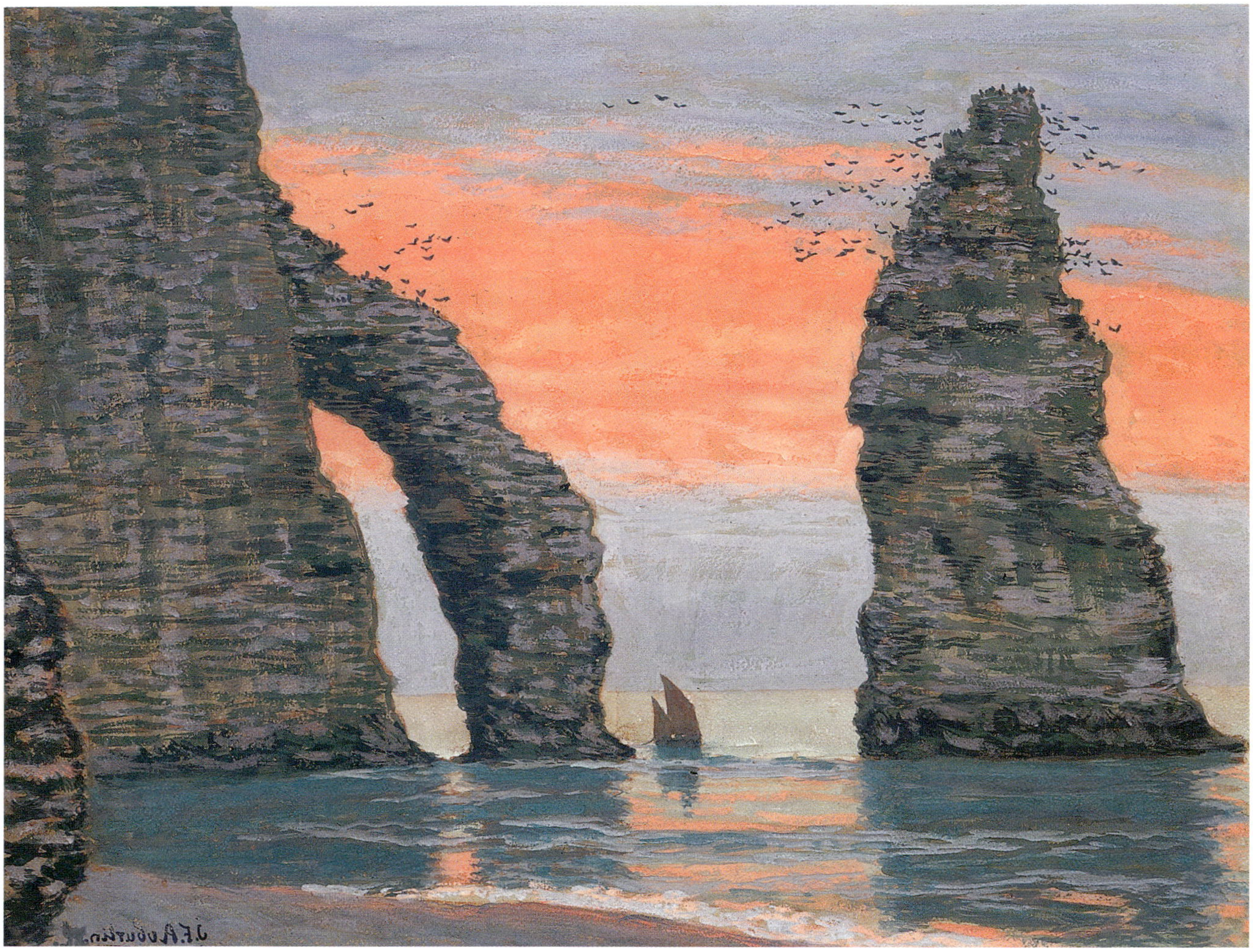

JEAN-FRANCIS AUBURTIN
1866-1930

Le passage de Jean-Francis Auburtin à Etretat est du plus grand intérêt car il apporte le témoignage très particulier du regard symboliste. Jean-Francis Auburtin vient pour la première fois à Etretat en avril 1898. Il y retourne les quatre années suivantes. Elu, en 1899, sociétaire de la Société nationale des beaux-arts il y expose deux œuvres d'Etretat : le n° 1 508 *La Plage d'Etretat, la Pluie* et le n° 1 509 *La Plage d'Etretat ; les voiles sèchent*. A ce même Salon il présente en 1901 une *Aiguille d'Etretat* (n° 43), en 1902 *Etretat et deux falaises* (n° 21), en 1903 quatre aquarelles d'Etretat (n°s 11, 12, 13, 14), en 1904 deux huiles d'Etretat (n° 57, *Été* et n° 58, *Hiver*). En 1911, parmi onze œuvres, le n° 48 *Etretat* ne suffit pas à prouver qu'il y soit revenu cette année-là.

Décorateur – il eut de nombreuses commandes de la Ville de Paris et de l'Etat pour la Sorbonne, le Conseil d'Etat mais aussi pour les Expositions universelles –, il est un fervent admirateur de Puvis de Chavannes. Bien qu'il ne fut jamais son élève (il ne le rencontre qu'en 1893) il fut toujours considéré comme le meilleur propagateur de sa pensée. Elève de Gustave Moreau, son autre référence est Odilon Redon.

Auburtin, après s'être un temps spécialisé dans la peinture historique pour répondre aux commandes officielles, plonge dans l'univers particulier du symbolisme. Ce mouvement, le plus littéraire d'entre tous, porte au pinacle les poètes. Baudelaire, Rimbaud et Mallarmé en sont les héros. Le symbolisme est aussi un univers d'influences très diverses. Nourri de légendes nordiques et

Ci-dessus :
Jean-Francis Auburtin.
***L'Aiguille d'Etretat, ciel rouge*, gouache, c.1900, 50,5 x 66,6 cm**
COLL. PRIVÉE.

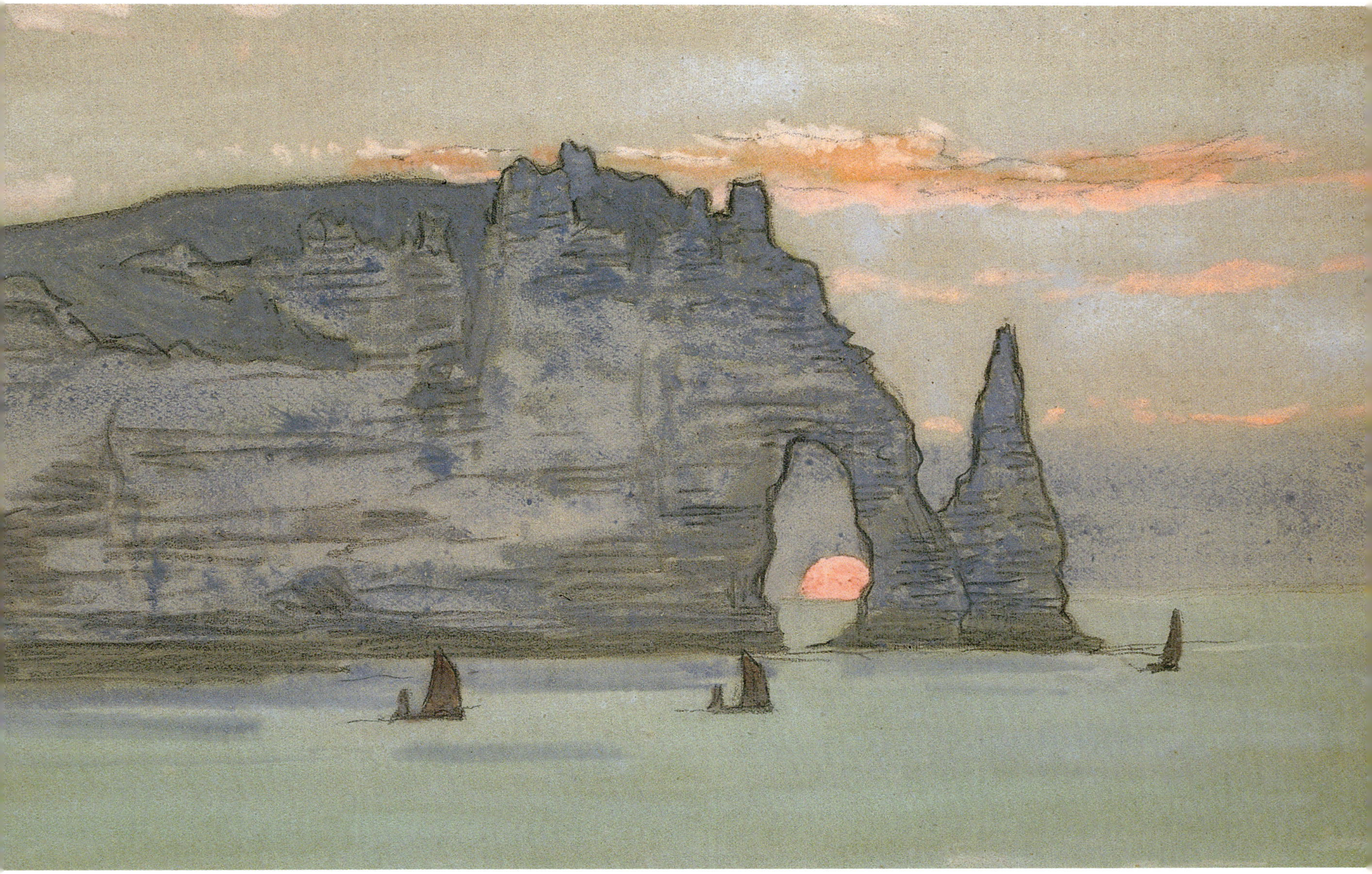

celtes, d'exotisme, ici le japonisme ou de mysticisme, l'art d'Auburtin tend vers une simplification des formes qui n'est pas sans rappeler les conceptions cloisonnistes de l'Ecole de Pont-Aven. Les encres et dessins ne cachent pas l'influence des gravures d'Henri Rivière, qui fut lui-même un grand amateur d'estampes japonaises. Auburtin, comme Monet, collectionne les japonaiseries et possède *La Vague* d'Hokusai.

A Etretat, Auburtin fait de ce paysage un univers idyllique, une sorte de décor théâtral, un lieu propice aux légendes. Il efface toutes les preuves d'activités laborieuses pour ne garder que l'image parnassienne d'une nature sereine où l'homme, ce faiseur de conflits, reste le grand absent. Les seuls personnages de la peinture d'Auburtin sont de charmantes créatures féminines qui n'ont de réel que leurs formes humaines. Naïades, elles sont filles des eaux et ne rêvent que d'y retourner. Comme elles, vers 1897, Auburtin cherche à connaître les secrets des fonds marins.

La présence et l'importance de l'eau et de la mer dans la peinture symboliste en tant que lieu de mystère et de légendes rappelle – la peur en moins – la conception médiévale des abysses. Les monstres sont remplacés par une population beaucoup plus charmante, mais la mer reste la matrice de l'humanité. Elle est donc, pour Auburtin, une sorte d'entité globale qui se moque de ses particularités. Qu'elle soit bretonne ou normande, la côte a toujours pour fonction principale de permettre le contact avec l'océan. Dans les représentations d'Etretat les falaises semblent souvent un rideau de scène qui ouvre sur la mer.

Enterré au cimetière marin de Varengeville-sur-Mer, Francis Auburtin partage les embruns avec Ker-Xavier Roussel, autre peintre symboliste.

Ci-dessus :
Jean-Francis Auburtin.
***Soleil couchant sur l'aiguille d'Etretat*, circa 1900, gouache.**
COLL. PRIVÉE.

Pages suivantes :
Jean-Francis Auburtin.
Barques à Etretat, 1902, gouache, 37 x 62 cm.
COLL. PRIVÉE.

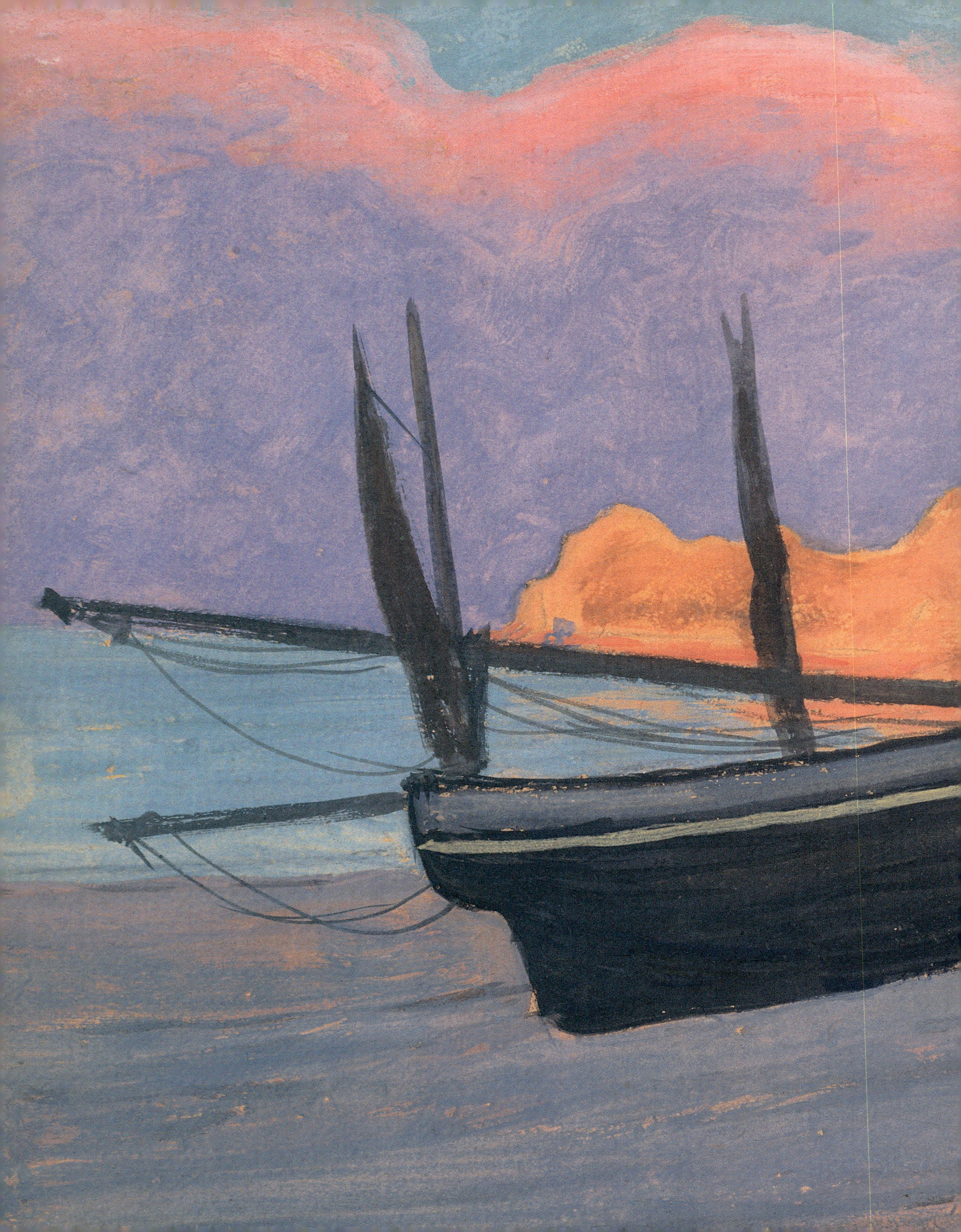

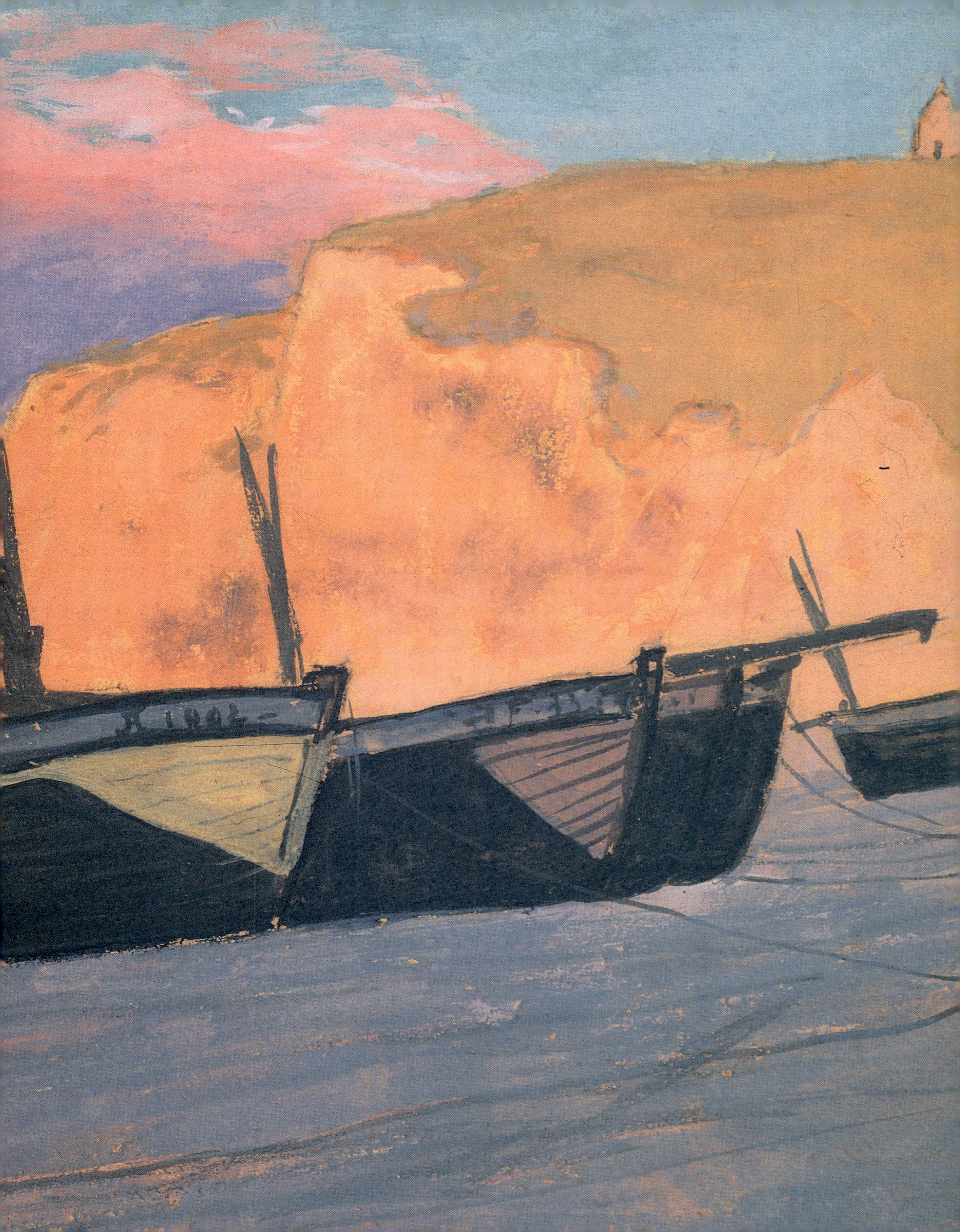

Au XIXe siècle, la photographie est la grande découverte qui bouleverse la vision du monde et règle la grande question de la peinture, à savoir celle de l'imitation. L'histoire de la représentation du site d'Etretat serait incomplète sans un regard sur ces nouvelles images. La rapidité avec laquelle technique se développe, sa qualité évidente d'œuvre d'art chez les pionniers ont été telles que les images photographiques ne purent que perturber les peintres, inquiets de la pertinence de continuer à reproduire la réalité. Paul Huet écrit : *« Le daguerréotype a troublé bien des têtes : rien n'est plus faux, ni plus dangereux que l'extrême perfection de cet instrument ; il peut servir de renseignement quand il s'agit d'un détail, mais il faut se garder de se laisser séduire par ce rendu impossible et sa fausse perspective. »*
Beaucoup de peintres font semblant d'ignorer la photographie et la méprisent. D'autres, ainsi Boudin ou Vallotton, l'utilisent à bon escient. C'est en regardant les cadrages photographiques que Degas ose ses vues « en plongée » de l'Opéra.
Rappelons que dès 1816 Nicéphore Niepce (1765-1833) invente le premier négatif et produit en 1826 la première image photographique. En 1839 Louis-Jacques-Mandé Daguerre (1787-1851) invente le daguerréotype, et en 1849, déjà, le ministère de l'Instruction publique confie à Maxime du Camp (1822-1894) la mission officielle de dresser l'inventaire des sites et monuments d'Egypte, de Palestine et de Syrie. En 1851 le gouvernement initie un projet sur l'héritage architectural de la nation avec cinq photographes, dont Gustave Le Gray (1820-1884) et Edouard Baldus (1813-1889). L'invention, prise au sérieux par les plus hautes sphères de l'Etat, ne peut être ignorée des artistes dont le métier consiste à produire des images, et qui voient apparaître un concurrent avec lequel il va leur falloir cohabiter. L'idée de mort de la peinture apparaît pour la première fois. L'Histoire prouvera que ce débat, toujours d'actualité, n'est en réalité qu'un faux débat.
La technique classique qui souffre le plus de l'essor de la photographie est la gravure. Elle perd son rôle d'illustration ; la photographie la chassant du monde de la presse et de l'édition, lesquelles constituent presque toujours sa raison d'être.
Au XIXe siècle, la photographie réclame un matériel coûteux et beaucoup de temps. Les photographes sont donc essentiellement des gens fortunés et souvent aristocrates qui se prennent de passion pour cet art requérant un esprit scientifique, tant les inventions techniques restent à découvrir. Les traités photographiques fleurissent, dont le premier, en 1850, est rédigé par Gustave Le Gray. Les photographes se réunissent dans des sociétés à but scientifique. En 1851 est fondée la Société héliographique, et en 1854 la Société française de photographie.

LA PHOTOGRAPHIE_

Louis-Alphonse Davanne. *Autoportrait au banc*, 13,3 x 24 cm. COLL. PRIVÉE, © C. DES BROSSES.

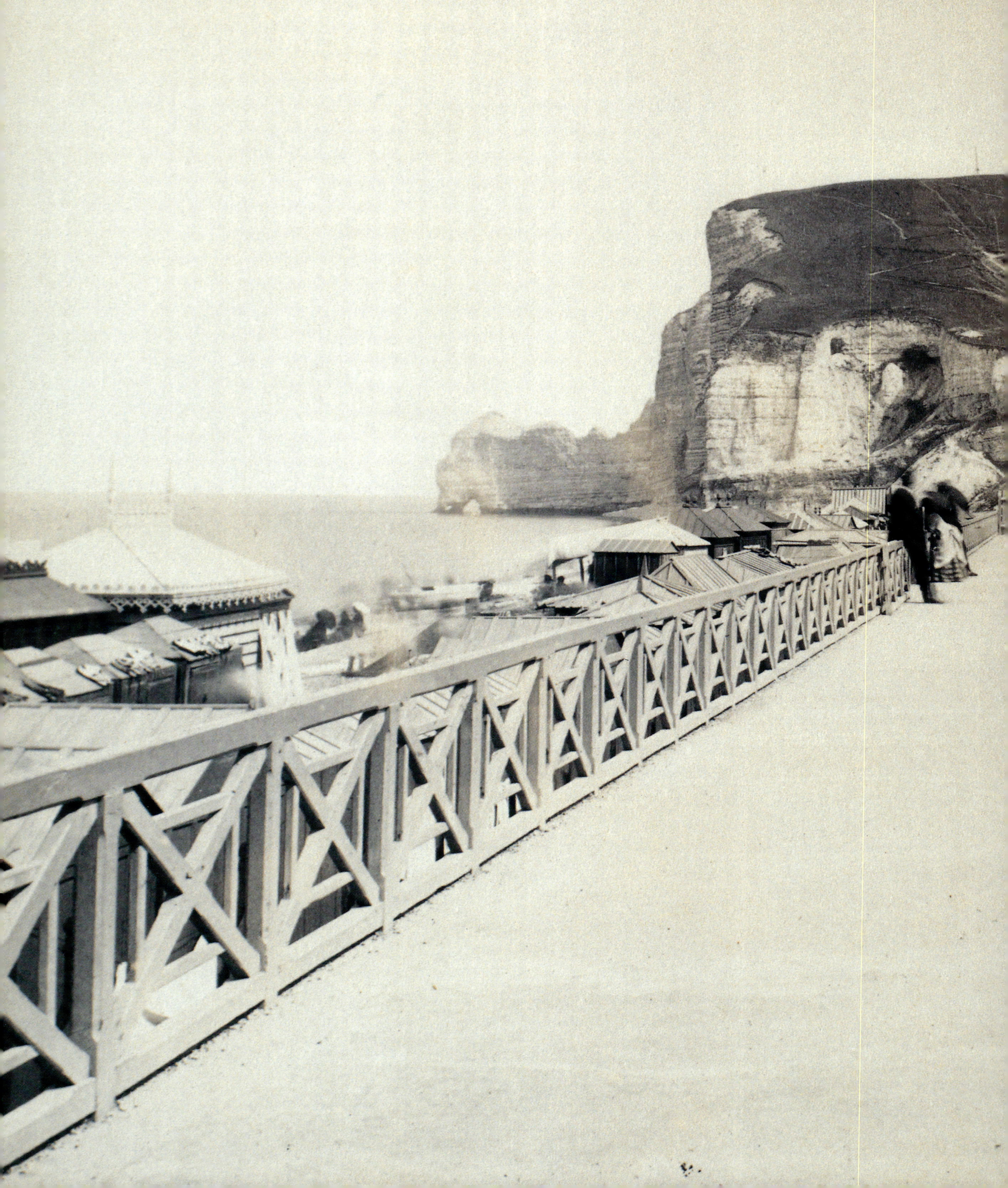

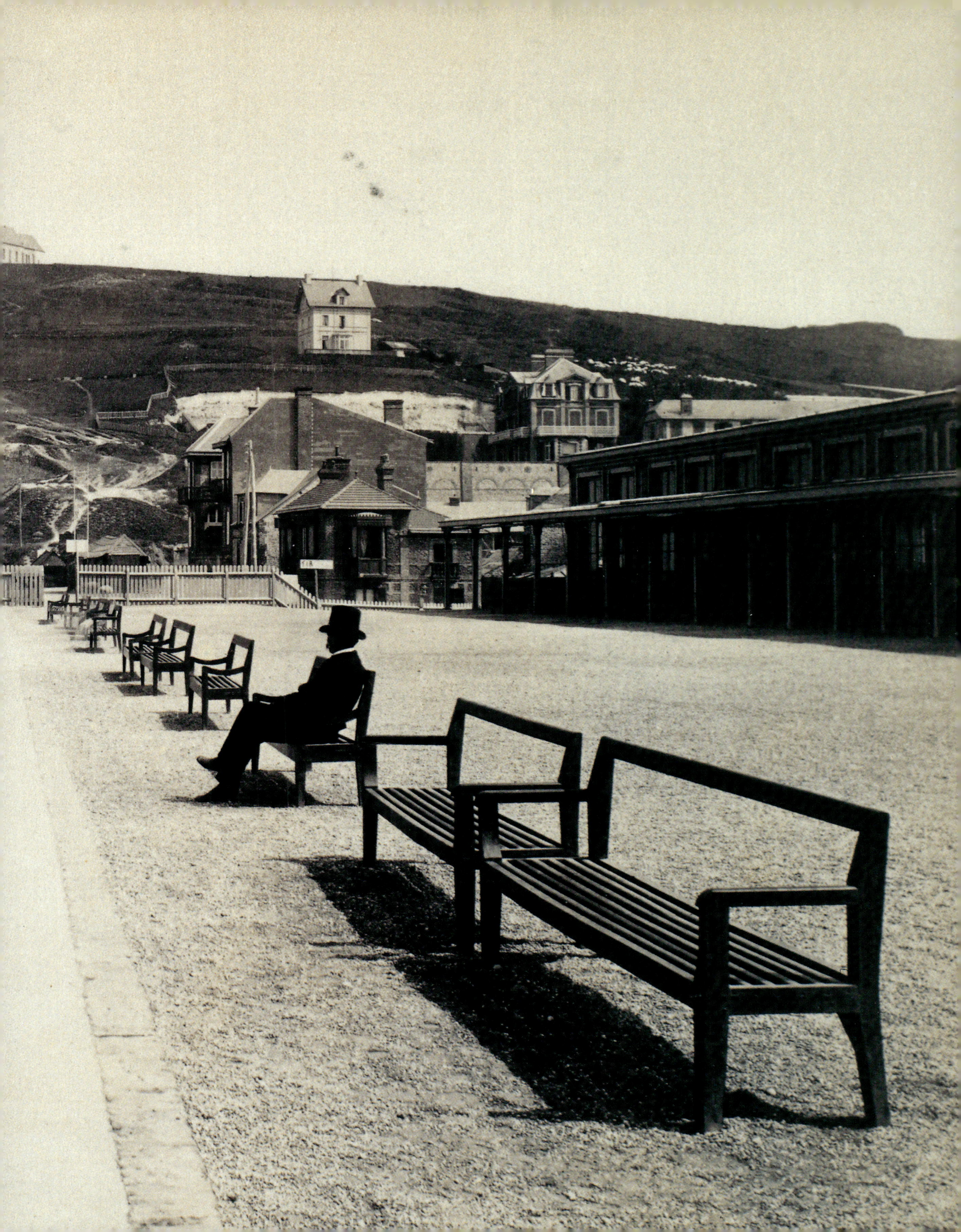

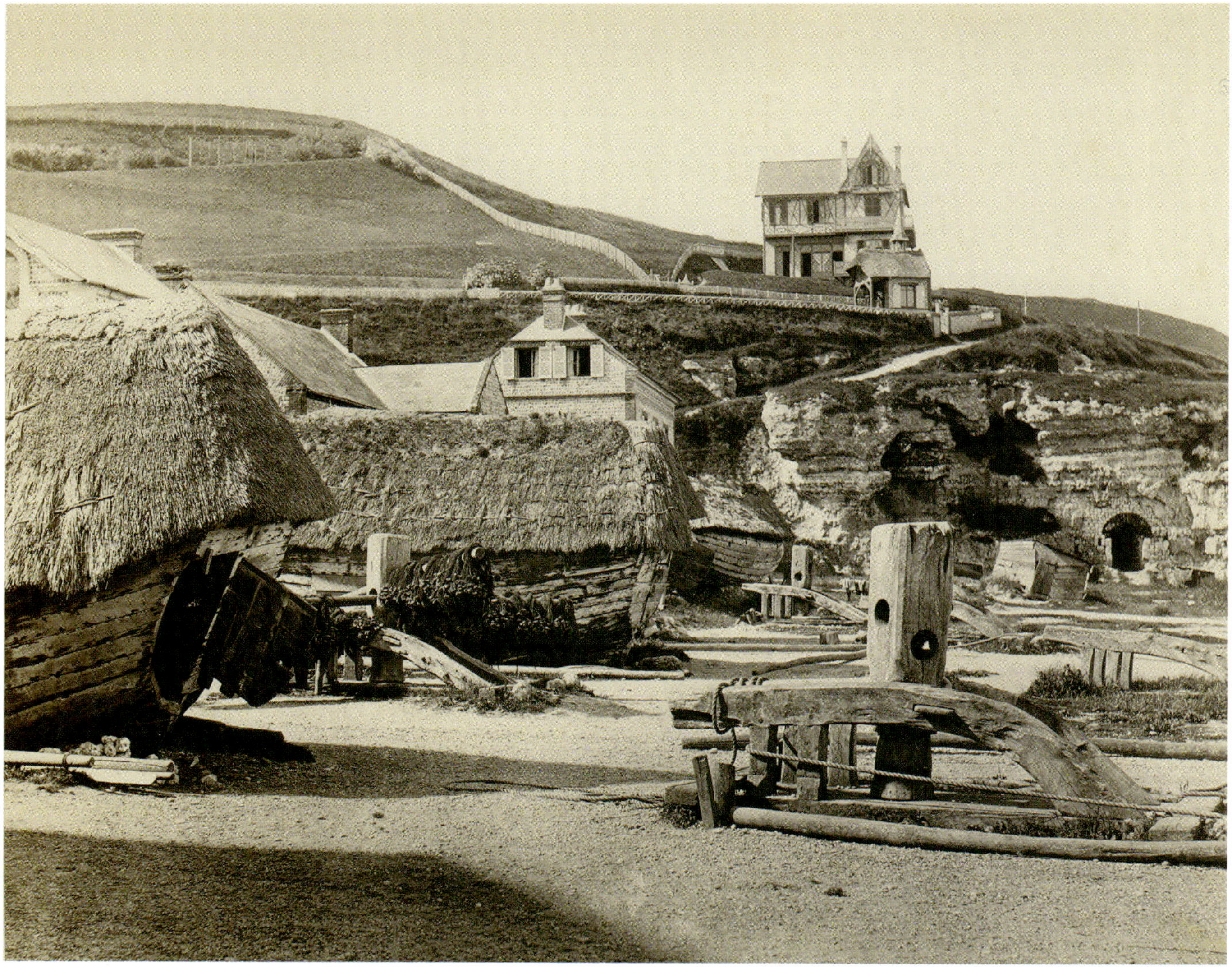

Louis-Alphonse Davanne. *Etretat, La Sonnette du Diable.* © BNF. Cette petite maison, en forme de chapelle, fut construite en 1850 par Anicet Bourgeois, auteur de pièces de théâtre. Elle est surmontée d'une girouette représentant un diable.

LOUIS-ALPHONSE DAVANNE
1824-1912

La personnalité la plus importante du monde de la photographie qu'héberge Etretat est Louis-Alphonse Davanne (1824-1912), qui fit des études de chimie avec Gay-Lussac et Eugène Chevreul. On lui doit, dès 1853, un traité de chimie photographique qui fera autorité. Toute sa vie, il poursuit un travail scientifique en publiant nombre de traités et donnant des conférences.

En 1854, il est l'un des fondateurs de la Société française de photographie dont il devient vice-président en 1867, succédant à Paul-Casimir Périer, propriétaire du *Chalet Périer* à Etretat. Qui a fait découvrir Etretat à l'autre ?

Les sujets de Davanne sont presque toujours des paysages et, bien qu'il ait refusé de vendre une seule de ses photographies de son vivant, son œuvre fait référence dans le cercle des photographes de son temps. La Bibliothèque nationale conserve, parmi trois grands cartons d'œuvres de Davanne, une quinzaine de photographies d'Etretat de grand format tout à fait remarquables.

ETIENNE NEURDEIN

En 1871, la célébrité d'Etretat attire Etienne Neurdein, qui achète avenue George-V la villa *La Ramade*. Etienne Neurdein (1832- après 1915) est le fils du photographe Jean-César Neurdein et le frère de Louis Antonin (1846- après 1915). Les deux frères ouvrent en 1863 à Paris un établissement consacré à la photographie. Etienne s'occupe de l'administration de l'atelier, et Louis-Antonin réalise des portraits et rapporte de voyage des vues d'édifices et de paysages. En 1868, la maison Neurdein édite des cartes postales sous les marques « ND » et « X ». Les affaires prospèrent ainsi que les honneurs. En 1886 et 1888, les frères Neurdein obtiennent une médaille d'or à l'Exposition internationale de la Société des sciences et des arts industriels ainsi qu'à l'Exposition universelle de 1889. Ils obtiennent du ministère de l'Instruction publique et des Beaux-Arts le droit de reproduire la collection du service des Monuments historiques.

Etienne Neurdein a pris d'Etretat un nombre impressionnant de clichés puisque près de quatre cents sont répertoriés. Ce fonds est l'un des meilleurs témoignages sur la vie étretataise de la fin du XIXe et du début du XXe siècle.

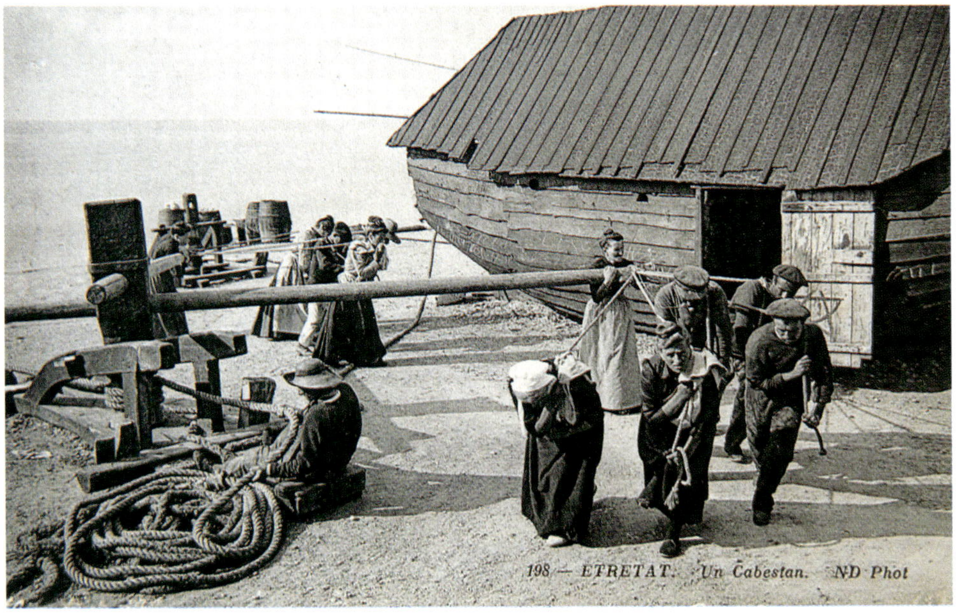

Neurdein. *Le Cabestan*, carte postale.

COLL. PRIVÉE, © C. DES BROSSES.

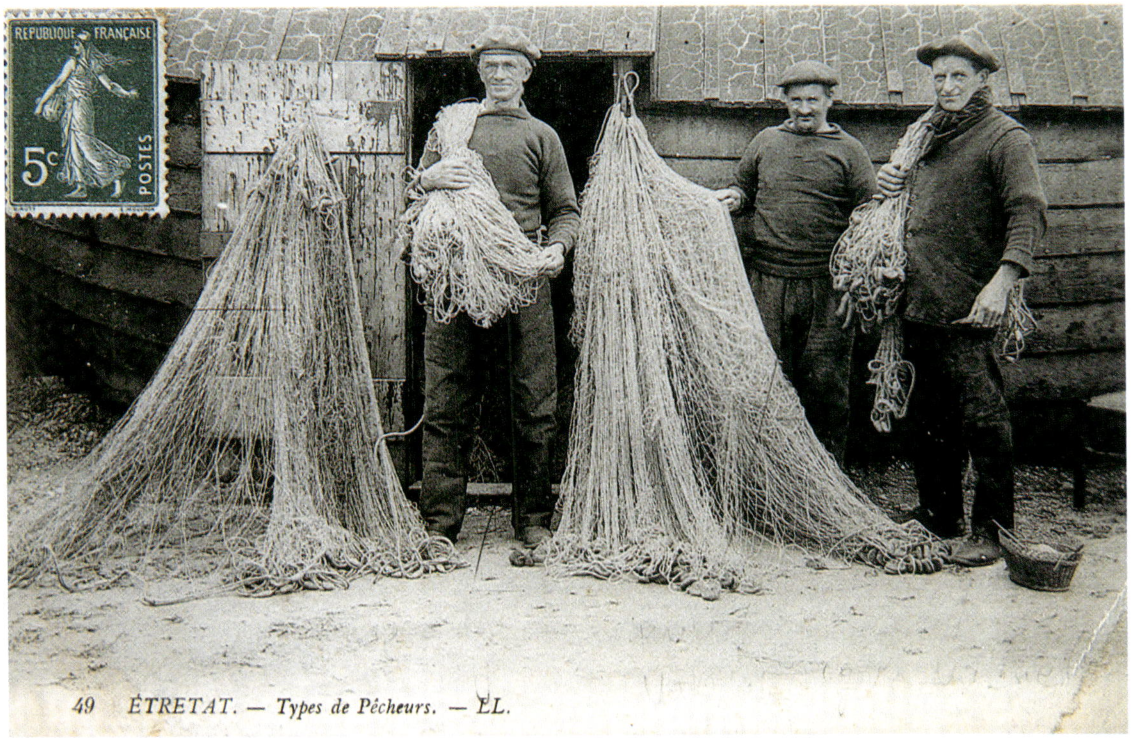

Neurdein. *Type de pêcheurs*, carte postale.

COLL. PRIVÉE, © C. DES BROSSES.

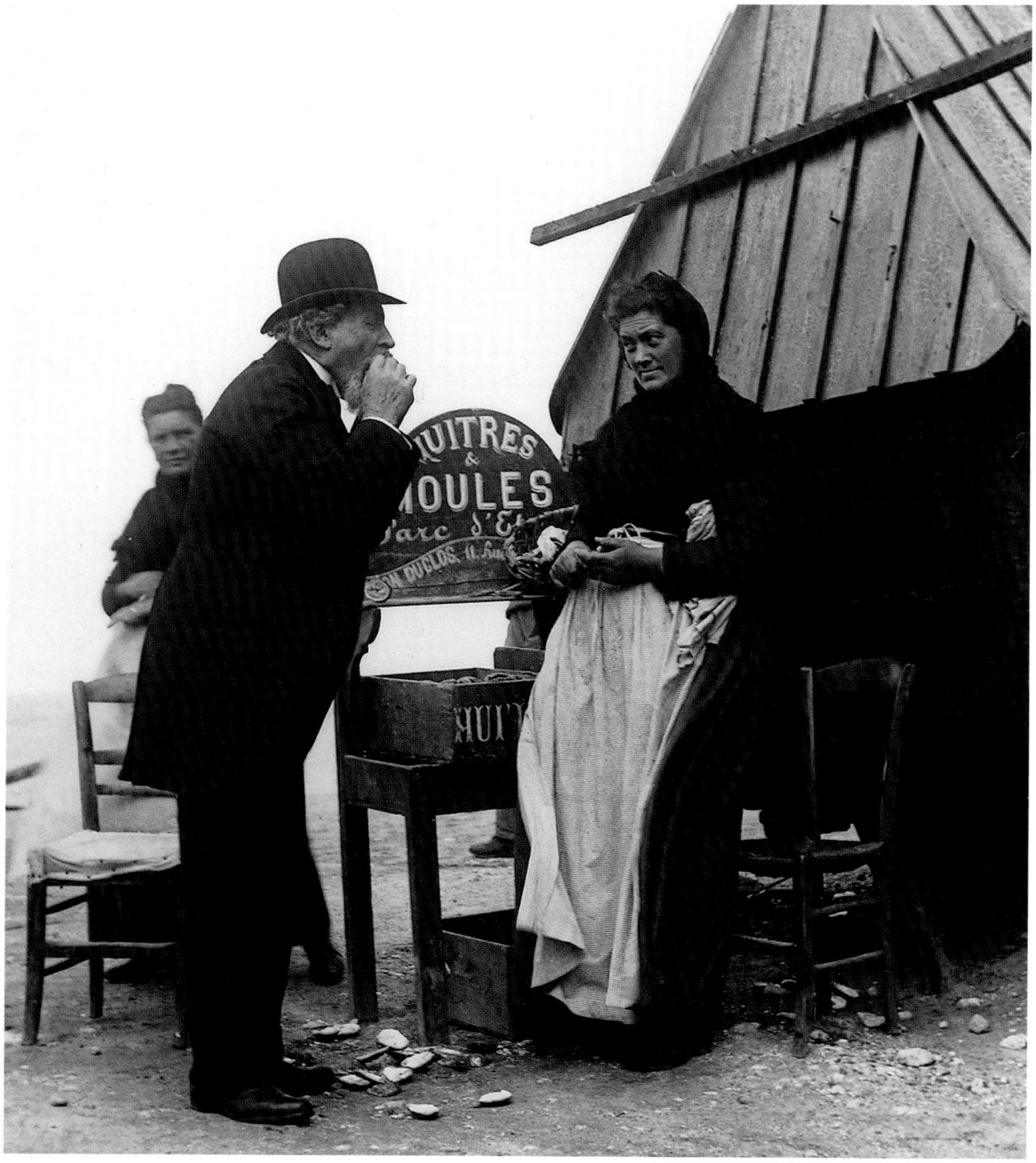

Alfred-Henri Soclet.
La Marchande d'huitres et de moules.

ALFRED-HENRI SOCLET
?-1926

La découverte, en 1994, de trois mille plaques de verre des archives d'Alfred-Henri Soclet (mort en 1926), natif de Saint-Lô et havrais d'adoption, ont révélé un extraordinaire photographe. Ingénieur des Ponts et Chaussées, c'est le goût de l'archéologie qui l'incite à prendre ses premières photographies. Soclet, dès lors, comme un véritable archiviste, photographie tous les lieux de ses voyages, tant en France qu'en Europe, en Asie ou en Amérique. A sa mort, son ami Charles Noël répertorie quelque vingt-cinq mille clichés. Mais ce travail n'est pas que documentaire, Soclet possède un véritable œil d'artiste et laisse d'Etretat des images de la population locale, notamment des laveuses, d'une force égale à celle des plus grands.

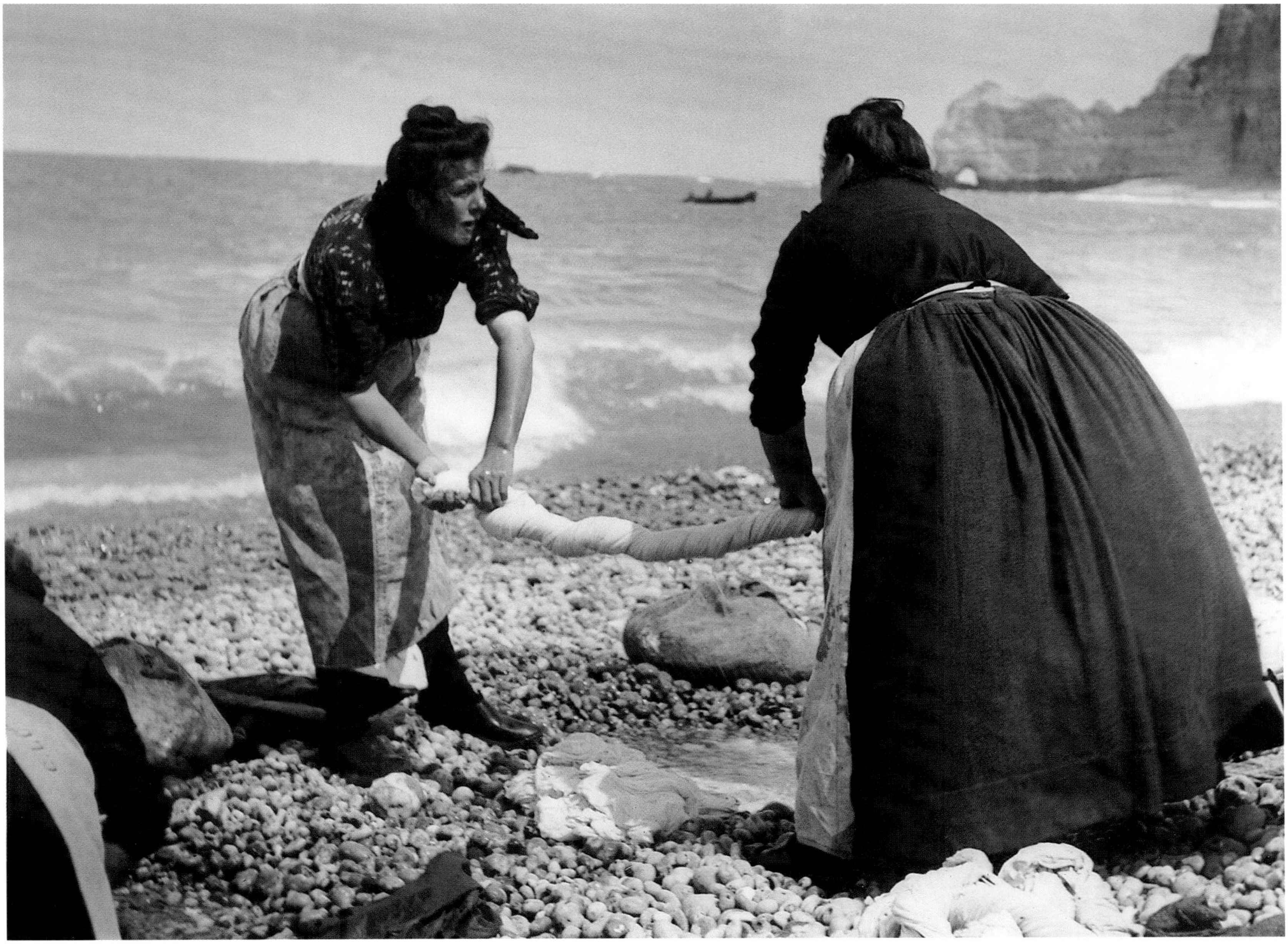

Alfred-Henri Soclet. *Les Laveuses.*

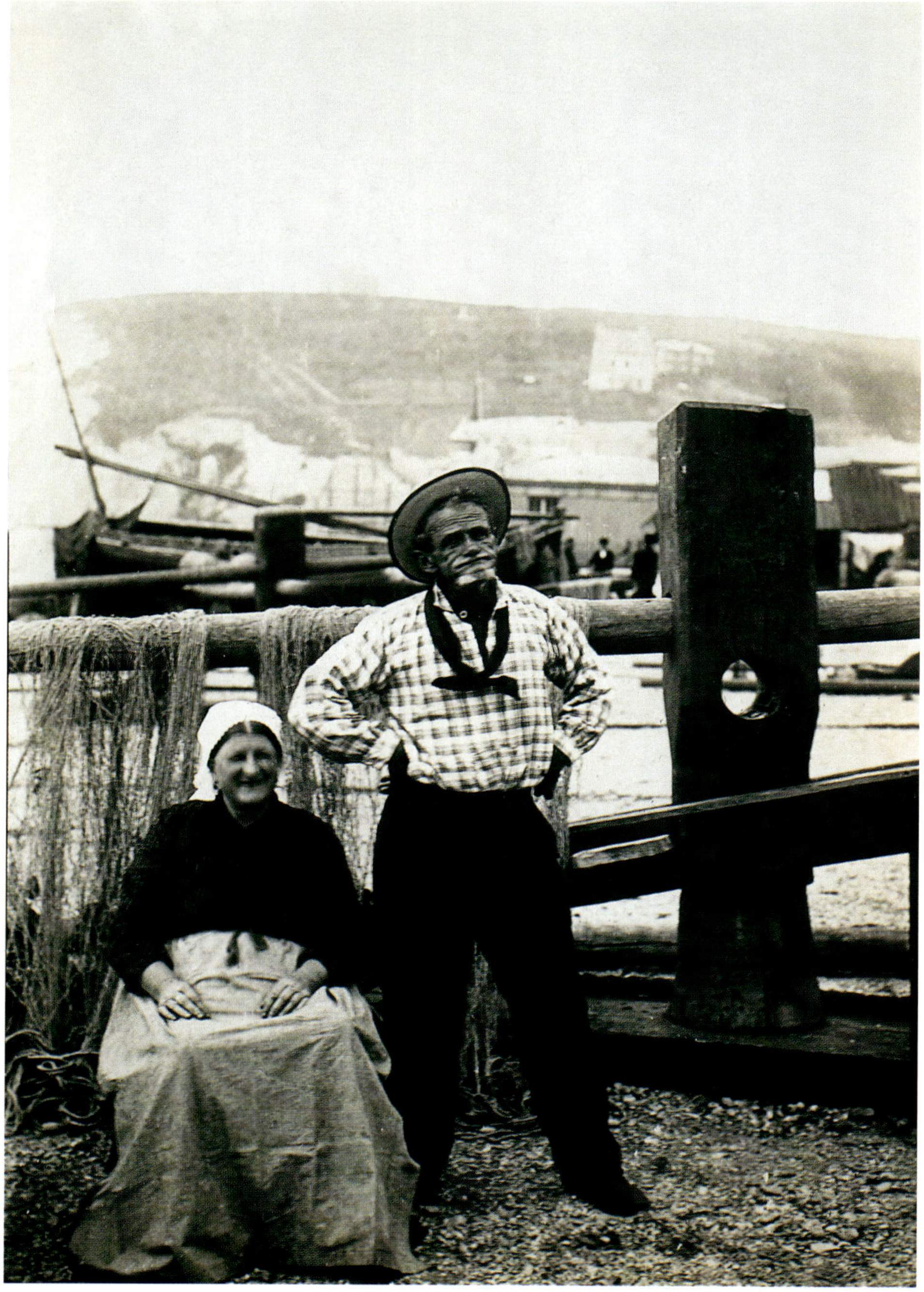

Eugène Flamant, *Couple de pêcheurs*, 24 x 18 cm.
COLL. PRIVÉE, © C. DES BROSSES.

EUGENE FLAMANT

Eugène Flamant est le fils de Louis-Emmanuel Flamant qui possédait un atelier de photographie à Paris et était gratifié du titre de photographe officiel de Napoléon III. Eugène ouvre à Etretat en 1891 un atelier de photographies, rue Alphonse-Karr. De 1891 à 1924, il photographie Etretat sous tous ses aspects et laisse une importante documentation déposé aux Archives départementales de la Seine-Maritime. Son fils, Roland Flamant (1892-1981), reprend ce commerce en 1924 et le conserve jusqu'à la fin des années cinquante. Avant de partir à la retraite sur la Côte d'Azur, il laisse en dépôt à la mairie d'Etretat environ dix mille plaques photographiques et de nombreux négatifs concernant la période 1891-1945, dans l'espoir qu'un musée sur Etretat soit créé à partir de ce fonds.

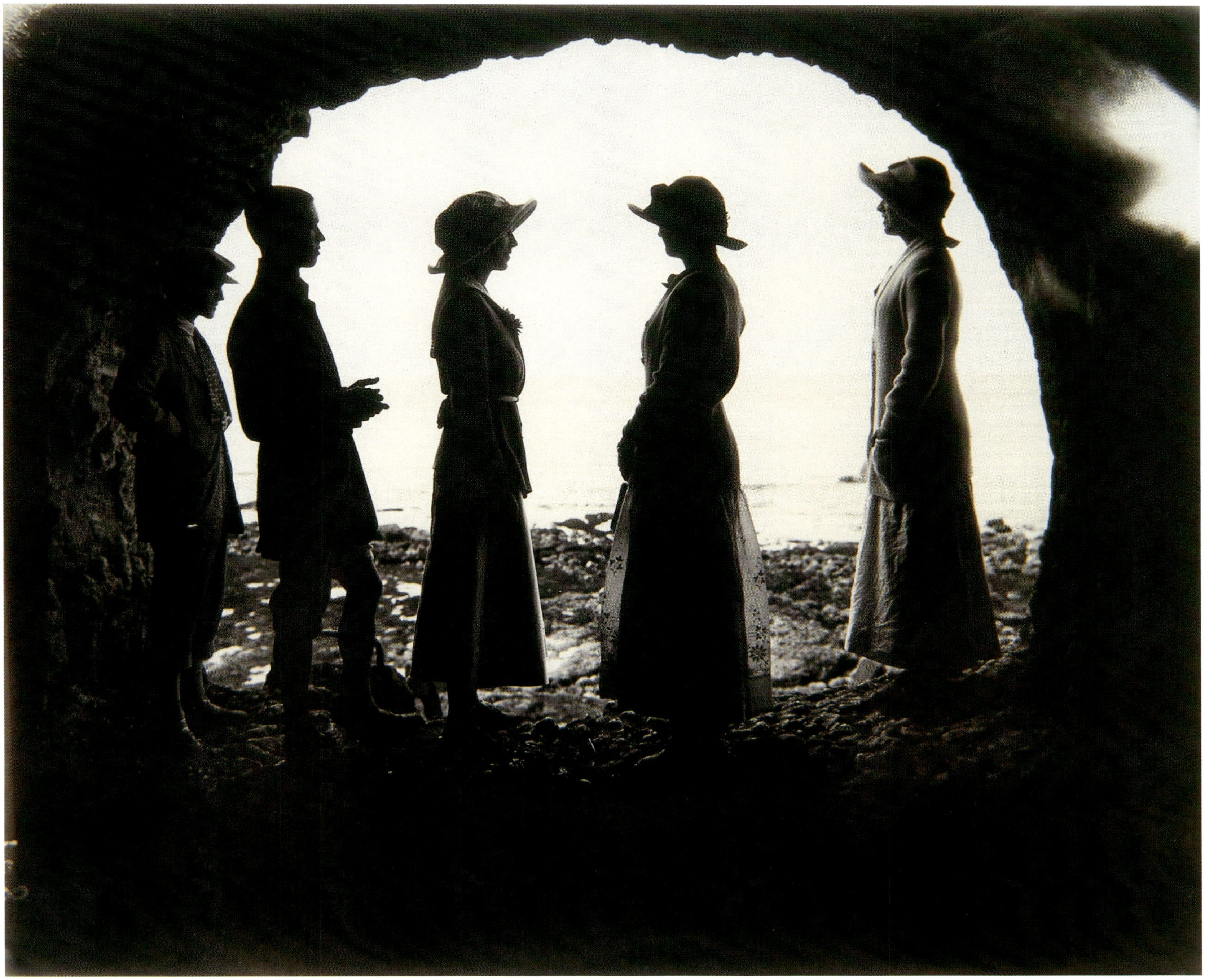

Eugène Flamant, *Le Tunnel de la gare*, 10,2 x 12,7 cm.
COLL.PRIVÉE, © C. DES BROSSES.

La période abordée est le théâtre de tels bouleversements – guerre mondiale, crack financier et finalement destructions – qu'Etretat va perdre à jamais sa magnificence. La peinture voit se succéder une multitude de questionnements auxquels répondent autant d'attitudes et d'écoles. L'apparition de l'abstraction, dès la première décennie du siècle, remet en cause d'une façon magistrale toutes les conceptions sur lesquelles se fondait la peinture depuis son origine : la représentation d'un motif. De ce jour, la peinture s'aperçoit qu'elle peut être son propre sujet. Albert Gleizes (1881-1953) dira d'un tableau qu'il « *contient nuement sa raison d'être* ».

A côté de la révolution radicale de l'abstraction les mouvements se succèdent à un rythme jamais atteint. Symbolisme, fauvisme, cubisme, expressionnisme, sont tous des mouvements révolutionnaires qui contiennent une part de la vérité de l'art et sapent les fondements de la précédente. Ces réponses font la richesse de l'histoire de la peinture de ce XXe siècle foisonnant. Quelle attitude adopter face à la nature ? Les symbolistes plongent dans le mysticisme, les fauves dans la libération de la couleur, les cubistes se réfugient dans la représentation des objets et les expressionnistes exacerbent leurs sentiments. Les abstraits fuiront la nature peu de temps puisque le paysagisme abstrait occupera une grande place dans l'histoire de l'art de ce siècle.

Matisse se pose la question de savoir comment, à partir de la nature, penser peinture et non assemblage de morceaux de paysage. Avec Vallotton, il trouve la solution en puisant dans ce qui fut à la Renaissance la part la plus importante de la peinture : **l'invention**. Il ne s'agit plus là, comme au temps du romantisme, d'inventer de nouveaux paysages en puisant parmi des morceaux épars pour en recomposer un autre fictif, mais de réfléchir à une nouvelle peinture qui fasse table rase de toutes les vieilles notions de matière, de lumière et de composition. La peinture peut porter sa vérité en soi, là est la grande révolution qui ouvre les portes à de multiples inventions.

Matisse, Raoul Dufy, les frères Saint-Delis, Mathurin Méheut ou André-Paul Leroux, chacun contribuera à sa façon à la mutation, tandis que d'autres, et ils seront hélas nombreux, se satisferont de prolonger l'impressionnisme, persuadés de détenir la solution unique et idéale. Ce sont les solutions nouvelles, même encore méprisées, de préférence à celles des suiveurs, qui ont été choisies prioritairement pour cet ouvrage. Et bien que Vallotton soit venu à Etretat en 1899, sa modernité est telle que sa place s'impose dans ce troisième chapitre.

Georges Braque, l'inventeur du cubisme avec Picasso, est venu à Etretat en 1930 alors qu'il travaille à une série de quatre-vingts paysages de mer. Il a peint une vue de la falaise d'aval exempte d'esprit naturaliste, non reproduite ici.

1900-1940_
LES GRONDEMENTS DU MONDE MODERNE

LES POST-IMPRESSIONNISTES ET L'ECOLE DE ROUEN

On regroupe sous ce vocable d'Ecole de Rouen un nombre important d'artistes ayant travaillé durant la période qui nous concerne (1900-1940). Leur chef de file est Joseph Delattre (1852-1912), peintre sensible acquis aux théories impressionnistes, mais aussi à celles du néo-impressionnisme par l'intermédiaire de Charles Angrand (1854-1926), ami de Georges Seurat. Charles Angrand est le meilleur peintre de l'Ecole de Rouen. Il est vraiment le seul, avec Dumont, à avoir développé une réflexion intellectuelle sur la peinture et a su échapper à l'enfermement régionaliste. Son contemporain Charles Fréchon essaiera de suivre le même chemin, mais avec peu de réussite.

Joseph Delattre fonde en 1896 une Académie libre rue des Charrettes à Rouen. La jeune génération, fuyant l'académisme de l'Ecole des beaux-arts, vient s'y réfugier. Ils ont nom Bradberry, Louvrier, Tirvert, Couchaux, Guilbert, Suzanne et Hénocque, qui sont, avec Robert Pinchon, Pierre Dumont et le pastelliste Bradberry les piliers de cette Ecole de Rouen.

Rejetant l'insipide enseignement académique, ces jeunes artistes ont cru tomber dans la modernité en plongeant dans l'impressionnisme, qui est déjà un mouvement bien installé puisque la plupart de ces peintres sont nés entre 1878 et 1886. Ils sont donc des post-impressionnistes, accrochés à un art obsolète, et le restent malheureusement toute leur vie, répétant à l'infini un art qu'ils dominent fort bien mais auquel ils n'apportent rien. D'où l'ennui souvent devant ces tableaux bien faits mais où le souffle de l'invention demeure totalement absent.

Certains d'entre eux pourtant témoignent de personnalités suffisamment fortes pour sortir de ces chemins déjà tracés. Pierre Dumont, considéré comme l'intellectuel du groupe, est de ceux-là, qui ose une peinture forte en touches larges et épaisses ne ressemblant à aucune autre. Il défraie la chronique dans la ville endormie à l'ombre de ses cent clochers en organisant des expositions de groupe où il fait venir des amis parisiens : Picabia, Gleizes, Matisse, Gris, qui ne sont pas les moins révolutionnaires de la scène artistique de la capitale. Le passage de ces artistes d'avant-garde n'a guère d'influence sur les peintres rouennais.

Marcel Couchaux est l'autre forte individualité de ce groupe. Plus attiré par la campagne que par la ville, c'est à coups de couteau qu'il peint le meilleur de son œuvre – les animaux –, avec une préférence pour la volaille et notamment d'inénarrables dindons. Maurice Louvrier saura lui aussi trouver un style qui le démarque du groupe. George Bradberry (1878-1959) pratique la peinture à l'eau et surtout le pastel où il excelle. Amoureux de la campagne qu'il parcourt lors de longues marches, il a un sens rare de la lumière et son œuvre est digne d'une reconnaissance plus établie.

Rouen seulement situé à quelque quatre-vingts kilomètres d'Etretat, il est tout à fait logique que la plupart de ces artistes aient fait le déplacement. Narcisse Guilbert et Robert Pinchon en sont certainement les visiteurs les plus assidus, qui nous ont laissé des œuvres d'excellente qualité mais sans apporter, un demi-siècle après les longs passages de Monet, aucune solution nouvelle.

Robert Pinchon. *Mer agitée à Etretat* © GALERIE VIOLON D'INGRES, PARIS. © ADAGP, PARIS 2005.

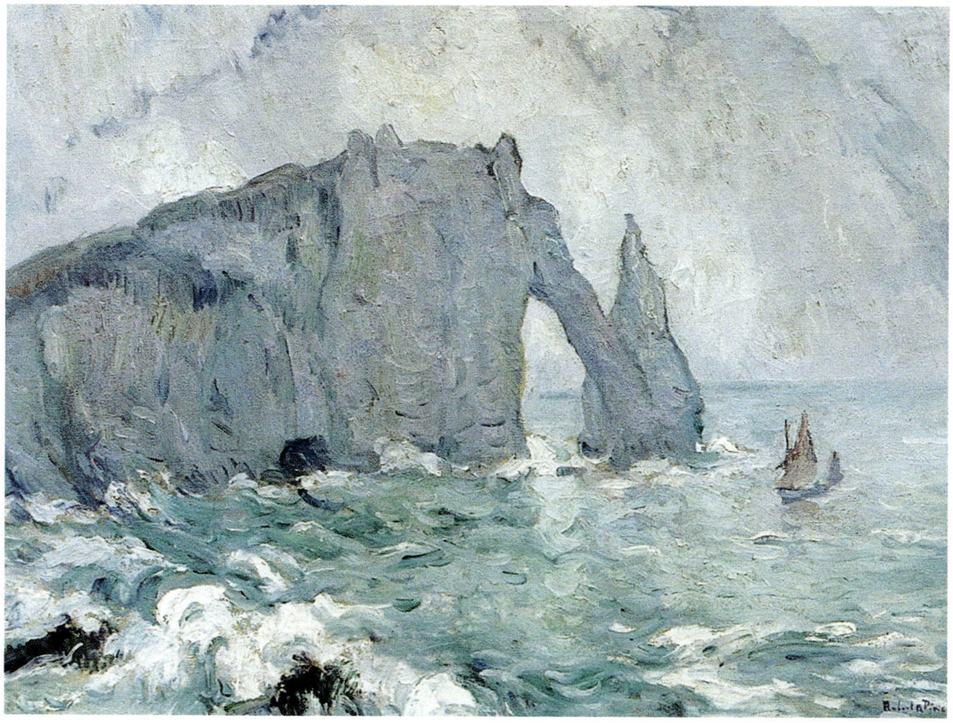

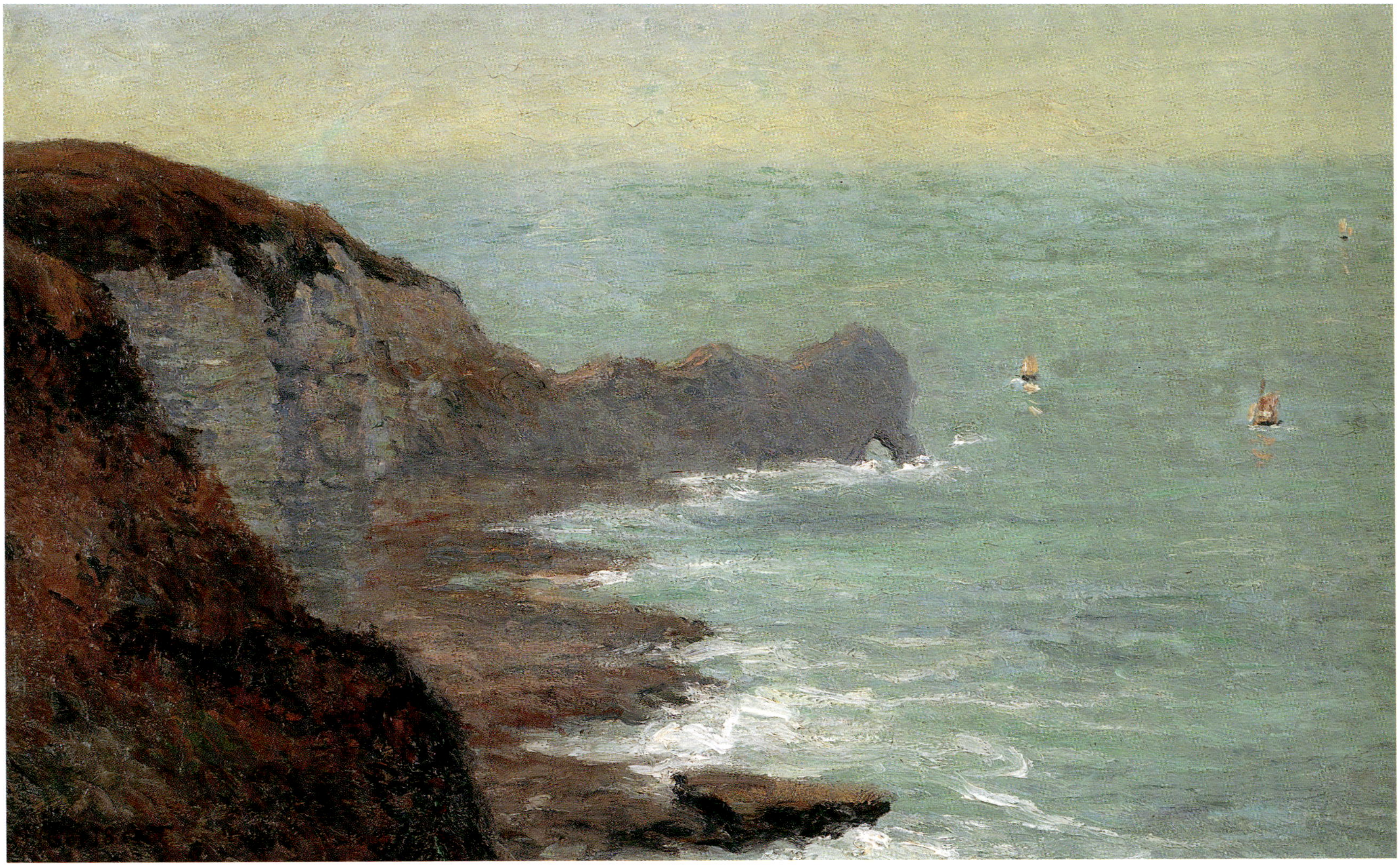

Narcisse Guilbert. *La Falaise d'amont*, 49 x 80 cm.

PARIS, COLL. PRIVÉE, © C. DES BROSSES.

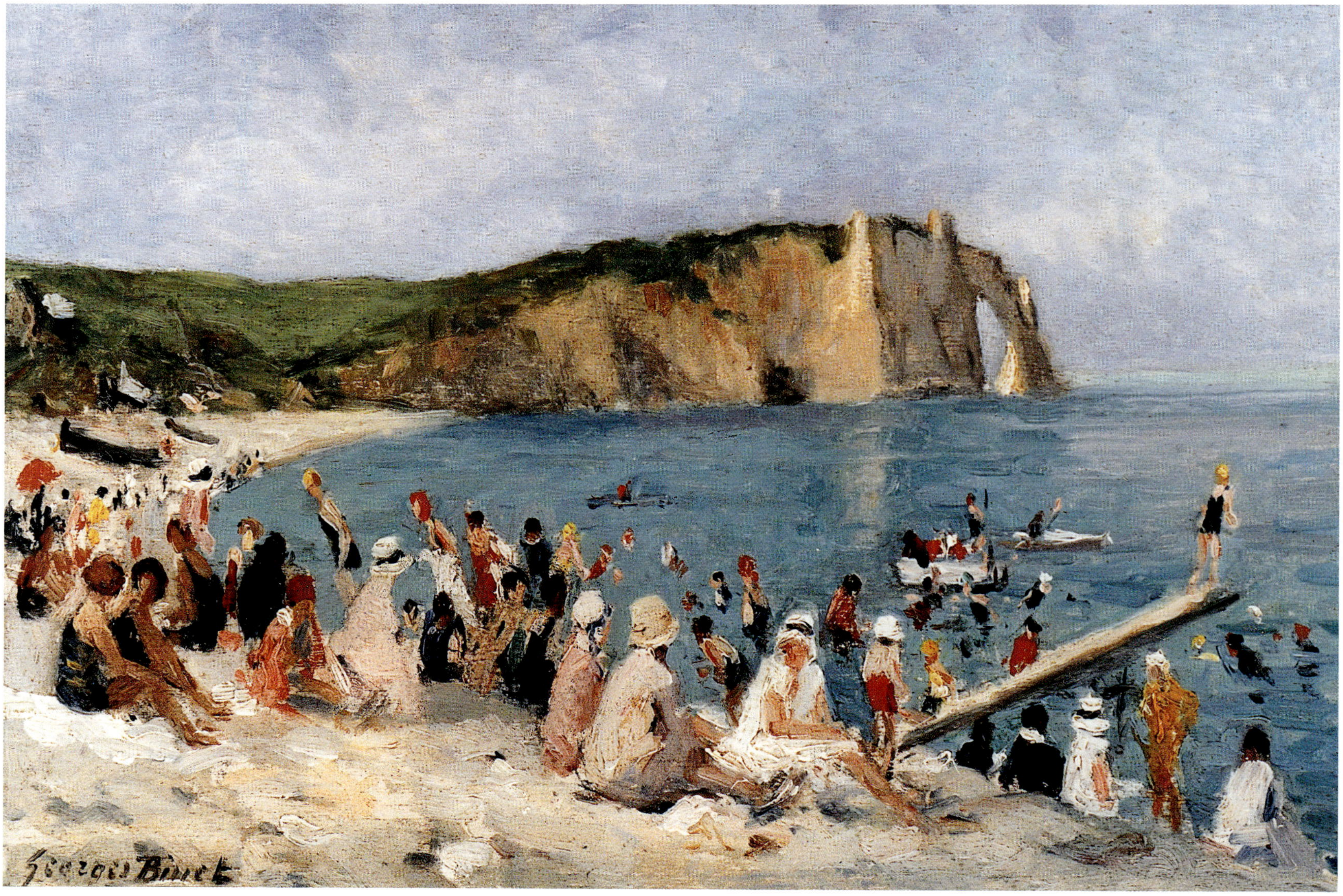

Georges Binet, *Plage animée à Etretat*, 18,5 x 26,5 cm,
COLL. PARTICULIÈRE,

GEORGES BINET
1865-1949

Né au Havre, Georges Binet est l'élève de Charles Lhullier à l'Ecole des Beaux-Arts. Il achève ses études chez le peintre pompier Fernand Cormon, avec qui il voyage en Suisse et en Espagne. Malgré cet enseignement académique, Georges Binet se tourne très vite vers l'impressionnisme dont il retient plus la clarté de la palette que les théories. En revanche, il n'utilise pas la touche impressionniste faite de papillotements, et préfère conserver une touche proche de son premier professeur et de celle des maîtres de l'Ecole de 1830.

Cette manière lui permet de ne pas tomber dans le post-impressionnisme et de produire une œuvre personnelle. Sa peinture est celle d'un hédoniste, cherchant ses motifs plus du côté du bonheur et du repos que du côté du travail et de l'effort. Chez Binet, la vie s'écoule heureuse et tranquille. Ses plus belles œuvres sont des vues de plage et surtout de marchés aux fleurs, dans lesquelles il excelle.

Georges Binet vit au Havre jusqu'en 1939 puis s'installe définitivement à Toulon.

FELIX VALLOTTON
1865-1925

Félix Vallotton pose sur Etretat le regard d'un des membres les plus brillants du groupe des nabis. Ce groupe s'est formé en 1888 lorsque Sérusier présente à ses amis, le jour de rentrée de l'Académie Julian, *Le Talisman* qu'il vient d'exécuter sous la dictée de Gauguin. Sont présents Maurice Denis, Ibels, Ranson et Bonnard. Par l'entremise de Sérusier, Gauguin délivre son message aux jeunes peintres qui ne découvrirent son travail qu'en 1889, lors de l'exposition des symbolistes et synthétistes au *Café Volpini*.

La grande leçon de cette esthétique nouvelle réside essentiellement dans l'abandon de l'esthétique naturaliste. La fameuse phrase de Maurice Denis en 1890 résume bien les conceptions des nabis : *« Se rappeler qu'un tableau – avant d'être un cheval de bataille, une femme nue, ou une quelconque anecdote – est essentiellement une surface plane recouverte de couleurs en un certain ordre assemblées. »* Cette théorie va même bien au-delà des idées des nabis puisqu'elle pourrait être écrite par un théoricien de l'abstraction.

Les nabis considèrent l'impressionnisme comme le dernier avatar du réalisme en peinture, ce en quoi ils n'ont pas tout à fait tort comme le prouvera la suite de l'histoire de l'art, si bien qu'on est en droit de se demander s'il ne serait pas plus juste de situer la naissance de l'époque moderne en 1889 plutôt qu'en 1874.

Ce n'est pas dans l'histoire occidentale récente que les nabis vont chercher leurs références, mais dans les vitraux et les enluminures du Moyen Age, dans les images d'Epinal, dans la peinture d'enseignes et surtout dans les estampes japonaises car leur art se plaît dans les aplats de couleurs, dans les cernes et les arabesques. Plutôt que de mépriser le décoratif, ils le considère comme le meilleur moyen de se débarrasser de la représentation servile de la réalité et atteindre par là la seule exigence plastique. Les œuvres synthétistes et cloisonnistes de Gauguin contiennent en germe toutes ces théories nourries de primitivisme.

Comme les cubistes plus tard se passionneront pour l'art africain, les nabis découvrent dans le japonisme

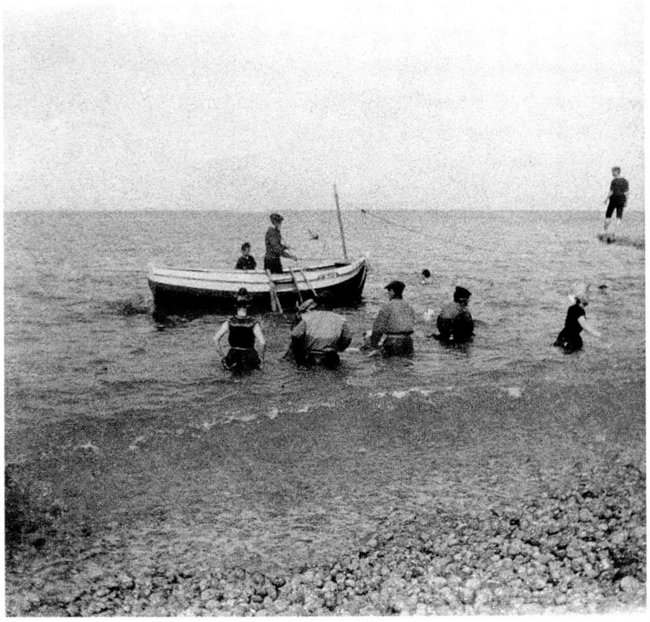

Félix Vallotton. *La Plage d'Etretat, 1899,* photographie de Félix Vallotton.

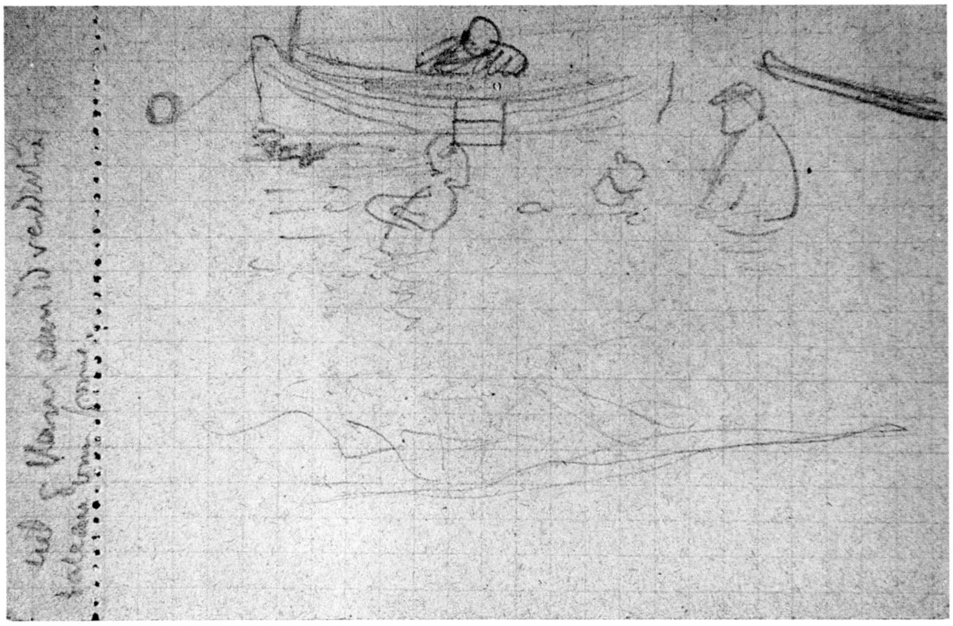

Félix Vallotton. *Esquisse de baigneurs à Etretat*, 1899.

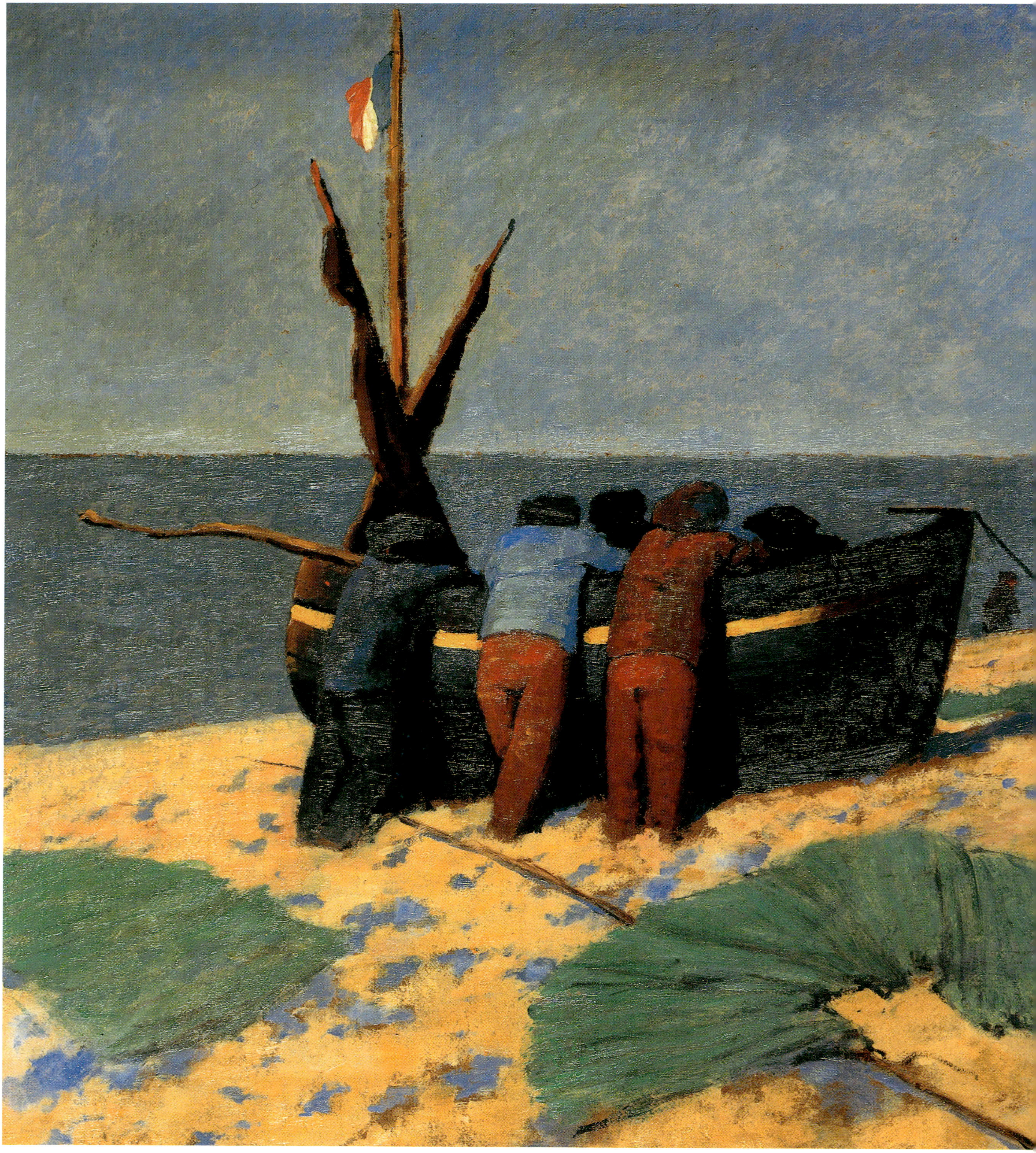

Félix Vallotton. *Le 14 juillet à Etretat*, 1899, cat. 280, 47 x 60 cm.

SUISSE, COLL. PRIVÉE, © FONDATION FÉLIX VALLOTTON, LAUSANNE, CLICHÉ FRANÇOIS VALLOTTON, LAUSANNE.

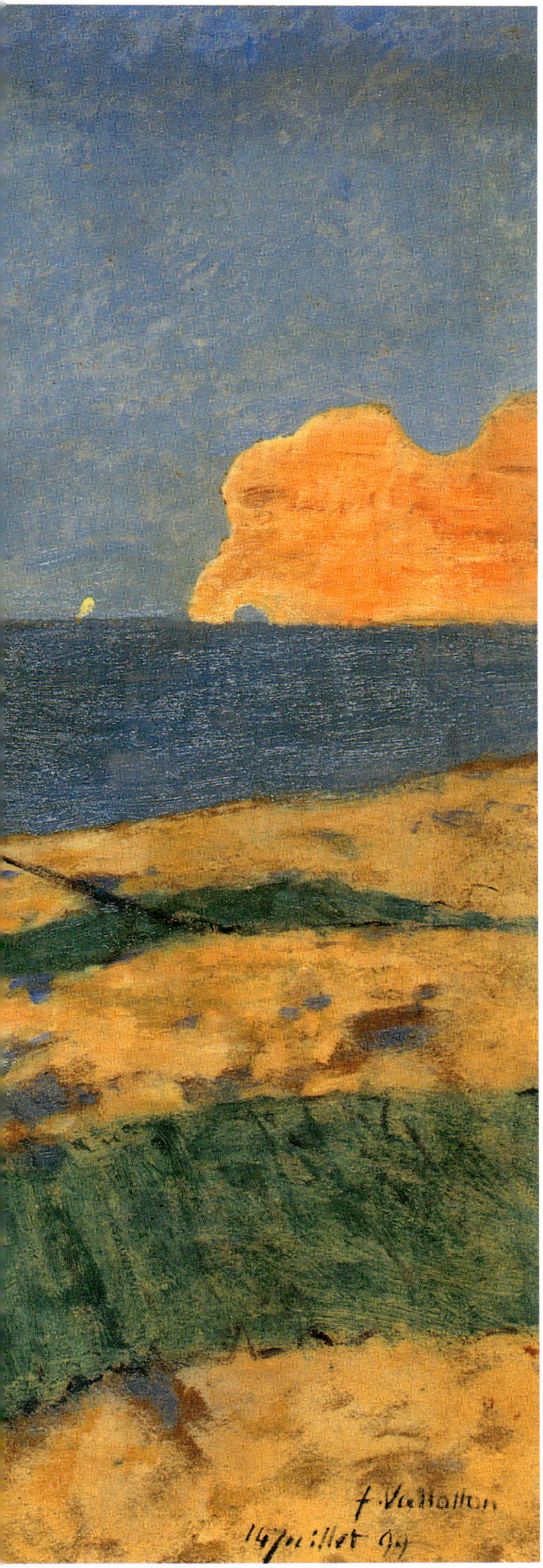

matière à nourrir leur désir de nouveautés mais aussi d'exostisme, car cet Orient leur reste totalement inconnu et mystérieux. Il faut attendre 1854 et la fin de l'isolement du Japon pour qu'apparaissent les premières estampes japonaises en France. Déjà, en 1863, le barbizonien Rousseau est frappé par ce que ces gravures contiennent de vérités plastiques révélées. Une collectionnite aiguë s'empare du milieu intellectuel parisien, dont la plupart des nabis font naturellement partie. En 1890, la grande exposition de l'Ecole des beaux-arts où figurent sept cents estampes, leur fait grande impression.

En 1899, l'année même où Vallotton loue le château d'Etretat de juillet à septembre, le mouvement nabis se dissout. Vallotton est alors un artiste que ses fameuses gravures sur bois parues dans de nombreuses revues ont rendu célèbre. Pourtant, depuis quelque temps, Vallotton délaisse cette technique pour la peinture.

Le 10 mai 1899, il se marie et emmène en Suisse sa femme Gabrielle – fille du grand marchand Bernheim – pour la présenter à ses parents. De retour à Paris en juin, il consacre ce mois à l'emménagement de leur appartement de la rue de Milan, et c'est donc en guise de voyage de noces que le couple arrive pour l'été à Etretat, avec les trois enfants de Gabrielle. Beaucoup d'amis viennent les visiter, notamment Vuillard accompagné des Natanson, admirateurs et collectionneurs des nabis et surtout piliers de « La Revue blanche ». Les Natanson, qui souhaitent faire de la publication le porte-parole de l'avant-garde s'attachent la collaboration de Vallotton et l'introduisent auprès des nabis. De Vuillard, il ne nous a hélas pas été possible de retrouver trace de son passage. Deux pastels semblent représenter Etretat mais leur datation de 1890 infirme nos espérances. Toulouse-Lautrec, compagnon de voyage des Natanson, est probablement venu lui aussi en 1895, mais le paysage n'entrant pas dans ses préoccupations, prouver sa présence relève de la gageure.

Etretat sera, sans le savoir, un lieu où se sont retrouvés beaucoup de collaborateurs de « La Revue blanche », ce qui explique les différents passages de Thadée et Misia Natanson. André Gide, en 1891, alors qu'il a tout juste vingt-deux ans, y publie quelques articles littéraires tout comme Maurice Leblanc, qui y rédige ses premières rubriques en 1892. Rappelons aussi que Georgette Leblanc, sœur de Maurice, est la compagne de Maeterlinck, autre collaborateur de la Revue. Le troisième personnage lié au groupe est le peintre anglais Wiliam Rothenstein, qui loue de 1895 à 1897 une villa à Vattetot-sur-Mer et fournit quelques dessins pour « La Revue blanche ». Grand ami de Maurice Leblanc, de l'auteur de théâtre Maurice Donnay, dont la pièce « Les Amants » fut jouée par Lucien Guitry, un autre amateur d'Etretat, et de Jeanne Granier (dont Toulouse-Lautrec fit plusieurs dessins), du peintre anglais Sickert installé à Dieppe mais aussi de Toulouse-Lautrec qu'il invitait à Londres, Rothenstein reçoit beaucoup. Il ne serait pas étonnant que lors de leur passage à Etretat en 1895 Toulouse-Lautrec et les Natanson soient venus lui rendre visite.

Durant le séjour de Vallotton et de sa famille à Etretat, Gabrielle ne se sent pas très bien. Vallotton appelle cela une *« grippe maritale »*. Cela n'empêche pas Vallotton de profiter de la plage et surtout de se servir de ce nouvel instrument qu'il vient de s'offrir : un appareil photo qui va prendre une grande importance dans l'évolution de sa peinture. Durant ce séjour à Etretat, grâce à cet appareil photo, la peinture de Vallotton se transforme en effectuant un retour au paysage composé. Il ne s'agit pas ici de prendre des morceaux de nature pour recomposer un paysage idéal, comme le firent les artistes du XVIIIe siècle, mais de se servir de plusieurs photos prises sur le motif pour obtenir un tableau qui fasse fi de la réalité et accorde une place prépondérante à la construction où les aplats de couleurs jouent un rôle majeur. Cette technique lui permet de peindre tranquillement dans l'atelier qu'il vient d'installer dans le château et de ne pas avoir à supporter la foule jacasseuse des vacanciers pendant son travail.

Marina Ducrey, dans le Catalogue raisonné de l'œuvre de Vallotton, répertorie dix-neuf tableaux peints pendant ce séjour étretatais (du n° 264 à 282) qui tous, hormis Gabrielle se faisant les ongles, représentent le château ou des scènes de la vie du bord de l'eau à Etretat. A cette liste il convient d'ajouter des œuvres sur papier, notamment le beau pastel de la falaise exposé au musée d'Honfleur lors de l'exposition « Vallotton en Normandie ». Par recherche de matité, ces tableaux sont essentiellement peints sur carton. Curieusement, le « Livre de Raison », où Vallotton consigne tous ses travaux depuis 1885, ne comptabilise pas les œuvres peintes en ce lieu – peut-être l'avait-il oublié.

Le regard de Vallotton est sarcastique à plaisir, parfois même à la limite de la caricature. Sa liberté devant le sujet ne cesse d'étonner et d'émerveiller. Durant ces trois mois ont été peints les plus extraordinaires tableaux d'Etretat, les plus inventifs, les plus drôles et très certainement les plus proches de la vérité de la peinture, si tant est qu'existe une vérité en cet art. Si, dans les scènes de baignade, on peut le croire pris au piège de l'anecdote, le merveilleux tableau des *Laveuses* prouve que la peinture, la plastique pure sont ses seuls soucis. Là est la force de Vallotton, qui joue de toutes les limites pour toujours retomber dans ce qui est le génie des nabis : recouvrir une surface plane de couleurs en un certain ordre assemblées. Tenir ce programme est l'œuvre en soi qui signe sa modernité et force l'admiration. Personne d'autre à Etretat n'ouvrira si grandes les portes du futur. A preuve sa persistance à vouloir que la couleur ne définisse plus la réalité objective. Une volonté qui deviendra le credo des fauves cinq années plus tard.

C'est donc avec énormément d'humour que Vallotton développe une misanthropie mesurée, se moquant avec justesse de cette petite bourgeoisie qui s'essaie à jouer à la haute société et qui, à l'heure du bain, se couvre de ridicule. Boudin avait peint la noblesse des femmes en crinolines, Vallotton peint la classe moyenne et René de Saint-Delis peindra la classe ouvrière. Ces trois peintres nous brossent au mieux l'évolution de la société de loisir en sa démocratisation inéluctable.

A la Sécession de Vienne, Vallotton montre une série de tableaux d'Etretat. La critique ne sera pas tendre, qui lui reprochera d'avoir tant dépouillé des thèmes traités par les impressionnistes.

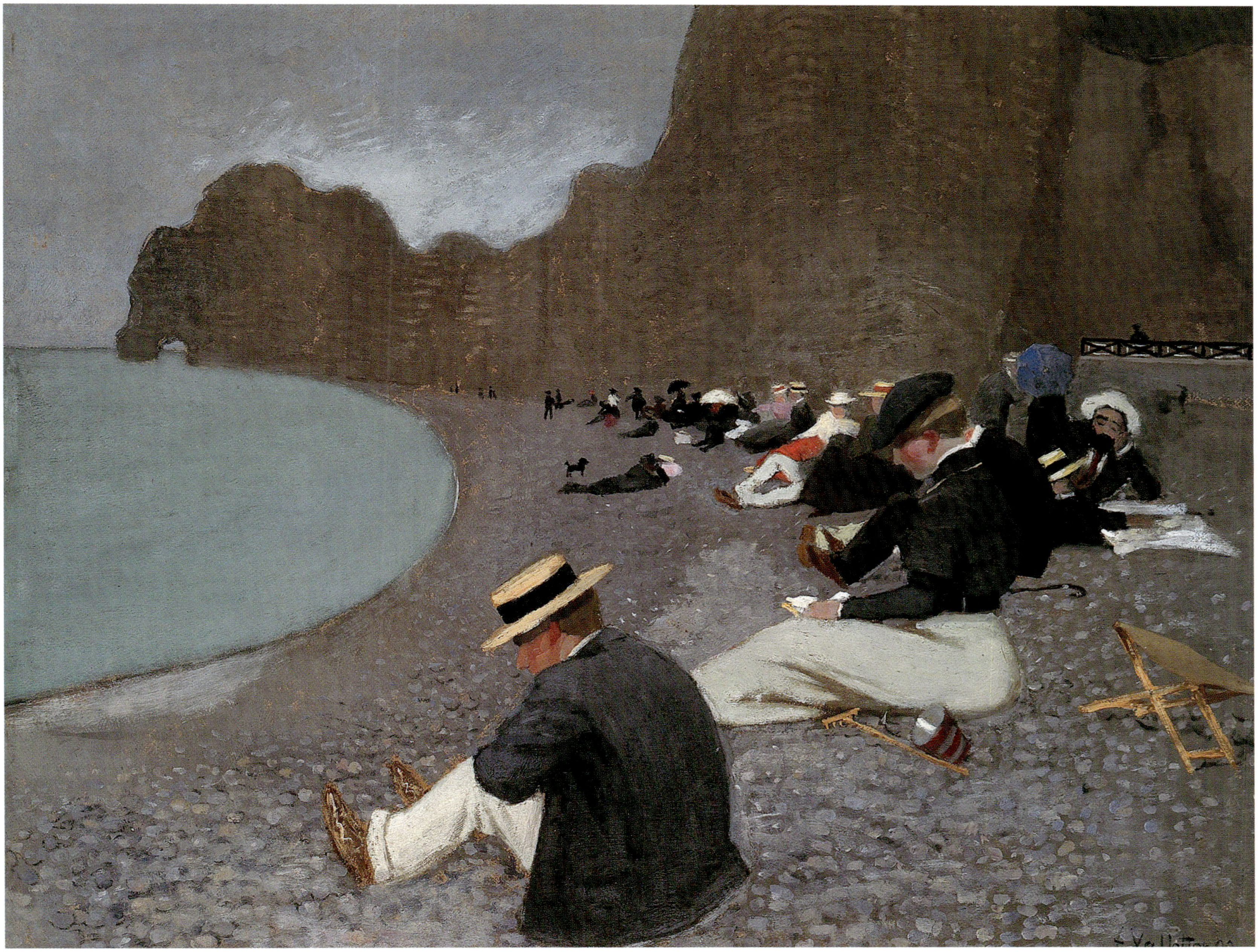

Félix Vallotton. *La Plage d'Etretat*, 1899, cat. 271, 48 x 63 cm.

SUISSE, COLL. PRIVÉE, © FONDATION FÉLIX VALLOTTON, LAUSANNE, CLICHÉ JEAN TESTARD, LAUSANNE.

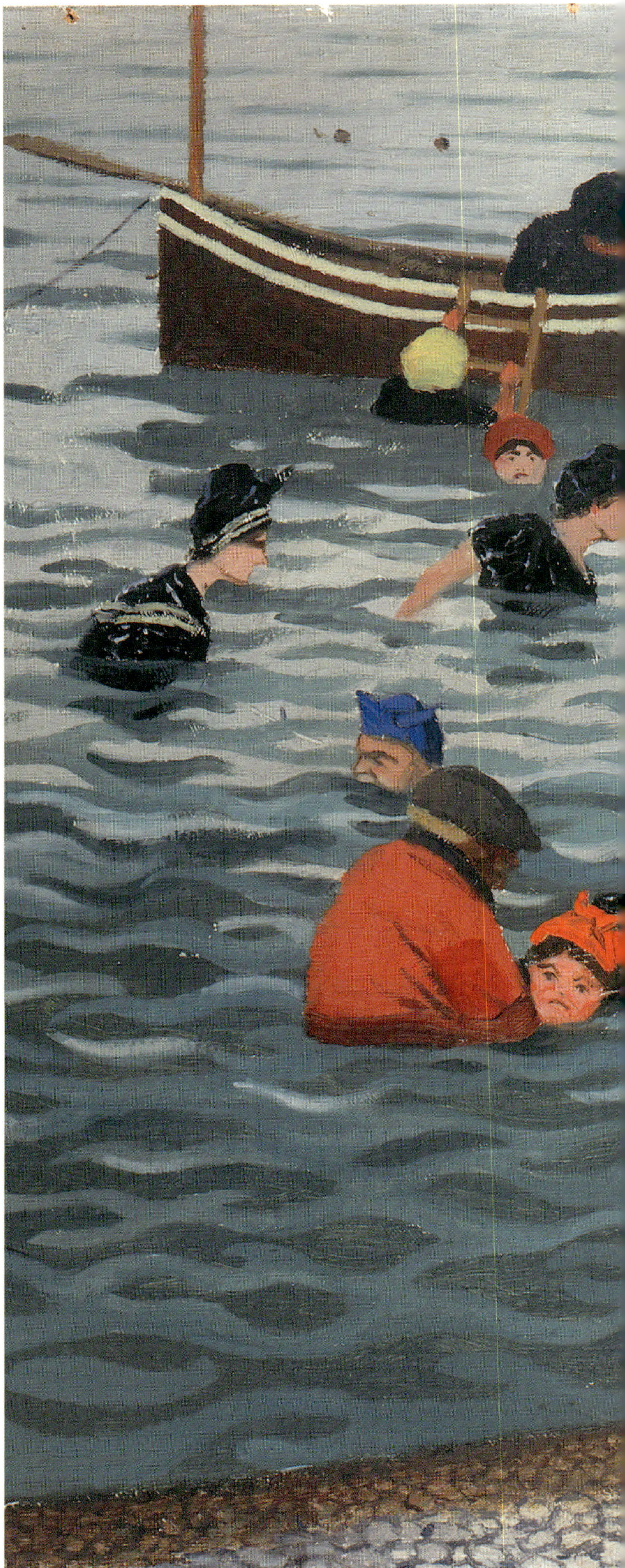

Félix Vallotton, *Le Bain à Etretat*, 1899, cat. 274, 47,8 x 63,2 cm.

PARIS, COLL. PRIVÉE, © FONDATION FÉLIX VALLOTTON, LAUSANNE, CLICHÉ JEAN TESTARD, LAUSANNE.

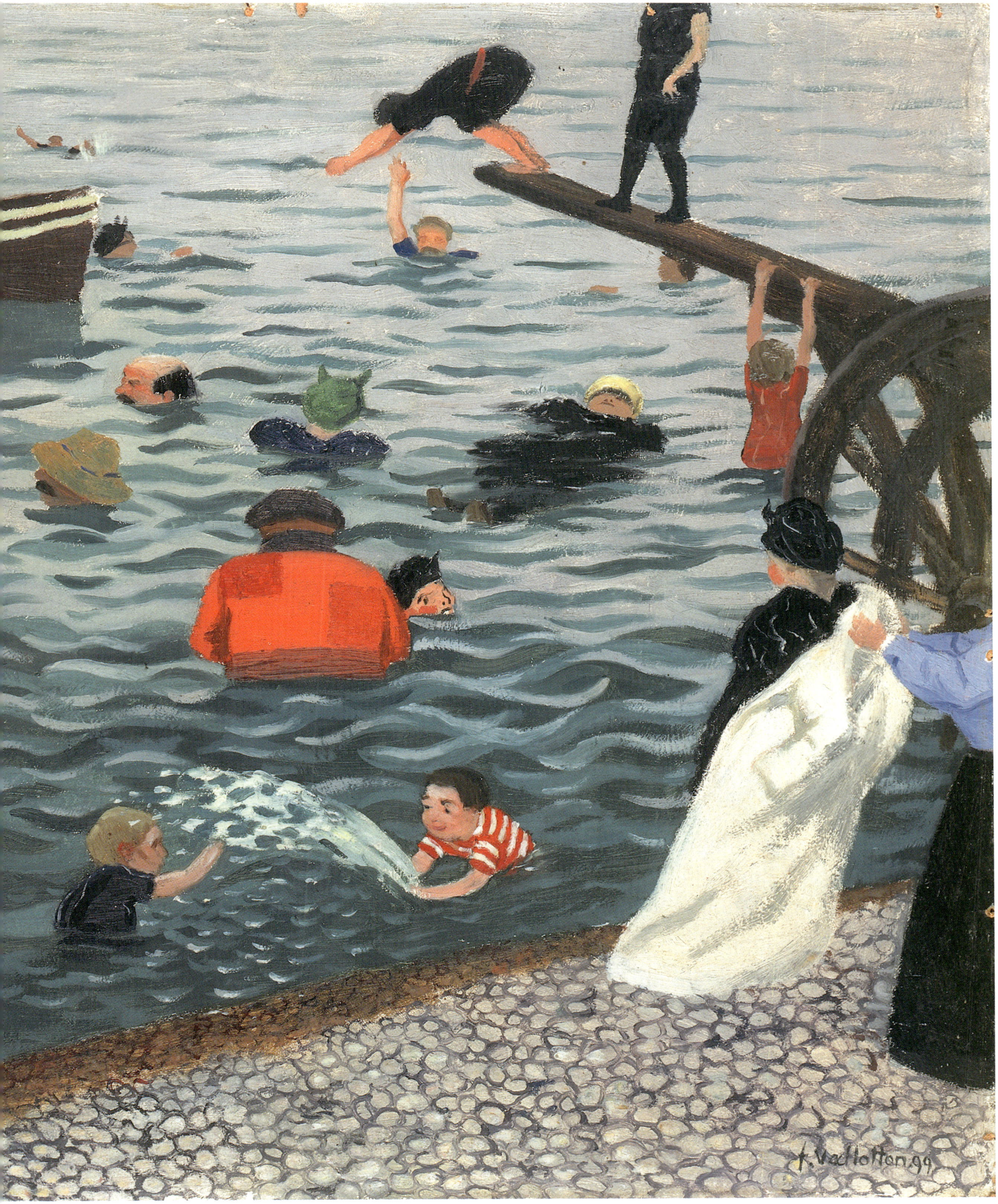
F. Vallotton.99

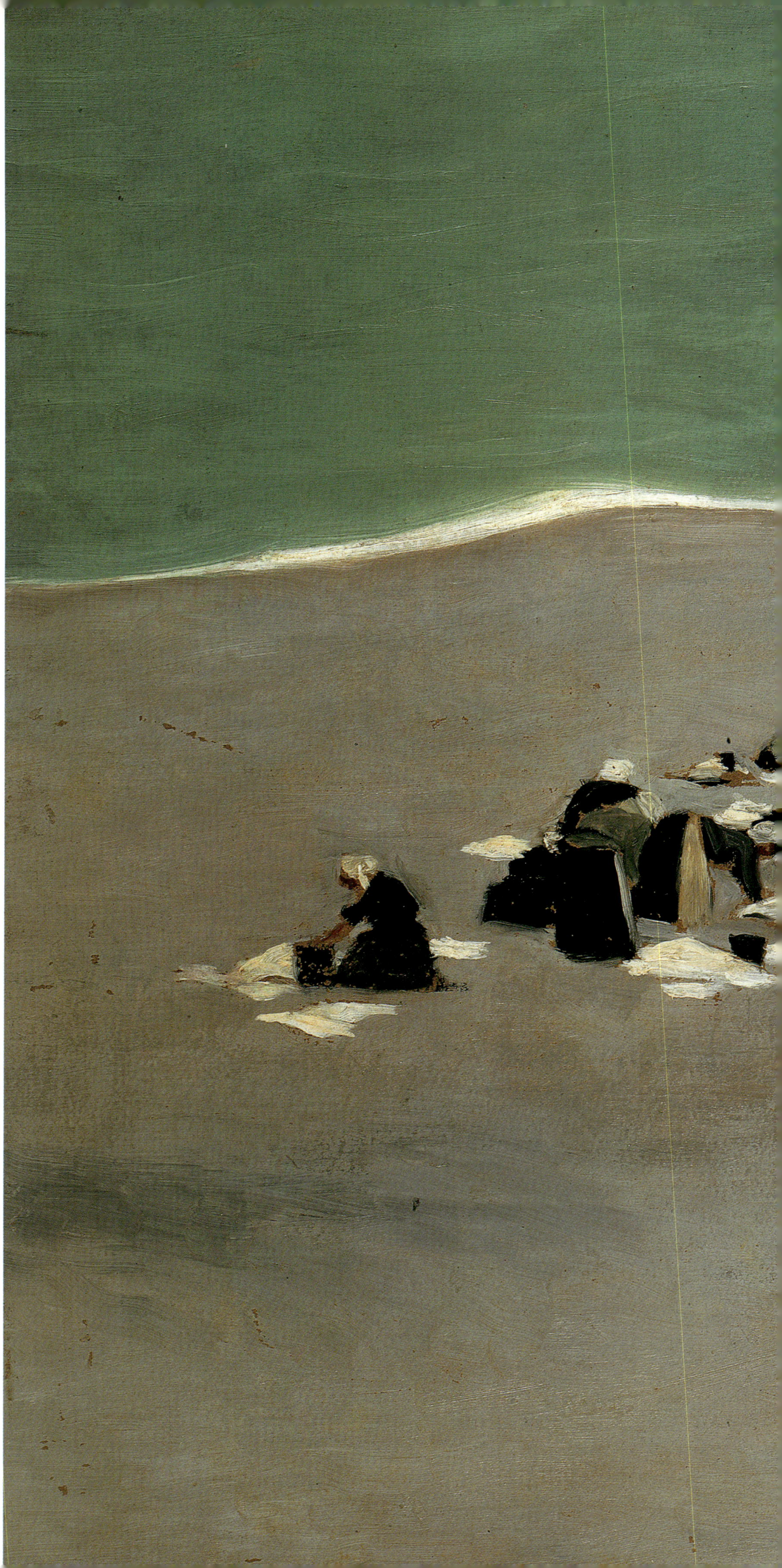

Félix Vallotton, *Laveuses à Etretat*, 1899, cat. 279, 39 x 50,5 cm. SUISSE, COLL. PRIVÉE, © ARCHIVES FONDATION FÉLIX VALLOTTON, LAUSANNE.

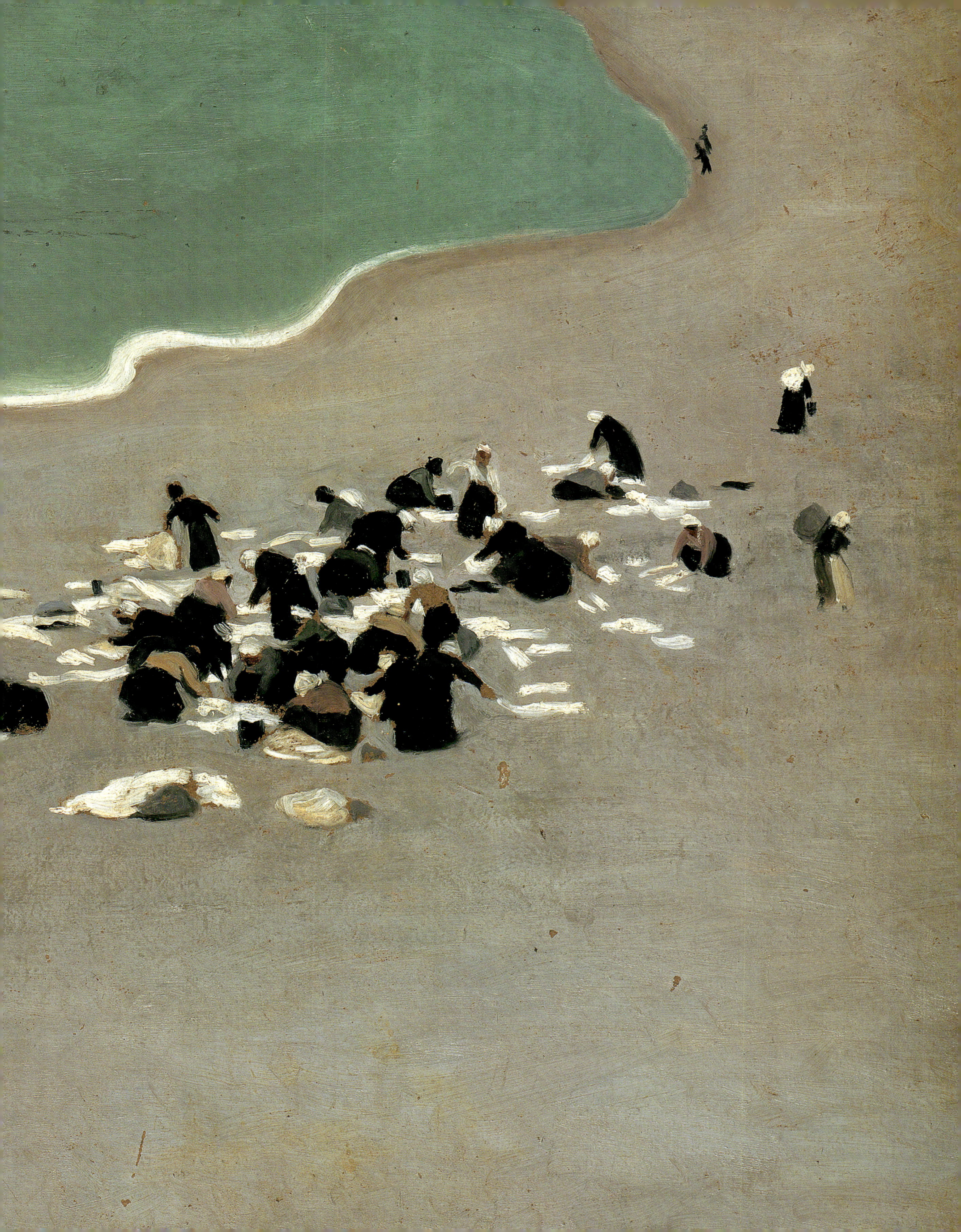

HENRI MATISSE
1868-1954

Matisse séjourne à Etretat les étés 1920 et 1921. Après un séjour à Londres avec les Ballets russes, il s'installe la première quinzaine de juillet 1920 dans un hôtel face à la mer où il peint *Le 14 juillet 1920*, où l'on aperçoit des bateaux pavoisés. Il y reste jusqu'en septembre, et Bernheim son marchand lui achète, le 23 septembre 1920 pour la somme de vingt-quatre mille cinq cents francs, quatorze tableaux qui tous représentent Etretat. Le 6 octobre, il lui paye deux autres tableaux et encore treize autres en novembre.

Du 15 octobre au 6 novembre 1920, Bernheim-Jeune organise une importante exposition de Matisse dans sa galerie parisienne. Une trentaine de tableaux sont des vues d'Etretat, du n° 28 au n° 58, ce qui représente la moitié de l'exposition.

Matisse revient l'été 1921, avant de s'en retourner à Nice où dorénavant il partage son temps avec Paris. Les livres de la galerie Bernheim, à la date de septembre 1923, comptabilisent quelque quarante-cinq tableaux peints à Etretat. C'est dire combien ces deux campagnes de peinture furent importantes pour Matisse. On peut se demander pourquoi cette série reste si peu connue et pourquoi aucune étude n'est parue sur le sujet.

Pourtant le paysage d'Etretat dévoile un Matisse différent de celui du Midi. Face à ce paysage normand, Matisse se posera la question du rapport du peintre à son motif.

Quand il arrive à Etretat, le pays est en plein après-guerre, et Matisse est l'un des personnages éminents de la scène artistique française. Déjà, vers 1906, il est le chef de file de ceux que l'on appellera les fauves. Chtchoukine et Morosov, ses deux plus importants collectionneurs, ont été dépossédés de leurs biens par la Révolution russe, mais depuis 1910 il expose chez Bernheim, et depuis cinq ans à la Montross Gallery de New York. Son image de peintre du bonheur lui est décernée depuis longtemps, et son tableau *La Joie de vivre*, de 1905-1906, est l'une des sources de l'art du XXe

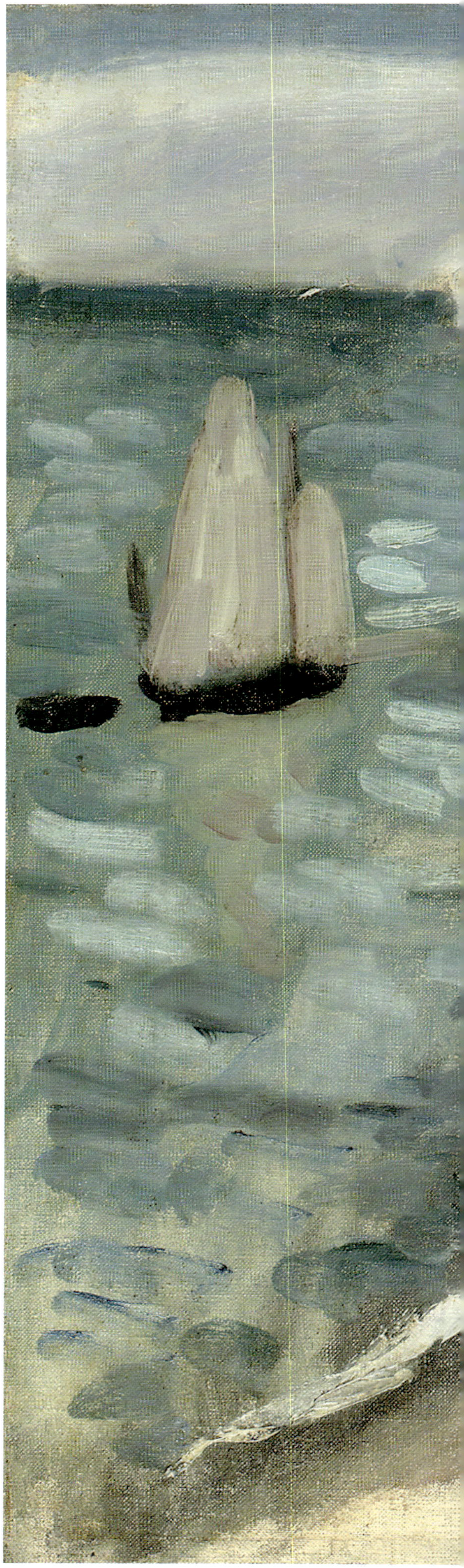

Henri Matisse. *Etretat*, 1920, 54,3 x 65,2 cm.

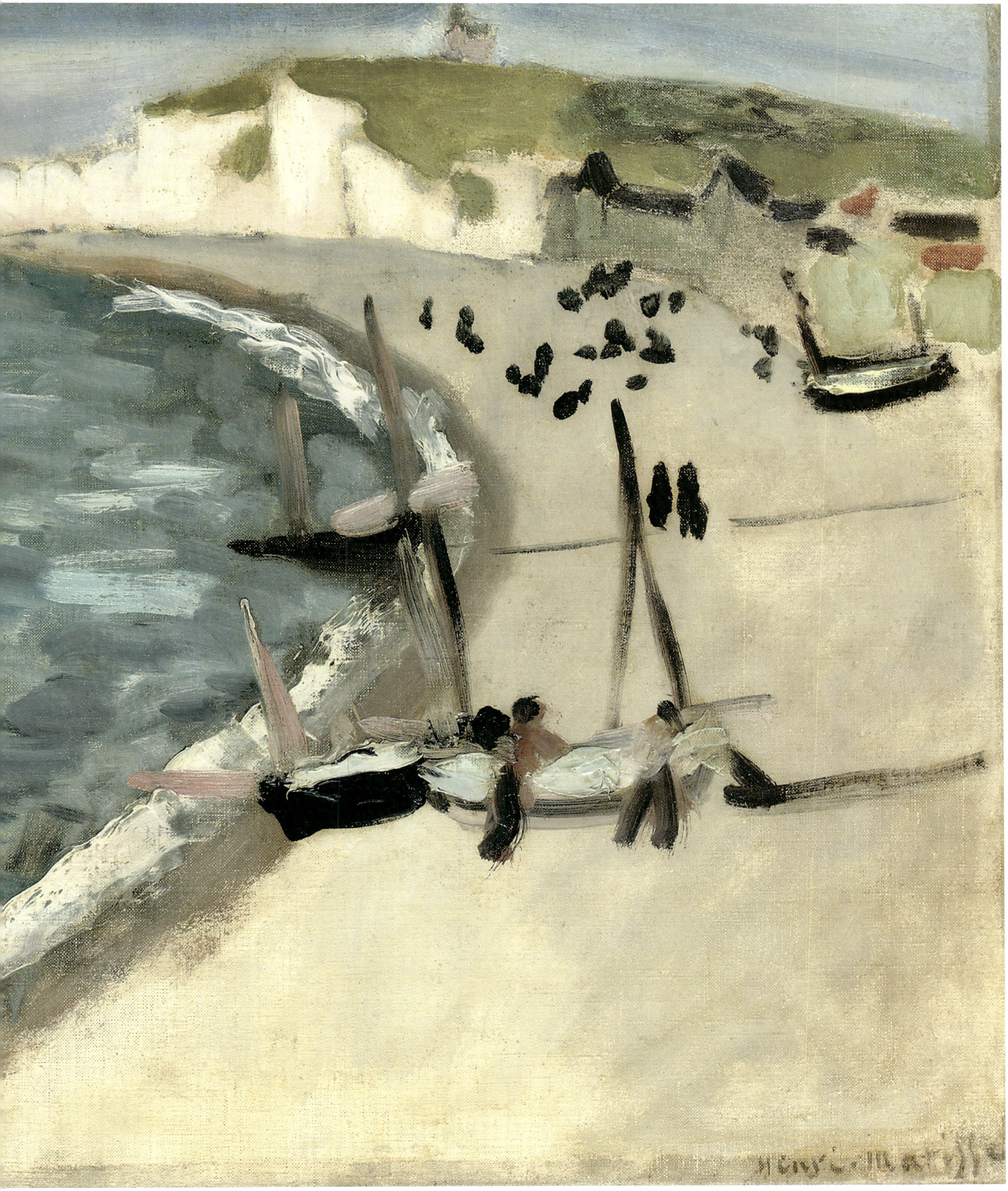
Henri-Matisse

siècle. C'est en 1921 que lui est acheté, pour la première fois officiellement, un tableau qui figurera dans un musée, sur l'insistance de Léonce Bénédite, conservateur du musée du Luxembourg

La question que se pose Matisse à propos de la peinture est de savoir si l'artiste doit reproduire la nature. Né en pleine révolution impressionniste, il garde pour ce mouvement une grande suspicion. S'il lui reconnaît plus de clairvoyance qu'au naturalisme, il lui reproche de continuer à copier la nature et d'être devenu, comme le prophétisait Gauguin dès 1880, un académisme.

Pour décrire les choses, Matisse préfère toujours *« le sentiment à l'imitation »*. Non plus chercher autour de l'œil mais au centre mystérieux de la pensée. Matisse fait sien ce credo de Gauguin, et pour cela va vers l'extrême simplification. La série d'Etretat est une parfaite illustration de cette recherche. *« Il n'est plus question de rappeler les souvenirs de la mer, de la campagne, etc. Il faut faire une construction. C'est la vibration de l'individu qui compte plutôt que l'objet qui a produit cette émotion ; on ne rend pas la manière mais l'émotion humaine, une certaine élévation d'esprit qui pourrait provenir de nimporte quel spectacle. »* (G. Duthuit, « Les Fauves », op. cit., p 225).

L'énigme de la peinture de Matisse se situe dans cet espace où le plus savant côtoie le plus simple dans l'unique but de répondre à la question essentielle : comment faire des tableaux et non des morceaux de nature découpée ? Son maître Gustave Moreau, alors que Matisse étudiait dans son atelier, avait eu cette réflexion prémonitoire : *« Vous allez simplifier la peinture. »*

A Etretat, cette simplicité atteint un degré que nul autre n'égalera. Un dessin des plus succincts, une palette des plus réservées, une simplification de tous les éléments (bateaux, personnages) sont les moyens utilisés par Matisse pour transformer ces morceaux de paysage en morceaux de peinture. Grande leçon, trop méconnue, peut-être parce que l'image du Matisse réclamé par le marché est ailleurs, dans les nus ou les lumières du Midi.

A Etretat, de la chambre de son hôtel en front de mer, Matisse peint quelques *Fenêtres*. Ce motif, récurrent dans sa peinture depuis les années 1917, se poursuit jusqu'en 1930. Déjà, en 1899, il avait peint une vue de sa fenêtre depuis le quai Saint-Michel. Ce thème, aussi chanté par Apollinaire mais surtout par Mallarmé, permet la réconciliation du paysage et de la construction. Ici les deux espaces, extérieur et intérieur, se retrouvent dans le tableau sur le même plan, ce fameux espace-plan tant recherché depuis les cubistes. Dans *La Voile rouge* de 1920, l'utilisation de l'arche de la falaise d'amont participe du même principe que les *Fenêtres*. L'encadrement de la falaise est plus une solution picturale qu'un désir de pittoresque.

« J'allais faire du paysage parce qu'il m'était ainsi possible de conclure en deux ou trois séances. Et dans ce travail d'intimité avec la nature je retrouvais un peu de calme. » L'immersion de Matisse dans la vie étretataise reste à l'exacte mesure de son besoin de ne pas tomber dans le piège de l'anecdote. Matisse ne s'approche jamais très près d'un sujet, que ce soit un pêcheur ou un bateau. En choisissant toujours la distance juste qui lui permet d'être dans le paysage sans pour autant en être un acteur, il évite toute dérive dans le pathos.

Page de droite :
Henri Matisse. *Intérieur à Etretat*, 1920, 41 x 32,5 cm.
BERLIN, NATIONALGALERIE, MUSEUM BERGGRUEN, CLICHÉ RMN, BKP, BERLIN.
SUCCESSION HENRI MATISSE.

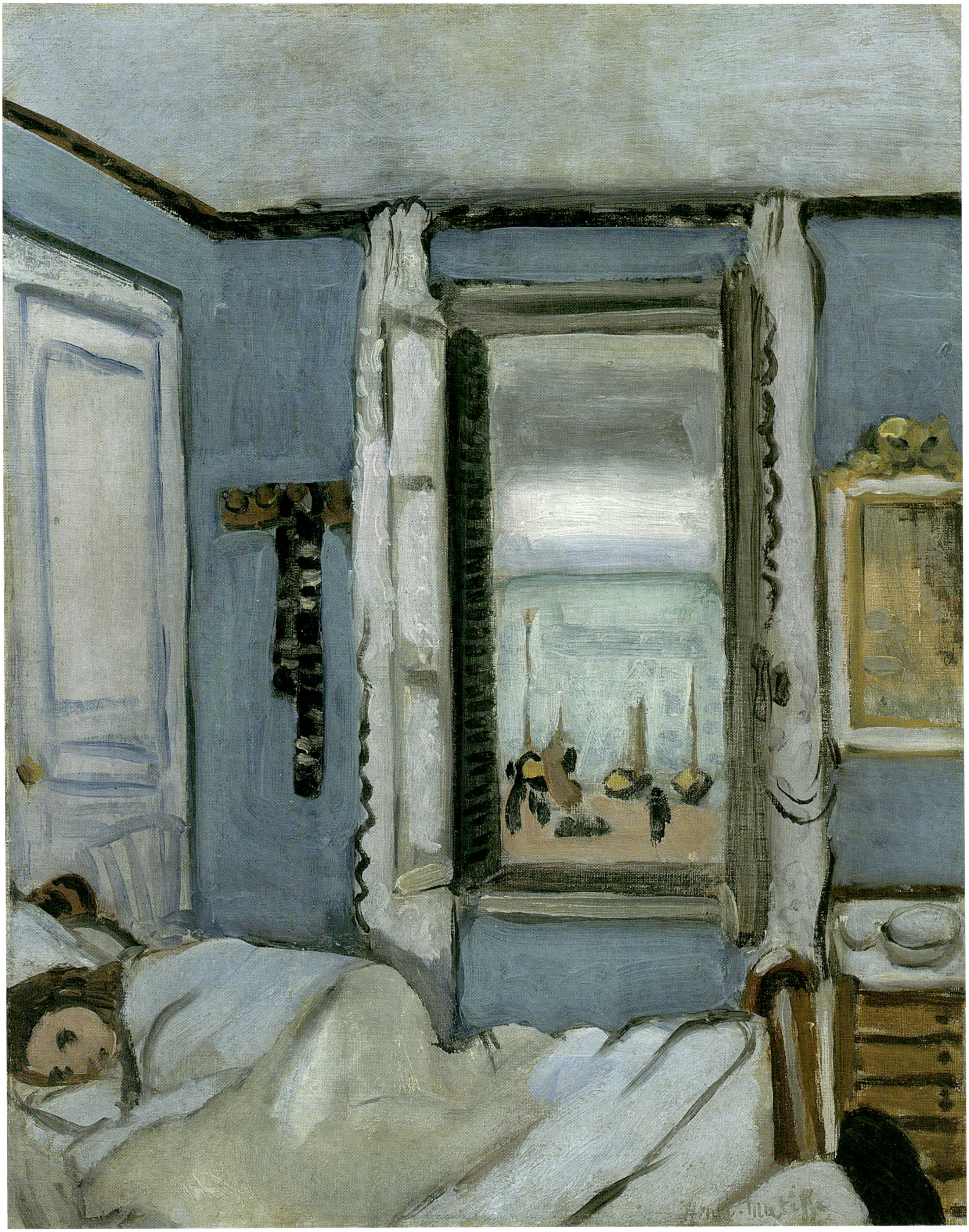

RAOUL DUFY
1877-1953

Raoul Dufy naît au Havre d'un père comptable et d'une mère honfleuraise. A quinze ans il entre à l'Ecole des beaux-arts de la ville dirigée par Lhullier, en qui il reconnaît un excellent maître. Là il rencontre Emile-Othon Friesz. Les deux étudiants deviennent très amis et louent en commun une chambre de bonne qu'ils appellent pompeusement « l'atelier ».

En 1899, l'obtention d'une bourse de la ville du Havre lui permet de poursuivre ses études à Paris dans l'atelier de Bonnat. Il retrouve Friesz, parti un an plus tôt, qui, avant de l'accueillir dans son atelier, lui écrit : *« Enfin il approche le moment où, réunis et organisés, nous allons pouvoir simultanément donner de rudes secousses à l'art, ébranler les vieux principes, les apprendre à fond, et chercher des belles choses et nouvelles. V'là le programme, Zin ! »* Malgré ce projet aux accents révolutionnaires, la peinture de Dufy se réclame encore de l'impressionnisme.

Au Salon d'Automne de 1905, la vue du tableau de Matisse *Luxe, Calme et Volupté* lui révèle d'autres horizons. Avec Marquet et Friesz, il se lance dans l'aventure du fauvisme qui marque le premier questionnement quant aux liens de la couleur et du sujet. Les fauves comprennent qu'il n'est pas nécessaire à la couleur de reproduire la réalité. Cette découverte signe la liberté du peintre par rapport à son motif.

La deuxième étape du processus de la couleur lui apparaît en 1926 en regardant courir une fillette. Il s'aperçoit que la couleur peut non seulement être différente de celle de la forme représentée mais aussi qu'elle peut s'échapper de son carcan, exister indépendamment d'elle et avoir sa propre autonomie. Cette révélation consacre Dufy, peintre éminent de l'histoire de l'art. En 1942, Fernand Léger retiendra la leçon en appliquant la couleur pure à coups de grands aplats sans souci de la forme. Marcelle Oury, dans « Lettres à mon peintre », cite cette phrase de Dufy : *« Peindre c'est faire apparaître une image qui n'est pas celle de l'apparence naturelle des choses, mais qui a la force de la réalité. »*

L'attachement de Raoul Dufy au Havre ne l'a pas empêché de chercher ses motifs en dehors de sa ville natale. Ainsi de Deauville, de Trouville et du Midi. Le romantisme du site d'Etretat déplut-il à ce peintre joyeux ? Toujours est-il que les vues d'Etretat sont rarissimes dans son œuvre.

Dans l'aquarelle reproduite, Dufy applique ses deux théories de la couleur : autonomie par rapport à la couleur réelle (la falaise bleue) et autonomie par rapport à la forme (le blanc de la périssoire retournée se propage bien au-delà de ses contours). Parce que l'indépendance de la couleur libère aussi le dessin, les anecdotes pourtant nombreuses des particularités d'Etretat (arche, plongeoirs, périssoires) échappent à toute forme de naturalisme. Le sujet n'étant pas ici un ensemble d'anecdotes mais la transcription d'une ambiance balnéaire, rappelant une réflexion de Dufy à son biographe Pierre Courthion : *« Savez-vous que les peintres ne naissent que dans les climats maritimes ? »*

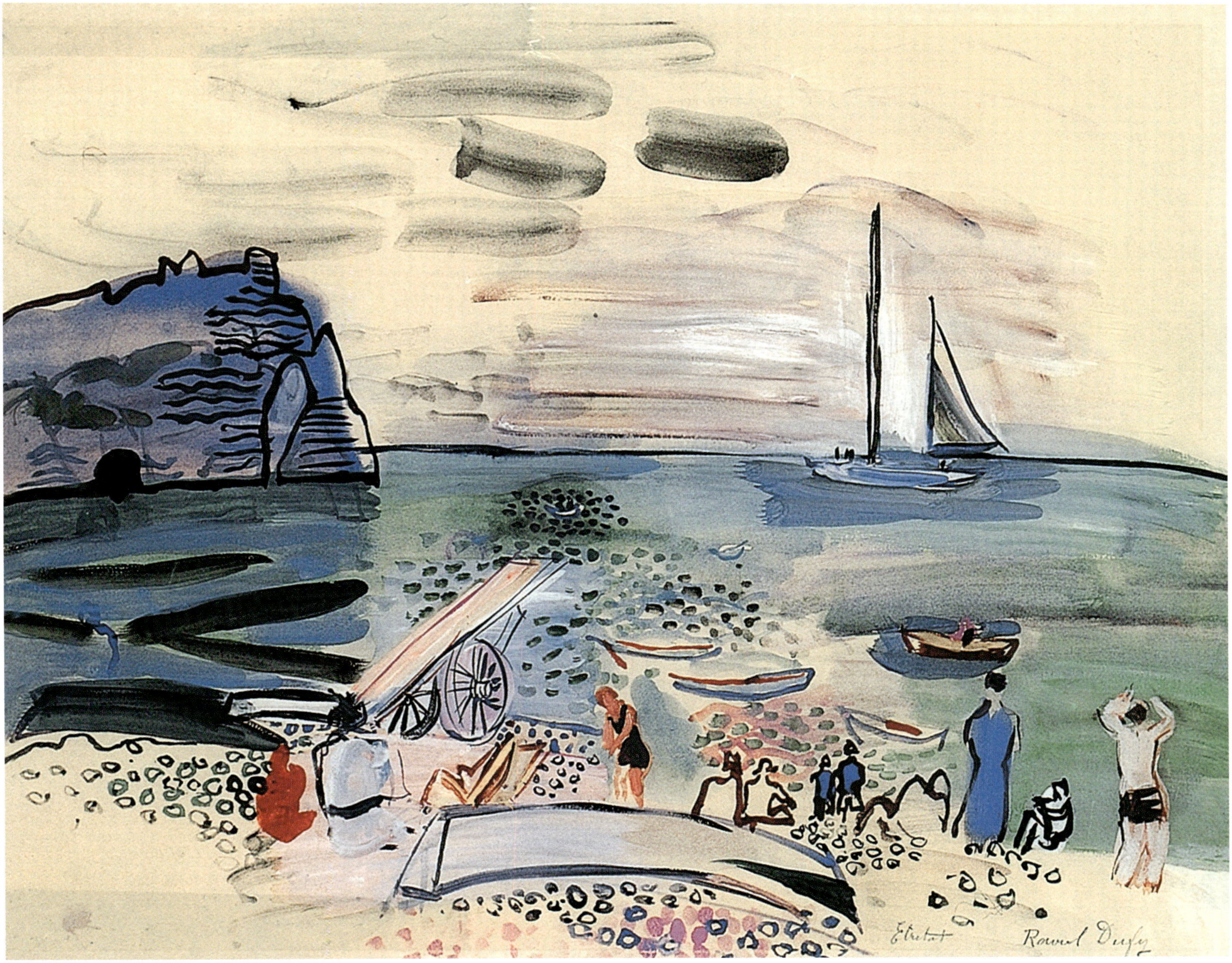

Raoul Dufy. *La Plage d'Etretat*, 50 x 65 cm.

MATHURIN MEHEUT
1882-1956

Breton de naissance, Mathurin Méheut se prend de passion pour tout ce qui se rapporte à la mer à partir de 1910, lors d'un séjour de deux ans à la station de biologie maritime de Roscoff. Pêcheurs, goémoniers, mais aussi faune et flore marines sont croqués inlassablement par cet artiste dont on reconnaît enfin l'importance. Professeur, illustrateur et décorateur sur les paquebots, notamment pour le *Normandie*, il est aussi à partir de 1920 un collaborateur de la célèbre faïencerie *Henriot* de Quimper, pour laquelle il dessine plusieurs services de vaisselle sur le thème de la faune marine. Le premier s'appelle d'ailleurs « La Mer ». Excellent dessinateur, il n'a pas son pareil pour croquer d'une façon énergique et spontanée ce qui l'intéresse au plus haut point : les postures. Attaché à sa Bretagne natale, il en est le représentant fervent, et sans l'amitié qui le lie à la famille Mouchotte, propriétaire d'une maison à Saint-Jouin-Bruneval, il ne serait jamais venu à Etretat. Pour la maison de ses amis, il réalise de grands panneaux décoratifs représentant des fonds marins (musée Mathurin Méheut de Lamballe).

Méheut pratique avec brio la gouache, cette technique si prisée au XVIIIe siècle et presque oubliée depuis la révélation de l'aquarelle anglaise au XIXe. Il l'utilise souvent par-dessus le dessin, et croque de la sorte avec bonheur les ramasseurs de galets de Saint-Jouin-Bruneval et les pêcheurs étretatais. A la manière des planches d'études, Méheut mêle plusieurs scènes sur la même feuille car il aime travailler en atelier d'après ces pages de croquis. Cette écriture très particulière, nerveuse et toujours à la recherche de masses plutôt que de déliés, de postures plutôt que de portraits, de groupes plutôt que d'individus isolés, n'est pas sans rappeler le lointain travail de Brueghel le Jeune.

En 1925, Méheut rencontre Yvonne Jean-Haffen, qui devient son élève et sera très marquée par « l'esprit » Méheut. La maison d'artiste de la *Grande Vigne* de Dinan possède de nombreuses œuvres de cette artiste représentant la région, notamment deux dessins de la falaise d'Etretat.

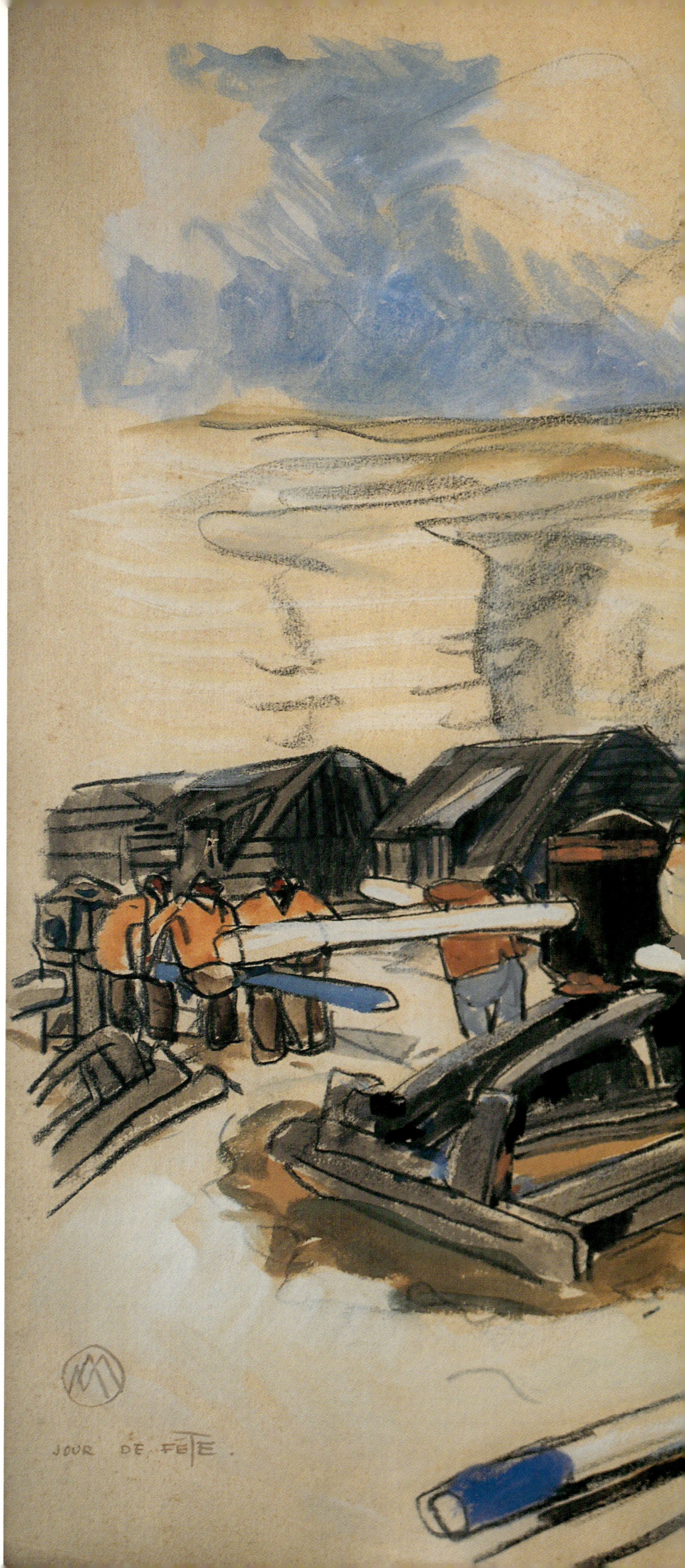

Mathurin Méheut. *Etretat*, gouache.
COLL.PRIVÉE, © C. DES BROSSES.

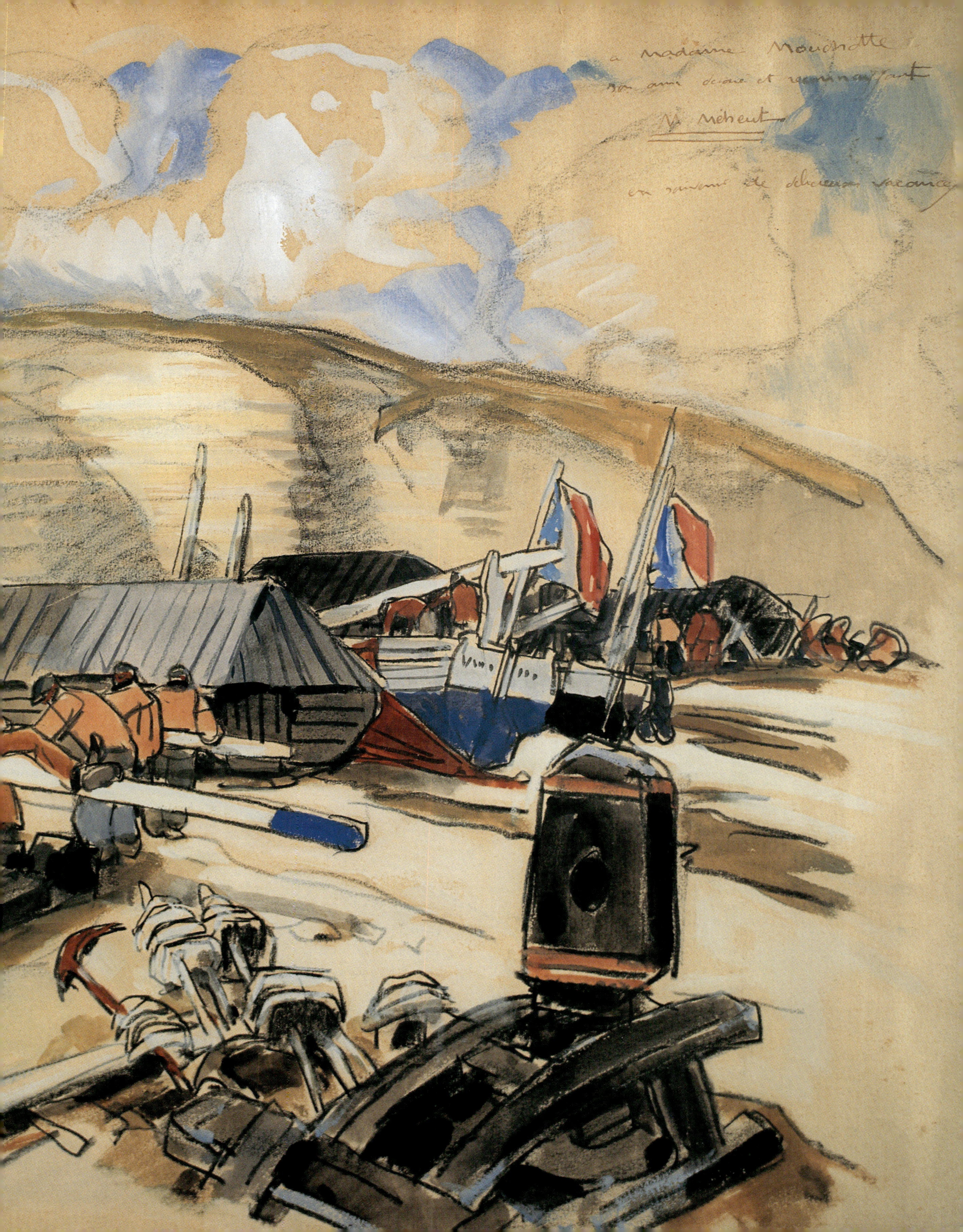
a Madame Mouchotte
M Méheut

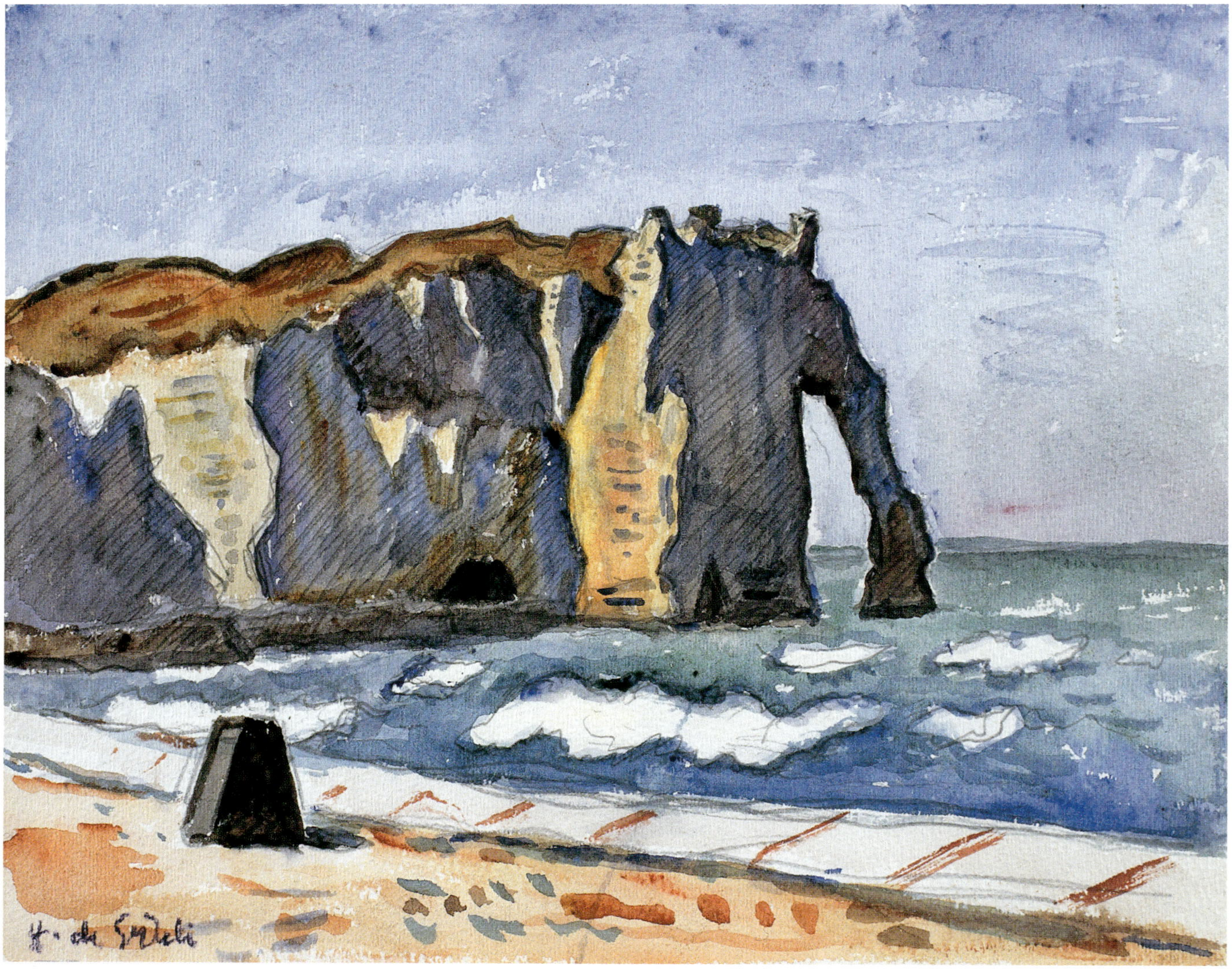

Henri de Saint-Delis.
La Porte d'aval,
aquarelle, 22,5 x 29 cm.
ETRETAT, COLL. PRIVÉE,

HENRI DE SAINT-DELIS
1878-1949

Henri est le frère cadet de René de Saint-Delis. A l'âge de six ans, sa mère devenue veuve s'installe au Havre. Au lycée, il se lie d'une amitié durable avec Othon Friesz. Il le retrouve à l'atelier de Charles Lhullier à l'Ecole des beaux-arts du Havre, que fréquentent aussi son frère, Raoul Dufy, Georges Braque, Albert Copieux et Raymond Lecourt. Cette bande d'amis, si l'on excepte Georges Braque, formera l'Ecole du Havre, qui peut se vanter d'avoir totalement échappé au post-impressionnisme éculé dont un grand nombre d'écoles provinciales firent leur modèle.

Henri, en 1900, avec son ami Othon Friesz, achève ses études à Paris à l'atelier du très académique Jean-Paul Laurens.

Saint-Delis n'est pas homme à courir après la reconnaissance et, hormis ses envois réguliers au Salon des Indépendants à partir de 1905, il expose peu. Ses deux plus importantes expositions ont lieu à Paris en 1945, période peu faste, et à Rouen en 1948, à la veille de sa mort.

L'art d'Henri de Saint-Delis n'a d'autre référence que le fauvisme, dont il a su garder la franchise de la couleur qu'il cerne souvent d'un trait noir, un peu à la manière du cloisonnisme. Pourtant il ne fait jamais vraiment partie de ce mouvement, qui ne dure que quelques années et auquel participe Friesz, certainement à cause de la tuberculose contractée en 1905 qui le force à partir se soigner en Suisse où il reste dix ans.

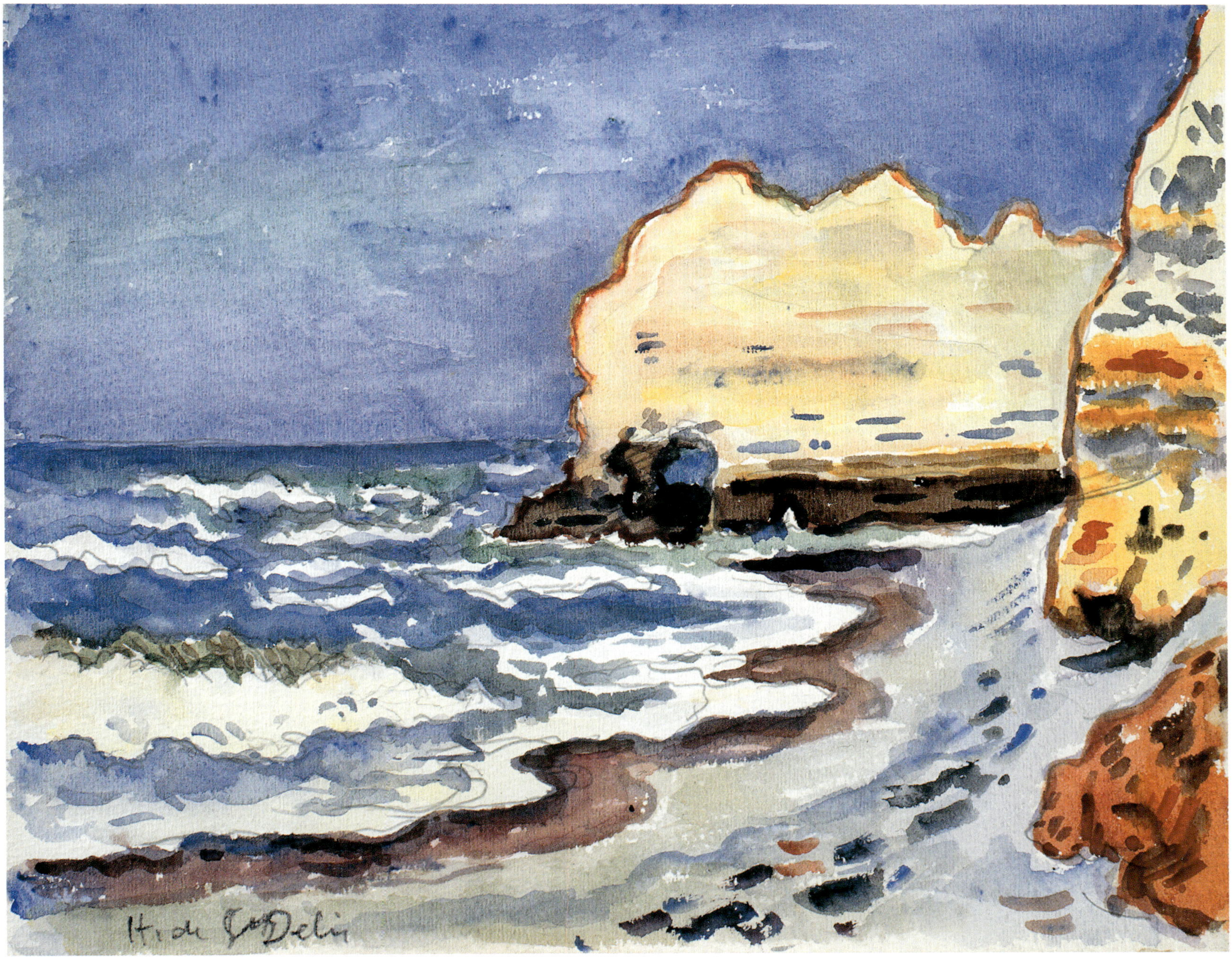

Henri de Saint-Delis. ***La Porte d'amont*****, aquarelle, 22,5 x 29 cm.**

ETRETAT, COLL. PRIVÉE, © C. DES BROSSES.

Cette période suisse est peut-être la plus belle de son œuvre. Malheureusement elle fut en partie détruite au Havre pendant les bombardements anglais de 1944 qui rasèrent les deux tiers de la ville. De retour de sanatorium, il s'installe définitivement à Honfleur, qu'il peint à l'aquarelle et à l'huile des centaines de fois. D'Honfleur, il publie aussi un album de linogravures de vingt-deux planches (essentiellement des vues du port où sur chaque gravure figurant des bateaux se trouve *l'HO7*, matricule d'une des embarcations de ce charmant petit port. Le jeu de mot semble l'avoir beaucoup amusé).

Les deux frères sont très liés. Henri rend souvent visite à René à Etretat, et les œuvres représentant le site ne sont pas rares. Il arrive même aux deux frères de peindre chacun une face de la même toile. Ainsi d'un tableau de René, restituant au recto un superbe arc-en-ciel sur la mer, et au verso une belle huile d'Henri évoquant aussi la falaise. La preuve est ainsi apportée que les deux hommes se moquent de l'aspect commercial. L'Histoire a voulu que les œuvres d'Henri cotent beaucoup plus que celles de son frère. Peut-être est-ce l'appui du président Coty, amateur de sa peinture, qui le propulsa sur le marché, alors que René en fut oublié. Pourtant Henri n'aime pas vendre, n'hésitant pas à racheter une toile vendue la veille.

ANDRE-PAUL LEROUX
1870-1950

André-Paul Leroux est certainement le peintre le plus étonnant de Fécamp sans pour autant que l'homme ait cherché à choquer son public. Bien au contraire, il n'a jamais voulu s'imposer sur le marché, élaborant son œuvre avec discrétion, fidèle à une vision de la nature aucunement apparentée à celle de ses contemporains qui prolongent l'impressionnisme jusqu'à plus soif. L'art d'André-Paul Leroux ne ressemble à nul autre et se solde par une absolue non-reconnaissance. Il est vrai que ni la technique de la gouache, méprisée depuis la fin du XVIIIe siècle, ni le choix du motif, la lande sauvage du plateau qui domine la mer, ni la palette où dominent des verts difficiles, n'incitent à la complaisance.

Il est pourtant le seul à avoir compris et à avoir été fasciné par la secrète poésie de ce paysage de landes et d'ajoncs, qui a la particularité de n'avoir n'a rien de particulier ! C'est un espace vallonné, où la proximité de la mer est rendue sensible par la rareté de la végétation. Une sorte de no man's land entre la mer et les champs ou les bois, pourtant typique de la région. André-Paul Leroux refuse tout motif spectaculaire, préférant le silence de ces grands espaces ventés et plantés de quelques arbres marqués à jamais du vent d'ouest dominant.

Ses grandes gouaches sont toujours peintes sur le même carton brun que lui procure un ami qui tient un commerce de vêtements. Cette couleur chaude du fond, laissée apparente par endroits, donne de la consistance à la peinture.

Son goût pour la gouache ne l'empêche pas de travailler des tableaux à l'huile, dont certains de très grande dimension (mairie de Fécamp), d'une facture très classique, plus proche de la peinture du XIXe siècle que des révolutions contemporaines. Pour peindre la mer, il s'installe toujours en haut de la falaise afin de restituer la sensation de vertige ressentie par celui qui s'approche dangereusement du bord. La mer, éternellement calme, se confond avec le ciel. L'homme n'est pas amateur de tempêtes.

Bien que l'air salin empêche le plus souvent la neige de se déposer près du rivage, le goût de Leroux pour les gris l'entraîne à représenter de nombreux paysages de neige (René de Saint-Delis y sera lui aussi sensible). Terre, mer et ciel se mêlent alors dans une palette irréelle.

Fils d'un entrepreneur en bâtiment de Fécamp, il hérite de l'entreprise mais ne prend jamais goût à ce métier. Sa véritable passion est la recherche d'antiquités qu'il troque contre ses tableaux. Ces ventes un peu forcées, remisent nombre de ses œuvres dans les greniers, à l'endroit même des objets échangés. Il fera don de son importante collection au musée de Fécamp, quand il en deviendra le conservateur.

Vers les années 1925, la signature s'inscrit dans la forme d'un compas et d'une équerre. Comment ne pas comprendre qu'à cette époque André-Paul Leroux devient membre de la loge maçonnique de Fécamp.

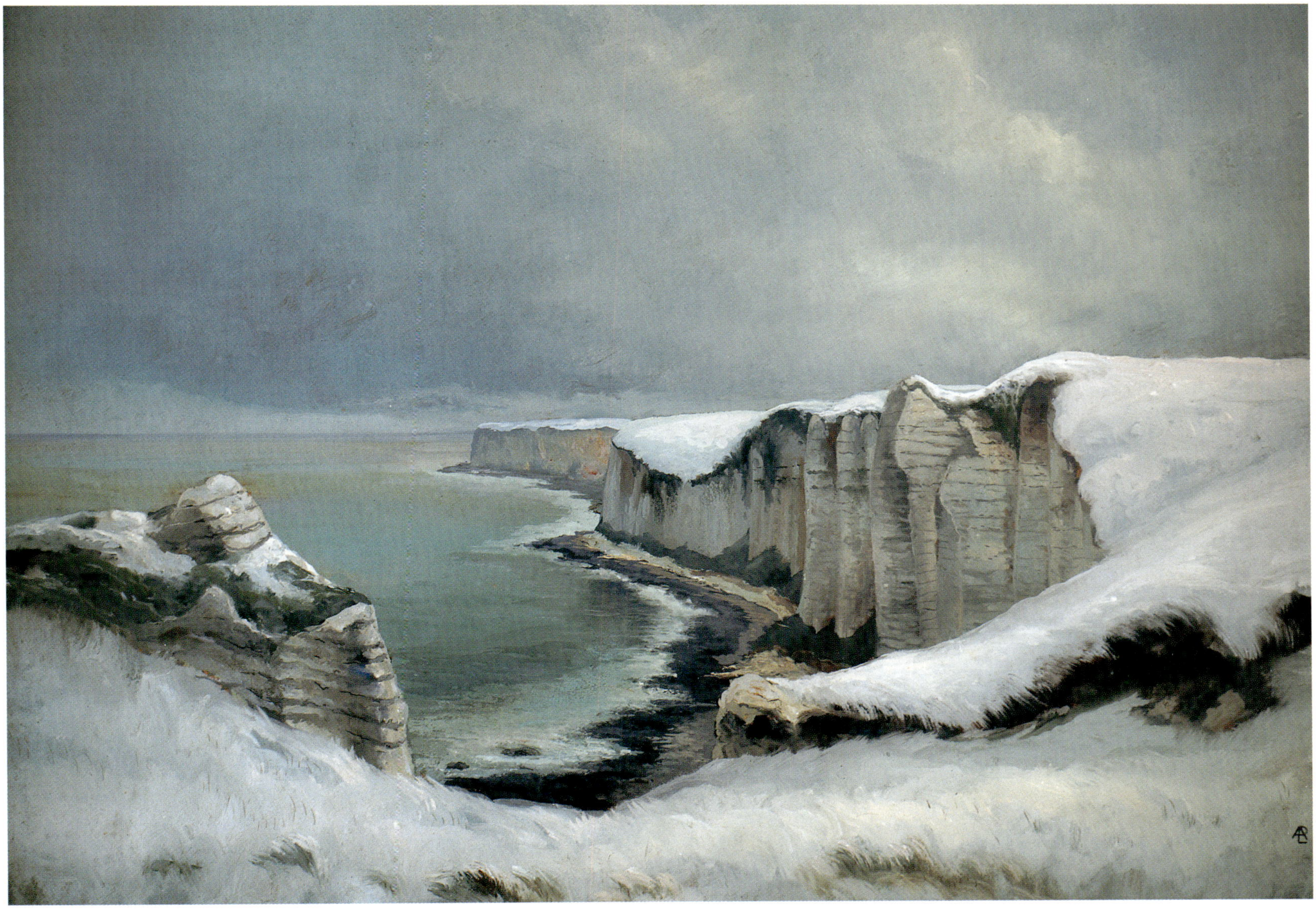

André-Paul Leroux. *Les Falaises sous la neige,* gouache sur carton.
ETRETAT, COLL. PRIVÉE, © C. DES BROSSES.

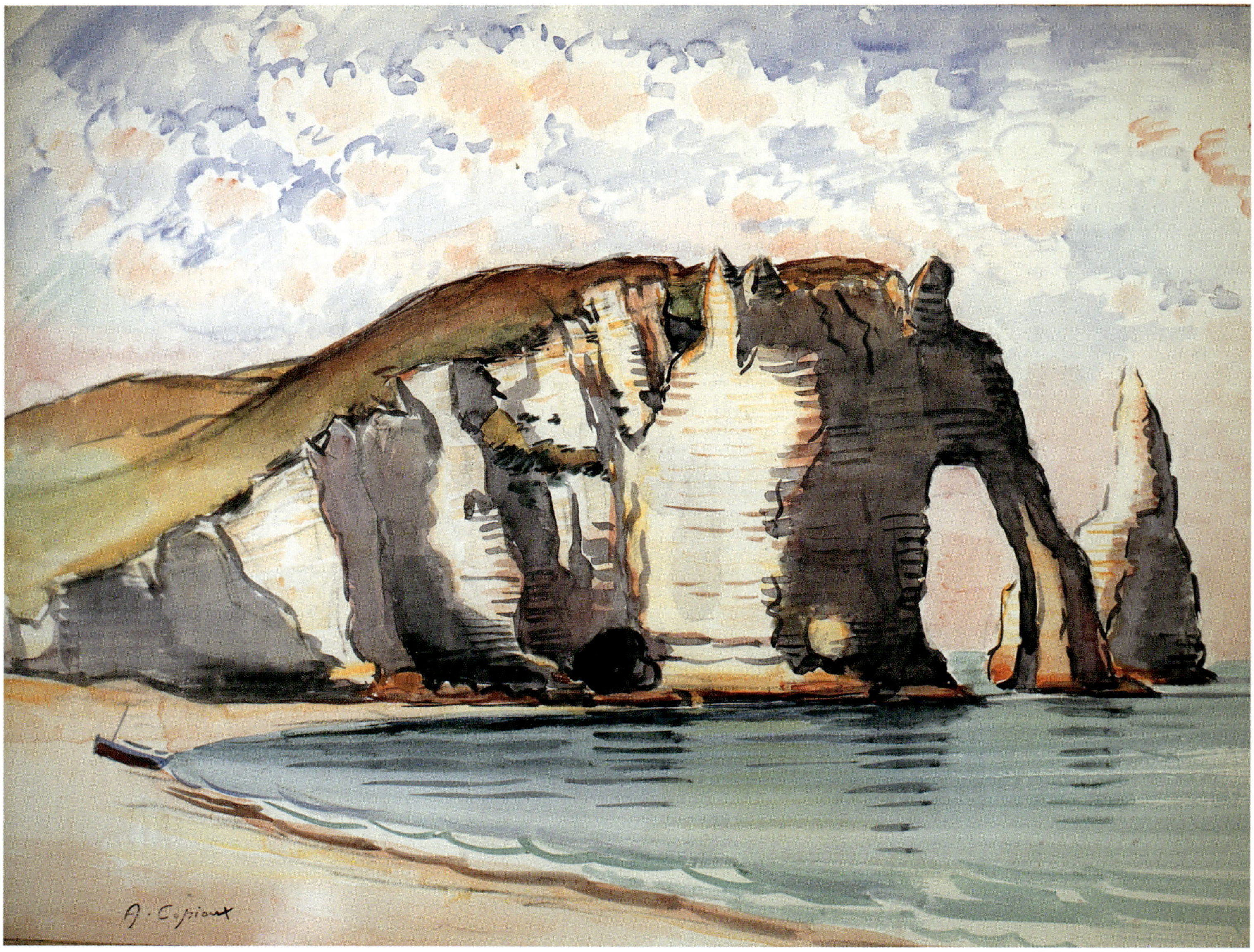

Albert Copieux.
La Falaise d'aval,
aquarelle. ETRETAT, COLL. PRIVÉE, © C. DES BROSSES.

ALBERT COPIEUX
1885-1956

Albert Copieux, né à Angers dans une famille modeste, arrive au Havre à l'âge de sept ans. Dessinateur industriel, il travaille aux Chantiers de l'Atlantique jusqu'à la fin de la Seconde Guerre mondiale. Son goût pour la peinture l'incite à s'inscrire à l'Ecole des beaux-arts, où il rencontre Dufy, Braque, Friesz et les frères Saint-Delis. Il en devient le directeur de 1947 à 1955.

Mobilisé en 1914, il laisse du front un impressionnant témoignage de la vie des tranchées (1 530 dessins) ainsi qu'un album lithographié d'une terrible vérité.

Excellent aquarelliste, Copieux peint de grandes aquarelles de paysages de la région, brossées avec force caractère et soutenues par un dessin solide. La campagne, les falaises et les ports sont ses sujets favoris. Il rapporte de ses voyages dans les grandes villes d'Europe d'autres thèmes qu'il traite avec la même simplicité et la même sincérité.

Cette authenticité mériterait plus de reconnaissance. Sa discrétion a-t-elle nui à sa renommée, ou est-ce le mépris du marché français pour les œuvres sur papier qui néglige cet artiste qu'il serait temps d'apprécier ?

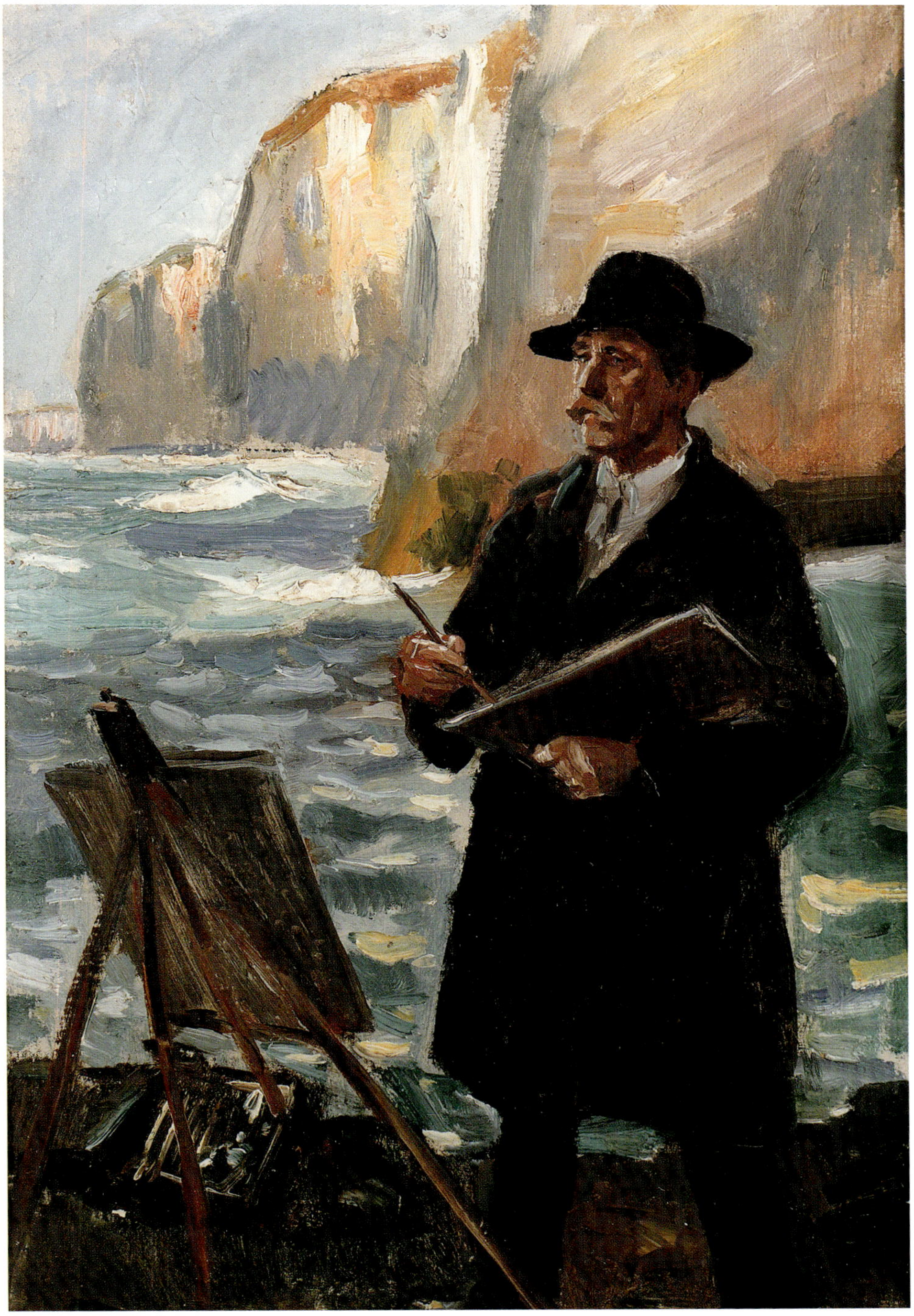

Raymond Lecourt. *René de Saint-Delis sur le motif.*
COLL. PRIVÉE, © GALERIE DELARUE.

RAYMOND LECOURT
1882-1946

Raymond Lecourt est lui aussi un élève de Lhullier. Mais son parcours emprunte une voie différente de celle de ses amis d'école Dufy et Friesz, car il reste absolument imperméable aux révolutions du fauvisme et plus encore du cubisme. Toute sa vie il se complaît dans une facture classique quoique personnelle, qui correspond à son goût de peindre la campagne. Campagne qu'il regarde avec un œil de paysan, il est d'ailleurs le chantre de l'univers des agriculteurs, ses meilleurs clients. Peintre animalier reconnu dans sa région, il est aussi un paysagiste. Bon dessinateur, il n'hésite pas à employer une palette aux tons souvent criards mais qui a l'heur de plaire aux cultivateurs. Il excelle en particulier dans la représentation des travaux des champs, se faisant une spécialité des scènes de labour. Et quand il lui arrive de peindre la côte Lecourt représente le plus souvent la remontée des galets par les chevaux de trait.

Très ami de René de Saint-Delis, ils peignent souvent ensemble dans la campagne. Ils furent si liés qu'ils exposèrent ensemble chez Legrip, à Rouen, en 1912.

RENE DE SAINT-DELIS
1876-1958

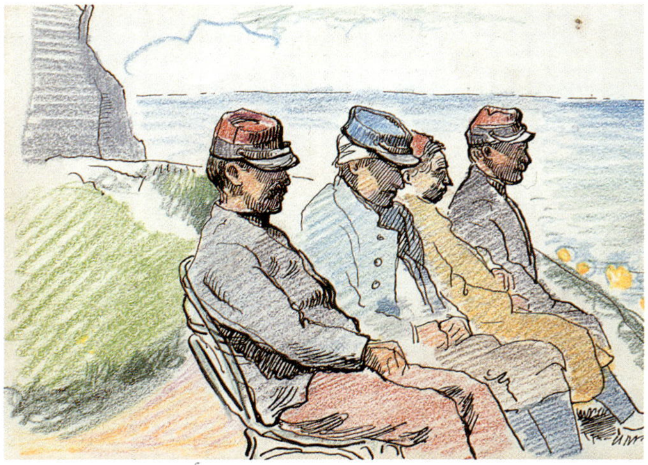

René de Saint-Delis. *Militaires bléssés sur la falaise à Etretat*, crayons de couleur, 12 x 19 cm. ETRETAT, COLL. PRIVÉE,© C. DES BROSSES.

Il est toujours difficile d'être le frère d'un autre peintre. René de Saint-Delis, comme Jean Dufy, l'apprit à ses dépens. Des deux frères Saint-Delis, René, bien qu'il soit l'aîné de deux ans, est encore considéré comme le suiveur ou, pis, le faire-valoir de son frère Henri. Pourtant ces deux-là s'entendent à merveille, et l'un comme l'autre vivent dans la plus grande modestie en se moquant de la gloire.

René de Saint-Delis, né à Saint-Omer en 1876, est le fils de Marie-Antoine Liénart de Saint-Delis, officier de Dragon. La famille Saint-Delis est cultivée et le père peut se targuer d'un agréable coup de crayon. En 1885, la famille s'installe au Havre, face à la mer, dans le quartier du *Perrey* que l'on appelle alors la « Ville en bois ».

René s'inscrit aux Beaux-Arts du Havre et devient élève de Charles Lhullier en compagnie de Dufy, Friesz, Lecourt et de son frère Henri. Cette bande restera très liée et redevable de l'enseignement du maître, qu'à tort on a tendance à limiter à son rôle de pédagogue. Rappelons que Lhullier fut le concurrent malheureux de Boudin pour l'attribution d'une bourse par la ville du Havre.

En 1915 René, réformé, est affecté à la troisième section territoriale d'infirmiers à Etretat. Là il rencontre une Etretataise, Jeanne Fidelin, infirmière, qu'il épouse en 1919. Le couple s'installe à Etretat, et René de Saint-Delis, quarante années durant en sera le dernier grand témoin. Tous les jours sur le motif, René est une figure d'Etretat.

Ayant peint de nombreuses natures mortes où se retrouvent souvent les mêmes objets de son grenier (casque, coquillage, samovar, maquette de bateau), il a toujours été reconnu meilleur en ce genre que dans celui des paysages. Pourtant il est temps de s'ériger contre cet avis car, sans vouloir dénigrer ce travail d'atelier, il faut lui reconnaître un classicisme bon teint, autant dans la composition que dans la palette, où dominent les bruns contre lesquels les modernes se sont tant acharnés. En vérité, la puissance et le charme de l'œuvre de René de Saint-Delis résident dans ses paysages, non dans les premiers encore attachés à l'impressionnisme, mais dans ceux qui les suivront, d'une originalité incontestable, qui peuvent sembler naïfs ou trop proches de l'imagerie. C'est ce René de Saint-Delis là qu'il faut apprécier, avec sa peinture si simple, si sentie. C'est dans la liberté face aux valeurs établies que se nourrissent les vraies œuvres.

On reproche à ce travail d'être de qualité inégale, mais René de Saint-Delis n'a pas de marchand pour le

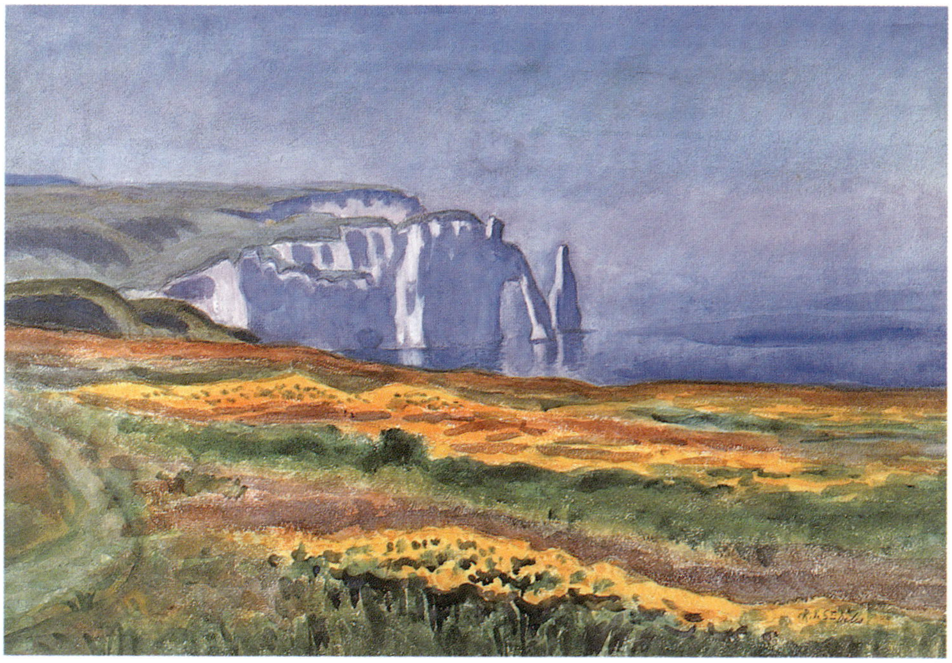

René de Saint-Delis. *La Falaise d'aval vue de l'amont*, aquarelle, 35 x 51 cm ETRETAT, COLL. PRIVÉE, © C. DES BROSSES.

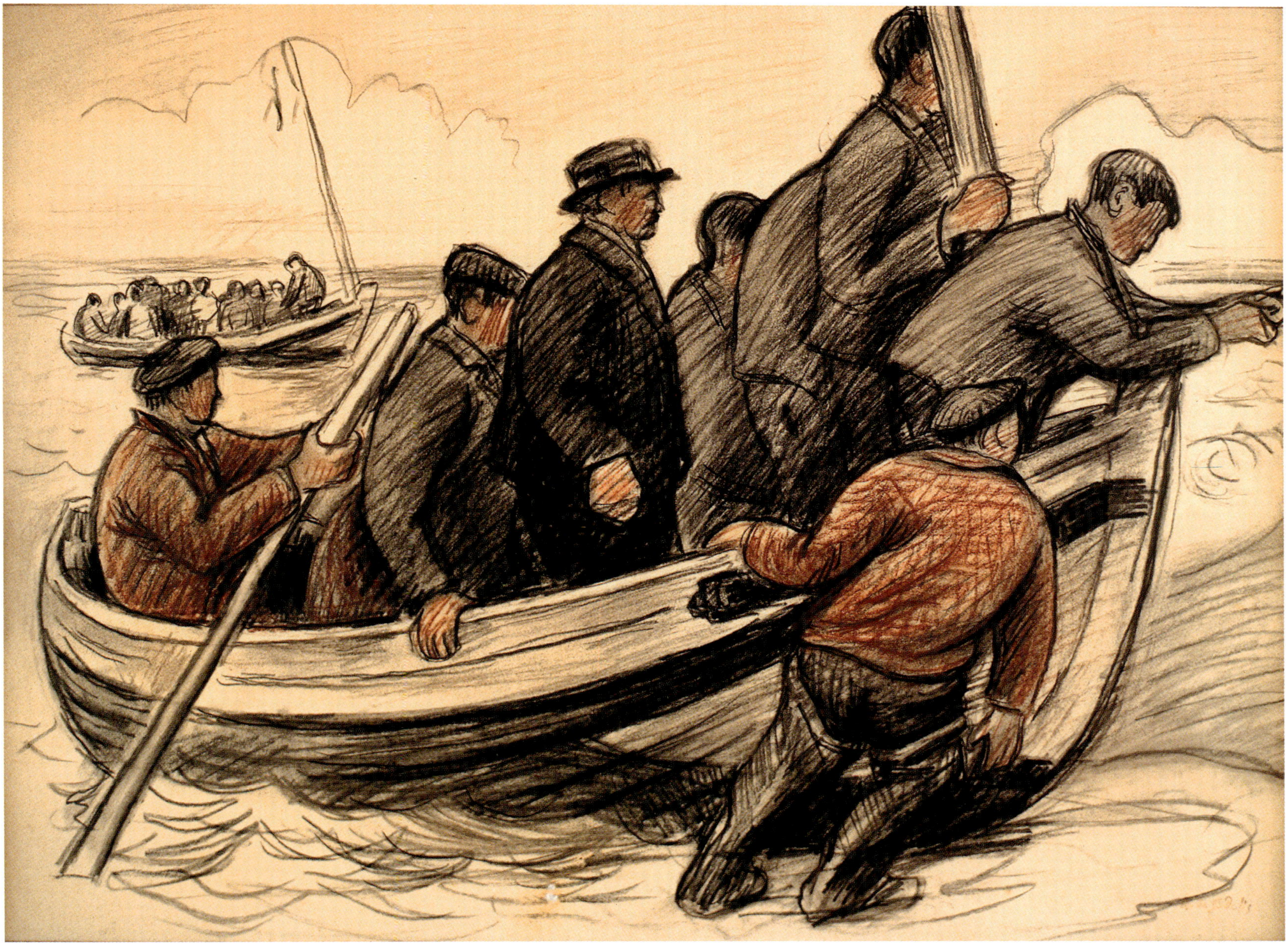

René de Saint-Delis. ***Bénédiction de la mer, le retour du maire*****, sanguine et crayon sur papier,**

YPORT, COLL. PRIVÉE, © C.DES BROSSES.

conseiller. On ne lui pardonne pas encore. Pourtant, c'est aussi dans ses tâtonnements que l'œuvre puise sa richesse car ils en démontrent l'honnêteté. René de Saint-Delis ne peut se rattacher à d'autre mouvement que le sien. Voilà de quoi énerver au plus haut point le commerce de l'art et les historiens. Ici résident à la fois sa force et sa faiblesse : force de n'être comparable à nul autre, et faiblesse de la solitude et des errements qui s'y rattachent.

Un dessin sans faille et sans compromis est l'ossature de toute œuvre. René de Saint-Delis aime dessiner, c'est une évidence. Le dessin est pour l'artiste l'arme première du témoignage de la vie, la seconde étant l'aquarelle. C'est ce qu'il comprend en noircissant nombre de carnets, choisissant un juste milieu entre le croquis jeté et le dessin léché. Parfois au fusain – surtout dans ses jeunes années – mais aussi au crayon de couleur ou le plus souvent à la mine de plomb. Il en résulte des centaines de dessins d'une incomparable justesse : postures de marins au travail, dont il est facile de reconnaître et le visage et la silhouette, portraits de caïques et de canots, et tant de ramendeurs occupés à leurs caloges. René de Saint-Delis adore Etretat. Il a raison, il a bien écouté la leçon de Paul Huet : pour bien peindre un lieu, il faut s'y immerger. Cela étonne son frère Henri, occupé à Honfleur, de le voir se suffire de ce seul lieu sans jamais se lasser.

Saint-Delis admire la merveille du geste séculaire du pêcheur, sa justesse et sa simplicité. La sobriété de son trait participe du même principe.« Rien qui ne soit essentiel » pourrait être la définition de cet art solide. Et il ne s'agit plus de pittoresque. Jamais le voyeurisme

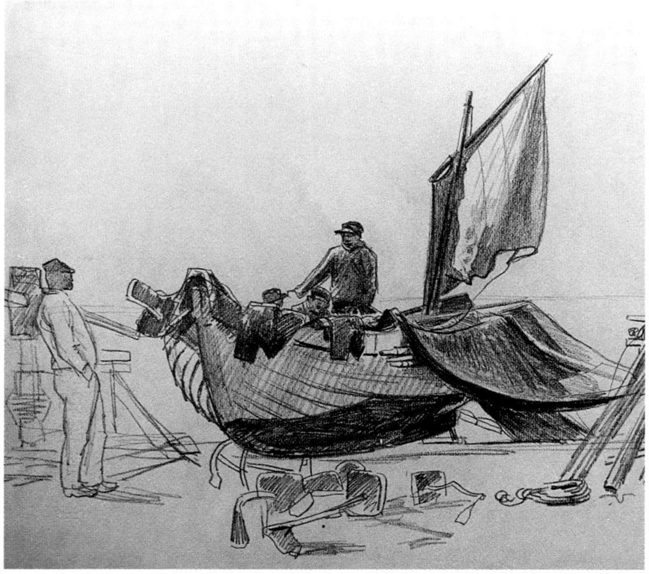

René de Saint-Delis. ***Caïque à Etretat*****, dessin au crayon sur papier.**
COLL. PRIVÉE, © GALERIE DELARUE.

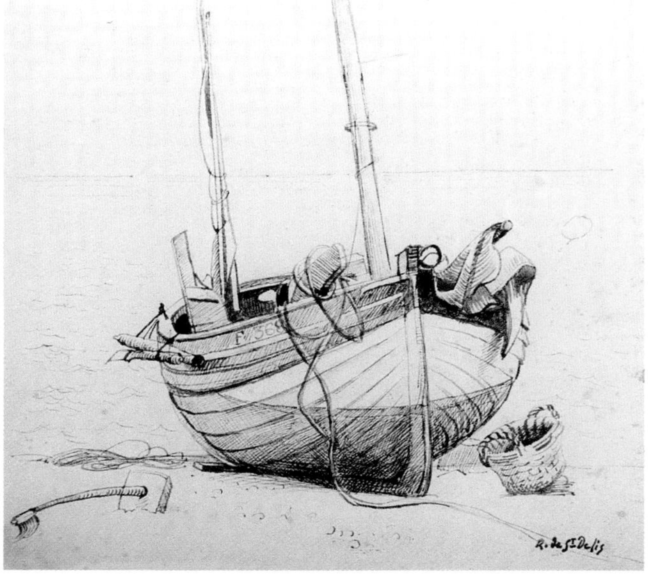

René de Saint-Delis. ***Pêcheurs à Etretat*****, dessin au crayon sur papier.**
COLL. PRIVÉE, © GALERIE DELARUE.

n'effleure cette œuvre. Ce regard est intérieur au paysage qu'il décrit.

Et puis les aquarelles, par centaines elles aussi, souvent peintes sur les deux faces du papier. Brossées sans remords et sans la moindre hésitation. L'homme connaît son sujet, par amour et par cœur, et lui trouve les justes couleurs : ce mauve des galets et cette opale de la mer qui n'appartiennent qu'à lui. Descendez de la chapelle, vous les verrez, ce mauve et ce vert. Ils sont une évidence, et pourtant il est le seul à les avoir trouvés, lui, le dernier venu. Comme si tous les autres s'étaient trompés. Impossible maintenant de regarder Etretat autrement qu'à travers cette palette. De même pour les rouleaux de la mer, si justes dans leurs volutes d'écume.

Et encore les huiles, nombreuses aussi, de tous formats et pas toujours sur de bonnes toiles. Certaines sur carton ou sur Isorel, d'autres sur bois. Il y a chez de Saint-Delis plus de sérieux consacré à l'image qu'à son support. L'important est de peindre. Et toujours ce mauve et ce vert, si inséparables et indispensables que cette palette sert aussi aux vues de campagne, le mauve déclinant les pommiers. Cela fonctionne tout aussi bien, comme si ces deux couleurs reliaient les deux territoires du paysage normand : celui de terre et celui de mer.

Parfois, il monte en haut de la falaise d'amont et la peint en un raccourci surprenant que seul l'habitué du site peut reconnaître (le symboliste Auburtin aima aussi peindre cette vue). Mais, en général, son regard embrasse la totalité du paysage. René de Saint-Delis n'est pas homme à se coller contre le motif. Ni romantique ni pittoresque mais seulement d'ici, comme façonné par ce paysage et ses habitants parmi lesquels, avec discrétion, il s'est littéralement fondu. Peinture parfois si simple qu'elle peut sembler naïve ou grossière. Peinture témoignage qui n'est jamais réalisée dans un esprit compilateur ou scientifique. Elle témoigne simplement de ce qui existe et va disparaître.

En véritable Etretatais, René de Saint-Delis ne s'est jamais trop mêlé aux Parisiens, préférant la simplicité des gens du pays. Quand il peint les baigneurs, il pose son chevalet au plus près du *Perrey des manants*, là où s'assoient ceux qui sont de passage pour un jour. C'est alors une véritable image du Front populaire et de la population déversée par les trains de plaisir que croque René de Saint-Delis, lequel nous montre pour la première fois le peuple en vacances. Et c'est un régal que de voir tous ces costauds en slip de bain se délecter en plein bonheur. Heureux témoignage.

A l'égal de Boudin, il peint des centaines de vaches, fasciné peut-être par cette forme qui, couchée, se révèle impossible à dessiner. Là n'est pas le meilleur de son œuvre, mais il sera temps, un jour, de ne plus la mépriser. Il aime aussi se promener dans les environs et croquer les cours de ferme et les vergers de pommiers. Ces paysages sont proches d'Etretat puisque c'est à pied qu'il s'en va peindre d'une valleuse l'autre. Souvent, comme beaucoup de peintres, il laisse son matériel à la *Ferme des artistes*, qu'il a souvent reproduite. Les paysans sont absents de son œuvre, ainsi que le travail des champs, thème abandonné à son ami Raymond Lecourt. La nature pour Saint-Delis n'est pas un lieu de labeur mais une sorte de jardin d'Eden uniquement habité par un monde animal domestiqué. De même, René de Saint-Delis n'a jamais concurrencé les Havrais Fauvel et Rötig, qui peignent le monde sauvage destiné aux amateurs de chasse.

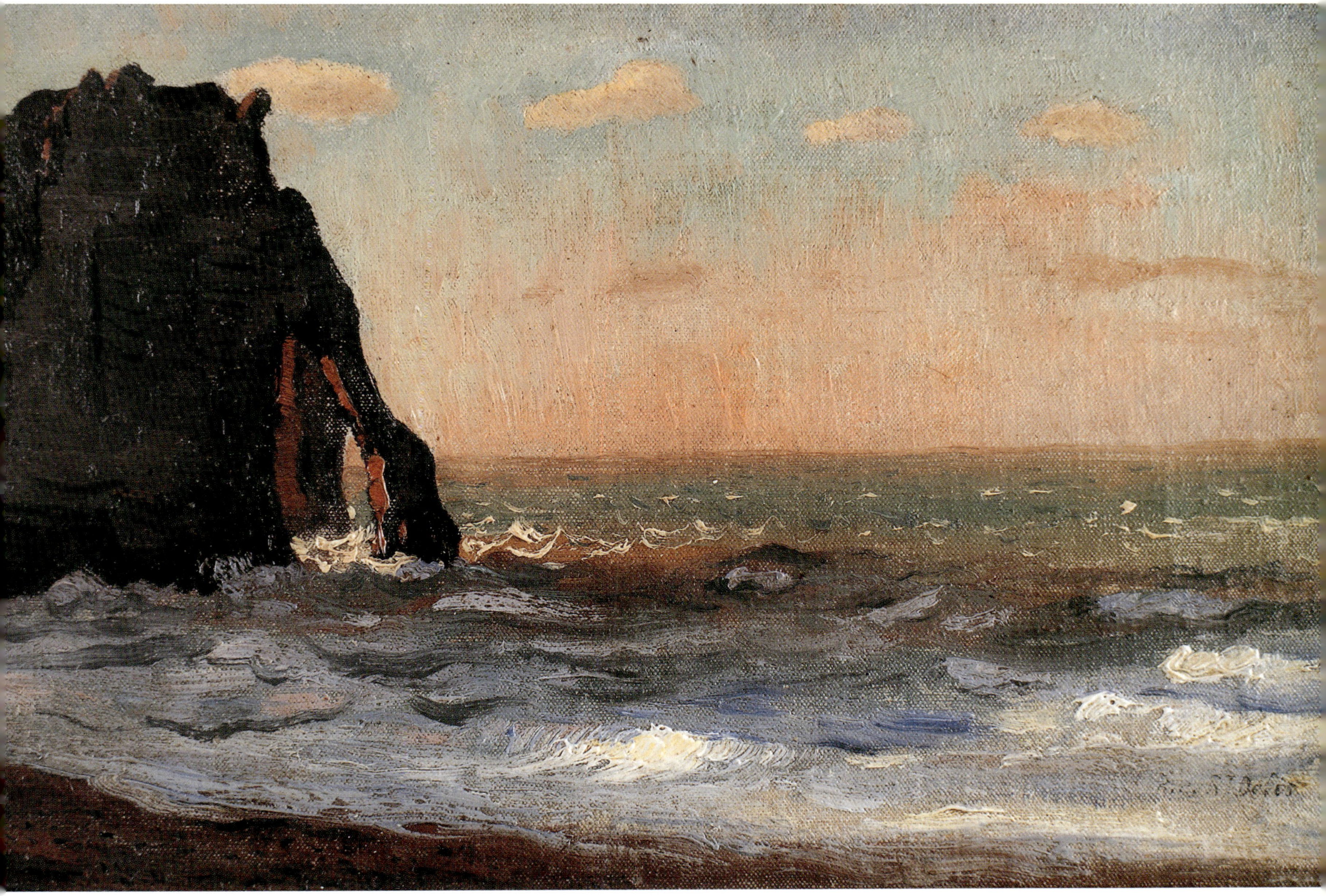

René de Saint-Delis. *Coucher de soleil*, 20 x 30,5 cm.

ETRETAT, COLL. PRIVÉE, © C. DES BROSSES.

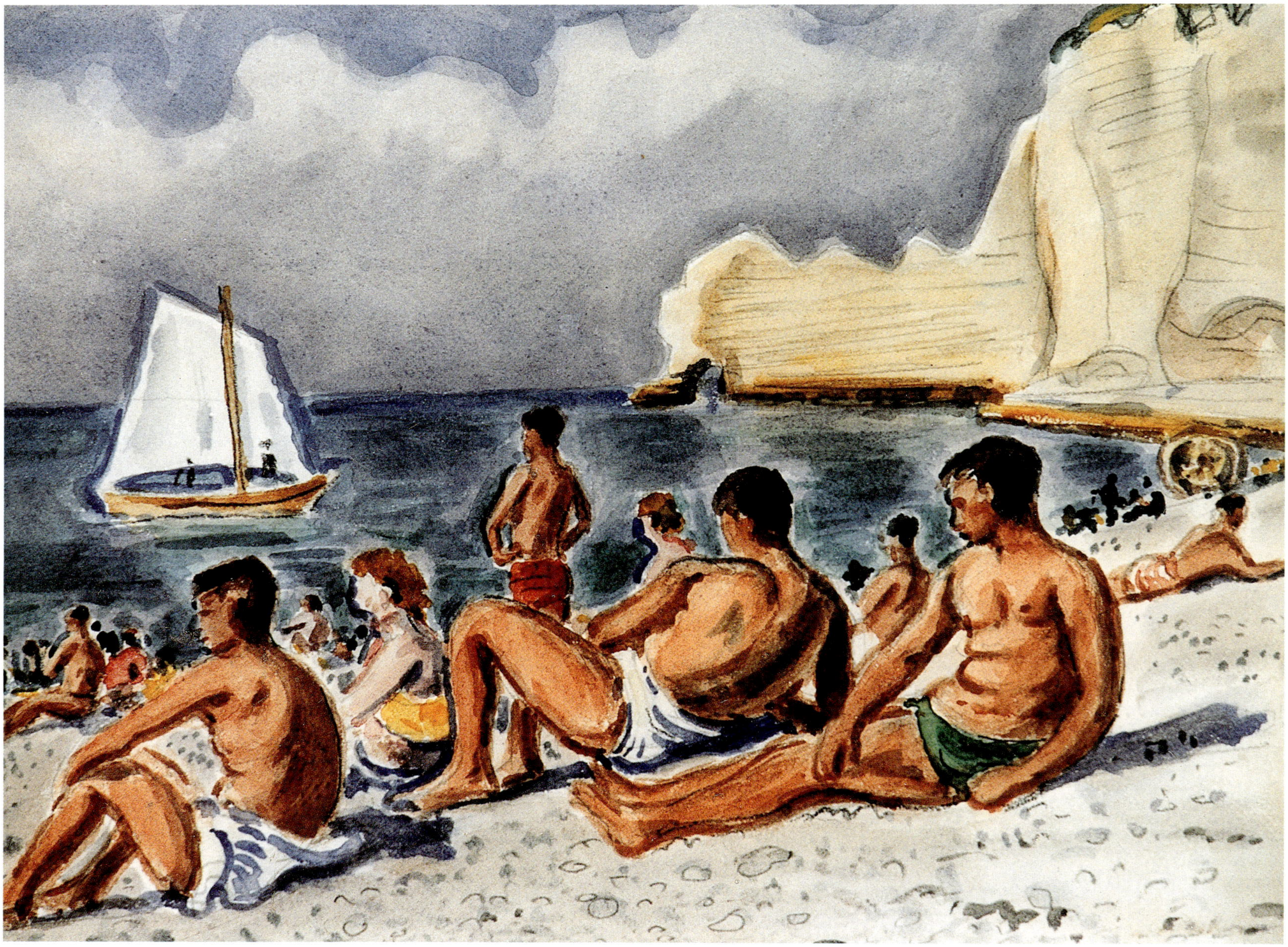

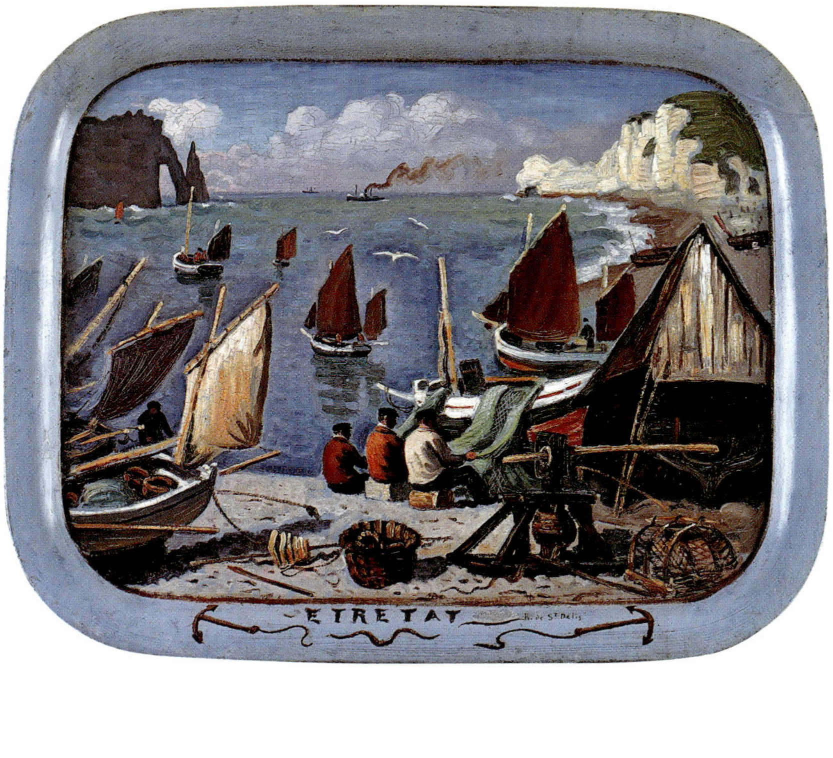

René de Saint-Delis. *Les Baigneurs*, aquarelle, 21 x 29 cm.
© ALLIANCE ENCHÈRES, LE HAVRE, CLICHÉ P. BOULEN.

René de Saint-Delis. *Vue panoramique d'Etretat*, huile sur plateau métallique, 60 x 78 cm. COLL PRIVÉE, C. DES BROSSES.

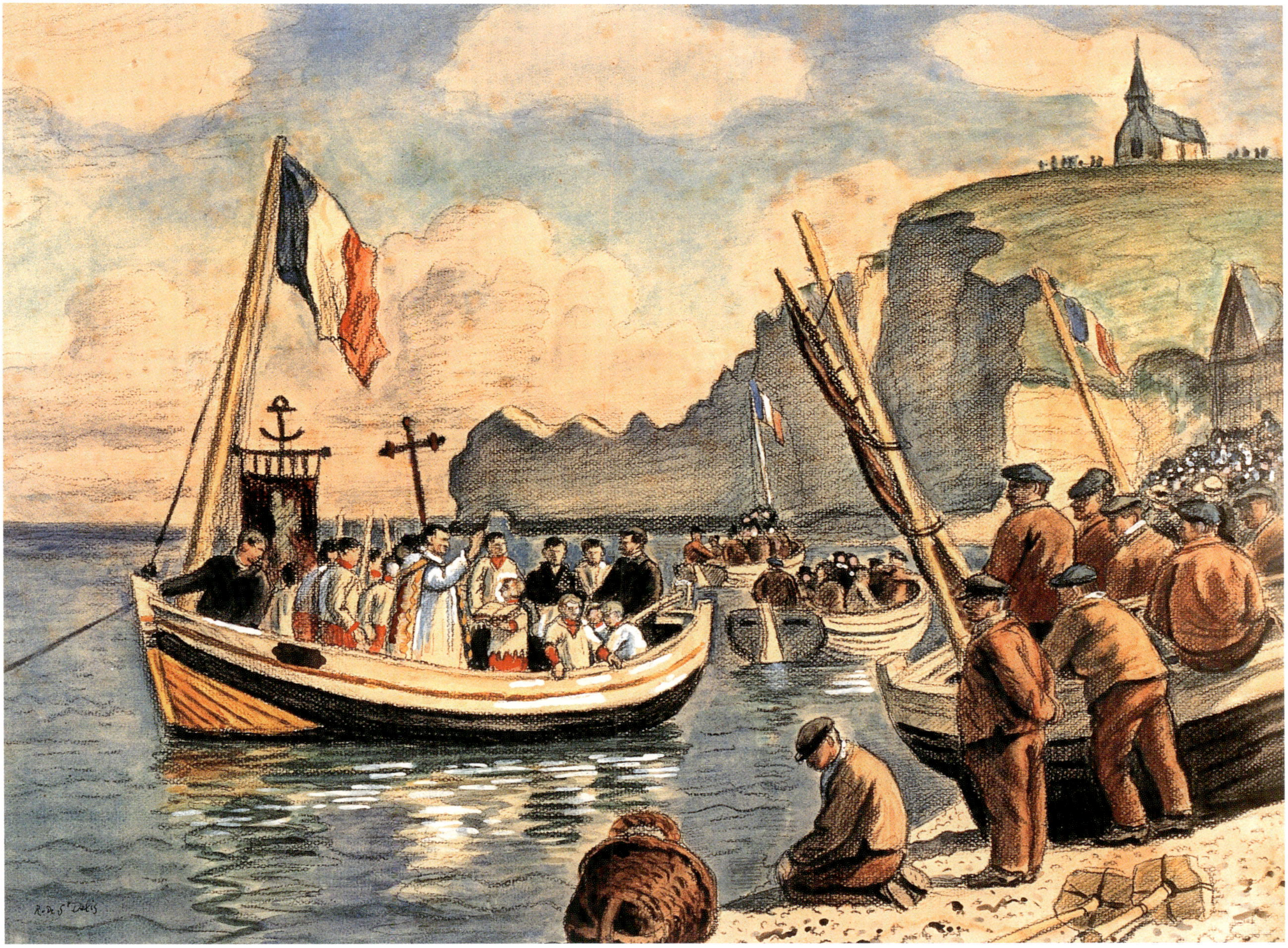

René de Saint-Delis. *La Bénédiction de la mer*, aquarelle

COLL. PRIVÉE, © GALERIE DELARUE.

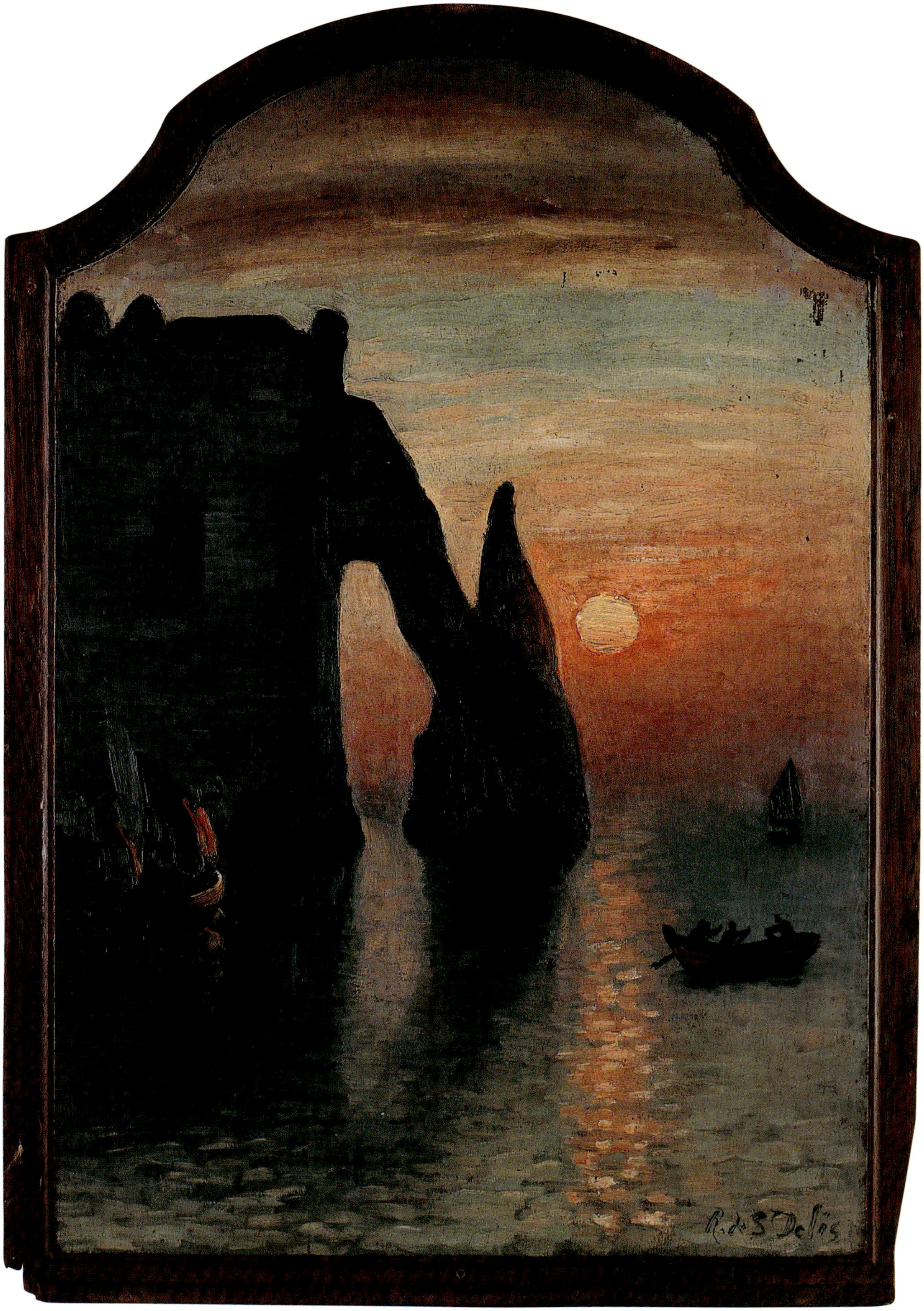

René de Saint-Delis. *La Porte d'aval et la porte d'amont*, huiles sur panneaux d'armoire, 64,5 x 46 cm (chaque).

ETRETAT, COLL. PRIVÉE, © C. DES BROSSES.

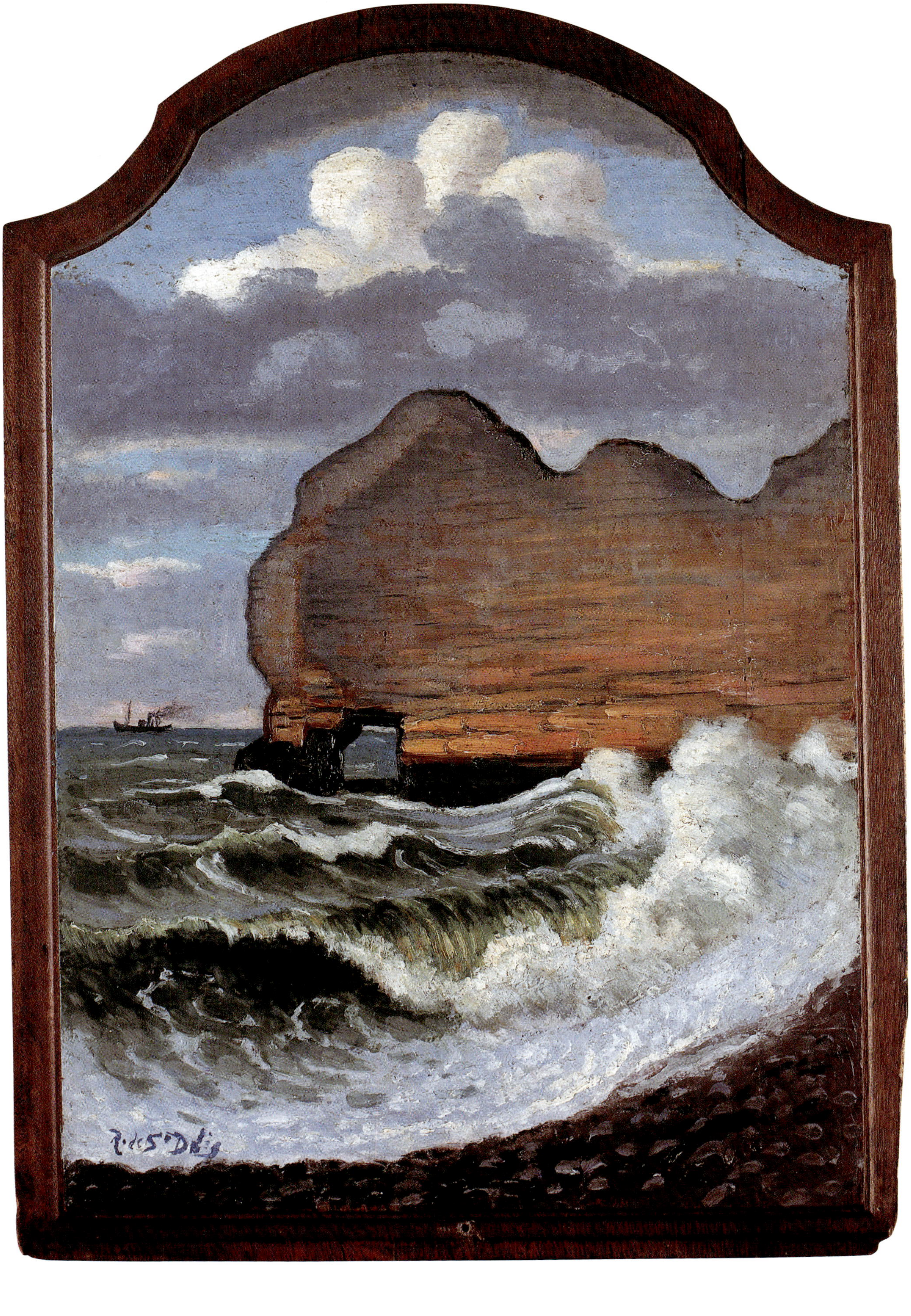

Pages suivantes : René de Saint-Delis. *Les Rouleaux*, 26 x 44,5 cm.

ETRETAT, COLL. PRIVÉE, © C. DES BROSSES.

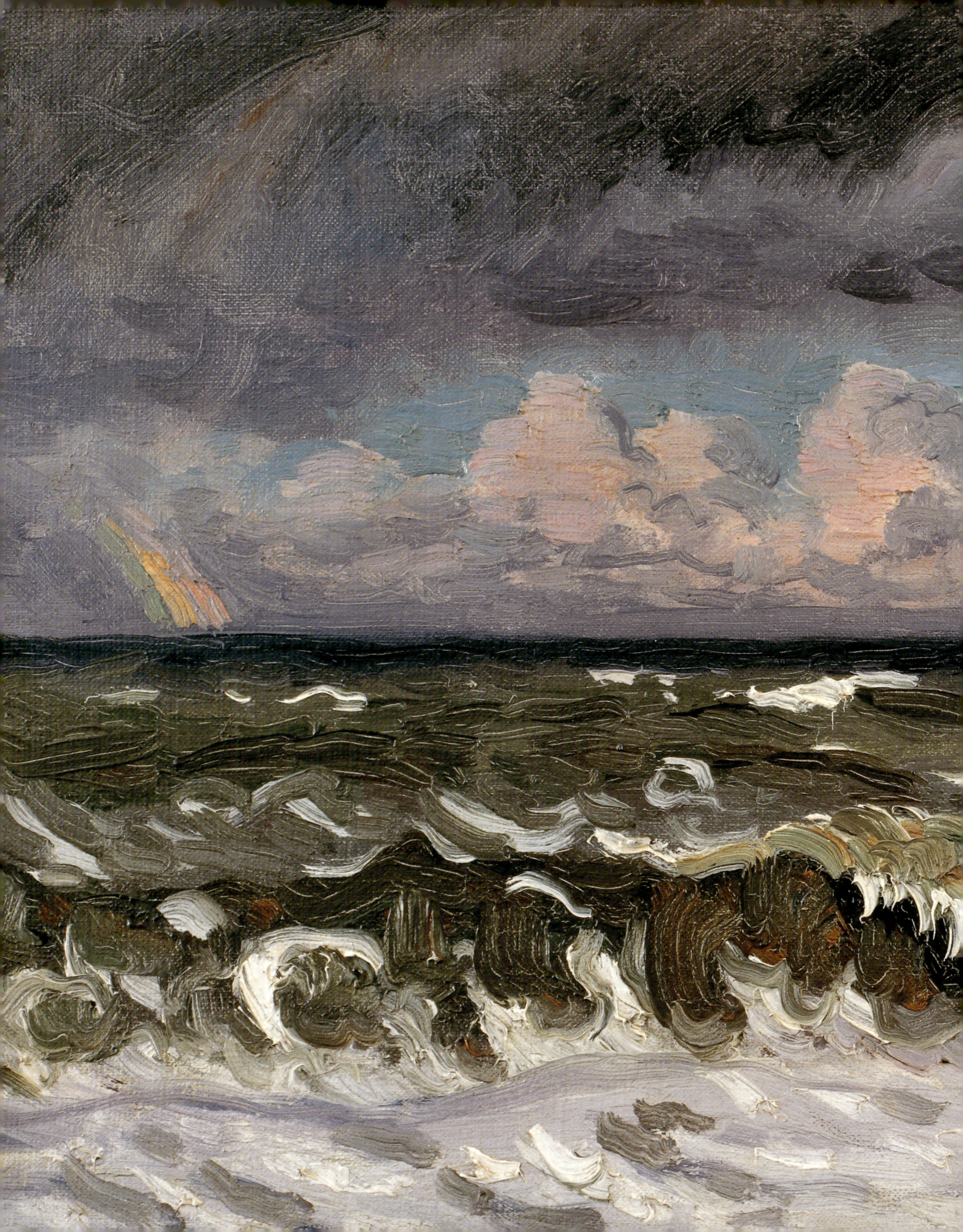

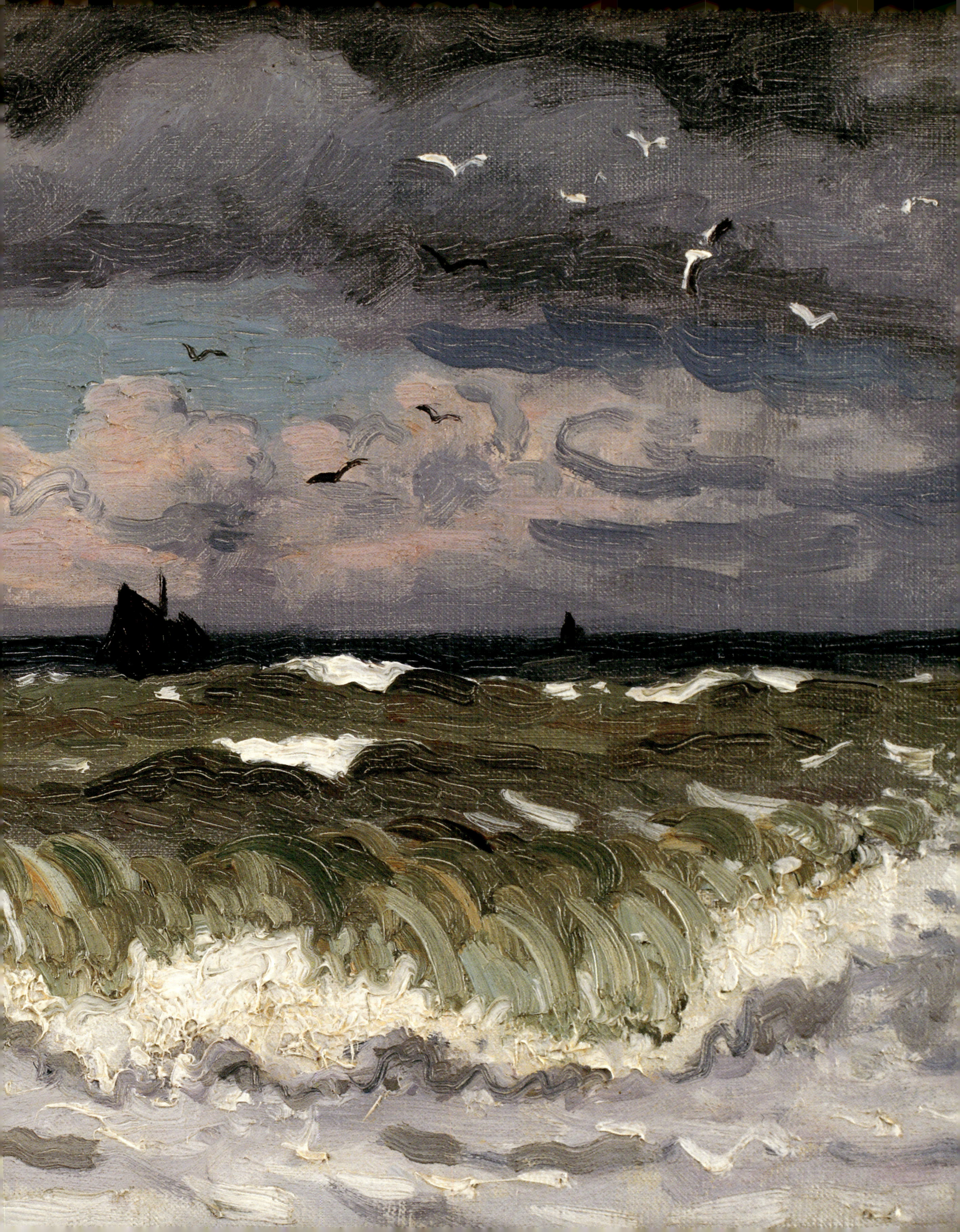

PETIT LEXIQUE
A L'USAGE DE L'HORSAIN

AMER
Point précis en mer que l'on retrouve en alignant deux lignes visuelles à partir de repères côtiers. C'est à l'intersection de ces deux lignes que se trouve l'amer, qui est toujours un bon lieu de pêche. Je vous conseille fortement pour le tourteau l'aiguille dans le trou et les *Pisseuses* dans la fente. Les amers se passaient d'une génération à l'autre comme un véritable patrimoine culturel.

BANE
Panier tressé pour le transport des poissons.

BLAUDE
Grande blouse, typique du paysan normand.

BRINGUES
Pentes de galets non régulières et plus ou moins profondes créées par les marées. De fortes bringues posent des difficultés pour la mise à l'eau des bateaux.

CABESTAN
Appareil en bois solidement fixé au sol permettant, par un système d'enroulement, de remonter les bateaux à l'échouage. Ce sont généralement les femmes et les enfants qui font ce travail de force. Une quinzaine de personnes est nécessaire pour remonter une caïque.

CAÏQUE
Bateau de pêche, très rond, sans quille pour permettre l'échouage sur les galets. L'équipage de ce type de bateau utilisé pour le canotage se compose généralement de huit hommes. La carène est construite à clins en orme, avec un faible tirant d'eau et une quille en chêne légèrement courbe afin de faciliter le halage. Des avirons permettent l'appareillage. On rame debout. L'absence de bancs laisse libre le pont.

CALOGE
Vielle caïque sur laquelle on met un toit de chaume ou de bois recouvert de coltar et qui sert d'abri pour le matériel de pêche. Chaque patron de pêche possède au moins une caloge.

CANOT
Même type de bateau que la caïque mais beaucoup plus petit. Généralement à chaque caïque correspondait un canot pour les pêches près de la côte.

CASIER
Structure en bois recouverte d'un filet et lestée de pierres percées que l'on dépose au fond de l'eau après avoir appâté avec de la cure pour la pêche aux étrilles, tourteaux et homards. Les casiers à bulots sont légèrement différents. A Etretat on appelle un casier un *shavania*.

COLLATION
La gamelle du pêcheur ou des laveuses qui ne voulaient pas rater la marée.

COLTAR
Bitume servant à protéger le bas de la coque des bateaux et les toits des caloges.

CURE
Appât fixé dans le casier sur une ficelle. Généralement du maquereau car il a le double avantage d'être abondant et gras.

DÉBROQUER
Nettoyer les filets de tout ce qu'ils contiennent.

DORIS
Petit bateau non ponté, pointu aux deux extrémités. C'est de ces bateaux, empilés sur le pont des terre-neuvas que, arrivés sur le Grand-Banc, les marins partaient à la rame poser les lignes pour la morue. Quand la pêche périclita à Etretat, ces bateaux légers remplacèrent caïques et canots.

D'VANT TÉ
Sorte de tablier imperméable en grosse toile utilisé par les laveuses.

ESTRAN
Partie du rivage comprise entre la limite de la plus basse mer et celle de la plus haute mer.

FALOT
Lanterne à bougie.

HORSAINS
Qui n'est pas du pays. ce qui veut dire parisien.

LAISSE DE MER
Limite sur le rivage de la marée à son plein.

MANNEPORTE
De Magna Porta. Grande falaise percée à l'extrémité de la plage de Jambourg, donc vers l'ouest d'Etretat.

PERREY
A Etretat est appelé Perrey la partie haute de la plage. Maintenant ce nom est surtout employé pour désigner la promenade aménagée. On dit «faire un Perrey», ce qui signifie aller d'un bout à l'autre de la promenade. La tradition veut qu'à chaque extrémité l'on frappe la falaise de sa semelle.

PISSEUSES
Sources coulant de la falaise à quelques mètres du sol sur la plage de Jambourg. Il est à noter que beaucoup de particularités de la falaise, qui servent d'amers, ont des noms à connotations sexuelles.

PANS
Pièces de bois suiffées que les pêcheurs utilisent pour faire glisser les bateaux sur les galets lors de la mise à l'eau.

PÉRISSOIRE
Petite embarcation d'abord non pontée puis toujours pontée. En bois, pour une personne, elle fut inventée en 1882 par Mme Cazavan, alors âgée de quinze ans. La légende veut que le nom vienne du terme périr tant la petitesse de cette embarcation effrayait les amies de l'inventeuse. Malgré son nom, ce bateau connut une grande vogue, et certaines naviguent encore de nos jours. Tous les ans une régate réunissait les meilleurs rameurs.

TAILLEUX
Araignées de mer. Ainsi dénommées car les *tailleux* abîment énormément les filets.

TERRIR
Rentrer à terre. Cette expression est tellement employée que certains marins, sur le Perrey, disent *terrir* quand il s'agit de rentrer chez eux à l'intérieur du village.

VIEUX GALETS
Propriétaires de villas qui reviennent chaque été.

ESSAI DE LISTE DES ARTISTES AYANT PEINT ETRETAT ET YPORT

Adam, Edouard (1838-1938)	*Le Coucher de soleil sur les falaises*, 1901, vente Lesueur-Le Bars, Le Havre du 19/03/1989, n°4.
Adeline	En 1891 aux *Vieux Plats*.
Adelsward G. d'	*La Plage, à Etretat*, Salon de 1888, n°12.
Arman	*Après-midi à Etretat*, hst, 1865, vente Tajan du 18/11/2002.
Arthus	Sculpteur animalier, habite Etretat.
Asselineau	*Le Perrey*, gravure fin XIXe siècle.
Auburtin, Jean-Francis (1866-1930)	*L'Aiguille d'Etretat*, 1898, vente Lesueur-Le Bars, Le Havre du 19/03/1989.
Bacon, Henry (1839-1912)	Nombreux tableaux, participe au Salon.
Badin, P. A. (1805-1877)	Gravure *Pêcheurs d'Etretat*, acier, gravé par Tarlet.
Bahieu, Jules (1860-1895)	*Falaise d'aval*, 1876, musée Eugène Boudin, Honfleur.
Balfourier, Auguste (1823-1883)	*La Manneporte*, huile sur papier, collection particulière, Paris.
Ballu	
Barbier, André (1883-1970)	*L'Aiguille d'Etretat*, vente Lesueur-Le Bars, Le Havre du 6/12/1992, n°19.
Barrias, Louis-Ernest (1841-1905)	Sculpteur.
Beaufils, Armel (1882 - ?)	*Canots sur le Perrey*, gravure.
Beauvais, Armand (1840-1911)	Vente hôtel des *Vieux Plats*, Gonneville la mallet, 1935.
Bellangé, Hippolyte (1800-1866)	Ami de Le Poittevin. Celui-ci possédait un galet peint représentant Etretat de Bellangé
Bénédict-Masson (1819-1893)	Décore la maison d'Offenbach, source Maupassant.
Benoist, Félix (1818-?)	Lithographie in « La Normandie illustrée ».
Berchmans, Emile (1843-1914)	*Les Lavandières*, in Naturisme, vérisme, impressionnisme, de Jacques Stiennon, Institut Jules Destrée de Liège.
Berges, Joseph Paul Louis (1870-1934)	*Falaises à Etretat*, 1919, Dreweatt Neate Fine Art, Berkshire, UK.
Berman, Leonid (1898-1976)	Peintre américain. Le Wadsworth Atheneum de Hartford (Connecticut) possède *Etretat - the capstan*, daté 1935. Hst, 48,3 x 80 cm.
Bernard, J.	*Naufrage à Etretat*, église d'Etretat.
Bernard, Eugène (1868-1941)	*Les Falaises d'Yport*, 1892. Galerie Daniel Malingue.
Bertall (1820-1882)	Nombreuses gravures, notamment *Les Bains de mer*. Participe à la loterie d'août 1861.
Berthelemy, E.	*Inondation de 1842*, gravure.
Besnard, Emile (1849-1934)	Amant de la Belle Ernestine. Pas d'œuvres d'Etretat connues.
Beyle, Pierre-Marie (1838-1902)	*Le Port d'Etretat*, vente Deauville, 11/04/2004. et souvent Yport.
Billet, Pierre (1837-1922)	*L'Heure de la marée*, Salon de 1872. Yport.
Binet, Georges (1865-1949)	*Bénédiction de la mer à Etretat*. Vente Boscher, 2/07/2004. *Plage animée à Etretat*. Vente Le Havre, 5/041992.
Bligny, Achille (1826-1862)	Série de dessins. Galerie Bruno Delarue.
Bogoliubov, Alexey (1824-1896)	*La Marée basse à Etretat*, 1874, The Tretyakov Gallery Moscou. *Les Laveuses*, source Alain Millet.
Bois-Chevalier	Participe à la loterie d'août 1861.
Boissart, Pierre (1878-1944)	*Falaise d'aval* vers 1940. Galerie Delarue.
Boldini, Giovanni (1842-1931)	*Retour de pêche*, Clark Institute, Williamstomn, 1879.
Bonnardel, Pierre-Antoine (1824-1856)	Cité par Maupassant.
Bonheur, Rosa (1822-1899)	
Bonington (1802-1828)	*Le Moulin de Saint-Jouin*, gravure. Venu en 1825 en compagnie d'Isabey. « Etretat » au musée de l'Hermitage.
Boudin, Eugène (1824-1898)	Nombreuses œuvres.
Bouquet, M.	En 1880 aux *Vieux Plats*.

Bourgain, Gustave (1855-1921)	Yport
Bousquet, Georges	*Falaise d'aval*, vers 1940.
Braque, Georges (1882-1963)	Habite Varengeville-sur-mer. Vient et peint à Etretat en 1930.
Brault, Jules Lucien (1849-?)	*Les Canots sur la plage d'Yport*. Galerie Delarue
Brenet, Albert, né en 1903	Peintre de la Marine. Le musée de la Marine de Paris possède une œuvre d'Etretat datée de 1954.
Buisson	Cité par Lindon. Venu en 1851.
Bushell y Laussat (1826-1901)	Peintre d'Alicante. Venu à Etretat en 1859 et 1861. Nombreuses tableaux et dessins d'Etretat conservés dans la famille à Alicante.
Cabat, Louis (1812-1893)	*La Mer à Etretat* au Salon de 1892.
Caillebotte, Gustave (1848-1894)	*Chemin de Saint Clair* en 1884.
Caïn, Georges (1856-1919)	Vente hôtel des *Vieux Plats*, Gonneville la mallet, 1935.
Callow	*Pêche aux huîtres*, Aquatinte.
Cardinal	Vente hôtel des *Vieux Plats*, Gonneville la mallet, 1935.
Cassagne, Armand	Gravures de costumes vers 1850 in « La Normandie pittoresque ».
Chagot, Paul	Deux peintures ovales *Amont* et *Aval*. Collection particulière, Etretat.
Champollion, Marine de	*Caïque*, plume, XIXe siècle.
Charpentier, Georges	*Vue d'Etretat*, 1892. Collection particulière, Etretat.
Childe, Hassam Frederick	Source Alain Millet.
Cicéri, Eugène (1813-1890)	Cité par Maupassant. *Dunes / the coast near Etretat,* aquarelle. Christie's, Londres, vente du 21/11/1996. *Etretat*, vente Aguttes du 10/12/2004.
Clays, Paul-Jean (1819-1900)	*Plage animée*, aquarelle, Galerie Delarue. Peintre belge.
Coates, Edmurd C, (1816-1871)	*Swimmers off the beach in Etretat.*
Coignet, Jules (1798-1860)	*Le Brûlage du varech*, collection particulière, Etretat. 1 lithographie.
Colin, Paul-Alfred (1838-1916)	Résidence à Yport. *La Falaise d'Etretat*, Galerie Delarue.
Colman, Samuel (1832-1920)	Peintre Américain. (voir Innes), *La Plage et la falaise d'amont.*
Conant, L. Sarborough (1867-1921)	*La Plage vue d'aval,* venu en 1893.
Cooke, Edward William (1811-1880)	*Etretat, Beach with Arch*, Ackermann and Jonhson Ltd, London. *Beach scene. Etretat*, vente Bonhams Knightbridge du 10/11/2001, lot 97.
Copieux, Albert	Havrais. Aquarelle *La Falaise d'aval.* Galerie Bruno Delarue.
Corot, Jean-Baptiste (1796-1875)	*Le Moulin d'Etretat* et *Falaise d'amont.*
Coubertin, Charles de (1822-1908)	Frère du fondateur des Jeux Olympiques.
Coulange-Lautrec, Jules (1861-1950)	*Vue de l'arche*, 1891, coll particulière.
Courant, Maurice (1847-1926)	*Aiguille de Vaudieu*, dessin. Peintre du Havre.
Courbet, Gustave (1819-1877)	Nombreuses Falaises et la série des *Vagues*.
Cuthbert, R.	*La Maison de Madame de Maupassant à Etretat*, aquarelle, 1871, coll particulière.
Cuvillier, Ad.	*Naufrage au pied de la falaise d'aval*, lithographie romantique.
Dana, William (1833-1927)	Américain de Philadelphie. *Etretat, Normandy, sur la plage d'Etretat, effet de nuit,* Salon de 1882. The farm of Amont, World Columbian Exposition of 1893.
Dantan, Victor	
Darien, Henri (1864-1926)	Photo sur la plage d'Etretat. *Aiguille de Belval.*
Dawant, Albert (1852-1923)	Yport.
Dayez (1907-1992)	*La Baie d'Etretat*, 1976, Château-Musée de Dieppe.
Debesque, A. P.	*Les Falaises de Bruneval*, Salon de 1880. Souvent à Trouville.
Deck, Théodore (1823-1891)	Le 23 mai 1893 aux *Vieux plats.* céramiste, réalise le portrait d'Alphonse Karr accroché à la façade de l'*Hôtel Blanquet.*
Degas, Edgar (1834-1917)	Deux dessins à la Bibliothèque nationale. Venu en 1882 chez Halevy.
Delacroix, Eugène (1798-1863)	*La Falaise d'aval* et nombreuses aquarelles conservées au musée du Louvre.
Denis, Maurice (1870-1943)	Chez Gide à Cuverville en 1904.
Deroy	5 lithographies publiées dans « La France en miniature » et une vue des bains du casino dans la série « Promenades en tous pays » vers 1860.
Destrem, Casimir (1844-?)	Yport.
Devambez, André (1867-1943)	En 1910 chez Dieterle à Criquebeuf. *La Plage d'Etretat*, vente Lille du 9/06/1996, lot 271.
Deventer, Wilhem (1824-1893)	Peintre de La Haye. *La Falaise d'amont*, coll particulière Paris.

Deveria, R.	*La Manneporte*, Galerie Delarue.
Diaz de la Pena, Narcisse (1837-1901)	Premier séjour à Etretat en 1854. Achète une maison près de la mer, le *Chalet Diaz.*
Dijon, M.	Gouache, 1876, collection particulière. Etretat.
Diligeon, Charles-Alfred (1825-1897)	*Eglise d'Etretat*, Salon de 1880
Doré, Gustave (1832-1883)	Deux gravures sur bois d'imagination, *Les Bains de mer* et *Etretat.*
Dorival, Géo (1879-1968)	Affiche des Chemins de fer de l'ouest, 1907.
Drouin, Jean-Dominique (1805-1888)	*Naufrage à Etretat*, collection particulière Etretat.
Dubourg, Louis-Alexandre (1825-1891)	Pastel *La Falaise d'aval. Barques sur la plage à Etretat*, pastel, vente Tajan du 6/11/2003.
Dufour, Georges (1858-1929)	Né à Etretat, fils du pharmacien. Élève de Lhullier. Il fut médecin-chef de marine, professeur à l'École navale de Bordeaux. Achète la villa *Solente* en 1929.
Dumas, Jules	Gravure lithographiée par Langlumé.
Dumont, Pierre (1894-136)	*Falaise d'aval*, collection Galerie Granoff, Honfleur.
Faivre, Abel (1867-1945)	Aux *Vieux Plats.*
Faure, Mlle B.-M.	*Plage d'Etretat le matin*, Salon de 1884.
Fauvel, Georges-Henri (1890-?)	Vente hôtel des *Vieux Plats*, Gonneville-la-Mallet, 1935.
Fichel, E. (1826-1895)	Vente hôtel des *Vieux Plats*, Gonneville-la-Mallet, 1935. Bulletin d'Etretat du 15 août 1861 et juillet 1863 « Un petit Meissonnier ».
Fielding, Newton (1799-1856)	Aquatinte *Etretat* vers 1820. A gravé deux aquatintes d'après A. Noël *Vue générale de la rade* et *Vue du trou à l'homme.*
Fielding, Thales (1793-1837)	Les trois frères Fielding sont des graveurs venus d'Angleterre.
Fielding, Théodore (1781-1851)	
Flameng, Marie-Auguste (1843-1893)	*La Fontaine à marée basse, Yport*, Salon de1879.
Flandrin, Paul (1856-1921)	Venu tous les étés de 1863 à 1868 chez son ami le sculpteur Oudiné.
Fourié, Albert-Auguste (1854-1896)	*Le Repas de noces à Yport*, musée des Beaux-Arts, Rouen. Gendre de Paul Colin.
Français, François-Louis (1814-1897)	Dessin *Caloge*, collection particulière, Chamalières.
Frémond	Père et fils. Habitent Anglesqueville-l'Esneval. Surtout peintres de la campagne.
Fréret, Amédé	Quatre lithographies de 1857.
Friesz, Othon (1879-1949)	Venu en 1921. *Baigneuses sur la plage d'Etretat*, vente Tajan du 6/04/98.
Fuhel	Cité par Maupassant en août 1880.
Gabrielle	Aquarelle de 1838, *Caïque devant la falaise d'aval.* Galerie Delarue.
Galien-Laloue, Eugène (1854-1941)	Une paire de pendants en collection particulière.
Galland, André (1816-1886)	Affiche pour le golf, 1929.
Gaminade	« Buletin d'Etretat » du 8 août 1861.
Gangand	Affiche pour le train, fin XIXe siècle.
Garneray, Louis -Ambroise (1783-1857)	*Vue d'Etretat* dans la série des « Ports de France ». Gravure sur bois *La Pêche du bas de l'eau.*
Gaucherel, Léon (1816-1886)	*Falaise d'aval*, gravure vers 1860.
Ghika, E. N.	*Aux abords d'une ferme à Etretat*, Salon de 1882.
Girardet, Jules (1856-1946)	*Trois mousses réparant un filet*, collection particulière, Paris. Coutumier de l'hôtel des *Vieux Plats.*
Girood, Edwards	« Bulletin d'Etretat » du19 septembre 1861.
Grandjean, Edmond (1844-1908)	En 1898 aux *Vieux Plats.*
Grandsire, Pierre-Eugène (1825-1905)	Deux dessins de la falaise conservés au musée d'Orsay.
Gricourt, Raphaël de	*Naufrage*, dessin, 1843.
Gromaire, Marcel (1892-1971)	Venu dans les années 1960.
Grün, Jules-Alexandre (1868-1934)	Habitué de l'hôtel des *Vieux Plats, Singe peignant.* En 1893 et 1894.
Gudin, Henriette (1825-?)	*Vue de la descente de la côte de Saint-Clair.* Galerie Bruno Delarue.
Gudin, Théodore (1802-1880)	*Gros temps à la falaise d'aval*, Galerie Bruno Delarue.
Guilbert, Narcisse (1878-1942)	*Porte d'amont à Etretat par gros temps.* Base Joconde. Nombreuses vues d'Etretat.
Guillemet, Antoine (1843-1918)	A Yport en août et septembre 1865.
Gumery, Adolphe (1861-1943)	A Yport pendant la guerre de 1914-1918.
Hanzen, de	Peintre russe. *La Falaise d'amont*, collection privée.
Haquette, Georges (1854-1906)	*Halage du bateau*, vente Cherbourg du 12/08/2002.
Harriston, P.	Peint une marine à l'hôtel des *Vieux Plats.*
Hébert	Elève de R. de Saint-Delis.

Hebert, Henri (1849-1917)	*A Yport*, Salon de 1880.
Helt, Jean-Pierre	Source Alain Millet.
Hennessy, William John (1840-1917)	Source Alain Millet.
Henriot	Illustrateur. En 1885 aux *Vieux Plats.*
Heullant, Félix (1834-?)	Élève de Picot, participe à la loterie d'août 1861.
Hilibert, A.	*Laiterie du domaine du Tilleul*, affiche, lithographie, 1909. BnF.
Hoffman, Charles (1821-1882)	*Falaise de Grainval*, Salon de 1882.
Holz	Soldat allemand de la base radar d'Antifer pendant la guerre de 1940. Source Alain Millet.
Huault-Dupuy ,V.	Deux gravures sur acier : *La Plage d'Etretat* et *Le Rocher d'Etretat* publiées dans « L'Artiste ».
Huet, Paul (1803-1869)	Aquarelles de la collection Pierre Miquel, vente Rosini du 1/04/2004.
Hugo, Georges (1868-1925)	*Barques de pêche sur la plage d'Etretat*, aquarelle et crayon, fonds musée d'Orsay.
Hugo, Victor (1802-1885)	Quatre dessins.
Hume, Thomas	*Pêcheurs et falaise d'amont.* Galerie Bruno Delarue.
I Will, Marie-Joseph (1850-1923)	*Falaises à Etretat*, vente Calais du 13/03/2005, lot10.
Inness, George (1825-1894))	Nombreuses œuvres.
Innocent, Franck (1912-1983)	*Le Cabestan à Etretat*, vente Lesueur-Le Bars, Le Havre du 22/07/1990.
Isabey, Eugène (1803-1886)	Découvreur d'Etretat. Nombreuses huiles et aquarelles.
Jahan, Pierre	Photographe. *Les Falaises à Etretat*, 1935, conservée à la Bibliothèque nationale.
Jaime, Jean-François (1804-?)	Trois aquarelles connues. Venu au tout début du XIXe siècle.
Jalabert, Charles (1819-1908)	Elève de Ingres, participe à la loterie d'août 1861.
Jazet	*La Plage d'Etretat*, aquarelle, galerie Bruno Delarue. A gravé la série de gravures *Vie d'une caïque* de Le Poittevin.
Jean-Haffen, Yvonne (1895-1993)	Maison d'artiste de la grande vigne, Dinan.
Jongkind, Johan Barthold (1819-1891)	Vient avec Boudin.
Jouy, E.	Peint des militaires à l'hôtel des *Vieux Plats.*
Jugelet, Jean-Marie (1805-1875)	Gravure sur acier, *Falaise.*
Julien, Bernard-Romain (1802-1871)	*Etretat. Le Perrey*, collection privée, Paris.
Kanakogui, Takeshiro (1874-1941)	A Yport en 1907, cité par Mme Desjardins.
Kerhor, Jean (1876-1974)	Nombreuses aquarelles, caricatures et maquettes. En 1913 aux *Vieux Plats.*
Knight	
Klodal	*Falaise d'aval*, sanguine, XIXe siècle.
Labiche, C. E.	*Ferme Normande* - Etretat, Salon de 1888, n° 1437.
Laborne, Emile (1837-1913)	*Les Laveuses d'Etretat*, bois gravé.
Landelle, Charles (1821-1908)	*Vue de l'aval depuis le Donjon*, galerie Bruno Delarue. Habita la Casa Landelle.
Laperdrix	Fécampois.
Laurencin, Marie (1885-1956)	En 1927 chez le Dr Gosset à Sainte- Marie-au-Bosc. Pas de tableaux d'Etretat connus.
Laurens, Jean-Paul (1838-1921)	Habite Yport. Dernier grand peintre académique.
Lauvray, Abel (1870-1950)	*Etretat*, vente Drouot, 2005.
Le Bienvenu-Dutourp, Valentine (1879- ?)	A peint Etretat dans l'esprit des Fauves. Expose au Salon des Artistes français depuis 1908.
Le Poittevin, Eugène (1806-1870)	Nombreuses œuvres. Possède une maison et un atelier.
Le Poittevin, Louis (1847-1909)	Cousin de Maupassant, souvent cité dans son œuvre.
Le Villain, Ernest (1834-1916)	Salon de 1879.
Lecomte du Nouy, Jean-Jules (1842-1923)	*Falaise*, collection privée.
Lecourt, Raymond (1882-1946)	*La Falaise*, collection particulière. Vente hôtel des *Vieux Plats*, Gonneville-la-Mallet, 1935. En 1904 aux *Vieux Plats.*
Legout-Gérard, Fernand (1856-1924)	*Scène de plage à Etretat*, vente Brest du 20/05/2001, lot 174.
Legrand, E.	Dessin, *La Falaise à Etretat*, peintre amateur, XIXe siècle, conservé à la BnF.
Legrip, Frédéric (1817-1871)	Œuvre dans l'église d'Etretat, 1855.
Lemaire, Louis-Marie (1824-1910)	*Le Petit-Val, environs d'Etretat*, Salon de 1882.
Leroux, André-Paul (1870-?)	Habite Fécamp. Nombreuses huiles et gouaches de la falaise.
Lier, Adolphe (1826-1882)	« Bulletin d'Etretat » du 18 Juillet 1861.
Lincé Dehon, A. de	Falaise d'aval, collection particulière, Fécamp.
Lippincott, William Henri (1849-1920)	Américain cité par Mme Desjardins.

Loiseau, Gustave (1865-1935)	Venu en 1902. *L'Aiguille et l'arche*. Vente Tajan du 24/08/98.
Loncle, Émile (1818- ?)	*Vue de l'amont animée*, coll. particulière.
Loubon	Lithographie *Pêcheurs d'Etretat*.
Louvrier, Maurice (1878-1954)	En 1927, *Les Falaises d'Etretat*, vente Wemaëre-de Beaupuis, Rouen du 22/11/1992, lot 14.
Lucas, A.	Gravure sur acier *L'Aiguille et l'arche vues de Jambourg* publiée dans « L'Artiste ».
Luce, Maximilien (1858-1941)	Ventes : Loudmer, 10/06/96. Le Havre, 05/04/98. Versailles, 21/03/04.
Luttringshausen, Johann (1783-1857)	Aquatinte gravée par Salathé, vers 1820.
Malapeau, Charles (1795-1878)	*Etretat*, 1877, musée Eugène Boudin, Honfleur.
Marchand, J.	Peint des *Harengs* à l'hôtel des *Vieux Plats*.
Marret, Henri-Justin (1878-1964)	Connu pour ses commandes de mairies. A beaucoup peint Pont-Aven et, dans la région, Les Grandes-Dalles.
Mars, Maurice Bonvoisin dit (1849-1912)	En 1903 aux *Vieux Plats*. De son vrai nom Maurice Bonvoisin. Publie vers 1905 un album humoristique « Etretat-album ».
Marville, Charles (1816-1879)	Surtout connu comme photographe. Une huile représentant Etretat se trouve dans une collection parisienne.
Marvy, Louis (1815-1850)	Estampe *Etretat* in « Eaux-fortes par Marvy et Ch. Jacque », conservée à la BnF.
Matisse, Henri (1869-1954)	En 1920 et 1921.
Maufra, Maxime (1861-1918)	Venu en 1895, cinq tableaux répertoriés dans « Maufra » par Arsène Alexandre, éditions Georges Petit, Paris, 1926.
Méheut, Mathurin (1882-1958)	Chez ses amis Mouchotte à Saint-Jouin-Buneval. Aquarelles et gouaches.
Meinier	Participe à la loterie d'août 1861.
Mène, Pierre-Jules (1810-1879)	Sculpteur, invité par Le Poittevin.
Merle, Georges (1823-1881)	*La Fille du pêcheur, Etretat*, Salon de 1880. *Etretat, conversation de pêcheurs*, 1878, vente Fécamp du 6/07/1997, lot 12. Aussi cité par Maupassant.
Meyer, Georges (1896-1930)	Peint en 1906 le *Portrait de Aubourg enfant*, hôtel des *Vieux Plats*.
Meyer, Maurice de	*Vue près d'Etretat pendant la saison des bains*. Source Alain Millet.
Michel, Marius (1853-?)	Cité par François Tassart, le valet de Maupassant. *Etretat*, 1885, vente Pescheteau du 12/03/2000, lot 296.
Miyamoto Saburo (1905-1974)	Japonais cité par Mme Desjardins.
Mondeville, R. de	En 1900 aux *Vieux Plats*.
Monet, Claude (1840-1926)	Plus de quatre-vingt œuvres répertoriées.
Morchain, Paul (1876-1939)	Yport. *Les cabestans à Yport* au Salon des artistes français de 1920.
Moreau-Nélaton (1859-1927)	*La Plage d'Etretat,* salle des ventes, Louviers, le 23/2/2003. *La Falaise d'Etretat*, Genève, le 30/11/98.
Morel-Fatio, Antoine-Léon (1810-1871)	Important tableau représentant la plage vue de la falaise d'aval vers 1860, musée de la Marine, Paris.
Morlon,Athony-Paul-Emile (1834-après 1905)	A Yport en été 1887, cité dans « La Plage normande » de 1887. Dessins d'Etretat, Galerie Bruno Delarue.
Mozin, Charles (1806-1862)	Une aquatinte : *Etretat*, une lithographie : *Naufrage à Jambourg*. Peintures.
Munger, Gilbert (1837-1903)	*Near Etretat*, 1888, exposé à la Hanovre Gallery, Londres, 1888.
Noël, Alexandre-Jean (1752-1834)	Aquarelle gouachée : *Vue de la baie, de l'aiguille et des parcs à huîtres d'Etretat*, datée 1786. Deux aquatintes gravées par Fielding : *Vue générale de la rade* et *Vue du trou à l'homme*.
Noël, Alexis (1782-1871)	Aquarelles, venu à Etretat vers 1870.
Noël, Jules (1810-1881)	Né Louis Assez (1810-1880), *Marine, rocher d'Etretat*, exposition universelle de Besançon, 1860.
Nozal, Alexandre (1852-1928)	Nombreuses œuvres. Cité par Maupassant.
Ochard	Gravure sur acier *Etretat, vue de la plage et de la porte d'amont*.
Olivié, Léon (1833-1901)	*Portrait d'un enfant d'Etretat*, 1895, musée de Fécamp. Cité par Maupassant en août 1880. *Pêcheur*, hôtel des *Vieux Plats*.
Osterlind, Anders (1887-1960)	Venu en 1933. *L'Aiguille vue de la Manneporte*. Vente Drouot 17/11/2000.
Oudiné, Eugène André (1810-1887)	Possède une maison. Reçoit tous les ans Louis Cabat.
Ouvrié, Justin (1806-1879)	*Vue de la plage vers l'amont*, présentée au Salon.
Pailhès, Fred (1902-1891)	Havrais, il a peint de nombreuses huiles et aquarelles d'Etretat.
Paquereau, Paul (1871-1950)	Aquarelle *La Plage*, galerie Bruno Delarue.

Petit, Victor	*Maison à Etretat*, dessin, fin XIXe siècle.
Pinchon, Robert (1886-1943)	En 1929. Ecole de Rouen.
Place, Henri (1812-?)	Ami d'Isabey, *Les Falaises d'Etretat*, 1862. Aussi au Château-musée de Dieppe.
Polenov, Vassili (1844-1927)	Quarante études. *Fishing boat, Etretat*, 1874, musée Tretakov, Moscou. *Pêcheurs à Etretat*, source Alain Millet.
Quemené	Source Alain Millet.
René, Jean-Jacques (?-1943)	*Sur la plage à Etretat*, vente Lesueur-Le Bars, Le Havre du 25/07/1993.
Renié, E.-J. (1835-1910)	*Marée d'équinoxe, Etretat*, sept. 83, Salon de 1884.
Renoir, Auguste (1841-191)	Portraits d'Alfred et Adeline Nunès à Yport.
Reutlinger	*A la pêche*, gravure comique.
Rey, Charles	Connu par un dessin de 1866, *La Falaise d'aval*, annoté « *logé chez le père Bobée, bon gîte, bon lit, bonne table et bon bonnet de coton !* ».
Richner	Gravure sur bois, *Les Falaises*.
Riesener, Léon (1808-1878)	Lavis *Falaises normandes éboulées vers Fécamp*, musée Eugène Delacroix.
Riou, Édouard (1833-1900)	Carnet d'aquarelles de Trouville à Yport.
Robert, C.	*Aux environs d'Yport*, Salon de 1884.
Robock	Gravure sur acier, *Falaises d'Etretat*.
Rondeau	*Chantier de construction*, aquarelle.
Ronis, Willy (né en 1910)	Photographie : *Baptème*, 1949. BnF.
Roslin	*Mise à l'eau d'un canot*, collection particulière, Etretat.
Roth	Vente hôtel des *Vieux Plats*, Gonneville la mallet, 1935.
Rothenstein, William (1872-1945)	A loué à Vattetot-sur-mer une maison de 1895 à 1897. Ami de Toulouse-Lautrec.
Rouby	Vente hôtel des *Vieux Plats*, Gonneville-la-Mallet, 1935.
Roullet, Gaston (1847-1925)	*Une Matinée de septembre à Etretat - effet de brume*, Salon de 1884.
Rousseau, Philippe (1816-1887)	« La gazette d'Etretat » du 30 juillet 1863.
Rouzé, G. L.	*Le Cabestan*, Salon de 1928, n° 1585.
Royer, Lionel (1852-1926)	Venu en septembre 1888. Vente Millon.
Saint-Aubin, Mme J.	*Souvenir d'Yport*, Salon de 1879.
Saint-Delis, Henri de (1878-1949)	Nombreuses huiles et aquarelles.
Saint-Delis, René de (1876-1958)	Très nombreuses huiles, aquarelles, dessins. Habite Etretat.
Samin, P. J.	*Pêcheuses d'Yport*, Salon de 1884.
Saraben, L.	Peint en 1887 un *Faucheur* à l'hôtel des *Vieux Plats*.
Schirmer, Wilhelm (1802-1866)	En 1836, livre Marie-Hélène Desjardins « Des peintres au pays des falaises ».
Schmitt, Paul (1856-1902)	*Vue de l'aval*, collection privée.
Schuffenecker, Émile (1851-1934)	Nombreuses œuvres.
Seeberger, frères	Huit photos entre 1900 et 1925 conservées à la Direction du patrimoine.
Sennep, Jehan (1894-1982)	En 1913 aux « Vieux Plats ».
Sickert, Walter, (1860-1942)	Venait chez Rothenstein à Vattetot-sur-Mer. Elève et assistant de Whistler. Souvent à Dieppe.
Sims, Charles (1873-1928)	*The Dunes at Etretat*, University of Dundee, Scotland, UK.
Smillie, David (1833-1909)	Américain, cité par Mme Desjardins. Œuvre au Wadswotrth Atheneum, Hartford.
Soclet, A.	A l'hôtel des *Vieux Pats*, peint en 1884, une paysanne.
Soulès, Eugène (1811-1876)	Aquarelle Panoramique et autres aquarelles dont *L'Eglise d'Etretat*.
Stanfield	*Rocks of Etretat*, Gravure sur acier.
Stop (1825-1899)	Illustration du « Journal amusant » du 5 août 1882.
Strauss, André (1885-1971)	*Jeune femme sur la falaise (Yport)*, Salon de 1928, n° 1696. *Les Falaises d'Etretat*, vente Horta, Bruxelles, du 20/01/97, n° 77.
Surand	Vente hôtel des *Vieux Plats*, Gonneville-la-Mallet, 1935.
Sutter, D.	Dessin, 1841, coll. particulière, Etretat.
Taiée, Alfred	Eau-forte, *Etretat*, 1872, conservée à la Bibliothèque nationale.
Thimonie, R.	En 1887, peint des portraits d'enfants à l'hôtel des *Vieux Plats*.
Tofani	*La Bénédiction de la mer*, gravure sur bois.
Toly	*Eboulement d'une falaise à Etretat*, dessin, coll. J.P. Thomas.
Toudouze, Edouard (1848-1907)	*Plage à Yport*, 1878.

Toulouse-Lautrec, Henri de (1864-1901)	Vient avec les Natanson en 1895 certainement voir ses amis de « La Revue blanche ».
Tourneux	Participe à la loterie d'août 1861.
Tronville Louis (1817-1872 ?)	Elève et ami de Le Poittevin. *Vue de la grande falaise d'Etretat prise sur la dune.* Tableau présenté en 1842 dans un Salon du nord de la France.
Troyon, Constant (1810-1865)	Vient avec Isabey.
Trupof, H.	*Les Laveuses d'Etretat*, vers 1900.
Valério, R. de (1886-1951)	Dessin, collection particulière, Chamalières.
Vallin, Robert (?-1915)	Aquarelle, *Amont*, juillet 1922.
Vallois, Paul-Félix (1845-1906)	*Les Grandes falaises à Saint-Jouin* et *Sur la plage*, Salon de 1884. *Épave à mer basse sous les falaises d'Etretat*, 1879, musée de Fécamp.
Valloton, Félix (1865-1925)	Plusieurs œuvres répertoriées. Venu en 1899.
Van Dyck	*Falaise*, coll. privée.
Van Loo, L.	En 1859 à l'hôtel des *Vieux Plats*.
Vernier, E. L. (1829-1887)	*Les Pêcheuses de varech à Yport*, Salon de 1879 et collection de Corot : *Bateau de pêche à Etretat, au pied des grandes falaises (marée basse).*
Victor, Georges	*Falaise d'amont.*
Vieillard, Maurice	Habite Beaurepaire. Portraits d'enfants et vues de Paris. Pas de vues d'Etretat connues.
Vienot	« Bulletin d'Etretat » du 18 Juillet 1861.
Vigon, Louis-Jacques (1897-1985)	*Barques à Etretat*, vente Lesueur-Le Bars, Le Havre du 22/07/1990.
Villa, Georges (1883-1965)	Programme du gala aéronautique, Comité Nungesser et Coli, 1928. BnF.
Villain	
Viollet le Duc, Adolphe (1817-1878)	Frère de l'architecte. Collection particulière, Paris.
Vuillard, Édouard (1868-1940)	Chez Valloton en 1899 avec les Natanson.
Whistler, James Abott McNeill (1834-1903)	*Beaching the boat Etretat*, 1897, Jeffrey R, Brown fine Arts.
Wislin, Charles-Joseph (1852-?)	*Journée d'août sur les falaises d'Etretat* et *A travers champs*, Salon de 1884. Vente hôtel des *Vieux Plats*, Gonneville-la-Mallet, 1935.
Wolff, Bernard (1860-?)	Laisse une Vue d'Italie à l'hôtel des *Vieux Plats*.
Yon, Edmond (1835-1897)	Gravure sur bois : *Front of the casino.*
Ziem, Félix (1821-1911)	*Rocks of Etretat*, musée de l'Hermitage, vers 1850-1860.

MONDANITES

LISTE DE PERSONNAGES IMPORTANTS AYANT POSSEDE DES VILLAS A ETRETAT D'APRES LE LIVRE DE JEAN-PIERRE THOMAS, « ETRETAT AUTOUR DES ANNEES 1900 ».

Beaugrand - joaillier de Napoléon III. Villa *Les Œillets*.
Madame Lecomte de Noüy.
Soulier - Industriel à Rouen.
Comte Desson de Saint Aignan - Ancien député.
Comte d'Escherny - *Villa des Roches*, construite en 1855.
Faure - Compositeur et baryton de l'opéra, important collectionneur.
Charles Landelle - Peintre. *Casa Landelle*.
Hugues Merle - Peintre. Villa *Les Oiseaux*.
Eugène Le Poittevin - *La Chaufferette*, peintre.
Madame Trebelli, née Zélie Gillebert de Beaulieu - Chanteuse de grand opéra.
Étienne Neurdein - Editeur de cartes postales. Villa *La Ramade*
Sancier - Préfet.
David - Financier, tué par l'amant de sa femme.
Jacques Offenbach - Compositeur. *Villa Orphée* (du nom de son opéra et où se déroulaient des fêtes remarquables).
Boyer de Taranne - Propriétaire de l'Eau de Mélisse des Carmes.
Hortense Schneider - Egérie d'Offenbach.
Jean-Émile Renié - Peintre de Barbizon.
Auguste de Villemersant - Propriétaire du journal « Le Figaro ».
Mademoiselle Doche - Comédienne qui fut la première Dame aux camélias.
Henri Rabaud - Compositeur d'opéra.
Madame Dorus-Gras - Cantatrice célèbre.
Justin-Léon Olivié - Peintre.
Maillard - Qui créa avec Boucicaut le magasin « Au Bon Marché ».
Gustave Charpentier - Musicien, auteur de l'opéra comique « Louise ».
Alexandre Chouet - Propriétaire du dentifrice du Docteur Pierre.
Maurice Leblanc - Ecrivain, inventeur du personnage d'Arsène Lupin.
Guy de Maupassant - Ecrivain. Villa *La Guillette*.
Prince Lubomirski - Castel sur la falaise d'aval.
Desfossés - propriétaire du « Petit Journal ».
Narcisse Diaz de Pena -Peintre. *Chalet Diaz*.
Boutheroux-Desmaraix - Industriel, distributeur de produits pétroliers. Villa *Desmarées* (actuel hôtel Dormy House).

Tous ces gens recevaient énormément. Vinrent chez eux nombre de personnages célèbres tels que les reines d'Espagne Marie-Christine de Bourbon-Sicile et Isabelle II ainsi que cinq présidents de la République.

TABLEAU CHRONOLOGIQUE DES ARTISTES VENUS A ETRETAT

1820	1823	1824	1825	1829	1831	1834	1835	1836	1838
Isabey	Bonington ?	Isabey ?	Isabey	Huet	Isabey	Le Poittevin	Huet	Shirmer	Gabrielle
			Bonington		Le Poittevin		Victor Hugo		
							Delacroix		

1839	1840	1841	1842	1843	1845	1846	1847	1848	1849
Cooke	Isabey ?	Isabey ?	Gricourt	Coignet	Roslin	Huet	Isabey	Jules Noël	Isabey
		Sutter	Tronville	Marvy	Anastasi		Delacroix	Delacroix ?	Delacroix
							Anastasi		Gricourt
							Jongkind		
							Bonardel		
							Cicéri		

1850	1851	1853	1854	1855	1856	1857	1858	1859	1860
Isabey	Isabey	Jongkind	Delacroix	Legrip	Chagot	Jongkind	Isabey	Bushell y Laussat	Victor Hugo
Jongkind	Le Poittevin		Diaz de la Pena	Place		Drouin	Le Poittevin	Van Loo	Soulès
	Jongkind			Troyon		Cabat	Diaz de la Pena	Diaz de la Pena	
	Buisson					Fréret	Cabat		
						Isabey			

1861	1862	1863	1864	1865	1866	1867	1868	1869	1870
Bushell y Laussat	Diaz de la Pena	Fichel	Monet	Corot	Le Poittevin	Courbet	Monet	Monet	Le Poittevin
Le Poittevin	Place	Rousseau	Boudin	Le Poittevin	Courbet	Flandrin	Huet	Courbet	Bacon
Fichel	Gudin	Flandrin	Delacroix	Courbet	Landelle	Ouvrié	Flandrin	Diaz de la Pena	
Tourneux		Oudiné	Landelle	Landelle	Bentabolle		Oudiné		
Landelle		Barrias	Diaz de la Pena	Flandrin	Ouvrié		Legendre		
Vienot		Ballu	Flandrin	Jongkind	Flandrin				
Grandsire				Guillemet	Arman				
Girood				Morel-Fatio	Rey				
Lier				Arman					
Gaminade									
Jalabert									
Heullant									
Meinier									
Bois-Chevalier									
Bertall									

1871	1872	1873	1874	1875	1876	1877	1878	1879	
Diaz de la Pena	Monet	Noël, J.	Noël, J.	Noël, J.	Dijon	Malapeau	Merle	Noël, J.	Le Villain
Cuthbert	Boudin	Boudin	Nozal	Boudin	Bahieu	Innes	Olivié	Nozal	Vernier
	Corot	Colman	Inness	Innes	Innes	Mazzella	Riou	Boldini	Saint Aubin
	Diaz de la Pena	Cooke	Bogoliubov	Riou		Vernier	Toudouze	Bacon	Flameng
	Taiée		Bonheur				Blayn	Vallois	Vallois
	Laurens		Polenov					Badin	
	Billet								

- **1880**: Merle, Le Poittevin, Landelle, Olivié, Fuhel, Nozal, Dilligeon, Laurens, Hébert, Debesque, Bouquet
- **1881**: Bacon, Mazzella
- **1882**: Bacon, Degas, Stop, Mazzella, Dana, Ghika, Hoffman, Lemaire
- **1883**: Monet, Boudin, Renoir, Roullet, Mazzella, Vallois, Renié, Bacon
- **1884**: Monet, Boudin, Caillebotte, Soclet, Smillie, Mazzella, Roullet, Fauve, Samin, Robert, Wislin, Vallois
- **1885**: Monet, Nozal, Michel, Olivié, Mazzella, Beyle
- **1886**: Monet, Bentabole, Schuffenecker, Bacon
- **1887**: Whistler, Monet, Boudin, Nozal, Saraben, Laurens, Schuffenecker, Berchmans, David d'Angers, Morlon, Colin, Thimonnier
- **1888**: Boudin, Bacon, Colin, Schuffenecker, d'Adelsward, Labiche, Munger, Cabat, Dieterle, Fourié, Royer
- **1889**: Flandrin, Schuffenecker, Cabat, Galien-Laloue
- **1890**: Boudin, Nozal, Bacon
- **1891**: Boudin, Coulanges-Lautrec, Adeline
- **1892**: Boudin, Mazzella, Bernard, Emile, Inness, Schuffenecker, Audran, Cabat, Charpentié, Eugène Bernard
- **1893**: Bodsford, Comstock, Grün, Courant, Schuffenecker, Deck, Charpentier
- **1894**: Grün, Schuffenecker
- **1895**: Schuffenecker, Toulouse-Lautrec, Rothenstein, Olivié, Maufra
- **1896**: Boudin, Rothenstein, Henriot
- **1897**: Whistler, Nozal, Rothenstein, Noirot, Bacon
- **1898**: Auburtin, Grandjean, Henriot
- **1899**: Auburtin, Vallotton, Vuillard
- **1900**: Auburtin, Maufra, de Mondeville, Renié
- **1901**: Auburtin, Adam
- **1902**: Auburtin, Loiseau
- **1903**: Auburtin, Mars
- **1904**: Auburtin, Lecourt, Denis
- **1906**: Meyer
- **1907**: Dorival, Lartigue, Kanakogui
- **1909**: Hilibert
- **1910**: Devambez, Schuffenecker
- **1911**: Auburtin, R. de Saint-Delis
- **1913**: Kerhor, Sennep
- **1914**: Grumery
- **1915**: R. de Saint-Delis, Grumery
- **1916**: Monet, R. de Saint-Delis, Grumery
- **1917**: R. de Saint-Delis, Grumery
- **1918**: R. de Saint-Delis
- **1919**: R. de Saint-Delis, Berges
- **1920**: R. de Saint-Delis, Morchain, Matisse, Guilbert
- **1921**: R. de Saint-Delis, Friesz
- **1922**: R. de Saint-Delis
- **1923**: R. de Saint-Delis, Nozal
- **1924**: R. de Saint-Delis
- **1925**: R. de Saint-Delis, Arthus
- **1926**: R. de Saint-Delis
- **1927**: R. de Saint-Delis, Laurencin, Louvrier
- **1928**: R. de Saint-Delis, Villa, Strausss, Rouzé
- **1929**: R. de Saint-Delis, Pinchon, Galland
- **1930**: R. de Saint-Delis, Braque
- **1931**: R. de Saint-Delis
- **1932**: R. de Saint-Delis
- **1933**: R. de Saint-Delis, Osterlind
- **1934**: R. de Saint-Delis
- **1935**: R. de Saint-Delis, Berman, Jahan
- **1936**: R de Saint-Delis, Lecourt
- **1937**: R. de Saint-Delis, Luce
- **1938**: R. de Saint-Delis
- **1939**: R. de Saint-Delis
- **1940**: R. de Saint-Delis

INDEX DES NOMS CITES

A

Aaron 131
Abel de Pujol 122
Acher 144
Acher, Léon 64
Adam, Victor 31
Addison 28
Aligny d' 120
Anastasi, Auguste 52, 152
Angoulême, duchesse d' 182
Angrand, Charles 168, 216
Anquetin, Louis 168
Apollinaire, Guillaume 230
Arrowsmith 54, 102
Aubourg 20
Aubret, Maurice 180
Auburtin, Jean-Francis 168, 200, 201, 244

B

Bacon, Henry 8, 20, 21, 73, 147, 148, 174, 175, 176, 177
Bacon, Lizzie 174
Badin, Pierre-Adolphe 102, 136
Baldus 116
Baldus, Edouard 240
Bart, Jean 34
Basset, M. 50
Bataille, Nicolas-Auguste 74
Baudelaire, Charles 18, 32, 144, 152, 200
Baudeloche, Edgar 62
Baudry 97
Bayot 134, 135
Bazille, Frédéric 148
Bazin, Emilie 120
Beaufils, Ambroise 188
Bellangé, Eugène 64, 198
Bellangé, Hippolyte 31, 52
Belvert, marquis de 38, 39
Benedict-Masson 130
Bénédite, Léonce 230
Bentabole, Louis 8, 52
Bergson, Henri 29
Bernard, Emile 8, 168
Bernard, Jean-François 84
Bernardin de Saint-Pierre 29
Bernheim 221, 228
Berry, duchesse de 33, 35, 58, 62, 86, 102
Bertall 16, 64, 126, 137
Berthelemy, E. 20
Berthoud 146
Bertin 168
Bertin, Jean-Victor 80, 88
Besnard, Albert 8
Bidault, Emile 80
Binet, Georges 218
Bisson 116
Bisson, Romain 19, 127
Blaizot 166
Blanchard, Marie-Adélaïde 63
Blanche, Dr 166
Blanche, Jacques-Emile 166, 192
Blanquet, M. et Mme 131
Bois-Chevalier 5
Boissaye, Adolphe 20
Boldini, Giovanni 8, 156, 192, 193
Bonaparte, Louis-Napoléon 86
Bonington, Richard-Parkes 8, 27, 42, 52, 55, 57, 58, 59, 80, 100, 120, 132
Bonnard, Pierre 219
Bonnardel 58, 152
Bonnat, Léon-Joseph 188
Bonnin, A. 80
Borel 180
Boudin, Eugène 8, 21, 36, 58, 59, 144, 145, 146, 147, 148, 149, 150, 152, 153, 204, 222, 242, 244
Boudin, Léonard-Sébastien 144
Bouguereau, William Adolphe 97, 162
Boulenger, Louis 66, 80, 82
Bourbon, Marie Caroline de 182
Bradberry, Georges 216
Braque, Georges 144, 214, 227, 236, 240
Brascassat, Jacques 120
Brianchon 111
Briand 104
Brizard 131
Brueghel le Jeune 234
Buffon, Georges Louis Leclerc, comte de 28
Buisson 52
Bulgari, Stamati 80
Bullock 35
Bushell y Laussat, Francisco 73
Byron 28

C

Cabanel, Alexandre 97, 162, 174
Cabat, Louis 80, 120, 121
Cafet, Octave 180
Caillebotte, Gustave 8, 190
Calonne, Monseigneur de 38
Calow 90
Cals, Félix 37, 52, 88, 152
Cassagne, A. 30
Castagnary, Jules 92
Castres, Edouard 116
Cézanne, Paul 166, 190
Champfleury 120
Chappe d'Auteroche, abbé 38
Charles X 86, 132, 182
Charpentier, Georges 148, 162
Chatillon 122
Chéret, Jules 182
Chevreul, Eugène 208
Chtchoukine 228
Churc, Frédéric 170
Cicéri, Eugène 42, 52, 58, 132, 152, 184
Cléon, Yves 70
Cochet, Jean, abbé 35, 38, 84, 128
Coignet, Jules 8, 31, 88, 89, 102
Collin, Henry 184
Colman, Samuel 73
Colomb, Christophe 62
Constable, John 27, 54, 74, 80, 102
Constant, B. 181
Cooke, Edward William 52
Copieux, Albert 236, 240
Cormon, Fernand 218
Corot, Camille 8, 62, 80, 88, 102, 103, 104, 105, 106, 116, 144, 150, 152, 156, 170, 178, 196
Coty, René 237
Coubertin, Mme de 64
Couchaux, Marcel 216
Courbet, Gustave 8, 18, 31, 34, 62, 80, 92, 93, 94, 996, 96, 97, 98, 102, 144, 152, 162
Courthion, Pierre 232
Couture, Thomas 144, 152
Crockett 21
Crospey, Jasper 170
Cross, Henri-Edmond 168
Cuvillier 59, 134, 141

D

Daguerre, Louis-Jacques-Mandé 62, 204
Dalibert, Mme 168
Dana 21, 73
Daubigny, Charles 104, 150, 170, 180
Daumier, Honoré 102, 166

Dauzats, Adrien 42, 122, 132
Davanne, Louis-Alphonse 62, 206, 208
David, Louis 50, 72, 86
Decaux, abbé 84
Deck, Théodore 66, 180
Degas, Edgar 8, 166, 190, 192, 204
Delacroix, Eugène 8, 34, 35, 36, 54, 55, 58, 59, 62, 74, 80, 97, 146, 156, 162, 166
Delaroche, Paul 114
Delarue, G. 21
Delattre, Joseph 216
Delignères, Adolphe 62
Denis, Maurice 219
Deperthes 26
Deroy 111, 138, 139, 140
Desfosés 130
Desjardins-Ménégalli 188
Dévéria 80
Diaz de la Pena, Narcisse 20, 58, 152, 153, 198
Dica-Petit, Mlle 131
Dieterle, Georges 178
Dieterle, Jules 102
Diligeon 21
Dinet, Louis 180
Doche, Eugénie 64
Dollingen 21, 130
Domergue, Gabriel 192
Donnay, Maurice 220
Doré, Gustave 20, 141
Dorus 64
Dreyfus 166, 168
Drouet, Juliette 82
Drouin, Jean-Pierre 108, 109
Du Camp, Maxime 204
Dubois-Pillet, Albert 168
Dubosc, M. 181
Dubourg, Alexandre 152
Duchemin, Rose et Jean 127
Ducrey, Marina 220
Dufy, Jean 242
Dufy, Raoul 8, 214, 232, 233, 236, 240, 241, 242
Dumas, Alexandre 64, 74, 80, 184
Dumax 104
Dumesnil, Henri 102
Dumont, Pierre 216
Dupré, Jules 120, 152, 156
Dupuis 152
Dupuy, L. 196
Durand-Ruel 92, 156, 162, 166
Duthuit, G. 230
Dutremble, Agathe Madeleine 39
Duval, Paul 128

E

Engleman, Godfroy 182
Erckmann-Chatrian 184
Escherny, comte 110
Eugénie, impératice 84

F

Fauché 168
Faure, Jean-Baptiste 110, 114, 127, 129, 130, 131, 156, 192
Fauve, Mlle 22
Fauvel, Georges 244
Ferry, Gabriel 22
Fesser, Mme 150, 153
Fichel 64
Fidelin, Dr 20
Fidelin, Jeanne 242
Fielding 8, 43, 46, 54, 74, 80
Fielding, Copley 74
Fielding, Newton 42, 44
Fielding, Thales 42
Fielding, Théodore 42
Flamant, Eugène 212, 213
Flamant, Louis-Emmanuel 212
Flamant, Roland 212
Flandrin, Paul 52
Flaubert, Gustave 29, 128
Flers, Camille 120
Fontane, Marius 184
Foucaud, Louis 150
Français, Louis 52, 120, 180
François Ier 50
Frébourg, M. 156
Fréchon, Charles 216
Frère, Edouard 174
Friedrich, Caspar David 162
Friesz, Emile-Othon 232, 236, 240, 241, 242
Frise, amiral de 34
Furel 114, 129

G

Galiany 196
Galien-Laloue, Eugène 196, 197
Gaminade 21
Gamme, père 80
Garneray, Louis 8, 31, 42, 50, 51, 132
Gatayes 62
Gatjay, Bapu Sahib 20
Gaucherel, Léon 55
Gauguin, Paul 166, 168, 219, 230
Gauthier, Théophile 62, 80
Gavarni 190
Gay-Lussac 208
Geoffroy 102, 147
Géricault, Théodore 3
Gérôme, Jean-Léon 97, 174
Ghika 21
Gide, André 128, 221
Gifford 170
Gignoux, Régis-François 170
Gilbert 152
Gillebert de Beaulieu, Zélie 127
Girodet 86
Gleizes, Albert 214, 216
Goethe, Johann Wolfgang von 32
Goffe Rand, John 36
Gonzalès, Eva 166
Goupil et Braun 174
Granier, Jeanne 220
Grévy, Mme 130
Gricourt, Raphaël de 29
Gris, Juan 216
Gros, baron 54, 80, 86
Gudin, Henriette 52
Gudin, Théodore 8, 34, 52, 58, 86, 87, 108, 110
Guérin 80
Guilbert, Narcisse 216, 217
Guitry, Lucien 220

H

Haffen, Yvonne-Jean 234
Hagemann, Godefroy de 180
Halévy, Ludovic 166
Haenen de 20
Harding 42, 132
Harpignies, Henri-Joseph 178, 181
Havet 21
Hawell 43
Hénocque, Narcisse 216
Henri III 33
Herbert, Robert L. 162
Hoffman 22
Hokusaï 201
Hoschedé, Alice 156, 160
Hoschedé, Ernest 156
Hue, Charles 188
Hue, Jean-François 27
Huet, Paul 8, 28, 30, 31, 32, 34, 54, 58, 80, 81, 90, 102, 116, 122, 204, 243
Hugo, Adèle 82
Hugo, Victor 8, 28, 33, 35, 74, 80, 82, 83, 96, 127
Huisman, Denis 28

I

Ibels, Henri Gabriel 219
Ingres, Jean Auguste Dominique 74, 97, 166
Inness, George 8, 73, 170, 172
Isabey, Eugène 5, 8, 18, 26, 30, 31, 34, 35, 37, 42, 52, 54, 58, 59, 60, 62, 80, 86, 90, 127, 132, 134, 144, 146, 147, 150, 152

Isabey, Jean-Baptiste 58

J

Jacottet 88
Jadin 80
Jahyer, Félix 64
Jaime, Jean-François 100, 101
James, Henry 127
Janin 58
Jazet 69
Jongkind, Johan-Barthold 8, 21, 58, 59, 144, 146, 147, 148,150, 151, 152, 153, 154
Jouet 64
Jouhannot, Tony 152
Jouy, Etienne 42
Jugelet, Jean-Marie 90
Jung 63

K

Kant, Emmanuel 28
Karr, Alphonse 18, 58, 62, 64, 66, 127, 131, 180

L

L'archer 131
La Fare, A. 124
Labiche 62
Lacordaire, Henri 120
Laloue, Charles 196
Lamartine, Alphonse de 28, 80
Lamblardie de 38, 50
Landelle, Charles 5, 64, 114, 115, 129
Lapito 152
Lapostolet, Charles 8, 52
Laurens, Jean-Paul 128, 236
Laval 168
Lawrence, Thomas 102
Le Bihan, René 178
Le Febvre-Duruflé, Noël-Jacques 42
Le Franc de Pompignan 33
Le Gray, Gustave 116, 204
Le Guern, Gérard 84
Le Nôtre, André 26
Le Poittevin, Alfred 63
Le Poittevin, Eugène 5, 8, 18, 31, 58, 62, 63, 64, 66, 67, 68, 69, 73, 90, 96, 114, 120, 129, 131, 141, 170, 174
Le Poittevin, Jean-François 63
Le Poittevin, Louis 63
Leblanc, Georgette 221
Leblanc, Maurice 128, 221
Lecourt, Raymond 236, 241, 242, 244
Lefèvre Utile 182
Léger, Fernand 232
Legrip, Frédéric 84, 85, 134
Legrip, galerie 241
Legros, armateur 38
Lehmann 131
Lenormand, Mathurin 111
Leroux, André-Paul 170, 214, 237, 238
Leroy Ireland 170
Lhermitte, Léon-Augustin 178
Lhullier, Charles 144, 156, 218, 232, 236, 241, 242
Liénart de Saint-Delis 242
Lier 21
Lievin 196
Lincé, A. de Dehon 88
Lindon, Raymond 38, 63, 64, 190
Loir, Luigi 182, 183
Lorrain, Jean 63, 128
Louis XVI 50
Louis-Philippe 51
Lourdel 114, 129
Louvrier, Maurice 216
Lubomirski, prince 130
Luminais, Evariste 178
Lupin, Arsène 128
Luttringhausen 42, 48

M

Maeterlinck, Maurice 221
Magellan 31, 33
Maigrot, Henri 166
Mallarmé 200, 230
Manet, Edouard 150, 156, 166, 190
Mangard, Charles 27
Marie-Antoinette 26, 39
Marquet, Albert 232
Mars 149
Martens 116
Martin, Pierre-Firmin 146, 150, 152, 153
Mathis 131
Matisse, Henri 8, 214, 216, 228, 230, 232
Maupassant, Gustave 128
Maupassant, Guy de 8, 17, 20, 62, 63, 64, 92, 96, 102, 104, 114, 128, 129, 156, 184, 190
Maupassant, Laure de 62, 63, 128
Maupassant, Louise de 63
Mazzella, J. 199
Méheut, Mathurin 214, 234
Menier, Emile-Justin 50
Merle, Hugues 64, 114, 129, 131, 156
Mesdag, Hendrik Willem 116
Michallon, Achille-Etna 80, 102
Michel, Marius 156
Michelet 32, 96
Mignen, Léon 180
Millet, Jean-François 102, 144, 156, 190
Miquel, Pierre 31, 59
Miramont de, Dr 129, 150, 152
Miramont, Mlle de 131
Miramont, P.M. de 20
Monet, Camille 156
Monet, Claude 8, 20, 21, 31, 34, 37, 58, 92, 96, 146, 147, 148, 150, 152, 156, 157, 158, 159, 160, 161, 162, 163, 164, 166, 178, 184, 190, 201
Monet, Jean 156
Monet, Léon 156
Monfreid, Daniel de 168
Montpensier de, duchesse 120
Morand Paul 63, 184
Moreau, Adolphe 152
Moreau, Gustave 200, 230
Moreau-Nélaton, Etienne 152, 156
Morel-Fatio, Léon-Antoine 8, 34, 37, 84, 108, 110, 111, 138
Morin, Edmond 166
Morisot, Berthe 8
Morlent, Joseph 136
Morosov 228
Mouchotte 234
Mourolin-Corbel, Jeanne 22
Mozin, Charles 8, 31, 34, 58, 80, 90, 91, 108, 132, 134, 135

N

Nadar, Félix Tournachon dit 64
Napoléon Ier 34, 38, 50, 58
Napoléon III 31, 84, 184, 212
Natanson, Thadée et Misia 221
Neurdein, Etienne 209
Neurdein, Jean-César 209
Neurdein, Louis-Antonin 209
Niepce, Nicéphore 62, 204
Nodier, Charles 31, 58, 132
Noël, Alexandre-Jean 8, 38, 40, 42, 44, 46, 59, 69, 70, 72, 100, 162
Noël, Alexis-Nicolas 72
Noël, Charles 210
Noël, Gustave-Joseph 72
Noël, Jules 8, 54, 70, 71, 90, 194
Noël, Marie-Dina 70
Noirot, Emile 180
Noirot, Jean-Louis 180
Nonclercq, G.E. 127
Nozal, Alexandre 131, 178, 179
Nunès, Adeline 168
Nunès, Alfred 168
Nunès, Robert 168

O

Ochard 136
Offenbach, Auguste 131
Offenbach, Jacques 20, 64, 104, 114, 127,

129, 130, 166
Olivié, Léon 20, 114, 129
Osmond, Abel 102
Osterval, J.F. d' 42, 54
Oudiné 52
Ouin Lacroix, Ch. 84
Oury, Marcelle 232
Ouvrié, Justin-Pierre 122, 123
Ozanne, Nicolas 50

P

Paccini 130, 131
Paillard, Jean 66
Pastelot, Jean-Aimable Amédé 182
Pavie, Victor 82
Peladan, Sâr 168
Périer, Paul-Casimir 208
Petit, Georges 156, 194
Picabia, Francis 216
Picasso, Pablo 214
Picot, François-Edouard 152
Piétri, préfet 86
Pigafetta, Antonio 31
Pillement, Jean-Baptiste 38
Pils, Isidore 120
Pinchon, Robert 216
Piranèse, Giovanni Battista 82
Pissarro, Camille 153, 156, 166, 190
Place, Henri 52, 58
Poidevin, Nicolas 62
Polenov, Vasilli 73
Potin, Félix 182
Prins, Pierre 178
Proust, Marcel 128
Puvis de Chavanne 200

R

Rabaud, Henri 127
Ranson, Paul, Elie 219
Raulin, Magloire 190
Ravier, François Auguste 180
Rebsomen 86
Redon, Odilon 168, 200
Reichard, Hans Ottokar 31
Rembrandt, harmensz van Rijn 34
Rémy, Louis 102
Renié, Emile-Jean 22, 66, 198
Renoir, Pierre-Auguste 166, 190
Ribot, Théodule 156
Rimbaud, Arthur 200
Riou, Edouard 132, 160, 184, 185, 186
Rivière, Henri 201
Rizias 148
Robaut, Alfred 74, 104
Robert, Hubert 28, 34
Rocher 144
Rondeaux, Madeleine 128
Roqueplan 58
Roqueplan, Camille 80
Rosa, Salvatore 27
Rothenstein, William 73, 221
Rötig, Georges Frédéric 244
Roullet, Gaston 20, 70, 197, 195
Rousseau, A. 116, 141
Rousseau, Jean-Jacques 28, 29
Rousseau, Théodore 150, 152, 156, 170, 198, 221
Roussel, Ker-Xavier 201
Roussel, sieur 39
Roy, Pierre 168
Roybet, Ferdinand 156

S

Sabatier 134
Saint-Delis, Henri de 8, 214, 236, 237, 240
Saint-Delis, René de 8, 22, 16, 168, 214, 222, 236, 237, 238, 240, 241, 242, 243, 244, 245, 246, 247, 248, 249
Sainte-Beuve, Charles Augustin 80, 82
Salathé 42, 48
Sampatras, prince 20
Schelfout, Andreas 152
Schortz, Michèle 15
Schuffenecker, Paul-Emile 8, 166, 168, 169
Senefer 42
Sérusier, Paul 219
Seurat, Georges 168, 216
Shelley, Mrs 127
Shirmer, Johann Wilhem 52, 73
Sickert, Walter Richard 220
Signac, Paul 150, 168
Silvestre, Jacques-Augustin 38
Sisley, Alfred 190
Smits 152, 153
Soclet, Alfred-Henri 210, 211
Soulès, Eugène Edouard 116, 117, 118
Stendhal, Henri Beyle 31
Stevens, Alfred 152
Stourm, Auguste 120
Strauss, A. 22
Stumpf 102
Surcouf 50
Suzanne, Léon 216

T

Tarlet 136
Tassart, François 62, 128, 184
Taylor, Isidore baron 42, 54, 100, 122,132, 144
Thiébault-Sisson 150
Thomas, Jean-Pierre 63, 104
Thomas, Victor-Nicolas 104
Thurin, Mlle 63
Tillier 181
Tilly, E.A. 22
Tirvert, Eugène 216
Todorov 32
Toulouse-Lautrec, Henri de 182, 221
Trebelli, Mme 127
Tremble, Mlle du 38
Troyon, Constant 116, 120, 144, 152, 156
Turner, Joseph Mallord William 8, 54, 102

V

Valenciennes, Pierre-Henry de 88
Vallois, Paul-Félix 188, 189, 242
Vallotton, Félix 8, 31, 37, 148, 204, 214, 219, 221, 222, 223, 224, 226
Vallotton, Gabrielle 221
Van Gogh, Vincent 166, 168
Van Helmont 33
Van Plattenberg, Mathys 27
Venedey, Jacob 18, 31
Vermeleyn, Pr 32
Verne, Jules 184
Vernet, Claude-Joseph 27, 38, 42, 50
Vernet, Horace 29, 31
Vernier, Emile 104
Véronèse 97
Vespuce, Americo 62
Villain, Georges 181
Viollet-le-Duc, Eugène-Emmanuel 21
Vizentini 131
Vollon, Antoine 180
Voltaire 28
Vrignault 131
Vuillard, Edouard 221

W

Whistler, James Abott McNeill 8
Wislin 22
Wolf, Caspar 34

Y

Ytasse, Armand 131

Z

Zola, Emile 31, 74, 96, 97, 162

BIBLIOGRAPHIE

MONOGRAPHIES (par auteurs)

Adeline, Jules. *Hippolyte Bellangé et son œuvre : avec eaux-fortes et fac-similé*, A.Quentin, Paris, 1880.

Alexandre, Arsène. *Maxime Maufra, peintre, marin et rustique*, Éditions Georges Petit, Paris, 1926.

Aubourg, Lucette. *L'Hostellerie des vieux plats, le rendez-vous des célébrités*. tomes I et II, Éditions Berthout, 1998 et 2004.

Auffret, François. *Jongkind. 1819-1891, Biographie illustrée*. Maisonneuve & Laroze. Mai 2004.

Bacon, Henry. *Etretat, hameau du soleil couchant*, traduit de l'américain par Alain Millet et Philippe Vatinel, DECI, Etretat, 1988.

Bacon, Henry. *Parisian art and artists*, J.R. Osgood, Boston, 1883.

Barrault, Jean-Michel. *Magellan : la terre est ronde*. Folio,1999.

Berhaut, Marie. *Caillebotte. Catalogue raisonné des peintures et pastels*. Wildenstein Institute, Paris, 1994.

Besson, George. *Jongkind*, collection des Maîtres, Éditions Braun & Cie, Paris.

Brault, Raphael. *Artistes et écrivains normands*, Revue mensuelle d'expression et d'étude des lettres normandes des arts et des idées, Yvetot, 15 novembre 1934.

Burty, Philippe. *Paul Huet : notice biographique et critique, suivie du catalogue de ses œuvres exposées en partie dans les salons de l'Union artistique*, Paris, 1869.

Cario, Louis. *Eugène Boudin*, éditions Rieder, Paris, 1928.

Catherine, Michel. *Charles Mozin*, 1806-1862, imp. Marie, Honfleur, 1987.

Clay, Jean. *Le Romantisme*, Hachette réalités, 1980.

Cléon, Yves. *Jules Noël, peintre breton, assez énigmatique...*, Pays et terroirs éditions, 2004.

Cochet, abbé. *Etretat son passé, son présent, son avenir*, E. Delvoy, Dieppe, 1869.
L'Etretat souterrain, fouilles de 1835 et 1842, 1842.

Cortambert, Richard. *Antoine-Léon Morel-Fatio*, extrait du « Bulletin de la Société de géographie », Imprimerie de Martinet, Paris, 1872.

Crespelle, J.P. *Les Maitres de la belle époque*, Hachette, 1966.

Curtis, Athrton. *Catalogue de l'œuvre lithographié de Eugène Isabey*, P. Prouté, Paris, 1939.

Desjardins, Marie-Hélène. *Des peintres au pays des falaises, 1830-1940*, Editions des Falaises, Fécamp, 2004.

Doria, Bianca. *Giovanni Boldini, catalogo generale dogli archivi Boldini*, Di Pinti.

Ducrey, Marina. *Félix Vallotton, histoire d'une œuvre*, Edita, Lausanne, 1989.

Ducrey, Marina. *Félix Vallotton, catalogue raisonné de l'œuvre peint*, Fondation Félix Vallotton, Lausanne, 2005.

E.-C. *Souvenances. Etretat. Souvenirs d'il y a douze ans*. Imp. de Cagniard, Rouen, 1864.

Ecole du Louvre. *Degas inédit*, Actes du colloque Degas, musée d'Orsay, 18-21 avril 1988, La Documentation française, Paris, 1989.

Esdras-Gosse, Bernard. *De Raoul Dufy à Jean Dubuffet ou la descendance du « père » Lhullier*. Etudes normandes, n° 59, Rouen, 1955.

Flandrin, Louis. *Paul Hippolyte Flandrin. Notice biographique, suivie de lettres de l'artiste et du catalogue de ses œuvres*, Imprimerie J de Tèqui, Paris, 1922.

Garneray, Louis. *Louis Garneray, corsaire de la République. Voyages, aventures et combats*, Petite bibliothèque Payot, 1992.

Grossvogel, Jill-Élysé. *Schuffenecker. Catalogue raisonné 1*, Alan Wofsy Fine Arts, San Francisco, 2000.

Gudin, Téodore. *Souvenirs du baron Gudin, peintre de la marine (1820-1870)*, publiés par Edmond Béraud, Plon-Nourrit et Cie, Paris, 1921.

Harambourg, Lydia. *Dictionnaire des peintres paysagistes Français au XIXe siècle*. Ides et Calendes, Neufchâtel, 1985.

Hefting, Victorine. *Jongkind. Sa vie, son œuvre, son époque*. Arts et métiers graphiques. Flammarion, 1975.

Herbert, Robert L.. *Monet en Normandie, peinture et sites balnéaires, 1867-1886*, Flammarion, 1994.

Heuzey, Jules-Philippe. *La Normandie et ses peintres*, Nouvelle Librairie Nationale, Poitiers, 1909.

Huet, René-Paul. *Paul Huet (1803-1869). D'après ses Notes, sa Correspondance, ses Contemporains*, librairie Renouard, H. Laurens éditeur, 1911.

Joanne, Adolphe. *Département de la Seine-Inférieure*, Hachette, 1875.

Johnson, Lee. *Catalogue critique des œuvres de Delacroix*, Oxford.

Jouy, Étienne de. *Vues des côtes de France dans l'Océan et dans la Méditérannée peintes et gravées par M. Louis Garneray*, C.L.F Panckoucke, Paris, 1823-1832.

Jung, René. *Eugène Le Poittevin de retour à Etretat*, Bulletin de l'Apade n° 36, Etretat, juin 1997.

Kaufman, Jason Edward. *Courbet reconsidered*, The world and I magazine.

Kerlo, Léo. *Saint-Briac peint par Alexandre Nozal, 1852-1929*, L. et M. Kerlo, Morlaix, 1992.

Lanöe, Georges. *Histoire de l'École française de paysage depuis Chintreuil à 1900*. Société Nantaise d'éditions; Nantes, 1905.

Leroy Ireland. *The works of George Innes, and illustrated catalogue raisonné*, University of Texas Press, Austin, London, 1965.

Les Petits trous pas chers : guide pratique des familles aux bains de mer, A. La Fare éditeur, Paris, 1895.

Lespinasse, François. *La Normandie vue par les peintres*, Vilo, 1988.
Lindon, Raymond. *Histoire savoureuse du parc à huîtres d'Etretat*. Les éditions de minuit, 1955.
Lindon, Raymond. *Etretat et les peintres*. Extrait de La Gazette des Beaux-Arts, mai/juin 1958.
Lindon, Raymond. *Eugène Le Poittevin et ses « Bains de mer à Etretat »*.
Lindon, Raymond. *Le Premier tableau peint à Etretat*.
Lindon MacKenzie, Hélène. *Etretat dans la vie et l'œuvre de Guy de Maupassant*, Editions Ol Contou,1993.
Luthi, Jean-Jacques. *Emile Bernard : catalogue raisonné de l'œuvre peint*, Editions SIDE, Paris, 1992.
Mairat, Marc. *Charles Mozin (1806-1862), le versant de la modernité, le coté du pré-impressionnisme*, Marc Mairat bijoux, Honfleur.
Manoeuvre, Laurent. *Louis Garneray : 1783-1857*, Anthèse, Arcueil, 1997.
Martin, Robert, Odile Aittouarès. *Emile Othon Friesz, L'œuvre peint*, Aittouarès, Paris, 1995.
Oursel, Noémi-Noire. *Etude sur Louis Garneray, peintre de marines*, Imprimerie de Plon-Nourrit et Cie, Paris, 1903.
Paquentin, Éric. *L'œuvre gravé des Fielding*, E. Paquentin, Paris, 1997.
Pomarède, Vincent. *Corot*, Flammarion, 1996.
Maupassant, Guy de. *Etretat*, Texte publié dans « Le Gaulois » du 27 août 1880, numérisation Thierry Selva, 2000.
Maupassant, Guy de. *A Gustave Flaubert*, 3 novembre 1877.
Michelet. *La Mer*, Folio, 1983.
Miquel, Pierre. *Le Paysage français au XIXe siècle*, éditions de la Martinelle, Maurs-La-Jolie, 1975.
Miquel, Pierre. *Eugène Isabey : La marine au XIXe siècle*, éditions de la Martinelle, Maurs-La-Jolie, 1980.
Noirot Emile. *Notice sur Jean-Louis Noirot*, imprimerie Souchier, Roanne, 1927.
Salomon, Antoine et Cogeval, Guy. *Vuillard. Catalogue critique des peintures et pastels*. Skira/Seuil, Wildenstein Institute.
Schmit, Robert, *Eugène Boudin*, catalogue raisonné, Paris.
Schneider, Pierre. *Matisse*, Flammarion, Paris, 1984.
Scrépel, Henri. *L'Univers de Delacroix*, textes de Claude-Roger Marx et Sabine Cottet, Cabinet de dessin, 1970.
Stein Adolphe, Brame sylvie, Lorenceau François, Sinizergues Janine. *Jongkind, catalogue crtitique de l'œuvre*, Brame et Lorenceau, Paris, 2003.
Tassart, François. *Souvenirs sur Guy de Maupassant par François son valet de chambre (1883-1893)*, numérisation Thierry Selva, 2002.
Thomas, Cédric. *Etretat. 1939-1945*, Editions Berthout -« La mémoire normande », 1996.
Thomas Jean-Pierre. *Etretat autour des années 1900, promenade en cartes postales dans la station balnéaire et d'alentour*, nouvelle édition, Editions Bertout, 2000.
Villemsens, François. *Souvenir d'Etretat.* Imprimerie de L. Tinterlin, Paris, 1861.
Thiollier, Félix. *Emile Noirot peintre*, Saint-Etienne, 1896.
Vernon, Alexandre. *René de Saint-Delis, toute une vie consacrée à la peinture*, Paris Normandie.
Wildenstein, Daniel. *Monet, catalogue raisonné de l'œuvre peint*, Taschen, Wildenstein Institute, 1996.

CATALOGUES D'EXPOSITIONS : CATALOGUES MONOGRAPHIQUES (par ordre alphabétique)

– *Francis Auburtin, 1866-1930. Le symboliste de la mer*, Délégation à l'action artistique de la ville de Paris.
– *Catalogue of a memorial exhibition of water colors of Egyot, Greece, France, Italy and England by Henry Bacon*, Smithsonian Institution, Washington, 1931.
– *Richard-Parkes Bonington. « Du plaisir de peindre »*, musée du Petit Palais, Paris. Musées, Paris, 1996.
– *Eugène Boudin*, musée des Beaux-Arts André Malraux, Le Havre.
– *Auguste Boulard, 1825-1897*, musée d'Art et d'Histoire Louis Senlecq, L'Isle Adam, 1994.
– *Louis Cabat : 1812-1893*, musée des Beaux-Arts de Troyes, 1987.
– *Exposition Louis-Nicolas Cabat*, Institut français de Vienne, Palais Lobkowitz, Wien, 1955.
– *Jules Louis Philippe Coignet : dessins d'Auvergne*, musée Bargoin, Clermont-Ferrand, 1984.
– *Corot : 1796-1875*, Galeries nationales du Grand Palais, Paris, 1996.
– *Exposition Eugène Delacroix, peintures, aquarelles, pastels, dessins, gravures, documents*, palais du Louvre, Paris, juin-juillet 1930.
– *Delacroix et la Normandie*, musée national Eugène Delacroix par Arlette Sérullaz, Paris, 1993-1994.
– *Les Dieterle - Une famille d'artistes*, musée des Terre-Neuvas, Fécamp, 1999.
– *Hippolyte, Auguste et Paul Flandrin : une fraternité picturale au XIXe siècle*, musée du Luxembourg, Paris, musée des Beaux-Arts de Lyon, Lyon 1984-1985.
– *George Innes : an exhibition circulated through New York, Cleveland, Minneapolis, Los Angeles and Washington*, D.C, 1985, 1986.
– *Rétrospective Narcisse Guilbert, 1878-1942*, galerie André Watteau, Paris, décembre 1969.
– *Paul Huet : 1803-1869*, galerie Antoine Laurentin, Paris, 1995.
– *George Innes*, Los Angeles Country Museum of Art, USA, 1986.
– *« Eugène Isabey »*, Le Pavillon des Arts, Paris, 1966.
– *Eugène Isabey, 1803-1886*, musée de Dieppe, 20 juin-15 septembre 1966, (Préface par Pierre Bazin).
– *Jongkind, 1819-1891*, musée d'Orsay, Paris, 2004.
– *Charles Landelle. 1821-1908.* musée du Vieux-Château et Chapelle Saint-Julien, Laval, 1987.
– *Gustave Loiseau, centenaire de sa naissance*, galerie Durand-Ruel, Paris, 1965.
– *Henri Matisse 1904-1917*, Centre Pompidou, 25 février - 21 juin 1993, Paris, 1993.
– *Charles Mozin : 1806-1862*, musée de Trouville, musée E. Boudin, Honfleur, 1988.
– *L'album de Roger Comte du Manoir, membre fondateur de la S.F.P. en 1854, images primitives 1853-1857*, Didier Dezandre, Antiquaire-libraire, Rouen, 2002.
– *Dessins de Victor Hugo*, Maison de Victor Hugo, Paris, 1985.

CATALOGUES D'EXPOSITION :
CATALOGUES GÉNÉRAUX
(par ordre de parution)

– *Les Bains de mer*, musée de Dieppe, Dieppe, 1961.
– *Les Joies de la nature au XVIIIe siècle*, Bibliothèque nationale, Paris, 1971.
– *La Peinture romantique anglaise et les préraphaélites*, Petit Palais, Paris, janvier-avril 1972.
– *L'Impressionnisme et le paysage Français*, Galeries nationales du Grand Palais, 1er juin-31 août 1994, Editions de la réunion des musées nationaux, Paris, 1985.
– *Centenaire du boulevard maritime et du front de mer, un siècle de peinture*, sous l'égide du Conseil Général de Seine-Maritime et de l'association Le Havre-Présence, 1988.
– *Désir de rivage, de Granville à Dieppe, le littoral normand vu par les peintres entre 1820 et 1945*, musée des Beaux-Arts de Caen, Caen, 1994.
– *Falaises et rochers, de Delacroix à Dufy*, musée des Terre-Neuvas, Fécamp, 1998.
– *Etretat, peintres naturalistes, 1786-1900*, organisée par l'Arche, Galerie Bruno Delarue, Etretat, 1998.
– *The Hermitage catalogue of Western European Painting. French Painting. Early and mid-nineteenth century*, Valentina N. Berezina.
– *Autour de Claude -Joseph Vernet, La marine à voile, de 1650 à 1890*, musée des Beaux-Arts de Rouen, Anthèse, Rouen, 1999.
– *Vague I et Vague II*, musée des Beaux-Arts André Malraux, Le Havre, 2004.

CATALOGUES DE VENTES AUX ENCHÈRES
(par ordre de parution)

– *Catalogue des tableaux par M. Jules Coignet*, 10 février 1845, Édition Schroth, Paris.
– *Catalogue des tableaux, études, dessins et eaux-fortes par Corot, dressé par M. Alfred Robaut*, Hôtel Drouot, Paris, 26 mai 1875.
– *Catalogue des tableaux, études terminées, esquisses, dessins et croquis de feu Eugène Le Poittevin et des gravures et lithographies qui composaient son atelier*, Hôtel Drouot, Paris salle n° 8, les 9, 10, 11, 12 avril 1872.
– *Catalogue de dessins sur pierres lithographiques. Vente par suite de cessation de commerce de M. Alexandre Noël*, 25 mars 1839, Ballée, Paris.
– *Catalogue de tableaux du château Beaujon de M. Gudin*, 22 mars 1866, Arondel, Paris.
– *Catalogue des tableaux exposés au profit des pauvres à Bordeaux par M. Gudin*, G. Gounouilhou, 1866.
– *Vente par suite du décès de Eugène Soulès. Aquarelles, dessins et croquis*, Hôtel Drouot, Paris, 1876.
– *Catalogue des tableaux, esquisses, études, dessins par feu Paul Huet, et se trouvant encore dans son atelier*, Hôtel Drouot, 15 et 16 avril 1878, Paris.
– *Catalogue de tableaux, aquarelles et dessins par Gaston Roullet composant sa collection*, vente 17 et 18 novembre 1886, Petit, Paris.
– *Catalogue des tableaux et aquarelles par Gaston Roullet provenant de son atelier*, vente, A.M. Reitlinger, Paris, 12 octobre 1927.
– *Succession Aubourg. Catalogue de la vente de la Collection de l'hôtel des Vieux Plats à Gonneville-la-Mallet du 5 au 7 septembre 1935.*
– *Tableaux, esquisses, dessins par Louis Cabat*, vente Hôtel Drouot, Paris, 5 décembre 1972.
– *Auguste Boulard, dessins, peintures.* Vente Hôtel Drouot, Paris, 19 novembre 1969.
– *Alexandre Nozal : 1852-1929, important ensemble d'aquarelles, gouaches, pastels, toiles*, Hôtel Drouot, Paris, 29 mai 1978.
– *La Marine à voile de 1650 à 1890. Autour de Claude-Joseph Vernet*, musée de Rouen, Anthèse, 1999.

REMERCIEMENTS

Toute ma reconnaissance va en premier lieu aux amateurs férus d'Etretat qui m'ont ouvert avec une totale générosité leurs archives ou collections.

Monsieur et Madame Jean-Pierre Thomas, pour leur formidable documentation
Monsieur et Madame Jean Fidelin, Etretat
Monsieur et Madame Jean Legoupil, Etretat
Monsieur Alain Millet, Egleville-les-Deux-Eglises
Monsieur Daniel Ouvry, Vayres-sur-Essonne
Monsieur et Madame Antoine Leveillée-Nizerolles, Paris

Ma gratitude à Monsieur Patrick Hordé, président de l'APADE ainsi qu'à Monsieur Gilbert Fusil, président de l'ARCHE et à tous les membres des conseils de ces deux associations étretataises.

Je tiens à remercier particulièrement tous les collectionneurs privés restés anonymes qui m'ont permis de reproduire leurs œuvres ainsi que les galeristes et les commissaires priseurs.

Galerie Guillon Lafaille, Paris
Monsieur Claude Briot, CHRH, Le Havre
Monsieur Louis Cabat, Troyes
Monsieur Aureliano Monguilot Ruiz, Alicante
Monsieur Michel Maket, expert, Paris
Alliance Enchères, Le Havre
Maître Colobert, Etampes
Galerie Marie Bruyer, Paris
Galerie Schmit, Paris
Galerie Larock Granoff, Honfleur
Monsieur Marc Briat, Violon d'Ingres, Antiquités, Paris
Galerie Brame et Lorenceau, Paris
Studio Lourmel, Paris
Galerie Fisher, Paris
Monsieur François Banse, Editions des falaises, Fécamp

Mes remerciements aussi à tous les conservateurs de musée qui ont accepté que soient reproduites les œuvres de leurs collections.

Madame Marie-Hélène Desjardins, musées de Fécamp
Madame Annette Haudiquet, musée André Malraux, Le Havre
Madame Anne Maillard, musée Bossuet, Meaux
Madame Chantal Rouquet, musée de Troyes
The Barber Institute of Fine Arts, UK
The Saint Louis Art Museum, Saint Louis
Madame Marina Ducrey, Fondation Vallotton, Lausanne
Madame Angela Minshull, Christie's Londres
Madame Merry Armata, The Clark Art Institute, Williamstown
Monsieur Paul Teunissen, Museum Boijmans Van Beuningen, Rotterdam

Ma gratitude à tous ceux qui ont répondu à mes questions avec chaleur et précision ou m'ont signalé œuvres ou documents...

Monsieur Gérard le Guern, Etretat
Monsieur Philippe Moroux, Hollande
Monsieur Emmanuel Marty de Cambière, Christie's, Paris
Madame Chantal Beauvalot, Paris
Madame Géraldine Lefebvre, musée Malraux, Le Havre
Monsieur Yves Cléon, Dijon
Monsieur Jonart, Fécamp
Monsieur et Madame Quentin, Agnetz
Monsieur Mathias Chivot, Wildenstein Institute, Paris
Madame Véronique Laurent, musée départemental de l'Oise
Monsieur Pierre Ickowicz, musée de Dieppe
Monsieur Huet, Etretat
Mademoiselle Roselyne Maitre-Devallon, Etretat
Monsieur Gérard Bonnin, Chamalières
Monsieur Jean-Bernard Porro, Marseille
Monsieur Jean-Gérard Carette, Le Havre
Monsieur Martin Delarue, Etretat
Monsieur Joseph Delarue, Yport
Monsieur Quentin Laurens, galerie Louise Leiris, Paris

Mille remerciements à Tran Arnault, Yannick Mathieu, et Madeleine Thibeau pour leur aide précieuse.

Enfin je remercie tous les souscripteurs et les sociétés qui ont soutenu la publication de ce livre.

Cet ouvrage est composé en Walbaum et en Trade Gothic.
Achevé d'imprimer sur les presses de France-Quercy en octobre 2005.
Photogravure : Colorys, Cahors.

Dépôt légal : novembre 2005
ISBN : 2-916378-00-6